Jürgen John (Hrsg.)

„Mitteldeutschland"

Begriff – Geschichte – Konstrukt

ⓗ

hain verlag

Gedruckt mit Unterstützung:
DREFA Produktions- und Lizenz GmbH,
Mitteldeutscher Rundfunk,
Landeszentralen für politische Bildung Sachsen und Thüringen.

1. Auflage 2001

ISBN 3-89807-023-9

Typografie, Layout, Satz, Gestaltung, Lithografien, Grafik:
hain team – Markt 10, 07407 Rudolstadt
Schrift: Minion, Minion Old Style Figures, 1990 von Robert Slimbach geschnitten
Belichtung, Proofing, Druck: Hahndruck, Kranichfeld
Bindung: Buchbinderei Weißpflug, Großbreitenbach

Inhalt

Anhang

Verzeichnis der Karten

Die Karten sind thematisch den vor allem auf sie bezogenen Beiträgen zugeordnet und der Übersichtlichkeit halber – von wenigen Ausnahmen abgesehen – in Blöcken an deren Ende gestellt worden.

Vorwort

Nach den politischen Umbrüchen 1989/90 wurden die 1952 in der DDR de facto aufgelösten und durch Bezirke ersetzten fünf Länder Sachsen, Thüringen, Sachsen-Anhalt, Brandenburg und Mecklenburg-Vorpommern wiedergegründet. Als „neue Bundesländer" traten sie im Oktober 1990 der Bundesrepublik Deutschland bei. Doch war dieser Rückgriff auf die Länderstruktur der Jahre 1945 bis 1952 keineswegs unumstritten. Nicht wenige Stimmen meldeten sich zu Wort, die meinten, es sei unklug, solch verhältnismäßig kleine Länder wiederherzustellen. Statt dessen solle die Gunst der Stunde genutzt werden, um zwei oder drei Großländer zu schaffen. Die dafür eintraten, führten verschiedene Argumente ins Feld. Vor allem argumentierten sie ökonomisch. Die Wirtschaftskraft kleiner Länder reiche nicht aus, um den Großländern der alten Bundesrepublik Paroli zu bieten, zumal die Wirtschaftsstrukturen der DDR zusammenbrachen und dies schwer zu bewältigende Probleme schuf. Auch müßten die Zwänge der EG-Integration bedacht werden. Nur Großländer seien „europafit". Und sie argumentierten historisch, erinnerten an die erfolgreiche Großländerbildung in den westlichen Besatzungszonen nach 1945, an Großraumpläne der 1920er/30er Jahre, an vielfältige kulturelle und wirtschaftliche Bezüge wie an ältere großräumige Gebilde, an die man strukturell wie identitätsstiftend anknüpfen könne. Ohnehin seien die fünf wieder im Entstehen begriffenen Länder mit Ausnahme Sachsens historisch recht junge Gebilde und in ihrer erneut zur Debatte stehenden Struktur erst nach 1945 entstanden. Das Land Thüringen reiche in seinem Kern nur bis 1920 zurück, das Land Mecklenburg bis 1934 und beide in ihrer aktuellen Gestalt bis 1945. Die Länder Brandenburg und Sachsen-Anhalt seien überhaupt erst nach 1945 aus preußischen Provinzen und dem Land Anhalt gebildet worden. Es gebe also keine überzeugenden historischen Gründe, nun auf die Länderstruktur der Jahre 1945 bis 1952 zurückzugreifen.

In diesem Zusammenhang tauchte der „Mitteldeutschland"-Gedanke wieder auf. Vor 1989 hatten meist nur noch kleinere landsmannschaftliche Gruppen in der Bundesrepublik den „Mitteldeutschland"-Begriff verwendet. Sie umschrieben mit ihm die gesamte DDR oder jene im 19./20. Jahrhundert mit wechselnden Bezügen und Inhalten als „mitteldeutsch" bezeichneten Gebiete, die nach 1800 in der Gestalt der 1816 gebildeten preußischen Provinz Sachsen, des 1815 amputierten Königreiches Sachsen sowie der weiterbestehenden anhaltischen und thüringischen Kleinstaaten die Integrationskerne der späteren Länder Sachsen-Anhalt, Sachsen und Thüringen bildeten. Mit beiden Bezügen sollten die historischen Traditionen des anderen deutschen Staates im öffentlichen Gedächtnis der Bundesrepublik wachgehalten werden. Dies kam durchaus den Entspannungs- und Annäherungstendenzen zwischen den beiden deutschen Staaten in den 1970er/80er Jahren entgegen, blieb aber häufig den Denkkategorien des „Kalten Krieges" verhaftet, denen die Gewohnheit entstammte, die gesamte DDR mit Blick auf die 1945 „verlorenen Ostgebiete" als „Mitteldeutschland" zu bezeichnen. Im öffentlichen Sprachgebrauch der DDR wurde der „Mitteldeutschland"-Begriff – nicht zuletzt wegen seines politischen Gebrauchs in der Bundesrepublik – weitgehend gemieden. Seine plötzliche Renaissance 1990 löste deshalb vielfache Irritationen aus.

Vor allem die Verfechter der Neugliederungs- und Großraumpläne griffen auf den älteren (engeren) „Mitteldeutschland"-Begriff zurück, um mit ihm ein aus den damaligen sächsischen Bezirken Dresden, Karl-Marx-Stadt (Chemnitz) und Leipzig, den thüringischen Bezirken Erfurt, Gera und Suhl, dem sachsen-anhaltischen Bezirk Halle und dem südlichen Teil des Bezirkes Magdeburg zu schaffendes Großland „Mitteldeutschland" bzw. „Sachsen-Thüringen" zu begründen. Dies sei – so argumentierten sie – in spätmittelalterlich-wettinischer Zeit schon einmal fast erreicht, dann verspielt, durch das preußische Vordringen in diesen Raum nachhaltig gestört und nach 1918 ebenso entschlossen wie vergeblich in Angriff genommen worden. Allerdings verschwiegen sie dabei meist, daß die „Mitteldeutschland"-Initiativen der 1920er/30er Jahre vor allem von der geschmähten preußischen Provinz Sachsen ausgegangen waren. Auch umgingen sie die mit dem „Mitteldeutschland"-Gedanken verbundenen „völkischen", nach Osten gerichteten „Deutschtums"-Visionen der Jahre 1918 bis 1945 bzw. den problematischen politischen Sprachgebrauch nach 1945 oder hielten ihm zugute, er habe immerhin den „Mitteldeutschland"-Gedanken wachgehalten. Wie auch immer: Nun gelte es an die älteren historischen Traditionen und Großraumpläne anzuknüpfen, um die 1927 schon einmal angedachte „Einheit Mitteldeutschlands" endlich zu erreichen. Auf keinen Fall dürfe das Land Sachsen-Anhalt – ein „unhistorisches Kunstprodukt" der preußischen Okkupation nach 1800 bzw. der Besatzungspolitik nach 1945 – wiederhergestellt werden. Die Vorgänge des Jahres 1990 schoben solche Visionen rasch beiseite. Ihre Gedanken blieben aber virulent. Sie flossen in Neugliederungspläne für das nun erweiterte Bundesgebiet und in entsprechende Vorstöße vor allem des Freistaates Sachsen ein, die in Thüringen und Sachsen-Anhalt freilich wenig Gegenliebe fanden.

Doch beschränkte sich die Renaissance des „Mitteldeutschland"-Gedankens keineswegs auf solche Neugliederungsvisionen. Schon bald wurde es Mode, das Etikett „mitteldeutsch" für unterschiedlichste Absichten, Zwecke und Bezeichnungen zu verwenden. Wie in den 1920er/30er Jahren griffen es Wirtschaftsgremien und -unternehmen, marketing-Aktionen, Print- und audiovisuelle Medien auf. Mit ihm etablierte sich der Mitteldeutsche Rundfunk (MDR) als Funk- und Fernsehanstalt für das Sendegebiet der Länder Sachsen, Thüringen und Sachsen-Anhalt, wobei er an gleichnamige Vorläufer-Anstalten aus den Jahren 1924 bzw. 1946 anknüpfen konnte und seinem öffentlich-rechtlichen Sendeauftrag seit 1996/97 mit einer großangelegten Fernsehreihe „Geschichte Mitteldeutschlands" Nachdruck verlieh. Der 1946 gegründete Mitteldeutsche Verlag in Halle brauchte das Etikett gar nicht erst aufzugreifen. Er hatte es niemals abgelegt.

Über den öffentlichen fand dieser neubelebte „Mitteldeutschland"-Gedanke seit 1990 auch in den wissenschaftlichen Sprachgebrauch vor allem der Geographen und Historiker Eingang. Verschiedene großangelegte historiographische Forschungsprojekte griffen ihn mit einer regional erweiterten und ländervergleichenden Forschungsperspektive auf und setzten damit neue Forschungsakzente. Ihre Resultate haben sich unterdes bereits in zahlreichen Publikationen niedergeschlagen. Im Sog und Schatten solch neuer Forschungsansätze setzte eine regelrechte Flut historisch wie aktuell ausgerichteter Publikationen ein, die das wieder modisch gewordene Etikett „mitteldeutsch" selbst dann in ihren Titeln führten, wenn sie traditionelle landeskundliche Themen oder regional sehr begrenzte Gegenstände behandelten. Zudem kam man – vor allem in Sachsen und Sachsen-Anhalt – auf die Idee, den „Mitteldeutschland"-Gedanken zu nutzen, um diesen Ländern nach innen wie außen mehr Geltung zu verschaffen. „Mitteldeutschland über alles", titelte eine Tageszeitung ironisch mit Blick auf solche ins Kraut schießenden Tendenzen.

Ihnen waren freilich Grenzen gesetzt. Vor allem kamen sie dem Bestreben ins Gehege, den 1990 wiedergegründeten „neuen Bundesländern" Rückhalt in der Bevölkerung zu verschaffen und entsprechende Landesidentität zu stiften. Die zu deren „Selbstfindung" reklamierten Traditionen und dafür unterbreiteten historisch-symbolischen Integrationsangebote ließen sich nur schwer mit dem „Mitteldeutschland"-Gedanken in Einklang bringen, der über die jeweiligen Länder hinaus in großräumige Zusammenhänge weist. Er eignet sich dazu, entsprechende Führungsansprüche geltend zu machen, kaum jedoch, Landesbewußtsein, Landesidentität und Landesgeschichte in der Bevölkerung zu verankern. Letztlich entscheidet der Wirtschafts- über den Integrationserfolg. Und der ist in den „neuen Bundesländern" der ehemaligen DDR bislang ebensowenig gesichert wie ihre vergleichsweise junge demokratisch-föderative politische Kultur. Gerade für letztere stellen die mit dem „Mitteldeutschland"-Gedanken immer noch mitschwingenden Neugliederungsabsichten ein beträchtliches Risiko dar. Bis heute ist fraglich, ob die Perspektiven des bundesdeutschen Föderalismus neben vielen anderen Faktoren von seiner zu festigenden gegenwärtigen Struktur oder von einer Neugliederung des Bundesgebietes und damit von künftig weniger Ländern abhängen. Auch mit Blick auf die Neugliederungsdebatten und -pläne nach 1918 und nach 1949/52 ist diese Frage nur schwer zu beantworten. Bis heute ist unter den Experten strittig, ob deren weitgehendes Scheitern mit dazu beitrug, die Weimarer Republik zu destabilisieren und die Bundesrepublik nach 1949 zu stabilisieren. Unstrittig dürfte aber sein, daß die wissenschaftlich-kritische Analyse der Genesis und Renaissance des „Mitteldeutschland"-Gedankens die Erörterung dieser Fragen in einer historisch-vergleichenden Perspektive mit einschließen muß.

Das ist das Grundanliegen dieses Bandes. Er unternimmt den Versuch, sich in komplexer, möglichst alle relevanten Aspekte erörternder, folglich auch interdisziplinärer und vergleichender Weise mit der Real- und Konstruktgeschichte der „mitteldeutschen" Länder Sachsen, Thüringen und Sachsen-Anhalt wie mit dem gesamten „Mythos Mitteldeutschland" kritisch-analytisch auseinanderzusetzen und eine Zwischenbilanz des gegenwärtigen Diskussionsstandes zu ziehen. Angesichts der ebenso forschungsstimulierenden wie verführerischen und problematischen Renaissance des „Mitteldeutschland"-Gedankens ist eine solche Analyse mehr als überfällig. Zu diesem Zweck fand am 26./27. Februar 1999 in Leipzig eine vom Wissenschaftlichen Beirat des MDR-Fernsehprojektes „Geschichte Mitteldeutschlands" angeregte und geleitete und von der DREFA Produktions- und Lizenz GmbH organisierte Tagung von Experten verschiedener Fachdisziplinen statt. Ihre Beiträge werden nachfolgend in teils geraffter, teils textlich erweiterter Fassung einer interessierten Öffentlichkeit vorgelegt. Sie zeigen die unterschiedlichen bis gegensätzlichen Sichtweisen, Interpretationsperspektiven und Standpunkte. Wie die Tagung versteht sich auch der Tagungsband als ein Forum der wissenschaftlich-kritischen Debatte über dieses Thema und die mit ihm zusammenhängenden Fragenkomplexe. Dem Vorteil, Experten und Autoren unterschiedlicher Fachdisziplinen zusammenzuführen, stehen manche Nachteile eines solchen Sammelbandes gegenüber. Wie die Standpunkte sind mitunter auch die Schreib- und Zitiergewohnheiten unterschiedlich. Sie sollten keinesfalls eingeebnet, sondern nur angeglichen werden. Disproportionen wurden vor allem dann in Kauf genommen, wenn es darum ging, bislang kaum oder nur verstreut behandelte Themen hier gründlicher erörtern zu lassen, während andere Beiträger auf bereits vorliegende Buchpublikationen verweisen und sich deshalb kürzer fassen konnten. Als größte Defizite erwiesen sich die kritische Analyse der „Mitteldeutschland"-Bilder und ihrer Denkfiguren sowie eine Gesamtschau auf die den Handlungs- und Bezugsrahmen der Hoch-Zeit der „Mitteldeutschland"-Pläne bildenden und an die politische Ordnung der Weimarer Republik rührenden „Reichsreform"-Debatten der 1920er/30er Jahre. Ihnen wurde deshalb auch der meiste Platz eingeräumt. Neben manchen anderen Unwägbarkeiten hat die Vielzahl der Beiträge und Autoren mit dazu beigetragen, daß zwischen Tagung und Tagungsband ein längerer Zeitraum liegt.

Das Themenspektrum dieses Bandes ist breit gefächert. Im ersten Teil werden grundsätzliche Aspekte der „Mitteldeutschland"-Bilder, der Regional- und Identitätspolitik sowie der mitteldeutschen Symbollandschaft erörtert, im zweiten Teil reale und fiktive „mitteldeutsche Geschichtswege", im dritten Teil die historischen und aktuellen Neugliederungsdebatten. Bei aller thematischen Komplexität erhebt der vorliegende Band nicht den Anspruch, das „Mitteldeutschland"-Thema erschöpfend behandeln zu wollen. Dies bleibt einer umfassenden Monographie vorbehalten. Immerhin stellt er seit Jahrzehnten den ersten Versuch dar, sich dem Thema in möglichst komplexer Weise zu nähern – und dies ohne interessengebundene Hintergedanken und affirmative Absichten. Das unterscheidet ihn von früheren Publikationen zum „Mitteldeutschland"-Thema – namentlich von der provinzsächsischen Denkschrift „Mitteldeutschland auf dem Wege zur Einheit" (1927) und den von ihr angeregten Schriften oder den Sammelbänden „Kulturräume und Kulturströmungen im mitteldeutschen Osten" (1936) und „Mitteldeutschland. Versuche begrifflicher Definition unter fachwissenschaftlichen Aspekten" (1979). Der kürzlich erschienene, die MDR-Fernsehserie begleitende Essayband „Geschichte Mitteldeutschlands" trägt einen völlig anderen Charakter. Er kann in mancher Hinsicht als ergänzende Lektüre empfohlen werden.

Zu danken ist dem Mitteldeutschen Rundfunk, der DREFA Produktions- und Lizenz GmbH sowie den Landeszentralen für politische Bildung Sachsen und Thüringen für Finanzierung bzw. Mitdruck dieses Bandes, Herrn Nils Haupt (Leipzig) und Herrn Steffen Jindra (Leipzig) für aufwendige organisatorische Hilfe, Herrn Dr. Michael Gockel (Marburg) für großzügige Unterstützung bei den Literaturrecherchen und Herrn Oliver Lemuth (Jena) für die redaktionelle Mitarbeit. Die Konzeption der Tagung 1999 lag in der Hand aller damaligen Mitglieder des Wissenschaftlichen Beirates des MDR-Fernsehprojektes – Prof. Dr. Karlheinz Blaschke (Dresden-Friedewald), Prof. Dr. Klaus Erich Pollmann (Magdeburg), Prof. Dr. Hannes Siegrist (Leipzig) und des Herausgebers, der in Verbindung mit ihnen für diesen Band verantwortlich zeichnet.

Jena, im Frühjahr 2001   *Jürgen John*

„Mitteldeutschland"-Bilder –
Regionalismus – Identitäts-Stiftung

Jürgen John

Gestalt und Wandel der „Mitteldeutschland"-Bilder

Wer sich mit „Mitteldeutschland" und „mitteldeutscher Geschichte" beschäftigt, kommt nicht um die Frage herum, was darunter eigentlich zu verstehen sei. Das ist bis heute unter Fachexperten wie im öffentlichen Bewußtsein strittig. Aktuelle Umfragen zeigen ein äußerst buntes Meinungsbild. Wirtschaftsverbände und Politiker vertreten seit jeher sehr verschiedene Interessen und Standpunkte. Historiker, Geographen, Raumplaner und andere mit historischen und wirtschaftsräumlichen Zusammenhängen befaßte Wissenschaftler haben sich mit höchst unterschiedlichen Befunden an dem „Problem Mitteldeutschland"[1] abgearbeitet. Die Suche nach gemeinsamer Geschichte und zeitgemäßer Territorialstruktur reicht bis ins frühe 19. Jahrhundert zurück. Damals begannen sich die Konturen der heutigen Länderstruktur Sachsen-Anhalts, Sachsens und Thüringens[2] abzuzeichnen, deren Gebiete seitdem mit wechselnden Bezügen und Inhalten als „mitteldeutsch" bezeichnet und in entsprechende Integrations- und Geschichtszusammenhänge gerückt wurden. Im Eifer technokratischer Planspiele und historischer „Identitäts"-Suche unterblieben meist kritische Analysen. Die störten nur. Die naheliegende Frage, ob „Mitteldeutschland" überhaupt als historisch gewachsene Region oder als fiktive Sinnordnung anzusehen und folglich von der Konstruktion einer Region in Geschichte und Gegenwart auszugehen ist[3], wurde in der Regel umgangen. Sie beschäftigt diesen Band. Er zeigt, wie kontrovers sie nach wie vor beantwortet wird. Die anschließenden Texte enthalten dazu sehr unterschiedliche Aussagen. Die einen gehen von einer Realregion aus[4]. Andere betonen den Konstruktcharakter[5] oder sprechen eher vor-

---

1   „Es gibt ein Problem Mitteldeutschland. Dieser Zustand ist unerträglich; die deutsche Wirtschaft kann sich solche Verhältnisse nicht länger erlauben." – so der Oberstudienrat Steudel, Theodor: Mitteldeutschland in geschichtlicher Betrachtung, in: Lüttgens, Carl-Max (Hrsg.): Mitteldeutschland, Erfurt 1931, S. 7–26, Zitat S. 7; der Band enthält die Vorträge einer vom Erfurter Landesarbeitsamt Mitteldeutschland und von der Erfurter Akademie gemeinnütziger Wissenschaften im November 1929 veranstalteten „mitteldeutschen Woche"; der Herausgeber war Direktor des Landesarbeitsamtes.

2   Zum Überblick über ihre allgemeine und Verwaltungsgeschichte vgl. u. a. Sante, Georg Wilhelm (Hrsg.): Geschichte der deutschen Länder. „Territorien-Ploetz", 2 Bde., Würzburg 1964/71; Hubatsch, Walter (Hrsg.): Grundriß zur deutschen Verwaltungsgeschichte 1815–1945, Reihe A, Bd. 6 (Provinz Sachsen), Marburg 1975; Reihe B, Bd. 14 (Sachsen), Marburg 1982, Bd. 15 (Thüringen), Marburg 1983, Bd. 16/2 (Anhalt), Marburg 1981; Geschichte Sachsen-Anhalts, 3 Bde., Berlin, München 1993/94; Tullner, Mathias: Geschichte des Landes Sachsen-Anhalt, ²Opladen 1996; Wäschke, Hermann: Anhaltische Geschichte, 3 Bde., Cöthen 1912/13; Kötzschke, Rudolf; Kretzschmar, Helmut: Sächsische Geschichte, 2 Bde., Dresden 1935 (Nachaufl. Frankfurt 1965); Czok, Karl (Hrsg.): Geschichte Sachsens, Weimar 1989; Patze, Hans; Schlesinger, Walter (Hrsg.): Geschichte Thüringens (Mitteldeutsche Forschungen 48/I-VI), 9 Bde., Köln, Wien 1967–1984; Jonscher, Reinhard: Kleine thüringische Geschichte. Vom Thüringer Reich bis 1945, Jena 1993.

3   Vgl. auch den Text von Hannes Siegrist in diesem Band.

4   So die Texte von Günther Schönfelder, Manfred Straube und Karlheinz Blaschke.

5   So die Texte von Gotthard Lerchner, Jürgen John und Justus H. Ulbricht.

sichtig von noch offenen Forschungsfragen[6]. Vor diesem Hintergrund scheint ein Gesamtblick auf die verschiedenen real-, konstrukt- und begriffsgeschichtlichen Aspekte und Probleme der seit 1800 entstehenden und sich wandelnden „Mitteldeutschland"-Bilder ratsam zu sein.

Probleme des „Mitteldeutschland"-Bildes

Vor 1800 war das alles kein Thema. Das Attribut „mitteldeutsch" tauchte bis dahin allenfalls im sprachgeographischen Sinne auf[7]. Das änderte sich erst mit dem Umbruch zur Moderne und dem Ende des Altes Reiches. Napoleonische Expansion und Befreiungskriege, Territorialrevolution[8] und Nationalbewegung, Rheinbund, Deutscher Bund und Deutscher Zollverein, moderne wirtschaftliche Integrationsprozesse und romantische Rückbesinnung auf „vaterländische Altertümer" schufen nach 1800 neue Strukturen, Handlungszwänge und Denkmodelle. Seitdem begann man sich Gedanken über Wirtschaftseinheit, verbindende Bezüge und gemeinsame Geschichtswege der nun in groß- (preußisch-provinzsächsische), mittel-(königlich-sächsische) und kleinstaatliche (thüringisch-anhaltische) Gebiete gegliederten politischen Landschaft zu machen. Das lag im allgemeinen Trend und wies zunächst nur schwache „mitteldeutsche" Bezüge auf. Auch beschränkten sich solche Diskurse anfangs auf bildungsbürgerliche, wissenschaftliche, publizistische oder wirtschaftliche Kreise. Allmählich drangen sie dann ins allgemeine öffentliche Bewußtsein und in das politische Denken ein. In der 1848er Revolution wirkten sie erstmals handlungsleitend und mobilisierend. Mit der nationalen schienen auch die „Thüringer" und die „Anhalter Frage"[9] und das ganze Bündel damit

---

6 So die Texte von Michael Simon und Karsten Rudolph.

7 Erste Belege für vom Ober- und Niederdeutschen abgehobene mitteldeutsche Sprachformen entstammen dem 14./15. Jahrhundert. Seit dem 19. Jahrhundert hat sich die sprachwissenschaftliche Dreiteilung in ober-, mittel- und niederdeutsche Sprach- und Mundartenlandschaften eingebürgert – vgl. Sowinski, Bernhard: ‚Mitteldeutsch' als sprachgeographischer Begriff, in: Mitteldeutsches Jahrbuch für Kultur und Geschichte 5 (1998), S. 33–36, sowie den Beitrag von Gotthard Lerchner in diesem Band.

8 Der Begriff „Territorialrevolution" umschreibt die Territorialveränderungen zwischen 1802/03 (preußisch-französischer Vertrag/Reichsdeputationshauptschluß) und 1815 (Wiener Kongreß), die v. a. den süd- und westdeutschen Raum betrafen; doch schuf die vom Wiener Kongreß sanktionierte und durch die Gebietsabtretungen Sachsens an Preußen erweiterte Territorialrevolution auch im hier betrachteten „mitteldeutschen" Raum eine gründlich veränderte Territorialstruktur mit der preußischen Großprovinz Sachsen (1816/1944), dem amputierten Königreich Sachsen und den damals nahezu unveränderten Kleinstaaten Anhalts (Zusammenschluß 1863) und Thüringens (Zusammenschluß 1920) als Integrationskernen der heutigen Länderstruktur; die einer zweiten Territorialrevolution gleichkommenden preußischen Annexionen 1866 betrafen v. a. den hannoveranisch-hessischen Raum und im hier betrachteten „mitteldeutschen" Raum nur den bis dahin kurhessischen Kreis Schmalkalden, der bis 1944 zur neuen preußischen Provinz Hessen-Nassau kam – vgl. zu diesen und weiteren Angaben über Territorialgeschichte, Genese und Strukturen der politisch-administrativen Landschaft auch den entsprechenden Text des Vf. in diesem Band.

9 Zusammen mit Hessen verkörperten Anhalt (drei Herzogtümer, 1863 Herzogtum Anhalt) und Thüringen (zwölf, seit 1826/48 acht ernestinische, schwarzburgische und reußische Herzog- und Fürstentümer, 1920 Land Thüringen) nach 1815 die „mitteldeutsche" Hauptzone verbliebener kleinstaatlicher Gebiete; in diesen

zusammenhängender Regionalprobleme lösbar. Seitdem griff allmählich der Gedanke durchgreifender Territorialreformen um sich. Der Druck neuer Wirtschafts- und Integrationsprozesse im Umfeld der Reichsgründung, nach der Jahrhundertwende und im Ersten Weltkrieg verstärkte dies. Im provisorischen Norddeutschen Bund und im Kaiserreich blieb eine Territorialreform allerdings chancenlos. Erst das revolutionsbedingte Ende der Dynastien 1918 und die Weimarer Republik rückten sie in den Bereich des Möglichen.

In der „Reichsreform"-, Neugliederungs- und Großraum-Euphorie der 1920er/30er Jahre verdichtete sich solches Gedankengut zur Vision einer „Einheit Mitteldeutschlands"[10]. Sie schloß höchst gegensätzliche politische Positionen und konkurrierende Pläne ein[11]. Teils wiesen sie in einen administrativen Großraum, teils in die Länderstruktur nach 1945 bzw. 1990. Die Gaue der NS- und die Bezirke der DDR-Zeit bildeten zwischendurch neue Regionalstrukturen. Nach 1990 wurde wieder auf die einstigen „Mitteldeutschland"-Pläne zurückgegriffen. Erneut verbanden sich damit sehr unterschiedliche Absichten: sei es, um ein entsprechendes Großland oder ein enges Zusammenwirken der 1990 wiedergegründeten Länder Sachsen-Anhalt, Sachsen und Thüringen zu fordern – sei es, um ihre jeweils prägende Rolle in der mitteldeutschen Geschichte herauszustellen und das entsprechende Landesbewußtsein zu stärken. Dazwischen lag der bundesdeutsche Sprachgebrauch der Zeit des Kalten Krieges und der deutschen Zweistaatlichkeit, der die gesamte DDR als „Mitteldeutschland" bezeichnete und dabei die 1945 „verlorenen deutschen Ostgebiete" mit im Blick hatte.

---

drei Regionen lagen 20 der anfangs 39 Staaten des Deutschen Bundes – zu den Zusammenschlußtendenzen 1848 in Thüringen und Anhalt vgl. Anm. 211.

10 Vgl. Mitteldeutschland auf dem Wege zur Einheit. Denkschrift über die Wirkung der innerstaatlichen Schranken, Merseburg 1927; diese Denkschrift wurde vom Provinzialausschuß und vom Landeshauptmann der preußischen Provinz Sachsen auf dem Höhepunkt damaliger „Reichsreform"-Debatten im Vorfeld einer entsprechenden Reich-Länder-Konferenz (Januar 1928) veröffentlicht; ihr gingen Initiativen, Verhandlungen und Beschlüsse des Hallenser Wirtschaftsverbandes Mitteldeutschland, des Magdeburger Oberbürgermeisters und des Merseburger provinzsächsischen Landtages mit dem Ziel voraus, die „innerstaatlichen Schranken des Mitteldeutschen Wirtschaftsbezirkes … durch Eintritt der Länder Thüringen, Anhalt und Braunschweig in den Verband des Preußischen Staates" zu beseitigen – zit. nach: Mitteldeutschland. Reden und Beschlüsse des Landtages der Provinz Sachsen, Merseburg 1927, S. 3; damit vertrat die Denkschrift eine Gesamtlösung mit der Provinz Sachsen als Kern und ohne den Freistaat Sachsen; sie löste eine Flut kontroverser Schriften und Stellungnahmen aus; unter deren Eindruck korrigierte der herausgebende Landeshauptmann Erhard Hübener (DDP) 1929/30 seine Position; er schlug nun eine der heutigen Länderstruktur entsprechende arrondierend-dreiteilende Neugliederung in Sachsen-Anhalt, Großthüringen und Sachsen vor – vgl. (Erhard) Hübener: Die Neugliederung Mitteldeutschlands, in: Reich und Länder III (1929/30), S. 212–223.

11 Zum Überblick über die verschiedenen Pläne vgl. v. a. Thormann, Hanns; Staab, Erich: Der mitteldeutsche Raum. Seine natürlichen, geschichtlichen und wirtschaftlichen Grenzen, Merseburg 1929; Steinberg, Heinz-Günter: Pläne zur Neugliederung Mitteldeutschlands in den Jahren der Weimarer Republik, in: Studien zur territorialen Gliederung Deutschlands im 19. und 20. Jahrhundert (Historische Raumforschung 9), Hannover 1971, S. 149–216; Berndt, Roswitha: Das Projekt „Mitteldeutschland" in den Reichsreformplänen der Weimarer Republik, in: Jahrbuch für Regionalgeschichte 16/I (1989), S. 147–155; Tullner, Mathias: Die Entstehung der Konzeption von „Sachsen-Anhalt" und das Problem der föderalen Neugliederung Mitteldeutschlands in der Zeit der Weimarer Republik, in: Blätter für deutsche Landesgeschichte 131 (1995), S. 305–329, sowie dessen Beitrag in diesem Band; zur gesamten „Reichsreform"-Debatte vgl. Anm. 28 und den Beitrag des Vf. in diesem Band.

All das verweist auf die Problematik des ebenso gern wie unbedacht als „mitteldeutsch" apostrophierten Geschichtsraumes, in dem der Mitteldeutsche Rundfunk (MDR) laut Sendeauftrag „Identität" stiften soll. Nun kann man sich auf den Standpunkt stellen, es sei gar nicht einzusehen, was daran problematisch sein solle. Das sei doch klar. Es gehe um das Zusammenwirken oder den Zusammenschluß Sachsens, Thüringens und Sachsen-Anhalts und um den entsprechenden historischen Rückblick. Die Synthesepläne der 1920er/30er Jahre hätten den Weg gewiesen und brauchten nur wieder aufgegriffen zu werden. Man kann ganz pragmatisch vom heutigen MDR-Sendegebiet ausgehen und einfach sagen: Es gehe um die Geschichte dieser drei Länder, die deren Bewohnern multimedial nahezubringen sei. Die MDR-Filmserie solle dafür gleichsam das „Gedächtnis Mitteldeutschlands" schaffen[12].

Sucht man inhaltliche Zugänge, so öffnet sich ein weites Feld. Man kann „Mitteldeutschland" natur- oder sozialgeographisch verorten: als einen spätere Geschichtswege vorherbestimmenden Naturraum – oder als einen davon eher unabhängigen, erst gesellschaftlich geschaffenen, konstruierten, symbolisch angeeigneten Sozial- und Kulturraum.[13] Man kann sich einen „mitteldeutschen Kulturraum" ebenso bodenständig wie volks- und lebensgemeinschaftlich vorstellen und dabei – wie die Kulturraum-Forschung nach 1918 – in fatale Nähe zu einer „Blut und Boden"-Ideologie geraten[14]. Man kann in den Kategorien der vier Him-

---

12 Vgl. Symposium zur „Geschichte Mitteldeutschlands" am 8. Juni 1996 in Leipzig (MS-Druck); Konzept für die TV-Sendereihe Geschichte Mitteldeutschlands (MS-Druck); Wortprotokolle zur konstituierenden Sitzung des Kuratoriums „Geschichte Mitteldeutschlands" am 10. April 1997 in Leipzig sowie der zweiten Sitzung des Kuratoriums am 18./19. Oktober 1997 in Quedlinburg, der dritten Sitzung am 13./14. Juni 1998 in Altenburg und der vierten Sitzung am 29./30. Mai 1999 in Görlitz (MS-Drucke); konstruktionsanalytisch, leider auf zu schmaler empirischer Basis vgl. Koch, Mandy: Die Konstruktion der Region Mitteldeutschland. Formen signifikativer Regionalisierungen durch die Medien, wiss. Hausarbeit am Institut für Geographie der Universität Jena, Jena 2000 (MS); zur Resonanz und Auswertung der ersten Sendestaffel vgl. Presseveröffentlichungen Juni 1999 bis Juni 2000 zur ersten Staffel (MS-Druck); Universität Leipzig. Institut für Kommunikations- und Medienwissenschaft: Geschichte Mitteldeutschlands (MDR). Auswertung der Zuschauerdaten und Filmanalyse der ersten Staffel: Pilotfilm und fünf Folgen 17. Oktober bis 28. November 1999 (MS-Druck); Geschichte Mitteldeutschlands. Das Begleitbuch zur Fernsehserie, hrsg. vom Mitteldeutschen Rundfunk, Halle 2000.

13 Vgl. auch den Text von Günther Schönfelder in diesem Band sowie Werlen, Benno: Sozialgeographie. Eine Einführung, Bern, Stuttgart, Wien 2000.

14 So z. B. der Leipziger Kulturraum-Forscher Rudolf Kötzschke mit seinen Staats-, Volks- und Kulturboden-Konzepten – vgl. z. B. seinen oft zitierten Vortrag über „Nationalgeschichte und Landesgeschichte" vor dem Thüringisch-Sächsischen Geschichtsverein in Halle 1924, in: Fried, Pankraz (Hrsg.): Probleme und Methoden der Landesgeschichte, Darmstadt 1978, S. 13–37 und seine Mitwirkung an dem interdisziplinären Sammelwerk Ebert, Wolfgang; Frings, Theodor; Gleißner, Käthe; Kötzschke, Rudolf; Streitberg, Gerhart: Kulturräume und Kulturströmungen im mitteldeutschen Osten, 2 Bde., Halle 1936 (vgl. auch Anm. 193); Kötzschke bearbeitete dort den Teil „Geschichte" mit den Schwerpunkten Staat, Kirche, Recht, Siedlung und Verkehr; zu Kötzschke und der Leipziger Kulturraumforschung vgl. Heß, Ulrich: Leipziger Regionalforschung im 20. Jahrhundert, in: Dillmann, Edwin (Hrsg.): Regionales Prisma der Vergangenheit. Perspektiven der modernen Regionalgeschichte (19./20. Jahrhundert) (Saarland Bibliothek 11), St. Ingbert 1996, S. 47–65, sowie – freilich beschönigend – Blaschke, Karlheinz: Rudolf Kötzschke – Sein Werk und seine Nachwirkung, in: Haase, Gunther; Eichler, Ernst (Hrsg.): Fortschritte der Forschung, Berlin 1996, S. 437–450; Held, Wieland: Das Seminar für Landesgeschichte und Siedlungskunde an der Universität Leipzig. Der Weg dieser wissenschaftlichen Einrichtung seit der Gründung vor 90 Jahren, in: Neues Archiv für sächsische Geschiche 67 (1996), S. 201–233;

melsrichtungen denken und meinen, zu Nord-, Süd-, Ost- und Westdeutschland gehöre nun einmal ein „Mitteldeutschland als fünfter Großraum"[15]. Man kann die „Einheit in der Vielfalt mitteldeutscher Geschichte"[16] suchen – oder dies als hoffnungsloses Unterfangen abtun. Man kann die kleinteiligen und vielgliedrigen Strukturen dieses Geschichtsraumes beklagen oder preisen, als Not oder Tugend ansehen: als entwicklungshemmend, lähmend, die politische Kultur zersplitternd und so autoritäre Wege begünstigend – oder als schöpferische Kräfte vervielfältigende Strukturen, die vernetzend und verdichtend, alles in allem eher ausgleichend, entwicklungs- und demokratiefördernd wirkten[17]. Man kann mit Stolz auf die Leistungen „mitteldeutscher Geschichte" und die von diesem bildungs-, kultur- und wirtschaftsintensiven Raum ausgehenden Impulse blicken – oder ihn als unter dem Zugriff fremder Mächte leidend betrachten, wobei meist Preußen in der Rolle des Übeltäters erscheint. Man kann in „Mitteldeutschland" ein bezeichnendes Beispiel kleinteiliger „Misere" deutscher Geschichte sehen – oder es für eigenständige Geschichtswege eines „dritten Deutschlands"[18] zwischen den einstigen Polen Preußen und Österreich in Anspruch nehmen.

---

ders.; Schirmer, Uwe (Hrsg.): Rudolf Kötzschke und das Seminar für Landesgeschichte und Siedlungskunde an der Universität Leipzig. Heimstatt sächsischer Landeskunde (Schriften der Rudolf-Kötzschke-Gesellschaft 1), Beucha 1999; zur Genese der Kulturraumforschung vgl. Schorn-Schütte, Luise: Territorialgeschichte-Provinzialgeschichte-Landesgeschichte – Regionalgeschichte. Ein Beitrag zur Wissenschaftsgeschichte der Landesgeschichtsschreibung, in: Jäger, Helmut u. a. (Hrsg.): Civitatum communitas. Studien zum europäischen Städtewesen. Festschrift für Heinz Stoob zum 65. Geburtstag, Teil 1, Köln, Wien 1984, S. 390–416; Ernst Pitz: Neue Methoden und Betrachtungsweisen in der landesgeschichtlichen Forschung nach 1918, in: Blätter für deutsche Landesgeschichte 124 (1988), S. 483–506.

15 Blaschke, Karlheinz: Mitteldeutschland als geschichtlich-landeskundlicher Begriff (vervielfältigtes MS), S. 1.

16 Vgl. im Kontext der „Mitteldeutschland"-Debatten der 1920er/30er Jahre z. B. Möllenberg, Walter: Sachsen und Anhalt. Zur geschichtlichen Einheit des mitteldeutschen Raumes, in: Sachsen und Anhalt 8 (1932), S. 1–5; mit Blick auf die Vorgeschichte der heutigen Länder Sachsen-Anhalt und Thüringen vgl. z. B. Tullner: Geschichte des Landes Sachsen-Anhalt (Anm. 2), S. 12; Günter, Roland: Hexenkessel. Ein Reisehandbuch zu Sachsen-Anhalt, Halle 2000, S. 12, oder Werner, Matthias: Thüringen und die Thüringer zwischen Völkerwanderungszeit und Reformation. Die mittelalterlichen Grundlagen von Vielfalt und Einheit in der thüringischen Geschichte, in: Vom Königreich der Thüringer zum Freistaat Thüringen. Texte einer Vortragsreihe zu den Grundzügen thüringischer Geschichte, Erfurt 1999, S. 11–42.

17 Solche Kontrasturteile beziehen sich vor allem auf das bis 1920 kleinstaatliche Thüringen – vgl. z. B. Dornheim, Andreas: Thüringen – territorial und politisch-kulturell zersplittert, in: Der Bürger im Staat (Landeszentrale für politische Bildung Baden-Württemberg) 43 (1993, Hf. 4: „Die neuen Bundesländer"), S. 264–270 und als Gegenposition John, Jürgen: Kleinstaaten und Kultur oder: der thüringische Weg in die Moderne, in: ders. (Hrsg.): Kleinstaaten und Kultur in Thüringen vom 16. bis 20. Jahrhundert, Weimar, Köln, Wien 1994, S. XIII-LXI; ders.: Die Thüringer Kleinstaaten – Entwicklungs- oder Beharrungsfaktoren?, in: Blätter für deutsche Landesgeschichte 131 (1995), S. 91–149.

18 Vgl. z. B. Lässig, Simone: Reformpotential im „dritten Deutschland"? Überlegungen zum Idealtypus des Aufgeklärten Absolutismus, in: Aurig, Rainer u. a. (Hrsg.): Landesgeschichte in Sachsen. Tradition und Innovation (Studien zur Regionalgeschichte 10), Bielefeld 1997, S. 187–215; Mommsen, Hans: Ein „drittes Deutschland", in: Grebing, Helga u. a. (Hrsg.): Demokratie und Emanzipation zwischen Saale und Elbe. Beiträge zur Geschichte der sozialdemokratischen Arbeiterbewegung bis 1933 (Veröffentlichungen des Instituts zur Erforschung der Europäischen Arbeiterbewegung A/4), Essen 1993, S. 11–16; Rudolph, Karsten: Epoche und demokratische Frage, in: ders.; Wickert, Christl (Hrsg.): Geschichte als Möglichkeit. Über die Chancen von Demokratie. Festschrift für Helga Grebing, Essen 1995, S. 70–88, sowie dessen Beitrag in diesem Band; diesem Konzept folgten das Bochumer Forschungsprojekt „Demokratie in Mitteldeutschland. Demokratische Bewe-

All dies ist möglich, löst aber die Problematik nicht, sondern läßt sie in um so schärferem Lichte erscheinen. Die pragmatische Sicht auf die Geschichte der drei Länder des MDR-Sendegebietes umgeht die inhaltlichen Probleme ihres tatsächlichen oder vermeintlichen Verbundes. Sicher lohnt der Gesamtblick auf die Geschichte dieser drei Länder. Er weist über den Kirchturmhorizont jeweiliger Landesgeschichte hinaus in regional vergleichende Bahnen. Doch werden dabei neben den Gemeinsamkeiten sehr bald die Unterschiede deutlich. Die Absicht, „Mitteldeutschland" als einheitlichen Geschichtsraum zu präsentieren, um so regionale „Identität" zu schaffen, geht an der historischen Realität vorbei. Solche Beschwörung „mitteldeutscher Identität" kontrastiert zudem mit den um „Landesidentität" bemühten Absichten. Auch steht die Suche nach historischer „Identität des Sendegebietes" in keiner unproblematischen Traditionslinie. Schon einmal hat man sich in diesem Sendegebiet grundsätzlich mit solchen Fragen befaßt. 1938 machte sich eine Vortragsreihe im damaligen „Sendegebiet des Reichssenders Leipzig" (vormals Mitteldeutsche Rundfunk AG) Gedanken über die „geschichtlichen Grundlagen des mitteldeutschen Volkstums"[19]. Daß dies alles andere als unpolitisch gemeint war, dürfte – zumal nach jüngsten Erkenntnissen über die verhängnisvolle Rolle historischer „Raum-" und „Volkstums"-Forschung vor und nach 1933 – klar sein.

Eine aus der geographischen und politischen Mittellage oder aus der Regional- und Volkskultur abgeleitete „mitteldeutsche" Geschichtsgemeinschaft ist eher ein Gedankenspiel denn historisch belegbar. Selbst die dafür besonders gern bemühte Sprachgeschichte gibt keinen Anhaltspunkt[20]. Die mitteldeutschen Mundarten sind allein im Nord-Süd-Vergleich des Nieder- und Oberdeutschen bestimmbar. Sie erstrecken sich von West bis Ost, reichen damit weit über das Gebiet der heutigen Länder Sachsen, Thüringen und Sachsen-Anhalt hinaus und erfassen nur einen Teil dieses Gebietes. Die geographischen Wissenschaften verstanden bis ins 20. Jahrhundert unter „Mitteldeutschland" das gesamte „mittelgebirgige Deutschland" zwischen der süddeutschen Hochgebirgszone und dem norddeutschen Tiefland. Dem folgten auch die kulturgeographischen Anfänge der Volkskunde mit ihrem Versuch, die Charak-

---

gungen und Politik in Sachsen, Thüringen und Anhalt 1830–1930" (1992–1995, Abschlußbericht, MS-Druck 1995) und ihre Reihe „Demokratische Bewegungen in Mitteldeutschland".

19 Vgl. Franz, Günther (Hrsg.): Die geschichtlichen Grundlagen des mitteldeutschen Volkstums. Eine Vortragsreihe, in: Das Thüringer Fähnlein. Monatshefte für die mitteldeutsche Heimat 7 (1938), S. 361–405; die Vorträge wurden auf Aufforderung des Reichssenders Leipzig im Rundfunk gehalten; mit dieser Vortragsreihe trat die 1937 zusammen mit der staatlichen „Thüringischen Historischen Kommission" gegründete „Anstalt für geschichtliche Landeskunde" an der Universität Jena erstmals öffentlich hervor; sie enthielt neun Beiträge über „Die Vor- und Frühgeschichte Mitteldeutschlands" (G. Neumann), „Der mitteldeutsche Raum und seine geographischen Grundlagen" (F. Koerner), „Siedlungsströme im mitteldeutschen Raum" (E. Maschke), „Die staatliche Entwicklung Mitteldeutschlands" (W. Flach), „Das mitteldeutsche Recht" (H. Schultze v. Lasaulx), „Die Grundlagen der Volkssprache in Mitteldeutschland" (H. Hucke), „Das Brauchtum in Mitteldeutschland" (P. Liss), „Die Literatur Mitteldeutschlands" (A. Witte) und „Die Kunst Mitteldeutschlands" (W. Meinhof) sowie den zusammenfassenden Beitrag „Das mitteldeutsche Volkstum" (G. Franz); zu Franz vgl. neuerdings Behringer, Wolfgang: Bauern-Franz und Rassen-Günther. Die politische Geschichte des Agrarhistorikers Günther Franz (1902–1992), in: Schulze, Winfried; Oexle, Otto Gerhard (Hrsg.): Deutsche Historiker im Nationalsozialismus, Frankfurt 1999, S. 114–141.

20 Vgl. den Beitrag von Gotthard Lerchner in diesem Band.

teristika der „mitteldeutschen Volksgruppen" aus dieser geographischen Lage zu erklären[21]. Beharrungsfähige und regional eigenständige ältere Volkskulturen sind nach 1800 überformt und eingeebnet worden. Moderne Basis- und Massenkulturen wurden von ganz anderen Einflüssen geprägt. Die kulturkritisch-kompensatorische Suche nach einem „mitteldeutschen Stammes- und Volkscharakter" führte denn auch prompt zu „völkisch-rassischen" Argumenten[22]. Daß der Naturraum das geschichtliche Handeln und den Charakter der Bewohner über Jahrhunderte hinweg bestimmt habe, behaupten heute wohl nur noch unbelehrbare Physiogeographen. In politischer Hinsicht lag der als „mitteldeutsch" bezeichnete Raum keineswegs stets in der „Mitte Deutschlands". Er war in der West-Ost-Perspektive mehrfach Grenzraum[23]. Zwar gilt das thüringische Niederdorla seit 1990 als einer der geographischen Mittelpunkte der heutigen Bundesrepublik. Der Freistaat Sachsen aber liegt an deren östlicher Grenze. Er kann nur noch in der Nord-Süd-Perspektive als „mitteldeutsch" gelten.

Von einer frühen, durch gemeinsame und dauerhafte Strukturen geprägten „mitteldeutschen Geschichtslandschaft" kann keine Rede sein. Das Bild stellt sich für diese ja noch vorstaatliche Zeit außerordentlich vielgestaltig, wechselnd und schillernd dar. Die dürftige Quel-

---

21 So v. a. der als Mitbegründer der deutschen Volkskunde geltende Kulturgeograph Wilhelm Heinrich Riehl im „Land und Leute" betitelten 1. Teil seiner „Naturgeschichte des Volkes als Grundlage einer deutschen Sozial-Politik": „Erstlich nehme ich den Ausdruck ‚Mitteldeutschland' stets als gleichbedeutend mit dem ‚mittelgebirgigen' Lande, wie es sich in dem oben beschriebenen Dreieck von Schlesien und Sachsen herüberzieht bis an den Niederrhein und in die gewisse westliche Schweiz, so daß Thüringen und Obersachsen nicht sowohl als Zentrum, denn als Spitze und Übergangsgebiet dieser Gruppe erscheint. – zit. nach Riehl, Wilhelm Heinrich: Vom deutschen Land und Volke. Eine Auswahl, hrsg. v. Paul Zaunert, Jena 1922, S. 38; charakteristisch für die Volksgruppen dieses Gesamtraumes seien „Individualisierung im Guten und Schlimmen", „Mangel an innerer Einheit", „Zerrissenheit", soziale Auflösung, Gemengelagen von Resten „echten Volkstums" mit „zersetztem, verwittertem Volksleben"; mit diesen Befunden einer von der Industrialisierung geprägten Übergangszeit zu Beginn der zweiten Hälfte des 19. Jahrhunderts beschrieb Riehl dieses „Mitteldeutschland" als einen Raum, in dem „die widersprechendsten Charakterzüge des deutschen Volkslebens zusammengedrängt und untereinander gemengt sind" und so eine „bunte Enzyklopädie unserer Gesellschaft" bilden (S. 41); zu Riehl vgl. auch Steinbach, Peter: Wilhelm Heinrich Riehl, in: Wehler, Hans-Ulrich (Hrsg.): Deutsche Historiker, Bd. VI, Göttingen 1980, S. 37–54, sowie den Beitrag von Michael Simon in diesem Band.

22 Vgl. z. B. Wähler, Martin: Mitteldeutschland in volkscharakterologischer Betrachtung, in: Lüttgens: Mitteldeutschland (Anm. 1), S. 43–70; ders.: Die Bewohner Mitteldeutschlands. Eine volkscharakterologische Betrachtung, in: Mitteldeutsche Blätter für Volkskunde 5 (1930), S. 133–151; vgl. auch Jacobeit, Wolfgang u. a. (Hrsg.): Völkische Wissenschaft. Gestalten und Tendenzen der deutschen und österreichischen Volkskunde in der ersten Hälfte des 20. Jahrhunderts, Wien 1994.

23 Vom 6. bis 10. Jahrhundert bildeten mittlere Elbe und Saale die Grenze germanisch-slawischer Siedlungsgebiete. Mit der mittelalterlichen Ostausdehnung des deutschen Reiches wurden die westlich dieser Linie liegenden Grenz- zu Mittelgebieten, die östlichen „Neusiedelgebiete" zu „ostdeutschen". Erst seit der neuzeitlichen Ausdehnung Brandenburg-Preußens kann der Raum der heutigen drei Länder auch in der West-Ost-Perspektive als „mitteldeutsches" Kernland des Alten Reiches, des Deutschen Bundes und des Deutschen Reiches gelten. Nach dem Untergang des NS-Regimes und des Reiches 1945 gehörte es im alliiert besetzten Vierzonen-Deutschland zur sowjetischen Besatzungszone zwischen der neuen polnischen Staatsgrenze im Osten und der Interzonengrenze im Westen und Süden, die seit 1948/49 zur Staatsgrenze und zum „Eisernen Vorhang" zwischen den Blöcken des „Kalten Krieges" wurde. In dieser extremen Grenzlage bildeten die Länder Sachsen-Anhalt, Thüringen und Sachsen bzw. die 1952 aus ihnen hervorgehenden Bezirke den industriellen Süden der DDR.

lenlage der Frühzeit hat freilich immer wieder Raum für Spekulationen gegeben. So bezogen sich moderne Visionen einer „Einheit Mitteldeutschlands" gern auf das Thüringer Königreich der Völkerwanderungszeit[24]. Denn dieser Stammesverband ist eigentlich nur archäologisch bzw. durch sehr spärliche und vage schriftliche Quellen belegt. Und das beflügelt die Phantasie. Die Berufung auf größere Herrschaftsgebiete des späten Mittelalters läßt außer acht, daß sie durch Neuzeit und Moderne überformt worden sind und so einen tiefgreifenden Gestaltwandel erfuhren. Als Identifikations- und Integrationsraum realer Lebensbezüge ist „Mitteldeutschland" erst durch die Industrialisierungs- und Modernisierungsprozesse seit 1800 geprägt worden. Ob sich damit eine eigenständige „mitteldeutsche" Region oder nur eine „mentale Landschaft" und fiktive Sinnordnung ausbildete, ist bis heute strittig.

Der moderne „Schmelztiegel der Geschichte" habe die alten Stämme und dynastischen Zufälligkeiten eingeebnet, hieß es 1932 in einem Aufsatz „zur geschichtlichen Einheit des mitteldeutschen Raumes"[25]. Er war deutlich auf diese neue Situation zugeschrieben und zeigt, welcher Verrenkungen es bedarf, um aus der heterogenen Geschichte dieses Raumes seine historisch gewachsene „Einheit" abzuleiten. Nicht weniger Gedankenakrobatik übten jene Gegenstimmen, die dem alte „völkische Stammeseinheiten" als Grundlage moderner Territorialstrukturen entgegenstellten. Man wolle nicht in einem „mitteldeutschen Brei versinken", erklärte 1933 ein nationalsozialistischer „Kampfruf zur Erlösung Thüringens"; die Thüringer seien „Träger eines Stammesgedankens" und nicht „das sauber zusammengeschriebene ‚mitteldeutsche' Volk. Solche Einheit läßt sich wohl zusammenkonstruieren; zusammenleben würde sie sich nicht."[26] Bis heute scheiden sich die Geister an der Frage, ob „Mitteldeutschland" überhaupt eine historisch gewachsene Region sei. Die einen bejahen dies und meinen, sie müsse nur noch administrativ vollendet werden. Andere sprechen im Unterschied etwa zu Niedersachsen, Nordrhein-Westfalen, Rheinland-Pfalz oder Baden-Württemberg von einer gescheiterten Regionsbildung.

Der heutige Rückgriff auf die „Mitteldeutschland"-Pläne der 1920er/30er Jahre unterstellt ein kaum realitätsgerechtes Kontinuitäts- und Einheitsstreben. Die „großmitteldeutschen" Visionen wichen kleinteiligeren Neugliederungsplänen[27]. Und diese wiesen in die heutige Länderstruktur. Sie waren offenkundig realitätsgerechter als technokratische „Gesamtlösungs"Konzepte, obwohl ihre Verfechter anfangs den Großraumvisionen anhingen und sie zunächst alles andere im Sinn hatten, als etwa ein Land „Sachsen-Anhalt" zu schaffen. Zwar konnten weder die einen noch die anderen durchgesetzt werden. Doch hing das weniger mit den Besonderheiten der Region zusammen als vielmehr mit dem Gesamtverlauf damaliger

---

24 So z. B. Steudel: Mitteldeutschland (Anm. 1), S. 9: „Zum ersten- und letztenmal zeigt uns in diesem Königreich Thüringen Mitteldeutschland eine politische Einheit. Es war die Thüringer Zeit Mitteldeutschlands".

25 Vgl. Möllenberg: Sachsen und Anhalt (Anm. 16).

26 Achler, Heinrich: Unerlöstes Thüringen. Thuringia irredenta. Ein Beitrag zur Einheit Thüringens, Weimar 1933, S. 60; ähnlich auch Greiner, Wilhelm: Die Kultur Thüringens. Eine deutsche Stammesleistung, Gotha 1937.

27 Vgl. Anm. 10 u. 11, sowie den Beitrag von Mathias Tullner in diesem Band.

„Reichsreform"-Debatten[28]. All ihre Pläne scheiterten. Ideell wurden sie zu einer Domäne der politischen Rechten und gegen die Weimarer Republik instrumentalisiert. Allein das Land Thüringen kam 1920 durch eine größere Territorialreform auf demokratischem Wege zustande. Doch unterlag es bald dem Zugriff der Nationalsozialisten, die hier 1930/31 erstmals Regierungsgewalt ausübten. Nach der „Machtergreifung" im Reich lösten sie dann das Problem auf ihre Weise: Sie stülpten der Länderstruktur die ihrer NSDAP-Gaue über. Nicht der demokratische, sondern der autoritäre Neugliederungsweg setzte sich durch und transportierte entsprechendes Gedankengut. „Raum" und „Volkstum" als Schlüsselbegriffe damaliger Neugliederungs- und „Mitteldeutschland"-Pläne gingen ebenso wie mit Autarkie-Konzepten zum Schutz des Binnenmarktes verbundene Großraum-Visionen in die NS-Konzepte expansiver „Neuordnung Europas" ein. Das alles wollen heutige Verfechter erneut techokratischer „Mitteldeutschland"-Pläne freilich nicht wahrhaben und meinen unverdrossen, an die früheren Projekte wieder anknüpfen zu können. Zudem sind die Aktions- und Denkzentren heute ganz andere als in den 1920er/30er Jahren. Damals trat die wirtschaftlich florierende preußische Provinz Sachsen als Initiativ- und Kernzone hervor. Heutige Zusammenschlußpläne gehen meist vom Freistaat Sachsen aus und betrachten Sachsen-Anhalt als Aufteilungsmasse.

Die Vision einer wirtschafts- und kulturräumlichen „Einheit Mitteldeutschlands" ist ebenso verführerisch wie problematisch. Zweifellos haben sich entsprechende Denkmodelle, Theorie- und Forschungskonzepte als innovativ erwiesen. Sie ermöglichen das Zusammenwirken verschiedener Fachgebiete. Solch komplexe kultur-, wirtschafts- und strukturgeschichtlichen Zugriffe können helfen, im territorialen und dynastischen Verwirrspiel des Mittelalters und der Frühen Neuzeit einigermaßen den Überblick zu behalten. Doch sind die Kulturraum-Konzepte letztlich auch nur ziel-, erkenntnis- und interessengeleitete Konstrukte der Forscher, die sich in den Dienst der jeweiligen politischen Systeme stellten oder diese in ihrem Sinne beeinflussen wollten. Gerade deshalb gerieten sie nach der Weltkriegsniederlage 1918 in den Sog „völkisch"-raumbezogenen Denkens und revisionistischer Politik und leisteten dann nach 1933 ihren Beitrag zur nationalsozialistischen „Neuordnung Europas"[29].

---

28 Vgl. u. a. Wagner, Helmut H. F.: Die territoriale Gliederung Deutschlands in Länder seit der Reichsgründung. Eine politologische Studie zur Raumordnung, in: Studien zur territorialen Gliederung Deutschlands (Anm. 11), S. 1–148; John, Jürgen: Reichsreformdiskussion in der Weimarer Republik, in: Huhn, Jochen; Witt, Peter-Christian (Hrsg.): Föderalismus in Deutschland. Traditionen und gegenwärtige Probleme (Schriften zur Innenpolitik und zur kommunalen Wissenschaft und Praxis 8), Baden-Baden 1992, S. 101–126; Burg, Peter: Die Neugliederung deutscher Länder. Grundzüge der Diskussion in Politik und Wissenschaft (1918 bis 1996) (Geschichte 12), Münster 1996; Matz, Klaus-Jürgen: Länderneugliederung. Zur Genese einer deutschen Obsession seit dem Ausgang des Alten Reiches (Historisches Seminar NF 9), Idstein 1997; vgl. auch dessen Beitrag sowie den Beitrag des Vf. über die „Reichsreform"-Problematik in diesem Band.

29 Vgl. u. a. Ditt, Karl: Raum und Volkstum. Die Kulturpolitik des Provinzialverbandes Westfalen 1923–1945 (Veröffentlichungen des Provinzialinstituts für westfälische Landes- und Volksforschung des Landschaftsverbandes Westfalen-Lippe 26), Münster 1988; Oberkrome, Willi: Volksgeschichte. Methodische Innovation und völkische Ideologisierung in der deutschen Geschichtswissenschaft 1918–1945, Göttingen 1993; Jacobeit u. a.: Völkische Wissenschaft (Anm. 22); Schöttler, Peter (Hrsg.): Geschichtsschreibung als Legitimationswissenschaft 1918–1945, Frankfurt 1997; Schulze; Oexle: Deutsche Historiker (Anm. 19).

Die geschichtliche „Einheit Mitteldeutschlands" beschwörende Großraum-Konzepte können sich kaum positiv auf ältere, dauerhaft-gemeinsame und integrationsfähige Territorial-, Staats- und Verwaltungsstrukturen berufen. Sie argumentieren eher negativ mit der Notwendigkeit, kleinteilige Strukturen großräumig zu überwinden. Bis heute ist ein solches Großland „Mitteldeutschland" nicht zustande gekommen. Doch würde es das „Identitäts"-bemühte Argumentations-Dilemma nicht lösen, sondern nur auf eine andere Ebene verlagern. Das zeigt schon der vergleichende Blick auf die nach 1945 in den westalliierten Besatzungszonen bzw. der alten Bundesrepublik gebildeten Groß- und Bindestrich-Länder. Zweifellos haben sie wirtschaftlich und sozial integrierend gewirkt. Doch ließen sich die einstigen technokratischen Großraum-Visionen nur schwer in entsprechende „Identitäts"-Argumente ummünzen und die frühere Negativsicht auf die Vorgängerterritorien kaum ins Positive eines gemeinsamen Landesbewußtseins wenden. Ältere und engere Heimat- und Landesbindungen galt es zu überwinden, zumal sie noch lange für Versuche benutzt wurden, die ungeliebte Neugliederung wieder rückgängig zu machen. Die Besonderheiten der Vorgängerterritorien sind erinnerungskulturell eher eingeebnet als bewahrt worden[30].

Im kleineren Maßstab haben das im „mitteldeutschen" Raum die erst im 20. Jahrhundert gegründeten Länder Thüringen und Sachsen-Anhalt bereits vor Augen geführt. Der jeweilige Zusammenschluß wurde mit der historisch gewachsenen „wirtschaftlichen und kulturellen Einheit"[31] und mit der Notwendigkeit begründet, überholte Strukturen zu überwinden. Nach der Landesgründung ließ sich mit den bislang abwertend behandelten Vorgängerstrukturen kaum „Landesidentität" stiften. Statt dessen griff und greift man möglichst weit in die Geschichte zurück: auf das Thüringer Königreich der Völkerwanderungszeit, die sächsischen Herzogtümer des 9. bis 15. Jahrhunderts, die ottonische Reichs- und Ostpolitik des 10./11. Jahrhunderts oder die ludowingische Landgrafschaft Thüringen (1131/1247). Um die im größeren Verbund aufgegangenen kleineren Vorgängerterritorien ist es in beiden Ländern bis heute erinnerungskulturell schlecht bestellt. Das einstige Anhalt wird von der sachsen-anhaltischen Landesgeschichte ebenso stiefmütterlich behandelt wie das frühere preußische Thüringen von der thüringischen. Mit der für den einstigen „Kleinstaatenjammer"[32] verant-

---

30 Vgl. zu dieser Problematik auch Dorfey, Beate: Die Teilung der Rheinprovinz und die Versuche zu ihrer Wiedervereinigung (1945–1956). Das Rheinland zwischen Tradition und Neuorientierung, Köln 1993, den auf die „alten Bundesländer" bezogenen Bericht von Mohr, Arno: Politische Identität um jeden Preis? Zur Funktion der Landesgeschichtsschreibung in den Bundesländern, in: Neue Politische Literatur 35 (1990), S. 222–274, und den Beitrag von Dietmar v. Reeken in diesem Band.

31 Vgl. für Thüringen v. a. die Erfurter „Großthüringen"-Tagung mit den Referaten des Jenaer Zeiss-Geschäftsführers Max Fischer über „Thüringen als wirtschaftliche Einheit" und des Erfurter Museumsdirektors und späteren Reichskunstwarts Edwin Redslob über „Die kulturelle Einheit Thüringens", in: Groß-Thüringen. Öffentliche Versammlung am Sonntag, den 5. Januar 1919. Stenographische Niederschrift (Erfurt 1919), S. 5–22.

32 Vgl. Hofmann, Arthur: Thüringer Kleinstaatenjammer. Ein Weckruf an alle Thüringer ohne Unterschied der Parteizugehörigkeit, Saalfeld 1906; diese v. a. antipreußisch ausgerichtete sozialdemokratische Flugschrift löste erstmals seit der Thüringer Einigungsbewegung 1848 eine umfassende Debatte zur Lösung der „Thüringer Frage" aus, die nach 1918 in die zur Landesgründung führende Einigungsbewegung einging.

wortlich gemachten Dynastiegeschichte Thüringens und Anhalts läßt sich kaum oder nur auf Kosten republikanischer politischer Kultur „Landesidentität" erreichen[33].

Das auf Raumsynthese und Geschichtsgemeinschaft gerichtete „Mitteldeutschland"-Bild zeigt keine Beständigkeit. Es hat sich häufig gewandelt. Darunter hat man sich stets sehr Verschiedenes vorgestellt: sächsisch oder provinzsächsisch bestimmte Wirtschaftsregionen, thüringisch-anhaltische, thüringisch-fränkische, hessisch-thüringische oder sächsisch-thüringische Geschichtslandschaften etc. – ganz zu schweigen vom DDR-bezogenen und nach 1990 mitunter auf die „neuen Bundesländer" übertragenen politischen Gebrauch des Begriffs seit 1945. Als „mitteldeutsch" verstand und versteht man sich – wenn überhaupt – vor allem in Sachsen-Anhalt und seinen Vorgängerterritorien, konkurrierend in Sachsen, weit weniger hingegen in Thüringen, wo landesübergreifende Bezüge in viele Richtungen wiesen und weisen, nicht unbedingt aber in eine „mitteldeutsche" Gemeinschaft.

Auch der Blick in die einschlägige historische Literatur zeigt changierende Bezüge und „Mitteldeutschland"-Bilder im weiteren Sinne der gesamten „mittelgebirgigen Gebiete" wie im engeren Sinne des Gebietes der heutigen drei Länder Sachsen, Thüringen und Sachsen-Anhalt. Dem Bild von der Einheit „Sachsens und Anhalts"[34] und dem Bemühen, eine thüringisch-sächsische Geschichtsgemeinschaft im südlichen Teil der preußischen Provinz Sachsen nachzuweisen[35], stand die Vorstellung von den „obersächsisch-thüringischen Landen" als Kernraum „Mitteldeutschlands" bzw. des „mitteldeutschen Ostens"[36] gegenüber. Aus solch stammes- und volkstumsgeschichtlicher Perspektive „deutscher Ostbewegung" galt die Elbe als „schicksalsvolle deutsche Binnengrenze" zwischen „deutschem Mutterland" im Westen und „deutschem Neusiedelland" im Osten; dort sei zwischen „Ostniederdeutschem" nördlich

---

33 Als besonders problematische Beispiele solcher Versuche vgl. etwa Mast, Peter: Thüringen. Die Fürsten und ihre Länder, Graz u. a. 1992; Ignasiak, Detlef: Herrscher und Mäzene. Thüringer Fürsten von Hermenefred bis Georg II., Rudolstadt 1994; ders.: Regenten-Tafeln thüringischer Fürstenhäuser. Mit einer Einführung in die Geschichte der Dynastien in Thüringen, Jena 1996; ders.: Fürstenhäuser Thüringens (Mitteldeutsche Miniaturen 3), Bucha bei Jena 2000.

34 Vgl. etwa Sachsen und Anhalt. Jahrbuch der Historischen Kommission für die Provinz Sachsen und für Anhalt, hrsg. von R(obert) Holtzmann u. W(alter) Möllenberg, Bd. 1 (1925)–17 (1943), seit 1994 unter gleichem Titel und ohne konzeptionellen Neuansatz fortgesetzt; laut Geleitwort zum 1. Band 1925 sollte das Jahrbuch das „Zusammengehörigkeitsgefühl" stärken; viele Beiträge der ersten Jahrgänge lieferten historische Argumente für die provinzsächsischen „Mitteldeutschland"-Pläne.

35 Vgl. etwa die Jahresberichte des 1819 gebildeten, in Halle ansässigen „Thüringisch-Sächsischen Vereins zur Erforschung des vaterländischen Altertums" und dessen 1911/40 herausgegebene „Thüringisch-Sächsische Zeitschrift für Geschichte und Kunst"; zum Entstehungskontext dieses Vereins vgl. Anm. 210.

36 Vgl. z. B. Schlüter, Otto: Die sächsisch-thüringischen Lande. Mitteldeutschland, in: Gauß, Paul (Hrsg.): Das Buch vom deutschen Volkstum. Wesen – Lebensraum – Schicksal, Leipzig 1935, S. 232–241; (vgl. auch Anm. 198); Franz: Die geschichtlichen Grundlagen (Anm. 19); Ebert, Wolfgang: Zur Geographie des Obersächsisch-Thüringischen Raumes, in: ders. u. a.: Kulturräume (Anm. 14), S. 1–14 (vgl. auch Anm. 193); der von Ebert vorgeschlagene Begriff „obersächsisch-thüringischer Raum" sei nicht so abgegriffen wie der Begriff „Mitteldeutschland" nach den „Reichsreform"-Debatten der letzten Jahre; er bezeichne die beiden Pole, die „vornehmlich das kulturelle Leben in diesem Raume bestimmen" (S. 2), der von Eger bis nördlich von Magdeburg, von der Zittauer Neiße bis zur Werra reiche und eine geographische Einheit bilde; insgesamt verstand das Werk diesen Raum als Kern „ostmitteldeutscher Volkstums- und Sprachlandschaften" einschließlich Schlesiens, Böhmens und Mährens.

und „Ostmitteldeutschem" südlich der Linie Halle–Frankfurt/Oder zu unterscheiden[37]. Mit ähnlichem Grundansatz „deutscher Ostbewegung" sind das westliche Thüringen mit Hessen und anderen Territorien als „Mitteldeutschland" bezeichnet und dem „Westen", das östliche Thüringen, Sachsen und das heutige Sachsen-Anhalt hingegen als „mittelelbische Lande" dem „Osten" zugeordnet worden[38].

Vor allem die Hochzeit der Großraumdebatten zur Zeit der Weimarer Republik wies changierende „Mitteldeutschland"-Bilder auf. Das 1918/19 von der „Kölnischen Volkszeitung" propagierte großdeutsch-föderalistische Konzept zur Reichsgliederung schlug eine „Mitteldeutsche Republik" vor, die von Thüringen, Sachsen, Anhalt und der Provinz Sachsen über Brandenburg bis nach Schlesien und Posen reichen sollte. Gerade die heute wieder gern beschworenen „Mitteldeutschland"-Pläne der 1920/30er Jahre waren buntscheckig und schillernd. Die provinzsächsischen Vordenker schlossen damals den Freistaat Sachsen aus[39] oder betrachteten ihn als östliches Anschlußgebiet. Dem Hallenser „Wirtschaftsverband Mitteldeutschland" und dem provinzsächsischen Landtag schwebte ein administrativ neugegliedertes „Wirtschaftszentrum Mitteldeutschland" ohne ihn vor[40]. Ähnlich argumentierte der Direktor des Erfurter „Landesarbeitsamtes Mitteldeutschland", das für die Provinz Sachsen, das Land Anhalt und das Land Thüringen zuständig war. Er empfahl diese Struktur als Muster eines „mitteldeutschen" Verbundes und meinte, es sei besser, Sachsen „für sich" zu lassen[41]. Hingegen pries eine Leipziger Denkschrift die sächsische Verkehrs-, Buch- und Messemetropole als künftige Hauptstadt eines „mitteldeutschen" Wirtschafts- und Verwaltungsbezirkes an[42]. Der Geograph Albrecht Penck schwärmte von einem Leipzig-dominierten „Großgau im Herzen Deutschlands"[43]. Beide Schriften waren deutlich auf Leipzigs Wirtschaftsinteressen zugeschrieben. Andere sächsische „Mitteldeutschland"-Pläne suchten eine „wettinische Lösung". Sie wollten den Freistaat Sachsen durch Anschluß thüringischer und provinzsächsischer Gebiete vergrößern, damit die Ausmaße des einstigen wettinischen Herrschaftsraumes wieder erreichen und so gleichsam die Ergebnisse der Leipziger Teilung 1485 bzw. des Wiener Kongresses 1815 revidieren[44].

37 So Nadler, Josef: Das geistige Eigenleben der deutschen Stämme, in: Harms, Bernhard (Hrsg.): Volk und Reich der Deutschen, Bd. 1, Berlin 1929, S. 27–44.

38 Vgl. Uhlhorn, Friedrich; Schlesinger, Walter: Die deutschen Territorien (Gebhardt. Handbuch der deutschen Geschichte ⁹13), ⁵Stuttgart 1984, S. 98–153, 273–295.

39 Vgl. z. B. Mitteldeutschland auf dem Wege zur Einheit (Anm. 10).

40 Vgl. Hoffmann, Walter (Hrsg.): Mitteldeutschland. Das neue Wirtschaftszentrum, Berlin (1925).

41 Vgl. Lüttgens, Carl-Max: Mitteldeutschland in sozial-ökonomischer Betrachtung, in: ders.: Mitteldeutschland (Anm. 1), S. 71–83, Zitat S. 78.

42 Vgl. Leiske, (Walter) (Hrsg.): Leipzig und Mitteldeutschland. Denkschrift für Rat und Stadtverordnete zu Leipzig. Ein Beitrag zur Neugliederung des Reichs (Leipziger Verkehr und Verkehrspolitik 12), Leipzig 1928; vgl. auch Mitteldeutschland. Presse-Spiegel der Leipziger Denkschrift (Leipziger Verkehr und Verkehrspolitik 14), (Leipzig) 1929.

43 Vgl. Penck, Albrecht: Der Großgau im Herzen Deutschlands (Veröffentlichungen der Handelskammer Leipzig 1), Leipzig 1921.

44 Vgl. Groß, Reiner: Der Freistaat Sachsen und seine Bemühungen um eine Verwaltungsreform in der Weimarer Republik, in: John, Uwe; Matzerath, Josef (Hrsg.): Landesgeschichte als Herausforderung und Programm.

Ebenso unterschiedliche Positionen bezogen die kleineren Länder. Für das von preußischen Gebieten umgebene, mit ihnen wirtschaftlich eng verknüpfte Land Anhalt lag der Anschluß an die Provinz Sachsen nahe. Dafür sprachen sich vor allem Dessauer Wirtschaftskreise aus[45]. Das gerade erst gegründete Land Thüringen stand solchen Plänen distanziert gegenüber. Wenn schon, dann zog man einem Anschluß an Preußen den an Sachsen vor[46] oder bestand auf einem lockeren Verbund, um das wirtschaftliche und kulturelle Leben weiterhin selbst gestalten zu können[47]. In erster Linie erwartete man hier von einer „Reichsreform" aber die vollständige „Einheit Thüringens"[48]. Wie die Visionen und Positionen zeigten auch die nach 1918 neu entstehenden Regionalstrukturen der neuen Wahlkreise und Reichsverwaltungen, der Parteien, Verbände, des Rundfunks, der Verkehrsnetze etc. ein sehr buntscheckiges Bild. Teils deckten sie sich mit den Landes- und Provinzialgrenzen, teils griffen sie darüber hinaus. Die wenigsten von ihnen kamen den „großmitteldeutschen" Visionen nahe. Die meisten wiesen kleinteiligere – im Falle Provinzsachsens, Anhalts und Thüringens allerdings länder- und provinzübergreifende – Strukturen auf[49].

Wie damals unterscheiden sich auch heute die Vorstellungen. Nach 1990 haben um den innerdeutschen Ausgleich bemühte Sichtweisen Thüringen vor allem mit Hessen[50] und Sach-

Karlheinz Blaschke zum 70. Geburtstag (Quellen und Forschungen zur sächsischen Geschichte 15), Stuttgart 1997, S. 639–658.

45 Vgl. Pfannschmidt, Martin: Landesplanung im engeren mitteldeutschen Industriebezirk, in: Raumordnung und Landesplanung im 20. Jahrhundert (Historische Raumforschung 10), Hannover 1971, S. 17–28; Hofmann, Wolfgang: Mitteldeutschland in der Geschichte der deutschen Raumplanung (Zwischen Wörlitz und Mosigkau. Schriftenreihe zur Geschichte der Stadt Dessau und Umgebung 35), Dessau 1992; Ende 1918 hatte der Staatsrat von Anhalt den Anschluß an die in Aussicht genommene Thüringer Gemeinschaft erwogen – vgl. ThHStAW, Staatsministerium-Präsidialabteilung, Nr. 1, Bl. 18–19 Rs.

46 Vgl. z. B. Jahn, Ernst: Kann das Land Thüringen seine Eigenstaatlichkeit bis zur Bildung von Reichsprovinzen behaupten?, Weimar 1929; schon in der Zusammenschluß-Debatte 1918/19 hatte der damalige, wirtschaftlich eng mit Sachsen verbundene Freistaat Sachsen-Altenburg anfangs ein Großland „Sachsen-Thüringen" dem Anschluß an Preußen oder an die „Thüringer Gemeinschaft" vorgezogen – vgl. z. B. Denkschrift, betrifft die Frage eines „vereinigten Thüringens" oder „Sachsen-Thüringens" mit Anlagen, hrsg. vom Gesamtministerium Altenburg, Altenburg 1919; am 10. 12. 1918 hatte der Altenburger Staatsrat Frölich erklärt: „Ihm wäre lieber, wenn die Thüringer Staaten zusammen ein Mittel-Deutschland bildeten" (ThHStAW, Staatsministerium-Präsidialabteilung, Nr. 1, Bl. 7); am 28. 4. 1919 drohten die Vertreter der Thüringer Staaten in Verhandlungen mit der preußischen Regierung über ein „Großthüringen", man könne auch zusammen mit Sachsen ein „Mitteldeutschland" bilden, was wohl kaum im preußischen Interesse läge (ebenda, Bl. 173).

47 Vgl. Thüringen und seine Stellung in und zu Mitteldeutschland, Weimar 1929 – vgl. auch Reuling, Ulrich: Reichsreform und Landesgeschichte. Thüringen und Hessen in der Länderneugliederungsdiskussion der Weimarer Republik, in: Gockel, Michael (Hrsg.): Aspekte thüringisch-hessischer Geschichte, Marburg 1992, S. 257–308, sowie den Beitrag von Oliver Lemuth in diesem Band.

48 Vgl. Die Einheit Thüringens. Ein Beitrag zur Reichsreform (Akademie gemeinnütziger Wissenschaften zu Erfurt. Schriftenreihe der Abteilung für Wirtschaft und Verwaltung 5), Erfurt 1933; konkurrierend dazu: Achler: Unerlöstes Thüringen (Anm. 26).

49 Zu den Details vgl. den Beitrag des Vf. über Genese und Strukturen der politisch-administrativen Landschaft.

50 Vgl. z. B. Gockel: Aspekte (Anm. 47); Hessen und Thüringen – Von den Anfängen bis zur Reformation. Ausstellungskatalog, Marburg 1992; Region und Integration. Hessen und Thüringen im 19. und 20. Jahrhundert (Kleine Schriftenreihe zur hessischen Landeskunde 1), (Wiesbaden o. J.).

sen-Anhalt mit Niedersachsen in Verbindung gebracht[51]. Hingegen betont der Blick auf die Problemlagen der aus dem industriellen Süden der DDR hervorgegangenen „neuen Bundesländer" deren gemeinsame Geschichte. Dabei wird gern eine lang zurückreichende sächsisch-thüringische Geschichts-, Wirtschafts-, Politik- und Verwaltungsgemeinschaft[52] behauptet und damit die Notwendigkeit begründet, ein Bundesland „Sachsen-Thüringen" zu schaffen[53]. Dessen prägenden Kern bilde Sachsen. Thüringen und der südliche Teil Sachsen-Anhalts gelten als Anschlußgebiete.

Solche Argumentationen verweisen vor allem auf Sachsen als industrielle Pionierregion, auf das trotz der Gebietseinbußen 1815 beständige Territorium Sachsens und auf den markmeißnisch-wettinischen Herrschaftsraum mit dem Erwerb der Landgrafschaft Thüringen 1247 und der sächsischen Kurwürde/-lande 1423. Damit hätten die Wettiner die „politische Einheit Mitteldeutschlands" schon einmal fast erreicht. Die Leipziger Teilung 1485 in das ernestinische Kurfürstentum Sachsen und das albertinische Herzogtum Sachsen habe das wieder verspielt und sei durch den Konstellationswechsel 1547 nur unzureichend ausgeglichen worden. Auch wird auf die von der ernestinischen Politik gefährdete und nach 1547 vom neuen albertinischen Kurfürstentum „gerettete" Reformation verwiesen oder auf den Erwerb der beiden Lausitzen 1635 als Beleg für die Integrationskraft des albertinischen Sachsens. In dieser Tradition sei das heutige Sachsen berufen, die einst verspielte und später durch Brandenburg-Preußen verhinderte „politische Einheit Mitteldeutschlands" nun endlich herzustellen. Dies ist neuerdings sogar als „geschichtlicher Auftrag Sachsens" bezeichnet worden[54]. Zwar meidet die empirische Forschung solch spekulative Gedankenspiele. Dem „großsächsischen" Blick auf „Mitteldeutschland" kann aber auch sie sich offenbar nur schwer entziehen. Begriffspaare und Buchtitel wie „Sachsen und Mitteldeutschland"[55]

---

51 So schlug 1998 der baden-württembergische Wirtschaftsminister eine Neugliederung des Bundesgebietes vor, wobei Hessen mit Thüringen und Niedersachsen mit Bremen und Sachsen-Anhalt zusammenzuschließen seien, und begründete dies mit der so zu erreichenden „inneren Einheit" – zit. nach: Frankfurter Allgemeine Zeitung v. 13. 7. 1998.

52 Vgl. z. B. Blaschke, Karlheinz: Politische Geschichte Sachsens und Thüringens (Hefte zur bayerischen Geschichte und Kultur 13), München 1991; vgl. auch dessen Texte in: Jeserich, Kurt G. A. u. a. (Hrsg.): Deutsche Verwaltungsgeschichte, Bd. 2, Stuttgart 1983, S. 608–645 („Königreich Sachsen und thüringische Staaten"), Bd. 3, Stuttgart 1984, S. 778–797 („Die Verwaltung in Sachsen und Thüringen") u. Bd. 4, Stuttgart 1985, S. 586–603 („Sachsen und Thüringen"); nur im Bd. 1 (Stuttgart 1983, S. 803–843) behandelte Thomas Klein Kursachsen und die wettinisch-ernestinischen Staaten getrennt; in gleicher Weise haben die Bände über die Reichsterritorien im Reformationszeitalter Kursachsen zusammen mit Anhalt, Magdeburg und Kurbrandenburg dem „Nordosten", das ernestinische Sachsen dem „mittleren Deutschland" zugerechnet – vgl. Schindling, Anton; Ziegler, Walter (Hrsg.): Die Territorien des Reichs im Zeitalter der Reformation und Konfessionalisierung: Land und Konfession 1500–1650 (Katholisches Leben und Kirchenreform im Zeitalter der Glaubensspaltung 50), Bd. 2 und 4, Aschendorff, Münster 1990/1992.

53 Vgl. z. B. Blaschke, Karlheinz: Alte Länder – Neue Länder. Zur territorialen Neugliederung der DDR, in: Aus Politik und Zeitgeschichte (1990), Nr. 27, S. 39–54.

54 Vgl. Blaschke, Karlheinz: Sachsens geschichtlicher Auftrag. Zum 100. Jahrestag der Gründung der Sächsischen Kommission für Geschichte, in: Neues Archiv für sächsische Geschichte 68 (1997), S. 277–312.

55 Vgl. Bramke, Werner; Heß, Ulrich (Hrsg.): Sachsen und Mitteldeutschland. Politische, wirtschaftliche und soziale Wandlungen im 20. Jahrhundert, Weimar, Köln, Wien 1995; der Band entstammt dem Forschungs-

stehen für regional vergleichende Forschungsperspektiven wie für eine unverkennbar Sachsen-zentrierte Sicht.

Häufig tragen solche vom heutigen Sachsen ausgehende historische „Mitteldeutschland"-Argumentationen entschieden antipreußische Züge. Um Sachsen herauszustreichen, wird Preußen in den schwärzesten Farben gezeichnet. Es gilt dann als durchweg fortschrittsfeindlich, expansiv, dem „mitteldeutschen Raum wesensfremd", in ihn eindringend und ihn desorganisierend[56]. Dabei werden die Wirtschafts-, Reform-, Integrations- und Liberalismuspotentiale Preußens[57] ebenso geflissentlich übersehen wie die Schattenseiten sächsischer politischer Kultur[58]. Der ausschließliche Blick auf die industrielle Pionierregion Sachsen und die sächsischen Staatsreformen 1830/31 als Ausgangspunkt „mitteldeutscher" Demokratiebewegungen läßt nicht nur die frühkonstitutionellen Wege Thüringer Kleinstaaten außer Betracht, sondern auch die von der preußischen Provinz Sachsen ausgehenden Impulse. Diese gehörte weit vor dem Königreich Sachsen zu einem Reformraum, hatte an der Sogwirkung preußischer Zollpolitik Anteil und wirkte nicht zuletzt deshalb nach innen und außen integrierend. Wer sie als bloßes Produkt preußischer Okkupation wahrnimmt, ignoriert ihre Integrationsleistungen[59] und will offenbar nicht wahrhaben, daß sich damals bereits die Integrationskerne der heutigen Länderstruktur abzeichneten. Das heutige Sachsen-Anhalt gilt aus

---

projekt „Sachsen im 20. Jahrhundert. Politische, wirtschaftliche und soziale Wandlungen in einer alten Industrieregion" (1993/96).

56 So v. a. Blaschke: Mitteldeutschland (Anm. 15); ders.: Sachsens geschichtlicher Auftrag (Anm. 54).

57 Vgl. auch Segler, Gerhard: Der erste Provinziallandtag der Provinz Sachsen im Jahre 1825, in: Thüringisch-Sächsische Zeitschrift für Geschichte und Kunst 20 (1931), S. 1–61; Tullner, Mathias (Hrsg.): Die preußische Provinz Sachsen. Positionen und Beiträge zu ihrer Geschichte (Magdeburger Forschungen 12), Magdeburg 1993; Willenius, Roswitha: Die Geburt des Parlamentarismus in Sachsen-Anhalt. Die Anfänge der Ständeversammlung (Landtage) der preußischen Provinz Sachsen im 19. Jahrhundert, in: Beiträge zur Landesgeschichte Sachsen-Anhalts 2 (1993), S. 50 ff.; Pollmann, Klaus Erich: Der verspätete Weg zum Parlamentarismus. Von den Provinzialständen der Provinz Sachsen zum preußisch-deutschen Verfassungsstaat, in: Sachsen und Anhalt 20 (1997), S. 257–266, sowie dessen Beitrag in diesem Band.

58 Diesem Trend leisten auch neuere modernisierungstheoretische Interpretationen politischer Kultur Sachsens im Deutschen Kaiserreich Vorschub – vgl. u. a. Retallack, James: Politische Kultur, Wahlkultur, Regionalgeschichte. Methodologische Überlegungen am Beispiel Sachsens und des Reiches, in: Lässig, Simone u. a. (Hrsg.): Modernisierung und Region im Wilhelminischen Deutschland. Wahlen, Wahlrecht und Politische Kultur, Bielefeld 1995, S. 15–38; dies.: Wahlrechtskampf und Wahlreform in Sachsen (1895–1909) (Demokratische Bewegungen in Mitteldeutschland 4), Weimar, Köln, Wien 1996; dies.; Pohl, Karl Heinrich (Hrsg.): Sachsen im Kaiserreich. Politik, Wirtschaft und Gesellschaft im Umbruch, Weimar, Köln, Wien 1997; Retallack, James (Hrsg.): Sachsen in Deutschland. Politik, Kultur und Gesellschaft 1830–1918, Bielefeld 2000; zur hier nicht weiter erörterbaren Gesamtproblematik politischer Kultur „Mitteldeutschlands" im 19./20. Jahrhundert vgl. auch den Beitrag von Karsten Rudolph in diesem Band.

59 Vgl. Jacobs, Eduard: Geschichte der in der preußischen Provinz Sachsen vereinigten Gebiete, Gotha 1883; Kirchhoff, Alfred: Die territoriale Zusammensetzung der Provinz Sachsen, Halle 1891; Friedensburg, Walter: Die Provinz Sachsen, ihre Entstehung und Entwicklung, Halle 1919; Tullner: Die preußische Provinz Sachsen (Anm. 57); zur erfolgreichen Integration okkupierter Gebiete in den preußischen Staatsverband und zur Kritik bloßer Negativsicht auf Preußen vgl. auch Klein, Thomas: Hessen-Nassau im föderativen Gefüge des Deutschen Reiches, in: Heinemeyer, Walter (Hrsg.): Hundert Jahre Historische Kommission für Hessen 1897–1997. Festgabe (Veröffentlichungen der Historischen Kommission für Hessen 61), Marburg 1997, S. 961–985.

solcher Sicht dann als auflösbares Zufallsprodukt der Besatzungszeit nach 1945, die ihm vorausgehende Provinz Sachsen als Kunstgebilde preußischer Expansion und des Wiener Kongresses. Dies ist nicht neu. Schon der gebürtige Dresdner Heinrich v. Treitschke bezeichnete ungeachtet seiner borussisch ausgerichteten Staats- und Geschichtsauffassung die 1816 gebildete Provinz Sachsen als „wunderliches Gewirr"[60]. Ähnlich argumentierten in den 1920er/30er Jahren die Verfechter „großsächsischer" Mitteldeutschland-Pläne und ihre Abwehrschriften gegen die provinzsächsischen „Mitteldeutschland"-Pläne oder nach 1945 DDR-bezogene „Mitteldeutschland"-Schriften aus der Hoch-Zeit des Kalten Krieges[61].

Weniger militant, aber nicht minder entschieden äußerten und äußern sich die provinzsächsischen bzw. sachsen-anhaltischen Gegenpositionen. In den 1920er/30er Jahre begründeten einschlägige Schriften den „mitteldeutschen" Führungsanspruch der Provinz Sachsen mit der Wirtschaftskraft des neuen Industriereviers um Halle-Merseburg-Dessau[62]. Und sie argumentierten historisch, kulturräumlich und volkstumsgeschichtlich. Dabei verwiesen sie auf die germanische Vor- und frühe Reichsgeschichte wie auf den neuzeitlichen Aufstieg Brandenburg-Preußens, auf Genese und Integrationskraft des „preußischen Mitteldeutschlands"[63]. Die seit 1990 in auffälliger Dichte erschienenen Schriften zur „Geschichte Sachsen-Anhalts" greifen solche Argumentationen der 1920er/30er Jahre gern auf, um diesem Land den Makel eines „jungen", „künstlichen" und „unhistorischen" Gebildes zu nehmen, ihm den Adel einer alten historischen Kernlandschaft zu verleihen und so seine historische „Landesidentität" oder neuere „mitteldeutsche Identität" zu betonen[64]. Dabei wird unkritisch auf

---

60 Treitschke, Heinrich v.: Deutsche Geschichte im Neunzehnten Jahrhundert, Teil 2, Leipzig 1882, S. 258.

61 So z. B. Rühmland, Ulrich: Mitteldeutschland. „Moskaus westliche Provinz". Zehn Jahre Sowjetzonenstaat, Stuttgart 1959, S. 17–22.

62 Vgl. z. B. Riedel, Johannes: Das mitteldeutsche Wirtschaftsgebiet. Sein natürlicher und wirtschaftlicher Aufbau, seine inneren Zusammenhänge und Grenzen, Leipzig 1921; Hoffmann, Walter: Der mitteldeutsche Wirtschaftsbezirk (Veröffentlichungen des Wirtschaftsverbandes Sachsen-Anhalt 1), Halle 1922; ders.: Mitteldeutschland. Das neue Wirtschaftszentrum (Anm. 40); Aubin, Gustav: Entwicklung und Bedeutung der mitteldeutschen Industrie (Beiträge zur mitteldeutschen Wirtschaftsgeschichte und Wirtschaftskunde 1), Halberstadt 1924; Müller, Johannes: Der mitteldeutsche Industriebezirk, Jena 1927; Flatau, Paul; Platow, Robert: Mittelland. Deutschlands aufstrebendes Wirtschaftsreich, Magdeburg (1929).

63 Vgl. z. B. die historischen Beiträge und suggestiv gestalteteten Karten zur Genese der Provinz Sachsen in: Mitteldeutschland auf dem Wege zur Einheit (Anm. 10) sowie als weitere typische Beispiele Möllenberg: Sachsen und Anhalt (Anm. 16); Sommerlad, Theo: Das Deutschtum Mitteldeutschlands und seine politische Einheit, in: Thüringisch-Sächsische Zeitschrift für Geschichte und Kunst 21 (1932), S. 1–35 (Nachdruck in: Mitteldeutschland. Versuche begrifflicher Definition unter fachwissenschaftlichen Aspekten [Aus Deutschlands Mitte 3], ²Bonn 1979, S. 79–111); dort heißt es – gegen sächsische „Mitteldeutschland"-Pläne und Auffassungen von der Provinz Sachsen als aufteilbares, weil unhistorisches Kunstprodukt des Wiener Kongresses gerichtet: „Eine Staatsbildung, die den Kern eines Landes zerstören wollte, um nach anderen, vermeintlich besseren Kernpunkten zu fahnden, wäre das Gegenteil einer gesunden Realpolitik. Nicht Kernteilung, sondern Kristallisation ist die rationale Gestaltung eines jeden Volksraumes." (zit. nach dem Nachdruck, S. 103).

64 Vgl. z. B. Asmus, Andrea u. Helmut: Sachsen-Anhalts Landesgeschichte, Magdeburg 1991; Bartmuß, Hans-Joachim; Kathe Heinz: Kleine Geschichte Sachsen-Anhalts. Von den Anfängen bis zur Gegenwart, Halle 1992; Identität und Tradition in Sachsen-Anhalt. Beiträge zur Selbstfindung eines neuen Bundeslandes, Magdeburg, Bonn-Bad Godesberg 1993; Geschichte Sachsen-Anhalts (Anm. 2); Tullner: Geschichte des Landes Sachsen-Anhalt (Anm. 2); zur Kritik dieser Schrift vgl. Blaschke, Karlheinz: Landesgeschichte ohne geschicht-

frühere Kulturraum-Konzepte zurückgegriffen. Und es werden bedenkenlos heutige Landes-strukturen in die Geschichte zurückverlegt. „Im Deutschen Reich war Sachsen-Anhalt Mittel-deutschland"[65], erfährt dann der erstaunte Leser. In solcher Perspektive gelten der Ballungs-raum Halle-Leipzig-Dessau neuerdings wieder als das „Zentrum Mitteldeutschlands" und der Planungsverbund Halle-Dessau-Leipzig mit der dort 1992 zu Marketing-Zwecken gestar-teten „Aktion Mitteldeutschland" als Keimzellen künftigen „mitteldeutschen" Zusammen-wirkens[66].

Stets haben sich rivalisierende Ansprüche „mitteldeutscher" Führungsrolle oder „Landes-identität" auf die ältere Geschichte bezogen. Der historische Name „Sachsen" wird von Sach-sen-Anhalt und von Sachsen gleichermaßen beansprucht[67]. Im Kontext provinzsächsischer „Mitteldeutschland"-Initiativen der 1920er/30er Jahre gewannen entsprechende „Untersu-chungen zur Geschichte des alten Sachsens" geradezu konstitutiven Charakter[68]. Auf das Thü-ringer Königreich der Völkerwanderungszeit berufen sich Thüringen wie Sachsen-Anhalt[69], auf die sächsischen Könige Heinrich und Otto, die Slawenfeldzüge, Markgraf Gero, die damali-gen Mark- und Bistumsgründungen sowie die entsprechenden Symbolstätten alle drei Länder. Den sachsen-anhaltischen Stolz auf die ottonisch-sächsische Reichspolitik als „Wiege des Rei-ches"[70] teilt die thüringische Landesgeschichtsschreibung freilich nur bedingt. Die Thüringer gehörten damit zwar zur Kernlandschaft des neuen Reiches – aber als Anhängsel des sächsi-schen Herzogtums[71]. Alle drei Länder beziehen sich auf den sächsischen Herzog und späteren

liches Land – was ist Landesgeschichte? Bemerkungen zu zwei Veröffentlichungen über die Geschichte des Landes Sachsen-Anhalt, in: Neues Archiv für sächsische Geschichte 69 (1998), S. 261–272; hier wird die berech-tigte Kritik freilich zur skizzierten Negativsicht auf Sachsen-Anhalt als künstliches Gebilde ohne historisch-landesgeschichtlichen Hintergrund.

65 Günter: Hexenkessel (Anm. 16), S. 13.

66 Vgl. Schönfelder, Günther: Der Ballungsraum Halle-Leipzig-Dessau – das Zentrum Mitteldeutschlands, in: Carmona-Schneider, Juan-J.; Karasch, Petra (Hrsg.): Die Region Leipzig-Halle im Wandel. Chancen für die Zukunft (Material zur Angewandten Geographie 22), Köln 1993, S. 11–23; Mitteldeutschland. Zentrale Region in Europa, hrsg. v. d. Aktion Mitteldeutschland e. V., Halle 1996.

67 In Sachsen-Anhalt beruft man sich auf den niederdeutschen Ursprung des Namens „Sachsen", auf die Her-zogtümer Sachsen des 9. bis 15. Jahrhunderts als Kerngebiete der heutigen Länder Niedersachsen und Sach-sen-Anhalt und auf die preußische Provinz Sachsen; im Freistaat Sachsen beruft man sich auf den mit dem Ende des askanischen Herzog- und Kurfürstentums Sachsen verbundenen Übergang der sächsischen Herzog- und Kurwürde und damit des Namens „Sachsen" auf das wettinische Territorium 1423 bzw. auf dessen alber-tinische und ernestinische Nachfolgestaaten seit 1485, auf den mit der Reichsreform um 1500 gebildeten ober-sächsischen Reichskreis und auf die Weiterführung der Staatsbezeichnung „Sachsen" nach 1918; die ernesti-nischen Staaten behielten den Namen „Sachsen" bis zu ihrem Aufgehen im Land Thüringen als Staatsbezeich-nung bei; seitdem spielt er im Thüringer Landesbewußtsein keine Rolle mehr.

68 Vgl. Lintzel, Martin: Untersuchungen zur Geschichte des alten Sachsen, in: Sachsen und Anhalt 3 (1927), S. 1–46, 4 (1928), S. 1–28, 5 (1929), S. 1–37, 6 (1930), S. 1–24, 7 (1931), S. 76–108, 8 (1932), S. 6–16, 10 (1934), S. 1–29, 13 (1937), S. 28–77; vgl. auch Olshausen, Klothilde v.: Zur sächsischen Frage, in: ebenda 13 (1937), S. 238–249 (bezogen auf den Wiener Kongreß 1815).

69 Vgl. z. B. Jonscher: Kleine thüringische Geschichte (Anm. 2); Vom Königreich der Thüringer zum Freistaat Thüringen (Anm. 16); Geschichte Sachsen-Anhalts (Anm. 2), Bd. 1, S. 25–35.

70 So z. B. Tullner: Geschichte des Landes Sachsen-Anhalt (Anm. 2), S. 23–30.

71 Nach dem Rückzug der Reichs- und Königsgewalt aus dem sächsisch-thüringischen Raum sei dann – so eine geläufige Interpretation – ein Machtvakuum entstanden, in dem sich zersplitternde Teil- und Kleingewalten

König Lothar von Supplinburg (1106/25/37) als Führer der sächsisch-thüringischen Adelsopposition gegen das salische Königtum. Sie können ihn aber kaum als Stifter „mitteldeutscher Einheit" preisen. Denn seine Maßnahmen – die Bestätigung wettinischer Herrschaft in der Mark Meißen (1123/27), die Erhebung der Ludowinger zu Landgrafen von Thüringen (1131) und die Belehnung der Askanier mit der Nordmark (1134) – wiesen in auseinanderstrebende landesherrliche Zusammenhänge.

Auf die wettinischen Traditionen beziehen sich alle drei Länder[72]. Freilich bewerten sie die entsprechenden Grundzüge, Wendepunkte und Symboldaten „mitteldeutscher Geschichte" höchst unterschiedlich. Der Übergang der Landgrafschaft Thüringen an die Wettiner 1247/64 gilt aus heutiger sächsischer Sicht als Markstein „sächsisch-thüringischer Geschichtsgemeinschaft"[73]. In Thüringen sieht man das ganz anders. Damit habe Thüringen seinen Bezug zu Hessen und seine Eigenständigkeit verloren, sei zu einem wettinischen Nebenland herabgesunken und wieder in ein „politisches Schattendasein" verfallen[74]. Der Übergang der sächsischen Kurwürde an die Wettiner 1423 ließ diese in die erste Reihe der Reichsfürsten aufsteigen. Für „Identitäts"-bemühte sachsen-anhaltische Landeshistoriker bedeutete das Ende des askanischen Herzogtums Sachsen einen herben Verlust. Die sächsischerseits so bitter beklagte Leipziger Teilung 1485[75] schuf das ernestinische Kurfürstentum, von dem dann die Reformation ausging. Deshalb galt die Leipziger Teilung aus thüringischer Sicht als Beginn eines neuen „Groß-Thüringens", die Niederlage des Schmalkalder Reformationsbündnisses und des ernestinischen Kurfürstentums 1547 als dessen Ende und als Ausgangspunkt der Kleinstaaterei[76].

---

ausbreiteten und damit die Grundlagen späterer Thüringer Kleinstaatlichkeit legten – vgl. z. B. Werner: Thüringen (Anm. 16), S. 24.

72 Vgl. z. B. Blaschke, Karlheinz: Die Wettiner. Thesen zur neunhundertjährigen Geschichte des ehemaligen sächsischen Fürstenhauses, in: Sächsische Heimatblätter 35 (1989), S. 69 f.; Sachsen und die Wettiner. Chancen und Realitäten, Dresden 1990; Schlenker, Gerlinde; Schellbach, Artur; Junghans, Wolfram: Auf den Spuren der Wettiner in Sachsen-Anhalt (Geschichte in Mitteldeutschland 1), ²Halle 2000; Hoffmeister, Hans; Wahl, Volker (Hrsg.): Die Wettiner in Thüringen. Geschichte und Kultur in Deutschlands Mitte, Arnstadt, Weimar 1999.

73 Vgl. z. B. Blaschke: Politische Geschichte (Anm. 52).

74 Vgl. z. B. Mägdefrau, Werner: Die Landgrafschaft Thüringen 1130 bis 1247, Erfurt 1996; ähnlich auch Werner: Thüringen (Anm. 16); allenfalls wird die wettinische Herrschaft in Thüringen für die thüringische „Landesidentität" beansprucht – vgl. z. B. Hoffmeister; Wahl: Die Wettiner in Thüringen (Anm. 72).

75 Vgl. z. B. Blaschke, Karlheinz: Die Leipziger Teilung der wettinischen Länder 1485, in: Sächsische Heimatblätter 31 (1985), S. 276–280; ders.: Die Leipziger Teilung 1485 und die Wittenberger Kapitulation 1547 als grundlegende Ereignisse mitteldeutscher Territorialgeschichte, in: John: Kleinstaaten und Kultur (Anm. 17), S. 1–7.

76 Vgl. als dafür typische Stimmen Schmidt-Ewald, Walter: Grundlagen und Wendepunkte der Thüringischen Geschichte, Jena 1934; Flach, Willy: Die staatliche Entwicklung Thüringens in der Neuzeit, in: Zeitschrift des Vereins für Thüringische Geschichte und Altertumskunde NF 35 (1941), S. 6–48; die Urteile fallen heute verhaltener, in der Grundtendenz aber ähnlich aus; zu dem Zitat vgl. Linck, Gottlob: Über Wesen und Wert der Universität. Rede, gehalten zur Feier der akademischen Preisverteilung am 19. Juni 1920 in der Stadtkirche zu Jena vom Rektor der Universität, Jena 1920, S. 3; hier wurde auf den Zusammenhang von politischer Krise und geistigem Neubeginn – von ernestinischer Katastrophe 1547 und Gründung der Jenaer Universität (1548/58) – angespielt; in ähnlicher Weise hieß es in einer 1919 veröffentlichten „Groß-Thüringen"-Schrift: Thüringen sei 1485 zum Hauptland der Ernestiner geworden, habe durch die Reformation seine große Zeit

Alle drei Länder sehen sich als Kerngebiete, Garanten und Erben der lutherischen Reformation. Entsprechend kontrovers werden die Vorgänge 1547 beurteilt. Für deren sächsische Interpretation als Grundlegung des albertinisch-sächsischen Kurstaates und als erneuten, leider kaiserlich vereitelten Versuch, die „Einheit Mitteldeutschlands" zu erreichen, hat man weder in Thüringen noch in Sachsen-Anhalt Verständnis aufgebracht. Noch weniger für den Versuch, das machtpolitische Engagement des albertinischen Herzogs Moritz an der Seite des katholischen Kaisers gegen den Schmalkalder Reformationsbund als Einsatz für die Sache der Reformation zu bewerten[77]. Moritz gilt bis heute in Sachsen als „Retter", in Thüringen als „Verderber" der Reformation. Das brandenburgisch-preußische Vordringen im 17. und 19. Jahrhundert wird in Sachsen-Anhalt als beginnende Integration, in Sachsen als Desorganisation des „mitteldeutschen" Raumes bewertet.

Die Renaissance des „Mitteldeutschland"-Denkens seit 1990 findet keineswegs ungeteilten Beifall. Nicht ganz zu Unrecht wird von ihr ein Rückfall in Denkweisen des Kalten Krieges befürchtet, die in den 1970er/80er Jahren einigermaßen überwunden worden waren. Sie stößt vor allem dann auf entschiedenen Widerspruch, wenn sie sich gegen Länderinteressen und Landesgeschichtskonzepte richtet[78]. Den Vorstoß des sächsischen Innenministers für eine Fusion der drei „mitteldeutschen" Länder lehnte 1998 die Regierung Sachsen-Anhalts als „Geisterdebatte" und „Ablenkungsmanöver" ab. Und der Thüringer Ministerpräsident erklärte, „historisch gewachsene Länder seien keine Unternehmen, die man wie Chemiekonzerne zusammenbauen könne"[79]. Dem zwei Jahre später leicht modifiziert wiederholten Vorschlag zeigten alle drei Ministerpräsidenten die kalte Schulter. Zehn Jahre nach der Wiedergründung der Länder – so meinten sie einhellig – brauche man hier Landesidentität in überschaubaren Einheiten und keine zusammengelegten Großländer[80].

---

erlebt und sei so richtungsweisend für das geistige Leben Deutschlands geworden – vgl. Hoßfeld, Kurt: Freistaat Thüringen, Gotha 1919, S. 7.

77 Vgl. Blaschke, Karlheinz: Moritz von Sachsen. Ein Reformationsfürst der zweiten Generation (Persönlichkeit und Geschichte 113), Göttingen 1983; ders.: Sachsen im Zeitalter der Reformation (Schriften des Vereins für Reformationsgeschichte 185), Gütersloh 1970; ders.: Wechselwirkungen zwischen der Reformation und dem Aufbau des Territorialstaates, in: Der Staat. Zeitschrift für Staatslehre, öffentliches Recht und Verfassungsgeschichte 9 (1970), S. 347–364; Junghans, Helmar (Hrsg.): Das Jahrhundert der Reformation in Sachsen, Berlin 1989; Held, Wieland: 1547. Die Schlacht bei Mühlberg/Elbe. Entscheidung auf dem Wege zum albertinischen Kurfürstentum Sachsen, Beucha 1997.

78 Vgl. z. B. Freitag, Werner: Perspektiven einer Landesgeschichte für Sachsen-Anhalt, in: Sachsen-Anhalt. Beiträge zur Landesgeschichte 12 (1996), S. 83–99; der Hallenser Landeshistoriker wendet sich hier gegen den „Mitteldeutschland"-Begriff als politisch belastet und zudem mit der Absicht verbunden, Sachsen-Anhalt zum Objekt von Aufteilungsplänen zu machen – aber auch gegen das Bestreben, sachsen-anhaltische „Landesidentität" aus der älteren Geschichte abzuleiten und dabei auf ideologisch diskreditierte „Kulturraum"-Konzepte der 1920er/30er Jahre zurückzugreifen; stattdessen plädiert er für eine von Milieus, demokratischem Föderalismus, heutiger Länderstruktur und föderal ausgerichteter „Identität" ausgehende Landesgeschichtsschreibung.

79 Zit. nach: Neues Deutschland v. 20. 2. 1998.

80 Vgl. Thüringische Landeszeitung v. 21. 7. 2000: Stellungnahme der drei Ministerpräsidenten zum 10. Jahrestag des Ländereinführungsgesetzes der Volkskammer der DDR; der erneute Vorstoß des sächsischen Innenministers schlug eine Fusion Sachsens, Thüringens und des Regierungsbezirkes Halle vor.

Wie eh und je stoßen bei solchen Kontroversen die Verfechter und Kritiker technokratischer Neugliederungspläne aufeinander. Erstere meinen, nur mit Großländern könnten die Kosten des Föderalismus eingedämmt, dessen Zukunft gesichert und die heutige Bundesrepublik „europafit" gemacht werden[81]. Letztere verweisen auf die autoritären Kontexte und destabilisierenden Wirkungen deutscher „Neugliederungs-Obsession"[82]. Zu keiner Zeit – Thüringen 1920 ausgenommen – sei eine Neugliederung auf demokratischem Wege zustande gekommen. Auch in der alten Bundesrepublik standen Neugliederung und Volksbegehren in Widerspruch zueinander. Man solle deshalb besser die Finger von solchen Experimenten lassen. Das lehre auch der internationale Vergleich. Klugerweise hätten selbst so disproportiert gegliederte Bundesstaaten wie die USA oder die Schweiz auf solche Projekte und Planspiele verzichtet. Die Aussagen für und wider eine „Einheit Mitteldeutschlands" nehmen mitunter fast bekenntnishafte Züge an. „Mitteldeutschland" sei eine „Überzeugungssache", überschrieb der sachsen-anhaltische Landtagspräsident sein Geleitwort für den 1996 von der „Aktion Mitteldeutschland" herausgegebenen Marketing-Band[83].

„Mitteldeutschland" als „gestaltende Idee"

Aus all dem folgt: Jede Betrachtungsweise schuf sich ihr eigenes „Mitteldeutschland"-Bild. Dazu trugen auch jene Geographen, Sprachkundler und Historiker bei, die sich in den 1920er Jahren[84], in der alten Bundesrepublik[85] und nach 1990[86] mit der Geschichte des Begriffs „Mit-

---

81 Vgl. z. B. Blaschke: Alte Länder – Neue Länder (Anm. 53); Rutz, Werner: Die Gliederung der Bundesrepublik Deutschland in Länder. Ein neues Gesamtkonzept für den Gebietsstand nach 1990 (Föderalismus-Studien 4), Baden-Baden 1995 und dessen Beitrag in diesem Band; ders.; Scherf, Konrad; Strenz, Wilfried: Die fünf neuen Bundesländer – historisch begründet, politisch gewollt und künftig vernünftig?, Darmstadt 1993; zu den Neugliederungs-Debatten vor 1990 in der alten Bundesrepublik vgl. Schiffers, Reinhard: Weniger Länder – mehr Föderalismus? Die Neugliederung des Bundesgebietes im Widerstreit der Meinungen 1948/49–1990. Eine Dokumentation (Kommission für Geschichte des Parlamentarismus und der politischen Parteien: Dokumente und Texte 3), Düsseldorf 1996, und dessen Beitrag in diesem Band.
82 Vgl. Matz: Länderneugliederung (Anm. 28) und dessen Beitrag in diesem Band.
83 Mitteldeutschland (Anm. 66), S. 7.
84 Vgl. v. a. Schlüter, Otto: Der Begriff „Mitteldeutschland", in: ders.; Blume, Ernst (Hrsg.): Beiträge zur Landeskunde Mitteldeutschlands. Festschrift dem 23. Deutschen Geographentage in Magdeburg dargeboten vom Ortsausschuß, Berlin, Hamburg 1929, S. 7–13.
85 Vgl. den Sammelband Mitteldeutschland. Versuche begrifflicher Definition (Anm. 63) sowie als Einzelaufsätze v. a. Steinberg, Heinz Günter: Der Begriff „Mitteldeutschland", in: Berichte zur deutschen Landeskunde 39 (1967), S. 31–48 (Nachdruck in: Mitteldeutschland. Versuche begrifflicher Definition, S. 59–77); Wolf, Herbert: Wandlungen des Begriffs „Mitteldeutschland", in: Schlesinger, Walter (Hrsg.): Festschrift für Friedrich v. Zahn. Bd. I: Zur Geschichte und Volkskunde Mitteldeutschlands, Köln, Graz 1968, S. 3–23; Quirin, Heinz: Mitteldeutschland. Bemerkungen zum Verhältnis von Raum und Geschichte, in: Schulz, Knut (Hrsg.): Beiträge zur Wirtschafts- und Sozialgeschichte des Mittelalters. Festschrift für Herbert Helbig, Köln, Wien 1976, S. 164–203.
86 Vgl. u. a. Rother, Klaus: Gedanken zur Gliederung und Terminologie Deutschlands. Das Beispiel „Mitteldeutschland", in: Geographische Rundschau 46 (1994), S. 728 ff.; Sowinski: „Mitteldeutsch" (Anm. 7); Kobuch, Manfred in: Symposium (Anm. 12), S. 7–20; Blaschke: Mitteldeutschland (Anm. 15).

teldeutschland" befaßten. Ihnen ging und geht es weniger um dessen kritische Analyse als vielmehr darum, Kritik abzuwehren, seinen Gebrauch zu rechtfertigen und zur erstrebten „Einheit Mitteldeutschlands" beizutragen. Ihre Texte zeigen eine überwiegend affirmativ-beschreibende Herangehensweise. Sie sind bemüht, alles zusammenzutragen, was begriffsgeschichtlich für eine solche, weit in die Geschichte zurückweisende Einheit spricht. Wie die von ihnen beschriebene Geschichte des Begriffs geben sie weniger Einblicke in die Real- als in die Konstruktgeschichte.

Sie gehören so zur langen Reihe bis ins 19. Jahrhundert zurückreichender Versuche, Großraumpläne historisch zu begründen, „mitteldeutsche Identität" aus der Geschichte abzuleiten und andere zur Identifikation mit dieser Geschichte oder solchen Plänen zu bewegen. Das aber ist nur bei gemeinsamer Geschichte möglich. Deshalb sucht man gemeinsame Wurzeln und beschwört verbindende Traditionen. Dies ist stets interessen- und zweckgerichtet, also Konstruktion. Aktuelle Vorstellungen und Erwartungen werden auf die ältere Geschichte übertragen oder aus ihr abgeleitet. Dafür läßt sich die Aura des in der modernen Welt nur noch inselhaft erhaltenen und mühsam konservierten „Altehrwürdigen" vortrefflich nutzen. „Mit Geschichte beschäftigen, heißt Identität stiften", lautet eine gängige Formel. Dabei wird mehr oder weniger beliebig mit den überlieferten historischen Befunden umgegangen. Um so nötiger ist es, solche Konstrukte an diesen Befunden zu messen und sie der Korrektur durch die Quellen zu unterziehen.

Identifikation setzt Gemeinsamkeit voraus. Sie zeigt das Bedürfnis, sich im engeren oder weiteren Lebensbereich Halt, Gewißheit und Sicherheit zu verschaffen. Die Suche nach Heimat, nach gemeinsamer Herkunft und Geschichte, nach regionaler, sozialer, ethnischer oder nationaler Gemeinschaft war und ist eine Reaktion auf die gesellschaftlichen Veränderungen der Moderne, die ältere Milieus einebneten und damit massenhaft entwurzelnd, entfremdend und verunsichernd wirkten. Sie setzte nach 1800 ein, verstärkte sich nach 1900 und prägt auch die spätmodernen Gesellschaften der Gegenwart. Ihr kommen die traditions- und erinnerungspolitischen Identitäts- und Gemeinschaftsargumente staatlicher und intellektueller Eliten auf nationaler, supranationaler wie regionaler Ebene entgegen[87]. Sie unterbreiten ent-

---

87 Vgl. aus der Literaturfülle u. a. Hobsbawm, Eric; Ranger, Terence (Hrsg.): The Invention of Tradition, Cambridge 1983; Reichelt, Peter: Politik mit der Erinnerung. Gedächtnisorte im Streit um die nationalsozialistische Vergangenheit, München, Wien 1995; Anderson, Benedict: Die Erfindung der Nation. Zur Karriere eines folgenreichen Konzepts, Frankfurt, New York 1988; Langewiesche, Dieter: Reich, Nation und Staat in der jüngeren deutschen Geschichte, in: Historische Zeitschrift 254 (1992), S. 341–381; ders.: Nation, Nationalismus, Nationalstaat. Forschungsstand und Forschungsperspektiven, in: Neue Politische Literatur 40 (1995), S. 190–236; Giesen, Bernhard: Die Intellektuellen und die Nation. Eine deutsche Achsenzeit, Frankfurt 1993; Schulze, Hagen: Staat und Nation in der europäischen Geschichte, München 1994; Hettling, Manfred; Nolte, Paul (Hrsg.): Nation und Gesellschaft in Deutschland. Historische Essays, München 1996; Haupt, Heinz-Gerhard; Müller, Michael G.; Woolf, Stuart (Hrsg.): Regional and National Identities in Europe in the XIXth and XXth Centuries, The Hague u. a. 1998; Lindner, Rolf (Hrsg.): Die Wiederkehr des Regionalen. Über neue Formen kultureller Identität, Frankfurt, New York 1994; Bramke, Werner; Heß, Ulrich (Hrsg.): Region und Regionalität in der Sozialgeschichte des 20. Jahrhunderts (Comparativ. Leipziger Beiträge zur Universalgeschichte und vergleichenden Gesellschaftsforschung 5 (1995), Hf. 4, Leipzig 1995; Briesen, Detlef: Regionalbewußtsein – einige Fragen an einen schwierigen Begriff, in: Bramke; Heß: Sachsen und Mitteldeutschland

sprechende Angebote, um Verluste zu kompensieren und Gemeinschafts-Gefühle zu mobilisieren. Dies ist stets eine höchst zwiespältige und fragwürdige Angelegenheit gewesen. Sicher vermag inszenierte „kollektive Identität"[88] das Gefühl für Zusammengehörigkeit zu vermitteln. Doch wertet sie im Regelfalle andere Gruppen ab oder grenzt sie aus. Man identifiziert sich positiv mit einer Gruppe, der man sich zugehörig fühlt, und negativ gegenüber anderen, ist stolz auf das „Eigene" und blickt verächtlich auf das „Fremde" herab. Dies wirkt auch ins Innere der behaupteten Gemeinschaft hinein. Spezifische Interessen werden als gemeinschaftliche ausgegeben, interessengebunden Absichten zur „kollektiven Identität" stilisiert. Dafür wird dann der Wille aller verkündet. Und wer sich dieser „Willensgemeinschaft" nicht fügt, wird übergangen oder ausgegrenzt.

Die entsprechende Identitätspolitik hat vor allem im 20. Jahrhundert verhängnisvolle Blüten getrieben, im 19. Jahrhundert aber ihre Vorgeschichte. Dies zeigen schon die kulturnationalen Basisbewegungen nach 1800. Damals verband sich das nationale Pathos der Befreiungskriege mit Mittelalterschwärmerei, Gleichheitsideen und vaterländischen Bekenntnissen von geradezu religiöser Inbrunst. Die neue Idee der „Volksnation" gebar einen militanten Nationalismus, der sich im Franzosenhaß entlud und sich zugleich gegen den kosmopolitischen Geist der Aufklärung und gegen das „volksfremde" Judentum richtete. Das zog vor allem Gebildete und die studentische Jugend in seinen Bann, während die industriell ausgelösten Integrationsprozesse die Wirtschaftskreise beschäftigten. Im „revolutionär von oben" errichteten und wirtschaftlich prosperierenden Kaiserreich war die Kultur- zur Staatsnation geworden. Die nun gesellschaftlich etablierten bildungs- und wirtschaftsbürgerlichen Schichten dachten machtstaatlich und imperial. Sie verliehen ihrer neuen „Identität" mit historistisch-pathetischer Denkmalskultur Ausdruck. Davon ausgegrenzte Schichten fanden Rückhalt in sozialen Gegenkulturen. Die intellektuell-kulturkritische Krisenstimmung um 1900 ließ um Privilegien und Deutungshoheit bangende bildungsbürgerliche Kreise nach neuen Werten und Gemeinschaften suchen. Die sahen sie weniger in einer kosmopolitischen „Gemeinschaft aller Geistigen" als in den „völkischen Wurzeln" des „Deutschtums" und der „Heimat". Um diese zu sichern oder wiederzubeleben, schlossen sie sich in entsprechenden Bünden zusammen. Damit begann die eigentliche Karriere der Heimat- und Regionalbewegungen. Ihnen standen durch moderne Wirtschaftszwänge ausgelöste technokratische Vorstellungen und Raumpläne gegenüber, bis sich dann in den 1920er/30er Jahren die verschiedenen Richtungen überkreuzten.

(Anm. 55), S. 31–49; Dillmann: Regionales Prisma der Vergangenheit (Anm. 14); Brunn, Gerhard (Hrsg.): Region und Regionsbildung in Europa. Konzeptionen der Forschung und empirische Befunde, Baden-Baden 1996; Wollersheim, Heinz Werner u. a. (Hrsg.): Region und Identifikation, Leipzig 1998.

88 Vgl. u. a. Viehoff, Reinhold; Segers, Rien T. (Hrsg.): Kultur Identität Europa. Über die Schwierigkeiten und Möglichkeiten einer Konstruktion, Frankfurt 1999; Binder, Beate u. a. (Hrsg.): Inszenierungen des Nationalen. Geschichte, Kultur und die Politik der Identitäten am Ende des 20. Jahrhunderts, Köln, Wien, Weimar 2000; Berding, Helmut (Hrsg.): Nationales Bewußtsein und kollektive Identität (Studien zur Entwicklung kollektiven Bewußtseins in der Neuzeit 2), Frankfurt 1994; Giesen, Bernhard: Kollektive Identität. Die Intellektuellen und die Nation 2, Frankfurt 1999; Niethammer, Lutz: Kollektive Identität. Heimliche Quellen einer unheimlichen Konjunktur, Reinbek bei Hamburg 2000, sowie auch dessen Beitrag in diesem Band.

„Heimat", „Region", „Provinz", „Raum", „Volkstum", „Tradition" etc. sind Ausdruck technokratischer Visionen wie der Suche nach Gemeinsamkeit, nach gemeinsamen Werten, nach „historischer Identität". Sie sind modernisierungsbejahende oder -kritische, interessen-politisch klar bestimmbare Sinnordnungen und Konstrukte des 19./20. Jahrhunderts. Und sie sind – schon seit der Kulturkritik von rechts um 1900 und der „völkischen Wende" der Volkskunde und Geschichtswissenschaft nach 1918, erst recht seit der NS-Zeit – keine wert-freien, politisch unschuldigen Angelegenheiten und Begriffe. Der „Aufstand der Provinz" gegen die Vorherrschaft des „Molochs Berlin"[89] und die verschiedenen Reform-, Heimat- und Regionalbewegungen seit der ebenso aufbruchs- wie zivilisations- und kulturkritisch gestimmten „Zeitenwende" um 1900 trugen höchst ambivalente Züge[90]. Sie sorgten sich um den Erhalt der bedrohten Heimat, Natur, Umwelt und Kultur und bewiesen stets entspre-chenden Eigensinn[91]. Doch suchten nur kleinere avantgardistische Gruppen den Anschluß an die europäische Moderne. Die meisten fühlten sich „deutschem Wesen" verpflichtet und wandten sich gegen „westliche Überfremdung". Sie trugen so ihr Scherflein zu völki-schem oder sozialrassistischem Denken und zur entsprechenden Verschmutzung der gei-stigen Umwelt bei – und zwar lange bevor die Nationalsozialisten dieses Erbe antraten. Daß die Deutschen eine zwar mehrfach von oben aufgeputschte, ansonsten aber eher harm-lose „Nation von Provinzialisten"[92] seien, kann nur behaupten, wer die betont „nationalen" Geschichtsbilder dieser Heimat- und Regionalbewegungen[93] übersieht. All diese Bewegun-

---

89 Vgl. Heß, Ulrike: Vom „Aufstand der Landschaft gegen Berlin", in: Weyergraf, Bernd (Hrsg.): Literatur der Weimarer Republik 1918–1933, München 1995, S. 340–370.

90 Vgl. u. a. Nitschke, August u. a. (Hrsg.): Jahrhundertwende. Der Aufbruch in die Moderne 1880–1930, 2 Bde., Reinbek bei Hamburg 1990; Klueting, Edeltraut (Hrsg.): Antimodernismus und Reform. Zur Geschichte der deutschen Heimatbewegung, Darmstadt 1991; Hepp, Corona: Avantgarde. Moderne Kunst, Kulturkritik und Reformbewegungen nach der Jahrhundertwende, München 1992; Hein, Peter Ulrich: Die Brücke ins Geisterreich. Künstlerische Avantgarde zwischen Kulturkritik und Faschismus, Reinbek bei Hamburg 1992; Bruch, Rüdiger v. u. a. (Hrsg.): Kultur und Kulturwissenschaften um 1900, Stuttgart 1997; Braungart, Wolf-gang u. a. (Hrsg.): Ästhetische und religiöse Erfahrungen der Jahrhundertwenden II: Um 1900, Paderborn u. a. 1998; Rohrkrämer, Thomas: Eine andere Moderne? Zivilisationskritik, Natur und Technik in Deutsch-land 1880–1933, Paderborn u. a. 1999; Kerbs, Diethart; Reulecke, Jürgen (Hrsg.): Handbuch der deutschen Reformbewegungen 1880–1933, Wuppertal 1998; Puschner, Uwe u. a. (Hrsg.): Handbuch zur „Völkischen Bewegung", ²München 1999.

91 Vgl. zur Ambivalenz der Heimatschutzbewegung auch Oberkrome, Willi: Heimatschutz und Naturschutz in Lippe und Thüringen 1930–1960. Strukturen und Entwicklungen, in: Frese, Matthias; Prinz, Michael (Hrsg.): Politische Zäsuren und gesellschaftlicher Wandel im 20. Jahrhundert. Regionale und vergleichende Perspek-tiven, Paderborn 1996, S. 419–438, und dessen Beitrag in diesem Band.

92 Vgl. Applegate, Celia: A Nation of Provincials. The German Idea of Heimat, Berkeley, Los Angeles, Oxford 1990; ähnlich beschönigend für die Zeit um 1900 auch Lipp, Wolfgang: Heimat in der Moderne. Quelle, Kampfplatz und Bühne von Identität, in: Lieberknecht, Christine (Hrsg.): Orientierung im Umbruch. Analy-sen zur Lage Deutschlands seit 1990, Rudolstadt, Jena 1999, S. 235–254.

93 Vgl. Confino, Alon: Die Nation als lokale Metapher: Heimat, nationale Zugehörigkeit und das Deutsche Reich 1871–1918, in: Zeitschrift für Geschichtswissenschaft 44 (1996), S. 421–434; Rollins, William: Heimat, Modernity, and Nation in the Early Heimatschutz Movement, in: Hermand, Jost; Steakley, James (Ed.): Heimat, Nation, Fatherland. The German Sens of Belonging (German Life and Civilization 22), New York u. a. 1996, S. 87–112; Strzelczyk, Florentine: Un-Heimliche Heimat. Reibungsflächen zwischen Kultur und Nation, München 1999.

gen, Begriffe und Konstrukte sind Bestandteile einer Ideologie-, Identitäts- und Konstruktionsgeschichte, die der historisch-kritischen Analyse bedarf. Die solcher Kritik Unterzogenen wehren dies freilich ab. Sie drehen den Spieß um und stellen die Kritik ihrer Ideologieproduktion selbst als Ideologie hin. Damit werde erst Ideologie in ihr vorgeblich rein wissenschaftliches, ganz und gar „unpolitisches" Denken und Wirken hineingetragen. So glaubt man den schwarzen Peter der kritischen Analyse zuschieben und selbst im reinen Lichte dastehen zu können.

Auch „Mitteldeutschland" ist ein solch interessen- und zweckgerichtetes, auf vermeintlich räumlich-geographische oder historische Vorgaben projiziertes Konstrukt, eine „Erfindung" des 19./20. Jahrhunderts, ein Gestaltungs- und Kampfbegriff, um bestimmte Ziele zu erreichen. „Mitteldeutschland" – erklärte Otto Schlüter 1929 zum Deutschen Geographentag in Magdeburg – bedürfe einer „gestaltenden Idee"[94]. Und er appellierte an die Physiogeographen, den Begriff „Mitteldeutschland" aufzugreifen, was die Kulturgeographen längst getan hätten. Sie wollten – erklärten Walter Möllenberg und Erich Neuss 1932/33 im Jahrbuch „Sachsen und Anhalt" – ihre Aufsätze zur „geschichtlichen und wirtschaftlichen Einheit des mitteldeutschen Raumes" in den „Dienst der Provinz Sachsen" stellen[95]. Sie lieferten historische „Identitäts"-Argumente für die provinzsächsischen „Mitteldeutschland"-Pläne oder zumindest für den Anschluß Anhalts an die Provinz Sachsen und ließen so keinen Zweifel an ihrer Absicht, aktuelle Interessen historisch zu begründen.

Stets waren bildungs- und wirtschaftsbürgerliche Kreise, Intellektuelle, Wissenschaftler und andere gesellschaftliche Eliten die Träger, Produzenten und wohl auch hauptsächlichen Adressaten solch interessenbedingter Konstrukte und Großraumpläne. Es wäre noch genauer zu ermitteln, wer die eigentliche Kerntruppe der „Regionalisten" stellte, ob Heimatbewegte, Intellektuelle und Bildungsbürger hartnäckiger zum „region-making" beitrugen oder interessierte Wirtschaftskreise, Regionalpolitiker, Raumplaner und andere Technokraten. Wie auch immer: Die Planer von Großräumen und die Konstrukteure „historischer Identität" haben stets behauptet, das, was sie wollten, sei bereits im allgemeinen Bewußtsein verankert. Sie setzten ein entsprechendes Basis-Bewußtsein einfach voraus, ohne überhaupt auf die Idee zu kommen, die Bevölkerung zu befragen, ob dies denn auch zutreffe. Das gilt für die 1920er/30er Jahre ebenso wie für die Gegenwart, obwohl unterdessen die Umfragetechniken perfektioniert worden sind. Seit 1990 gab es zwar mehr oder weniger repräsentative Meinungsumfragen nach „Landesidentität", kaum aber nach einer „mitteldeutschen Identität".

---

94 Schlüter: Der Begriff (Anm. 84), S. 11; zur Wirkung von Schlüters Appell vgl. Braun, Gustav: Deutschland. Dargestellt auf Grund eigener Beobachtung, der Karten und der Literatur, H. II: Mitteldeutschland und Schlesien, ²Berlin 1929, bes. S. 212 f.

95 Möllenberg: Sachsen und Anhalt (Anm. 16), S. 1; Neuss, Erich: Sachsen und Anhalt. Zur wirtschaftlichen Einheit des mitteldeutschen Raumes, in: Sachsen und Anhalt 9 (1933), S. 1–26 (Zitat S. 1).

Das Harmoniebedürfnis

Identitätspolitik beruht auf einem Harmoniebedürfnis. Konflikte passen nicht so recht ins gewünschte Bild. Deshalb legt sich die Suche nach „historischer Identität" meist ein paßgerechtes Geschichtsbild zurecht. Man betont das Verbindende und Angenehme, blendet das dem Entgegenstehende aus oder bezeichnet es als „wesensfremd". Das MDR-Fernsehprojekt solle – so war anfangs nahezu unisono zu hören – von der „historischen Größe der Landschaft" erzählen, „Stolz und Identität" wecken. Dafür sollten zunächst ausschließlich positiv besetzte Symbolträger vor allem aus dem Kultur- und Wirtschaftsbereich gewählt und die negativen Züge „mitteldeutscher" Geschichte beiseite gelassen werden[96]. „Schaut auf diese Region", hieß es. Und man fügte allen Ernstes hinzu, keine andere Region weise eine solch reiche, vielfältige Geschichte auf. Das Regionalmarketing der „Aktion Mitteldeutschland" ist vor allem darauf gerichtet, die „Eigenart" (Volk, Mensch), „Schönheit" (Natur, Kunst, Kultur) und „Leistungskraft" (Wirtschaft) der „mitteldeutschen" Region zu betonen. Die „identitäts- und sinnstiftende Neuentdeckung" ihrer einzigartigen Kulturlandschaft werde die „Zukunft der Region mitbestimmen"[97].

Ein solches Herangehen kann sehr schnell dazu verleiten, nach ins Bild passenden „positiven Traditionen" zu suchen und die „Schattenlinien"[98] zu verdrängen. Weimar gilt als Sinnbild der Humanität, Buchenwald als deren Negation. Beider Bezüge wurden nach dem Ende der NS-Zeit bestritten und Goethe zum Alibi[99] des angeblich rein gebliebenen geistigen Deutschlands. Die Wartburg ist seit dem 19. Jahrhundert zum Sinnbild einer „deutschen Burg" schlechthin und als „Mittelpunkt deutscher Kultur und Geschichte" gefeiert geworden[100]. Ihre nationalistische Verklärung zum „Nationalsymbol der Deutschen"[101] und die übrigen

---

96 Vgl. z. B. Symposium zur „Geschichte Mitteldeutschlands" (Anm. 12); zur kritischen Analyse solch einseitiger Konstruktionsabsichten vgl. – freilich nur anhand der Informationsblätter zur ersten Filmstaffel und ohne Analyse der Beiratstätigkeit, der Protokolle der Kuratoriums-Sitzungen, des thematischen Gesamt-Konzeptes und seiner Umsetzung in den Filmen – Koch: Die Konstruktion (Anm. 12).

97 Vgl. Mitteldeutschland (Anm. 66), Zitat S. 16; zur Kontinuität solcher Marketing-Bände vgl. auch Mitteldeutschland. Seine Eigenart und Schönheit, hrsg. vom Mitteldeutschen Verkehrsverband, Magdeburg 1928; Mitteldeutschland (Die Deutschen Heimatführer 14), hrsg. vom Fremdenverkehrsverband Mitteldeutschland Magdeburg, Berlin (1940).

98 Zu dieser einprägsamen, seitdem häufig zitierten Metapher vgl. Nipperdey, Thomas: Deutsche Geschichte 1866–1918, Bd. 1: Arbeitswelt und Bürgergeist, ³München 1993, S. 812–834; er meinte damit die von Nationalismus und Militarismus, antikapitalistischer Kulturkritik, antiwestlichem Denken und Antisemitismus bis zu den „Ideen von 1914" reichenden Tendenzen in der Kultur des Wilhelminischen Kaiserreiches.

99 Vgl. Alewyn, Richard: Goethe als Alibi, in: Mandelkow, Karl Robert (Hrsg.): Goethe im Urteil seiner Kritiker. Dokumente zur Wirkungsgeschichte Goethes in Deutschland, Teil IV, München 1984, S. 333 ff.

100 Vgl. z. B. Tümmler, Hans: Die Wartburg – Ein Mittelpunkt deutscher Kultur und Geschichte, in: Möller, Helmut: Berichte. Mitteilungen. Beiträge. Ein mitteldeutsches Periodikum (Stiftung Mitteldeutscher Kulturrat) 3 (1990/91), S. 110–115.

101 Vgl. Schuchardt, Günther: Die Wiederentdeckung der Wartburg und ihre Verklärung zum Gesamtkunstwerk, in: Müller, Matthias (Hrsg.): multiplicatio et variatio. Beiträge zur Kunst – Festgabe für Ernst Badstübner zum 65. Geburtstag, Berlin 1998, S. 14–29; ders.: Eisenacher „Nationaldenkmäler". Wartburg – Burschenschaftsdenkmal – Bismarckturm, in: Wartburg-Jahrbuch 1996, S. 103–128.

Schattenseiten dieser „Burg des Lichtes" wurden dabei geflissentlich übersehen. Wohin das alles führt, hat die staatsoffizielle Pflege entsprechend „gesäuberter" revolutionärer und antifaschistischer Traditionen in der DDR gezeigt[102]. Zwar ließ die Erbe-Traditions-Debatte der 1970er/80er Jahre zunehmende Bereitschaft erkennen, sich der Gesamtgeschichte zu stellen und sich auch mit ihren „negativen Seiten" öffentlich genauer auseinanderzusetzen[103]. Doch konnte dies den angerichteten Schaden nicht mehr beheben.

Man kann mit Luther und der Reformation, mit berühmten „mitteldeutschen" Komponisten wie Telemann, Schütz, Bach, Händel, Schumann, Mendelssohn Bartholdy, Wagner oder Weill, mit dem Augusteischen Barockzeitalter Kursachsens, der Weimarer und Wörlitzer Klassik, dem Weimarer und Dessauer Bauhaus oder den wirtschaftlichen Innovationen des Raumes „mitteldeutsche Identität" stiften, auch mit den anfangs rebellischen Burschenschaften und ihrem nationalbewegten Wartburgfest 1817, neuerdings sogar mit dem „mitteldeutschen" Kulturkritiker Nietzsche, kaum aber mit Luthers Antijudaismus, dem politischen Mißbrauch der Klassik, den antidemokratischen Irrwegen studentischer Korporationen und des Weimarer Nietzsche-Archivs, der Vertreibung des Bauhauses aus Weimar und Dessau, mit dem frühen „mitteldeutschen" Vordringen der Nationalsozialisten, mit Buchenwald, mit der autoritären DDR und ihrem Leipzig-gebürtigen Staatsmann Ulbricht oder mit den ökologischen Schadfolgen des Industrie-, Verkehrs- und Zersiedlungszeitalters. Eine vordergründig „Identitäts"-gerichtete Herangehensweise führt letztlich zu einer von Unliebsamem bereinigten, entsorgten und unverantwortlichen „Schönwetterauswahl" historischer Glanzlichter.

Sicher gibt es erfreuliche Gegenbeispiele mit gutem Gespür für Kontraste und widersprüchliche Zusammenhänge. „Weimar und Buchenwald" werden längst nicht mehr nur als sich gegenseitig ausschließende Symbole für Hochkultur und Verbrechen, sondern auch in ihrem Zusammenhang begriffen[104]. In der NS-Raketenproduktions- und heutigen Gedenkstätte Mittelbau-Dora wird schon lange über die Zusammenhänge von „Modernität und Barbarei" nachgedacht[105]. Selbst in dem Marketing-Band der „Aktion Mitteldeutschland" ist zu lesen: „Mitteldeutschland ist Bitterfeld und Wörlitz"[106]. Die sachsen-anhaltische Landesausstellung im brachliegenden Kraftwerk Vockerode hat dies 1998 überzeugend in Szene gesetzt. Man sei mit ihr – schrieb der sachsen-anhaltische Ministerpräsident – „mittendrin in Gegensätzen,

102 Vgl. z. B. Niethammer, Lutz (Hrsg.): Der ‚gesäuberte' Antifaschismus. Die SED und die roten Kapos von Buchenwald, Berlin 1994; Overesch, Manfred: Buchenwald und die DDR oder Die Suche nach Selbstlegitimation, Göttingen 1995.

103 Vgl. Meier, Helmut; Schmidt, Walter (Hrsg.): Erbe und Tradition in der DDR. Die Diskussion der Historiker, Berlin (Ost) 1988; zur Politik und Diskussion um das kulturelle Erbe vgl. Anm. 135.

104 Vgl. z. B. Schley, Jens: Nachbar Buchenwald. Die Stadt Weimar und ihr Konzentrationslager 1937–1945, Köln, Wien, Weimar 1999.

105 Vgl. z. B. Eisfeld, Rainer: Die unmenschliche Fabrik: V2–Produktion und KZ „Mittelbau-Dora", Erfurt 1993; Neander, Joachim: „Hat in Europa kein annäherndes Beispiel". Mittelbau-Dora – ein KZ für Hitlers Krieg, Berlin 2000.

106 So im Geleitwort ihres Vorsitzenden und Präsidenten der Industrie- und Handelskammer Halle-Dessau – vgl. Mitteldeutschland (Anm. 66), S. 12.

die unser Land bestimmten"[107]. Auch im Falle des MDR-Fernsehprojektes gibt es unterdes
ein nötiges Problembewußtsein. Von der anfänglichen Ansicht, man solle 1933 aufhören, weil
danach eine fatale Geschichte beginne, hat man sich längst verabschiedet. Die bereits gesende-
ten Filme zeigen ein abgewogenes Herangehen.

Doch ist die Gefahr, das Übel erst ab 1933 anzusetzen und die Zeit davor im gleichsam
reinen Lichte zu sehen, keineswegs gebannt – auch nicht die Tendenz, die eigentlichen Defor-
mationen erst auf die Zeit nach 1945 zu datieren. Ein 1992 erschienener Band über „wirtschaftliche Impulse aus Mitteldeutschland" endet 1945, da – so der Autor – dann die innovative
Entwicklung abgebrochen worden sei[108]. Sicher waren die Kriegswirtschaften des Ersten und
Zweiten Weltkrieges, der entsprechende Fortschritt der Zeiss-Gerätetechnik und des Junkers-
Flugzeugbaus, die Errichtung der Leuna-Werke 1916/17 oder der mit Häftlings- und Zwangs-
arbeit verbundene Raketen- und Düsenjägerbau seit 1943/44 bei Nordhausen und Kahla wirt-
schaftlich innovative Vorgänge. Doch sind Zwecke und Umstände solch „wirtschaftlicher
Impulse" für diesen Autor offenbar unerheblich. Oft ist zu lesen, erst die DDR-Zeit sei mit
einem extremen Werte-Verlust für die „mitteldeutsche" Region verbunden gewesen. Für die
NS-Zeit und die Zeit vor 1933 scheint man dies also nicht gelten lassen zu wollen.

„Mitteldeutsche" Mythen und Symbolstätten

Wo – so schrieb Arno Mohr 1996 in einem lesenswerten Aufsatz über „politische Bildung
und Landesidentität"[109] – verbissen versucht wird, ein Landesbewußtsein historisch zu belegen, da liegen die Mythen und Legenden nicht fern. Das gilt auch für die Suche nach einer
„mitteldeutschen Identität" oder – wie in der DDR – nach regionalhistorischer Legitimation politischer Herrschaft. Bei aller Distanz zum „Mitteldeutschland"-Begriff hatte man
in der DDR keine Probleme, vom „mitteldeutschen Bauernaufstand" des 16. Jahrhunderts,
vom „mitteldeutschen Generalstreik" 1919, vom „mitteldeutschen Aufstand" 1921, von den
„mitteldeutschen Abwehrkämpfen gegen Kapp" 1920, den „mitteldeutschen Arbeiterregie-
rungen" 1923 oder den „mitteldeutschen Berg- und Metallarbeiterstreiks" 1927/28 zu sprechen und so den Mythos vom „roten Mitteldeutschland" und vom „revolutionären Herzen
Deutschlands" zu pflegen. Die „mitteldeutschen Ministertreffen" 1921/22 freilich wurden
erst durch das Bochumer Forschungsprojekt bekannt[110]. Die Regierungsebene linksrepubli-

---

107 Vgl. Brüggemeier, Josef u. a. (Hrsg.): mittendrin. Sachsen-Anhalt in der Geschichte. Katalog der Ausstellung,
       Dessau 1998, Geleitwort, S. 5.
108 Vgl. Kirchhoff, Friedrich-Wilhelm: Wirtschaftliche Impulse aus Mitteldeutschland 1800–1945, Hanau 1992;
       unter „Mitteldeutschland" werden hier alle fünf „neuen Bundesländer" verstanden.
109 Vgl. Mohr, Arno: Landeszentralen für politische Bildung und Landesidentität, in: Westfälische Forschun-
       gen 46 (1996), S. 382–405.
110 Vgl. Rudolph, Karsten: Die sächsische Sozialdemokratie vom Kaiserreich zur Republik (1871–1923) (Demo-
       kratische Bewegungen in Mitteldeutschland 1), Weimar, Köln, Wien 1995, S. 288–291, und dessen Beitrag in
       diesem Band.

kanisch-sozialistischer Reformpolitik Sachsens, Thüringens und Braunschweigs interessierte in der DDR kaum.

Nationale Mythen[111] schließen regionale Legenden und Symbolstätten ein. Politisch folgenreiche Schlachten scheinen sich dafür besonders gut zu eignen: „Jena 1806"[112] etwa als Symbol für „Krise und Neubeginn", „nationale Schmach und Wiedergeburt" oder „Leipzig 1813" als Symbol des „sich erhebenden Deutschlands". 100 Jahre später erhielt Leipzig denn auch kurz vor dem Ersten Weltkrieg das entsprechend monumentale und „patriotische" Denkmal[113] – Jena freilich nicht. Denn dort mußte man 1906 einer Niederlage und widersprüchlicher Zusammenhänge gedenken. Und das geht schlecht mit steinernem Pathos, wohl aber mit mobilisierenden Parolen wie „Jena und/oder Sedan"[114]. Heute stellen auf diesen „mitteldeutschen" Schlachtfeldern Freizeitkrieger, Traditions- und Heimatvereine begeistert die einstigen Schlachten nach. Das zieht Touristen an und soll „Identität" stiften – regionale nur, werden die Kritiker beruhigt, nicht nationale. Zudem hege man heute keine Feindbilder, sondern wirke völkerverbindend. Auch das einst als Nationalmonument wuchtig ins „deutsche Mittelgebirge" gesetzte Kyffhäuser-Denkmal wird nun europäisch umgewidmet[115]. Der auf Barbarossa projizierte Reichsgründerkult[116] und die Rolle des Denkmals als Kult- und Weihestätte des Kyffhäuser-Verbandes deutscher Kriegervereine und des antisemitischen Kyffhäuser-Bundes deutscher Studenten können so kritisch aufgearbeitet, aber auch bequem entsorgt werden.

Wie bei den Kyffhäuser- und Barbarossa-Legenden spielte der Mythos von der verlorenen und wiederzugewinnenden Größe stets eine mobilisierende Rolle. Immer dann, wenn etwas entschwunden ist, greifen die Legenden. Dafür bot sich die ottonische bis staufische Reichs-

111 Vgl. u. a. Johnston, Otto W.: Der deutsche Nationalmythos. Ursprung eines politischen Programms, Stuttgart 1990; Hobsbawm, Eric: Nationen und Nationalismus. Mythos und Realität seit 1789, Frankfurt, New York 1991; Berding, Helmut (Hrsg.): Mythos und Nation (Studien zur Entwicklung des kollektiven Bewußtseins in der Neuzeit, Bd. 3), Frankfurt 1996; Flacke, Monika (Hrsg.): Mythen der Nationen. Ein europäisches Panorama, Berlin 1998.

112 Vgl. John, Jürgen: „Jena 1806" – Symboldatum der Geschichte des 19. und 20. Jahrhunderts, in: Fesser, Gerd; Jonscher, Reinhard (Hrsg.): Umbruch im Schatten Napoleons. Die Schlachten von Jena und Auerstedt und ihre Folgen (Bausteine zur Jenaer Stadtgeschichte 4/Jenaer Studien 3), Jena 1998, S. 177–195.

113 Vgl. Deutschlands Denkmal der Völkerschlacht, das Ehrenmal seiner Befreiung und nationalen Wiedergeburt. Weiheschrift des Deutschen Patriotenbundes, bearb. von Alfred Spitzner, (Leipzig 1913); Keller, Katrin; Schmid, Hans-Dieter (Hrsg.): Vom Kult zur Kulisse. Das Völkerschlachtdenkmal als Gegenstand der Geschichtskultur, Leipzig 1995.

114 Ohne „Jena" (die preußische Niederlage 1806 und den anschließenden Wiederaufstieg des preußischen Staates) hätte es kein „Sedan" (den deutschen Sieg über Frankreich 1870) gegeben, erklärte Bismarck 1892 in Jena und meinte dies auch als Kritik am Wilhelminischen Kaiserreich, dem unter der fahrlässigen Politik Wilhelms II. möglicherweise ein neues „Jena" drohe – vgl. Bismarck: Die gesammelten Werke, Bd. 13: Reden 1885–1897, bearb. von Wilhelm Schüßler, Berlin 1930, S. 471; seitdem wurde das Begriffspaar häufig verwendet, wobei „Jena" als Symbol der Schwäche oder/und des Neubeginns galt, „Sedan" als Symbol der Stärke – vgl. z. B. Jena oder Sedan?. Roman von Franz Adam Beyerlein, ³Berlin 1903; Jena oder Sedan, in: Deutsche Führerbriefe, Nr. 85/86 v. 1./4. 11. 1932.

115 Vgl. Mai, Gunther (Hrsg.): Das Kyffhäuser-Denkmal 1896–1996. Ein nationales Monument im europäischen Kontext, Köln, Weimar, Wien 1997.

116 Vgl. Borst, Arno: Barbarossas Erwachen. Zur Geschichte der deutschen Identität, in: Marquardt, Otto; Stierle, Karlheinz (Hrsg.): Identität, ²München 1996, S. 17–60.

und Ostpolitik besonders an. Nach dem Untergang des Alten Reiches 1806 begann der deutschnationale Kult um den „Reichsgründer" Heinrich I. Dessen Grabstätte im Quedlinburger Dom wurde im „Dritten Reich" der Nationalsozialisten zur Weihestätte von Himmlers SS und diese dort auf den Geist der „neuen Ostexpansion" eingeschworen. Das fand unter Bildungsbürgern und Historikern gleichermaßen Resonanz. Sie priesen nicht nur den Zusammenhang zwischen Heinrich I. und Hitler – „dem Gründer und dem Vollender des Deutschen Reiches" –, sondern schlugen gleich noch die Brücke zum „Geist von Weimar"[117]. Auch die Stifterfiguren des Naumburger Domes wurden lange Zeit als Ausdruck „deutschen Geistes" verehrt. Unter ihnen machte besonders die steinerne Uta als „deutsche Ikone", Sehnsuchtsfigur des „Ewigen Deutschlands", Ideal „deutscher Reinheit" und „deutscher Kultur" Karriere[118]. Die Dome von Bamberg und Magdeburg wurden in der NS-Zeit als „Kaiserdome des deutschen Ostens" und als Ausdruck eines „weltgeschichtlichen Behauptungs- und Ausdehnungswillens deutschen Volkstums" interpretiert, „die nicht nur ganz Mitteldeutschland in ihren Bann ziehen, sondern auch den gesamten Osten befruchten."[119] Die sächsisch-thüringische Kunst galt als „Wesensausdruck" des vor allem männlich gedeuteten „mitteldeutschen Menschen"[120].

Vor allem Symbolstätten des „geistigen Deutschlands" gingen in die „mitteldeutsche" Mythologie ein und wurden dabei gern auf das „deutsche Wesen"[121] bezogen. Das avantgardistische Weimarer und Dessauer Bauhaus galt dann als „deutscher Kultur wesensfremd", „kulturbolschewistisch" und „entartet"[122]. Es gedieh erst nach seiner Vertreibung aus der Region zum „Mythos der Moderne"[123]. Heute wird es freilich auch „mitteldeutscher Identität" zuge-

---

117 Vgl. Thüringer Gauzeitung. Der Nationalsozialist v. 3. 7. 1938 („Das Dritte Reich ehrte König Heinrich I."; Heinz Haeckel: „Quedlinburg und Weimar"; Erich Maschke: „Heinrich I. und Thüringen"); vgl. auch Lintzel, Martin: König Heinrich I. und die Gründung des Deutschen Reiches, in: Thüringisch-Sächsische Zeitschrift für Geschichte und Kunst 26 (1936), S. 25–42 (Heinrich habe das Reich gegründet, in dem sich „das deutsche Volk bildete und entwickelte"; der Vorwurf, über die Italienpolitik „die Expansion im Osten vergessen zu haben", könne Heinrich nicht gemacht werden – so S. 39 u. 42).

118 Vgl. Ullrich, Wolfgang: Uta von Naumburg. Eine deutsche Ikone (Kleine Kulturwissenschaftliche Bibliothek 58), Berlin 1998.

119 Vgl. Fiedler, Hans: Dome und Politik. Der staufische Reichsgedanke in Bamberg und Magdeburg, Bremen, Berlin 1937 (Zitate S. 10 f.), und kritisch dazu Kunze, Hans: „Dome und Politik", in: Sachsen und Anhalt 13 (1937), S. 1–27.

120 Vgl. Giesau, Hermann: Sächsisch-Thüringische Kunst als Wesensausdruck des mitteldeutschen Menschen, Burg 1934 (Sonderdruck aus: Jahrbuch der Denkmalpflege in der Provinz Sachsen und in Anhalt 1933/34); Sommerlad, Theo: Staatsmänner aus Mitteldeutschland, in: Thüringisch-Sächsische Zeitschrift für Geschichte und Kunst 23 (1934/35), S. 1–12.

121 „Deutschem Wesen stets bereit", lautete ein Wartburg-Gedicht des heute unbekannten Autors Georg Becker aus dem Jahre 1914, in: Eisenacher Zeitung v. 11. 6. 1914 – vgl. auch Haufe, Rüdiger: „Deutschem Wesen stets bereit". Die Wartburg in nationaler Deutung. Zur „Wartburg-Lyrik" 1890–1933, Weimar 2000.

122 Zu den entsprechenden Attacken gegen das Weimarer Bauhaus vgl. Ulbricht, Justus H.: Willkomm und Abschied des Bauhauses in Weimar. Eine Rekonstruktion, in: Zeitschrift für Geschichtswissenschaft 46 (1998), S. 5–27; Winkler, Klaus-Jürgen: Bauhaus und Thüringer Landtag – Die Kunstschuldebatten in der Zeit der Weimarer Republik, in: Schriften zur Geschichte des Parlamentarismus in Thüringen 13, Weimar 1999, S. 43–125.

123 Vgl. Droste, Magdalena: Bauhaus 1919–1933, Köln 1993, S. 6 (Vorwort von Peter Hahn).

schlagen[124], die fatale Vorgeschichte dabei aber ausgeblendet. Besonders wirkungsmächtig wurde der „Mythos Weimar"[125]. Das nachklassische Weimar Carl Alexanders (1853/1901)[126] verstand seinen Kulturbeitrag als Gegenentwurf zur hauptstädtischen Kultur. Es wähnte sich dabei in der exklusiven Rolle einer „kulturellen Hauptstadt im Herzen Deutschlands" und in gleichsam „nationaler Mission". Dorthin suchten seit 1900 kulturell-avantgardistische, vor allem aber „völkisch" gesinnte Kreise ihre „Wege nach Weimar"[127]. Letztere wollten die Klassikerstadt im stabreimenden Verbund mit den „nationalen Symbolstätten" Wartburg und Wittenberg[128] zum geistigen Bollwerk gegen die „Vorherrschaft Berlins"[129] gestalten. Umgekehrt galten „Weimar und Berlin"/„Goethe und Bismarck" als Ausdruck „faustischen Deutschtums" und als Sinnbild der Einheit des geistigen und des politischen Deutschlands[130].

Nach dem „Kriegseinsatz des Geistes von Weimar" und dem Ende des Kaiserreiches erklärten einflußreiche Philosophen die Tateinheit des „Geistes von Weimar" und des „Geistes von Potsdam" zur ideellen Grundlage eines „völkischen Staates" anstelle der verhaßten, „deutschem Wesen" fremden, von den Siegermächten aufgezwungenen Massendemokratie der Weimarer Republik[131]. Sie fanden damit in gebildeten Kreisen weit mehr Anklang als Fried-

124 Vgl. z. B. Günther: Hexenkessel (Anm. 16), S. 530–572.

125 Vgl. Merseburger, Peter: Mythos Weimar. Zwischen Geist und Macht, Stuttgart 1998.

126 Vgl. Pöthe, Angelika: Carl Alexander. Mäzen in Weimars ‚Silberner Zeit', Köln, Weimar, Wien 1998.

127 Lienhard, Friedrich: Wo liegt Weimar?, in: Wege nach Weimar. Monatsblätter von Friedrich Lienhard 1 (1905), S. 1 f. – vgl. auch: Ulbricht, Justus H.: „Wo liegt Weimar?". Nationalistische Entwürfe kultureller Identität, in: Härtl, Ursula u. a. (Hrsg.): Hier, hier ist Deutschland ... Von nationalen Kulturkonzepten zur nationalsozialistischen Kulturpolitik, Göttingen 1997, S. 11–44.

128 Vgl. u. a. Wartburg und Weimar als Pflegestätten deutscher Dichtkunst. Eine Gabe zum Schillergedenktage von Oberpfarrer (Franz) Horn, Halle (1905); Lienhard, Friedrich: Wartburg und Weimar als Feststätten deutscher Kultur, in: Bülow, Paul (Hrsg.): Friedrich Lienhards Türmer-Beiträge aus den Jahrgängen I bis XXIV (Oktober 1898 bis September 1922), Stuttgart 1922, S. 87–93; Lienhard, Friedrich: Vom Wesen der Dichtung. – Wartburg, Wittenberg, Weimar. Einleitung zu: ders.: Deutsche Dichtung in ihren geschichtlichen Grundzügen (Wissenschaft und Bildung 150), Leipzig 1917, S. 5–10; Blanckmeister, Franz: Weimar und Wittenberg. Unsere Klassiker und der Protestantismus (Wehr und Waffen. Evangelische Weckstimmen 7), Dresden 1931.

129 Lienhard, Friedrich: Die Vorherrschaft Berlins. Literarische Anregungen (Flugschriften der Heimat 4), Leipzig, Berlin 1900.

130 Vgl. z. B. Loeper, Gustav v.: Berlin und Weimar (Vortrag 1890 auf der Weimarer Generalversammlung der Goethe-Gesellschaft), in: Mandelkow: Goethe im Urteil (Anm. 99), Teil III, München 1979, S. 197–207; Stutzer, Emil: Goethe und Bismarck als Leitsterne für die Jugend in sieben Gymnasialreden, Berlin 1904; Marcks, Erich: Goethe und Bismarck. Das geistige und das politische Deutschland, in: Die Neue Rundschau 2 (1918), S. 865–883; Maync, Harry: Goethe und Bismarck. Ein Wort an die akademische Jugend, Marburg 1932 – vgl. auch Wichert, Adalbert: Bismarck und Goethe. Klassikrezeption der deutschen Geschichtswissenschaft zwischen Kaiserreich und Drittem Reich, in: Richter, Karl; Schönert, Jörg (Hrsg.): Klassik und Moderne. Die Weimarer Klassik als historisches Ereignis und Herausforderung im kulturgeschichtlichen Prozeß, Stuttgart 1983, S. 321–339; Mandelkow, Karl Robert: Goethe in Deutschland. Rezeptionsgeschichte eines Klassikers, Bd. 1, München 1980, S. 205–211; Parr, Rolf: „Zwei Seelen wohnen, ach! in meiner Brust". Strukturen und Funktionen der Mythisierung Bismarcks (1860–1918), München 1992, S. 102–111.

131 Vgl. etwa Bauch, Bruno: Der Geist von Potsdam und der Geist von Weimar (Jenaer Akademische Reden 1), Jena 1926; der Text enthält den anläßlich der offiziellen Universitätsfeier zum Reichsgründungstag am 18. Januar 1926 gehaltenen Vortrag des in der Fichte-Gesellschaft einflußreichen und an der Spitze der Deutschen Philosophischen Gesellschaft stehenden Jenaer Philosophen.

rich Ebert, der bei der Eröffnung der Weimarer Nationalversammlung am 6. Februar 1919 den „Geist von Weimar" beschwor, um nach dem verheerenden Weltkrieg „die Wandlung zu vollziehen vom Imperialismus zum Idealismus, von der Weltmacht zur geistigen Größe"[132]. 1924/26 wählten die Nationalsozialisten die 1919 ihres Erachtens von „Sozialdemokraten und Juden entehrte kulturelle Hauptstadt Deutschlands" als Tagungs- und Symbolstätte des „erwachenden Deutschlands"[133]. Das den „wahren Geist von Weimar hütende" Weimarer Kulturestablishment und die nunmehr konservative Landesregierung sahen dieses Treiben trotz mancher Vorbehalte eher wohlwollend. So vorbereitet, ergriffen die Nationalsozialisten im Bündnis mit rechtskonservativen Kreisen 1930 in Weimar probeweise die Macht und begannen dann nach 1933 ein „neues Weimar" und eine „neue Klassik" zu bauen[134]. Nach 1945 sah sich die DDR als Träger des kulturellen Erbes und als entsprechenden Sachwalter des „Geistes von Weimar"[135]. Um ihn für ihre Zwecke zu pflegen und zu preisen, richtete sie 1953 in Weimar „Nationale Forschungs- und Gedenkstätten der klassischen deutschen Literatur" ein. Das Sinnbild „Weimar und Bitterfeld"[136] sollte den Bogen zur staatlich organisierten Arbeiterkultur des „Bitterfelder Weges"[137] schlagen.

---

132 Vgl. Verhandlungen der verfassungsgebenden Deutschen Nationalversammlung, Bd. 326: Stenographische Berichte. Von der 1. Sitzung am 6. Februar 1919 bis zur 26. Sitzung am 12. März 1919, Berlin 1920, S. 3.

133 Vgl. Erste Tagung der Nationalsozialistischen Freiheitsbewegung Großdeutschlands in Weimar vom 15. bis 17. August 1924. Festschrift mit amtlichem Programm, (Weimar 1924), Zitate S. 3.

134 Vgl. Ehrlich, Lothar; John, Jürgen (Hrsg.): Weimar 1930. Politik und Kultur im Vorfeld der NS-Diktatur, Köln, Weimar, Wien 1998; dies.; Ulbricht, Justus H. (Hrsg.): Das Dritte Weimar. Klassik und Kultur im Nationalsozialismus, Köln/Weimar/Wien 1999.

135 Vgl. u. a. Die SED und das kulturelle Erbe. Orientierungen, Errungenschaften, Probleme, Berlin (Ost) 1986; Schenker, Wolfram: Das „Kulturelle Erbe" in der DDR. Gesellschaftliche Entwicklung und Kulturpolitik 1945–1965, Stuttgart 1977; Trommler, Frank: Die Kulturpolitik der DDR und die kulturelle Tradition des deutschen Sozialismus, in: Hohendahl, Peter Uwe; Herminghouse, Patricia (Hrsg.): Literatur und Literaturtheorie in der DDR, ³Frankfurt 1981, S. 13–72; Oesterle, Günter: Zur Historisierung des Erbebegriffs, in: Thum, Bernd (Hrsg.): Gegenwart als kulturelles Erbe. Ein Beitrag der Germanistik zur Kulturwissenschaft deutschsprachiger Länder (Publikationen der Gesellschaft für Interkulturelle Germanistik 2), München 1985, S. 411–451 Schröder, Jürgen: Die DDR und die deutsche Klassik, in: Hacker, Jens; Rögner-Francke, Horst (Hrsg.): Die DDR und die Tradition (Gesellschaft für Deutschlandforschung. Jahrbuch 1981), Heidelberg 1981, S. 57–78; Vietor-Engländer, Deborah: Faust in der DDR (Europäische Hochschulschriften I/993), Frankfurt u. a. 1987; Mandelkow: Goethe in Deutschland (Anm. 130), Bd. 2, München 1989, S. 135–275; Ehrlich, Lothar; Mai, Gunther (Hrsg.): Weimarer Klassik in der Ära Ulbricht, Köln, Weimar, Wien 2000.

136 Vgl. Abusch, Alexander: Weimar und Bitterfeld (Rede in Weimar am 27. 8. 1960), in: ders.: Kulturelle Probleme des sozialistischen Humanismus. Beiträge zur deutschen Kulturpolitik 1946–1961, Berlin (Ost) 1962, S. 195–201.

137 Vgl. Greif zur Feder, Kumpel. Protokoll der Autorenkonferenz des Mitteldeutschen Verlages – Halle (Saale) am 24. April 1959 im Kulturpalast des Elektrochemischen Kombinats Bitterfeld, Halle 1959; Zweite Bitterfelder Konferenz 1964. Protokoll der von der Ideologischen Kommission beim Politbüro des ZK der SED und dem Ministerium für Kultur am 24. und 25. April im Kulturpalast des Elektrochemischen Kombinats Bitterfeld abgehaltenden Konferenz, Berlin 1964; zur Rolle des Mitteldeutschen Verlages, zur Ambivalenz des „Bitterfelder Weges" und seinen eigenständig-sozialkritischen kulturellen Tendenzen vgl. Lokatis, Siegfried: Der Aufstieg des Mitteldeutschen Verlages (MDV) auf dem „Bitterfelder Weg", in: Barck, Simone u. a. (Hrsg.): „Jedes Buch ein Abenteuer". Zensur-System und literarische Öffentlichkeiten in der DDR bis Ende der sechziger Jahre, Berlin 1997, S. 127–172; Hiß, Guido: Senftenberg 1959. Zur Geschichte eines Theaterfrüh-

Man scheut – wie die Inszenierung Weimars als „Kulturstadt Europas" 1999 zeigte – auch gegenwärtig keine Kosten, trotz aller Kritik am „Mythos Weimar" diesen weiter zu pflegen. Hingegen scheint es um Wörlitz, das nach der „nationalen Erhebung" des Jahres 1933 als Symbol des um 1800 „wiedererwachenden deutschen Volkes" und seiner „zweiten Jugend" gepriesen wurde[138] und das später lange Zeit als Symbolstätte ausgleichender geistiger „Mitte" zwischen dem revolutionären Frankreich und dem friderizianischen Preußen galt[139], eher still geworden zu sein. Wieder laut hingegen wird es um den „mitteldeutschen" Unruhegeist Nietzsche, den Weimarer Nietzsche-Kult und die Folgen der höchst widersprüchlichen Nietzsche-Rezeption im 20. Jahrhundert[140]. Der kulturkritische Philosoph und seine Weimarer „Interpreten" inspirierten avantgardistische Kreise ebenso wie jene, die – nicht zuletzt in „Mitteldeutschland" – für die „deutsche Katastrophe" der NS-Zeit mitverantwortlich wurden. So verwundert denn nicht, daß Thomas Manns Roman „Doktor Faustus" auch die Symbolstätten dieser „deutschen Mitte" im fiktiven Ort „Kaisersaschern" zum Psychogramm der „deutschen Katastrophe" zusammenzog[141].

Sinnbilder der „Mitte" und des „Herzens"

Damit ist die Rolle des Topos der „Mitte" bei der Suche nach „mitteldeutscher Identität" angesprochen. Zwar befanden sich die Gebiete der heutigen drei Länder Thüringen, Sachsen-Anhalt und Sachsen oft eher in einer Grenz- denn Mittellage. Das tat aber dem Bestreben keinen Abbruch, gerade auf sie die Idee der „Mitte" zu projizieren. Vor allem das protestantische Bildungsbürgertum verband damit die Vorstellung, hier im Lande Luthers, Bachs und

---

lings, in: Mitteldeutsches Jahrbuch für Kultur und Geschichte I (1994), S. 199–211; Leonore Krenzlin: Soziale Umschulung und neuer Lebensstil. Der „Bitterfelder Weg" und ein Blick auf Brigitte Reimann, in: Bircken, Margrid; Hampel, Heide (Hrsg.): Als habe ich zwei Leben. Beiträge zu einer wissenschaftlichen Konferenz über Leben und Werk der Schriftstellerin Brigitte Reimann, Neubrandenburg 1998, S. 121–132; Kahlschlag. Das 11. Plenum des ZK der SED 1965. Studien und Dokumente, ²Berlin 2000; vgl. auch die Erinnerungen von Bentzien, Hans: Meine Sekretäre und ich, Berlin 1995.

138 Vgl. Müller, Kurt: Wörlitz. Ein Beitrag zur deutschen Geistesgeschichte, in: Sachsen und Anhalt 10 (1934), S. 214–236.

139 So etwa bei Stürmer, Michael: Scherben des Glücks. Klassizismus und Revolution, Berlin 1987.

140 Vgl. v. a. Hoffmann, David Marc: Zur Geschichte des Nietzsche-Archivs, Berlin, New York 1991; Aschheim, Steven A.: Nietzsche und die Deutschen. Karriere eines Kults, Stuttgart 1996; Riedel, Manfred: Nietzsche in Weimar. Ein deutsches Drama, Leipzig 1997; Müller-Buck, Renate: „Naumburger Tugend" oder „Tugend der Redlichkeit". Elisabeth Förster-Nietzsche und das Nietzsche-Archiv, in: Nietzscheforschung. Ein Jahrbuch 4 (1998), S. 319–335; Naake, Erhard: Nietzsche und Weimar. Werk und Wirkung im 20. Jahrhundert, Köln, Wien, Weimar 2000; Dwars, Jens-Fietje; Aghte, Kai: Wo liegt Kaisersaschern? Friedrich Nietzsches mitteldeutsche Herkunft und Heimholung, Bucha bei Jena 2000.

141 Vgl. Vaget, Hans Rudolf: Kaisersaschern als geistige Lebensform. Zur Konzeption der deutschen Geschichte in Thomas Manns Doktor Faustus, in: Paulsen, Wolfgang (Hrsg.): Der deutsche Roman und seine historischen und politischen Bedingungen, Bern, München 1977, S. 200–235; vgl. hierzu und zu weiteren Beispielen „mitteldeutscher" Mythologie und Symbolik auch den Beitrag von Justus H. Ulbricht in diesem Band.

Goethes schlage das „Herz Deutschlands“[142]. So schief solch biologistische, auf den „deutschen Volkskörper“ hochgerechnete Deutungen auch sind – das Herz liegt bekanntlich nicht in der Körpermitte –, so suggestiv wirkten sie auf alle geistigen und politischen Lager.

„Vom Rande zurückgedrängt, stehen wir nun im Herzen Deutschlands“, schrieb Friedrich Lienhard – ein Vordenker der völkischen Bewegung – nach der deutschen Niederlage im Ersten Weltkrieg. So gelte es nun hier, wo einst die „Ideale von Weimar und der Wartburg blühten“, das „Herz“, die „Kernkraft deutscher Lebensgemeinschaft“ zu stärken[143]. Sie wollten – erklärten die sozialistischen und linksliberalen Akteure des Thüringer Zusammenschlusses 1919 – „im Herzen Deutschlands einen modernen Einheitsstaat schaffen“, würdig, „Deutschlands Herz zu sein“[144]. Das sollte für das gesamte Reich beispielgebend sein. „Im Herzen des Reichs, in den Thüringer Ländern, reifte zuerst der Gedanke des Zusammenschlusses zur Tat“, hieß es dann nach der Landesgründung 1920[145]. Ohne Erfurt und das übrige preußische Thüringen blieb sie freilich unvollkommen. 14 Jahre später forderte ein schon erwähnter nationalsozialistischer „Kampfruf“ deshalb, Thüringen als „deutsche Herzlandschaft“ endlich von seiner „Leidensgeschichte“ zu erlösen[146].

In die Frühphase der „Mitteldeutschland“-Planungen fiel Pencks Vision vom „Großgau im Herzen Deutschlands“[147]. Einen Reichsehrenhain für die Weltkriegsgefallenen plante man in den 1920/30er Jahren als „Volksheiligtum im Herzen Deutschlands“ bei Bad Berka nahe Weimar als dem „kulturellen Herzen Deutschlands“[148], eine nationalsozialistische „Thingstätte

---

142 Vgl. z. B. Das Herz Deutschlands. Volksrede in der Abendversammlung des Lutherfestes zu Erfurt am 31. Oktober 1889, in: Wartburg und Kyffhäuser. Festreden aus besonderen kirchlichen und patriotischen Anlässen, gehalten von W. Faber, Berlin, Magdeburg 1891, S. 111–117.

143 Lienhard, Friedrich: Die Kernkraft. Ein Wort an die Jugend, in: Weimarer Blätter 3 (1921), S. 344 ff.; Lienhard selbst war 1917 aus seiner elsässischen Grenzheimat in das von ihm idealisierte Weimar gezogen – vgl. auch Chatellier, Hildegard: Friedrich Lienhard, in: Puschner u. a.: Handbuch zur „Völkischen Bewegung“ (Anm. 90) S. 114–130.

144 So Eduard Rosenthal und Arnold Paulssen (beide DDP) bei der Konstituierung des gemeinsamen Thüringer Volksrates – vgl. Verhandlungen des Volksrats von Thüringen 1919/20. Stenographische Berichte, 1. Sitzung v. 16. 12. 1919, S. 3 f.

145 So der linkssozialistisch eingestellte reußische Staatsrat und nunmehrige Thüringer Staatsminister Karl Freiherr v. Brandenstein in seinem Beitrag „Der Zusammenschluß Thüringens“ in: Anschütz, Gerhard u. a. (Hrsg.): Handbuch der Politik, Bd. 5: Der Weg in die Zukunft, ³Berlin, Leipzig 1922, S. 345 ff., Zitat S. 345.

146 Achler: Unerlöstes Thüringen (Anm. 26), S. 45.

147 Vgl. Penck: Der Großgau (Anm. 43).

148 Als charakteristische Argumentationsbeispiele aus der Fülle der Stellungnahmen und Denkschriften vgl. Lienhard, Friedrich: Der Reichsehrenhain. Offener Brief an den Herrn Reichspräsidenten von Hindenburg, in: Der Türmer 28 (1926), S. 474 f. („die herrlichste Weihestätte im Herzen Deutschlands“ weitab der Großstädte und nahe Weimar); Denkschrift zur Errichtung eines Reichsehrenmals im Hain bei Berka, o. O. (1928) („zentral im Herzen Deutschlands“, S. 1 u. 6); nach dem entsprechenden Beschluß der Reichsregierung v. 27. 3. 1931 dann v. a. Weimar und der Reichsehrenhain bei Bad Berka. Karte des Reichsamtes für Landesaufnahme, o. O. (1932); Der Reichsehrenhain, hrsg. v. d. Stiftung Reichsehrenhain, Berlin 1931 (Edwin Redslob: Ziel sei es, den Weltkriegstoten „im Herzen des Volkes, im Herzen des Landes Heimatrecht zu geben“, S. 10); Walther, Karl August: Vom Ehrenhain in Bad Berka, Weimar o. J. (Das Reichsehrenmal als „Volksheiligtum“ „gehört in das Herz des Reiches, nach Mitteldeutschland“, S. 6); vgl. auch Schäbitz, Sabine: Die Planungen für das Reichsehrenmal bei Bad Berka, in: Weimarer Heimat 6 (1993), S. 27–41.

Deutschlands im Herzen unseres Vaterlandes"[149] dann nach 1933 für die Rhön. „Thüringen und Obersachsen" als „Mitteldeutschland", hieß es 1937 in einem „Atlas des neuen Reiches", „bilden so recht das Herz des Deutschen Reiches"[150]. Den NS-Autobahnbau feierte eine ebenso kultur- wie technikbegeisterte Schrift unter dem Titel „Granit und Herz" als Symbiose von Technik und Geist und als Verwirklichung von Goethes „Tatdenken"[151]. Der nationalsozialistische „Trutzgau Thüringen" galt als „Herzgau Großdeutschlands" und militärischer „Neuordnung Europas", das „neue Weimar" mit seinem NS-Gauforum als dessen politischer und kultureller Mittelpunkt[152]. In der Tradition monumentaler Nationaldenkmäler in der „Mitte Deutschlands" errichtete dann in den 1950er Jahren die DDR die Nationale Mahn- und Gedenkstätte Buchenwald als pathetisches Symbol der Überwindung des Faschismus und heroisierendes Monument des kommunistischen Widerstandes gegen das NS-Regime, dessen so „versteinertes Gedenken" sich für immer in das „Herz des Volkes" eingraben sollte[153].

„Die Mitte"[154], „Deutsche Mitte"[155], „Deutschlands Mitte"[156], „Land der Mitte"[157] – so oder ähnlich lauten viele Buch- und Reihentitel. Man lebe in „Mitteldeutschland" gleichsam „aus der Mitte heraus", erfahre so die „Kraft der Mitte"[158] und ihre kulturelle und wirtschaftliche Brückenfunktion. Der Freistaat Thüringen wirbt neuerdings mit dem Slogan „Deutschlands starke Mitte", um das leidige Bratwurst-Image loszuwerden. Zweieinhalb Monate dauerte das Auswahlverfahren, um ein zugkräftiges Bild zu finden, das seit Jahrzehnten geläufig ist. Das Thüringer Wirken der Wettiner – titelte 1999 ein Prachtband – stehe für „Geschichte und Kultur in Deutschlands Mitte"[159]. Die mittelalterlichen Könige und Landgrafen hätten – heißt es in einer jüngst erschienenen Biographiensammlung – „Geschichte und Kultur Thü-

---

149 Zit. nach Hohmann, Joachim S.: Die thüringische Rhön im „Dritten Reich", Erfurt (o. J.), S. 119.

150 Vgl. Das neue Reich. Ein Atlas des Deutschen Reiches nach dem Gesetz zur Reichsreform vom 30. Januar 1934, hrsg. v. d. „Thüringer Gauzeitung", (Braunschweig 1937), S. 12; ähnlich auch Frings, Theodor: Kulturräume und Kulturströmungen im mitteldeutschen Osten, in: Ebert u. a.: Kulturräume (Anm. 14), S. 273–319, S. 274 f.: das geographische „Herzstück Deutschlands" liege zwischen Thüringer Wald, Erzgebirge und Harz, während die „ostmitteldeutschen Sprachlandschaften" nach West, Nord und Ost darüber hinausgriffen.

151 Vgl. Schuder, Kurt: Granit und Herz. Die Straßen Adolf Hitlers – ein Dombau unserer Zeit, Braunschweig, Berlin, Hamburg 1940; der ansonsten nur durch kleinere kulturgeschichtliche Schriften bekannte Schriftsteller verfaßte 1934 im Auftrag des Thüringer NS-Volksbildungsministers eine umfangreiche Denkschrift „Der Weimar-Jena-Plan als deutscher Kulturplan" zur Zusammenlegung der Weimarer Archive und Kulturstätten mit der Jenaer Universität, die den „inneren Zusammenhang des klassischen Weimar-Jena mit dem Ideengut des Nationalsozialismus" betonte – vgl. Reuter, Denis: Der Weimar-Jena Plan. Die Beziehung des Nietzsche-Archivs zur Universität Jena 1930–1935, Wiss. Hausarbeit Jena 2000, S. 103–110 (dort auch im Anhang abgedruckt).

152 Vgl. z. B. Hertel, Hans: Thüringen (Die deutschen Gaue seit der Machtergreifung), Berlin 1941, S. 7–10, 42–45.

153 Vgl. Knigge, Volkhard; Pietsch, Jürgen Maria; Seidel, Thomas A.: Versteinertes Gedenken. Das Buchenwalder Mahnmal von 1958, 2 Bde, Spröda 1997.

154 Vgl. Die Mitte, hrsg. v. Mitteldeutschen Kulturrat 1 (1964) – 3 (1967).

155 Vgl. Sabais, Heinz-Winfried (Hrsg.): Deutsche Mitte. 18 Essays über mitteldeutsche Städte und Landschaften, Köln, Wien 1964.

156 Vgl. Aus Deutschlands Mitte, hrsg. v. Mitteldeutschen Kulturrat 1 (1975) – 28 (1994).

157 Vgl. Land der Mitte. Sachsen und Thüringen (Die deutschen Lande 12), ²Frankfurt 1956.

158 Ebenda, S. 3 f.

159 Hoffmeister; Wahl: Die Wettiner in Thüringen (Anm. 72).

ringens in der Mitte Deutschlands"[160] geprägt. Von der Wartburg in „Deutschlands Mitte" schwärmten noch in den 1950er Jahren Johannes R. Becher und Stephan Hermlin[161]. Sie gilt als „Herz studentischer Nationalbewegung", Weimar als „Herz deutscher Kultur", Wittenberg als „Herz der Reformation", die Romanik des heutigen Sachsen-Anhalts als „Herz und Hirn des Reichs"[162], Thüringen – die jährlichen Waldzustandsberichte wirken da freilich dämpfend – als „grünes Herz Deutschlands"[163], Sachsen aber schon lange nicht mehr als dessen „rotes Herz"[164]. Auch die einst euphorischen Bilder von Leuna als „industriellem Herzen Mitteldeutschlands"[165] oder Leipzig als „Herz des deutschen Messewesens und Buchhandels"[166] sind längst entschwunden. Geblieben sind die von dieser „Herz"- und „Mitte"-Metaphorik ausgehenden suggestiven Wirkungen.

Von dieser „mitteldeutschen Landschaft" und ihrer „geistigen Mitte" – so lehrt ein nahezu zeitlos wirkender Deutungsstrang – habe sich das „andere", „das geistige Deutschland der Dichter und Denker" entfaltet. Wie die zitierten Beispiele zeigen, verbanden sich damit stets höchst gegensätzliche Vorstellungen. Völkische Kreise sahen in diesem von der „entartet-zersetzenden" Moderne weitgehend verschonten „grünen" und „kulturellen Herzen Deutschlands" den Ausgangspunkt „deutscher Wiedergeburt"[167]. Andere sahen und sehen im „Geist von Weimar" den Gegenpol gegen den verhängnisvollen „deutschen Sonderweg". Friedrich

---

160 Mägdefrau, Werner: Könige und Landgrafen im späten Mittelalter. Thüringen und das Reich von Konrad IV. bis Friedrich dem Streitbaren, Erfurt 2000, S. 7.

161 Vgl. Johannes R. Becher: Ein Deutschland ist, soll sein und bleiben! (Rede, gehalten bei der Wiedereröffnung der Wartburg am 22. Mai 1954), Berlin (Ost) 1954, S. 5; Eisenach und die Wartburg. Mit Bildern von Günther Beyer und Klaus Beyer und einem Vorwort von Stephan Hermlin, Weimar 1958, S. 5.

162 Czaya, Eberhard: Die Straße der Romanik in Sachsen-Anhalt (DuMont-Reise-Taschenbücher 2151), Köln 1998, S. 12.

163 Vgl. etwa Trinius, August: Das grüne Herz Deutschlands. Eine Wanderfahrt durch den Thüringer Wald, Berlin 1910 – vgl. auch Müller, Hubert: „Thüringen – grünes Herz Deutschlands" – wie kam es zu diesem Namen?, in: Rudolstädter Heimathefte 40 (1994), Hf. 1/2, S. 5 ff..

164 So noch Rühmland: Mitteldeutschland (Anm. 61), S. 22–28 („Sachsen – Das „rote Herz"); Thüringen wird hier als „grünes Herz" (S. 28–31) bezeichnet, Brandenburg mit Blick auf die ehemaligen deutschen Ostgebiete als „Deutschlands Mitte" (S. 10–17); als Beispiel für die durch die unerwartet niedrigen SPD- und hohen CDU-Wahlerfolge 1990 in Sachsen und Thüringen ausgelösten historischen Wahl- und Milieuforschungen vgl. Walter, Franz; Dürr, Tobias; Schmidtke, Klaus: Die SPD in Sachsen und Thüringen zwischen Hochburg und Diaspora. Untersuchungen auf lokaler Ebene vom Kaiserreich bis zur Gegenwart, Bonn 1993.

165 Vgl. Schurig, Emil: Leuna im Herzen Deutschlands, in: Grahmann, Bernhard; Hübschmann, Siegfried: Zwischen Werra und Elbe. Ein mitteldeutsches Heimatbuch (Brandstetters Heimatbücher Deutscher Landschaften 30), Leipzig (1929), S. 102–104.

166 Vgl. Leiske: Leipzig und Mitteldeutschland (Anm. 42).

167 Vgl. Deutsche Wiedergeburt. Schriften zur nationalen Kultur, hrsg. von Ernst Wachler, Bd. II (Fr.[iedrich] Lienhard: Wesen und Würde der Dichtkunst) Zürich, Leipzig 1907 – vgl. auch Ulbricht, Justus H.: „Deutsche Renaissance". Weimar und die Hoffnung auf die kulturelle Regeneration Deutschlands zwischen 1900 und 1933, in: John, Jürgen; Wahl, Volker (Hrsg.): Zwischen Konvention und Avantgarde. Doppelstadt Jena-Weimar (Bausteine zur Jenaer Stadtgeschichte 2), Weimar, Köln, Wien 1995, S. 191–208; ders.: „Wege nach Weimar" und „deutsche Wiedergeburt". Visionen kultureller Hegemonie im völkischen Netzwerk Thüringens zwischen Jahrhundertwende und „Drittem Reich", in: Bialas, Wolfang; Stenzel, Burkhard (Hrsg.): Die Weimarer Republik zwischen Metropole und Provinz. Intellektuellendiskurse zur politischen Kultur, Weimar, Köln, Wien 1996, S. 23–35.

Eberts zitierte Worte aus dem Jahre 1919 werden dabei ebenso angeführt wie die Rückbesinnung auf Goethe und den „Geist von Weimar" nach 1945. Mit diesem „mitteldeutschen"
Raum – so die in der Tradition der „Trias"-Idee des 19. Jahrhunderts[168] stehende Interpreta-
tionsperspektive – sei die zwischen Preußen und Österreich, Groß- und Kleinstaaten, Nord-
und Süddeutschland ausgleichende Wirkung eines „mittleren, dritten Deutschlands"[169] verbunden. Der Jenaer Physiker, Unternehmer und Sozialreformer Ernst Abbe gilt seit dem Kaiserreich als ebenso verehrte wie angefeindete Symbolfigur eines „dritten Weges" zwischen
Kapitalismus und Sozialismus[170]. Jena – um 1800 ein Weltort philosophischer und romanti-
scher „Evolution des Geistes"[171] – wurde zur Zeit Abbes, Ernst Haeckels und Rudolf Euckens
ein Zentrum der „Moderne in der Provinz"[172] und eines ambivalenten Tatklimas. Es galt dem
Leipziger Kulturverleger Eugen Diederichs geradezu als „geistige Mitte zwischen Weimar und
Potsdam". Dorthin verlegte er deshalb 1904 seinen „neuromantischen" Verlag als „Versammlungsort moderner Geister"[173].

Mit der Idee der „Mitte" und dem „Herzen" als angenommener Körpermitte verbindet sich
der Gedanke der Lebenskraft wie der Harmonie. „Mitte" kann man als „Mitte des Weges",
als „Brücke" zwischen Nord und Süd, West und Ost, als Stätte der Harmonie und vermit-
telnden Ausgleichs von Gegensätzen verstehen. So wollten die Akteure des Thüringer Zusammenschlusses 1919 ein „Groß-Thüringen" als „Brücke und Ausgleich zwischen Nord und
Süd" und mit entsprechender Signalwirkung nach Preußen wie nach Süddeutschland hinein
schaffen[174]. „Wir sind" – erklärte in diesem Kontext der Erfurter Museumsdirektor und spätere Reichskunstwart Edwin Redslob – „kein Grenzland, wir sind ein Land der Mitte, der

---

168 Vgl. Burg, Peter: Die deutsche Trias in Idee und Wirklichkeit. Vom Alten Reich zum deutschen Zollverein,
     Stuttgart 1989.
169 Vgl. Lässig: Reformpotential; Mommsen: Ein „drittes Deutschland" (beide Anm. 18).
170 Vgl. u. a. John, Jürgen: Abbes Sozialpolitik in ihrer Zeit, in: Stolz, Rüdiger; Wittig, Joachim (Hrsg.): Carl
     Zeiss und Ernst Abbe. Leben, Wirken und Bedeutung. Wissenschaftshistorische Abhandlung, Jena 1993,
     S. 458–488.
171 Vgl. Strack, Friedrich (Hrsg.): Evolution des Geistes: Jena um 1800. Natur und Kunst, Philosophie und Wis-
     senschaft im Spannungsfeld der Geschichte, Stuttgart 1994.
172 Vgl. Werner, Meike G.: Moderne in der Provinz. Fin de siècle Jena, Yale University 1995.
173 Vgl. Werner, Meike G.: Die Erfindung einer Tradition. Der Verleger Eugen Diederichs als „kultureller
     Reichsgründer", in: Ehrlich; John: Weimar 1930 (Anm. 133), S. 261–274; Versammlungsort moderner Gei-
     ster. Der Kulturverleger Eugen Diederichs und seine Anfänge in Jena 1904–1914, München 1996; Hübinger,
     Gangolf (Hrsg.): Versammlungsort moderner Geister. Der Eugen Diederichs Verlag – Aufbruch ins Jahr-
     hundert der Extreme, München 1996; Ulbricht, Justus H.; Werner, Meike G. (Hrsg.): Romantik, Revolution
     und Reform. Der Eugen Diederichs Verlag im Epochenkontext 1900–1949, Göttingen 1999.
174 Vgl. zu diesen Zitaten u. a. ThHStAW, Staatsministerium-Präsidialabteilung, Nr. 1, Bl. 11 Rs. (der sozialde-
     mokratische Redakteur Rudolph in seinem Schlußwort auf der Erfurter Initiativberatung der Räte und
     Staatsregierungen vom 10. 12. 1918); Verhandlungen des Landtags und der Gebietsvertretung von Sachsen-
     Weimar-Eisenach 1919–1921. Stenographische Protokolle, 3. Sitzung v. 11. 4. 1919, S. 60 ff. (der DDP-Abge-
     ordnete Polz in den weimarischen Verfassungsdebatten); ebenda. Drucksachen/Schriftwechsel, Nr. 250,
     S. 270 f. (der weimarische Verfassungsausschuß am 11. 10. 1919); ähnlich auch – aber mit Blick auf einen
     mitteldeutschen Großstaat „Sachsen-Thüringen" – die Altenburger Denkschrift vom 8. 3. 1919 (Anm. 46),
     S. 2.

Vermittlung, des Ausgleichs"[175]. In solchem Geiste erfolgte 1919 die Gründung der Weimarer Republik, des Weimarer Bauhauses und des Landes Thüringen. Für diejenigen Autoren, die nach 1933 die Zusammenhänge dieser „Mitte Deutschlands" mit dem Reichsgedanken behandelten, galt die Weimarer Republikgründung 1919 freilich nicht als Höhe-, sondern als Tiefpunkt deutscher Reichsgeschichte[176]. Die „Mitte Deutschlands" war ein Zentrum liberaler und sozialdemokratischer Bewegungen[177], aber auch ein früher Erfolgsraum völkischer Gruppen und der NS-Bewegung, die seit 1924 gerade in Weimar ein ideelles und reales „Hauptquartier Hitlers" zwischen Nord- und Süddeutschland sah[178]. Es lag strategisch günstig für Hitlers Wahl- und Propagandareisen und zudem im „Herzen" des „deutschen Volkskörpers", den man rassisch, geistig und politisch zu „säubern" gedachte, um ihn für eine neue Expansion zu rüsten. So erweist sich diese „Mitte Deutschlands" im historischen Rückblick weniger als Harmonie- denn als Kontrastzone.

Das Bild von der „Mitte zwischen den Extremen" wird meist für die als „staatstragend" angesehene „Mitte" – heute spricht man von der „Neuen Mitte" – gesellschaftlicher Eliten verwendet. Sie gilt als Leistungsträger, Ruhepol und Garant gegen die Gefahren des „Zeitalters der Extreme"[179]. Freilich gerät man mit solchen Vorstellungen in das Dilemma, die gesellschaftliche Ausgrenzung „unterer Schichten" im Kaiserreich oder den sozialen, politischen und intellektuellen „Extremismus der Mitte"[180] der Weimarer Zeit erklären zu müssen. Das tragische Schicksal der Weimarer Republik zeigt, wie kurz die gängige Vorstellung greift, gesellschaftliche Eliten seien, da sie etwas zu verlieren hätten, gegen den Radikalismus gefeit. Es verhielt sich damals gerade umgekehrt. Diese Schichten radikalisierten sich, weil sie sich durch die Massendemokratie in ihrem Besitzstand bedroht sahen. Sie zogen aus der Weltkriegsniederlage und der gesamten „Urkatastrophe des 20. Jahrhunderts"[181] alles andere als

---

175 Zit. nach Groß-Thüringen (Anm. 31), S. 20; vgl. auch Redslob, Edwin: Von Weimar nach Europa. Erlebtes und Durchdachtes, neu hrsg. v. Paul Raabe, Jena 1998; Heffen, Annegret: Der Reichskunstwart – Kunstpolitik in den Jahren 1920–1933. Zu den Bemühungen um eine offizielle Reichskunstpolitik in der Weimarer Republik, Essen 1986; Speitkamp, Winfried: „Erziehung zur Nation". Reichskunstwart, Kulturpolitik und Identitätsstiftung im Staat von Weimar, in: Berding: Nationales Bewußtsein (Anm. 88), S. 541–580.

176 Vgl. z. B. Maschke, Erich: Thüringen und das Reich, in: Zeitschrift des Vereins für Thüringische Geschichte und Altertumskunde NF 32 (1937), S. 289–387.

177 Vgl. auch den Beitrag von Karsten Rudolph in diesem Band.

178 Vgl. dazu mit zahlreichen Beispielen Merseburger: Mythos Weimar (Anm. 125); Mauersberger, Volker: Hitler in Weimar. Der Fall einer deutschen Kulturstadt, Berlin 1999; Kirsten, Holm: Adolf Hitlers Besuche in Weimar 1925–1940, Magister-Arbeit Jena 1999 (im Druck), sowie als NS-Propagandaschrift Sauckel, Fritz (Hrsg.): Der Führer in Weimar 1925–1938, (Weimar 1938).

179 Vgl. Hobsbawm, Eric: Das Zeitalter der Extreme. Weltgeschichte des 20. Jahrhunderts, München, Wien 1995.

180 Vgl. Kraushaar, Wolfgang: Extremismus der Mitte. Zur Geschichte einer soziologischen und sozialhistorischen Interpretationsfigur, in: Lohmann, Hans-Martin (Hrsg.): Extremismus der Mitte. Vom rechten Verständnis deutscher Nation, Frankfurt 1994, S. 23–50.

181 Zum Begriff vgl. Kennan, George F.: Bismarcks europäisches System in der Auflösung. Die französisch-russische Annäherung 1875–1890, Frankfurt, Berlin, Wien 1981, S. 12; Schulin, Ernst: Die Urkatastrophe des zwanzigsten Jahrhunderts, in: Michalka, Wolfgang (Hrsg.): Der Erste Weltkrieg. Wirkung, Wahrnehmung, Analyse, München, Zürich 1994, S. 3–27.

pazifistische und demokratische Schlußfolgerungen. Das gilt nicht zuletzt für das professorale und studentische „akademische Deutschland" als „Zentrum des geistigen Lebens der Nation"[182] und für das sich von der Moderne „kulturell enteignet" fühlende, „semantisch wie politisch enthemmte" Bildungsbürgertum[183]. Beide Gruppen des „geistigen Deutschlands" sorgten dafür, daß sich die Weimarer Republik trotz scheinbarer Hegemonie der kulturellen Avantgarde auch in geistig-kultureller Hinsicht als eine „Republik der Außenseiter"[184] erwies. Das Werte- und Normensystem großer Teile der gesellschaftlichen Eliten der Weimarer Republik war elitär, antidemokratisch und aliberal ausgerichtet. Und das begünstigte ihre Milieuöffnung zur politischen Rechten bis hin zu den Nationalsozialisten. Entsprechende Milieuforschungen auch zum „mitteldeutschen" Raum[185] belegen, wie stark gesellschaftliche Eliten an der Destruktion der Weimarer Demokratie und Kultur beteiligt waren. Ihre Attakken gegen die demokratische Republik, das „Versailler System" und die kulturelle Moderne förderten Grundstimmungen, die der „nationalen Erhebung" der Nationalsozialisten 1933 zugute kamen.

Auf Treitschkes Thüringen-bezogene Schelte der „unpolitischen Geschichte dieser Mitte Deutschlands", der die Kultur „unsäglich viel, unser Staat gar nichts" verdanke[186], geht die Vorstellung von der angeblich „unpolitischen kulturellen Mitte Deutschlands" zurück. Doch zeigen die erwähnten Beispiele und neueren Forschungen, wie sehr gerade mit dem „Geist

---

182 Vgl. Doeberl, Michael u. a. (Hrsg.): Das akademische Deutschland, 3 Bde., Berlin 1930/31; Rein, Wilhelm: Freistudentenschaft, in: Anschütz u. a.: Handbuch der Politik, Bd. 5 (Anm. 145), S. 482–491, Zitat S. 491.

183 Vgl. Bollenbeck, Georg: Bildung und Kultur. Glanz und Elend eines deutschen Deutungsmusters, Frankfurt 1996; ders.: Tradition, Avantgarde, Reaktion. Deutsche Kontroversen um die kulturelle Moderne 1880–1945, Frankfurt 1999; ders.: Kulturelle Enteignung? Diskursive Reaktionen auf die Moderne in Deutschland, in: Ehrlich; John: Weimar 1930 (Anm. 134), S. 31–45.

184 Vgl. Gay, Peter: Die Republik der Außenseiter. Geist und Kultur in der Weimarer Zeit 1918–1933, Frankfurt 1987.

185 Vgl. zur Gesamtproblematik Walter, Franz; Matthiesen Helge: Milieus in der modernen deutschen Gesellschaftsgeschichte. Ergebnisse und Perspektiven der Forschung, in: Schmiechen-Ackermann, Detlef (Hrsg.): Anpassung – Verweigerung – Widerstand. Soziale Milieus, Politische Kultur und der Widerstand gegen den Nationalsozialismus im regionalen Vergleich, Berlin 1997, S. 46–75; Peter Fritzsche: Rehearsals for Fascism. Populism and Mobilization in Weimar Germany, New York, Oxford 1990; Szejnmann, Claus-Christian: The missing Pieces are „Coming Home". Nazism in Central Germany, in: German History. The Journal of the German History Society 15 (1997), S. 395–410; Rudolph, Karsten: Nationalsozialisten in Ministersesseln. Die Machtübernahme der NSDAP und die Länder 1929–1933, in: Jansen, Christian u. a. (Hrsg.): Von der Aufgabe der Freiheit. Politische Verantwortung und bürgerliche Gesellschaft im 19. und 20. Jahrhundert. Festschrift für Hans Mommsen, Berlin 1995, S. 247–266; für Thüringen vgl. u. a. ders.: Untergang auf Raten. Die Auflösung und Zerstörung der demokratischen Kultur in Thüringen 1930 im regionalen Vergleich, in: Ehrlich; John: Weimar 1930 (Anm. 133), S. 15–29; Heiden, Detlev; Mai, Gunther (Hrsg.): Nationalsozialismus in Thüringen, Weimar, Köln, Wien 1995; Dressel, Guido: Der Thüringer Landbund – Agrarischer Berufsverband als politische Partei in Thüringen 1919–1933 (Schriften zur Geschichte des Parlamentarismus in Thüringen 12), Weimar 1998 (der Thüringer Landbund war Koalitionspartner der NSDAP 1930/31 und 1932/33); für das besonders spektakuläre Beispiel des Plauener Fabrikantenmilieus der 1920er/30er Jahre als Keimzelle der sächsischen NSDAP-Gauleitung um Martin Mutschmann vgl. – freilich konzeptionell fragwürdig – Naumann, Gerd: Plauen i. V. 1933–1945, Plauen 1996, S. 7 f., 21–42.

186 Heinrich v. Treitschke: Deutsche Geschichte im neunzehnten Jahrhundert, Teil 2, ⁴Leipzig 1893, S. 395.

von Weimar" Politik gemacht, um geistige Führung, kulturelle und schließlich auch politische Hegemonie gerungen wurde. „Volkscharakterologisch", „rassisch-blutsmäßig" gesehen – schrieb der völkisch eingestellte Volkskundler Martin Wähler –, seien „Mitteldeutschland" und namentlich Thüringen als das „Herz Deutschlands" stets Gebiete geistiger Umtriebigkeit und Unruhe gewesen, wovon Luther, Müntzer, Goethe oder Nietzsche gleichermaßen zeugten[187].

„Herz und Grenzland zugleich"

Die „Mitte" gilt nicht nur als Harmonie-, Ausgleichs- oder produktive Unruhezone, sondern auch als „Wertzentrum", Wichtigstes und „Wesentliches". Aus solcher Sicht auf die „Mitte" sind die „Ränder" am unteren Ende der Wertskala eingestuft. Sie erscheinen als kulturell niedriger stehend und folglich mit den Werten des „Zentrums" auszufüllen. Einst galt China als „Reich der Mitte" und als „Mitte der Welt", bis dann Europa diesen Part übernahm und im kolonisier- und ausplünderbaren „Rest der Welt" frühe Erfahrungen eines „ausrottenden" Rassismus sammelte[188]. In der kulturellen Hierarchie Europas sah sich das „deutsche Volkstum" obenauf. Christlich-abendländisch gedacht, meinte dies vor allem die östlichen Ränder und Nachbarn der Deutschen. Aber auch die westlichen und vor allem die südlichen Regionen Europas galten gegenüber der „deutschen Mitte" als kulturell niedriger stehend.

Bis 1945 – in östlicher Denkrichtung auch darüber hinaus – begründete solches Denken die „deutsche Kulturmission" gegen „dekadente westliche Zivilisation" und „kulturlose östliche Barbarei". „Deutschlands europäische Sendung" beruhe auf seiner kulturellen Überlegenheit, hieß es in einer für den „Geist von 1914" typischen Schrift, die den Krieg als „europäisches Reinigungsgewitter" pries und hinzufügte: „Deutschland ist geographisch Europas Mitte. Deutschland ist der Völker heilig Herz"[189]. In den beiden Weltkriegen rechtfertigte solches Denken die Expansion von der gegebenen oder behaupteten „Mitte" aus, in der Zwischenkriegszeit die Revisionspolitik. Dem leistete die Idee einer grenzüberschreitenden deutschen „Volks- und Kulturnation" Vorschub. Wo das „Volk" den Bezugsboden bildete, da zählten keine Grenzen mehr – keine inneren der „Volksgemeinschaft" und keine äußeren gegen-

---

187 Vgl. Wähler: Mitteldeutschland; ders.: Die Bewohner Mitteldeutschlands (beide Anm. 22); ders.: Das Herz Deutschlands. Eine Charakteristik der Thüringer, in: Der Türmer 23 (1921), H. 9, S. 171–174; diese Sicht läßt sich bis auf Riehl zurückverfolgen, der Weimar, Jena, Leipzig und Göttingen im „Herzen Mitteldeutschlands" als Zentralpunkte deutschen Geisteslebens und geistiger Umtriebigkeit zu einem Zeitpunkt, als Berlin noch „eine Art literarische Vorstadt" war, bezeichnete – vgl. Riehl: Vom deutschen Land (Anm. 21), S. 41 f.

188 Vgl. Lindqvist, Sven: Durch das Herz der Finsternis. Ein Afrika-Reisender auf den Spuren des europäischen Völkermords, Frankfurt, New York 1999: „Der Gedanke der Ausrottung liegt nicht weiter vom Herzen des Humanismus entfernt als Buchenwald von Goethes Haus" (S. 27); vgl. zur Rechtfertigung der westlichen Wohlstandsgesellschaft Europas und der USA und im Vergleich zum einstigen „Reich der Mitte" Chinas neuerdings auch Landes, David: Wohlstand und Armut der Nationen. Warum die einen reich und die anderen arm sind, Berlin 1999.

189 Vgl. Lienhard, Friedrich: Deutschlands europäische Sendung, Stuttgart 1914, Zitate S. 5 u. 13.

über den Nachbarstaaten. Das war über längere Zeiten die äußere Funktion der nach innen verdichtend, vereinigend und zentralisierend gemeinten Großraum-, „Mitteleuropa"- und „Mitteldeutschland"-Ideen. Spätestens seit Josef Partschs „Mitteleuropa"-Schrift[190] wurde „Mitteldeutschland" auch in den geographischen Wissenschaften als Kraftzentrum des nach Osten gerichteten geopolitischen und kulturimperialistischen Denkens verstanden. Wir haben es hier gleichsam mit der äußeren Variante des „Extremismus der Mitte" zu tun.

„Dem Osten zugewandt"[191] – dies war eine politische Zäsuren überdauernde Leitlinie kulturräumlicher Volkstums-, Mitteldeutschland- und Ostforschung. Vor 1933 für den Westen entwickelte „Kulturraum"-Konzepte[192] wurden nach 1933 auf den „mitteldeutschen Osten" angewandt[193]. Die völkische Komponente innerer Großraumpläne übertrug sich auf entsprechende Strategien für einen „europäischen Großraum"[194]. „Was wir deutsches Volk nennen", schrieb Josef Nadler 1929, „hat sich durch zweifache Umschichtung von der Elbe aus gebil-

190 Vgl. Partsch, Josef: Mitteleuropa. Die Länder und Völker von den Westalpen und dem Balkan bis an den Kanal und das Kurische Haff, Gotha 1904; vgl. auch den ausdrücklichen Bezug auf diese Schrift bei Schlüter: Der Begriff (Anm. 84).

191 Vgl. Petry, Ludwig: Dem Osten zugewandt. Gesammelte Aufsätze zur schlesischen und ostdeutschen Geschichte. Festgabe zum 75. Geburtstag (Quellen und Darstellungen zur schlesischen Geschichte 22), Sigmaringen 1983; vgl. auch Burleigh, Michael: Germany turns eastwards. A study of Ostforschung in the Third Reich, Cambridge u. a. 1988.

192 Vgl. v. a. Aubin, Hermann; Frings, Theodor; Müller, Josef: Kulturströmungen und Kulturprovinzen in den Rheinlanden, Bonn 1926; Aubin, Hermann; Bühler, Ottmar; Kuske, Bruno; Schulte, Aloys (Hrsg.): Der Raum Westfalen, Bd. 1: Grundlagen und Zusammenhänge, Berlin 1931; die weiteren Bände erschienen 1934–1996.

193 Vgl. Ebert u. a.: Kulturräume (Anm. 14); ; das interdisziplinäre Sammelwerk enthält Kapitel zu Geographie (Ebert), Geschichte (Kötzschke), Sprache und Volkstum (Frings, Gleißner, Streitberg), ein zusammenfassendes Kapitel (Frings) und einen gesonderten Kartenband; das Werk war v. a. sprachgeographisch und -geschichtlich angelegt; zu seinem räumlich-begrifflichen Verständnis vgl. Anm. 36; sein West-Ost-Bild faßte Rudolf Kötzschke in die Worte: „In der Geschichte des deutschen Volkstums stellt die Elbe-Saalelinie … eine wichtige Grenzscheide dar. Westwärts davon liegt deutsches Mutterland mit dauernd bewahrter deutscher Siedlung und Stammesart; nach Osten hin dehnen sich Lande aus, die zeitweilig der Herrschaft germanischer Stämme verlorengingen und, von slavischer Bevölkerung eingenommen, erst in einer kolonialen Bewegung dem Deutschtum wiedergewonnen wurden. … In diesen Landstrichen lag einst der äußerste Bereich abendländischer Kultur gegen einen Völkerkreis, dessen wirtschaftliche und geistige Entwicklung zunächst weit zurückstand … Aber nun war es die deutsche Kultur, die hier als Trägerin der höheren von Westen her vordringenden Gesittung auftrat." (S. 15 f.). Zu den Zielen des Sammelwerkes schrieb Hans Freyer im Geleitwort: „Die Wissenschaft wird in dem Maße zur politischen Wissenschaft, wie ihre Fragen durch das völkische Schicksal gestellt sind und ihre Antworten der Selbsterkenntnis des völkischen Lebens dienen. In diesem Sinne beansprucht das vorliegende Werk, das aus der Arbeitsgemeinschaft Leipziger Institute erwachsen ist, politische Wissenschaft zu sein." Der „mitteldeutsche Osten" erweise sich „als die Landschaft der gestaltungskräftigen Vermittlung zwischen Alt- und Neuland, als Herd einer kulturellen Neuformung, die nur im Neuland geschehen konnte, die dann aber für Gesamtdeutschland bedeutsam wurde, und darüber hinaus als Basis wichtiger Verbindungen, die von diesem formkräftigsten Stück des Neulands zum Sudetendeutschtum und zum gesamten Deutschtum Südosteuropas ausgegangen sind." (S. III/IV). In dem in der Universitäts-Bibliothek Jena überlieferten Exemplar ist der erste Teil dieses Geleitwortes nach 1945 überklebt worden – eine höchst bezeichnende, aufschlußreiche und recht verbreitete „Entnazifizierungs"- und Entsorgungs-Praxis.

194 Vgl. Blindow, Felix: Carl Schmitts Reichsordnung. Strategie für einen europäischen Großraum, Berlin 1999.

det", zunächst nach Süden und Südwesten, dann nach Osten. „So sind die Sachsen zum Eckstein der Welt und der deutschen Volkwerdung geworden."[195] „Mit Kreuz und Schwert zogen die Ottonen gegen die Slawen", hieß es 1936 im Jahrbuch „Sachsen und Anhalt". So seien die Grundlagen „deutschen Volkstums" geschaffen und „Mitteldeutschland (zum) Ausgangspunkt und Rückhalt dieser ottonischen Ostpolitik" geworden[196]. Die „folgende ostdeutsche Kolonisation" – schrieb 1929 Otto Schlüter – machte „Mitteldeutschland … zur Brücke, die West und Ost wieder verknüpft"[197]. Von hier – präzisierte er 1935 im „Buch vom deutschen Volkstum" – gingen die „Bestrebungen zur Wiedergewinnung des Ostens"[198] aus. Ähnlich argumentierte der Vorsitzende des Hallenser Thüringisch-Sächsischen Geschichtsvereins Theo Sommerlad. „Mitteldeutschland" sei stets mehr als „nur ein Land der Mitte" gewesen. Es habe sich als „Grenzland" und „Kulturerzeugungsland" im „deutschen Abwehr- und Daseinskampf" bewährt und müsse nun als „berufene Abwehrmacht alles undeutschen Wesens" erhalten und gestärkt werden[199].

Das „mitteldeutsche Volkstum", die „deutsche Mitte ist Grenzland und Herz zugleich", faßte Günther Franz 1938 die eingangs erwähnte Vortragsreihe über „die geschichtlichen Grundlagen des mitteldeutschen Volkstums" zusammen[200]. Wie Franz beteiligten sich viele der Raum-, Volkstums-, Mitteldeutschland- und Ostforscher führend und politikberatend[201] an nationalsozialistischen Großprojekten zur „Neuordnung Europas", der „Gegnerforschung", „Volksdeutscher Forschungsgemeinschaften", des „Kriegseinsatzes der Geisteswissenschaften"

---

195 Nadler: Das geistige Eigenleben (Anm. 37), Zitate S. 27 u. 33.

196 Vgl. Holtzmann, Walther: Mitteldeutschland in der deutschen Geschichte, in: Sachsen und Anhalt 12 (1936), S. 1–15, Zitate S. 3, 5.

197 Schlüter: Der Begriff (Anm. 84), S. 11.

198 Vgl. Schlüter: Die sächsisch-thüringischen Lande. Mitteldeutschland, in: Gauß: Das Buch vom deutschen Volkstum (Anm. 36), S. 232–241, Zitat S. 232; dieses voluminöse Buch wurde von damals führenden Fachleuten verfaßt, um zur „Gesundung und Erneuerung Volksdeutschlands" als „geistigem Raum der Deutschen in der ganzen Welt" und als Ausdruck „unseres weitgespannten völkischen Wesens" beizutragen; das meinte das durch frühere – politische wie rassische – „innere Zersetzung aufs Schwerste bedrohte Binnendeutschtum" wie das Grenz- und Auslanddeutschtum; gerade der „Geist der Frontkämpfer deutschen Volkstums" sei unentbehrlich für den „Neuaufbau einer großen und wahren deutschen Volksgemeinschaft" nach innen und außen – so das Vorwort des Herausgebers, S. V f.

199 Vgl. Sommerlad: Das Deutschtum Mitteldeutschlands (Anm. 63); Zitate nach dem Nachdruck 1979, S. 80, 82 u. 103; dies meinte v. a. die Provinz Sachsen als „Kern Mitteldeutschlands" und richtete sich gegen sächsische Angriffe auf diese Provinz.

200 Franz: Die geschichtlichen Grundlagen (Anm. 19), S. 401; ; ähnlich auch Ebert: Zur Geographie (Anm. 36), S. 1; Frings: Kulrurräume (Anm. 150), S. 289–291; der Historiker und Archivar Willy Flach faßte diese Denkfigur im Rahmen der erwähnten Vortragsreihe in folgende Sätze: „Mitteldeutschland war [nach 531 – J. J.] völkisch in zwei Teile zerrissen, seine westliche Hälfte war germanisches Grenzland geworden, die östliche Hälfte aber volksfremder Boden." Mit dieser „Vorpostenstellung" wurde Mitteldeutschland dann seit Heinrich I. „Kraftfeld des Reiches. Das Gesicht dieser Landschaft war nach dem Osten gekehrt. … Deutsche Macht schob sich über Saale und Elbe hinaus vor und legte (sich) sichernd vor das Mutterland". So konnte das „Deutschtum … kulturbildend" nach Osten wirken – vgl. Flach, Willy: Die staatliche Entwicklung Mitteldeutschlands, in: Das Thüringer Fähnlein. Monatshefte für die mitteldeutsche Heimat 7 (1938), S. 378–381, Zitate S. 378 f.

201 So Wehler, Hans-Ulrich: Nationalsozialismus und Historiker, in: Schulze; Oexle: Deutsche Historiker (Anm. 19), S. 306–339, hier S. 319.

und schließlich auch des „Generalplanes Ost"[202]. Sie ließen sich damit auf das ein, was Hans Mommsen den „faustischen Pakt der Ostforschung mit dem NS-Regime" genannt hat[203] und leisteten so ihren Beitrag zum Absturz in die Barbarei. Zwischen der Definition „deutscher Mitte" als „Grenzland und Herz zugleich" und der Redslobs als „Land der Vermittlung und des Ausgleichs"[204] aus dem Gründungsjahr der Weimarer Republik lagen Welten des Denkens.

Nach dem Ende des Zweiten Weltkrieges und des NS-Regimes konnte sich das ausgleichende Denken wieder Chancen ausrechnen. Doch geriet das Sinnbild der „Mitte" bald in die Ost-West-Konfrontation des Kalten Krieges und der deutschen Zweistaatlichkeit. In den ersten Nachkriegsjahren gab es zwar immer wieder Versuche, Brücken zu schlagen, „dritte Wege" zu suchen und dem Auseinanderdriften die Idee einer ausgleichenden „Mitte" entgegenzustellen[205]. Doch hatte dies keine Chance. Schließlich vertraten nur noch kleine Minderheiten solche Positionen. In der sowjetischen Besatzungszone und der DDR ging man ohnehin andere Wege und verdächtigte solch Ausgleichsstreben als „kosmopolitisch" und „proamerikanisch". In den Westzonen und der Bundesrepublik wurden die Europa- und Abendland-Ideen nun auf die Westintegration projiziert[206], die frühere Ostforschung bald nahezu nahtlos wieder aufgegriffen und fortgesetzt[207]. Auch schloß der Blick auf die sowjetisch

---

202 Vgl. Rössler, Mechthild; Schleiermacher, Sabine (Hrsg.): Der „Generalplan Ost". Hauptlinien der nationalsozialistischen Planungs- und Vernichtungspolitik, Berlin 1993; Hausmann, Frank-Rutger: „Deutsche Geisteswissenschaft" im Zweiten Weltkrieg. Die „Aktion Ritterbusch" (1940–1945), Dresden, München 1998; Fahlbusch, Michael: Wissenschaft im Dienst der nationalsozialistischen Politik? Die „Volksdeutschen Forschungsgemeinschaften" von 1931 bis 1945, Baden-Baden 1999; einen guten Überblick über das Gesamtspektrum solcher Aktivitäten einschließlich der Netzwerke der „West-" und „Ostforschung" geben die Beiträge in Schulze; Oexle: Deutsche Historiker (Anm. 19).

203 Vgl. Mommsen, Hans: Der faustische Pakt der Ostforschung mit dem NS-Regime. Anmerkungen zur Historiker-Debatte, in: ebenda, S. 265–273.

204 Vgl. Anm. 175.

205 Vgl. u. a. Dohse, Rainer: Der dritte Weg. Neutralitätsbestrebungen in Westdeutschland zwischen 1945 und 1955, Hamburg 1974; Schwiedrzik, Wolfgang Matthias: Träume der ersten Stunde. Die Gesellschaft Imshausen, Berlin 1991; Gansel, Carsten: Parlament des Geistes. Literatur zwischen Hoffnung und Repression 1945–1961, Berlin 1996.

206 Vgl. u. a. Faber, Richard: Abendland. Ein „politischer Kampfbegriff", Hildesheim 1979; Loth, Wilfried: Rettungsanker Europa? Deutsche Europa-Konzeptionen vom Dritten Reich bis zur Bundesrepublik, in: Volkmann, Hans-Erich (Hrsg.): Ende des Dritten Reiches – Ende des Zweiten Weltkriegs. Eine perspektivische Rückschau, München, Zürich 1995, S. 201–221.

207 Vgl. z. B. Aubin, Hermann: An einem neuen Anfang der Ostforschung, in: Zeitschrift für Ostforschung. Länder und Völker im östlichen Mitteleuropa (Herder-Institut Marburg) 1 (1952), S. 3–16; Aschenbrenner, Viktor u. a. (Hrsg.): Die Deutschen und ihre östlichen Nachbarn. Ein Handbuch, Frankfurt u. a. 1967; zu den Kontinuitätslinien vgl. neuerdings u. a. Oberkrome, Willi: Probleme deutscher Landesgeschichtsschreibung im 20. Jahrhundert. Regionale Historiographie im Spannungsfeld von Politik und Wissenschaft, in: Westfälische Forschungen 46 (1996), S. 1–32; Oexle, Otto Gerhard: „Zusammenarbeit mit Baal". Über die Mentalitäten deutscher Geisteswissenschaftler 1933 – und nach 1945, in: Historische Anthropologie. Kultur – Gesellschaft – Alltag 8 (2000), S. 1–27; Beer, Mathias: Der „Neuanfang" der Zeitgeschichte nach 1945. Zum Verhältnis von nationalsozialistischer Umsiedlungs- und Vernichtungspolitik und der Vertreibung der Deutschen aus Ostmitteleuropa, in: Schulze; Oexle: Deutsche Historiker (Anm. 19), S. 274–301 sowie die übrigen Beiträge dieses Sammelbandes.

besetzte „Mittelzone" bzw. dann auf die als „Mitteldeutschland" bezeichnete DDR immer noch den auf die verlorenen und wiederzugewinnenden „Ostgebiete" ein[208]. Mit dem Ende der bipolaren Nachkriegsordnung und der deutschen Zweistaatlichkeit entstanden neue Konstellationen. Doch sollte die skizzierte Vorgeschichte bei der gegenwärtigen Renaissance des früheren „Mitteldeutschland"-Begriffs und beim gern gewählten Bild von „Mitteldeutschland" als „zentraler Region in Europa"[209] zumindest mit bedacht werden.

Der Wandel der „Mitteldeutschland"-Bilder seit 1800

Alle erörterten Aspekte verweisen auf Genese und Wandel der „Mitteldeutschland"-Bilder seit dem Beginn der Moderne um 1800. In dieser epochalen Schwellen- und Umbruchssituation standen die großen Fragen der Zeit im Vordergrund. Es ging um Reformen, Machtpolitik und Kriege, um die Neugestaltung Europas, der Mächteblöcke, Staaten und Nationen. Auch das Schicksal der „mitteldeutschen" Staaten stand auf dem Spiel. Zwar kamen die Kleinstaaten unbeschadet davon. Doch das Königreich Sachsen wurde amputiert, und die preußische Provinz Sachsen entstand. Damit drückte die Territorialrevolution zwischen 1802 und 1815 auch dieser politischen Landschaft ihren Stempel auf. Das war vor allem eine Zeit „nationalen Aufbruchs" und weniger regionalen „Identitäts"-Strebens.

Erst nach 1815 griff mit Romantik, Mittelalter-Schwärmerei und wirtschaftlichen Integrationsprozessen ein kräftiges, auf frühere Geschichtsepochen wie auf neue Territorien, Staatengruppen und Integrationsräume gerichtetes Regionalbewußtsein um sich. Man dachte nun über dynastische Bindungen und einzelstaatlichen Patriotismus hinaus in größeren Zusammenhängen, wollte zugleich die „nationale Frage" und die regionalen Probleme lösen. Damit begann die Zeit staatenübergreifender Wirtschaftsbünde und regionaler „vaterländischer" Kultur- und Geschichtsvereine. Deren erster im Maßstab des gesamten Deutschen Bundes wurde 1819 auf der Burg Saaleck gegründet und war dann in Halle ansässig. Dieser „Thüringisch-Sächsische Verein zur Erforschung des vaterländischen Altertums"[210] entstand nicht zufällig im Integrationsraum der neuen Provinz Sachsen unter dem Patronat des preußischen Kronprinzen. Der Rückgriff auf die Geschichte sollte die Gemeinschaft der unterschiedlichen territorialstaatlichen Zusammenhängen entstammenden, nunmehr preußischen Gebiete stärken. Bald folgten ähnliche Geschichtsvereine im Königreich Sachsen und in den Kleinstaaten. Dort wirkten sie staatsübergreifend im Sinne eines thüringischen oder anhaltischen Gemeinschaftsbewußtseins. Es wurde in der 1848er Revolution, als erstmals ein deutscher National-

---

208 Vgl. z. B. Münchheimer, Werner: Die Neugliederung Mitteldeutschlands bei der Wiedervereinigung, Göttingen 1954; Mönnich, Horst (Hrsg.): Wiederbegegnung. Deutschlands Mitte. Deutschlands Osten, München 1965.

209 Vgl. Mitteldeutschland (Anm. 66).

210 Vgl. Anm. 35 sowie Marwinski, Konrad: Thüringische historische Vereine im 19. Jahrhundert, in: Jahrbuch für Regionalgeschichte 7 (1979), S. 205–242; ders.: Thüringens Museumslandschaft und die Geschichtsvereine, in: John: Kleinstaaten und Kultur (Anm. 17), S. 435–441.

staat Konturen annahm, handlungsleitend und brachte die Kleinstaaten beider Gebiete an den Rand ihres Zusammenschlusses[211].

„Regionalisierend", räumlich ausgreifend wie einbindend und verdichtend wirkten vor allem neue Wirtschaftsprozesse, Industrialisierung, Agrarreformen, Zoll- und Verkehrsbünde. Sie stärkten das Gemeinschaftsbewußtsein in der Provinz Sachsen, im Königreich Sachsen und der Kleinstaaten. Darüberhinaus wiesen sie bereits in eine „mitteldeutsche" Richtung. Das gilt besonders für den von Leipzig aus vorangetriebenen Eisenbahnbau und für die regionalen, freilich nicht beständigen Zollbünde im Vorfeld des Deutschen Zollvereins[212]. Einer davon war der 1828 in Kassel gegründete, vom Königreich Sachsen dominierte „Mitteldeutsche Handelsverein"[213]. Auch er konnte dem Sog Preußens nicht standhalten und zerfiel bald wieder. Er belegt aber, daß man in wirtschaftlicher Hinsicht „mitteldeutsch" zu denken begann. Das spiegelte sich auch im geographischen Denken wider. Immer häufiger verwendeten Geographen dieses Attribut, um damit Natur-, Kultur-, Wirtschafts- und Siedlungsräume der Mittelgebirgszonen zu umschreiben[214]. Seit der Jahrhundertmitte wurde es zu einem festen Bestandteil geographischer Terminologie. Dabei wechselten die Bezüge. Es umschrieb alle oder verschiedene Mittelgebirgszonen, selten nur den Raum zwischen Harz, Thüringer Wald und Erzgebirge. Seit dem letzten Drittel des 19. Jahrhunderts fand der „Mitteldeutschland"-Begriff mit ebenfalls unterschiedlichen Bezügen in den politisch-publizistischen[215] wie kunsttopographischen[216] Sprachgebrauch Eingang. Die neuen Wirtschaftsprozesse seit der Jahrhundertwende begünstigten vor allem den wirtschaftlichen Gebrauch

---

211 Vgl. Wentzcke, Paul: Thüringische Einigungsbestrebungen im Jahre 1848. Ein Beitrag zur Geschichte der deutschen Einigungsbewegung (Zeitschrift des Vereins für thüringische Geschichte und Altertumskunde, Beih. 7), Jena 1917; Engler, Franz: Revolution und Reaktion in Anhalt-Dessau-Cöthen. Ein Beitrag zur Geschichte Anhalts in den Jahren 1848–61, in: Anhaltische Geschichtsblätter 1928, Hf. 4, Dessau 1929, S. 5–101, sowie neuerdings v. a. die Beiträge von J. John, B. Häupel, R. Zerback, E. Koch, M. Tullner und G. Grünthal in: Hahn, Hans-Werner; Greiling, Werner (Hrsg.): Die Revolution von 1848/49 in Thüringen. Aktionsräume – Handlungsebenen – Wirkungen, Rudolstadt, Jena 1998.

212 Zum Gesamtüberblick vgl. Ziegler, Dieter: Eisenbahnen und Staat im Zeitalter der Industrialisierung. Die Eisenbahnpolitik der deutschen Staaten im Vergleich, Stuttgart 1996; Hahn, Hans-Werner: Geschichte des Deutschen Zollvereins, Göttingen 1984.

213 Ihm gehörten die Königreiche Sachsen und Hannover, Kurhessen, Braunschweig, Nassau, die thüringischen Kleinstaaten und Bremen an; er geriet bereits 1828 durch den Zoll- und Handelsvertrag Preußens und Hessen-Darmstadts mit dem Süddeutschen Zollverein unter Druck; 1929 schlossen Sachsen-Meiningen und Sachsen-Coburg und Gotha Sonderverträge mit Preußen; mit der Zollunion Kurhessens und Preußens 1831 zerfiel der Verein; seine restlichen Mitglieder traten durch 1833 mit Preußen abgeschlossene Verträge dem Deutschen Zollverein bei.

214 Ausführlich dazu Schlüter: Der Begriff (Anm. 84); Wolf: Wandlungen (Anm. 85); vgl. auch Anm. 21 und die Hinweise in den Beiträgen von Günther Schönfelder und Michael Simon in diesem Band.

215 Vgl. u. a. „Mitteldeutsche Volkszeitung" (Leipzig); „Mitteldeutsche Arbeiter-Zeitung" (Dresden); „Mitteldeutscher Kurier"; „Magdeburgische Zeitung (das Heimatblatt Mitteldeutschlands)"; „Mitteldeutsche Handwerker-Zeitung" (Halle).

216 Vgl. u. a. „Mitteldeutscher Kunstgewerbeverein" (1877 ff.); „Statistik der slawischen Funde aus Süd- und Mitteldeutschland" (1901 ff.); „Allgemeiner Bauten-Nachweis für Mitteldeutschland" (1908 ff.); Dehios „Handbücher der deutschen Kunstdenkmäler" (1905 ff.); ebenfalls 1905 wurde ein „Verband für mitteldeutsche Altertumsforschung" vorgeschlagen, der aber erst 1929 in Aktion trat.

des Begriffes[217]. Und der bezog sich zunächst auf den gesamten Gürtel der Mittelgebirge und Wirtschaftsräume vor allem nördlich der Mainlinie. So bildete sich 1911 in Frankfurt am Main ein „Verband Mitteldeutscher Industrieller" für die preußischen Gebiete Hessens und Thüringens.

Seine eigentliche Konjunktur erfuhr der „Mitteldeutschland"-Begriff nach dem Ende des Ersten Weltkrieges und des Kaiserreiches 1918. Revolution, Sturz der Dynastien und Republikgründung ließen Reichs- und Territorialreformen als möglich erscheinen[218]. Das während des Krieges auf expansive Kriegsziele und auf die Kriegswirtschaft gerichtete Planungsdenken verlagerte sich auf die angestrebte Neugliederung des Reichsgebietes oder stellte sich in den Dienst der Anti-Versailles-Propaganda und der Revisionspolitik. Die höchst zwiespältigen Wirkungen des Ersten Weltkrieges schufen auch in wirtschaftlicher Hinsicht eine gründlich veränderte Situation. Die wirtschaftliche Dynamik verlagerte sich von den älteren Industrieregionen Sachsens und Thüringens[219] in den provinzsächsisch-anhaltischen Raum. Er wurde zur Initiativ- und Kernzone der nach ersten Ansätzen 1919[220] seit Mitte der 1920er Jahre ins Kraut schießenden „Mitteldeutschland"-Pläne und -Debatten[221]. In deren Sog griff der „Mitteldeutschland"-Gedanke von der Wirtschaft[222] in alle Gesellschaftsbereiche über. Auch die „Kulturraum"-Forscher nahmen sich seiner an. Eine Unzahl von Wirtschaftsunternehmen und -verbänden[223], Planungs- und Verkehrsbünden[224], Presseorganen[225] oder neuen

---

217 Typisch etwa Klein, Georg (Hrsg.): Handbuch für den mitteldeutschen Braunkohlenbergbau, Halle 1909.

218 Vgl. Anm. 28 sowie den entsprechenden Beitrag des Vf. in diesem Band.

219 Zu Strukturwandel und -problemen der Industrieregionen Sachsen und Thüringen nach 1914/18 vgl. Bramke, Werner: Die Industrieregion Sachsen. Ihre Herausbildung und Entwicklung bis zum Ende des Zweiten Weltkrieges, in: Schulze, Rainer (Hrsg.): Industrieregionen im Umbruch. Historische Voraussetzungen und Verlaufsmuster des regionalen Strukturwandels im europäischen Vergleich, Essen 1993, S. 291–317; John, Jürgen: Wirtschaftsentwicklung und politische Umbrüche in Thüringen zwischen den beiden Weltkriegen, in: Bramke; Heß: Sachsen und Mitteldeutschland (Anm. 55), S. 93–120.

220 Zu den sächsischen „Mitteldeutschland"-Initiativen 1919 vgl. Groß: Der Freistaat Sachsen (Anm. 44) und ihrer zeitweisen Resonanz in Altenburg Anm. 46; der Bd. 5 des „Handbuches der Politik" (1922) (Anm. 145) bezeichnete nach der bereits erfolgten Gründung des Landes Thüringen (1920) und Groß-Berlins (1920) neben dem grundsätzlich zu schaffenden „dezentralisierten Einheitsstaat" die Gründung Groß-Hamburgs als Hauptaufgabe der Neugliederung und behandelte damit die „mitteldeutsche Frage" nur indirekt; später sah Scheu, Erwin: Deutschlands Wirtschaftsprovinzen und Wirtschaftsbezirke (Weltpolitische Bücherei 2), Berlin 1928, in der „politischen Musterkarte" des „mittleren Deutschlands" (S. 7) die Hauptproblem- und -aufgabenzone der Neugliederung.

221 Vgl. Anm. 1, 10, 11, 42, 44, 46, 47 u. 48 sowie den Beitrag von Mathias Tullner in diesem Band.

222 Vgl. Anm. 62.

223 Vgl. u. a.: „Mitteldeutsches Braunkohlen-Syndikat" (Leipzig); „Elektrizitäts AG Mitteldeutschland" (Kassel); „Mitteldeutsche Landesbank" (Magdeburg); „Wirtschaftsverband Mitteldeutschland" (Halle); „Verband der Mitteldeutschen Industrie" (Weimar); „Verband Mitteldeutscher Metallindustrieller"; „Mitteldeutsche Eisenhandelsgesellschaft" (Magdeburg).

224 Vgl. u. a.: „Landesplanungsverband für den engeren mitteldeutschen Industriebezirk" (Merseburg); „Mitteldeutscher Verkehrsverband" (Magdeburg).

225 Vgl. u. a.: „Mitteldeutsche Wirtschaftszeitung" (Halle); „Mitteldeutsches Wirtschaftsblatt" (IHK Halle-Nordhausen); „Mitteldeutsche Rundschau" (Magdeburg); „Mitteldeutsche Handels-Rundschau" (Magdeburg); „Mitteldeutsche Presse" (Magdeburg); „Mitteldeutsche Zeitung" (Erfurt).

staatsübergreifenden territorialen und medialen Strukturen[226] legte sich jetzt das Beiwort „mitteldeutsch" zu – darunter die „Mitteldeutsche Rundfunk AG" Leipzig (1924) und der Weimarer „Verband Thüringischer Industrieller", der 1922 bezeichnenderweise den neuen Namen „Verband der Mitteldeutschen Industrie" wählte. In großer Zahl erschienen „mitteldeutsche" Zeitschriften, Abhandlungen, Landeskunden, Heimatbücher, Lebensbilder, Marketing-Schriften etc[227]. Angesichts dieser Publikationsfülle sahen sich Geographen veranlaßt, eine gesonderte Bibliographie zu veröffentlichen[228].

Der Schwerpunkt lag im Wirtschaftsbereich und bei den von der Provinz Sachsen ausgehenden „Mitteldeutschland"-Plänen. Hier fanden Wirtschaftsverbände, Provinzial- und Kommunalpolitiker, Historiker, Geographen, Landesplaner etc. zu aufschlußreichem Zusammenwirken. Das gilt vor allem für den 1921/23 unter dem Vorsitz Tilo v. Wilmowskys gebildeten, auch publizistisch höchst regen „Wirtschaftsverband Mitteldeutschland"[229], dem Halle als „mitteldeutscher" Zentralort vorschwebte. Zusammen mit dem provinzsächsischen Landtag und Landeshauptmann sowie dem vom Regierungsbezirk Merseburg, der Stadt Magdeburg und dem Land Anhalt getragenen „Landesplanungsverband für den engeren mitteldeutschen Industriebezirk" (1924/25)[230] wurde dieser Verband zum eigentlichen Initiator der „Mitteldeutschland"-Denkschrift (1927)[231] und der von ihr ausgelösten Debatte. Deren euphorische Annahme, „Mitteldeutschland" befinde sich bereits „auf dem Wege zur Einheit", erwies sich freilich als Trugschluß. Am Ende standen kleinräumiger ausgerichtete Pläne. Sie hielten sich eher an neue Wahlkreis-, Statistik-, Tarif-, Finanz- und Arbeitsamtsbezirke und empfahlen eine dreiteilende Gliederung in „Sachsen-Anhalt", „Thüringen" und „Sachsen"[232].

226 Vgl. u. a.: „Landesarbeitsamt Mitteldeutschland" (Erfurt 1928); „Mitteldeutscher Schlichterbezirk" (Magdeburg 1923, Weimar 1928, Leipzig 1929); „Vereinigung mitteldeutscher Ortsmuseen"; „Mitteldeutsche Rundfunk AG" (Leipzig 1924); „Mitteldeutscher Zeitungsblock" (Magdeburg); „Mitteldeutscher Kreis" der Deutschen Studentenschaft (1919).

227 Vgl. u. a. Weise, Herbert: „Geographische Betrachtungen über Mitteldeutsche Industrien" (Mitteilungen des Vereins für Erdkunde zu Dresden, Jahreshf. 1931/32); „Mitteldeutsche Studien" (hrsg. von Theodor Frings u. a., Leipzig 1932 ff.); „Mitteldeutsche Monatshefte"; „Mitteldeutsche Blätter für Volkskunde" (Leipzig 1926 ff.); „Mitteldeutsche Heimat" (Wurzen 1929 ff.); „Mitteldeutsche Lebensbilder" (hrsg. von der Historischen Kommission für die Provinz Sachsen und Anhalt, Magdeburg 1926 ff.) sowie die in den Anm. 40, 62, 84, 97 u. 165 genannten Titel.

228 Vgl. Thiemann, Ilse; Schebel, Herta (Bearb.): Bibliographie von Mitteldeutschland (Mitteilungen des Vereins der Geographen an der Universität Leipzig VIII/1929 und IX/1930).

229 Vgl. Berndt, Roswitha: Der „Wirtschaftsverband Mitteldeutschland" – regionales Führungsinstrument des Industrie- und Agrarkapitals Sachsen-Anhalts zwischen 1921 und 1935, in: Wissenschaftliche Zeitschrift der Martin-Luther-Universität Halle-Wittenberg. Gesellschafts- und Sprachwissenschaftliche Reihe 38 (1989), S. 45–52; Buchholz, Matthias: Der Wirtschaftsverband Mitteldeutschland 1921–1936 (Sachsen-Anhalt. Beiträge zur Landesgeschichte 13), Halle 1998; in der Person des Vorsitzenden Tilo Freiherr v. Wilmowsky – ehem. Landrat, Landeshauptmann u. Oberpräsident, Rittergutsbesitzer, Vorsitzender des Landbundes der Provinz Sachsen, stellv. Vorsitzender des Aufsichtsrates der Friedrich Krupp AG, Inhaber zahlreicher weiterer Sitze u. Aufsichtsratsposten – verkörperte sich geradezu idealtypisch solches Zusammenwirken.

230 Vgl. Pfannschmidt: Landesplanung; Hofmann: Mitteldeutschland (beide Anm. 45).

231 Vgl. Mitteldeutschland auf dem Wege zur Einheit (Anm. 10).

232 So z. B. Lüttgens: Mitteldeutschland (Anm. 41), S. 79; Hübener: Die Neugliederung (Anm. 10); im Jahrbuch „Sachsen und Anhalt" (Anm. 34) fehlte eigentlich nur noch der Bindestrich; vgl. auch Tullner: Die Entstehung (Anm. 11).

So oder so. Den „Mitteldeutschland"-Plänen erging es wie der gesamten „Reichsreform"-Debatte. Sie scheiterten. Zwar hofften viele ihrer Protagonisten, der „gleichgeschaltete" Einheitsstaat der Nationalsozialisten werde diese Pläne umsetzen. Doch sahen sie sich bald enttäuscht. Das Regime hatte andere Ziele und Interessen. Pläne zur inneren „Reichsreform" erwiesen sich als Störfaktoren und wurden bald unterbunden. Statt dessen setzten sich anstelle der 1933/35 mit dem Reich „gleichgeschalteten" und zunehmend in den Hintergrund tretenden Länder und Provinzen seit 1936 die NSDAP-Gaue als der inneren Ordnung des NS-Systems und seinem Krieg angemessene Regionalstrukturen des „Altreiches" durch[233]. Schon 1934 kam Erich Neuss zu der Einsicht, die Neugliederungs- und „Mitteldeutschland"-Debatte habe sich „erschöpft"[234]. Zwar blieb das Attribut „mitteldeutsch" im Sprachgebrauch[235]. Es schien anfangs auch für neue Strukturen tauglich zu sein[236]. Weit stärker als vor 1933 wurde der „Mitteldeutschland"-Gedanke auf „mitteldeutsches Volkstum"[237] und „rassische Zusammensetzung der mitteldeutschen Bevölkerung"[238] bezogen. In der inneren „Raum"- und „Volkstums"-Planung spielte er aber keine prägende Rolle mehr. Die vor 1933 auf die innere „Reichsreform" gerichteten Konzepte gingen in die Politik äußerer „Neuordnung" ein. Ihre Verfechter fanden nun in den Netzwerken „Volksdeutscher Forschungsgemeinschaften" und in der „Neuordnung" der eroberten Gebiete ihre eigentlichen Gestaltungs- und Betätigungsfelder. Nach 1945 geriet das „Mitteldeutschland"-Bild in die Konstellationen der alliierten Besetzung Deutschlands, der Zoneneinteilung, der West-Ost-Konfrontation, des Kalten Krieges und der deutschen Zweistaatlichkeit 1949/90. Die bislang „mitteldeutschen" Gebiete lagen

---

233 Seit Beginn des „Vierjahresplanes" 1936, vor allem unter den Bedingungen des „totalen Krieges" seit 1942/43 wurden alle wichtigen Regionalfunktionen auf die NSDAP-Gaue (im „mitteldeutschen" Raum: Magdeburg-Anhalt, Halle-Merseburg, Thüringen und Sachsen) des „Altreiches" ausgerichtet; die dort 1939 großflächig eingerichteten „Reichsverteidigungsbezirke" 1942 ebenfalls den kleineren Gaustrukturen angeglichen; zum Gesamtüberblick vgl. Möller, Horst; Wirsching, Andreas; Ziegler, Walter (Hrsg.): Nationalsozialismus in der Region. Beiträge zur regionalen und lokalen Forschung und zum internationalen Vergleich, München 1996.

234 Neuss: Sachsen und Anhalt (Anm. 95), S. 2.

235 Vgl. z. B. „Mitteldeutscher Kulturwart" (Magdeburg 1934); „Das mitteldeutsche Wirtschaftsgebiet" (Berlin 1935); „Mitteldeutsche Volkheit. Hefte für Vorgeschichte und Volkskunde" (1934/1942, Hf. 1 noch u. d. T. „Mitteldeutsche Vorzeit"); „Mitteldeutscher Heimatatlas" (1935 ff.; vgl. dazu auch Schlüter, Otto: Der mitteldeutsche Heimatatlas, in: Sachsen und Anhalt 12 (1936), S. 252–256); Ebert u. a.: Kulturräume (Anm. 14); Mitteldeutschland (Anm. 97); Keyser, Erich (Hrsg.): Deutsches Städtebuch. Handbuch städtischer Geschichte, Bd. II: Mitteldeutschland, Stuttgart, Berlin 1941.

236 So bildete die 1933 gegründete „Gesellschaft zur Vorbereitung des Autobahnbaues" eine Sektion „Mitteldeutschland" für die Provinz Sachsen und die Länder Sachsen, Anhalt und Thüringen; 1935 entstand die großräumige „Wirtschaftskammer Mitteldeutschland" in Weimar; sie wurde aber bereits 1937 in die Wirtschaftskammern „Thüringen" und „Mittelelbe" geteilt; daraus gingen dann 1943 die entsprechenden Gauwirtschaftskammern hervor.

237 Vgl. u. a. Holtzmann: Mitteldeutschland (Anm. 196); Ebert u. a.: Kulturräume (Anm. 14); Schlüter: Die sächsisch-thüringischen Lande (Anm. 36); Sommerlad: Das Deutschtum Mitteldeutschlands (Anm. 63); Franz: Die geschichtlichen Grundlagen (Anm. 19).

238 Vgl. z. B. Hahne, Hans: Die rassische Zusammensetzung der mitteldeutschen Bevölkerung seit der Vorzeit, in: Mitteldeutsche Volkheit. Hefte für Vorgeschichte und Volkskunde 2 (1935), S. 7–10; Detering, Alfred: Einiges über die Erforschung des rassischen Erscheinungsbildes der Bewohner Mitteldeutschlands seit der Zeit des Eindringens der Slawen, in: ebenda 5 (1938), S. 8–11.

nun in gleichsam doppelter Grenzlage zwischen der innerdeutschen Zonen- bzw. Staatsgrenze im Westen und der Oder-Neiße-Grenze im Osten[239]. In der Struktur der Länder Sachsen-Anhalt, Thüringen und Sachsen bzw. der aus ihnen 1952 hervorgehenden Bezirke[240] bildeten sie den industriellen Süden der sowjetischen Besatzungszone (SBZ) und dann der DDR. Diese drei Länder waren 1945 unter wechselnder, zunächst amerikanischer, dann sowjetischer Besatzung aus den früheren Ländern und preußischen Gebieten gebildet worden. Im Unterschied zu den westalliierten Besatzungszonen entstanden in der SBZ keine Großländer. Anders als etwa die Verfechter des „Niedersachsen"-Gedankens mußten sich einstige Protagonisten der „Mitteldeutschland"-Pläne wie Sachsen-Anhalts erster Provinzial- bzw. Ministerpräsident Erhard Hübener auf die jeweilige Landesbildung beschränken[241].

Aus diesen politischen Nachkriegs-Konstellationen erwuchs in den westalliierten Besatzungszonen und der Bundesrepublik ein neuer „Mitteldeutschland"-Begriff. Mit ihm wurden die sowjetische Besatzungszone (SBZ) und die spätere DDR umschrieben. Bis zur Entspannungspolitik und völkerrechtlichen Anerkennung der DDR war er ein Vehikel, um „Moskaus westliche Provinz"[242] nicht mit ihrem Staatsnamen bezeichnen zu müssen. Die diesen Begriff gebrauchten, drückten damit ihre Ablehnung der DDR als Staat und Gesellschaftssystem aus. Zugleich wollten sie mit ihm dem zunehmenden bundesdeutschen Desinteresse an den Verhältnissen in der DDR gegensteuern und die „landsmannschaftliche Verbundenheit" mit der Bevölkerung in der DDR und mit der Geschichte ihrer Territorien wachhalten. In der West-Ost-Perspektive nahm dieser „Mitteldeutschland"-Begriff Deutschland gleichsam dreigeteilt wahr: als Westdeutschland (westalliierte Besatzungszonen/Bundesrepublik), Mitteldeutschland (SBZ/DDR) und Ostdeutschland (die Polen bzw. der UdSSR zugesprochenen Gebiete). Er war so ein Produkt der Folgen des NS-Regimes und des Zweiten Weltkrieges, die als Niederlage und Verlust der Ostgebiete wahrgenommen wurden, wie der west-östlichen Denkkategorien des Kalten Krieges. Nur so konnte man auf die an sich unsinnige Idee kommen, etwa Rostock fortan als „mitteldeutsche" Stadt zu bezeichnen.

---

239 Vgl. auch Demandt, Alexander (Hrsg.): Deutschlands Grenzen in der Geschichte, ²München 1991.

240 1952 wurden die 1945 neu- oder wiedergebildeten fünf Länder der DDR durch Volkskammer- und Ländergesetze de facto aufgelöst, in 14 Bezirke (im „mitteldeutschen" Raum: Bezirke Magdeburg, Halle, Erfurt, Suhl, Gera, Leipzig, Chemnitz/Karl-Marx-Stadt und Dresden) umgebildet und 1990 durch Volkskammergesetze wieder eingeführt – vgl. auch Ostwald, Werner (Hrsg.): Die DDR im Spiegel ihrer Bezirke, Berlin (Ost) 1989; Först, Walter: Zwischen Reichsreformdiskussion und Wiedervereinigung. Die mitteldeutschen Länder von 1945 bis 1990, in: Bracher Karl-Dietrich u. a. (Hrsg.): Staat und Parteien. Festschrift für Rudolf Morsey zum 65. Geburtstag, Berlin 1992, S. 935–959; Hajna, Karl-Heinz: Länder – Bezirke – Länder. Zur Territorialstruktur im Osten Deutschlands 1945–1990, Frankfurt u. a. 1995; Mielke, Henning: Die Auflösung der Länder in der SBZ/DDR. Von der deutschen Selbstverwaltung zum sozialistisch-zentralistischen Einheitsstaat nach sowjetischem Modell 1945–1952 (Beiträge zur Wirtschafts- und Sozialgeschichte 66), Stuttgart 1995; Rutz; Scherf; Strenz: Die fünf neuen Bundesländer (Anm. 81).

241 Das kam allerdings seinen modifizierten Plänen von 1929/30 entgegen; zu Hübener vgl. den Beitrag von Mathias Tullner, zu Niedersachsen und der Neugliederung in den Westzonen die Beiträge von Dietmar v. Reeken und Reinhard Schiffers in diesem Band.

242 Vgl. Rühmland: Mitteldeutschland (Anm. 61).

Auch die westdeutschen Neugliederungsdebatten bezogen in den 1950er Jahren noch die DDR und die ehemaligen Ostgebiete in ihre Planungen ein. 1954 legte Werner Münchheimer ein Konzept vor, nach dem die DDR im Falle der Wiedervereinigung in die beiden Groß-länder „Sachsen-Thüringen" und „Brandenburg-Pommern" zweizuteilen sei. Darin sah er wie viele andere die Vorstufe für die „Repatriierung" der polnisch verwalteten Ostgebiete[243]. Der Sozialdemokrat Hermann Brill – vor 1933 entschiedener Anhänger einer unitarischen „Reichsreform", 1945 erster Regierungspräsident der neuen Provinz Thüringen und seit 1946 als Staatssekretär in Wiesbaden maßgeblich an den zum Grundgesetz der Bundesrepublik füh-renden Verfassungsdebatten beteiligt – unterbreitete 1952 in einem Vortrag über Neugliede-rungsprobleme einen ähnlichen Vorschlag[244]. Dem „city-Länder-Gedanken" folgend, sollten u. a. die Großländer „Sachsen-Thüringen" (einschließlich des ehem. Regierungsbezirkes Mer-seburg und mit Leipzig als Zentrum), „Brandenburg-Magdeburg" (einschließlich Anhalts und mit Magdeburg als Zentrum) sowie „Mecklenburg-Pommern" (mit Stettin als Zentrum) gebildet werden.

Daß der von den politischen Nachkriegs-Konstellationen geprägte „Mitteldeutschland"-Begriff in der DDR oder in Polen strikt abgelehnt wurde, versteht sich von selbst. Auch in der Bundesrepublik galt er als „Verlegenheitsname"[245]. Doch bestimmte er lange Zeit das Gros DDR-bezogener bundesdeutscher Publikationen[246] und Reihen[247] – darunter des Bun-

---

243 Vgl. Münchheimer: Die Neugliederung Mitteldeutschlands (Anm. 208), Zitat S. 41.

244 Vgl. Brill, Hermann: Probleme der Neugliederung der Bundesrepublik Deutschland. Vortrag, gehalten am 24. Juli 1952 in der Verwaltungs-Akademie zu Berlin (MS) 23 S., in: Institut für Zeitgeschichte München, NL Karl Schultes (ED 188), Bd. 65, S. 22; vgl. zu seiner Rolle und Position vor 1946 auch ders.: Reichsreform – eine thüringische Schicksalsfrage, Altenburg 1932; Overesch, Manfred: Hermann Brill. Ein Kämpfer gegen Hitler und Ulbricht (Politik- und Gesellschaftsgeschichte 29), Bonn 1992.

245 Sabais: Deutsche Mitte (Anm. 155), S. 7.

246 Vgl. z. B. Faber, Dorothea: Einkommensstruktur und Lebenshaltung der sowjetischen Besatzungszone, Bonn 1953; Müller, Marianne u. Erwin: „... stürmt die Festung Wissenschaft!" Die Sowjetisierung der mit-teldeutschen Universitäten seit 1945, Berlin 1953; Bosch, Werner: Die Sozialstruktur in West- und Mittel-deutschland, Bonn 1958; Rühmland: Mitteldeutschland (Anm. 61); Die Zwangskollektivierung des selb-ständigen Bauernstandes in Mitteldeutschland, ²Bonn, Berlin 1960; Die Universitäten in Mittel- und Ost-deutschland (Bremer Beiträge II), Bremen 1961; Müller, K. Valentin: Die Manager in der Sowjetzone. Eine empirische Untersuchung zur Soziologie der wirtschaftlichen und militärischen Führungsschicht in Mittel-deutschland, Köln, Opladen 1962; Sabais: Deutsche Mitte (Anm. 155); Storbeck, Dietrich: Soziale Struktu-ren in Mitteldeutschland. Eine sozialstatistische Bevölkerungsanalyse im gesamtdeutschen Vergleich (Wirt schaft und Gesellschaft in Mitteldeutschland 4), Berlin 1964; Mönnich: Wiederbegegnung (Anm. 208); Müller-Römer, Dietrich: Die Grundrechte in Mitteldeutschland (Abhandlungen des Bundesinstituts zur Erforschung des Marxismus-Leninismus IX), Köln 1965; Die Lage des Rechts in Mitteldeutschland (Freibur-ger Rechts- und Staatswissenschaftliche Abhandlungen 23), Karlsruhe 1965; Mampel, Siegfried: Arbeitsver-fassung und Arbeitsrecht in Mitteldeutschland, Köln 1966; ders.: Das Recht in Mitteldeutschland. Staats-und Rechtslehre – Verfassungsrecht, Köln u. a. 1966; Pritzel, Konstantin: Die Wirtschaftsintegration Mittel-deutschlands, Köln 1969; Müller, Konrad: Die mitteldeutsche Landwirtschaft 1945–1974. Ein agrarsoziolo-gisch-sozialgeographischer Beitrag zu ihrem Strukturwandel, Berlin 1975.

247 Vgl. z. B. „Mitteldeutsche Forschungen" (1954 ff.); „Jahrbuch für die Geschichte Mittel- und Ostdeutsch-lands" (1952 ff., Bd. 1 u. d. T. „Jahrbuch für die Geschichte des deutschen Ostens"); „Hamburger Mittel- und Ostdeutsche Forschungen" (1956–1970).

desministeriums für gesamtdeutsche Fragen[248] und des 1955 gegründeten „Mitteldeutschen Kulturrates"[249]. Erst in den 1970er Jahren ebbte diese Publikationsflut allmählich ab. Daneben hielt sich – allerdings weit weniger publikationswirksam – auch der frühere, engere „Mitteldeutschland"-Begriff[250]. Die Sammeltätigkeit der 1960 von Walter Schlesinger gegründeten Marburger „Forschungsstelle für geschichtliche Landeskunde Mitteldeutschlands"[251] folgte beiden Begriffen und Kriterien.

In der SBZ bzw. frühen DDR blieb der ältere „Mitteldeutschland"-Begriff noch einige Zeit in Gebrauch. Ende 1946 erwog das SED-Zentralsekretariat, die Provinz Sachsen-Anhalt in „Land Mitteldeutschland" umzubenennen[252]. Im gleichen Jahr entstanden der „Mitteldeutsche Verlag" in Halle und die Weimarer „Abendpost" als „Blatt für Politik, Kultur und Wirtschaft Mitteldeutschlands". In Leipzig nahm der „Mitteldeutsche Rundfunk" seine Sendungen auf. In den 1950er Jahren wurde das Attribut „mitteldeutsch" noch gelegentlich bei Zeitungen[253], wissenschaftlichen[254] und heimatkundlichen[255] Publikationen, in Dissertatio-

---

248 Vgl. z. B. Bonner Berichte aus Mittel- und Ostdeutschland; Wirtschaft und Gesellschaft in Mitteldeutschland, hrsg. v. Forschungsbeirat für Fragen der Wiedervereinigung.

249 Vgl. z. B. „Die Mitte" (3 Bände, 1964/67); „Aus Deutschlands Mitte" (28 Bände, 1975/94); „Historische Landeskunde Mitteldeutschlands" (5 Bände, 1985/89); „Mitteldeutsches Jahrbuch" (2 Bände, 1955/56); Möller, Helmut (Hrsg.): „Berichte. Mitteilungen. Beiträge. Ein mitteldeutsches Periodikum" (3 Bände, 1987–1990/91); „Mitteldeutsche Hochschulen" (6 Bände, 1959/69) – vgl. auch Heckmann, Hermann (Hrsg.): Bibliographie des Mitteldeutschen Kulturrates 1955–1995, Köln, Weimar, Wien 1995; Möller, Helmut: Stiftung Mitteldeutscher Kulturrat (Ämter und Organisationen der Bundesrepublik Deutschland 57), Düsseldorf 1978. Mit Blick auf das Spannungsfeld zwischen dem engeren historischen und dem neuen, auf die gesamte DDR bezogenen „Mitteldeutschland"-Begriff legte der Mitteldeutsche Kulturrat 1979 in der Reihe „Aus Deutschlands Mitte" zur genaueren Begriffsbestimmung einen umfangreichen Band zur Geschichte Mitteldeutschlands vor, der sie im engeren historischen Sinne darstellte – vgl. Mitteldeutschland. Versuche begrifflicher Definition (Anm. 63); er enthielt nach einem einleitenden Aufsatz zu den Begriffsproblemen (H. Möller) Beiträge über das Schrifttum zur Ur- und Frühgeschichte (G. Mildenberger), „Mitteldeutschland in der deutschen Geschichte" (B. Sommerlad), „Der Begriff Mitteldeutschland" (H. G. Steinberg), „Das Deutschtum Mitteldeutschlands und seine politische Einheit" (Th. Sommerlad/Nachdruck), den „Wirtschaftsraum Mitteldeutschland" (A. Timm), zur „Philosophie der Kultur Mitteldeutschlands" (W. Schwarz), zur „Geschichte der bildenden Kunst im mitteldeutschen Raum" (S. Asche) sowie zur juristischen (D. Presting) und musikhistorischen (A. Liebe) Interpretation des Begriffs Mitteldeutschland.

250 Vgl. z. B. Land der Mitte (Anm. 157); Grundriß zur deutschen Verwaltungsgeschichte, Reihe B: Mitteldeutschland; Dietrich, Richard: Untersuchungen zum Frühkapitalismus im mitteldeutschen Erzbergbau und Metallhandel, Hildesheim u. a. 1981.

251 Vgl. Gockel, Michael: Die Anfänge des „Mitteldeutschen Arbeitskreises" und der „Forschungsstelle für geschichtliche Landeskunde Mitteldeutschlands", in: Neues Archiv für Sächsische Geschichte 64 (1993), S. 223–232.

252 Vgl. Bundesarchiv. Stiftung Archiv der Parteien und Massenorganisationen der DDR. Zentrales Parteiarchiv, IV 2/2.1./42 (Protokoll Nr. 48 des Zentralsekretariats der SED v. 28. 10. 1946, Anlage 1).

253 Z. B. „Mitteldeutsche Neueste Nachrichten" (NDPD, 1952 ff., zunächst in Halle, dann in Leipzig).

254 Vgl. u. a.; „Mitteldeutsche Studien" (hrsg. von Theodor Frings und Karl Bischoff, seit 1953 in Leipzig fortgesetzt); „Bibliographie zur Vor- und Frühgeschichte Mitteldeutschlands" (hrsg. von Martin Jahn, 2 Bde., Berlin [Ost] 1955/57); Mildenberger Gerhard: Mitteldeutschlands Ur- und Frühgeschichte, Leipzig 1959.

255 Vgl. z. B. „Mitteldeutsches Land. Heimatkundliche Zeitschrift für die Bezirke Halle und Magdeburg" (1957, nur ein Jahrgang); Kraft, Günther: Singende und kämpfende Bauern. Über wiedergefundene Lieder der Bauernkriegsbewegung, in: Thüringer Heimat 1 (1956) Hf. 1, S. 14–25 (hier ist vom „thüringisch-mitteldeut-

nen[256] etc. verwendet. Noch 1954 schwärmte Johannes R. Bechers nationales Pathos von der Wartburg, dieser „hohen Warte Thüringens … in der Mitte Deutschlands“[257]. Dann aber schwand der „Mitteldeutschland“-Begriff – nicht zuletzt unter dem Eindruck seines Gebrauchs in der Bundesrepublik – weitgehend aus dem offiziellen DDR-Sprachgebrauch[258]. Die vollständige Neuauflage von Otto Schlüters „Mitteldeutschem Heimatatlas“ erschien 1958/62 unter dem neutralen Titel „Atlas des Saale- und mittleren Elbegebietes“[259]. Seit den 1960er Jahren mied auch die Heimat-, Regional-, Bezirks- und – in den 1970er/80er Jahren wieder – Landesgeschichte in der DDR den politisch mehrfach belasteten „Mitteldeutschland“-Begriff.

Seine Renaissance seit 1990 erfolgte gleichsam in beiderlei Gestalt. Einerseits hielt etwa der „Mitteldeutsche Kulturrat“ mit seinem neuen „Mitteldeutschen Jahrbuch für Kultur und Geschichte“ seit 1994 am politischen Nachkriegs-Begriff fest. Er habe sich nun einmal eingebürgert und könne deshalb auf die „neuen Bundesländer“ übertragen werden, um die „geistigen Grenzen“ jahrzehntelanger Trennung zu überwinden[260]. Auch andere Titel blieben in dieser Tradition[261]. Andererseits erlebte der ältere Begriff eine neue Blüte und wurde wieder auf die früheren „Mitteldeutschland“-Pläne bezogen. Beides ist nicht unproblematisch. So erscheint der Vorschlag des Geographen Klaus Rother vernünftig, nunmehr konsequent in der Nord-Süd-Perspektive der neuen Bundesrepublik zu denken und von ihrer „östlichen Mitte“ zu sprechen, wenn man das Gebiet der drei Länder Sachsen, Thüringen und Sachsen-Anhalt meine[262]. Denn er hilft aus manchem Dilemma heraus. Diese Länder können in der West-Ost-Perspektive nur noch im historischen Sinne als „mitteldeutsch“ bezeichnet werden. In diesem Sinne ist der Nutzen des engeren „Mitteldeutschland“-Begriffs für eine länderübergreifende, regional vergleichende Forschungsperspektive unstrittig. Ansonsten aber dürfte eher ein kritisch-distanzierter Blick auf die so häufig gewandelten „Mitteldeutschland“-Bilder ratsam sein – vor allem auf die zahlreichen Versuche, dem Gebiet der heutigen drei Länder eine stringente gemeinsame Geschichte zu unterstellen, von der „Einheit Mitteldeut-

---

schen Bauernaufstand“ die Rede); Malberg, Hans Joachim: Goethe und die mitteldeutsche Landschaft, in: Weimar – Ein Kulturspiegel für Stadt und Land 3 (1959), S. 10 ff.

256 Vgl. z. B. Meyfarth, Brunhild: Die Stellung der Studentenschaft besonders der mitteldeutschen Universitäten zu politischen und sozialen Fragen von 1848 bis 1918, Diss. Jena 1957 (MS) – sie bezog sich auf die Universitäten Marburg, Göttingen, Halle, Jena und Leipzig.

257 Vgl. Becher: Ein Deutschland (Anm. 161), S. 5.

258 Mit Ausnahme der erwähnten Rhetorik von den „mitteldeutschen Streikbewegungen“ – vgl. z. B. Sachwörterbuch der Geschichte Deutschlands und der deutschen Arbeiterbewegung, Bd. 2, Berlin (Ost) 1970, S. 102 f.

259 Vgl. Schlüter, Otto; August, Otto (Bearb.): Atlas des Saale- und mittleren Elbegebietes, Leipzig 1958/62.

260 Vgl. Heckmann, Hermann: Der Mitteldeutsche Kulturrat während und nach der deutschen Teilung, in: Mitteldeutsches Jahrbuch für Kultur und Geschichte 1 (1994), S. 21–24, Zitat S. 24 (bisher erschienen 7 Bände dieses Jahrbuches).

261 Vgl. z. B. Kirchhoff: Wirtschaftliche Impulse (Anm. 108).

262 Vgl. Rother, Klaus: Deutschland – Die östliche Mitte, Braunschweig 1997; daß dieses Verständnis von der „östlichen Mitte“ nichts mehr mit dem Bild vom „mitteldeutschen Osten“ der 1930er Jahre (vgl. Ebert u. a.: Kulturräume, Anm. 14, 36 u. 193) zu tun hat, dürfte sich von selbst verstehen.

schlands", einem geschlossenen „mitteldeutschen Geschichtsraum" und einer „mitteldeutschen Geschichtsgemeinschaft" zu sprechen oder gar nach deren „Identität" und „Wesen" zu suchen.

Der kritische Rückblick auf solche Versuche vermittelt nützliche Erfahrungen. Er zeigt vor allem, wohin es führt, wenn versucht wird, das, was einst von Vordenkern der völkischen Bewegung als Charakteristikum „mitteldeutscher" Strukturen und Volksgruppen, als Spiegelbild und „bunte Enzyklopädie" des Zustandes der deutschen Gesellschaft bezeichnet wurde – der Mangel an „innerer Einheit", die Individualität, Vielgestaltigkeit und Unbestimmtheit[263] – zu einer konsistenten „Einheit" und zum „mitteldeutschen Wesen" zu verdichten. Die damalige Voraussage, die Bevölkerung des weiten „mitteldeutschen" Raumes sei auf der Suche „nach sich selbst" und werde ihr künftiges „Wesen" schon finden[264], ist mit Blick auf die Realgeschichte ohne Belang. Konstruktions- und erinnerungsgeschichtlich gesehen aber zeigt der Rückblick, wie viele Sinnstifter solche Wege zur Konstruktion „mitteldeutscher Identität" wandelten und welche Folgen das zeitigte. In Zeiten postmoderner Beliebig- und unverbindlicher Vieldeutigkeit, die selbst schlichten „historischen Streiflichtern" das billige Etikett „mitteldeutsch" anheftet[265], mag man sich fragen, ob es letztlich nicht doch das kleinere Übel sei, nach Halt, Bindungen, „regionaler Identität" und entsprechender Eindeutigkeit zu suchen. Doch ist – wie der Rückblick auf solche Versuche zeigt – durchaus Vorsicht geboten, damit nicht die unverbindliche Vieldeutigkeit durch neue gefährliche Eindeutigkeiten ersetzt wird.

---

263 Vgl. Riehl: Vom deutschen Land (Anm. 21).
264 Ebenda, S. 41.
265 Vgl. Fesser, Gerd; Jonscher, Reinhard: Thüringen seit der Reformation. Historische Streiflichter (Mitteldeutsche Miniaturen 4), Bucha bei Jena 2000.

Lutz Niethammer

Historisches Gedächtnis und Identität

D ie Regie dieser Tagung habe ich so verstanden, daß in dieser ersten Sitzung Hannes Siegrist und ich aufgefordert sind, die Metabegrifflichkeit, die mit dem politischen Konzept ‚Mitteldeutschland' verbunden wird, in einem dekonstruktivistischen Präludium zur Verfügung zu stellen.* Mit Verfügung meine ich, daß man solche Meta-Begriffe nicht als feste Vorgaben betrachten, sondern sich ihrer erst versichern muß und daß man sie eben auch zum Teil ablehnen, daß man den Konstruktcharakter des Konstruktes aufschließen und es auf seine Eignung prüfen kann. Im Rahmen meiner Aufgabenstellung, über „Gedächtnis" und „Identität" zu sprechen, möchte ich Ihnen nämlich raten, den zweiten Begriff abzulehnen, weil er sich für historische Arbeit wenig eignet und weil er als ein Medium politischer Verständigung zu mißverständlich ist.

Vorbemerkung über Medien, Institutionen und territoriale Identität

Über Ihren eigentlichen materiellen Streitgegenstand „Mitteldeutschland" will ich gar nichts sagen, weil dazu viel bessere Sachkenner hier versammelt sind. Ich will einleitend nur insofern auf die Schlußpassage des vorliegenden Projektexposés Bezug nehmen, als es hier im mitteldeutschen Raum, wenn es diesen denn geben sollte, zunächst einmal um einen Medienraum geht, der föderalistischer Politik vorauseilt. Als Westdeutscher bin ich einen solchen Ablauf im Verhältnis zwischen Ländern und medialen Institutionen umgekehrt gewohnt. Die länderübergreifenden Medienräume, die von den Besatzungsmächten in Westdeutschland gestiftet worden waren, sind in einem langen Prozeß de- und rekonstruiert und den Ländern angenähert worden.

Der größte Sender, der Nordwestdeutsche Rundfunk, sozusagen ein deutscher BBC für die ganze britische Zone, wurde aufgeteilt in eine Anstalt für das größte Bundesland Nordrhein-Westfalen und in eine Sammelanstalt, deren Sendegebiet ein größeres und zwei kleine Bundesländer bündelt, ohne daß aus dieser medialen Integrationsvorleistung und jahrzehntelangen Länderreform-Diskussionen in der alten Bundesrepublik ein Nord-Ost-Staat hervorgegangen wäre. Der Südwestfunk der französischen Zone war über vier Jahrzehnte zäher in seiner merkwürdigen Verklammerung des Landes Rheinland-Pfalz mit den baden-württembergischen Regierungsbezirken Südwürttemberg und Südbaden, unter Führung des letzteren am Sitz der Besatzungsmacht in Baden-Baden, aber auch er hat letztlich nicht überlebt. Nach vier Jahrzehnten ist er unter betriebswirtschaftlichen Gesichtspunkten mit der Senderstruk-

---

* Der Vortragsstil für diesen Beitrag wurde bewußt beibehalten.

tur der ehemals amerikanischen Zone im Südwesten unter deren Führung verschmolzen worden, ohne daß man etwas von Zusammenschlußtendenzen der beiden Bindestrich-Länder in diesem Raum gehört hätte. Anders als modische Medien-Philosophen wie Peter Sloterdijk meinen, ist das Volk keine mediengeborene, plastische Suggestions- oder „Streßgemeinschaft", die sich ihre politische Einheit schafft, sondern die politischen Institutionen haben sich außer in akuten Krisensituationen allemal als haltbarer erwiesen, und ihren Zuschnitt erfahren sie ihrerseits meist gerade in solchen Krisen und durch eine Verkettung von Faktoren, in denen nur selten die Ratio oder auch populäre Suggestionen zum Durchbruch kommen. Länder wie Rheinland-Pfalz oder Sachsen-Anhalt sind dafür schöne Beispiele, aber das gefährdet in normalen Zeitläuften ebensowenig deren Bestand wie ihr mangelnder Durchgriff auf Medien, die ihnen eine gesonderte Streßgemeinschaft produzieren könnten.

Immerhin könnte man sich auch an einen modernen Medienraum erinnern, der staatlichen Raumbildern ursprünglich als ein eigentümliches Gedächtnissymbol nachgehinkt und dann in einer korrigierten Fassung zuvorgekommen ist, nämlich die Wetterkarte der ARD-Tagesschau, die Raumbilder deutscher Nation durch die Zeit der Zweistaatlichkeit hindurch aufrechterhalten sollte. Unbeschadet des politischen status quo, gab es eine gesamtdeutsche Sonne, die auf Gerechte und Ungerechte schien, es gab deutsche Nebel und Gewitter, anfangs auch dort, wo fast gar keine Deutschen mehr wohnten. Sie endeten pünktlich jenseits des Rheins und der Oder, und dazwischen gab es eine meteorologische Einheit, die einstens sogar bis Ostpreußen und Schlesien ausgegriffen hatte und dann im Zuge der neuen Ostpolitik auf Potsdam-Deutschland reduziert und an der Oder beendet wurde. Solche tagtäglich in jedes Haus getragene Symboliken sind nicht unwichtig. Aber die wolkige Reichserinnerung mußte schließlich doch den Tatsachen der Politik weichen, wie sie von den Alliierten im Gefolge des Zweiten Weltkriegs bestimmt worden waren; ihnen gegenüber erwies sich der mediale Fiktionsraum als schwächer. Immerhin wäre es jedoch eine empirische Frage, ob die spätere doppelstaatliche Wetterkarte in Ostdeutschland mit mehr Sehnsucht als im Westen betrachtet wurde und ob sie einen Anteil daran hatte, daß die Demonstranten im Dezember 1989 auf dem Leipziger Ring ihre DDR-interne Ermahnung der Regierung „Wir sind das Volk (keine Gewalt!)" auf die Ermahnung der Westdeutschen „Wir sind ein Volk" umstellten. Wir alle wissen, daß die Wetterkarte des Westfernsehens dafür sicher nicht der einzige und auch schwerlich der wichtigste Grund war, aber immerhin könnte sie gleichsam wie ein ins Vorbewußte abgesunkenes wolkiges Versprechen einen Anteil daran gehabt haben.

Das sind nur kleine Erinnerungsanstöße, und es bedürfte vieler Forschungen, wollte man sie präzisieren und ihren Erfahrungsschatz in ein ernsthaftes Argument innerhalb Ihres Diskurses über Mitteldeutschland verwandeln. Das kann nicht mein Ziel sein. Mit diesen Vergleichsbeispielen wollte ich eingangs nur darauf hinweisen, daß die modernen Medien zwar wichtige symbolische Funktionen haben, daß ihre Wirksamkeit und Eigenmächtigkeit im Verhältnis zu politischen Machtstrukturen jedoch nüchterner Analyse bedürfen. Jedenfalls sollte vor ihrer Überschätzung bei der Konstituierung dessen, was man heute so gerne die „Identität" eines Raumes nennt, gewarnt werden. Aus der Begriffsgeschichte ‚kollektiver Identität' im allgemeinen könnte man sogar diagnostizieren, daß das Auftreten des Zieles oder gar des Befundes einer mitteldeutschen Identität ein untrügliches Symptom für einen ungeklärten Vergemeinschaftungsanspruch sei, der zunächst in historische Befunde gestifteter Traditionen (oder, wie man neuerdings sagt: des Kulturgedächtnisses) rückübersetzt und historisch aufgeklärt werden müßte, bevor man sich über seine Legitimität und Effizienz verständigen könnte.

Ikonen eines rezenten Sprachgebrauchs

Damit komme ich zu meinem eigentlichen Auftrag, nämlich Ihnen diese beiden Begriffe Gedächtnis und Identität, die man heute jeden Tag, wenn man die Zeitung aufschlägt oder den Fernseher anmacht, lesen und hören und auf die unterschiedlichsten Phänomene appliziert sehen kann, begriffsgeschichtlich aufzuschließen. Dabei sollte ich hinzusetzen, daß ich das mir gestellte Thema insofern leicht modifiziert habe, als ich das Wort „historisch" bei „Gedächtnis" erst einmal einklammern möchte und allgemeiner von kollektiven Gedächtnisphänomenen ausgehe und daß ich auf der anderen Seite bei „Identität" „kollektiv" hinzugesetzt habe, mich also nicht mit Fragen individueller Identität auseinandersetzen möchte – erstens tut sie in unserem Zusammenhang nichts zur Sache, und zweitens wäre ich da auch der falsche, nämlich ein psychologisch nicht hinreichend geschulter Experte.

Wir finden am Ende dieses Jahrhunderts in der außerordentlichen Konjunktur dieser beiden Begriffe einen rezenten und innovativen Sprachgebrauch, will sagen: Er ist ganz neu. Hätten Sie eine vergleichbare Tagung vor zwei Jahrzehnten veranstaltet, und zwar egal, ob in Ost- oder in Westdeutschland, wären Sie wahrscheinlich nie auf die Idee gekommen, jemanden über „Gedächtnis" und „Identität" sprechen zu lassen, und solche Leitbegriffe wären auch sehr wahrscheinlich in Ihrem Projektexposé nicht aufgetaucht, weil es beide damals im öffentlichen Sprachgebrauch (und erst recht in der Sprache der Historiker) einfach noch kaum gab. In den siebziger Jahren war die Übertragung des Identitätsbegriffs auf soziale Phänomene (mit wenigen Ausnahmen) in Westeuropa noch auf linke und rechte Nischen in der Gesellschaft beschränkt und der Gedächtnisbegriff noch gar nicht in Mode gekommen. Es ist ein ganz neues Phänomen, daß uns das vollkommen geläufige Begriffe sind. Diese Neuerfindungen haben aber geistesgeschichtliche Vorgeschichten, die unseren Gebrauch und seine Implikationen meist unbewußt mitprägen.

Wichtig an beiden Begriffen, die seit den achtziger Jahren eine so große Rolle in der geistes- und sozialwissenschaftlichen Wende zur Kultur spielen, ist der Umstand, daß es sich zunächst um verbale Kommunikationspartikel mit hoher symbolischer und metaphorischer Potentialität handelt, denen man aber keine vergleichbar akzeptierten oder gar gültigen Inhalte oder gar Theorien zuordnen kann. Jeder glaubt, es müsse großartige Theorien kollektiver Identität geben, schon weil sie nicht nur von jeder Menge Politiker, Journalisten und Pädagogen, sondern auch von Soziologen und Philosophen, denen wir doch am ehesten theoretische Reflexion zutrauen, im Munde geführt wird. Ich komme gerade von einer dreijährigen Suche nach solchen gültigen Theorien oder wenigstens einer relativ einheitlichen Bedeutung des Begriffes „kollektive Identität" zurück und kann Ihnen nur berichten: Es gibt sie nicht. Oder bescheidener ausgedrückt: Ich habe sie nicht gefunden.

Von der Gedächtnistheorie, mit der ich mich schon etwas länger beschäftige, kann ich Ihnen berichten, daß unter diesem Namen im 20. Jahrhundert sehr unterschiedliche, ja gegensätzliche Theorien und Traditionsstränge verhandelt werden. Nämlich einerseits eine traditionsstiftende und pragmatische Bedeutung, die aus der christlich-abendländischen Memoria-Tradition kommt und auf das Festhalten von etwas Gegenwärtigem für die Zukunft zielt und zwar durch seine Umwandlung in ein symbolisches Objekt im sozialen Raum. Andererseits die jüngere einer rekursiv-kritischen Erinnerung, die aus post-jüdischen Säkularisierungen stammt und quer durch das 20. Jahrhundert – nicht nur durch die freudianische Psychoanalyse – zunehmend unsere Vorstellungen und Normen geprägt hat. Ich möchte Ihnen das im weiteren ein wenig auseinanderlegen und im Ergebnis dafür plädieren, den kulturellen Gedächtnisbegriff anders zu verwenden, als es heute in der Kulturgeschichte herrschende Übung ist. Meistens wird er heute so verwendet, daß unter „Kollektivem Gedächtnis" ein vom Historischen ins Soziologische übertragenes Synonym für „Tradition" verstanden wird, daß es deshalb als ein gesellschaftliches Konstrukt aufgefaßt wird, wobei jedenfalls bei den Praktikern – im Sinne der zeitgleich lancierten historischen Entdeckung „erfundener Traditionen" – der Akzent darauf liegt, daß man ein identitätsbildendes Gedächtnis deshalb auch konstruieren könne und dabei in der Wahl der Zwecke und Zutaten relativ frei sei. Aber diese Substitution von Tradition durch Propaganda geht gerade dann nicht auf, wenn man die Innovationen der Gedächtnistheorie im 20. Jahrhundert ernst nimmt.

Die rekursiv-kritische Erinnerung ist meines Erachtens mit der Geschichtswissenschaft besser verträglich als die Pflege erfundener Traditionen und stammt aus post-jüdischen Innovationen der Gedächtnistheorie um 1900, nämlich das Auffinden unwillkürlicher oder sogar verdrängter Überlieferungen (oder, wie wir Historiker sagen: Überresten) der Vergangenheit und ihre Erinnerung als Kritik der Tradition. Es geht mir darum, daß wir als „Gedächtnis" nicht nur die überwiegend vormodernen Traditionsprozesse, die vor aller Mitwirkung der Wissenschaft stattfinden, verstehen, sondern daß wir „Gedächtnis", zumal es ohnehin nur ein metaphorischer und kein theoretischer Begriff ist, als Klammer verwenden für die Tradierungsprozesse, die in der Gesellschaft immer schon von sich aus ablaufen, und ihre historisch-kritische Begleitung und Bearbeitung, denn dieses Widerspiel macht seine spezifisch moderne Dynamik aus.

Zunächst sollte ich aber den aktuellen semantischen Gehalt von Identität und Gedächtnis skizzieren, um Ihnen dann wenigstens im Telegrammstil die Legenden ihrer Begriffsgeschichte vorzutragen: Sie überspringen das m. E. Interessanteste, nämlich eine Innovationsschwelle in der semantischen Füllung und Bedeutungsverschiebung dieser Begriffe vor und nach dem Ersten Weltkrieg. Zum Schluß möchte ich daraus Folgerungen für den Gebrauch heute ziehen. Soweit der Aufriß meines Beitrags.

Identität

In der aktuellen Diskussion ist etwas sehr Merkwürdiges festzustellen: Während „Identität" an sich ein von Inhalten und Werten freier Operationsbegriff der Logik, und zwar ihr höchstbestimmter, genauester ist, der mit der (für jeden philosophischen Laien) unsäglichen Banalität A = A abgekürzt wird, nimmt er sich im heutigen Sprachgebrauch vorwiegend als ein abstrakt normativer, oft appellativer Ausdruck für inhaltlich unbestimmte Gemeinsamkeitsansprüche beliebiger Kollektive aus. Dieses Identisch-sein-Sollen wird allen möglichen Gruppen, Regionen und Institutionen teils von außen zugeschrieben, teils von innen für sie beansprucht oder mit ihrer Subjektivität oder ihrem Wesen gleichgesetzt. Ob Produkt- oder nationale, feministische oder europäische Identität, ob Staaten, Länder, Einrichtungen, Minderheiten, hochkomplexe soziale Realitäten oder phantastische Einheiten, alle sollen heute angeblich eine Identität haben, welche die Besonderheit ihrer Gemeinschaft nach außen abgrenzt, nach innen ihre Homogenität postuliert und in allem Wandel und inmitten transnationaler alltagskultureller Angleichungen ihre Kontinuierung leistet. Auch wenn das bei differenzierten Gruppen oder ganzen Ländern höchst unwahrscheinlich ist, daß sie außer von Institutionen und gewissen, aber in ihrer Bindung unsicher und schwer abgrenzbar gewordenen Traditionsfaktoren auch noch durch ein gemeinsames Wesen zusammengehalten werden, so gibt es doch unverkennbar im rezenten Sprachgebrauch einen nicht nur unterschwelligen Gebotscharakter kollektiver Identität. Ohne stabile, krisenfeste Identität kann man sich schlecht sehen lassen, obwohl man meistens nicht so genau sagen kann, worin diese Identität besteht, und in den betroffenen Gruppen ihre Bestimmung und Abgrenzung auch meist strittig ist. Seit kurzem – erst seit ein, zwei Jahrzehnten – hat sich ein Gebot etabliert, daß soziale Kollektive aller Art nicht einfach mehr oder minder begrüßenswerte oder auch nur mehr oder minder existente oder oft nach solchen Kriterien sogar fragwürdige, von Interessen, Traditionen, Organisationen und Institutionen zusammengehaltene soziale Phänomene seien, sondern zeitüberdauernd irgendwie identisch sein oder eine unterscheidbare Identität gegeneinander ausbilden sollten.

Das haben wir vorher so noch nicht gewußt, daß das Normative und Existentielle in eins fällt, und zwar generell – vormals hatten uns das die Nationalisten weismachen wollen, aber in der Regel doch nur für die jeweils eigene Nation, was schon schlimm genug war. Jetzt soll es nicht nur für alle Nationen, sondern auch für alle sub- und transnationalen sozialen Einheiten gelten, als würden sie erst aus der Unterscheidung ihr Lebensrecht gewinnen. Diese Verallgemeinerung gebotener Eigentlichkeit betont die Individualität sozialer Einheiten auf Kosten anderer Kriterien, löst sie von konfliktvermittelnden Institutionen und erhofft sich von ihr die Beantwortung von Sinn- und Wertfragen, deren traditionelle Gegebenheit im beschleunigten sozio-kulturellen Wandel zerschlissen würde. Die funktionale Nacktheit und zunehmende Ähnlichkeit sozialer Gruppierungen und Institutionen soll durch Identitätsansprüche kompensiert werden. Andererseits wird diese kollektive Individualisierung dadurch relativiert, daß alle demselben Gebot der Unterscheidung gehorchen sollen, aber die Merkmale ihrer Unterschiedenheit nach außen und ihrer Homogenität im Innern zunächst ins Belieben gestellt erscheinen. Da das Identitätskriterium (auch bei metaphorischem Gebrauch) außerordentlich weitreichende und in aller sozialen Wirklichkeit unerreichbare Ansprüche enthält, werden die Merkmale der Zurechnung durch magische Formeln und Zeichen – in der Regel durch Namen – ersetzt, als verstünden sie sich von selbst, wodurch die Frage, ob die

Zurechnungskriterien realistisch und wünschenswert sind, der öffentlichen Verständigung entzogen wird. Diese scheinbare Beliebigkeit, diese anfängliche Offenheit für subjektive Konstruktionen erklärt die Beliebtheit des Identitätsbegriffs bei Minderheiten, die sich gegenüber Mehrheiten zur Geltung bringen und zugleich der Mehrheitsmeinung über sie ausweichen wollen, und bei Sinnstiftern und Ideologen aller Couleur, die aus einer Minderheitssituation heraus das eigentliche Wesen der Mehrheit bestimmen und dadurch Macht über sie gewinnen wollen.

Zunächst erscheint dies so harmlos wie ein kulturelles Spiel, und so erhofft sich auch eine der heute gängigsten politisch-kulturellen Weltdeutungen aus Amerika (Francis Fukuyamas Diagnose eines Endes der Geschichte) von der Universalisierung differenzierter identity cultures eine Domestizierung all jener fanatisierbaren Traditionen der Religion, der Rasse, der Nation oder der ethnischen Herkunft, die das neoliberale Funktionieren der Einen Welt bedrohen könnten. Die politischen Konfliktpotentiale von gestern sollen in künftigen kulturellen Spielen ihren subjektiven Bedeutungsüberschuß abfackeln und sich wechselseitig in Schach halten. Eine nicht minder verbreitete Weltdeutung (Samuel Huntingtons Prognose eines Clash of Civilizations) hält dies für unwahrscheinlich und naiv und beschwört in derselben Identitätsterminologie, in der Grundfragen der sich globalisierenden Welt im herrschenden Wissen der Gegenwart zwar gestellt, aber nicht geklärt werden können, das gegenteilige Szenario. Kollektive Identitäten im Konflikt werden seiner Ansicht nach nicht auf der Spielwiese kultureller Konstruktionen verharren, sondern ihre Wesenspostulate zu Kriterien der Exklusion und Inklusion objektivieren, wodurch die Konflikte politisiert würden, sich hochschaukelten und die aller rechtlicher Schranken enthobene Subjektivität ihre Ansprüche fundamentalisiere und gewalttätig durchsetze. Angesichts dessen mag man hoffen, daß sich Fukuyamas materialistische Schönwetterprognose von der multikulturellen Mediatisierung der Kulturen im neoliberalen Posthistoire bewährt; die Potentiale und Mechanismen kollektiver Identität, insbesondere ihre Verknüpfbarkeit mit Religion und politischer Macht und ihre institutionell nicht schlichtbare Konfliktträchtigkeit, scheint mir Huntingtons Skepsis aber genauer durchdacht zu haben.

Im Identitätsjargon der Gegenwart deuten darauf noch zwei weitere Beobachtungen. Erstens, daß die Normativität von kollektiven Identitätsvorstellungen sich in den letzten beiden Jahrzehnten von der Selbstverständigung fortgeschrittener Basisgemeinschaften in höher aggregierte Bereiche der Macht, vor allem die Nationalstaaten und ihre Regionalisierung in Europa, zu verschieben begonnen hat. Zunächst schien die politische Bedeutung von Identität einen besonders engen Zusammenhang zu haben einerseits mit der Zersetzung des amerikanischen ‚Schmelztiegels' durch ethnische und geschlechtliche Minderheiten, die in den USA zugleich ihre Selbstbestimmung und Anerkennung erwirken wollten und seit den siebziger Jahren unter dem Schlagwort „identity politics" in einer Koalition des „Regenbogens" zusammenwirkten, und andererseits mit dem weltweiten Anspruch ehemaliger Kolonialgesellschaften auf eine jeweilige „kulturelle Identität" gegenüber weiterwirkender nördlicher Überfremdung und westlicher Dominanz, die 1983 von der UNESCO als ein Grundrecht der Nationen proklamiert wurde. Da es in beiden Fällen um eine defensive Identität, die

Verteidigung der Geltung kultureller Selbstverständigung benachteiligter Gruppen, gegangen war, erschien Identität als eine zugleich basisnahe und internationale, emanzipative, linke Parole, die seit Mitte der achtziger Jahre auch in den Diskursen zur Reform der Gesellschaften sowjetischen Typs zugelassen wurde und z. B. in der späten DDR eine Schlüsselrolle in der Neubewertung regionaler und lokaler Traditionen spielte (während die danach viel zitierte DDR-Identität erst das etikettierte, was nach ihrem Untergang an gesellschaftlichem Sonderbewußtsein übriggeblieben oder entstanden war). Mochte in Westdeutschland auch schon in der RAF die Devise „Schwein oder Identität?" gegolten haben und seit '68 „identité" auf dem Vormarsch zu einem Schlüsselbegriff der ‚nouvelle droite' quer durch Europa sein, so ist die weite Verbreitung normativer Identität auch hierzulande erst auf die Rezeption des amerikanischen Multikulturalismus in den alternativen Szenen und auf ihre Solidarität mit den Entwicklungsländern zurückzuführen, sozusagen ein politisch-kultureller Inbegriff der „glokalen" Devise, global zu denken und lokal zu handeln.

Die Erfahrungen, die zeitgleich in Amerika und in den Entwicklungsländern mit identity politics gemacht wurden, waren indes ambivalenter. Im Falle der Entwicklungsländer hing dies damit zusammen, daß sie dort auf eine westliche Entwicklungsstrategie der sechziger Jahre zurückgingen, wonach die Demokratiefähigkeit dieser oft tribalistischen und von den alten Kolonialgrenzen willkürlich zerschnittenen und zusammengeworfenen Gesellschaften von einem Prozeß des ‚nation building' abhänge, verstanden als politische und kulturelle Identifizierung der Gesellschaft mit dem bestehenden Staat. Die Aufforderung, staatskonforme Gesellschaften zu schaffen und ihnen adäquate Traditionen zu erfinden, nahmen nicht nur Demokraten unter den neuen Herrschern wie Julius Nyerere in Tansania konstruktiv auf, sondern ebensosehr die zahlreichen Militärjunten und Diktatoren, die mit historischen Ideologien ihre sonst fehlende Legitimation ersetzen wollten. Daraus ist unter demselben Code „kultureller Identität" eine Gemengelage aus ernsthafter kultureller Wurzelsuche und ihrer Vermittlung mit der modernen Existenzform einerseits und andererseits der absurdesten geschichtlich eingekleideten Herrschaftsideologien, verbunden mit oder herausgefordert von religiösen Fundamentalismen, entstanden, die man sich denken kann und die eine abstrakte Solidarität auf der Meta-Ebene der Identität nur den blauäugigsten Gutmenschen des Nordens erlaubte. Nicht auf der abstrakten Ebene einer Anerkennung kultureller Identität, sondern erst dann konnte man eine realitätstüchtige Solidarität praktizieren, wenn man sich auf die tatsächlichen Herrschaftsverhältnisse und Selbstverständigungsprozesse in einem bestimmten Land einließ.

In den USA dagegen wiesen die Realerfahrungen der identity politics, obwohl auch hier (auf der Ebene der Identität) die Ununterscheidbarkeit berechtigter und absurder Formen der Selbstverständigung der beteiligten Gruppen viele studierenswerte Beispielfälle hervorbrachte, auf ihre Bürokratisierung, Segmentierung und Hybridisierung. Was ist mit diesen drei Stichworten gemeint?

Bürokratisierung bezeichnet die Formen der Objektivierung kollektiver Subjektivität, die als Folge der kompensatorischen Privilegierung benachteiligter Minderheiten vor allem in öffentlichen Einrichtungen entstand. Deren Grundintention, die Ausreden gegenüber der Beschäftigung vor allem von Schwarzen und Indianern (Afro- bzw. Native Americans) abzuräumen, kann man nur beipflichten; aber die Nebenwirkungen waren fürchterlich. Sie bestanden in Fragebogen, in denen jeder sich selbst in seiner rassischen und ethnischen Zugehörigkeit klassifizieren mußte, um die institutionellen Prozentrechnungen adäquater Repräsentation, die konsequent auch gesellschaftliche nach sich zogen, zu ermöglichen. Eine politisch korrekte Umklassifizierung z. B. des herrschenden weißen Rassismus in „Kaukasier" war nicht nur in sich absurd, sondern verhinderte auch nicht die weitere ethnische Differenzierung in Iren und Juden, Italiener und Russen. Was kulturell überwunden werden sollte, wurde bürokratisch erst geschaffen. Dabei sollte nicht vergessen werden, daß es einen zivilisatorischen Fortschritt darstellt, wenn (anders als in den europäischen Kolonialgesellschaften einschließlich des Dritten Reiches) die rassische und ethnische Klassifizierung aufgrund von Selbsteinschätzung geschieht; aber es könnte doch gefragt werden, ob Biopolitik in subjektivierter Form tatsächlich ein kultureller Fortschritt sei.

Die USA hatten im 20. Jahrhundert die Ideologie des ‚Schmelztiegels' ausgebildet, wonach der ‚american way of life', an dem virtuell alle partizipierten, und die Grundwerte der amerikanischen Verfassung, die rund die Hälfte wenigstens in die minimale politische Praxis der Wahlbeteiligung umsetzten, die Herkunftstraditionen der paradigmatischen Einwanderernation der Moderne einschmelzten. Die Betonung der Herkunftskulturen und ihrer autonomen Selbstverständigung im Rahmen der identity politics stellte beides in Frage, besonders das letztere. Der Integrationsgewinn war gering, der Fortschritt der *Segregation* auch über das eigentliche Problem hinaus – die Nicht-Integration der Masse der Schwarzen – auffallend, die Passivität der Mehrheit der demokratischen Führungsmacht der Welt hinsichtlich der Praktizierung der Demokratie beharrend, und die Auflösung des Verfassungskonsenses stimulierte viele besorgte Debatten. Zwar wurde als Antwort schon unter Reagan der für europäische Augen kaum nachvollziehbare symbolische amerikanische Nationalismus noch weiter zugespitzt, und es erschienen viele Hunderte von Büchern über amerikanische Identität, aber die Objektivierung von Ethnicity und subjektiviertem Rassismus hatten ihre Rezeptionsbedingungen unterhöhlt. Prominente Anwälte des multikulturellen Modells des Kommunitarismus wie Amitai Etzioni begannen sich von den identity politics zu distanzieren.

Es war nicht nur die merkwürdige Mischung aus hegemonialer Geltung und praktischem Scheitern der identity politics, die in den USA, mehr aber wohl noch in anderen, weniger von Immigrantenkulturen geprägten Gesellschaften wie England oder Deutschland, intellektuellen Protagonisten schon nach wenigen Jahren einen Rückzug von diesem Modell angezeigt sein ließ. Der Abschied kreierte ein neues Schlagwort: ‚Hybridity'. Darunter wird eine radikale subjektive Individualisierung der gleichwohl hochgehaltenen kulturellen (und, wie der in das böse deutsche Wort ‚Bastardisierung' zu übersetzende Leitbegriff schon sagt, auch rassistischen) Herkunft verstanden, und zwar unter Betonung ihrer Pluralität oder ihres passageren Charakters. Die Pluralisierung des Identitätsdiskurses ist zweifellos ein humaner Fortschritt in den Einwanderergesellschaften, insofern er die Wahlfreiheit des Individuums in seinen Bezügen erhöht und sie von den jeweiligen Vorsprechern kollektiver Identität unabhängig macht; aber er schleppt die Schlacken der identity politics mit sich, insofern er diese Bezüge im Begriff auf erbliche Faktoren einengt.

Wenn die progressiven Konnotationen von kultureller Identität und identity politics also bereits einem Konjunkturabschwung unterliegen, wie steht es dann – zweite Beobachtung, die eher in die Richtung Huntingtons als Fukuyamas weist – mit der Beziehung zwischen kollektiver Identität und politischer Macht im großen? Diese Beziehung kann man auf verschiedenen Ebenen beobachten. Im internationalen Diskurs ist zunächst einmal auffallend, daß – entgegen der Privatsprache der kleinen Gemeinschaften der Kulturwissenschaftler – in den Medien und in der Politik nicht subjektivierte (,hybridisierte') Formen der Identität vorherrschen, sondern nationale und ethnische. Also solche kollektiven und deshalb in der Praxis zur Objektivierung neigenden Formen, an deren Bestimmung politische Kräfte, vor allem Staaten, aber auch autonomistische und sezessionistische substaatliche Bewegungen, ein besonderes Interesse haben. In Frankreich und (West-)Deutschland konnte man Anfang der achtziger Jahre beobachten, wie historische Konstruktionen essentialistischer nationaler Identitätsangebote just dann geltungsmächtig auf den Markt drängten, als die republikanische Tradition bzw. der Verfassungspatriotismus liberal-konservativer Regierungen nicht mehr genug oder die falsche Identifikationsmacht zu enthalten schienen. Auf der europäischen Ebene kann man seit der Proklamation einer – damals gegen den von Henry Kissinger erhobenen Weltmachtanspruch der USA gerichteten – ,europäischen Identität' durch die EG-Regierungschefs 1973 eine durchgehende Tendenz verfolgen, unter diesem Begriff die Großmachtinteressen der in der europäischen Integration sich zusammenschließenden Nationalstaaten zugleich zu propagieren und zu verbergen. Die im Jahr 2000 beschlossene „Europäische Verteidigungs- und Sicherheits-Identität", unter deren Etikett ein Rüstungsverbund und eine globale Eingreiftruppe der Europäer innerhalb der NATO aufgebaut werden sollen, ist nur das jüngste Glied in dieser Kette. Deshalb spricht insgesamt wenig für die politische Domestizierung kultureller Identitätsansprüche im Rahmen einer alternativlosen, ,posthistorischen' Globalisierung. Wesentlich wahrscheinlicher erscheint, daß kollektive Identität zunehmend ein Code wird für politische Geltungsansprüche auf einer hochaggregierten Ebene von Macht, die das Gewaltmonopol von Staaten bündeln, neu definieren oder herausfordern wollen, aber deren offene Artikulation zunächst problematisch erscheint. Sind solche Ansprüche aber erst einmal konventionalisiert und mit der positiven Normativität des neueren Identitätsjargons ausgestattet, werden sie sich unter dem Zwang von Konflikten objektivieren, Einschluß und Ausschluß festlegen und den Gegner benennen müssen.

Im Falle von ,Identität' haben wir es also mit einem rezenten und in wenigen Jahrzehnten überaus weitverbreiteten Sprachgebrauch zu tun, bei dem sich an ein konnotatives Stereotyp (oder Plastikwort) die unterschiedlichsten Bedeutungen angelagert haben. Während diese in bezug auf individuelle oder subjektive Identität mit diskutablen psychologischen und soziologischen Theorien verbunden sind, ist dies bei der mittlerweile weit häufigeren kollektiven Identität nicht der Fall. Hier ist der gemeinsame Nenner, daß es sich um semantische Vergemeinschaftungsansprüche handelt, die ihre Unfähigkeit zur inhaltlichen Begründung und Verständigung hinter normativ aufgeladenen Formeln verbergen. Deren pseudowissenschaftlicher Anklang schneidet die problematischen Vorgeschichten dieser Ansprüche, die in ihren früheren Fassungen sprachlich erinnerlich geblieben waren, ab und verhilft ihnen zu neuer Unschuld und problemverdrängender Präsenz.

Gedächtnis

Die Konjunktur des Gedächtnisbegriffs hat sich fast zeitgleich zu derjenigen kollektiver Identität entfaltet. In der Öffentlichkeit wird er heute weitgehend synonym für Tradition und Geschichtskultur verwendet. Er hat ebenfalls zunehmend einen Gebotscharakter und eine Affinität zur demokratischen Staatsmacht entwickelt, die mittlerweile offizielle Geschichtspolitik und Erinnerungsgebote nicht mehr als eine totalitäre Entartung, sondern als eine legitime Staatsaufgabe betrachtet. Allerdings ist noch nicht vergessen, daß die wohl wichtigste Komponente des Gedächtnisdiskurses des 20. Jahrhunderts auf eine Kritik von Macht und Tradition zielte. Wir haben es also auch hier mit einer schwer entwirrbaren Überlagerung metaphorischer Bedeutungen zu tun, denn es muß sicher zugegeben werden, daß wir bei allem Fortschritt in den sog. Lebens- und Kognitionswissenschaften noch weit entfernt sind von einer gültigen Theorie menschlicher Gedächtnisveranlagungen und -leistungen, die sowohl ihre physischen Enervierungen als auch ihre kulturellen Objektivationen und deren Interaktion umgriffe. Aber im Unterschied zum Identitätsjargon handelt es sich beim Gedächtnis nicht um eine prinzipiell leere und Interessen verbergende, Verständigung verhindernde Semantik, sondern um benennbare Theoriestränge und Diskurse, die nur durch ihre öffentliche synthetische Überbeanspruchung verwirrt und in ihrer jeweiligen Besonderheit, ja Gegensätzlichkeit vergessen worden sind. Im Unterschied zu den verborgenen und der Begriffslogik von ‚Identität‘ zuwiderlaufenden Vergemeinschaftungsansprüchen ist im Falle des Gedächtnisses der normative (oder auf Optimierung zielende) Erinnerungsimpuls bereits den meisten Theorietraditionen inhärent. Schließlich beruhte alle abendländische Gedächtnistheorie auf uralten Beständen eines vortheoretischen Wissens um Erinnerungspraktiken z. B. in der antiken und mittelalterlichen Mnemotechnik und in vielen religiösen Ritualen, die das Gedächtnis vor allem als selektiv, affektiv, imaginativ, assoziativ wußten und als einen Raum von rekonstruktiven Interaktionen unterstellten. Man muß sich nur die jeweiligen Gegenbegriffe wie kohärent, kognitiv, textlich, systematisch vergegenwärtigen, um darin den zeitspezifischen und selbstgesteuerten projektiven Denkgestus der klassischen Moderne wiederzuerkennen.

Vielen konnte es deshalb zunächst so erscheinen, wie dies Pierre Nora in seiner Theorie kultureller Gedächtnistopoi paradigmatisch gefaßt hat, als ob mit Gedächtnis etwas spezifisch Vormodernes und Traditionales benannt werde, das im Gegensatz zum modernen Geschichtsbewußtsein mit seinen temporalen Distanzierungen und seiner Relativierung der Gültigkeit von Traditionen stehe. Entsprechend hat sich in den Kulturwissenschaften in den letzten Jahren ein Sprachgebrauch eingebürgert, der Gedächtnis und Geschichte als Gegensätze faßte und in die Abfolge von traditionalen und modernen Gesellschaften versetzte. Ein Blick auf die Gedächtnisdiskurse der Gegenwart macht diese Engführung als ein klassisch modernes Mißverständnis erkennbar, denn in ihnen erscheint das spezifisch moderne Denken, Erinnern und Überliefern nicht als Gegensatz zu einem hinreichend weit gefaßten Gedächtnisverständnis, sondern als interaktive Innovationen in einem Rahmen, der auch immer neuen Traditionsbildungen Raum gibt. Ich greife hier aus einem weiten Feld des Nachdenkens über Gedächtnis und Erinnerung in der Gegenwart nur jene beiden Teildiskurse heraus, die am meisten öffentliche Beachtung finden, nämlich einerseits denjenigen um die biologische Hirn- und Kognitionsforschung und andererseits denjenigen um die kulturelle und politische Bedeutung des Holocaust. Ich tue dies im vollen Bewußtsein dessen, daß es vielen kulturwissenschaftlichen KollegInnen frivol oder sonst unerträglich erscheinen wird, diese beiden Diskussionen in einem Atemzug zu erwähnen, befürchten sie doch von der ersten faschistoide biopolitische Kurzschlüsse, während sie von der zweiten eine zivilreligiöse Grundlage antifaschistischer Multikulturalität und globalisierter Menschenrechte erhoffen.

Die zeitgenössische biologische Anthropologie hat mit der Betonung weitgehend erblich festgelegter Dispositionen die Hoffnung und Hoffart der Moderne, daß der Mensch weitgehend bildsam sei, eingeholt und ist im Begriff, ihr nicht erst nach Freuds Entdeckung des Unbewußten eine weitere tiefgehende Kränkung zuzufügen. Noch sind freilich viele dieser humanbiologischen Aufklärungen im einzelnen ziemlich dunkel, weil aus einfacheren Bereichen der Biologie noch nicht wirklich beim spezielleren und komplexeren Fall des Menschen angelangt, und das betrifft insbesondere die Beziehung zwischen physischer Veranlagung und kultureller Interaktion des Gedächtnisses. Vor allem hat das Kulturgedächtnis der Neuzeit über Schrift, Druck, Bibliothek, Archiv, über modernere Medien bis hin zum Internet gigantische und immer schneller sich akkumulierende Auslagerungen von Erinnerungspotentialen entwickelt, vor denen die Übertragung der Erkenntnisse der Reiz-Reaktions-Mechanismen einer Maus und der Lernpotentiale eines Affen auf die Biologie des Menschen nur ein kleiner wissenschaftlicher Schritt ist, aber die Benutzung dieser Medien, insbesondere der Gewinn von Erkenntnissen und Sinn aus ihren Inhaltenn noch immer als ein großer und einstweilen weithin im Dunkel der Lebenswissenschaften liegender Schritt für die Menschheit erscheint. Der Erkenntnisfortschritt liegt nicht so sehr in der animalischen Determiniertheit des Menschen, die sich einstweilen noch mit ziemlich basalen Exempeln bescheiden muß, als vielmehr in der Entwicklung eines kulturwissenschaftlich anschlußfähigen Gedächtnisparadigmas, nämlich dem der rekonstruktiven Interaktion der Erinnerung innerhalb der menschlichen Physis in neuronalen Netzen, das auf soziale und kulturelle Interaktionen der Außenwelt angewiesen ist, diese aber bisher in ihrer Komplexität ausgeblendet hat. Von den Kulturwissenschaften aus könnte man sich nun auf dieses Angebot einlassen, weil es einerseits in geradezu gigantischer Weise der kulturellen Ergänzung bedürftig ist, aber doch im Mikrobereich Aufschlüsse für jene innersubjektiven Gedächtnis- und Rezeptionsoperationen verspricht, die sich mit kulturwissenschaftlichen Methoden allein nicht erforschen lassen und sich in den letzten Jahrzehnten als der große schwarze Fleck kultureller Erkenntnis erwiesen haben. Es stehen hier indessen auch bisher unbeantwortbare Fragen in umgekehrter Richtung an, und sie betreffen weniger die populären dogmatischen Dauerbrenner (wie die Freiheit des Willens oder die Leib-Seele-Problematik) als vielmehr eine schlichte Frage: gibt es eine ,unwillkürliche Erinnerung' der einzelnen? Gibt es von allen äußeren Rekonstruktionsbedingungen unabhängige Gedächtnisinhalte aus ihrer Erlebnisgeschichte, deren Rekonstruktion nach Form und Anlaß zwar von äußeren Bedingungen abhängig sein mag, die aber in ihrer tiefemotionalen, ja traumatischen Substanz sich dem Gedächtnis eingeschrieben haben und darin dem Vergessen, Verdrängen und aller Willkür und äußeren Beeinflussung zu trotzen vermögen?

Damit sind wir beim Holocaust-Diskurs. Er gewann an Breite und Dramatik erst nachdem die Mehrheit der Zeitzeugen mit ihrer Verhaltenheit eines unerträglichen Gedächtnisses und mit ihrer Vielfalt von Erinnerungen an ihr Sonderschicksal des Überlebens gestorben waren, und zwar angesichts der voraussehbaren Lage, daß auch die letzten der überlebenden Zeitzeugen aussterben werden und ihr Zeugnis vom objektivierten Kulturgedächtnis abgelöst werden sollte. Das wirft gleich mehrere Fragen an die Theorie des kollektiven und die Erforschung des individuellen Gedächtnisses auf. Der Zivilisationsbruch der Massenvernichtung herrschaftlich definierter Menschengruppen ist mittlerweile eine auch in vielen ihrer Einzelmaßnahmen historisch beschreibbare, archivalisch erhärtete Tatsache; für die Konkretisierung vieler Abläufe und erst recht für eine humaner Empathie zugängliche Vorstellung der Erfahrung der Opfer sind wir aber nach wie vor fast ausschließlich auf Erinnerungsberichte von Opfern, die oft nur durch eine Verkettung von Zufällen überlebt haben, angewiesen. Mit anderen Worten: Ein Großteil der Bedeutung des Holocaust und der mitmenschlichen Zugänglichkeit der Erfahrungen seiner Opfer beruht auf Leistungen des Individual- und Kollektivgedächtnisses der überlebenden Opfer. Ihre Glaubwürdigkeit hängt an der substantiellen Richtigkeit und unwillkürlichen, traumatischen Substanz ihrer Erinnerungen. Sie wäre jedoch erschüttert, würden wir mit der Theorie des kollektiven Gedächtnisses daran glauben, daß die Gedächtnisproblematik mit der vermachteten sozialen Konstruktion von Traditionen erschöpft sei, weil alle Erinnerung letztlich substanzlos sei und von der Interaktion mit dem veräußerlichten Symbolhaushalt der Gegenwart, also in bezug auf den Erinnerungsgegenstand: der Nachwelt, abhänge. Man kann durchaus beide Hypothesen für fruchtbar halten, sowohl den (re-)konstruktiven und also von der Gesellschaftlichkeit der Nachwelt abhängigen Charakter von (vielen oder den meisten) Erinnerungen als auch die Unverlierbarkeit existentieller Urerlebnisse, die im Falle ihrer Unerträglichkeit im Vorbewußten weiterexistieren und unwillkürlich eine Quelle künftiger Erinnerungsarbeit bleiben. Wer aber die erstere These allein (d. h. die des ‚radikalen Konstruktivismus‘) vertritt, wird erhebliche Probleme wenn nicht mit der Realität, so doch mit der Bedeutung des Holocaust und der Glaubwürdigkeit und Verstehbarkeit der Berichte seiner Opfer bekommen.

Wenn nun ein halbes Jahrhundert nach dem Holocaust und nach dem Tod der meisten seiner Überlebenden deren Zeugnisse durch Symbolbildungen im Kulturgedächtnis abgelöst werden sollen, stellen sich diese Fragen nach der Unwillkürlichkeit existentieller Erinnerungen und der vermachteten Willkür des kollektiven Gedächtnisses in noch zudringlicherer Form. Wir alle sind z. B. Zeugen einer über ein Jahrzehnt anhaltenden Diskussion über die Sachgerechtigkeit des Holocaust-Denkmals in Berlin, das noch im alten Westen initiiert und dann auf die Grenze zwischen Ost und West in die Nachbarschaft des Brandenburger Tors, des Symbols der Nation im Kalten Krieg, und der wiederzuerrichtenden Amerikanischen Botschaft in den Ministergärten des Kaiserreiches errichtet werden und – nach der Auskunft des amerikanisch-jüdischen Architekten – die Besucher mit den Mitteln einer terroristischen Architektur in ein den Opfern des Holocaust affines Gefühl auswegloser Beklemmung versetzen soll. Das ist unzweifelhaft ein Wort aus Stein, gegen dessen Überzeugungskraft man schwerlich wird argumentieren können, und kollektive Erinnerung bzw. Konstruktivismus at it's best. Aber werden die zarten und in ihrer Komplexität zugleich glaubwürdigen und irritierenden Töne authentischer Erinnerung die mit architektonischen Mitteln geschockten Seelen der Besucher noch erreichen? Oder wird dieses zugespitzte Mahnmal des Terrors, der ja nur *ein* Aspekt aus der weiteren, säkularen Bedeutung der Massenvernichtung von Menschen ist, vor allem und immer wieder diejenigen anziehen, die seinen symbolischen Terror zum Vorwand nehmen, sich aller andächtigen Erinnerung zu entziehen?

Das amerikanische Gegenbeispiel ist lehrreich. Das Washingtoner Holocaust Memorial Museum am Rande der nationalen ‚Mall‘ ist mittlerweile einer der am meisten besuchten Gedenkorte der Welt. Er wurde errichtet, nachdem die amerikanische Nation sowohl durch die moralische Fragwürdigkeit ihres Krieges in Vietnam als auch durch ihre Niederlage in diesem peripheren Krieg tief irritiert war. Dem Besucher des Museums werden zwei Identifikationsmöglichkeiten angeboten: zunächst mit einem Opfer des Holocaust und dann mit dem letzten ‚good war‘, der mit maßgeblicher Hilfe der USA die überlebenden Opfer des Holocaust befreit hat. Das ist objektiv richtig und doch nicht die ganze Wahrheit. Der Zweite Weltkrieg wurde seitens der USA, die erst durch diesen Krieg ihre innere Krise überwanden und ihre beherrschende Rolle in der Welt errangen, weder wegen des Holocaust begonnen, noch war er wesentlich darauf gerichtet, diesen zu beenden. Wir haben es hier also mit einem paradigmatischen Stück des kollektiven Gedächtnisses im Sinne Maurice Halbwachs' zu tun, einem sinnstiftenden Erinnerungszeichen der Gegenwart, das eine weniger sinnreiche und identitätsstiftende historische Überlieferung überlagert und ersetzt.

Mit einem der prominentesten kulturellen Konzepte der Gegenwart, dem kollektiven Gedächtnis, stehen wir also zwischen der Szylla einer kulturwissenschaftlich uninformierten Hirnforschung und der Charybdis einer politisch-kulturellen Indienstnahme auch der herausforderndsten Erfahrung des 20. Jahrhunderts und wissen nicht, an welchen Mast auf welchem Kurs wir uns anbinden lassen sollen, um uns vor solchen Verführungen zu schützen. Durch das Erinnerungsgebot, den Zivilisationsbruch des 20. Jahrhunderts nicht zu vergessen und die deutsche Verantwortung für den Massenmord an den Juden nicht zu verdrängen, stehen wir jedoch ungeachtet unserer konzeptionellen Schwäche im Verständnis von Gedächtnis und Erinnerung unter moralischen Handlungszwängen, die zu kulturellen Kurzschlüssen in der Konstruktion kollektiver Gedächtnisse führen können.

Ein auffälliges Symptom dafür war eine falsche Bezugnahme auf einen jüdischen Erinnerungsimpuls, der in der deutschen Gedenkkultur immer wieder – und zwar von Bundespräsidenten herab bis zu niedrigeren Zeremonienmeistern – wie eine Losung und ein Versprechen auftauchte. Es handelte sich um ein rabbinisches Zitat: „Das Geheimnis der Erlösung heißt Erinnerung", wobei nur selten auch der Begleitsatz zitiert wurde, der erst den spezifischen Kontext und Sinn erkennen läßt: „Das Vergessen verlängert das Exil." Gemeint ist also innerhalb der jüdischen Religion, daß der ursprüngliche Bund Gottes mit seinem auserwählten Volk beim Auszug aus Ägypten erinnert werden soll, damit die Gebote dieses Paktes eingehalten werden, die Strafe des Exils zu Ende geht und die Gerechten der Erlösung, der Rückkehr ins Gelobte Land teilhaftig werden. Kann man diese jüdische Verheißung für Nicht-Juden und gar für die Angehörigen der für den Massenmord an den Juden verantwortlichen Gesellschaft auf die Erinnerung an den Holocaust übertragen? Welche Erlösung versprechen wir uns von dieser Erinnerung? Ich glaube, der Imperativ dieser Erinnerung ist in Deutschland nur als eine selbstkritische Pflicht zu verankern, weil wir, wenn wir sie nicht wahrnehmen, weder uns noch die Welt verstehen können. Aber dieses Erinnerungsgebot enthält kein Erlösungsversprechen, weder innerweltlich noch religiös, ja nicht einmal einen positiven Sinn, aus dem wir Milch und Honig saugen könnten. Die angeeignete Erinnerung des Holocaust (und anderer Menschheitsverbrechen) bleibt für die Täterkultur kritisch.

Begriffliche Legenden

Angesichts dieser verwirrenden Semantik unserer beiden Leitbegriffe in der Gegenwart möchte ich nun Klärung durch einen Blick auf die Begriffsgeschichte suchen. Ich mache dies ganz kurz, denn sie ist für beide Begriffe – allerdings mit Ausnahme des frühen 20. Jahrhunderts – gut erforscht, und versuche dann daran zu erinnern, was in dieser Lücke vergessen worden ist, nämlich begriffliche Weichenstellungen mit Langzeitwirkung für das ganze 20. Jahrhundert.

Ich beginne zunächst wieder mit dem Identitätsbegriff. Er wird wortgeschichtlich hergeleitet aus dem lateinischen Wort *idem* („dasselbe"), ist als logischer Terminus eine küchenlateinische Neubildung aus dem Spätmittelalter, im deutschen Sprachraum seit dem 18. Jahrhundert nachweisbar, im Bereich der philosophischen Spezialterminologie ein Zentralbegriff der Logik, hat im deutschen Idealismus kurzzeitig in den Jenaer Identitätsphilosophien bei Fichte, Schelling und Hegel eine bedeutende Rolle bei erkenntnistheoretischen Operationen (nicht aber bei der Erfassung sozialer Phänomene) gespielt, ist danach aber in der Öffentlichkeit wieder weitgehend vergessen worden. Im 19. Jahrhundert blieb er ein strenger Begriff der Logik und auch der Polizei, da die letztere tatsächlich und präzise die Identität einer Person zum Zwecke ihrer administrativen Erfassung oder strafrechtlichen Ergreifung dingfest machen wollte. A muß wirklich A sein, damit man ihn verhaften kann. Diesen Stand der Dinge finden wir noch um die letzte Jahrhundertwende bei Sherlock Holmes (oder genauer gesagt in Arthur C. Doyle's Erzählung ‚A Case of Identity').

Daß aus Identität ein sozialer Begriff wurde, ist in ersten Ansätzen überhaupt erst seit dem Ersten Weltkrieg nachweisbar. Der Sprachgebrauch hat sich erst seit dem Zweiten Weltkrieg, besonders seit den sechziger Jahren erweitert und ist etwa seit den achtziger Jahren allgemein verbreitet. Die Virulenz des Identitätsbegriffs wird heute auf die kulturgeschichtliche oder kulturelle Wende der Soziologie um die Jahrhundertwende, auf Max Weber, Durkheim und ihre Zeitgenossen zurückgeführt, was allerdings ein Irrtum ist, denn für die damaligen Meisterdenker der Soziologie blieb er ein logischer und wurde kein sozialer Begriff – vielleicht mit Ausnahme des amerikanischen Psychologen und Philosophen William James, der ihn allerdings in der Tradition von Locke für die Kontinuitätserfahrung von Individuen verwendet. Erst mehr als sechzig Jahre später wird sich in Amerika ein sozialer Begriff der Identität ergeben, und zwar aus den gegenseitig sich steigernden Einflüssen des symbolischen Interaktionismus aus pragmatischer Tradition (George H. Mead) und einer speziellen, von C. G. Jung angeregten Variante der freudianischen Psychoanalyse, der sogenannten Ego-Psychoanalyse (Erik H. Erikson). Die geistige Operation, auf die diese soziale und biografische Identitätsvorstellung zurückgeht, besteht in einer Teilung der Aspekte des Individuums in ein „I" und ein „Me", einen Aspekt der Veranlagung und Geprägtheit des Ichs und einen der Widerspiegelung aus der Gesellschaft: Wie sehen die anderen mich, und was fordern sie von mir. In der Ausbalancierung zwischen dem, wie ich mich vorstelle und bin und dem, wie mich die anderen sehen und wollen, liegt eine dynamische Anpassungsleistung, deren Resultante seither mit Identität bezeichnet wird. Aber noch immer sind wir bei sozialen Komponenten individueller und nicht bei kollektiver Identität, es sei denn, die Individuen mußten oder wollten ein solches Übermaß von Anpassungen erbringen, daß darunter ihr Ich völlig verschwindet. Um 1968 wurden diese Vorstellungen einer Balance zwischen Individuum und Gesellschaft von europäischen Intellektuellen, vor allem Jürgen Habermas, rezipiert, mit links-hegelianischen und neomarxistischen Geschichtstheorien verknüpft und gewannen in den siebziger Jahren einen breiten Einfluß auf die emanzipative Reformpädagogik der Zeit.

Weltpolitisch wichtiger war aber, daß bereits davor in den USA im Rahmen der Entwicklungshilfe nach einem Begriff gesucht wurde, wie man in der Dritten Welt aus den zusammengestückelten Kolonien und ihren tribalistischen Gesellschaften zu demokratiefähigen Staaten kommen könne. Das programmatische Trajekt staatstragender Gesellschaften des ‚nation building' nannte man ‚political identity', in deren Zusammenhang dann auch für andere Teile der Welt (wie die nach-faschistischen Länder) die politische Kulturforschung mit ihren Anforderungen einer demokratiefähigen ‚civic culture' entwickelt wurde. Vor dem amerikanischen Hintergrund läßt sich erst in diesen Projekten der sechziger Jahre eine Programmatik kollektiver Identität greifen, insofern die Balancen zwischen I und Me nunmehr von den Anforderungen der Ordnungspolitik und demokratisch verfaßter, im Kalten Krieg auf die Seite des Westens herüberzuziehender Staaten her gedacht wurden und die einzelnen und gesellschaftlichen Gruppen an diese Anforderungen angepaßt werden sollten. Das Volk künftiger Volksherrschaft erst von außen und oben zu verfertigen war nicht ohne einen totalitär-utopischen, zumindest aber sozio-technokratischen Beigeschmack und zeitigte, wie bei so überspannten Projekten nicht anders zu erwarten, vielfach in den Entwicklungsdiktaturen synkretistische, phantastische und fundamentalistische Formen ‚kultureller Identität', die aber nach dem angezielten Maßstab der Demokratie völlig aus dem Ruder liefen. Mochte der Export politischer Identität auch ein zweifelhafter Erfolg sein, so war seine Rückwirkung auf die USA durchaus wirklich: nämlich die zeitgleiche Geburtsstunde der den amerikanischen Schmelztiegel zersetzenden ‚ethnicity' und ‚identity politics', deren modernisierte Volkstumspolitik ich schon weiter oben charakterisiert habe.

In Deutschland hat der kollektive Identitäts-Begriff vor allem dadurch Verbreitung gefunden, daß die Antithese der Rechts-Hegelianer auf die links-hegelianische Emanzipationswelle nur ein knappes Jahrzehnt auf sich warten ließ. Seit den späten siebziger Jahren antworteten sie, die identitäre Linke habe den Essentialismus der europäischen Tradition verloren oder verspielt, und man müsse sich wieder mit den wirklichen Regionen und vor allem den Nationen in Beziehung setzen. Sie waren aber realistisch genug anzuerkennen, daß die tradierten Nationen wie Frankreich oder die intendierten wie die BRD immer weniger sinnhaften Halt boten, obwohl angesichts der sinn- und gemeinschaftsvernichtenden Modernisierung doch gerade daran besonderer Bedarf war. In den achtziger Jahren findet man dann in den tonangebenden Kultureliten Europas plötzlich eine enge Beziehung zwischen dem Nations- und dem Identitätsbegriff. In Westdeutschland beginnt das am äußersten rechten Rand der Intelligenzia und wuchert von dort zur Mitte. Fernand Braudel schreibt eine dreibändige Geschichte „L'identité de la France", welche die revolutionäre Tradition der französischen Republik transzendieren oder ersetzen soll, in der Bundesrepublik wütet der Historikerstreit um eine neue, akzeptablere nationale Identität, und in England erinnert Margret Thatcher im Sandkasten der Falklands an die überlieferten Phantasmen des Empire. Die Verschmelzung von konservativem Realismus und postmoderner Simulation war angesagt, und rechts-hegelianische Philosophen wie Hermann Lübbe ermahnten uns, Aufgabe der Historiker sei die „Identitätspräsentationsfunktion" der Geschichte, mit der das Volk in die Geschichten des nationalen Schicksals zu verstricken sei, und schließlich hat die ‚Nouvelle Droite', also jener modernisierte und intellektualisierte Rechtsradikalismus Europas, der aus dem Schatten der '68er Revolte in Frankreich aufstieg, „Identität" zu ihrer Leitparole gemacht. Als Wladimir Wolfowitsch Schirinowski bei den ersten Wahlen nach dem Untergang der Sowjetunion sechs Millionen Wählerstimmen hinter sich gebracht hatte, telegrafierte ihm der damalige Führer der französischen Nationalen Front und nach Wählerstimmen erfolgreichste Rechtsradikale des Kontinents Jean-Marie LePen, dessen Theorieorgan den schlichten Titel „Identité" trug: „Dies ist eine große Stunde für die Völker und die Identität Europas".

Ich komme zum Gedächtnisbegriff. Dessen deutsche Wortgeschichte kommt aus dem Mittelalter und weist auf den gemeinsamen Wortstamm von Gedenken und Denken im Deutschen. Das deutet in unserer Kultur darauf, daß das Gedächtnis die wichtigste Voraussetzung des Denkens, ja der Wahrnehmung ist. Man muß immer schon etwas im Kopf haben, bevor man etwas Neues produzieren oder auch nur wahrnehmen kann, denn das wird von dem ermöglicht und vorstrukturiert, was schon wahrgenommen oder als Wahrnehmungsmöglichkeit genetisch angelegt worden ist. Diese Kreislaufbewegung ist auch bis heute durch etliche Paradigmenwechsel der Denkgeschichte hindurch in gewisser Weise richtig geblieben. Überhaupt gibt es im Gedächtnisbereich viele uralte Erfahrungen, die eigentlich immer aktuell geblieben sind. In der internationalen Welt spielt die Rückerinnerung auf den griechischen Begriff der ‚Mneme' oder der ‚memoria' im Lateinischen eine größere Rolle. Dabei ist das Interessante an dieser *memoria*-Tradition, daß das Gedächtnis in der alteuropäischen Tradition immer einen Bezug auf die Zukunft hat. Das europäische Gedächtnis hat nicht primär etwas mit der Vergangenheit zu tun, sondern mit der Zukunft. In ihm soll gespeichert werden, was ich mir oder was ich der Gesellschaft heute einprägen will, damit sie es dereinst erinnern möge oder damit ich es morgen, wenn ich abgefragt werde oder es aus anderen Gründen reproduzieren will, erinnern kann. Dafür gibt es seit der Antike die Mnemotechnik, also bestimmte Techniken, wie man sich (oder anderen) etwas besonders gut einprägen kann. Die klassische Fundstelle ist bei Cicero (im Traktat De Oratore) mit genauen Vorstellungen, die bis heute richtig geblieben sind, nämlich daß das Gedächtnis räumlich, imaginativ, emotional und assoziativ ist und daß man das Sicheinprägen etwa von Texten, was immer sehr schwierig war, am besten über schreckliche Bilder macht, die man in einem Palast anordnet, weil man sich die emotional stimulierenden Bilder merken und mit Wortassoziationen verknüpfen kann und auch die Abfolge der Räume in dem Palast im Gedächtnis haftet, so daß man im gedanklichen Wandel durch dessen Räume sukzessive immer die richtigen Stichworte von dem jeweiligen Bild kriegt und in der öffentlichen Rede nicht hängen bleibt. Das alles ist bis heute nicht widerlegtes Erfahrungswissen, aber durch die gesellschaftliche Akzeptanz von Stichworten und Manuskripten der Redner und – wichtiger – die technische Vorspiegelung von Redetexten für mediale Sprecher zum abgesunkenen Kulturgut entwertet.

Für die Gegenwart ist auffällig, wie eng der traditionelle Diskurs über memoria und Mnemotechnik mit den aktuellen Vorstellungen der Hirnforschung über die Strukturen und Wirkungsweisen des menschlichen Gedächtnisses korrespondiert. Das ist weniger überraschend, wenn man wahrnimmt, daß sie Ergebnis eines affinen Diskurses sind, der sich durch die abendländische Geistesgeschichte hinzieht und viele Berührungspunkte mit dem ersten Diskurs aufweist.

Zur *memoria* gehört andererseits das Abholen des Gedächtnisses aus dem römischen Totenkult und aus den mittelalterlichen Zukunftsstiftungen, die für Ablebende oder Abgelebte gemacht werden, damit sie im Erinnerungsvermögen der Zukunft wahrgenommen bleiben und dort Fürbitte für die Abgelebten veranlaßt wird. Die Tradition wird gestiftet, damit die Zukunft sich der Vergangenheit zuwenden möge. Der heute in diesem Zusammenhang meistzitierte Theoretiker, der französische Soziologe und Sozialist Maurice Halbwachs mit seinem Hauptwerk von 1925 „Les cadres sociaux de la mémoire“, der für postmoderne Gedächtnistheorien immer wieder herangezogen wird, steht in dieser Tradition und wollte sie in der Gestalt eines gesellschaftlich objektivierten ‚kollektiven Gedächtnisses‘ und einer Konzeption von Erinnerung als einer rein sozialen Rekonstruktion soziologisieren. Jedenfalls ist Halbwachs heute unter den meisten kulturwissenschaftlichen Gedächtnisforschern der Hauptbezugspunkt.

Verdrängte Weichenstellungen

Was überspringen nun diese beiden groben Legenden der Begriffsgeschichte? Sie überspringen einen Zeitraum, der von der Jahrhundertwende bis in die dreißiger Jahre reicht, und ich möchte Ihnen die Befunde, die man dort finden kann, kurz vortragen, weil ich glaube, daß sie für unseren aktuellen semantischen Gebrauch z. T. mehr aussagen, als diese jahrhundertelangen Spuren, die ich gerade angedeutet habe.

Das zweifelhafte Primat kollektiver Identität

In einem kürzlich erschienenen Buch habe ich der Frage nachgespürt, woher die Einführung der Identitätssemantik in die Bereiche des Sozialen und Politischen kommt und was ihre „intellectual history" über die Problematik dieser magischen Formeln der postmodernen Gesellschaft erzählt. Entgegen weitverbreiteten Meinungen, daß ‚kollektive Identität' entweder bereits ein Traditionsbestand der klassischen Philosophie gewesen sei oder sich erst seit den sechziger Jahren des 20. Jahrhunderts aus der sozialen Erweiterung amerikanischer Theorien zur individuellen Identität entwickelt habe, hoffe ich dort gezeigt zu haben, daß die intellektuellen Wurzeln der logischen Verpackung problematischer sozialer Ansprüche und fingierter Traditionen in der Zeit nach dem Ersten Weltkrieg und in Europa liegen und zwar bei prominenten Vordenkern der unterschiedlichsten Couleur. Bei postreligiösen politischen Ideologen wie Carl Schmitt auf der Rechten und Georg Lukács auf der Linken, in der kulturdiagnostischen Selbstverständigung bei den zerstrittenen Gründern der Psychoanalyse, dem post-christlich ‚germanischen' C. G. Jung und dem post-jüdisch ‚jüdischen' Sigmund Freud, und in der Virtualisierung von Vergangenheit und Zukunft, in der Konstruktion eines kollektiven Gedächtnisses bei Maurice Halbwachs und in der Dystopie eines schönen, neuen Weltstaats bei Aldous Huxley. Ich kann hier nicht meine Lesarten ausbreiten, warum diese Autoren zwischen 1916 und '31 für die gegensätzlichsten Vergemeinschaftungs-Projekte zu Identitätsformeln gegriffen haben. Ich will nur den geistesgeschichtlichen Befund knapp zusammenfassen.

„Identität" tritt in der heute so geläufigen sozialen Semantik, die sich derzeit bereits schon im Titel von über 300 in Deutschland und mehreren tausend in den USA lieferbaren Büchern niederschlägt, wobei sich diese Häufung seit den sechziger Jahren pro Jahrzehnt verdoppelt hat, zuerst als Bezugnahme auf Kollektiva auf. Es handelt sich dabei nicht um eine irgendwie explizierte Theorie, sondern um magische Formeln in Grenzgebieten von Verfassungspolitik, Sozialphilosophie, ethnischer Zurechnung, soziologischer Traditionsanalyse und sozialbiologischer Utopie, mit denen sehr unterschiedliche und wissenschaftlich, politisch oder religiös problematische Inhalte zugleich verdeckt und diskursfähig gemacht werden sollen. Durch seine innere Strukturlosigkeit und seine logisch-philosophische Weihe eignet sich der Begriff der Identität für diese Funktion einer exponierenden Verdeckung besonders, weil er die Vagheit des Inhalts mit der Bestimmtheit des Ausdrucks übertönt.

Strukturell ist ihm als einziger Inhalt die Abgrenzung zum Nicht-Identischen mitgegeben, wozu er notwendig zusätzlicher Bestimmungen bedarf. Diese Zusatzbestimmungen spezifischer Differenz, die von exklusiven Zuschreibungen über subjektive Identifikationen und Wir-Gefühle bis zu unbewußten Programmierungen reichen können, werden durch die innere Strukturlosigkeit des Identitätsbegriffs von der tatsächlichen inneren Vielfalt des jeweiligen

Kollektivs und von Relativierungen der Differenz zum anderen entlastet. Dadurch gibt es innerhalb dieses Wahrnehmungsmusters keine weiteren Kriterien, welche die Steigerung der Intensität der Abgrenzung hemmen könnten. Die Dynamik der Abgrenzung ist im Begriff mitgegeben und wird in der Praxis durch Konflikte gesteigert.

Trotz der konstitutiven und für die Wirkung allein entscheidenden Bedeutung der Zusatzbestimmung des Identitätsbegriffs – also z. B. deutsch-völkisch (bei der demokratischen Identität Schmitts) oder marxistisch-revolutionär (bei der proletarischen Identität Lukács') oder gentechnologisch bzw. medial für eine bestimmte Kaste programmiert (bei Huxleys kultureller Identität der Zukunft) – ist es ihm bereits beim ersten Auftreten eigentümlich, solche nähere Bestimmung seines Inhalts in den Hintergrund treten zu lassen oder überhaupt abzustreifen. Dadurch wird die unter der Identitätsformel verborgene Zurechnung scheinwissenschaftlich objektiviert, als Verhaltensstandard normiert und rückt in einen magischen Stellvertreter-Zusammenhang. Da die Formel von allem Anfang an in unterschiedlichen, ja höchst kontroversen sozialen und politischen Zusammenhängen auftaucht und das Diverse mit derselben Formel benennt, ist deshalb auch deren Mißverständlichkeit und Manipulierbarkeit mitgegeben.

Bei genauerem Zusehen lassen sich jedoch bereits im Anbeginn drei Grundtypen von kollektiven Identitätskonstruktionen unterscheiden:

1. *Ideologien politischer Homogenisierung:* Hier handelt es sich um eine objektiv-zuschreibende Konstruktion, die im Rahmen einer Ideologie ein geschichtliches Subjekt konstituieren und zu diesem Zweck das diesbezügliche Kollektiv durch Abgrenzung und Austreibung des Differenten homogenisieren will. In den zwanziger Jahren wurde hier mit der Macht postreligiöser Geister, die aber religiöse Geltungsansprüche in Politik und Gesellschaft angesichts ihnen nur zu bewußter sozialer und politischer Inhomogenität durchsetzen wollten, der totalitäre Geist künftiger Staats-Macht fundamentiert. In den letzten Jahrzehnten ist eine light-Version dieses fundamentalistischen Typs in der Gestalt nationaler, regionaler und ethnischer Identitäten am verbreitetsten. Sie hat in der Regel keinen geschichtsphilosophischen Zusammenhang mehr und auch nur noch selten religiöse Bezüge; sie modernisiert den Nationalismus durch seine Maskierung als Identitäten und setzt auf mediale Strategien der Homogenisierung der Einstellungen der Mehrheitsbevölkerung in ausdifferenzierten nationalen Handlungsräumen durch Abgrenzung und Geschichtspolitik.

2. *Konstruktionen kultureller Differenz:* Hier handelt es sich um die Betonung einer defensiven oder sonst subjektiven Differenz einer politisch nicht wirksam verfaßten Gruppe, sei es, daß ihre Wir-Gefühle durch äußeren Druck aktualisiert, durch unbefriedigte Geltungsansprüche hervorgerufen oder durch prekäre kulturelle Traditionen stabilisiert werden. Im Kampf um Geltung und gegen Bedrückung soll der Geltungsanspruch betont und durch seine inhaltliche Anonymisierung, die mit Zeichen innerer Einverständigung auf bereits bestehende Wir-Gefühle zurückweist, für die Außenwelt unangreifbar gemacht werden. In der Zwischenkriegszeit läßt sich dieser Typ an ersten Identitätspostulaten unter Juden und in der Abwehr totalitärer Zumutungen erkennen, blieb aber in einem hilflosen Gefühlsappell stecken. Erst seit den sechziger Jahren wurden solche Identitätspostulate zu zentralen

Medien der Identity-Politics ethnischer und geschlechtlicher Minderheiten und postkolonialer Gesellschaften. Je expliziter dabei die multikulturellen Geltungsansprüche formuliert wurden, desto problematischer wurden die Abgrenzungskriterien, entweder durch praktische Konflikte mit rivalisierenden Gruppen oder durch Übergang in den Typ homogenisierender Ideologien für tatsächlich in sich höchst differente und nur durch *ein* vergemeinschaftendes Merkmal verbundene single-purpose-movements.

3. *Diagnosen mißlingender Massenzivilisation*: Intellektueller Kulturkritik dienten kulturdarwinistische Identitätsformeln von besonderer Lakonie zur Kritik der Subjekt- und Bewußtlosigkeit der Massenzivilisation, die entweder in barbarische Regression abstürzen oder zur weltweiten Kristallisierung der Modernisierung in der verkehrten Welt Amerikas führen werde, unter weitgehender Reproduktion und Unbewußtmachung ihrer sozialen Ungleichheit. Während sich erstere Diagnose in biopolitischen Argumentationen Intellektueller der Gegenwart wieder vermehrt findet, beginnt die zweite mittlerweile die Schwelle zwischen kritischer Ironie und herrschender Wirklichkeit zu überschreiten, so in den amtlichen Fassungen europäischer Identität als regionaler Militärmacht mit nach Macht und Reichtum abgestuften Beziehungen zu anderen Räumen des Globus.

Im Kontext der Wahl der Identitätsformel für solche formelhaften Argumentationsweisen nach dem Ersten Weltkrieg sind religiöser Sinn-Entzug und sozio-kultureller Traditionsverfall die auffallendsten Korrelate für neue magische Kollektivbeschwörungen. Kollektive Identität wird programmatisch und überhaupt erst bewußt in der Empfindung ihres Fehlens. Unter den Geltungsansprüchen des alten soll ein neues Herkommen geschaffen werden.

Das vergessene Erinnerungsvermögen

Die Krise des Historismus hat viele innovative Antworten hervorgerufen, oder vielleicht bestand in diesen Distanzierungen seine Krise. Eine der frühesten hat jedenfalls der junge Nietzsche gegeben, als er zu Beginn des neuen deutschen Kaiserreichs den Protest der Jungen gegen den ganzen Alptraum formulierte, den er in der immer weiteren, säkularen Anhäufung eines kulturrelativistischen Traditionsballasts sah, und gegen das Gedächtnis, diese Schmerzensschule, das befreiende Vergessen und die antihistorische Unmittelbarkeit der großen Geister längs durch die Zeiten predigte, die sich ungeachtet aller Zeitgebundenheit von Gipfel zu Gipfel die Stichworte zuriefen. Es war ein Ausbruch aus historistischem Wissensballast und fragwürdiger Traditionsgebundenheit in die vitale Größe des Vergessens.

Zwei, drei Jahrzehnte später – und, wie wir heute wissen: nicht ohne von seinem Einfluß gegen den historischen Wissens- und Traditionsballast, die Aktualität der christlich-abendländischen memoria immunisiert worden zu sein – begannen Vordenker aus ganz unterschiedlichen Denkschulen quer durch Europa eine grundsätzlich andere Antwort zu formulieren, die der Beliebigkeit, der Vermachtung und der Unwahrhaftigkeit herrschender Traditionen die erst in Krisen freigesetzte Fähigkeit zu einem inneren, erlösenden Erinnern verschütteter Anfänge entgegensetzten. Man braucht sich nur die Namen der wichtigsten Protagonisten dieser Innovationswelle eines erinnernden Gedächtnis-Diskurses wie den Philosophen Henri Bergson, den Schriftsteller Marcel Proust, den Arzt und Psychoanalytiker Sigmund Freud (und, weniger anerkannt und in anderen Brechungen, den Biologen Richard Semon oder den Psychologen William Stern) und dann nach dem Ersten Weltkrieg den privatgelehrten Kunstsammler Aby Warburg und seinen philosophischen Berater Ernst Cassirer und schließlich den Literaten, Historiker und Kulturkritiker Walter Benjamin, der zu Beginn des Zweiten Weltkriegs in äußerster Bedrängnis alles auf den Begriff einer neuen erinnernden Historik brachte, ins Gedächtnis zu rufen, um zu wissen, daß sie – nach Schulen und Denkansätzen – wenig gemein hatten, außer daß sie eine grundsätzlich andere Vorstellung vom Gedächtnis zum Kern ihres Denkens machten und daß sie alle säkularisierte Kinder jüdischer Familien waren, die doch ihr Judentum nicht vergessen konnten.

Der zukunftsorientierten abendländischen memoria setzten sie – der jüdischen Religion entfremdet, wie sie alle waren – ein säkularisiertes jüdisches „Zachor!" (Erinnere Dich! nämlich des Vertrags, den Gott mit seinem auserwählten Volk in allem Anfang geschlossen hat) entgegen und setzten dabei entgegen aller abendländischen Gedächtnis-Skepsis voraus, daß das möglich sei, daß das innere Gedächtnis des Menschen nichts Wesentliches verliere, ja, daß es ein unwillkürliches Gedächtnis als Wiedererkennungsvermögen verschütteter und verdrängter Ursprünge gebe. Diese Ursprünglichkeit aus dem Ballast verfälschender und vermachteter Traditionen zu bergen war der Sinn ihrer Lehre von der Möglichkeit der Wiedergewinnung latenter Gedächtnisinhalte und der Kunstlehren, die sie für diese unwahrscheinliche Ausgrabung des Vergessenen entwickelten.

Das kann hier nicht im einzelnen ausgeführt und glaubhaft gemacht werden. Festzuhalten aber ist die rekursive Richtung der Gedächtnisarbeit, die Unterstellung ihrer inneren Möglichkeit und ihre Notwendigkeit, um – geleitet vom Leiden an der Gegenwart – einen von Tradition und Fortschritt verschütteten ursprünglichen Sinn sei es des einzelnen Lebens, sei es der Kultur im Ganzen wieder zugänglich zu machen. Die Langzeitwirkung ihrer Innovation durch das 20. Jahrhundert hindurch war – nicht nur durch die Konventionalisierung der Psychoanalyse – so bedeutsam, daß es heute schwerfällt, die geistige Revolution ihrer Intervention vor und nach der letzten Jahrhundertwende noch einmal zu empfinden, so präsent sind ihre Axiome in den Erinnerungsimperativen unserer Öffentlichkeit. Daß es spezifische waren, die ähnlich wie der säkularisiert-protestantische Innovationsschub der Bewußtseinsphilosophie ein Jahrhundert zuvor sich von dieser spezifischen Herkunft in seiner Wirkung löste (und dieses Erbe der Bewußtseinsphilosophie durch die Betonung vorbewußter Lantenzen des Gedächtnisses marginalisierte), ist vergessen worden.

Noch erstaunlicher aber ist die unbewußte Synthese, die in den gegenwärtigen Kulturwissenschaften sich aus zwei gegeneinander entwickelten und sich in ihrer Grundtendenz ausschließenden Gedächtniskonzeptionen – nämlich derjenigen von Freud und Halbwachs, um nur die prominent gebliebenen Beispiele zu nennen – irgendwie ergeben zu haben scheint. Kann es denn gleichzeitig richtig, wesentlich und bedeutsam sein, daß einerseits die innerweltliche Erlösung oder doch Selbstbeherrschung noch am ehesten in der Erinnerung und Durcharbeitung der eigenen, gesellschaftlich verdrängten Lebensimpulse und ihrer Verdrängung liegt und andererseits von aller inneren Erinnerung als einem Phantasma abgesehen werden müsse, weil alles Erinnern nur als ein Rekonstruieren aus den objektivierten sozialen Traditionen zu verstehen sei, die insofern – und zwar ganz unabhängig von ihrer Wahrheit oder immer wieder vermachteten Erneuerung weitgehend beliebiger Inhalte – allein für die Kontinuierung von sozialem Sinn zuständig seien?

Schluß

Während wir in den Konventionen der Gegenwart immer wieder vernehmen, daß Identität aus Erinnerung entstehe, hoffe ich durch diese begriffsgeschichtlichen Diatriben Ihnen einen anderen Schluß nahegelegt zu haben. Kollektive Identität ist in manchen bedrängten Lagen eine verständliche Sehnsucht, aber in Wirklichkeit ein illusionäres und illegitimes Ziel. Ihre Konjunktur in der Gegenwart ist ein Symptom grassierender Gefährdungs- und Hoffnungspotentiale, des Traditionsverlusts und mittlerweile konventionalisierter normativer Sehnsüchte nach Vergemeinschaftung und zivilreligiösem Sinn, deren schale Befriedigungen auf Kosten jeweiliger anderer gehen und der politischen und kulturellen Manipulation Tor und Tür öffnen.

Mit dem Gedächtnis – einer aller historischen Arbeit verbundenen Kategorie – ist das anders. Es ist eines der interessantesten Felder der gegenwärtigen Diskussion. Aber diese Diskussion leidet darunter, daß die Begriffe weithin metaphorisch verwandt und daß Verständnisversuche, die sich aus langen (religiösen) Traditionen nähren und gegensätzliche Ansätze normieren, zu Scheinsynthesen vermixt werden. Gerade uns Historikern, die wir an der Pflege und Prüfung der sich immer wieder erneuernden Traditionen durch das kritische Erinnern der Forschung mitarbeiten, steht es m. E. gut an, uns in die Klärung dieser Diskussion einzumischen und – anstatt Traditionen verfertigen zu wollen – an unseren Beiträgen zu ihrer Realitätsgerechtigkeit durch kritisches Forschen und Erinnern festzuhalten. Dieses Zusammenspiel zwischen dem, was die Gesellschaft selber tut, und dem, was wir kritisch begleitend beitragen, das fördert das kollektive Gedächtnis.

Anmerkung

Statt einzelner Nachweise verweise ich – auch zum Gedächtnisdiskurs um 1900 – auf mein Buch „Kollektive Identität. Heimliche Quellen einer unheimlichen Konjunktur", (rowohlts enzyklopädie) Reinbek 2000, sowie auf wenige neuere Sammelbände, welche die aktuellen Positionen und die Literatur erschließen: Oexle, Otto Gerhard (Hrsg.): Memoria als Kultur, Göttingen 1995; Florey, Ernst: Memoria – Geschichte der Konzepte über die Natur des Gedächtnisses, in: ders./Breidbach, Olaf (Hrsg.): Das Gehirn – Organ der Seele? Ideengeschichte der Neurobiologie, Berlin 1993; Assmann, Aleida; Friese, Heidrun (Hrsg.): Identitäten. Erinnerung, Geschichte, Identität 3, ²Frankfurt a. M. 1999; Keupp, Heiner u. a.: Identitätskonstruktionen. Das Patchwork der Identitäten in der Spätmoderne, Reinbek 1999; vgl. auch Giesen, Bernhard: Kollektive Identität. Die Intellektuellen und die Nation 2, Frankfurt a. M. 1999.

Hannes Siegrist

Region, Regionalisierung und Regionalismus in Mitteldeutschland aus europäischer Perspektive

1. Einleitung

Wird die Geschichtsschreibung demnächst das letzte Drittel des 20. Jahrhunderts als Epoche der Region bezeichnen, die das Zeitalter der Nation und des Nationalismus ablöste? In diese Richtung weist Gerhard Brunn, wenn er 1996 in der Einleitung zum Sammelband „Region und Regionsbildung in Europa" bemerkt, daß die Region seit den 1960er Jahren Konjunktur habe. „Sie hat Konjunktur als territorialer und politischer Ordnungsbegriff, als Bezugsrahmen gesellschaftlicher, politischer, kultureller und wirtschaftlicher Orientierung, als Leitidee der europäischen Integration und wissenschaftliche analytische Kategorie."[1] Als Gründe und Indizien für den Aufschwung der Region nennt Brunn den Aufstand und Erfolg zum Teil militanter regionalistischer Bewegungen in einigen westeuropäischen Staaten; die Infragestellung großer nationaler Apparate und zentralisierter Hierarchien durch regionale Eliten; den Bedarf hochentwickelter Staaten nach funktionalen Einheiten auf der mittleren Ebene zwecks Implementierung staatlicher Modernisierungsprogramme, womit die Lebensverhältnisse im nationalen Rahmen angeglichen werden sollten; die tatsächlich durchgeführte Dezentralisierung und Regionalisierung in traditionell unitarischen Staaten wie Frankreich, Italien, Spanien und Großbritannien; die Regionalpolitik der Europäischen Gemeinschaft bzw. Europäischen Union, die darauf abzielt, in einem liberalisierten europäischen Markt auch strukturschwache Gebiete wettbewerbs- und lebensfähig zu halten; das Interesse von Ökonomen, Wirtschaftshistorikern und Politikern an der Frage, wie eine Region, deren Industrie in eine schwere Strukturkrise geraten ist, durch Standortpolitik wiederbelebt werden kann; die wachsende Überzeugung von Unternehmern und Marketingfachleuten, daß Regionalbewußtsein ein Standortfaktor sei, der die endogenen Potentiale der regionalen Wirtschaft und Gesellschaft mobilisiere.

Diese und weitere Erfahrungen und Motive, Interessen und Erwartungen haben dazu geführt, daß Individuen und Gruppen sich unter der „Gesellschaft", der sie sich zugehörig fühlen, vermehrt die Region vorstellen, die neben der Nation und dem Wohnort eine neue Funktion und Bedeutung bekommt. „Region" meint dabei einen mittelgroßen räumlich-sozialen Zusammenhang, der zwischen dem Lokalen und dem Nationalen vermitteln und im Zeitalter von Europäisierung und Globalisierung Sinn-Orientierung und sozialen Halt geben soll.

---

1 Brunn, Gerhard: Einleitung, in: ders. (Hrsg.): Region und Regionsbildung in Europa. Konzeptionen der Forschung und empirische Befunde, Baden-Baden 1996, S. 9–24, hier S. 9 f.

Die Herausforderung der Region wirkt im traditionell zentralistischen Frankreich oder in den mittel- und osteuropäischen Gebieten, in denen bis 1989/90 der zentralistische Staatssozialismus herrschte, zweifellos viel radikaler als in traditionell föderalistischen Ländern wie der Schweiz und Westdeutschland. Vor dem Hintergrund der Geschichte eines unitarischen und zentralistischen Staates mag es überraschen, wie viele Bedeutungen und Funktionen neuerdings der Region zugedacht und zugeordnet werden. Weniger aufregend ist die europäische Konjunktur des Regionalismus dagegen in Gesellschaften und Staaten, in denen die Prinzipien von Föderalismus, Subsidiarität sowie regionaler und kommunaler Autonomie schon länger praktiziert werden; hier geht es stärker darum, das Prinzip Region nicht bloß konformistisch und traditionalistisch zu pflegen, sondern im Hinblick auf neue Bedürfnisse von Wirtschaft, Politik, Kultur und Gesellschaft kreativ weiterzuentwickeln.[2]

Ein besonderes Interesse gewinnt die Herausforderung der Region im Falle der Gebiete Mitteldeutschlands, womit aus pragmatischen Gründen die heutigen Bundesländer Sachsen, Sachsen-Anhalt und Thüringen gemeint sind. Es geht um die Bestimmung der Funktion und Bedeutung der Region in einem Gebiet mit einer wechselhaften Geschichte der Regionen, des Regionalisierens und des Regionalismus. Dem traditionellen und gemäßigten Regionalismus des späten 19. und frühen 20. Jahrhunderts folgte ein Stammes-Regionalismus, der sich erfolgreich dem Nationalsozialismus anpaßte. Der staatssozialistische Zentralismus der DDR schwankte in seiner Haltung zur Region zwischen Marginalisierung, Gleichgültigkeit und Instrumentalisierung. Vor diesem historischen Hintergrund sowie angesichts der aktuellen sozialen, politischen, wirtschaftlichen und kulturellen Probleme in den neuen Bundesländern gewinnt die Leitfrage des vorliegenden Beitrages und Bandes ihre Brisanz: Welches sind die Bedingungen und Formen, Bedeutungen und Funktionen der Region und des Regionalismus in Mitteldeutschland?

Die Entwicklung der Regionen, Regionalisierungen und Regionalismen in Mitteldeutschland ist dann aber auch in die größeren Zusammenhänge einzubetten. Inwiefern läßt sich die Geschichte der „Mitteldeutschen" nach 1989/90 als Teil der Konjunktur der Region und des Regionalismus begreifen, die zunächst ein westeuropäisches Phänomen zu sein schien? Verringert sich durch die Ausdehnung der Konjunktur der Region auf die neuen Bundesländer sowie mitteldeutschen Supra- und Subregionen die Rolle nationaler Orientierungen und Deutungsmuster, die in der deutschen Vereinigung die erste Rolle gespielt haben? Haben die „Ostdeutschen" in „Mitteldeutschland" sich etwa nur vorübergehend an der seit 1990 in Mittel- und Osteuropa zu beobachtenden Konjunktur von Nation und Nationalismus beteiligt?

---

2 Vgl. Kleßmann, Christoph: Tesi sul ruolo del centralismo e del federalismo nella Germania federale e nella Repubblica democratica tedesca, in: Janz, Oliver; Schiera, Pierangelo u. Siegrist, Hannes (Hrsg.): Centralismo e federalismo tra Otto e Novecento. Italia e Germania a confronto, Bologna 1997, S. 361–375, bes. S. 370 f.

2. Kritische, affirmative und engagierte Regionenforschung

Die Geschichte und der Vergleich der Regionen in Europa zeigt, daß sich die Identifikation der Menschen mit der Region in den verschiedensten Symbolen, Diskursen und sozialen Praktiken artikuliert und daß die Bedeutung und Funktion der Region je nach Zeit und Kontext, Interessen, Erfahrungen und Bedürfnissen erheblich variiert.[3] Die kritische Regionenforschung hat empirisch zu untersuchen, warum und unter welchen äußeren und inneren Bedingungen Regionen-Macher, Regionalisten, Regions-Wissenschaftler und Einwohner einem bestimmten erdräumlichen Ausschnitt, der als Region oder ähnlich bezeichnet wird, bestimmte Funktionen und Bedeutungen zuordnen: einmal Bewahrung und Schutz, dann Fortschritt und Öffnung.[4] Wenn die Region und der Regionalismus im Verlaufe der Geschichte bisweilen als konservativ, rechts, provinziell und nationalistisch, bisweilen als fortschrittlich, links und weltoffen gelten, so zeigt das, daß die Maßstäbe und Deutungshorizonte für die Selbst- und Fremdbewertung der Region und des Regionalismus erheblich variieren. Dieses Problem stellt sich auch der Regionenforschung.

Die Regionenforschung hat zu reflektieren, wieweit sie sich in die Prozesse der Regionsbildung und Regionalisierung, die sie wissenschaftlich analysiert und deutet, selbst einschaltet und von welchen vorwissenschaftlichen Wertpräferenzen sie ausgeht. Mir scheint der Vorzug der neuen kultur- und sozialwissenschaftlichen Regionenforschung darin zu liegen, daß sie sich in den regionalistischen Bewegungen nicht vordergründig politisch engagiert. Indem sie anhand der Region allgemeine wissenschaftliche Fragen mit einer analytischen Distanz behandelt, betreibt sie Grundlagenforschung, die nicht auf direkte Verwertbarkeit aus ist. Damit gerät sie allerdings in die Spannung zu den älteren Richtungen der Landesgeschichte und Landeskunde, die sich gerne zu einem dogmatisierten Bild der Region bekennen und sich als Teil der regionalistischen Bewegung verstehen. Bei diesen verfließen die Grenzen zwischen dem Subjekt und Objekt der Forschung nur allzu leicht.[5]

Die kritische sozial- und kulturwissenschaftliche Regionenforschung hebt auf die historische Bedeutung und Funktion von Region und Regionalität ab und konzentriert sich auf die Untersuchung der symbolischen und sozialen Prozesse des Regionen-Machens und des Regionalisierens von Individuen und Gruppen. Sie fragt, wie und unter welchen Bedingungen Begriffe und Vorstellungen von Region entwickelt, kommuniziert und praktiziert werden.

---

3 Zum Stand der Forschung über die Region in Geschichtswissenschaft, Philosophie. Soziologie, Politikwissenschaft und Geographie vgl. den Antrag des 1999 an der Universität Leipzig eingerichteten Sonderforschungsbereichs 417, Regionenbezogene Identifikationsprozesse. Das Beispiel Sachsen. Die Einleitung ist abgedruckt: Fach, Wolfgang u. a.: Regionenbezogene Identifikationsprozesse. Das Beispiel Sachsen. Konturen eines Forschungsprogramms, in: Wollersheim, Heinz-Werner u. a. (Hrsg.): Region und Identifikation, Leipzig 1998, S. 1–32. – Zu den älteren Begriffen wie „Heimat", „patria" und „pays" vgl. Trom, Dany: Natur und nationale Identität. Der Streit um den Schutz der ‚Natur' um die Jahrhundertwende in Deutschland und Frankreich, in: François, Etienne; Siegrist, Hannes; Vogel, Jakob (Hrsg.): Nation und Emotion. Deutschland und Frankreich im Vergleich (19. und 20. Jahrhundert), Göttingen 1995, S. 147–167.

4 Vgl. die im vorliegenden Band abgedruckten historischen, wissenschaftsgeschichtlichen und ideologiekritischen Beiträge von Klaus Erich Pollmann, Willi Oberkrome, Dietmar von Reeken, Justus H. Ulbricht.

5 Ich danke Matthias Middell für klärende Gespräche über diesen Punkt.

Von den pragmatischen Formen des „Regionalisierens" unterscheiden sich die Diskurse und Praktiken des „Regionalismus", womit ein spezifisches Wahrnehmungs- und Deutungsmuster oder eine kollektive Ideologie gemeint ist. Der Regionalismus macht die reale oder behauptete Besonderheit der (eigenen) Region zum alleinigen Maßstab allen Denkens und Handelns. Die wirklichen und vermeintlichen Unterschiede zu anderen sozialen und kulturellen Gruppen werden dazu benutzt, die Identifikation mit der Region zu begründen und erhalten.

In der Vergangenheit haben sich die verschiedensten wissenschaftlichen Ansätze mit dem Regionalismus zusammengetan. Eine deutliche Affinität zum Regionalismus haben im allgemeinen ahistorische Konzepte, die von der anthropologischen oder stammesmäßigen Identität der Region und ihrer Bewohner ausgehen und den Ursprung der Geschichte mythologisieren, sowie teleologische Geschichtsauffassungen, wonach die Entwicklung der Region einem historischen Plan folgt und sich auf das Ziel der idealen gegenseitigen Ergänzung von naturräumlichen Gegebenheiten und Bevölkerung hinzubewegt. Regionalisten haben in der Vergangenheit ihren kulturellen und politischen Führungsanspruch durch die wissenschaftlichen Ergebnisse und Methoden der Landesgeschichte, Landeskunde und Kulturraumforschung in der Weise begründet, indem sie etwa behaupteten, die objektiven naturräumlichen und sozialen Traditionen, Eigenschaften und Ziele der Region erkannt zu haben. Typisch für eine regionalistische Historiographie und Geographie sind Fragen wie „Was ist Sachsen?", „Was ist das Wesen Mitteldeutschlands?", „Was ist die reale Substanz, der Auftrag und das letzte Ziel Sachsena bzw. Thüringens und Sachsen-Anhalts?" In vielen Fällen wird man sich über die historische und aktuelle Bewertung der Affinitäten und Bündnisse von Wissenschaft und Regionalismus streiten können. Die Regionenforschung wurde im 19. und 20. Jahrhundert indessen nicht nur durch die Regionalisten instrumentalisiert, sondern auch durch Nationalisten und Rassisten sowie durch Akteure, die diese drei Ismen verbanden. Damit sind nicht nur die Vertreter, sondern auch erkenntnisleitende Fragestellungen und Kategorien jener Richtungen der Landesgeschichte und Kulturraumforschung diskreditiert, die einem ethnischen und rassistischen Regionalismus und Nationalismus zugearbeitet haben.[6]

Die historisch-kritische und kulturwissenschaftliche Regionsforschung hält aus wissenschaftlichen, wisenschaftsgeschichtlichen und methodologischen Gründen Distanz zum Regionalismus. Wenn der einzelne Wissenschaftler als Bürger und Alltagsmensch die reale oder vorgestellte Region oder den Regionalismus sympathisch oder unsympathisch findet, so ist ihm bewußt, daß das eine vor-wissenschaftliche Wertentscheidung ist, die offenzulegen ist, weil sie möglicherweise die Wahl der Fragestellungen und Kategorien beeinflußt. Im allgemeinen bevorzugt die kulturwissenschaftliche Regionenforschung abstrakte und generalisierbare Fragen, indem sie das Regionalisieren im Rahmen der Prozesse der sozialen und kultu-

---

6 Vgl. den Beitrag von Willi Oberkrome in diesem Band sowie Teppe, Karl: Regionalismus und Regionalgeschichte. Zum Verhältnis von kulturpolitischen Interessen und regionalgeschichtlichen Konzeptionen am Beispiel Westfalen, in: Informationen zur Raumentwicklung 11 (1993), S. 729–737, bes. S. 730 f.

rellen Differenzierung und Integration sowie der sozialen und kulturellen Zuordnung und Bindung von Individuen und Gruppen behandelt. Sie fragt nach den Voraussetzungen und Folgen, Formen und Inhalten, Bedeutungen und Funktionen des Regionalisierens. Sie untersucht, wie die Menschen und Institutionen bekunden, daß ihnen die Region wichtig ist, und welche Absichten und Erwartungen mit dem Regionalisieren verbunden werden.[7]

3. Objekte und Subjekte: Region, Regionalisieren und Regionalismus

Dem Alltagsmenschen stellt sich Region mitunter als etwas Objektives, historisch Verfestigtes und Quasi-Natürliches dar, das ihn bestimmt und verwurzelt und sein Denken und Handeln sinnlich und sinnhaft orientiert. Auf diesen objektiven Charakter der Region heben sehr stark und einseitig die älteren Richtungen der Landesgeschichte und Geographie ab. Die Region sei eine im Inneren homogene, nach Außen deutlich abgegrenzte und von Außenstehenden klar erkennbare sozial- und naturräumliche Einheit. Regionen seien an dem stabilen und ausgewogenen Verhältnis zwischen der physikalischen und natürlichen Umwelt auf der einen Seite, der Gesellschaft, Politik, Wirtschaft und Kultur auf der anderen zu erkennen. In dieser wissenschaftlichen Tradition stehen die in diesem Band abgedruckten Beiträge von Karlheinz Blaschke, Georg Schönfelder und Manfred Straube. Karlheinz Blaschke begreift den mitteldeutschen (genauer: sächsisch-thüringischen) Raum als natürliche Einheit und fragt, wieweit sich in der Geschichte das eigentliche Ziel dieses Raumes erfüllt, indem Herrscher, Volk und anonyme Prozesse wie die Industrialisierung „die politische Ordnung in Übereinstimmung mit dem Naturraum bringen".[8] Georg Schönfelder bezeichnet den geologisch-tektonischen Bau, die Gesteinsformation des Untergrunds, das Klima und die Ausprägung des Gewässernetzes als geographische Voraussetzungen für die regionale Raumbildung Mitteldeutschlands.[9] Nach Manfred Straube hat die „thüringisch-sächsische Region, das Kerngebiet des späteren Mitteldeutschland", insofern „eine reale historische Substanz", als sie auf dem thüringisch-sächsischen Wirtschaftsraum beruht, der sich seit dem 14. Jahrhundert aufgrund der Entwicklung in Bergbau und Textilindustrie herausgebildet hat. Der stabilen wirtschaftlichen Struktur entspreche eine bestimmte Mentalität.[10] So plausibel die objektiven historischen Befunde sind, so problematisch ist dann aber deren Bedeutung für die heutigen Regionen und Regionalisierungen. Weder Blaschke noch Straube untersuchen wirklich, was die massiven Desindustrialisierungsprozesse der 1990er Jahre für die Menschen dieser historischen Regionen bedeuten. Aufgrund der Fixierung auf ältere Strukturen langer Dauer bleibt ungeklärt, was

---

7 Diese grundsätzlichen Fragen stellt in kultur- und sozialwissenschaftlicher Perspektive der 1999 an der Universität Leipzig eingerichtete DFG-Sonderforschungsbereich „Regionenbezogene Identifikationsprozesse. Das Beispiel Sachsen".

8 Vgl. den Beitrag von Karlheinz Blaschke in diesem Band.

9 Vgl. den Beitrag von Günther Schönfelder in diesem Band.

10 Vgl. den Beitrag von Manfred Straube in diesem Band.

die dargestellte Geschichte und der radikale historische Bruch der letzten Jahre für die heutigen Regionen-Macher und die Bewohner dieser Gebiete bedeuten.

Die moderne Sozialgeschichte hat lange vor allem gefragt, wie sich die Region in Institutionen, Strukturen langer Dauer, Mentalitäten und materiellen Artefakten objektiviert. Kulturgeschichtliche Ansätze hingegen interessieren sich aufgrund der Annahme, daß die Wahrnehmung und das Handeln des Menschen vermittelt ist durch Symbole und Bilder, Werte und komplexere Deutungssysteme, stärker für die symbolischen Aspekte der Region: Wie stellen sich die Menschen die Region vor? Wie prägt und orientiert das sogenannte Regionale die Wahrnehmung, die Deutungen und das Handeln der Regionsangehörigen und Außenstehender? Wie bekunden Menschen ihre Bindung an die Region?

Die heutige gesellschafts- und kulturgeschichtliche, oder allgemeiner: sozial- und kulturwissenschaftliche Regionenforschung kann hinsichtlich des Verhältnisses von Raum, Kultur und Gesellschaft an die prinzipiellen Überlegungen des Kulturtheoretikers Ernst Cassirer anschließen und die Region als spezifische (symbolische) „Sinnordnung" begreifen, die „dem Raum seinen bestimmten Gehalt und seine eigentümliche Fügung" gibt. Demnach gewinnt der Raum seine „Struktur erst kraft des allgemeinen Sinnzusammenhangs, innerhalb dessen sein Aufbau sich vollzieht. Die Sinnfunktion ist das primäre und bestimmende, die Raumstruktur das sekundäre und abhängige Moment."[11] Wenn Cassirer aus philosophischer Sicht postuliert, daß es eine „allgemeine, schlechthin feststehende Raumanschauung" nicht gibt, so leuchtet das dem Gesellschafts- und Kulturhistoriker, der sich mit dem Wandel von Vorstellungen und sozio-kulturellen Praktiken in Raum und Zeit befaßt, ohne weiteres ein. Damit wird die Annahme mancher Regionalisten, daß die Region etwas Objektives, Ganzheitliches, Immerwährendes und Natürliches sei, das unabhängig von den Vorstellungen der Menschen existiere, allerdings zweifelhaft.

Aus gesellschafts- und kulturgeschichtlicher Perspektive erscheint die Region als Konstruktion,[12] als soziale und symbolische Realität im Wandel. Die Funktion und Bedeutung der Region steht nicht ein für allemal fest. Neue Regionsvorstellungen rivalisieren mit alten. Im gleichen erdräumlichen Ausschnitt können sich die Menschen regional verschieden orientieren. Regionale Gesellschaften und Deutungsmuster stehen angesichts innerer Spannungen sowie großflächiger und universalistischer Prozesse wie Modernisierung und Rationalisierung, Nationalisierung, Europäisierung und Globalisierung unter einem ständigen Anpassungsdruck – auf der sozialen wie der symbolischen Ebene.

In der offenen und mobilen Gesellschaft stoßen die spezifischen Zumutungen und Zwänge der politisch und rechtlich verfaßten „regionalen Gesellschaft", „regionalen Wirtschaft" und

---

11 Cassirer, Ernst: Mythischer, ästhetischer und theoretischer Raum, in: ders.: Symbol, Technik, Sprache. Aufsätze aus den Jahren 1927–1933, Hamburg 1985, S. 93–119, hier S. 102 ff. – Ich danke Klaus Christian Köhnke für seine spannenden alltäglichen Einführungen in das Werk Ernst Cassirers.

12 Vgl. Fach u. a.: Identifikationsprozesse (wie Anm. 3); Wardenga, Ute; Miggelbrink, Judith: Zwischen Realismus und Konstruktivismus. Regionsbegriffe in der Geographie und anderen Humanwissenschaften, in: Wollersheim u. a. (Hrsg.), Region (wie Anm. 3), S. 33–46.

„regionalen Kultur" bei der Bevölkerung auf Grenzen. Die Loyalität gegenüber der Region läßt sich nur beschränkt durch Zwang und Sanktionsandrohungen herstellen, sie muß zunehmend positiv motiviert werden. Individuen, Interessengruppen und sozio-kulturelle Milieus wählen situationsbezogen zwischen verschiedenen Regionsvorstellungen aus und gehen mit der Region selektiv und instrumentell um. Nach Werlen verfließen heute die Grenzen zwischen der Realregion und der Wahrnehmungsregion immer mehr, weil die Menschen in der räumlich und zeitlich entankerten und subjektzentrierten Welt aus einem globalisierten und saisonunabhängigen (d. h. entregionalisierten) Angebot an materiellen Gütern, Informationen und Symbolen wählen können.[13] Immerfall u. a. schränken zwar ein, daß die Menschen auch im Zeitalter der Globalisierung tatsächlich nicht all das kaufen und zur Kenntnis nehmen, was ihnen im Prinzip zugänglich wäre.[14] Die territoriale Bindung und die regionale Einbettung des Lebens wird trotzdem vielfältiger und kontingenter als vor hundert Jahren.

Die Vorstellung, daß die Region historisch und kulturell relativ sei, daß Regionalisieren ein subjektiver Prozeß sei, daß auf die Region eher die Metapher des Fließens und Wassers als der erdhaften Festigkeit zutreffen könnte, war den historischen und geographischen Regionenforschern bis um 1970 fremd. Das zeigt die Wissenschaftsgeschichte der Landes- und Heimatgeschichte sowie der geographischen Landeskunde.[15] 1968 äußerte der Historiker Karl-Georg Faber als einer der ersten seine Skepsis gegenüber der verbreiteten Neigung, „in den Landschaften – und zwar den geographischen wie den geschichtlichen – klar abgegrenzte und unauflösliche Einheiten, reale Wesen- und Ganzheiten zu sehen, wo es sich tatsächlich um Begriffe handelt, die dazu dienen, die Wirklichkeit zu erfassen".[16] Seitdem setzt sich auch in der geographischen Regionenforschung die Auffassung durch, daß die Region ein Konstrukt sei, eine „räumliche Anschauungsform", mit deren Hilfe sich soziale Komplexität reduzieren und Zusammengehöriges erkennen läßt.[17]

13 Vgl. Werlen, Benno: Sozialgeographie alltäglicher Regionalisierungen, Bd. 2: Globalisierung, Region und Regionalisierung, Stuttgart 1997.

14 Immerfall, Stefan; Conway, Patrick; Crumley, Carole; Jarausch, Konrad: Disembededness and Localization. The Persistence of Territory, in: Immerfall, Stefan (Hrsg.): Territoriality in the Globalizing Society. One Place or None, Berlin, Heidelberg, New York 1998, S. 173–204.

15 Vgl. zur Geschichte der Landesgeschichte: Schönemann, Bernd: Der Blick auf die Region. Historiographie-geschichtliche und geschichtsdidaktische Betrachtungen, in: Körner, Hans-Michael; Schreiber, Waltraud (Hrsg.): Region als Kategorie der Geschichtsvermittlung, München 1997, S. 9–45; Schorn-Schütte, Luise: Territorialgeschichte, Provinzialgeschichte, Landesgeschichte, Regionalgeschichte. Ein Beitrag zur Wissenschaftsgeschichte der Landesgeschichtsschreibung, in: Jäger, Hans: Civitatum communitas, Köln, Wien 1984, S. 390–416; Flügel, Axel: Der Ort der Regionalgeschichte in der neuzeitlichen Geschichte, in: Brakensiek, Stefan u. a.(Hrsg.): Kultur und Staat in der Provinz, Bielefeld 1992, S. 1–28. – Zur geographischen Regionsforschung: Blotevogel, Hans-Heinrich: Auf dem Weg zu einer Theorie der Regionalität. Die Region als Forschungsgegenstand der Geographie, in: Brunn (Hrsg.) Region (wie Anm. 1), S. 44–68; Wardenga; Miggelbrink: Realismus (wie Anm. 12).

16 Faber, Karl-Georg: Was ist eine Geschichtslandschaft? In: Fried, Pankraz (Hrsg.): Probleme und Methoden der Landesgeschichte, Darmstadt 1978, S. 390–424, hier S. 390 f. (Ersterscheinung 1968).

17 Vgl. Weichhardt, Peter: Die Region. Chimäre, Artefakt oder Strukturprinzip sozialer Systeme, in: Brunn (Hrsg.) Region (wie Anm. 1), S. 25–43.

Hans-Heinrich Blotevogel macht in seiner „Typologie von Regionskonzepten" deutlich,[18] wie verschieden die Zusammengehörigkeit der Region und die Zugehörigkeit zu ihr begründet sein kann. Er unterscheidet auf der abstraktesten Ebene zwischen 1. Beschreibungs- und Analyseregionen („Realregionen"), 2. Tätigkeitsregionen ökonomischer und politisch-administrativer Art („Aktivitätsregionen") und 3. „Wahrnehmungs- und Identitätsregionen". Die Beschreibungs- und Analyseregionen lassen sich weiter differenzieren in „homogene Regionen" – etwa nach Merkmalen wie Siedlungsdichte und Wirtschaftsstruktur –, „funktionale Regionen" und „komplex-systemare Regionen" wie Wirtschaftsräume. Die Tätigkeitsregionen werden differenziert nach „wirtschaftlichen Tätigkeitsregionen" (z. B. Marketing-Region) und „politisch-administrativen Regionen". Mit Wahrnehmungs- und Identitätsregionen sind kollektive Repräsentationen von Gebieten gemeint, d. h. *mental maps* und Images, die dem Cassirerschen Konzept der Sinnordnung zuzuordnen wären und sowohl den Bezugsrahmen des aktiven Regionalismus eines Heimatvereins oder einer regionalistischen Partei bilden können als auch des Selbst- und Fremdverständnisses von Personen und Gruppen. Letzteres wird vielfach als „Identität" bezeichnet.

Regionen beruhen auf abgeschlossenen und laufenden, historischen und aktuellen Prozessen der „Regionalisierung" oder des „Regionalisierens", womit soziale und symbolische Formen des „Machens von Region" sowie regionenbezogenes Denken und Handeln gemeint sind. Der mit einem besonderen Expertenwissen ausgestatteten Geograph oder Planer regionalisiert, indem er mithilfe von Klassifikationsverfahren Beschreibungs-, Analyse- und Planungsregionen erstellt. Der Unternehmer plant regional vor dem Hintergrund standortpolitischer Überlegungen. Auch die Alltagsmenschen produzieren durch ihr Denken und Handeln als Arbeitende, Konsumenten, Mediennutzer, Automobilisten und Erholungssuchende Regionen. Der Sozialgeograph Benno Werlen bezeichnet diese alltäglichen Regionalisierung als wichtiges Element des Raum- und Geographie-Machens. Indem er „Regionalisierung" als eine „besondere soziale Praxis [...], anhand derer die Subjekte die Welt auf sich beziehen", betrachtet, als „Form der Welt-Bindung" und als „Ausdruck des alltäglichen Geographie-Machens durch die handelnden Subjekte",[19] distanziert er sich von jenen Geographen, die von der objektiven „Region an sich" ausgehen. Ihm geht es um die räumliche Dimension des alltäglichen sozialen und kulturellen Handelns, die „Praxis der Subjekte in ihren Lebensformen und -stilen und deren lokale und globale Implikationen" sowie die „Bedeutung des Sozialen in der Herstellung und Reproduktion bestimmter Geographien".[20] Werlens Begriff der „Regionalisierung" deckt sich weitgehend mit dem, was in den modernen Kultur- und Gesellschaftswissenschaften als „Regionen-Machen" und „Regionalisieren" bezeichnet wird, d. h. eine regionenbezogenen Perspektive des Wahrnehmens, Wiedererkennens, Erfahrens, Deutens und Gestaltens von Welt.

---

18 Blotevogel: Weg (wie Anm. 15), S. 58.
19 Werlen: Sozialgeographie (wie Anm. 15), S. 16.
20 Ebenda, S. 15.

Die geschichtswissenschaftliche Regionenforschung geht noch einen Schritt weiter, indem sie dezidiert nach der Bedeutung von Geschichte und Erinnerung für die Regionalisierung fragt. Wie bestimmen subjektive und kollektive Erinnerungen und Erfahrungen, das individuelle und kollektive Gedächtnis, wissenschaftlich fundierte Geschichtsbilder und materielle Artefakte und Relikte im privaten und öffentlichen Raum die Regionalisierung? Während die traditionelle Landesgeschichte mit ihrem appellativen Gestus annahm und wohl immer noch annimmt, daß die Geschichte ein zentraler bewußtseinsbildender Faktor sei und entscheidend zur Identifikation mit der Region beitrage, so ist die allgemeine Geschichtswissenschaft diesbezüglich skeptischer. Solange es keine seriösen Untersuchungen über die Rezeption und Wirkung der Landesgeschichte gibt, können wir über die Art und Intensität dieser Prägung nur Vermutungen anstellen.[21] Wenn die Einschaltquoten für regionalgeschichtliche Sendereihen wie die über die „Geschichte Mitteldeutschlands" im Sendegebiet des MDR um zehn Prozent liegen, so sagt das etwas darüber aus, wieviele sich im Prinzip dafür interessieren. Über die Motive und die Rezeption wissen wir damit noch nichts. Historiker gewinnen immer wieder den Eindruck, daß in offenen, dynamischen und mobilen Gesellschaften das geschichtliche Wissen alles andere als homogen ist und deshalb auch schwerlich das Bewußtsein und Handeln homogenisieren kann. Die Forschung über die Erinnerungs- oder Gedächtnisorte, d. h. Denkmäler, Artefakte und Ereignisse, an denen sich die Erinnerung einer Nation oder Region festmacht, zeigt, daß ein und derselbe Erinnerungsort nicht nur von den aufeinanderfolgenden Generationen, sondern auch von den sozialen, politischen und kulturellen Milieus verschieden interpretiert wird.[22] Das kollektive Gedächtnis einer regionalen Gesellschaft ist heterogen. Auch eine bewußte und wissenschaftlich fundierte Regionalisierung durch landesgeschichtliche Bildung oder eine standardisierende regionale Geschichtskultur garantiert keine umfassende Erinnerungsgemeinschaft.

Die Geschichtsdidaktik, die für die institutionalisierte schulische Vermittlung historischen Wissens zuständig ist, schwankt zwischen der traditionellen Option, durch historisches Wissen primär die Identifikation mit der Region zu fördern, und der aufgeklärten Option, dem Individuum Deutungskompetenz zu vermitteln, womit es die Sachverhalte selbständig beurteilen kann.[23] Außerhalb der Schule und Universität stehen die Historiker, die überdies keineswegs mit einer Stimme sprechen, in der Konkurrenz mit den verschiedensten Regionalisierungsagenten aus Politik, Gesellschaft, Wirtschaft und Kultur, die für ihre Vorstellung von „Region" und spezifische Formen des Regionalisierens werben. Unter diesen Verhältnissen können die Historiker nur versuchen, Bürger, Arbeiter und Angestellte, Konsumenten, Politiker, Unternehmer, Medienschaffende und Verbandsfunktionäre kritisch zu beraten, indem sie über die Hintergründe und möglichen Folgen bestimmter Optionen des Regionalisierens informieren.

---

21 Vgl. die grundsätzlichen Überlegungen von Schönemann: Blick (wie Anm. 15), S. 31 ff.

22 Zum Konzept einer Geschichte der Erinnerungsorte (lieux de mémoire) vgl. Nora, Pierre: Les lieux de mémoire, 7 Bde., Paris 1984–1992; ders.: Das Abenteuer der Lieux de mémoire, in: François u. a. (Hrsg.): Nation (wie Anm. 3), S. 83–92.

23 Schönemann: Blick (wie Anm. 15), S. 33.

In der modernen Gesellschaft werden die Verhältnisse – je länger, je mehr – durch universalistische Tendenzen geprägt, wie Industrialisierung, Verwissenschaftlichung und Rationalisierung. Damit einher geht die Tendenz zur Entregionalisierung durch Einebnung der Unterschiede zwischen den Gebieten. Langfristig hat sich indessen aufgrund gewisser Erfahrungsunterschiede in den Regionen die Vorstellung eines besonderen Entwicklungspfades der jeweiligen Region gebildet. Der Entwicklungspfad beeinflußt die Wahrnehmung und Deutung des Eigenen, des Allgemeinen und des Fremden. Indem man sich auf ihn bezieht, lassen sich standardisierte ubiquitäre Güter und universalistische Werte in spezifischer Weise regionalisierend deuten und benutzen. Der Deutungshorizont „Entwicklungspfad" gewinnt als Element des stereotypisierten Selbst- und Fremdbildes der Region eine Autodynamik. Die Region wird zu einer autopoietischen Sinnordnung, die den Sinn aus sich selbst schöpft, und zum selbstreferentiellen sozialen System. Genau dieser Punkt wird von der historistischen Landesgeschichte im Prinzip richtig hervorgehoben, dann aber oft verabsolutiert, so daß daraus eine neue Blindheit resultierte. Indem sie sich nur noch für eine Region interessiert, kann sie nur noch Besonderheiten erkennen.

Gegen solche überdehnten Vorstellungen von der Autonomie und Selbstreferentialität der Region als sozialem und symbolischem System hilft nur die Relativierung durch systematisch und historisch vergleichende Forschung. Mit Hilfe der Vergleichs mehrerer Regionen unter der gleichen Fragestellung und im Hinblick auf ausgewählte Gesichtspunkte läßt sich das Allgemeine und das Besondere einer Region erkennen, verstehen und erklären.[24] Wenn allerdings Regionalisten ausnahmsweise vergleichen, so heben sie in der Regel dann doch wieder die Besonderheit ihrer Region hervor. Sie interessieren sich weniger für das Allgemeine als für die Besonderheit ihrer Region, weil sie diese gegen den Zugriff homogenisierender und nivellierender universeller Werte und Deutungsmuster zu schützen beanspruchen.[25] Sie mythisieren, naturalisieren und sakralisieren ihre Region, leugnen innere Widersprüche, geben die besonderen Interessen regionalistischer Gruppen als die allgemeinen Interessen und Bedürfnisse der Region aus.[26] In den meisten älteren Regionalismen hat „Geschichte" den Charakter einer letztgültigen affirmativen Aussage, eines Mythos, der sich einer rationalen Erfassung entzieht.[27]

---

24 Zum Verhältnis des Allgemeinen und des Besonderen vgl. Schriewer, Jürgen: Vergleich und Erklärung zwischen Kausalität und Komplexität, in: Kaelble, Hartmut; Schriewer, Jürgen: Diskurse und Entwicklungspfade. Der Gesellschaftsvergleich in den Sozialwissenschaften, Frankfurt am Main, New York 1999, S. 53–102; Siegrist, Hannes: Advokat, Bürger und Staat, Sozialgeschichte der Rechtsanwälte in Deutschland, Italien und der Schweiz (18.-20. Jahrhundert), Frankfurt am Main 1996, bes. S. 25–32. Generell zum Gesellschaftsvergleich: Kaelble, Hartmut: Der historische Vergleich. Eine Einführung zum 19. und 20. Jahrhundert, Frankfurt am Main 1999; Haupt, Heinz-Gerhard; Kocka, Jürgen (Hrsg.): Geschichte und Vergleich. Ansätze und Ergebnisse international vergleichender Geschichtsschreibung, Frankfurt am Main 1996.

25 Vgl. Weichhardt, Region (wie Anm. 17); Werlen, Benno: Identität und Raum. Regionalismus und Nationalismus, in: Soziographie, 1993, H. 6/7, S. 39–73.

26 Vgl. Werlen, Identität (wie Anm. 25), S. 407.

27 Elkar, Rainer S.: Regionalbewußtsein, Identität, Geschichtsbewußtsein. Einige kritische Bemerkungen aus regionalistischer Veranlassung, in: ders. (Hrsg.): Europas unruhige Regionen. Geschichtsbewußtsein und europäischer Regionalismus, Stuttgart 1981, S. 50–79, hier S. 72.

Die Literatur unterscheidet verschiedene Arten des Regionalismus: Dem politischen Regionalismus geht es um die Verteilung der Machtchancen zwischen Zentrum und Region. Der alltagskulturelle, lebensweltliche Regionalismus stellt auf Besonderheiten der Lebensweise ab, der ethnische und der sprachliche Regionalismus auf Dimensionen der kollektiven Herkunft und der Sprache. Der traditionalistische Regionalismus beruft sich auf eine behauptete historische Identität. Der zentralstaatliche Planungsregionalismus instrumentalisiert die Region für die Umsetzung seiner Ziele. Der demokratische und partizipative Regionalismus strebt die soziale und politische Mobilisierung und die Entwicklung endogener Potentiale der Region an. Der modernistisch-fortschrittliche Regionalismus, der mit aller Kraft den technischen und wirtschaftlichen Fortschritt anstrebt, kontrastiert mit dem antimodernen romantischen Regionalismus. Hinsichtlich der Intensität und Manifestation wird zwischen einem diffusen, bewußten, artikulierten und praktizierten Regionalismus differenziert.[28]

Regionalistische Autonomiebewegungen verbinden öfter soziale, kulturelle und politische Ziele. Die Region wird als umfassende Sinnordnung dargestellt, die alle möglichen sozialen, kulturellen, politischen und wirtschaftlichen Eigenschaften und Praktiken zu deuten und bewerten vermag. Vorrangig geht es den Regionalisten aber darum, „innerhalb eines territorial begegrenzten Nationalstaats die Territorialität subnationaler Untereinheiten zu einem politisch kontroversen Thema" zu machen.[29] Sie verwenden erdräumliche und ethnische Kategorien für soziale Typisierungen und Erklärungen,[30] suggerieren mit Formulierungen wie „Südtirol leidet", daß die „gesamte Bevölkerung eines so personalisierten, wenn nicht gar sakralisierten Raumes" leidet und nicht nur geschlossen hinter einer bestimmten politischen Handlung steht, sondern ein homogenes Ganzes ohne Spannungen, Konflikte und Gräben zwischen sozialen Schichten oder Interessengruppen bildet.[31] Ohne Ansehen der Person werden den Bewohnern eines Gebietes Eigenschaften zugeschrieben; Formulierungen wie „Sachsen sind gemütlich" und „Rheinländer sind fröhlich" geben vor, daß sich eine sozio-kulturelle Differenz räumlich erklären läßt.

Die Übergänge vom pragmatischen Regionalisieren zu einem ideologisierten regionalistischen Denken und Handeln sind fließend. Und die Legitimität und Akzeptanz regionalisierender und regionalistischer Deutungsmuster und Praktiken variierten je nach Gegenstand und Gebiet ganz erheblich. Insgesamt bedeutet die Konjunktur der Region seit den 1960er Jahren nicht nur einen Aufschwung des ideologischen Regionalismus, sondern auch eine gestiegene Attraktivität und Akzeptanz pragmatischer Formen des Regionalisierens. Damit schwand in den traditionell zentralistischen Einheitsstaaten Europas die Tendenz, pragmatisch regionalisierende wie regionalistische Kräfte als traditionalistische, anti-moderne Feinde

---

28 Vgl. Stiens, Gerhard: Region und Regionalismus, in: Schäfers, Bernhard; Zapf, Wolfgang (Hrsg.): Handwörterbuch zur Gesellschaft Deutschlands, Opladen 1998, S. 524–536; Gerdes, Dirk: Regionalismus als soziale Bewegung. Westeuropa, Frankreich, Korsika, Frankfurt am Main 1985; Regionalismus; Brunn, Gerhard: Regionalismus in Europa, in: Comparativ 5 (1995), H. 4, S. 23–39.

29 Gerdes: Regionalismus (wie Anm. 28), S. 26.

30 Werlen: Identität (wie Anm. 25), S. 48 f.

31 Brunn: Regionalismus (wie Anm. 28), S. 25.

der Zivilisation zu betrachten. Im Falle zentralistischer Diktaturen gewannen regionalistische Bewegungen als Träger liberaler und demokratischer Werte und Ziele an Prestige. In ganz Europa verstärkten sich Tendenzen, die in Gebieten wie Deutschland und der Schweiz schon länger selbstverständlich waren.

In der Schweiz ist der Regionalismus traditionell ein tragendes Element der Bürgergesellschaft; er verbindet sich mit der Idee des Bewahrens genau so wie mit dem Fortschrittsdenken. Die Region ist dabei traditionellerweise der „Kanton" als Gemeinschaft gleichwertiger Gemeinden und demokratisch-genossenschaftlicher Zusammenschluß der Bürger.[32] Nach Meier-Dallach ist es „das wesentliche Kennzeichen der schweizerischen Identität …, daß man sich die Welt ausgehend von der regionalen und lokalen Perspektive konstruiert."[33] Die Schweiz stand in den vergangenen Jahrzehnten weniger vor der Frage, wie dezentrale Strukturen zu schaffen wären, als vor der Frage, wieweit die 26 Kantone als politische und historische Regionen den funktionalen Anforderungen an eine effiziente Region genügen und ob sich jeweils mehrere Kantone zu einer Großregion zusammenschließen sollen.[34]

Meier-Dallach empfiehlt den Europäern, die regionalistische Mentalität oder das regionalisierende Denken der Schweizer aufmerksam zu studieren; um so mehr, als Europa sonst mehr nach dem kollektiven Gedächtnis von Ländern gestaltet werde, die aufgrund ihrer Vorgeschichte vom Absolutismus bis zum Nationalstaat eine großräumige und zentralistische Perspektive vorziehen würden.[35] Auch deutsche Föderalisten tendieren traditionsgemäß zu einer regionalisierenden Perspektive und einer entsprechend polyzentren Entwicklung Europas. Die deutschen Bundesländer sind im Sinne der Europäischen Gemeinschaftscharta der Regionalisierung von 1988 voll entwickelte Regionen, d. h. Gebietseinheiten mit eigenen Institutionen, eigener Gesetzgebung und selbständigem Budget.

4. Regionalisieren und Regionalismus in Mitteldeutschland

Lange galt Mitteldeutschland als Gebiet des „Partikularismus" und der „Kleinstaaterei". Mit diesen Etikettierungen wurden in Deutschland im Zeitalter der Nationalisierung von Staat, Gesellschaft, Wirtschaft und Kultur Phänomene der Regionalisierung und des Regionalismus kritisiert, die aus Schweizer Perspektive unbedenklich gewesen wären, soweit es nicht bloß um dynastische Sonderinteressen ging. Auch aus der Sicht eines heutigen bundesdeutschen Föderalisten oder Anhängers des Europa der Regionen würde die Bewertung der Geschichte der

---

32 Vgl. Weinmann, Barbara: Der Weg in die andere Bürgergesellschaft, Diss. phil., Fachbereich für Geschichts- und Kulturwissenschaften, Freie Universität Berlin 1999.

33 Meier-Dallach, Hans-Peter: La Suisse. Contrastes européens en modèle réduit, in: Bassand, Marc (Hrsg.), Identité et développment régional, Bern 1991, S. 57–79, hier S. 58.

34 Lenzin, René: Wirtschaftsräume statt Kantone? Fixe Strukturen – flexible Praxis, in: Schweizer Revue 2 (1998), S. 4–7. Vgl. dazu die Beiträge von Klaus-Jürgen Matz und Reinhard Schiffers in diesem Band.

35 Im Hinblick auf die europäische Regionalpolitik bzw. Regionalisierung Europas sprechen manche deshalb gerne von einer Verschweizerung Europas.

mitteldeutschen Klein- und Mittelstaaten positiver ausfallen als in der Hochzeit des Nationalismus. Die Abneigung gegen Kleinstaaterei und Partikularismus, die im 19. Jahrhundert von ansonsten so gegensätzlichen Figuren wie dem nationalborussischen Historiker Treitschke und dem kosmopolitischen Revolutionär Friedrich Engels geteilt wurde, relativiert sich vor dem Hintergrund historischer Erfahrungen, des internationalen Vergleichs und der Visionen eines nicht-zentralistischen Europa der Regionen.

Wenn die Region als mittelgroße soziale, wirtschaftliche, kulturelle und politische Einheit nun als Voraussetzungen für Geborgenheit und Freiheit, Bewahrung und Entwicklung, Effizienz und Integration gesehen wird, so ändert sich auch der Blick auf die Vergangenheit. Jürgen John hat jüngst in seinem Aufsatz über die Thüringer Kleinstaaten gezeigt, daß die klein- und mittelstaatliche Struktur Thüringens ein Faktor war, der zu gewissen Zeiten und unter bestimmten historischen Umständen den kulturellen Reichtum, den materiellen Wohlstand und die soziale und politische Entwicklung in der Region, in Deutschland und in Europa entscheidend gefördert hat. Unter bestimmten historischen Konstellationen wurde der Regionalismus indessen zu einem Entwicklungshindernis.[36]

Wieweit sich die heutigen Einwohner Sachsens, Thüringens, Sachsen-Anhalts, oder des Sendegebiets des Mitteldeutschen Rundfunks, in ihrem Denken, Fühlen und Handeln von solchen und anderen regionalen Geschichtsbildern und Deutungsmustern leiten lassen, wissen wir nicht, da entsprechende fundierte Untersuchungen fehlen. Möglicherweise werden die in diesem Band präsentierten Geschichtsbilder und Interpretationen jeweils nur von den Angehörigen kleiner wissenschaftlicher Zirkel oder eines regionalen Geschichtsvereins geteilt. Die verschiedenen Richtungen der Geschichtsschreibung sind seit 1989/90 gezwungen, für ihre Deutungsangebote auf einem pluralistischen und recht undurchschaubaren Markt der Geschichtsbilder, Fakten und Meinungen zu werben. Vertreter der Landesgeschichte und geographischen Landeskunde werben für ihre Ansichten und Methoden, die nach den Kriterien einer modernen Sozial- und Kulturgeschichte zu wenig Distanz zum Regionalismus halten, bisweilen auch mit dem Hinweis auf wissenschaftliche und politische Verdienste der regionalistischen Landesgeschichte zur Zeit der DDR.

Die große Frage, wie die heutigen Bewohner „Mitteldeutschlands", Sachsens, Sachsen-Anhalts und Thüringens, angesichts der Erfahrungen mit dem unitarischen und zentralistischen System der DDR mit regionalistischen Konzepten umgehen und sich mit einer der institutionalisierten Regionen identifizieren, läßt sich hier nur annäherungsweise beantworten. Jedenfalls ist dabei zu berücksichtigen, daß die zahlreichen regionalen Deutungsangebote heute sehr viel häufiger von Politikern, Unternehmern, Verbandsfunktionären und Lobbyisten stammen als von Berufshistorikern.

In den frühen 1950er Jahren wurde die Deutungsmacht der traditionellen Regionsexperten, unter anderem auch der Regionalhistoriker, ganz massiv eingeschränkt. Die DDR löste 1952

---

36 John, Jürgen: Die Thüringer Kleinstaaten – Entwicklungs- oder Beharrungsfaktoren?, in: Blätter für deutsche Landesgeschichte 131 (1995), S. 91–149.

die drei bisherigen Länder – das relativ alte Land Sachsen, das 1920 gegründete Thüringen und das nach dem Zweiten Weltkrieg gegründete Sachsen-Anhalt – auf und schuf Bezirke. Die zentralistische DDR hob einerseits die Länder als politisch-administrative und kulturelle Regionen auf, betrieb andererseits aber in den Bezirken und Kreisen eine neue politisch-administrative Regionalisierung. Mit ihrer Industrialisierungs-, Versorgungs-, Städte- und Wohnungsbau- sowie Kultur- und Bildungspolitik setzte sie neue regionale Akzente. Die Bedeutung und Wirkung dieser Regionalisierungsprozesse ist noch nicht wirklich erforscht. Bekannter ist, daß die traditionellen Regionalismen der Länder Sachsen und Thüringen zeitweise verpönt oder in die Nischen der Volkskulturpflege und Heimatgeschichte abgedrängt wurden. Vom dem, was man heute als traditionellen alltagskulturellen oder lebensweltlichen Regionalismus bezeichnet, blieb angesichts der Standardisierung und Nivellierung der Werte, Güter und Lebensverhältnisse schließlich nicht allzuviel übrig. Ein „politischer Regionalismus", der eine regionale Autonomie angestrebt und bei der Durchsetzungen seiner Forderungen auch Konflikte mit dem Machtzentrum riskiert hätte, war damals undenkbar.

Das traditionelle Regionalbewußtsein galt in der DDR lange als ein Faktor, der die soziale und politische Entwicklung behinderte. Der sächsische Regionalhistoriker Karl Czok bezeichnete 1962 die Neugliederung von 1952 als „revolutionäre Beseitigung überalterter Formen staatlicher Gliederung, die sich schon seit langer Zeit als Hemmnisse in der deutschen Geschichte erwiesen hatten".[37]

Seit den 1970er Jahren gewann ein lebensweltlicher und traditioneller Regionalismus in Form der Pflege der Volkskultur und Heimatgeschichte insoweit eine gewisse Bedeutung, als er sich nicht fundamental gegen den Zentralismus und den allgemeinen Geltungsanspruch der sozialistischen Leitbilder, Normen, Deutungsmuster und Geschichtsbilder richtete. Die Heimat-Geschichte sollte sich nicht primär auf ein früheres Land konzentrieren, sondern die lokale und regionale Mikrowelt in die Makrowelt des sozialistischen Staates und des Ostblocks einbinden. Heimat-Geschichte sowie subregionale und lokale Feste und Bräuche wurden seit den 1970er Jahren vermehrt als Mittel der Loyalitätsstiftung für das System erkannt. Dieser Regionalismus bezog sich jedoch öfter auf kleinere historische Regionen, z. B. das Vogtland oder das Erzgebirge, sowie auf einzelne Städte, von einem Betrieb geprägte Regionen und große Wohnbaugebiete. In der Alltagskultur existierten unterschiedliche regionale Bezüge nebeneinander, sei es in der Traditionspflege, in der Folklore, im Feld des Konsumierens oder des Tourismus.[38] Erst in den 1980er Jahren entdeckte die DDR-Führung die ehemaligen Länder wieder als Ressource für die Stiftung von Identität: Geschichten für Mecklenburg-Vorpommern, Sachsen, Thüringen und Preußen wurden in Auftrag gegeben.

---

37 Czok, Karl: Die Bedeutung der Regionalgeschichte in Deutschland und ihre Erforschung in der Deutschen Demokratischen Republik, in: Sächsische Heimatblätter 8 (1962), S. 177–184, hier S. 177.

38 Der Verfasser untersucht diese Frage zusammen mit Manuel Schramm und Eva Göbel im Rahmen des Projekts „Konsum und Region. Sachsen und Bayern im Vergleich 1890–1995", Teilprojekt C 1 des DFG-Sonderforschungsbereich 417, Regionenbezogene Identifikationsprozesse. Das Beispiel Sachsen im Vergleich. Vgl. demnächst: Siegrist, Hannes; Schramm, Manuel: Staat, Konsum und regionale Identität in Sachsen 1945–1995, in: Jahrbuch für Wirtschaftsgeschichte.

Im Vergleich zu manchen westeuropäischen Ländern prägte sich der kulturelle und politische Regionalismus in der DDR schwächer aus. Der sozialistische Mensch konnte sich nicht frei regionalisieren. Der Bezirk mochte eine funktionale Region und eine politisch-administrative Region bilden, er sollte aber nicht zum Objekt der primären Identifikation werden. Erst in der späten DDR und im Zuge der deutschen Vereinigung manifestierte sich der bis dahin latente Regionalismus deutlicher. Im Zeichen der Infragestellung der ostdeutschen Machtzentrale und der Hinwendung zur föderalistischen Bundesrepublik wurde der Regionalismus nun auch stärker politisch gerahmt und inszeniert.

Die Forschung über das Ende der DDR konzentriert sich im allgemeinen sehr stark auf die Probleme des Wirtschafts- und Herrschaftssystems sowie die Frage der Nation; den Regionalismus zählt sie nicht zu den Faktoren, die entscheidend zur Delegitimierung und Auflösung des Herschaftssystems und Staates beitrugen.[39] Nur die spezielle Föderalismus-Forschung betrachtet die regionale Orientierung und Bindung der Ostdeutschen als Kraft, die bei der Schwächung der zentralistischen Herrschaft und der Gestaltung einer demokratischen Ordnung eine erhebliche Rolle spielte.[40] In der Zeit der Wende und Vereinigung artikulierte sich der Regionalismus uneinheitlich: bisweilen sehr traditionalistisch, dann aber auch geradezu revolutionär, wenn Demonstranten bei ihrer SED-Bezirksleitung die regionalen Interessen nicht richtig aufgehoben sahen und deshalb ihre Sache selbst in die Hand nehmen wollten. Genauere Vorstellungen über das Regionen-Machen gab es indessen ebensowenig wie ein elaboriertes regionalistisches Programm. Seine Dynamik gewann der vorerst noch diffuse Regionalismus durch die Verbindung mit den Begriffen „Volk", „Freiheit", „Partizipation" und „Föderalismus".

Durch die Bildung von Ländern und den Aufbau des Föderalismus nach westdeutschem Muster wurde der Zentralismus überwunden und die Kompatibilität mit den westdeutschen Verhältnissen hergestellt. Die Länderbildung orientierte sich an den Verhältnissen vor 1952. Die Tatsache, daß es in zahlreichen Kreisen zu Debatten und Abstimmungen über die Länderzugehörigkeit kam, weist darauf hin, daß in einigen Gebieten die Optionen des Sich-Regionalisierens und Regionen-Machens umstritten waren. Letztlich beruhte die Länderbildung auf dem Konsens der nicht primär regional gebundenen Parteien und Bewegungen. Die letzte große Koalition der DDR aus CDU, DA, DSU, SPD und FDP vereinbarte das Ziel einer föderativen Republik, die Abgrenzung von Länder- und Bundesrecht analog zum Grundgesetz und die Schaffung der Länder in Anlehnung an die Verhältnisse bis 1952 in enger Abstimmung mit der Bevölkerung und unter Berücksichtigung ökonomischer Aspekte und verwaltungsrechtlicher Erfordernisse.[41] Die DDR-Volkskammer beschloß die mit der Bundesrepu-

---

39 Vgl. exemplarisch mit einer Zusammenfassung des Forschungsstandes: Jarausch, Konrad H.; Sabrow, Martin (Hrsg.): Der Weg in den Untergang. Der innere Zerfall der DDR, Göttingen 1999; Jarausch, Konrad H.: Die unverhoffte Einheit 1989–1990, Frankfurt am Main 1995.

40 Vgl. Laufer, Heinz; Münch, Ursula: Das föderative System der Bundesrepublik Deutschland, Bonn 1997, S. 75–83.

41 Ebenda, S. 77.

blik abgestimmte Länderneubildung noch am 22. Juli 1990, die Länderparlamente wurden jedoch erst nach der Vereinigung gewählt.

Die Bildung der neuen Bundesländer erfolgte bereits im Hinblick auf die Wiedervereinigung, sie war in erheblichem Maße bestimmt durch die von der Bundesrepublik vorgegebenen institutionellen und rechtlichen Grundlagen. Der rückwärtsgewandten wie der zukunftsorientierten Phantasie ostdeutschen Regionalisierens waren enge Grenzen vorgegeben.[42] Im Zuge der deutsch-deutschen Einigung vollzog sich ein Kulturtransfer, indem der bundesrepublikanische Regionalismus und kooperative Föderalismus von den Ostdeutschen in spezifischer Weise angeeignet und umgesetzt wurde. Die Sachsen, Thüringer und Sachsen-Anhalter haben mit Unterstützung der Westdeutschen einige ihrer eigenen regionalen Traditionen wiedererfunden.

Ein schärferes Profil und eine stärkere Ausstrahlung gewannen der ostdeutsche Regionalismus, die Regionalismen einzelner Bundesländer und Subregionen, schließlich auch ein mitteldeutscher Regionalismus, erst seit den frühen 1990er Jahren, nun insbesondere aus ökonomischen Gründen und in der Reaktion auf die Folgen der Transformation, Liberalisierung und Globalisierung für Wirtschaft, Arbeitsmarkt, Kultur und Gesellschaft. Ein offensiver Standort-Regionalismus definierte nun die vorhandenen materiellen, finanziellen, sozialen und kulturellen Ressourcen als materielles Kapital und Humankapital der Region, als Potential für einen endogenen Wiederaufschwung. Ein defensiver Regionalismus forderte dagegen den Schutz der jeweiligen Kultur und Lebensweise. Die „Ostalgie" war ein sowohl defensiver wie offensiver länderübergreifender Regionalismus der ostdeutschen Peripherie gegen das im Westen verortete politische und wirtschaftliche Zentrum.

Im heutigen Regionalismus der neuen Bundesländer und ihrer Subregionen artikulieren sich sowohl reaktive Schutz- als auch aktive Gestaltungsstrategien. Die Region soll in Zeiten der wirtschaftlichen, politischen, sozialen und kulturellen Verunsicherung Halt geben und die Grundlagen für die Zukunft legen. Der Regionalismus und die Regionen in Mitteldeutschland profitieren dabei sowohl vom bundesdeutschen Föderalismus als auch von der Regionsprogrammatik und den Regionalfonds der Europäischen Union. Beide unterstützen Regionen mit strukturellen Defiziten durch Infrastrukturmaßnahmen, damit die Lebensverhältnisse der Regionen nicht weiter auseinandergehen und die Industrien und Dienstleistungsunternehmen der strukturschwächeren Regionen auf dem liberalisierten europäischen Markt mithalten können. Die regionalen sozialen Disparitäten, die die Gleichheit der Lebensverhältnisse, die politische Integration Deutschlands sowie die Kohäsion Europas gefährden könnten, sollen entschärft werden.

Zehn Jahre nach der deutschen Vereinigung haben sich die Mitteldeutschen hinsichtlich der Umgangs mit der Region weitgehend den westdeutschen und westeuropäischen Verhältnissen angeglichen. In Mitteldeutschland sind die Regionalisierungen und Regionalismen vermutlich sogar weniger rückwärtsgewandt als in manchen anderen Regionen Deutschlands

---

42 Vgl. die Ausführungen von Werner Rutz in diesem Band.

und Europas, die sich angesichts eines moderaten Strukturwandels beschaulichere Formen der Heimatpflege und Regionsbindung noch eher leisten können. In Mitteldeutschland stehen pragmatische und zukunftsgerichtete Strategien der Regionalisierung zur Sicherung der modernen Arbeits-, Wohlfahrts-, Konsum- und Zivilgesellschaft im Vordergrund. Es gibt kaum fundamentalistische Regionalisten. Die Alternative „Sachsen oder Mitteldeutschland" erregt die Gemüter kaum, weil diese Frage aufgrund funktionaler Kriterien pragmatisch von Fall zu Fall entschieden wird.

Auf die Angleichung mit den westdeutschen und europäischen Verhältnisssen scheinen auch die Ergebnisse der Umfragen über die Identifikation mit der Region hinzuweisen.[43] Der Ort, mit dem sich in ganz Europa die meisten Menschen in erster Linie verbunden fühlen, ist der Wohn- oder Herkunftsort. Unter den europäischen Ländern gehört Deutschland zu denjenigen, in denen Bürgerinnen und Bürger sich relativ häufig dahingehend äußern, daß für sie die Region wichtig ist. In den neuen Bundesländern ist die Identifikation mit der Stadt bzw. dem Land/der Region sogar noch etwas höher als in den alten Bundesländern, allerdings nicht höher als in Bayern. Die Identifikation mit der Nation ist dagegen in Deutschland geringer als in den meisten anderen europäischen Nationalstaaten; und sie richtet sich stärker auf die materiellen Errungenschaften als auf die Geschichte.

5. Schluß und Ausblick

In dem mitteleuropäischen Gebiet, zu dem Sachsen, Thüringen und Sachsen-Anhalt gehören und das seit dem 19. Jahrhundert unter anderem wiederholt auch als Mitteldeutschland bezeichnet wird, existierten vergleichsweise lange viele kleine und mittlere Regionalstaaten nebeneinander. Im Zeitalter der von Preußen angeführten Nationalisierung der deutschen Gesellschaft, Politik, Wirtschaft und Kultur stärkte die Existenz der mitteldeutschen Länder die kulturelle und politische Vielfalt. Im 19. Jahrhundert bestand die große Herausforderung für die Regionen Mitteldeutschlands in der Industrialisierung, Urbanisierung und Nationalisierung. Im 20. Jahrhundert erfolgten die Regionalisierungen zuerst unter den Bedingungen der zentralisierenden Republikanisierung und Demokratisierung der Weimarer Republik, dann im Rahmen der ethnisch-rassistischen und nationalistischen Weltordnung des Nationalsozialismus, der die politische Zentralisierung durch Elemente eines kulturellen Regionalismus verbrämte. Der Zweite Weltkrieg, die Vertreibungs- und Flüchtlingsbewegungen, die Entnazifizierungs- und Dezentralisierungsmaßnahmen der Alllierten in den ersten

---

43 Vgl. zu den Zahlen und Interpretationen der Umfragen Armingeon, Klaus: Introduction Part III, in: Kriesi, Hanspeter; Armingeon, Klaus; Siegrist, Hannes; Wimmer, Andreas (Hrsg.): Nation and National Identity. The European Experience in Perspective, Chur; Zürich 1999, S. 235–242; Westle, Bettina: Collective Identification in Western and Eastern Germany, in: Ebenda, S. 175–198; Gerhards, Jürgen: Regionale Identifikation und Loyalität zu Gruppennormen: Empirische Befunde aus der Umfrageforschung, in: Metze, Regina u. a. (Hrsg.): Normen und Institutionen: Entstehung und Wirkungen, Leipzig 2000, S. 115–136.

Nachkriegsjahren berührten die Frage der Regionalisierung in Mitteldeutschland in radikaler Weise. Mit der Einführung der zentralistischen Planwirtschaft und des Staatssozialismus verbanden sich zum einen massive Entregionalisierungen zugunsten einer Zentralisierung, zum anderen neue funktionale Regionalisierungen in den Bezirken, die unter anti-regionalistischen Vorzeichen betrieben wurden. Seit den 1970er Jahre wurden historische Subregionen als emotionale Räume wieder aufgewertet, um als Zwischenglieder in der Kette der Loyalitäten zwischen Individuum und Staat zu fungieren. In den 1990er Jahren entwickelte sich Mitteldeutschland erneut zu einem Gebiet mit vielfältigen Formen des Regionalisierens und des Regionalismus, nun im regionsfreundlichen Klima der Bundesrepublik und der Europäischen Union.

Die diskontinuierliche Geschichte der Regionen, des Regionalisierens und des Regionalismus in „Mitteldeutschland" macht deutlich, daß die Menschen in demselben erdräumlichen Ausschnitt die Regionen ständig neu gemacht haben. Das stellt das Geschichtsbild jener Landeshistoriker in Frage, die die Geschichte ihres Landes in den heutigen Grenzen schreiben. Die dynamische Geschichte des Regionen-Machens betont das Verhältnis von Beharrung und Umwälzung im Umgang mit einer einmal etablierten Sinnordnung „Region", die Repetitivität und Kreativität des Regionalisierens und die jeweilige Funktion und Bedeutung des Regionalismus.

Die Region ist eine Sinnordnung. Doch sie objektiviert sich jeweils in Strukturen, Institutionen, Mentalitäten und Artefakten. Die Regionalisierung in Mitteldeutschland hing und hängt von den großen politischen, wirtschaftlichen, sozialen und kulturellen Strukturen und Prozessen in Deutschland, Europa und der Welt ab. Der Vergleich der Regionen im jeweiligen Kontext zeigt, wie und warum die Menschen Regionen machen. Den heutigen Individuen und Interessengruppen ist bei ihren Entscheidungen über das Regionenmachen wenig geholfen, wenn sie bloß wissen, daß ihre Region eine historische Substanz oder einen historischen Auftrag haben soll. Sie brauchen vielmehr eine Deutungskompetenz, die auf rationalem und emotionalem Wissen darüber beruht, wie und warum in Mitteldeutschland unter unterschiedlichen Umständen Regionen gemacht wurden.

Michael Dreyer

Land, Region, Großraum und Föderalismus*

Zum Problem politikwissenschaftlicher Konstruktion multidisziplinärer Begriffe

Begriffsbildung zählt in den Geistes- und Sozialwissenschaften zu den komplexesten Problemen; sie wird durch die Erfordernisse inhaltlicher Angemessenheit, formaler Geschlossenheit und praktischer Anwendbarkeit umrissen. Diese Problematik wird noch schwieriger, wenn die Begriffe in einem multidisziplinären Kontext definiert werden sollen. Keine noch so weitreichende Definition kann, wenn sie noch eine Bedeutung behalten soll, den Bedürfnissen aller beteiligten Disziplinen nachkommen. In einem so breiten Rahmen, wie er von den Beiträgen dieses Bandes abgesteckt wird, muß der Versuch einer konsensfähigen Begriffskonstruktion notwendig defizitär bleiben. Gleichwohl soll auf den folgenden Seiten versucht werden, mit einer politikwissenschaftlich orientierten Begriffsbestimmung Definitionen zu geben, die möglicherweise im Gefüge dieser Tagung auch interdisziplinär nutzbar sind. Land, Region, Großraum und Föderalismus sind zwar nicht nur politische Begriffe, aber sie sind auch politische Begriffe und fallen als solche in den Kompetenzbereich dieser Wissenschaft.

Es gibt wesentlich zwei Arten, in denen man sich dem Thema politikwissenschaftlich nähern kann: nämlich analytisch-empirisch oder ontologisch-normativ. Eine empirisch orientierte Methodik wird von den konkret vorhandenen politischen territorialen Einheiten ausgehen und ihre Kompetenzen untersuchen. Bei einem normativen Zugang ließe sich an die vielfach geübte demokratietheoretische Kritik an territorialen Großeinheiten anknüpfen, der sich etwa die Europäische Union, aber auch klassische Einheitsstaaten stellen mußten. Postmaterieller Wertewandel[1] könnte herangezogen werden, um die seit einigen Jahrzehnten zu beobachtende Renaissance kleinerer Territorien zu erläutern.

Dieser Aufsatz wird in gewisser Weise beide Ansätze verfolgen. Die Erfordernis hierzu liegt in einer mit den hier zu betrachtenden vorgegebenen Begriffen selbst verbundenen Schwierigkeit. Wenn sie auch auf den ersten Blick eine aufsteigende Folge von der kleineren zur größeren Einheit aufzuzeigen scheinen, ist dies bei näherem Hinsehen nicht mehr der Fall. „Land" kennzeichnet eine analytisch relativ einfach zu konstruierende, überwiegend staatsrechtliche Begriffsbezeichnung. „Region" ist demgegenüber kaum faßbar, „Großraum" historisch fast völlig obsolet, und „Föderalismus" gehört als umfassender regulativer Begriff ohnehin einer anderen Dimension an als die anderen drei.

---

* Für die computergestützte Darstellung der Schaubilder in diesem Aufsatz danke ich meinem Chemnitzer Kollegen Markus Lang, M. A.

1 Vgl. etwa Inglehart, Ronald: Kultureller Umbruch. Wertewandel in der westlichen Welt, Frankfurt a. M. 1995.

Die hiermit verbundene Eingangsschwierigkeit läßt sich am besten am Begriff der Region exemplifizieren. Die Vielzahl der Definitionen, die dieser Begriff erfahren hat[2], ist ein Symptom dafür, daß es keinen allgemein in der Politikwissenschaft (oder in einer anderen Wissenschaft) anerkannten Begriff der Region gibt, geschweige denn eine umfassende Theorie der Region[3]. Über eklektische Systematisierungen des Bestandes ist das Fach bislang noch nicht hinausgelangt, und nichts spricht dafür, daß sich dies in naher Zukunft ändern wird. Ein weiteres Symptom der noch nicht eingetretenen Klärung der Sprachregelung sind die in diesem Bande versammelten Aufsätze. Hier ist teils von Region und Großraum, teils von Raum und Großraum, teils von Region und Raum, teils auch von nur einem dieser drei Begriffe die Rede. Offenbar besteht keine Einigkeit darüber, ob und wie sie sich voneinander unterscheiden, und dies liegt nicht nur daran, daß die Autoren aus unterschiedlichen Fächern kommen.

Damit ist das Problem gekennzeichnet. Bei einem Ansatz zu seiner Lösung werde ich in drei Schritten vorgehen. Einem konkreten Fallbeispiel folgt im zweiten Schritt die nähere Betrachtung der einzelnen, mir vorgegebenen Begriffe. Abschließen wird eine strukturelle und einordnende Zusammenfassung der Argumentation.

Die Wandlung Belgiens vom Einheitsstaat zum postmodernen Bundesstaat

In den vergangenen zwanzig bis dreißig Jahren haben eine ganze Reihe von klassischen Einheitsstaaten erhebliche Veränderungen ihrer staatsorganisatorischen Struktur im Sinne einer Regionalisierung oder noch weiterreichenden Föderalisierung vorgenommen. Mitte 1999 konnte ein eigenständiges schottisches Parlament seine Beratungen aufnehmen, und in unterschiedlichem Ausmaße haben auch Italien, Frankreich und vor allem Spanien diesen Weg beschritten[4]. Die grundlegendsten Reformen lassen sich jedoch in Belgien verzeichnen, das daher hier auch als Fallbeispiel näher betrachtet werden soll.

Vor allem zwei Bündel von Faktoren machen das belgische Beispiel für unseren Kontext interessant. Zum einen ist Belgien seit seiner Staatwerdung 1830[5] ein klassischer Einheitsstaat gewesen, und zwar trotz seiner zugleich multiethnischen und vielsprachigen Strukturen. Dies

---

2 Einen Überblick über die definitorischen Ansätze und ihre Probleme vermittelt Weichhart, Peter: Die Region – Chimäre, Artefakt oder Strukturprinzip sozialer Systeme?, in: Brunn, Gerhard (Hrsg.): Region und Regionsbildung in Europa. Konzeptionen der Forschung und empirische Befunde, Baden-Baden 1996, S. 25–43, hier S. 28.

3 Dies beklagt zutreffend Rohe, Karl: Die Region als Forschungsgegenstand in der Politikwissenschaft, in: Brunn: Region und Regionsbildung (wie Anm. 2), S. 100–111, hier S. 100.

4 Zu Frankreich und Italien siehe die entsprechenden Aufsätze in Ammon, Günther; Fischer, Matthias; Hickmann, Thorsten; Stemmermann, Klaus (Hrsg.): Föderalismus und Zentralismus: Europas Zukunft zwischen dem deutschen und dem französischen Modell, Baden-Baden 1996. Zum weitreichenden spanischen Wandel vgl. Wendland, Kirsten: Spanien auf dem Weg zum Bundesstaat? Entstehung und Entwicklung der Autonomen Gemeinschaften, Baden-Baden 1998.

5 Aufschlußreich in diesem Zusammenhang: Koll, Johannes: Belgien. Geschichtskultur und nationale Identität, in: Flacke, Monika (Hrsg.): Mythen der Nationen. Ein europäisches Panorama, Berlin 1998, S. 53–77.

führte im Laufe der Zeit zu steigenden Spannungen, für die eine Föderalisierung als Ausweg sich geradezu aufdrängte – allerdings ein Ausweg, der im Widerspruch zu den belgischen historisch-politischen Traditionen stand. Zum anderen, und dies rechtfertigt die Bezeichnung „postmodern" für diesen Abschnitt, hat Belgien seine Transformation nicht in Richtung auf eine der klassischen föderativen Staatsformen durchgeführt, sondern ein eigentümliches und originelles multidimensionales Modell geschaffen, das mit seinen sich vielfach überlappenden und nebeneinander bestehenden Ebenen, Zuständigkeiten und Loyalitäten die konventionelle Staatstheorie sprengt.

In drei großen Reformschritten von 1970, 1980 und ab 1988 wurden Veränderungen geschaffen, die in der „Koordinierten Verfassung" vom 17. Februar 1994 ihren Abschluß fanden[6]. Als Erbe des ehemaligen Einheitsstaates fungiert ein im wesentlichen für Außen-, Verteidigungs- und Justizpolitik zuständiger Bundesstaat mit zentralen Ministerien[7]. Dieser gliedert sich in neun Provinzen von allerdings abnehmender Bedeutung, da sie nur zum Teil mit den neuen Gliederungseinheiten identisch sind[8]. Wichtiger sind die drei Gemeinschaften und die drei Regionen, die weitreichende Selbstverwaltungsrechte genießen. Die flämische, französische und deutschsprachige Gemeinschaft verfügen über die wichtigsten Kompetenzen der Kultur- und Sozialgesetzgebung. Die flämische und wallonische Region, sowie die Region der Hauptstadt Brüssel wiederum haben ihre Kompetenzen in der Wirtschafts- und Verkehrsgesetzgebung. Ein guter Indikator für den Föderalisierungsgrad ist in jedem politischen System die Verteilung der Staatsfinanzen. In Belgien werden 40 % des Staatshaushalts von den Regionen und Gemeinschaften ausgegeben: ein klarer Indikator dafür, daß der belgische Zentralstaat inzwischen ein erhebliches Maß an Zuständigkeiten abgegeben hat[9].

Hier ist nicht der Ort, detailliert auf das dynamische Funktionieren der neuen politischen Strukturen Belgiens einzugehen. Ohnehin dürfte dies bei einer erst seit 1994 in Kraft befindlichen Verfassungsordnung noch etwas verfrüht sein. Das Verhältnis der einzelnen Akteure in der Verfassungswirklichkeit befindet sich hier noch im Flusse, und dies um so mehr, als die belgische Verfassung fast völlig auf eine klar abgesteckte Normenhierarchie zwischen den einzelnen Ebenen verzichtet, die mithin auf einen hohen Grad an informeller Kooperation angewiesen sind.[10]

---

6 Umfassend aus überwiegend juristischer Perspektive hierzu Jacquemin, Nico; van den Wijngaert, Mark (unter Mitarbeit von Goossens, Martine): O dierbaar Belgie. Onstaan en structuur van de federale staat. Met de tekst van de nieuwe Belgische grondwet, Antwerpen 1996. Eine knappere deutsche Übersicht bei Alen, André: Der Föderalstaat Belgien: Nationalismus – Föderalismus – Demokratie. Mit dem Text der neuen Belgischen Verfassung, Baden-Baden 1995.

7 Eine gründliche Analyse der Veränderungen aus politikwissenschaftlicher Perspektive bietet das Standardwerk von Fitzmaurice, John: The Politics of Belgium: A Unique Federalism, London 1996. Speziell zum Reformprozeß ebenda, S. 121 ff., zum daraus resultierenden Föderalismus ebenda, S. 145 ff.

8 Vgl. ebenda, S. 162 ff.

9 Gleichwohl sieht Fitzmaurice, ebenda, S. 158, die Finanzen als „weakest part of the reform" an.

10 Vgl. ebenda, S. 160. Zur (unvollendeten) Dynamik des Prozesses siehe auch Delmartino, Frank: Belgium After the Fourth State Reform: Completed Federalism or Confederalism in the Making?, in: Färber, Gisela; Forsyth, Murray (Hrsg.): The Regions – Factors of Integration or Disintegration in Europe?, Baden-Baden 1996, S. 117–144.

Das belgische Beispiel dient hier lediglich dazu, vier Punkte zu demonstrieren. Zum ersten zeigt sich die Unzulänglichkeit einheitsstaatlicher Konfliktlösungsmechanismen, wenn ethnische oder sprachliche Konflikte berührt sind[11]. Zum zweiten ist der überwiegend als gelungen anzusehende Reformprozeß Belgiens ein neuer empirischer Beleg für die theoretisch schon lange von Föderalismustheoretikern hervorgehobene Konfliktlösungsfähigkeit föderativer Reformen. Zum dritten zeigt Belgien aber auch, daß die komplexen Verhältnisse in der ausgehenden Ära des klassischen Staates eine postmoderne Vermischung von Ebenen, Begrifflichkeiten und theoretischen Modellen nicht nur zuläßt, sondern vielleicht sogar erfordert. Dies muß viertens die Wissenschaft zu der Erkenntnis führen, daß die bisherigen analytischen Kategorien möglicherweise nicht mehr ausreichen, neue Wirklichkeiten in ihrer Vielschichtigkeit zu erfassen. Das Fallbeispiel Belgien unterstreicht also auch die Berechtigung, sich mit einem neuen Blick an die Konstruktion zum Teil alter Begriffe zu machen.

Versuch einer Begriffsbildung

Land

Der Begriff des „Landes" ist der unproblematischste und am klarsten definierte in der Reihe der hier zu betrachtenden Begriffe.

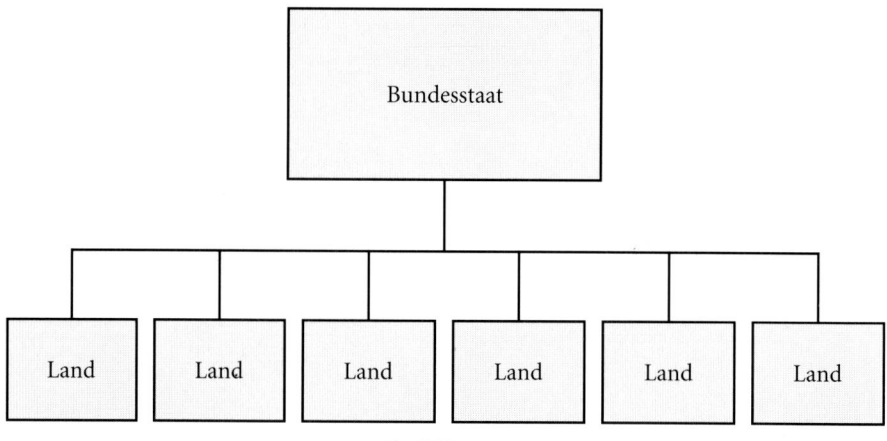

Schaubild 1: Land

„Länder" sind die Untergliederungen eines Bundesstaates; der Begriff ist identisch mit dem des Gliedstaates, des Bundesstaates im Sinne des Kaiserreiches, des Staates (USA) oder des Kantons (Schweiz). Die Kompetenzen eines Landes können sehr unterschiedlich sein; in eini-

---

11 Hierzu siehe Hooghe, Liesbet: A Leap in the Dark: Nationalist Conflict and Federal Reform in Belgium, Ithaca, N. Y., 1991.

gen Bundesstaaten sind sie ausgesprochen weitreichend (USA), in anderen recht begrenzt in bezug auf eigene gesetzgeberische Gestaltungsmöglichkeiten, aber umfangreich in bezug auf die Mitwirkung an der gesamtstaatlichen Willensbildung (BR Deutschland[12]), in dritten wiederum in jeder Hinsicht sehr eng gefaßt (Österreich). Länder in diesem Verständnis sind nicht-souveräne Staaten, was sich in Deutschland unter anderem darin äußert, daß es der jeweilige Bundesratspräsident ist, der den Bundespräsidenten vertritt, und nicht der Bundestagspräsident oder gar der Kanzler. Aufschlußreich ist der Vergleich mit den USA, die einen am Bundesrat orientierten Mitwirkungsföderalismus der Länder nicht kennen; es ist nur konsequent, daß hier nach Präsident und Vizepräsident der „Speaker" des Repräsentantenhauses als dritter in der staatlichen und protokollarischen Hierarchie steht und nicht etwa einer der Gouverneure oder ein Senator.

Gleichwohl zeigt diese Betrachtungsweise aber auch, daß der Begriff des Landes eng verbunden ist mit traditionellen Vorstellungen über die Souveränität[13]. Ob aber das Souveränitätskonzept wirklich noch imstande ist, begrifflich die mannigfaltige Realität politischer Gebietskörperschaften zu umfassen, ist spätestens seit dem Aufkommen der Pluralismustheorie um die Jahrhundertwende umstritten gewesen[14]. Jüngste Entwicklungen des Völkerrechts haben mit der Entwicklung eines humanitären Interventionsrechts nach Auffassung einiger Völkerrechtler auch in den internationalen Beziehungen Zweifel an der fortdauernden Geltung des klassischen Souveränitätskonzeptes hervorgerufen[15].

Sieht man in die Staatsrechtslehre, so definiert Huber mit Blick auf die politischen Verhältnisse Deutschlands drei strukturelle Verfassungsrechte von Ländern in einem föderativen System: (1) Das Recht auf Fortbestand, (2) das Recht auf Selbstbestimmung und Verfassungsautonomie und (3) das Recht auf Teilnahme an der politischen Willensbildung des Gesamtstaates[16]. Huber kommt zu dieser Begriffsbestimmung im Rahmen seiner Betrachtung der Weimarer Republik, und dies ist kein Zufall. Der Begriff des Landes als staatsrechtlicher

---

12 Als Einstieg in die Thematik siehe Plöhn, Jürgen; Steffani, Winfried: Bund und Länder in der Bundesrepublik Deutschland, in: Hartmann, Jürgen (Hrsg.): Handbuch der deutschen Bundesländer, 3. erw. u. akt. Neuausgabe, Frankfurt a. M. und New York 1997, S. 19–34.

13 Vgl. beispielhaft Barschel, Uwe: Die Staatsqualität der deutschen Länder. Ein Beitrag zur Theorie und Praxis des Föderalismus in der Bundesrepublik Deutschland, Heidelberg und Hamburg 1982, wo mit den klassischen Begriffen des souveränen und nichtsouveränen Staates operiert wird. Zum historischen Überblick siehe Dreyer, Michael: Föderalismus als ordnungspolitisches und normatives Prinzip. Das föderative Denken der Deutschen im 19. Jahrhundert, Frankfurt a. M. usw. 1987.

14 Grundlegend in Frage gestellt wurde das Souveränitätskonzept etwa von Laski, Harold: Studies in the Problem of Sovereignty, New Haven, London und Oxford 1917, und schon vorher von Preuß, Hugo: Gemeinde, Staat, Reich als Gebietskörperschaften. Versuch einer deutschen Staatskonstruktion auf Grundlage der Genossenschaftstheorie, Berlin 1889.

15 Schon vor einiger Zeit widmete sich eine ganze Jahrestagung der Deutschen Gesellschaft für Politikwissenschaft dieser Thematik; vgl. die Beiträge in Jäckel, Hartmut (Hrsg.): Ist das Prinzip der Nichteinmischung überholt?, Baden-Baden 1995.

16 Huber, Ernst-Rudolf: Deutsche Verfassungsgeschichte seit 1789, 6. Bd.: Die Weimarer Reichsverfassung, Stuttgart, Berlin, Köln, Mainz 1981, S. 68 ff. Er fügt noch den Anspruch auf Schutz und Förderung durch den Bund hinzu; ebenda, S. 77.

Begriff ist erst jüngeren Datums. Während die Verfassung des Bismarck-Reiches noch von den einzelnen „Bundesstaaten" sprach, haben die Weimarer Republik und die Bundesrepublik erstmals im Verfassungsrecht den Begriff „Land" gewählt. Dies ging nicht ohne Kontroversen ab[17]. Gerhard Anschütz hat in seinem maßgeblichen Verfassungskommentar zur Weimarer Reichsverfassung versucht, die Kontinuität des Begriffes nachzuweisen[18]. Gleichwohl, im modernen deutschen Staatsrecht wurde der Terminus erst in Weimar wiederbelebt.

„Land" ist in diesem Verständnis identisch mit anderen Bezeichnungen für den gleichen Sachverhalt wie „Gliedstaat", „Einzelstaat" oder dem in der Weimarer Republik von mehreren Ländern wegen der damit verbundenen republikanischen und souveränen Assoziationen bevorzugten Eigenbestimmung „Freistaat". Der staatsrechtliche Formalismus des Begriffes „Land" sagt noch nichts über seine konkrete rechtliche Ausgestaltung aus, noch viel weniger über die Größe und den Zuschnitt eines Landes. Die Variationsbreite innerhalb der Gliederungsebene „Land" ist erheblich. Subtrahiert man vom Territorium der Schweiz die Kantone Bern, Waadt, Wallis und Graubünden, so bleiben noch 22 Kantone und Halbkantone als selbständige politische Einheiten übrig, die alle zusammen ungefähr der Größe von Rheinland-Pfalz entsprechen. Offenkundig sind viele dieser Kantone sehr klein, und dennoch ist die Schweiz bis in die jüngste Zeit im wesentlichen von der in Deutschland periodisch aufflakkernden Neugliederungsdebatte[19] verschont geblieben; wenn irgend etwas, dann kennzeichnet eher die Aufspaltung bestehender Kantone in neue Halbkantone den Gang des eidgenössischen Föderalismus. Nähme man die zweifellos ökonomisch wie politisch ausgesprochen erfolgreiche Schweiz als Vorbild, bekäme die bundesdeutsche Föderalismus- und Neugliede-

---

17 Schon in den Vorberatungen hatten sich die Vertreter der einzelnen Revolutionsregierungen dagegen gewehrt, von Bundesstaaten zu Ländern „degradiert" zu werden, und in der Nationalversammlung setzte sich der Streit fort; vgl. Verhandlungen der verfassunggebenden Deutschen Nationalversammlung, Bd. 326–343. Stenographische Berichte und Anlagen, Berlin 1920, hier 326. Bd., 401. Dem Reichsinnenminister und Schöpfer des Verfassungsentwurfs, Hugo Preuß, war die Bezeichnung gleichgültig. Zunächst hatte er von Freistaaten gesprochen, dann von Gliedstaaten, und der Verfassungsausschuß wandelte diesen sprachlich unschönen Begriff in Länder um. Vgl. auch Preuß, Hugo: Reich und Länder. Bruchstücke eines Kommentars zur Verfassung des Deutschen Reiches. Aus dem Nachlaß d. Verf. hrsg. v. Gerhard Anschütz, Berlin 1928, S. 27.

18 Anschütz, Gerhard: Die Verfassung des Deutschen Reiches vom 11. August 1919. Ein Kommentar für Wissenschaft und Praxis, 3. Bearb., Berlin 1930, S. 34, stellt in seinen einleitenden Ausführungen zum ersten Abschnitt der Reichsverfassung fest: „Wie ‚Reich', so ist auch ‚Land' ein alter Ausdruck, und wenn dieser Ausdruck jetzt in der Reichsverfassung das partikulare Staatsgebilde zum Unterschied vom nationalen, den Einzelstaat im Gegensatz zum Reich bezeichnet, so ist das kein Bedeutungswandel. Denn vor Jahrhunderten schon, im römischen Reiche deutscher Nation, wie in der Neuzeit war ‚Land' als einfaches Wort und in Zusammensetzungen, die partikulare Gliederung des Reichsganzen, der Einzelstaat."

19 Vgl. etwa Burg, Peter: Die Neugliederung deutscher Länder. Grundzüge der Diskussion in Politik und Wissenschaft (1918 bis 1996), Münster 1996; Schiffers, Reinhard: Weniger Länder – mehr Föderalismus? Die Neugliederung des Bundesgebietes im Widerstreit der Meinungen 1948/49–1990. Eine Dokumentation, Düsseldorf 1996. Auch mehrere Beiträge dieses Bandes vertreten unterschiedliche Seiten dieser ebenso andauernden wie ergebnislosen Kontroverse. Zuzustimmen ist Benda, Ernst: Welche Föderalismus-Reformen sind möglich?, in: Männle, Ursula (Hrsg.): Föderalismus zwischen Konsens und Konkurrenz, Baden-Baden 1998, S. 37–40, hier S. 39: „Die Neugliederung, die heute von vielen wieder als Rezept angepriesen wird, wird nicht kommen, und das ist kein Unglück."

rungsdebatte auf einmal eine neue Stoßrichtung: Nicht Zusammenlegung bestehender Bundesländer, sondern ihre Aufteilung wäre dann das Ziel – Bayern etwa, ungefähr doppelt so groß wie die Schweiz, ließe sich nach dieser Logik in 52 Länder aufteilen.

Aber natürlich ist auch der umgekehrte Weg denkbar: Die Fläche des amerikanischen Staates Alaska entspricht ungefähr den alten sechs Ländern der EWG (wobei Deutschland schon in seiner vereinigten Gestalt gerechnet ist) plus Großbritannien plus der Schweiz.

Offenbar verdeutlichen diese Beispiele einen Punkt, der implizit bereits deutlich geworden ist: Es kann keine irgend wissenschaftlich feststellbare „richtige" Größe eines Landes geben. Entstehungsfaktoren, und mehr noch Erhaltungsfaktoren, aller empirisch vorkommenden Ländern sind oftmals historisch kontingent. Heinrich von Treitschke hat, wenn auch mit großpreußischer Zielrichtung, schon im 19. Jahrhundert zutreffend prognostiziert, daß die Kleinstaaten in Deutschland historisch obsolet seien[20]. Umgekehrt dürfte das Überleben Bremens als eigenständiger Staat in der großen Reorganisation der deutschen Länder 1945 nicht zuletzt dadurch ermöglicht worden sein, daß die amerikanische Besatzungsmacht einen eigenen, unter ihrer Kontrolle stehenden Hafen benötigte und deshalb Bremen aus der britischen Zone herauslöste.

Das „Land" ist als staatsrechtliche Gliederungseinheit ein objektives Substrat, dessen Stellung und Fortdauer zunächst einmal unabhängig von einer gleichzeitigen affirmativen Haltung der Bevölkerung zu ihm ist. Eine solche Haltung kann bestehen, und empirisch besteht sie auch häufig, wie große Teile der deutschen Neugliederungsdebatten demonstriert haben. Während staatsrechtliche Kunstgebilde wie Nordrhein-Westfalen oder Niedersachsen ein bemerkenswertes Maß an Loyalität auf sich konzentrieren konnten, haben ältere territoriale Einheiten wie Schaumburg-Lippe durchaus ihren Platz im politischen Gefühlshaushalt der Bürger bewahren können. Auch im 19. Jahrhundert klammerten sich die „Beute-Preußen" in Schleswig-Holstein, Kurhessen und Hannover bemerkenswert zäh an ihre angestammten Identitäten, was sich auch in den Wahlerfolgen der Regionalparteien, vor allem der Welfen, zeigte. Und nicht zuletzt das Beispiel der Neubegründung von Ländern in der DDR 1990 zeigt die hohe Bereitschaft der Bürger, trotz langer Pause der Entwöhnung zu den (mehr oder minder historisch gewachsenen) Ländern als Identifikationspunkt zurückzukehren, obwohl es gerade hier nicht an Plänen für zum Teil radikale Neugliederungen fehlte. Hierin liegt ein über den rein staatsrechtlichen Aspekt hinausgehendes Moment des Gefühls, das zugleich auf unseren zweiten Begriff verweist: die Region.

---

20 „Nur der Gedankenlose kann die Frage umgehen: seit Jahrhunderten wirft unsere Geschichte für und für deutsche Kleinstaaten zu größeren Ganzen zusammen; im Jahre 1792 bestanden ungefähr 289 ‚Staaten' in Deutschland, 1803 nur 176, 1815 nur 39, heute 34; ist es nach alledem wahrscheinlich, daß die Geschichte auf ihrem erhabenen Gange immerdar ehrfurchtsvoll stillstehen werde vor dem Fürstentum Reuß älterer Linie oder dem Königreiche Hannover? […] Die Zeit wird kommen, da die kleinen Monarchien für unsere Nation ebenso wertlos sein werden wie weiland die geistlichen Staaten, die Ritter und Städte. Unsere Geschichte wird nur ihrem Charakter treu bleiben, wenn sie dann auf irgendeinem Wege die Revolution des Jahres 1803 erneuert." Treitschke, Heinrich v.: Bundesstaat und Einheitsstaat (1864), in: ders.: Aufsätze, Reden und Briefe. Hrsg. v. Karl Martin Schiller, 3. Bd., Meersburg 1929, S. 9–146, hier S. 104.

Region und Regionalismus

So klar umgrenzt und eindeutig definiert der Begriff des Landes ist, so vielschichtig definiert und politisch instrumentalisiert ist der analytisch-politikwissenschaftlich kaum zu fassende Begriff der Region. Als einen Minimalkonsens kann man drei Elemente des Regionenbegriffs ausmachen, die als Gemeinsamkeit aus vielen unterschiedlichen Begriffsgestaltungen[21] herausdestilliert werden können:

1. Regionen sind Untereinheiten eines größeren Ganzen, die ihrerseits über weitere territoriale Untereinheiten (etwa: Kommunen) verfügen. Regionen sind also stets eine *mittlere* territoriale Einheit, über der und unter der noch weitere Einheiten Platz haben.

2. Zum Begriff der Region gehört immer eine starke psychologische Komponente, die sachliche Faktoren überlagern kann. Eine eigene Region wird von denen begründet, die eine solche Region sein *wollen*. Dies kann einen ethnischen, sprachlichen, konfessionellen, wirtschaftlichen, historischen oder politischen Hintergrund haben – schon die Vielfalt dieser Aufzählung zeigt die Komplexität und Uneinheitlichkeit an.

3. Regionen können auch politische, rechtliche und administrative Kompetenzen haben. Damit können sie als „Konkurrent" neben andere territoriale Einheiten treten, etwa neben die Länder.

In jedem Fall ist der Begriff der Region deutlich weniger statisch zu fassen als der des Landes. Als dynamisch-prozessualer Begriff ist die Region verknüpft mit kleinen, überschaubaren Strukturen, die jedenfalls kleiner sind als die der jeweiligen staatlichen Oberhoheiten.

Dieses Verständnis der Region ist relativ neuen Datums. In den späten siebziger Jahren, als die politikwissenschaftliche Untersuchung von Regionen einsetzte, sind Regionen als vorübergehendes Phänomen, ja, geradezu als Relikt im Rahmen von Modernisierungsdebatten betrachtet worden[22]. In diesem Kontext ist es stimmig, daß der „klassisch" positiv besetzte Begriff der Region im Umfeld des zentralisierungfeindlichen konservativen Gedankenguts zu finden ist. Erst seitdem Modernisierungsskepsis kein ausschließlich politiktheoretisches Phänomen der „Rechten" mehr ist, sondern sich im Gegenteil mehr und mehr im linken Teil des politischen Spektrums angesiedelt hat, ist auch der Begriff der Region dort beheimatet.

---

21 Neuere lexikalische Überblicke bieten etwa Schmidt, Manfred: Wörterbuch der Politik, Stuttgart 1995, S. 819 f., und Neßler, Volker: Art. „Region", in: Sommer, Gerlinde; Raban Graf v. Westphalen (Hrsg.): Staatsbürgerlexikon. Staat, Politik, Recht und Verwaltung in Deutschland und der Europäischen Union, München 1999, S. 767 f. Beide Nachschlagewerke enthalten zusätzlich einen Artikel „Regionalismus" (Schmidt) bzw. „Regionalisierung" (Sommer/Westphalen). Es ist aufschlußreich, daß das Staatslexikon der Görres-Gesellschaft den Begriff der „Region" noch nicht aufgenommen hatte, sondern nur einen Art. von Mols, Manfred: Regionalismus, in: Staatslexikon, 7. Aufl., 4. Bd., Freiburg, Basel und Wien 1988, S. 774–777. Anscheinend erschien der Begriff bei der Planung dieser Auflage den Herausgebern des Lexikons noch nicht genügend virulent.

22 Vgl. hierzu Gerdes, Dirk: Aufstand der Provinz. Regionalismus in Westeuropa, Frankfurt a. M. und New York 1980, wo die Problematik anscheinend erstmals (und nicht ohne Verwunderung) politikwissenschaftlich systematisch untersucht wurde. Siehe auch Mols, Regionalismus (wie Anm. 21), S. 774.

Als politische Begriffe tauchen Region, Regionalismus und Regionalisierung zunächst fast ausschließlich in Zentrum-Peripherie-Konflikten im Einheitsstaat auf. Das Baskenland, Katalonien, Korsika, die Lombardei, Schottland und die verschiedenen Teile Belgiens vor der Föderalisierung des Landes sind Beispiele für einen politisch wirksam gewordenen Regionalismus, der aus dem psychologisch-politischen Bekenntnis zur Region Ansprüche und politische Autonomieforderungen entstehen läßt[23]. Der Prozeß der Regionalisierung kann dann die Lösung sein, um Einheitsstaaten in einer Weise zu reformieren, die auseinanderstrebende Regionen ohne Zwang zusammenhalten kann. Der dynamische Charakter des Regionenbegriffes wird an diesen Prozessen besonders deutlich. Zugleich macht der psychologische, voluntaristische Aspekt aber auch deutlich, daß zur „Region" mehr gehört als das bloße Nebeneinanderliegen zweier Gebietsteile. Die 1996 am Votum der Betroffenen gescheiterte, von allen Politkern und Fachleuten (aber eben auch *nur* von ihnen) gewünschte Fusion von Berlin und Brandenburg zeigt den Unterschied von „Land" und „Region". Ohne das Gefühl der Zusammengehörigkeit lassen sich Regionen nicht erzwingen, und schon gar nicht in staatsrechtliche Formen gießen.

Ein Markstein in der Entwicklung von Regionen als politischen Entitäten war die „Entschließung zur Regionalpolitik der Gemeinschaft und zur Rolle der Regionen" des Europäischen Parlaments vom November 1988. Der Anfang der Entschließung gibt eine etwas unscharfe Definition der Region:

„Im Sinne dieser Charta versteht man unter Region ein Gebiet, das aus geographischer Sicht eine deutliche Einheit bildet oder aber ein gleichartiger Komplex von Gebieten, die ein in sich geschlossenes Gefüge darstellt, deren Bevölkerung durch bestimmte gemeinsame Elemente gekennzeichnet ist, die daraus resultierenden Eigenheiten bewahren und weiterentwickeln möchte, um den kulturellen, sozialen und wirtschaftlichen Fortschritt voranzutreiben."[24]

Dies ist sicherlich eine sehr vage Begriffsbestimmung, aber diese Vagheit ist nicht zufällig, sondern liegt in der Natur der Sache begründet und zeigt das Bemühen des Parlaments, den Begriff der Region so umfassend zu umschreiben, daß er möglichst alle entsprechenden Gebilde in Europa einschließt.

Wie können nun konkrete Regionen aussehen? Nach diesen Vorbemerkungen ist ein hohes Maß an Vielfalt zu erwarten, und genau dies ist auch der Fall, wie Schaubild 2 auf der folgenden Seite zeigt. Regionen treten demnach empirisch in fünf unterschiedlichen Erscheinungsformen auf:

1. Regionen können Untereinheiten eines Staates sein, wie etwa Wallonien (Belgien), die Bretagne (Frankreich) und Katalonien (Spanien).

---

23 Eine Ausnahme von dieser Regel wären die letztlich erfolgreichen Abspaltungsbemühungen des Jura in der stark föderativen Schweiz. Allerdings läßt sich argumentieren, daß der Kanton Bern gegenüber dem Jura durchaus als eine Art „Zentralstaat" aufzufassen war.

24 Zitiert nach Meise, Torsten: Strategien der Region: Innovations- und Steuerungspotentiale dezentral-kooperativer Politikmodelle, Münster 1998, S. 53.

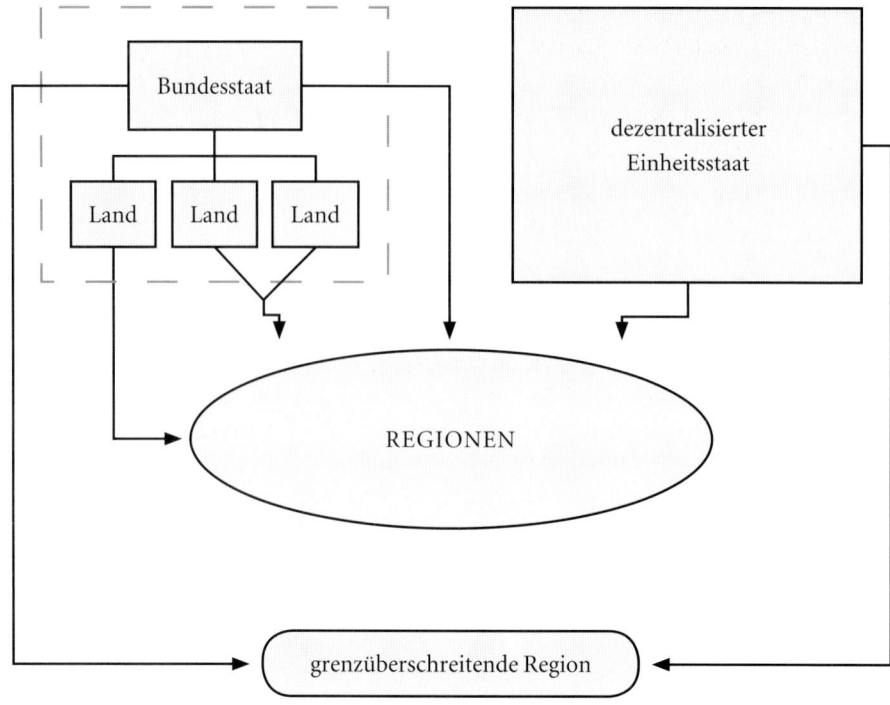

Schaubild 2: Region

2. Sie können innerhalb eines Bundesstaates die territoriale Untereinheit eines Bundeslandes sein, etwa das Ruhrgebiet in Nordrhein-Westfalen oder, mit noch weit älteren historischen Wurzeln, Franken in Bayern.

3. Regionen können als politisch-geographischer Begriff mehrere Länder umfassen und eine oftmals informelle Zusammenarbeit pflegen; man denke an die norddeutschen Küstenländer oder eben auch an Mitteldeutschland.

4. Daran anschließend ist die gleiche Konstellation auch grenzüberschreitend unter Beteiligung mehrerer Nationalstaaten oder von Teilgebieten solcher Nationalstaaten denkbar – gewissermaßen als Region aus Regionen. Beispiele wären Tirol, das Baskenland oder die Donau-Region. Die Donau-Region zeigt auch, daß solche grenzüberschreitenden Regionen als Regime sinnvoll Aufgaben unterhalb der staatlichen Ebene und zugleich diese transzendierend wahrnehmen können[25].

5. Als letzte Ausprägung der Region können die Regionen der EU gelten, von denen es inzwischen über 200 gibt.

---

25 Generell hierzu Brunn, Gerhard; Schmitt-Egner, Peter: Die grenzüberschreitende Zusammenarbeit von Regionen in Europa als Feld der Integrationspolitik und Gegenstand der Forschung, in: dies. (Hrsg.), Grenzüberschreitende Zusammenarbeit in Europa. Theorie – Empirie – Praxis, Baden-Baden 1998, S. 7–25.

Vor allem letztere haben das Interesse der Politikwissenschaft gefunden[26], zumal, seitdem sie mit dem „Ausschuß der Regionen" ihren Weg ins Institutionengefüge der EU gefunden haben. Dieser Ausschuß zeigt politische Bedürfnisse auf, die gerade bei den deutschen Ländern in hohem Maße bestehen. Nicht zuletzt ist dieses Bedürfnis auch in der Neufassung des Art. 23 GG demonstriert, den die Länder als Preis für ihre Zustimmung zum Maastrichter Vertrag 1994 unter Ausspielung ihres Veto-Potentials im Bundesrat verlangt haben[27]. Der Ausschuß zeigt aber zugleich auch die Grenzen der Regionalisierung Europas auf. Ein weiteres eigenständiges, wirkungsvolles Entscheidungsgremium neben Kommission, Ministerrat und Parlament hätte den ohnehin schon hypertrophen und kaum durchschaubaren Brüsseler Entscheidungsprozeß noch weiter aufgebläht. Zudem sind Organe mit über 200 gleichberechtigten Entscheidungsträgern mit erheblich voneinander divergierenden und hoch individualisierten Interessen und mit nicht minder gravierenden Unterschieden in Größe, Zuschnitt und demokratischer Legitimation schlechterdings nicht denkbar. Der Ausschuß der Regionen ist mithin zu Recht auf beratende Funktionen beschränkt[28].

Die Analyse von Regionen hat mit ihren neuen Fragestellungen befruchtend, auch in methodischer Hinsicht, auf die Wissenschaft gewirkt. Netzwerkanalysen regionaler Akteure sind vor allem für ehemalige Einheitsstaaten ohne überkommene Institutionalisierung durchgeführt worden. Für Mehrebenenanalysen sind die Arbeiten von Beate Kohler-Koch wegweisend gewesen. Sie hat normative und funktionale Argumente miteinander verknüpft[29] und hingewiesen (1) auf die Vorteilhaftigkeit dezentraler Steuerung, (2) die Innovationsfähigkeit gewachsener sozialer Beziehungen und Milieus und (3) den politischen Legitimitätsgewinn kleinräumiger Organisation.

---

26 Vgl. unter der Vielzahl der neueren Literatur nur Brunn: Region und Regionsbildung (wie Anm. 2); Kohler-Koch, Beate u. a.: Interaktive Politik in Europa: Regionen im Netzwerk der Integration, Opladen 1998; Nitschke, Peter (Hrsg.): Die Europäische Union der Regionen. Subpolity und Politiken der Dritten Ebene, Opladen 1999.

27 Schon die Länge der sieben Abschnitte des Art. 23 weist auf die Komplexität der ihm zugrunde liegenden Kompromisse hin. Vgl. hierzu Donoth, Hans-Peter: Die Bundesländer in der Europäischen Union. Die bundesstaatliche Ordnung in der Bundesrepublik Deutschland bei der Verwirklichung der Europäischen Union – eine Analyse unter besonderer Berücksichtigung des neugefaßten Art. 23 GG, Frankfurt a. M. u. a. 1996; und als knappe Übersicht Arnold, Rainer: Die Beteiligung der Bundesländer an der Europäischen Union, in: Männle, Ursula (Hrsg.): Föderalismus zwischen Konsens und Konkurrenz, Baden-Baden 1998, S. 131–141.

28 Zum Ausschuß der Regionen vgl. als knappe Einführung von Engel, Christian die Art. „Ausschuß der Regionen" und „Europa der Regionen", in: Weidenfeld, Werner; Wessels, Wolfgang (Hrsg.): Europa von A-Z. Taschenbuch der europäischen Integration, Bonn 1995, S. 80–82 und S. 143–146. Siehe auch Hooghe, Lisbeth und Marks, Gary: „Europe with the Regions": Channels of Regional Representation in the European Union, in: Publius 26:1 (Winter 1996), S. 73–91; Loughlin, John: „Europe of the Regions" and the Federation of Europe, in: Publius 26:4 (Fall 1996), S. 141–162 (mit aufschlußreichen terminologischen Überlegungen, S. 145 ff.); und v. a. Christiansen, Thomas: Second Thoughts on Europe's ‚Third Level': The European Union's Committee of the Regions, in: Publius 26:1 (Winter 1996), S. 93–116. Die Grenzen der EU überschreitet die Versammlung der Regionen Europas, der 1987 erst 96 Regionen, 1994 aber schon 250 Regionen angehörten; von diesen wiederum kamen zwei Drittel aus der EU.

29 Kohler-Koch, Beate: Regionen im Mehrebenensystem der EU, in: König, Thomas; Rieger, Elmar; Schmitt, Hermann (Hrsg.): Das europäische Mehrebenensystem, Frankfurt a. M., New York 1996, S. 203–227, hier

---

Nur am Rande verwiesen sei hier auf den Prozeß der sogenannten „Glocalization", in dem die Region gleichfalls eine nicht zu unterschätzende Rolle spielt. Die postmoderne Dekonstruktion des normalen und – im Sinne Michel Foucaults – normalisierenden Staates ist ein recht neues Phänomen, auch für die Wissenschaft. Vereinzelt auftauchende Ideen des „virtuellen Staates" haben sich bislang allerdings noch nicht durchsetzen können[30].

Neu an der Regionalisierung im Rahmen der EU ist in erster Linie ihre Institutionalisierung auf der politischen Ebene. Damit unterscheidet sie sich von älteren, rein informellen analytischen Einheiten, die in der Vergangenheit überwiegend konfliktintensivierend gewirkt haben. In der Wahlforschung hat diese ältere Regionalisierung schon lange Aufmerksamkeit erregt; erinnert sei nur an den Zentrum-Peripherie-Konflikt im Modell der Parteibildung von Seymour Lipset und Stein Rokkan[31].

Die Verwendung des neuen Begriffs der „Region" weist durchaus gewisse Ähnlichkeiten mit einem älteren Begriff auf, dessen unbefangene Betrachtung in einer politikwissenschaftlichen Analyse angesichts seiner historischen Belastung nicht unproblematisch erscheint: dem Begriff des Großraums. Dem Versuch, diesen Begriff analytisch von dem der Region zu trennen, müssen wir uns jetzt zuwenden.

Großraum

Umgangssprachlich macht der Begriff „Großraum" keine Schwierigkeiten; jeder weiß, was ungefähr gemeint ist, wenn der „Großraum Halle-Leipzig-Dessau" angesprochen wird oder wenn vor Regen im „Großraum Hamburg" gewarnt wird. *Historisch* findet der Großraum-Begriff in den Reichsreformdebatten der zwanziger Jahre Verwendung. Wenn hier von den Großräumen Südwest, Rhein-Main oder Norddeutschland die Rede ist, dann sind dies Gebiete, die man mit heutigem Sprachgebrauch als Regionen bezeichnen würde. Jürgen John hat als Elemente der Großraum-Euphorie der zwanziger und dreißiger Jahre die Begriffe der Rationalisierung, der Konstruktion und der Identität herausgearbeitet[32]. Erneut gilt, daß dies Begrifflichkeiten sind, die man in heutigen Diskussionen um Region und Regionalisierung antreffen kann.

Ist der Großraum also nur ein Vorläufer der heutigen Region, mithin historisch interessant, aber ansonsten antiquiert und obsolet? Diese Frage muß in doppelter Hinsicht verneint

---

S. 206. Zum Konzept vgl. etwa die Aufsätze in Jachtenfuchs, Markus; Kohler-Koch, Beate (Hrsg.), Europäische Integration, Opladen 1996 (vor allem den Einleitungsaufsatz der Herausgeber).

30 Hierzu Rosecrance, Richard: The Rise of the Virtual State, in: Foreign Affairs, 75/4 (July/August 1996), S. 45–61. Vgl. auch Dreyer, Michael: The State in Decline? The Nation State, the Virtual State and Postmodernity, in: Dicke, Klaus, Schmitt, Karl (Hrsg.): Transformation und Integration in Europa, Berlin 1998, S. 37–54.

31 Rohe, Karl (wie Anm. 3, S. 102), vergleicht die PDS mit der alten Welfenpartei. Sicherlich kann man im Entstehen von CSU, SSW und PDS parteipolitische Verkörperungen des klassischen Regionalismus sehen. Zur parteibildenden Kraft dieser Konflikte vgl. die klassische Studie von Lipset, Seymour M.; Rokkan, Stein: Cleavage Structures, Party Systems, and Voter Alignments. An Introduction, in: dies. (Hrsg.), Party Systems and Voter Alignments: Cross-National Perspectives, New York 1967, S. 1–64.

32 Zu den Reichsreformplänen der 20er Jahre vgl. den Beitrag von Jürgen John in diesem Band.

werden. Zum einen ist der Gebrauch des Großraum-Begriffes keineswegs so politisch unbelastet, wie es den Anschein hat. Carl Schmitt hat in einigen Aufsätzen nach 1939 den Großraum-Begriff als völkerrechtlichen Begriff einsetzbar zu machen versucht[33]. Hierfür sollte ihm die Monroe-Doktrin von 1923 als angeblicher Präzedenzfall dienen. Für Carl Schmitt ist der Großraum ein Abschied vom staatsbezogenen Völkerrecht; das Kriterium seiner Ausdehnung soll die faktische Beherrschung des Luftraumes sein, der den Großraum überdeckt – und dies, wohlgemerkt, als *völkerrechtliches* Kriterium.

Es ist ohne weiteres klar, welchen politischen Interessen „des Teufels Jurist" hier diente. Schmitt hat es verstanden, den Begriff Großraum für die politische Debatte nachhaltig zu diskreditieren. Dies ist jedoch zu bedauern, denn der Großraum-Begriff kann durchaus eine sinnvolle analytische Rolle spielen. Damit kommen wir zur zweiten Verneinung der oben aufgeworfenen Frage.

Es ist durchaus denkbar, „Großraum" als Begriff der internationalen Politik nutzbar zu machen – insofern hatte Carl Schmitt, wie so oft, zwar eine im Kern anregende Idee, die er allerdings aus politischen Gründen pervertierte. In der UN-Charta ist im Kap. VIII vom Verhältnis der universalistischen Weltorganisation zu „regionalen Staatenverbindungen" die Rede[34]. Die Art. 52–54 präzisieren dies weiter für Systeme kollektiver Sicherheit. Leider ist an diese Stelle nicht auch von wirtschaftlichen, politischen und kulturellen Systemen die Rede. Zudem bleibt „regional" unbestimmt; klar ist nur, daß die einzelnen Bestandteile etwa eines Systems der kollektiven Sicherheit nicht unmittelbar aneinander grenzen müssen – wie sie es im Falle der NATO ja auch nicht tun.

Nun gerät der Begriff der „regionalen Staatenverbindung" allerdings in analytischen Konflikt mit dem inzwischen, über ein halbes Jahrhundert nach der UN-Charta, entwickelten Begriff der Region, wie er oben betrachtet wurde. „Region" heißt ja gerade primär die *Untereinheit* eines Staates, und wenn die empirischen Anwendungen, wie im Donaubereich, ganze Staaten umfassen, dann doch in einem sehr begrenzten und selbst in diesem Fall staatliche Untergliederungen einbeziehenden Sinn, keinesfalls aber in dem von der UN-Charta gebrauchten Verständnis. Im Grunde spräche nicht viel dagegen, solche „regionalen Staatenverbindungen" als Großräume zu bezeichnen, wie Schaubild 3 auf der folgenden Seite zeigt.

Eventuell ließe sich hier auch das Konzept des „Regime" aus der Theorie der Internationalen Beziehungen nutzbar machen[35] . Nur am Rande kann hier vermerkt werden, daß die

---

33 Einige dieser Abhandlungen sind wieder abgedruckt in Schmitt, Carl: Staat, Großraum, Nomos. Arbeiten aus den Jahren 1916–1969, Berlin 1995; der dritte Teil dieser Sammlung steht unter dem Gesamttitel Großraum und Völkerrecht (S. 223–480). Siehe insbesondere: Raum und Großraum im Völkerrecht (S. 234–268, erstmals 1940); Völkerrechtliche Großraumordnung mit Interventionsverbot für raumfremde Mächte. Ein Beitrag zum Reichsbegriff im Völkerrecht (S. 269–371, erstmals 1941) und Die Raumrevolution. Durch den totalen Krieg zu einem totalen Frieden (S. 388–394, erstmals 1940).

34 Zur Region im Kontext der UNO vgl. Beyerlin, Ulrich: Art. „Regionalabkommen", in: Wolfrum, Rüdiger (Hrsg.): Handbuch Vereinte Nationen, München 1991, S. 673–679; und Christoph Schreuer, Art. „Regionalisierung", in: Ebenda, S. 679–686.

35 Zum Begriff des Regime siehe etwa Michael Zürn, Art. „Regimeanalyse", in: Albrecht, Ulrich; Volger, Helmut (Hrsg.): Lexikon der Internationalen Politik, München,Wien 1997, S. 434 ff. Vgl. auch Hubel,

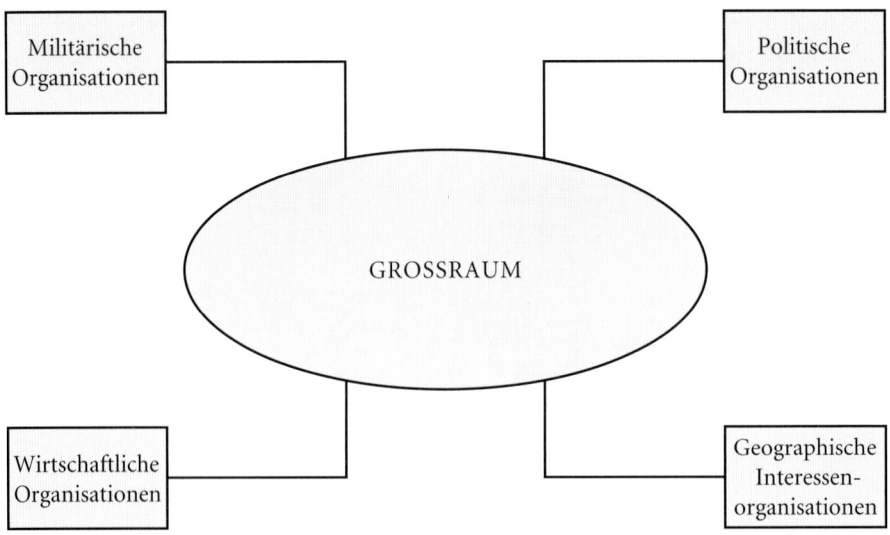

Schaubild 3: Großraum

von Samuel Huntington in seinem *Clash of Civilizations* vage abgesteckten Zivilisationen sehr wohl auch als Großräume aufgefaßt werden können[36].

Der Bezug auf Huntington macht zugleich aber auch deutlich, daß wir uns mit diesen Überlegungen weit vom eigentlichen Kern der Diskussion entfernt haben. Der Großraum-Begriff scheint seine wissenschaftliche Tragbarkeit zu besitzen, aber nicht im Kontext einer Mitteldeutschland im Auge behaltenden Begriffsbildung. Dies ist jedoch anders mit dem übergreifend-zusammenfassenden Begriff, der als letzter betrachtet werden soll.

Föderalismus

Föderalismus ist ein vielschichtiger Begriff. Bei staatsrechtlicher Betrachtung kreist er um das Verhältnis von Bundesstaat und Staatenbund, historisch-politisch lassen sich eine Vielzahl sehr unterschiedlich gestalteter föderativer Verbindungen von der Antike bis zur Europäischen Union aufzeigen, philosophisch hat er politische Theoretiker vom Konservativismus bis zum Anarchismus inspiriert, theologisch spielt er eine Rolle im Calvinismus. Gemeinsam ist allen diesen Ansätzen die Vereinigung autonomer Einheiten zu einem Ganzen, ohne daß

Helmut: Regionale Konflikte nach dem Ost-West-Antagonismus, in: Zeitschrift für Politikwissenschaft 7 (1997), S. 405–421; und Kohler-Koch, Beate (Hrsg.): Regime in den internationalen Beziehungen, Baden-Baden 1989.

36 Die intensive Debatte, auf die hier nicht eingegangen werden soll, wurde eingeleitet durch Huntington, Samuel: The Clash of Civilizations?, in: Foreign Affairs 72 (Summer 1993), S. 22–49.

die Autonomie vollständig aufgegeben wird. Das Subsidiaritätsprinzip ist regulativ für alle föderativen Theorien und für föderativ organisierten politischen Systeme[37].

Schematisch läßt sich dies wie folgt darstellen:

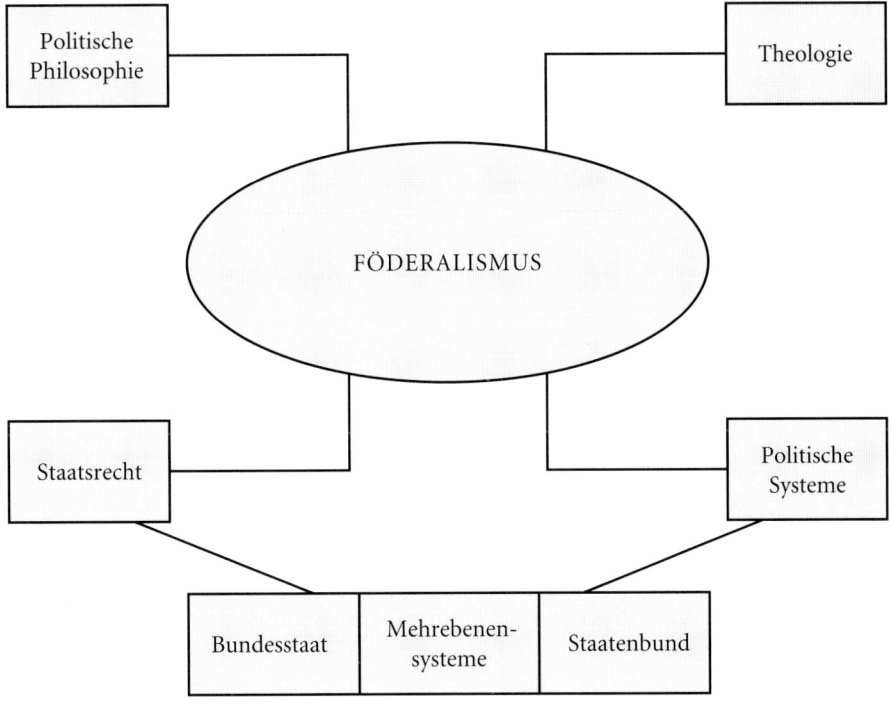

Schaubild 4: Föderalismus

Hier kann unmöglich auf die ganze Vielfalt des Föderalismus-Begriffes eingegangen werden. Allein im Bereich der politischen Philosophie müßte sich eine halbwegs erschöpfende Bestandsaufnahme föderativen Gedankenguts mit Althusius, Montesquieu, Kant, Rousseau, den Federalists und Anti-Federalists, Proudhon und dem gesamten Anarchismus und Radikalföderalisten wie Constantin Frantz befassen, und selbst dann wäre kaum die Oberfläche berührt[38].

Das Problem liegt darin, daß hier eine höhere regulative Dimension vorliegt als bei den bisherigen Begriffen, die sich ausnahmslos unter dem Föderalismus subsumieren ließen.

---

37 Diese definitorische Zusammenfassung entspricht der Einleitung meines Artikels „Föderalismus", in: Sommer, Gerlinde; Raban Graf v. Westphalen (Hrsg.): Staatslexikon (wie Anm. 21), S. 332–335, hier S. 332.

38 Als immer noch besten Überblick hierzu vgl. Deuerlein, Ernst: Föderalismus. Die historischen und philosophischen Grundlagen des föderativen Prinzips, Bonn 1972.

Zugleich macht die Bezugnahme auf den Föderalismus aber auch auf ein bislang noch nicht ausführlich angesprochenes verbindendes Glied aufmerksam, das dem Land, der Region und eventuell auch dem Großraum als real existierenden politischen Gebilden zu eigen ist: Sie alle beruhen auf der Abkehr vom klassischen Nationalstaat als dem überkommenen Fixpunkt des politischen Denkens. Diese Abkehr bietet den Anstoß für die abschließenden strukturellen Überlegungen.

Strukturen föderativ-politischer Begrifflichkeiten

Die Blickrichtung der bisher betrachteten politischen Begriffe und der von ihnen bezeichneten Entitäten geht nicht auf abstrakte staatsrechtliche Theorien, sondern konkret auf Kompetenzen, Kooperation und Konstruktion von Identitäten. Gerade die Region hat hier eine potentiell große Zukunft vor sich[39], und zwar sowohl rechtlich wie politisch wie psychologisch – also auf allen ihren Bedeutungsebenen.

Um dies zu erreichen, müssen jedoch eine Reihe von Bedingungen erfüllt sein:

1. Die klassisch-staatsrechtlichen Analyseebenen müßten mehr noch als bisher in den Hintergrund treten. Überkommene Begriffe der Juristen, die zum Teil noch aus dem 19. Jahrhundert stammen, wie „Bundesstaat", „Staatenbund", „dezentralisierter Einheitsstaat" oder „unitarischer Bundesstaat", werden den komplexen multidimensionalen Realitäten moderner und postmoderner politischer Systeme nicht mehr gerecht – wenn sie es denn je wurden, woran angesichts ihrer statischen Ausrichtung gezweifelt werden kann. Statt dessen muß die Analyse dynamischer Mehrebenensysteme an diese Stelle treten.

2. Damit geht einher, daß der schon von Carl Joachim Friedrich betonte Prozeßcharakter des Föderalismus[40] stärker ins Bewußtsein tritt und die starre Definition ablöst. Das Subsidiaritätsprinzip[41] muß hierbei als regulatives Prinzip föderativer Ordnung einen umfassenden Stellenwert erhalten. Und dies gilt nicht nur mit Bezug auf die Staaten, wie es bereits Art. 3b des Maastrichter Vertrags stipuliert, sondern auch und gerade mit Blick auf die Regionen.

3. Die Konsequenz des letzten Gedankens ist die Ausschaltung des überkommenen und immer unzeitgemäßeren Souveränitätsbegriffs aus dem Staatsrecht. Die deutschen Länder, die vor

---

39 So auch der Tenor bei Umbach, Dieter C.: Föderalismus und Regionalismus, in: Männle, Ursula (Hrsg.): Föderalismus zwischen Konsens und Konkurrenz, Baden-Baden 1998, S. 111–119.

40 „[W]hat federalism does is to mobilize actually operative local powers in support of the constitution as a political process, and to protect them through the constitution as a political force." Friedrich, Carl J.: Constitutional Government and Politics. Nature and Development, New York und London 1937, 206. Friedrich hat dieses zentrale Werk später vielfach überarbeitet und in vielen Sprachen vorgelegt. Dabei ist der hier zitierte Gedanke unverändert geblieben; er findet sich auch (mit unwesentlich anderer Wortwahl) in der vierten Auflage, die herauskam als Constitutional Government and Democracy. Theory and Practice in Europe and America, Waltham, Mass., Toronto und London 1968, S. 226 f.

41 Zur neuen „Karriere" eines alten Konzepts siehe Ronge, Frank: Legitimität durch Subsidiarität. Der Beitrag des Subsidiaritätsprinzips zur Legitimation einer überstaatlichen politischen Ordnung in Europa, Baden-Baden 1998.

kurzem noch um ihren Status als nicht-souveräne Staaten kämpften, sehen sich mehr und mehr als Regionen im EU-Maßstab. Dahinter steht ein Abbau von Berührungsängsten, der nur zu begrüßen ist – immerhin bedeutet die eifrige Zusammenarbeit mit anderen Regionen auf europäischer Ebene, daß sich die deutschen Länder gleichrangig mit regionalen Einheiten zu gemeinsamer Tätigkeit finden müssen, die zweifellos *nicht* über ihren „Staatscharakter" verfügen.

4. Dies leitet letztlich über zur engen Kombination dieser theoretischen Konstrukte mit der Theorie des Pluralismus und des Neopluralismus[42].

Pluralismus bedeutet schon vom Wort her die Anerkennung von *Unterschiedlichkeit.* Obwohl der Pluralismus ein Grundprinzip der freiheitlich-demokratischen Ordnung des Grundgesetzes ist, steht der pluralistische Gedanke fraglos in einem gewissen Spannungsverhältnis zum Art. 72 des Grundgesetzes, der die Schaffung einheitlicher Lebensbedingungen zum Verfassungsauftrag machte[43]. Aber die Unterschiedlichkeit pluralistischen Lebens drückt sich erst in der Vielfalt, auch in der Vielfalt materieller Bedingungen aus. Der Wettbewerb der Regionen untereinander und mit der Zentrale ist immer auch ein Wettbewerb um die Macht und damit ein Nullsummenspiel. Wenn die Regionen eigene Gestaltungsmacht bekommen sollen, dann muß die Zentrale im gleichen Umfange abgeben, vor allem im Bereich der Finanzhoheit.

Doch steht diesem Nullsummenspiel um die Macht eine andere Ebene gegenüber, auf der alle Akteure gemeinsam gewinnen können: normativ-demokratietheoretische Werte, und damit zugleich die Legitimationsgrundlage politischer Systeme, werden nachweislich durch die Stärkung der engeren territorialen Einheiten gefördert. Für Autonomie, kommunitäre Gemeinschaft und Partizipation, die allesamt im postmodernen Diskurs eine zentrale Rolle spielen, gilt das gleiche.

Faßt man die einzelnen Schaubilder zu einem Gesamtüberblick zusammen, ergibt sich das Bild, das Schaubild 5 auf der folgenden Seite zeigt.

Hiermit sollen abschließend noch einmal die Elemente, die wir gesondert betrachtet haben, zusammengefügt werden. Es wird deutlich, daß es sich bei dem Beziehungsgeflecht, das in einem föderativen Rahmen zwischen Ländern, Regionen und Großräumen besteht, um ein ausnehmend komplexes Gebilde handelt. In diesem Beziehungsgeflecht ist die „Region" in ihrer schon in sich wiederum komplexen Erscheinungsform der letzte Ankömmling, vielleicht aber der mit der größten Zukunft für eine sowohl dynamische wie lokal verbundene

---

42 Vgl. hierzu Kremendahl, Hans: Pluralismustheorie in Deutschland, Leverkusen 1977; und als Überblick Steffani, Winfried: Vom Pluralismus zum Neopluralismus, in: Oberreuter, Heinrich (Hrsg.): Pluralismus. Grundlegung und Diskussion, Opladen 1980, S. 37–108.

43 In der alten Fassung sprach Art. 72.3 dem Bund Kompetenz im Bereich der konkurrierenden Gesetzgebung zu, soweit „die Wahrung der Einheitlichkeit der Lebensverhältnisse über das Gebiet eines Landes hinaus sie erfordert". Seit der Grundgesetzreform von 1994 ist im neuen Art. 72.2 die Rede von der „Herstellung gleichwertiger Lebensverhältnisse im Bundesgebiet", was, wie auch die meisten anderen Neuregelungen, die Position der Länder und damit den Pluralismus stärkt.

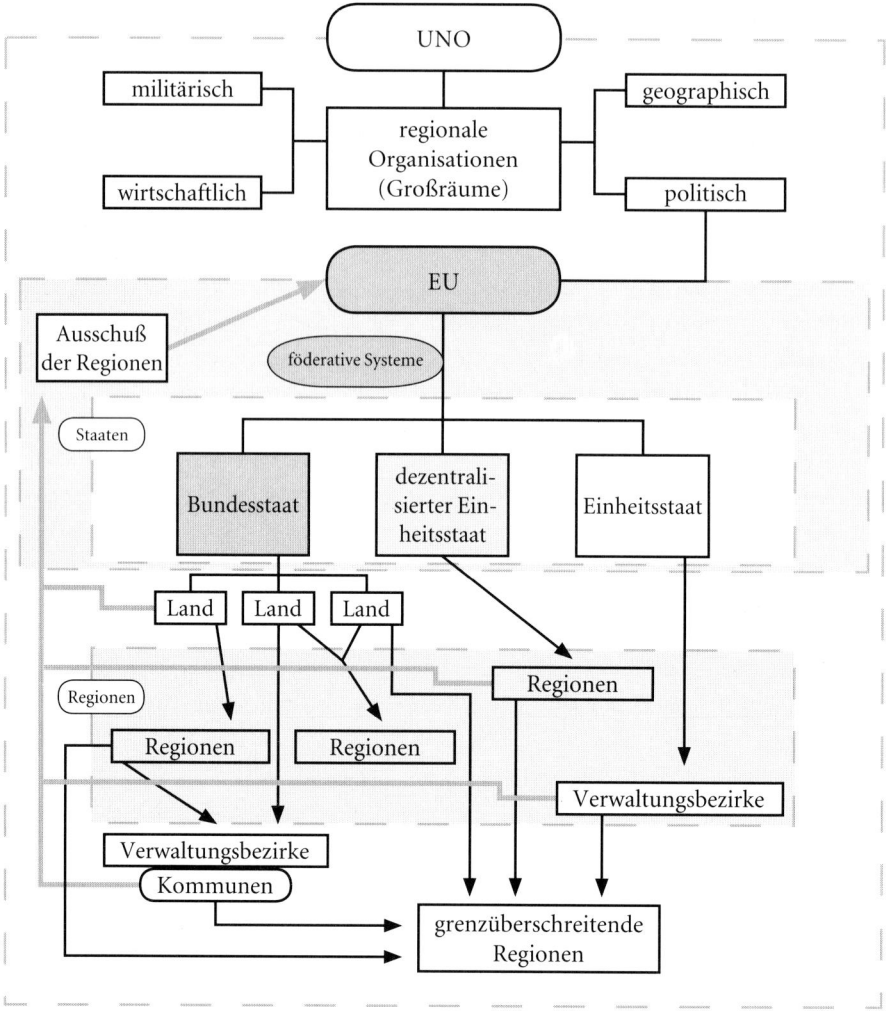

Schaubild 5: Föderative Begrifflichkeiten im Überblick

und politisch-psychologische Identität stiftende Aufgabenstellung. Ob und in welchem Sinne Mitteldeutschland eine solche Region ist, ist nicht mehr Gegenstand der hier angestellten Überlegungen.

Klaus Erich Pollmann

Nationalisierung, Borussifizierung und Landesbewußtsein

Regionalbewußtsein im Sinne einer im Ausmaß unterschiedlichen Identifikation der Menschen mit ihrem Land oder auch nur einer Art von Zugehörigkeitsempfinden hat sich im Laufe der Jahrhunderte ganz unterschiedlich ausgeprägt. Eine wichtige Bestimmungsgröße für dieses Bewußtsein ist der Bezugspunkt: eine Landschaft, ein Volksstamm, ein Staat, eine Region. Der jahrhundertelange Staatsbildungsprozeß hat das Staats- und Landesbewußtsein einerseits intensiviert. Andererseits schwächte der Zentralstaat, namentlich in seiner absolutistischen Phase, das Landesbewußtsein.

Anders verlief die Entwicklung dort, wo der Nationsbildungsprozeß dem der Staatsbildung vor allem des Zentralstaats vorausging.[1] Hier mußte sich das Nationalbewußtsein erst gegen das Landesbewußtsein durchsetzen, was lange Zeit nur in Teilen des Bürgertums und des Adels gelang. Allerdings konnten zu Beginn des 19. Jahrhunderts, als die Hoffnungen auf die Verwirklichung des Nationalstaatstraums enttäuscht wurden, die Territorialstaaten durch Reformen und Verfassungszugeständnisse die Loyalität ihrer Staatsangehörigen verstärken. Damit war zugleich eine Schwächung des Nationalbewußtseins verbunden. Die Revolution von 1848 gab dann zwar dem Nationalbewußtsein einen entscheidenden Auftrieb und breitete es tendenziell auf alle Schichten und Regionen des deutschen Volkes aus. Doch brach sich diese Dynamik an den Kontroversen um die Frage, wer alles zu dem künftigen Nationalstaat gehören sollte. Hinter den Diskussionen um die großdeutsche oder kleindeutsche Lösung standen nicht nur realpolitische Einschätzungen, sondern auch verschiedene Antworten auf die Frage, wie die Nation definiert werden solle: als Kultur- oder als Staatsnation!

Das Scheitern der Revolution von 1848 bedeutete zunächst wieder einen Stillstand des Nationalisierungsprozesses für ein Jahrzehnt. Die am Ende der 1850er Jahre, angeregt durch die nationale Revolution in Italien, wiederauflebende Nationalbewegung paßte sich von vornherein stärker den politischen Machtverhältnissen an, indem sie auf Preußen als Motor der Nationalstaatsbildung setzte. Doch lieferte sie sich damit zugleich in einem beträchtlichen Umfang an das Machtkalkül und die Interessenwahrnehmung der preußischen Führungskräfte aus. Für diese kam eine Neukonstituierung auf der Basis einer Nationalversammlung mit offenem Ausgang nicht in Betracht. Die Gründung des Norddeutschen Bundes auf der Grundlage von Militärbündnissen und Zollverträgen bot dem preußischen Staat dagegen die Möglichkeit, den Nationalstaat nach seiner Räson zu modellieren und dafür die Zustimmung der Nationalbewegung zu suchen, was dann freilich nicht ohne Kompromisse abging.[2]

---

1 Dann, Otto: Nation und Nationalismus in Deutschland 1770–1990, München 1993.
2 Pollmann, Klaus Erich: Parlamentarismus im Norddeutschen Bund, 1867–1870, Düsseldorf 1985.

Folgenreich war es auch, daß das Nationalbewußtsein, die uneingeschränkte Wertschätzung des Nationalstaates, bis zur Spitze des Kaiserreichs nur bedingt vordrang. Das Kaiserreich als Nationalstaat –, das blieben bis 1918 Begriffe, die nicht identisch, sondern mit unterschiedlichen, ja unvereinbaren Wertvorstellungen besetzt waren. Außerdem war die innere Penetration, die Reichweite des Nationalstaats in die Lebenswelt der Menschen, trotz demokratischen Wahlrechts, anfangs begrenzt, was sich in den siebziger Jahren mit der Reformgesetzgebung aber deutlich änderte. Der Nationalstaat wurde nicht nur in bezug auf seinen Gebietsumfang, sondern auch in seiner innenpolitischen Prägekraft als „unvollendet"[3] angesehen. Das ließ beträchtliche Freiräume für Landes- und Regionalbewußtsein in den einzelnen Bundesstaaten. Da die Entstehung des Reichsbewußtseins in beträchtlichem Umfang mit der überwiegend negativ bewerteten Borussifizierung einherging, blieb in der Gefühlslage der Nichtpreußen die nationale Identifikation bzw. der Reichspatriotismus ein Moment der Ambivalenz. Der sog. integrale Nationalismus hat diese innere Gespaltenheit später zu kitten versucht.

Die nationalisierende Wirkung der Beteiligung an der Bildung des deutschen Nationalstaates soll im folgenden am Beispiel eines sächsischen Abgeordneten des konstituierenden Reichstags des Norddeutschen Bundes von 1867 gezeigt werden. Die sächsischen Vertreter hatten beträchtliche Orientierungsschwierigkeiten in diesem auf der Grundlage der demokratischen Wahlrechts gewählten Parlament. Die Desorientierung wurde – was die Ungewißheit über die Rolle, die dieses Parlament spielten sollte, betrifft – von nahezu allen Volksvertretern geteilt. Bei den Sachsen kamen aber weitere Schwierigkeiten hinzu. Die Parteienkonstellation des sächsischen Landtags galt hier nicht. Die sächsischen Abgeordneten waren äußerst zersplittert und – von den wenigen Nationalliberalen abgesehen – tendenziell auf Opposition gestimmt. Als Vertreter eines Staates, der nur knapp der Annexion durch Preußen entronnen war, schwankten sie zwischen der weitgehend unterdrückten Oppositionshaltung und dem geheimen Wunsch, sich auf die Seite des Siegers zu schlagen und bei diesem Anerkennung zu finden.

Diese Orientierungskrise soll hier an brieflichen Aussagen belegt werden, die von dem Staatsrechtler und Professor an der Leipziger Universität, Carl von Gerber,[4] stammten.[5] Gerber war ein gebürtiger Württemberger, der seine süddeutsche Herkunft mit sächsischer Loyalität und einer für Professoren längst selbstverständlich gewordenen nationalen Einstellung verband. Zunächst suchte er von dem in Sachsen überwiegend geteilten Feindbild Preußen abzurücken, ohne sich den Vorwurf der Illoyalität gegen das Land, das er im Norddeutschen Reichstag zu vertreten hatte, zuzuziehen, wie er für sich in Anspruch nahm. „So viele können sich von dem Gedanken nicht los machen, daß Preußen sich auf Kosten Sachsens ‚vergrößern' will. Daß es sich um Herstellung des uralten Nationalgedankens einer deutschen Ein-

3 Schieder, Theodor: Das deutsche Kaiserreich von 1871 als Nationalstaat, Köln, Opladen 1961.

4 Haunfelder, Bernd; Pollmann, Klaus Erich: Reichstag des Norddeutschen Bundes 1867–1870. Historische Photographien und Biographisches Handbuch, Düsseldorf 1989, S. 405 f.

5 Kretzschmar, Hellmut (Hrsg.): Aus den Briefen Carl von Gerbers vom konstituierenden Reichstag des Norddeutschen Bundes, in: Neues Archiv für Sächsische Geschichte 60 (1939), S. 224–279.

heit im Anschluß an die verjüngende und zusammenfassende Kraft Preußens handelt, begreifen sie nicht." – Und: „Es ist die höchste, politische Kunstaufgabe meines bisherigen Lebens gewesen, in Preußen mich als aufrichtigen Anhänger der neuen Entwicklung zu bekennen und doch meine Pflichten gegen Sachsen voll und ganz zu erfüllen".[6]

Die preußische Großstaatspolitik wird hier also durch die übergeordnete nationalpolitische Zielsetzung legitimiert. Vor den sächsischen Kollegen, mit denen er zu regelmäßigen Beratungen zusammentraf, einer Gruppe von gemäßigten Liberalen bis hin zu Konservativen, rechtfertigte er die Bereitschaft, an der Beratung der Verfassung konstruktiv mitzuwirken, mit der bundesstaatlich-föderalen Struktur der Verfassung. „Wir seien in der vollen und redlichen Absicht gekommen, um den Bundesstaat aufbauen und vollenden zu helfen, setzten aber gleichzeitig voraus, daß Sachsen in demjenigen staatsrechtlichen Zustand verbleibe, in dem es jetzt auf Grund der Friedensverträge stehe und daß es nicht durch Anstrebung des Einheitsstaates in seiner Existenz bedroht werde, – ein Moment, das namentlich für die Gewinnung von Süddeutschland vom offenbarsten Gewichte sei. Diese Erklärung wurde mit ‚Bravo' begrüßt".[7]

Carl von Gerber geriet dabei mehr und mehr in den Sog der Bismarckschen Verfassungspolitik, was einherging mit einem geringen Zutrauen in den Reichstag. „Unsere sächsischen Interessen sind jetzt allein bei der preußischen Regierung garantiert, nicht im Parlament, von dem keine einzige Fraktion ein Interesse für uns hat".[8]

Was wie eine zögernde Annäherung an Bismarck begann, steigerte sich bald zu dem Eindruck, Zeuge eines großen geschichtlichen Ereignisses geworden zu sein. „Man hat hier das Gefühl, daß gewaltige Dinge hier vorgehen. Das ist nicht wie der Phrasenkampf in Kleinstaaten, sondern hier vollenden sich die Geschicke der Welt"![9]

Auch in dem für die Nationalliberalen am schwersten zu akzeptierenden Punkt, der Sicherung des militärischen Machtfaktors gegen den parlamentarischen Zustimmungsvorbehalt, stellte sich Gerber emphatisch auf die Seite Bismarcks und fand es verwerflich, die Existenz der preußischen bzw. Bundesarmee dem Votum des auf dem allgemeinen Wahlrecht basierenden Parlaments zu überlassen.[10]

Im Jahre 1815 bei der Annexion der nördlichen Teile des sächsischen Königreichs und ihrer Integration in die neue preußische Provinz Sachsen im Jahre 1816 hatte man feststellen können, daß Preußen außer dem Aufbau einer funktionierenden Staatsadministration wenig getan hatte, um sich die Loyalität der neuen Untertanen zu verdienen. Ein preußischer Beam-

---

6 Ebenda, S. 227.
7 Ebenda, S. 236.
8 Ebenda, S. 342.
9 Ebenda, S. 251.
10 „So ist dann gestern die vorläufige Entscheidung dahin gefallen, daß nach 5 Jahren, wie Forckenbeck und die preußischen Fortschrittsmänner wollen, die Frage, ob noch eine preußische und eine Bundesarmee existieren solle, völlig offen ist und die Beantwortung den 300 durch allgemeines Wahlrecht bestimmten Menschen anheim gegeben wird. Aber nicht blos dies: – auch die 22 Regierungen und Ständeversammlungen sind nach 5 Jahren wieder frei und können von Neuem sagen: wir wollen nicht! …", ebenda, S. 274

ter konnte bereits nach kurzer Zeit nach Berlin berichten: „Mit großem Vergnügen kann ich Eurer Durchlaucht ganz gehorsamst versichern, daß die Stimmung der Sachsen in den neuen Provinzen mit jedem Tag zugeneigter wird, und daß es gewiß nur noch der völligen Einführung unserer Verfassung und der Segnungen des bald zu hoffenden allgemeinen Friedens bedarf, um die Untertanen zu den treuesten und zuverlässigsten preußischen Staatsbürgern zu machen“.[11]

Selten sind, so hat man geurteilt, „neuerworbene Gebietsteile so rasch und reibungslos in ihrem neuen Staatenverbande aufgegangen, wie die in der Provinz Sachsen zusammengefaßten nicht preußischen Landesteile“. Freilich blieb dabei offen, wie tief die von den neuen Untertanen bewiesene Loyalität ging und ob sie sich auf die Dauer als krisenfest erweisen würde.

Eine ähnliche Sogwirkung wie bei dem Reichstagsmitglied von Gerber läßt sich auch 1867 bei einem kleinstaatlichen Diplomaten, dem Braunschweigischen Gesandten von Liebe,[12] beobachten. Auch er klammerte sich an den föderalen Charakter der Bundesverfassung, ohne sich freilich darüber hinwegzutäuschen, daß die Verfassungsbestimmungen auf eine Präponderanz, ja eine weitgehende Alleinherrschaft Preußens hinausliefen. Von den Parteien war nichts zu erwarten, da sie entweder unitarische Tendenzen oder aber anachronistische Ziele verfolgten.

Preußen war zum Schicksal der Kleinstaaten geworden. Den finanziellen Kollaps vor Augen, den die zusätzlichen Bundeslasten zu verursachen drohten, dachten sie teilweise von sich aus ernsthaft über einen freiwilligen Anschluß an Preußen nach. Wenn ihre staatliche Sonderexistenz überhaupt etwas sicherte, so war es das preußische Machtkalkül, das kein Interesse an einer Annexion der Kleinstaaten hatte. Je stärker und zwingender das preußische Übergewicht erschien, desto mehr wurden die inneren Verhältnisse und die Reformfähigkeit Preußens zu einem nationalen Problem, zunächst vor allem im Hinblick auf die Assimilierung der neuen Provinzen. Hier tat sich innerhalb Preußens bald eine tiefe Kluft zwischen partikularistisch-altpreußischen und reformerisch-bundesfreundlichen Tendenzen auf. Aus dem Mund der Konservativen war der Vorwurf hörbar, daß die Bismarcksche Nationalpolitik das alte Preußen zerstöre. Die Nationalisierung erwies sich in großem Umfang als eine Verpreußung, wenn diese auch nationalpolitisch legitimiert wurde.

Wichtig für die nationalisierende Wirkungskraft des Kaiserreichs[13] war
– die nationale Revolution auf der Grundlage dreier gewonnener Kriege und der sich daraus speisenden nationalen Symbolik, die im Laufe der Zeit immer erfolgreicher popularisiert wurde,

---

11 Der spätere Regierungspräsident Friedrich von Bülow am 10. 8. 1815 an Freiherr von Hardenberg, zitiert in: Gringmuth, Hanns: Zur Entstehung der Provinz Sachsen, in: Korn, Otto (Hrsg.): Zur Geschichte und Kultur des Elbe-Saale-Raumes. Festschrift für Walter Möllenberg, Burg 1939, S. 254.

12 Niedersächsisches Staatsarchiv Wolfenbüttel, 12 A Neu F 55, Nr. 47 u. 48.

13 Kocka, Jürgen: Probleme der Integration der Deutschen vom frühen 19. Jahrhundert bis 1945, in: Büsch, Otto; Sheehan, James (Hrsg.): Die Rolle der Nation in der deutschen Geschichte und Gegenwart, Berlin 1985, S. 118–136.

- das wesentlich schnellere Modernisierungs- und Reformtempo des Reiches gegenüber Preußen und den übrigen Bundesstaaten, wenn es hier sicher auch Gegenbeispiele im einzelnen gab,
- die ungleiche Partizipation auf den Ebenen des Reiches, der Bundesstaaten und der Kommunen, die eine extrem unterschiedliche Mobilisierung auf den einzelnen politischen Ebenen bewirkten. Allerdings muß man hier noch genauer nach den Wirkungen fragen. Die Reichstagswahlen spielten sich in den regionalen Wahlkreisen ab und wurden von den entsprechenden Milieus, der politischen Kultur, dem Verhältnis zwischen Administration und Bevölkerung, dem Parteicharakter geprägt. Dennoch: das Tempo und der Reformdruck, auch der Zwang zur Errichtung von Kartellen und Abwehrbündnissen wurden von der Reichspolitik diktiert.

Allerdings wurden die Einzelstaaten, allen voran Preußen, zu Bollwerken der alten Machteliten, der vorindustriellen Gesellschaftsstruktur und der antisozialistischen, z. T. auch antikapitalistischen Sammlungsbewegungen. Das wertete die Landespolitik wieder in dem Maße auf, wie das Bedürfnis nach Wahrung des gesellschaftlichen Status quo in den Vordergrund rückte. Daß es hier Alternativen zur Reformverweigerung à la Preußen gab, haben die süddeutschen Staaten gezeigt. Die eklatanten Unterschiede in der Wahlbeteiligung sind deutliche Wahlrechtsplebiszite gegen diejenigen Wahlgesetze, die kraß gegen das Gleichheitsprinzip verstießen, trotz der klugen Argumentation von Thomas Kühne in bezug auf die extrem geringen Partizipationsraten bei den Wahlen nach dem preußischen Dreiklassenwahlrecht und den Hinweisen auf die Traditionsüberhänge im Wahlverhalten.[14] Es bleibt dennoch festzuhalten, daß das ursprünglich nicht gewollte Auseinanderklaffen zwischen der Partizipation bei den Reichstagswahlen sowie zu Landtagen und Kommunen ein zentrales Strukturmerkmal dieses politischen Systems war, das nachhaltige Folgen für die Mobilisierung auf den verschiedenen Ebenen hatte. Unter den durchaus unterschiedlichen Kulturmilieus des Kaiserreichs dominierte eindeutig das protestantisch-bürgerliche Milieu.[15] Die konkurrierenden Kulturmilieus waren entweder deutlich in regressiver Entwicklung begriffen – wie z. B. das aristokratisch-höfische Kulturmilieu – und in sich vielfach aufgefächert oder aber deutlich auf das dominante protestantisch-bürgerliche Milieu bezogen. Das gilt für das alle sozialen Schichten umfassende katholische Milieu ebenso wie für das sozialdemokratische, das sich in seinen Wertvorstellungen und Traditionsbeständen stark an das bürgerliche Milieu anlehnte und dieses in gewisser Weise in seinem Geltungsanspruch bestätigte, als es selbst in die Krise geriet. Hatte das bürgerliche Kulturmilieu in der ersten Generation des Kaiserreichs den moralischen Führungsanspruch des Bürgertums im fortschrittsverbürgenden Nationalstaat untermauert, so geriet es zur Jahrhundertwende hin in die Krise – als Spätfolge des Verzichts auf die volle Durchsetzung

---

14 Kühne, Thomas: Dreiklassenwahlrecht und Wahlkultur in Preußen 1867–1914. Landtagswahlen zwischen korporativer Tradition und politischem Massenmarkt, Düsseldorf 1994.
15 Mommsen, Wolfgang J.: Das Ringen um den nationalen Staat. Propyläen Geschichte Deutschlands, Berlin 1993, S. 793.

seiner Souveränität und als Folge der Aufspaltung in einzelne Sozialgruppen, seiner Verdrängung aus der politischen Repräsentation des Reiches in nahezu allen städtischen Wahlkreisen, der Bedrohung durch den Aufstieg der Sozialdemokratie und seine widerstandslose Einwilligung in die Einbindung in antisozialistische Kampfbündnisse.

Die Umwertung aller Werte, die Entstehung einer neuen Avantgarde nach der Jahrhundertwende verdankte sich nicht zuletzt der regionalen Vielfalt und dem Kulturföderalismus.

– Der 1903 in Weimar gegründete Allgemeine Deutsche Künstlerbund als Dachverband der Sezessionsgruppen wollte die Rolle Weimars als eines Vororts deutscher Kultur neu beleben.

– Der deutsche Werkbund ist 1907 – im Anschluß an die dritte Kunstgewerbeausstellung (Dresden) – in München gegründet worden.

– Der künstlerische Zusammenschluß „Die Brücke" ist in Dresden 1904 entstanden.

Diese avantgardistischen Tendenzen waren nicht schlechthin antizentralistisch oder gegen das Kaiserreich gerichtet, aber die föderalistischen Kulturzentren, ob München oder Düsseldorf, Dresden oder Weimar, erwiesen sich als Erneuerungsquelle, als Pflanzstätte für eine neue Avantgarde, die sich anschließend ihren Platz in der Hauptstadt Berlin eroberte.

Sachsen blieb eine Hochburg der Sozialdemokratie, wobei die sächsische Sozialstruktur – durchgängig hoher gewerblicher Anteil auch außerhalb der großen Städte; hohe Bevölkerungsdichte; Fehlen eines größeren katholischen Bevölkerungsanteils – die Voraussetzung dafür war.[16] Allerdings – und das unterscheidet Sachsen kaum von Preußen, im Gegensatz zu einigen süddeutschen Staaten – führte das nicht zur Integration der Sozialdemokratie in das politische System, sondern stimulierte Abwehrstrategien, vor allem nach dem Schock der Reichstagswahl von 1903, bei der 22 von 23 Mandaten an die SPD fielen, und beflügelte den Gesetzgeber zu Wahlrechtsexperimenten. Auf das Zensurwahlrecht von 1868 folgten 1895 ein modifiziertes Dreiklassenwahlrecht und 1909 ein Pluralwahlrecht. Neuerdings wird in der Forschung die Auffassung vertreten, daß Sachsen zumindest im Vergleich mit Preußen zu den Reformstaaten bzw. als Vertreter eines „dritten Weges" gelten kann. Dabei wird auf die Wahlrechtsreform von 1909, die Auflösung des konservativ-liberalen Machtkartells sowie die von Sachsen starke Impulse erhaltende Erstarkung des Liberalismus verwiesen.[17] Dagegen ließe sich allerdings sagen, daß es außerhalb Sachsens ein über mehrere Jahrzehnte erstaunlich gut funktionierendes Machtkartell zwischen den Konservativen und Liberalen gar nicht

---

16 Ritter, Gerhard A.: Das Wahlrecht und die Wählerschaft der Sozialdemokratie im Königreich Sachsen 1867–1914, in: ders. (Hrsg.): Der Aufstieg der deutschen Arbeiterbewegung. Sozialdemokratie und Freie Gewerkschaften im Parteisystem und Sozialmilieu des Kaiserreichs, München 1990, S. 49–99.

17 Dazu Lässig, Simone: Der „Terror der Straße" als Motor des Fortschritts? Zum Wandel der politischen Kultur im „Musterland der Reaktion", in: dies.; Pohl, Karl Heinrich (Hrsg.): Sachsen im Kaiserreich. Politik, Wirtschaft und Gesellschaft im Umbruch, Köln, Weimar, Wien 1998, S. 191–239; Pohl, Karl Heinrich: Politischer Liberalismus und Wirtschaftsbürgertum. Zum Aufschwung des sächsischen Liberalen vor 1914, ebenda, S. 101–131. Kritisch dazu Ritter, Gerhard A.: Wahlen und Wahlpolitik im Königreich Sachsen 1867–1914, ebenda, S. 29–86.

gegeben hat und daß die Einführung des Pluralwahlrechts wenige Jahre vor dem Ersten Welt-krieg keinen eindrucksvollen Beleg für Fortschrittlichkeit und Reformorientierung darstellt. Schließlich trägt die Vorlage des preußischen Ministerpräsidenten von Bethmann Hollweg zur Reform des preußischen Dreiklassenwahlrechts 1912/13 durchaus vergleichbare Züge mit dem sächsischen Wahlgesetz von 1909, wobei in Preußen der große Abstand dieses Entwurfs zu demokratischen Anforderungen an ein Wahlrecht zu dem Scheitern beigetragen hat.

Ferner ist darauf hinzuweisen, daß in den meisten Großstädten der Munizipalsozialismus allenthalben auf dem Vormarsch war, wie auch generell die Leistungen des sozialen Interven-tionsstaats für die Identifikation berücksichtigt werden müssen, wobei die Reichs- und Kom-munalebenen den größten Anteil hatten. Ob aber die unterschiedlichen politischen Ebenen sich in differenten politischen Mentalitäten niedergeschlagen haben, ist eine andere Frage. Landesbewußtsein ist natürlich auch nicht ohne weiteres mit Staatsbewußtsein zu identifizie-ren. Insofern bedeutete „Sächsisch", „Preußisch" oder „Braunschweigisch" etwas durchaus Unterschiedliches. Auch das neue Heimatbewußtsein kurz nach der Jahrhundertwende in seiner antiindustriell-antigroßstädtischen Ausprägung ist hier zu berücksichtigen. Der neue, integrale Nationalismus mit seinem Zug ins Groß- bzw. Alldeutsche machte sich nicht am Landesbewußtsein fest, eher war das Gegenteil der Fall, wenn etwa die braunschweigischen Alldeutschen die Aufhebung des Herzogtums forderten. Der Nationalismus war andererseits mit der einzelstaatlichen Identifikation durchaus vereinbar. In dem 1896 von den Krieger-vereinen initiierten und aus Spenden der Massenmitgliedschaften finanzierten Kyffhäuser-Denkmal in Thüringen fanden Nationalismus, Reichsmythos und Landesbewußtsein zu einer bruchlosen Einheit. Die politische Botschaft dieses Denkmals, so hat es Gunther Mai formu-liert, war zugleich eine „defensive Antwort auf die steigenden Erfolge der Linksparteien bei den Reichstagswahlen".[18] Der Kyffhäuser-Mythos, der zunächst dem kleindeutsch-borussi-schen Reichsgedanken unterworfen wurde, ersetzte sodann den Landespatriotismus durch den neuen Volksnationalismus.

Ein Jahr nach der Errichtung des Völkerschlachtdenkmals, des Denkmals für das Volk in Massen im Jahre 1913,[19] brach der Erste Weltkrieg aus. Dessen Massenmobilisierung führte zur Illusion der Volksgemeinschaft, in der keineswegs nach den Stämmen auch die Klassen versöhnt wurden, wie sich in der Militärdiktatur, der Formierung der Vaterlandspartei und der Novemberrevolution zeigte. Allerdings, das Reich als Nationalstaat wurde nicht in Frage gestellt, ebensowenig die Länder, darunter schließlich auch der Staat, der sich für jeden Ein-heitsstaat Preußen als Strukturproblem erweisen mußte. Die Diskussion um Preußen und seine Bestandteile ebbten nach dem weitgehenden Verlust seiner Hegemonie in der Weimarer Republik nicht mehr ab.[20] Erst der Nationalsozialismus hat mit der Verschmelzung aller sozia-

---

18 Mai, Gunther: „Für Kaiser und Reich". Das Kaiser-Wilhelm-Denkmal auf dem Kyffhäuser, in: ders.: Das Kyffhäuser-Denkmal 1896–1996. Ein Monument im europäischen Kontext. Köln; Weimar; Wien 1997, S. 175.

19 Keller, Katrin; Schmid, Hans-Dieter (Hrsg.): Vom Kult zur Kulisse. Das Völkerschlachtdenkmal als Gegen-stand der Geschichtskultur, Leipzig 1995.

20 Vgl. dazu auch den Beitrag von Jürgen John über die „Reichsreform" in diesem Band.

len Rollen zu der einen des „Volksgenossen" die Grenzen zwischen Partei und Staat und die Unterscheidungsmöglichkeiten zwischen den politischen Ebenen aufgehoben. Die nationalsozialistische Bewegung, die in protestantischen Regionen außerhalb der Großstädte erstarkt war, machte am Ende vor keinen Schichten und Regionen halt und hinterließ ein Trümmerfeld. Der Alliierte Kontrollrat löste 1947 mit seinem letzten einstimmig gefaßten Beschluß den Staat Preußen auf. Der formelle Schlußstrich besiegelte nur den längst vollzogenen Untergang Preußens. Dieser war ungeachtet seiner lang zurückreichenden Ursachen in der Geschichte und Sozialstruktur Preußens letztlich die Folge einer antidemokratischen, schließlich totalitären Politik.

Justus H. Ulbricht

Wo liegt Kaisersaschern? Mitteldeutsche Mythen- und Symbolorte. Eine Spurensuche „deutschen Wesens"[1]

I. Annäherungen an die eigene Mitte

Im Jahr Eins einer neuen politischen Zeitrechnung, nämlich 1933, veröffentlichte der renommierte Volkskundler Martin Wähler in einer kleinen Broschüre mit dem Titel „Die Einheit Thüringens. Ein Beitrag zur Reichsreform" seinen Aufsatz „Thüringens Stammes- und Kultureinheit".[2] Mit diesem Text reihte sich der Autor ein in den Chor von Angehörigen anderer „deutscher Stämme", vor allem aber der jeweils regional organisierten Heimatbewegung(en), die damals ihre kulturelle Position im neuen, zentralistisch ausgerichteten „Dritten Reich" bestimmten und zugleich ihren jeweiligen unverzichtbaren Beitrag zur Genese eines deutschen Volkscharakters dokumentieren wollten. Die Definition der „Stammeszugehörigkeit" bzw. der kulturellen Leistungen des eigenen „Stammes" hatte im Kontext der Reichspolitik legitimierende Funktion für all diejenigen, die schon im Kaiserreich und der Weimarer Republik einen Großteil ihrer intellektuellen und organisatorischen Energien der Pflege des Heimatbewußtseins gewidmet hatten.[3] Seit der Frühzeit der NS-Bewegung sowie vor allem in den ersten Jahren nach der sogenannten „Machtergreifung" spielten einzelne, der völkischen Germanenideologie entstammende Vorstellungen von einem „Stammesreich aller Deutschen" eine gewisse Rolle für den Nationalsozialismus, so daß die Apologeten des Heimatlich-Regionalen auf große Akzeptanz bei der politischen Elite des neuen Reiches hoffen durften.

Eher unfreiwillig offenbarte Wähler den hochartifiziellen und voluntaristischen Charakter seines eigenen Thüringen-Bildes: „Rein begrifflich ist das Wesen des Stammes ebensowenig

---

1 Hierbei handelt es sich um den überarbeiteten Text meines Referats auf der „Mitteldeutschland"-Konferenz des MDR vom September 1998 in Leipzig. Erste Vorüberlegungen zum gleichen Problem habe ich jedoch bereits auf einer Jenaer Vorlesung 1997 unter dem Titel „Wo liegt Kaisersaschern?" geäußert. Einer der damaligen Zuhörer hat sich den Titel nun für ein eigenes Buch „ausgeliehen"; vgl. Dwars, Jens-Fietje; Aghte, Kai: Wo liegt Kaisersaschern? Friedrich Nietzsches mitteldeutsche Herkunft und Heimholung (Mitteldeutsche Miniaturen 5). Bucha bei Jena 2000. Der Duktus und die Argumentation meines Leipziger Vortrags wurden für die vorliegende Veröffentlichung beibehalten. Die ergänzten Anmerkungen erheben keinen Anspruch auf Vollständigkeit, enthalten jedoch jeweils weiterführende Literatur- und Quellenangaben. Dies gilt insbesondere für meine eigenen Arbeiten zum Weimar-Thüringen-Komplex.

2 Wähler, Martin: Thüringens Stammes- und Kultureinheit, in: Die Einheit Thüringens. Ein Beitrag zur Reichsreform. Hrsg. v. der Akademie der Gemeinnützigen Wissenschaften in Erfurt, Erfurt 1933, S. 17–37; zur Reichsreformdebatte vgl. den Beitrag von Jürgen John in diesem Band.

3 Die Zahl der Studien zur deutschen Heimatbewegung ist inzwischen kaum noch überschaubar, Grundsätzliches siehe in: Heimat. Analysen, Themen, Perspektiven. Hrsg. v. der Bundeszentrale f. politische Bildung. 2 Bde., Bonn 1990; Klueting, Edeltraud (Hrsg.): Antimodernismus und Reform. Beiträge zur Geschichte der deutschen Heimatbewegung, Darmstadt 1991; Hartung, Werner: „Das Vaterland als Hort der Heimat". Grundmuster konservativer Identitätsstiftung und Kulturpolitik in Deutschland, in: Klueting, Antimoder-

festzulegen wie das Wesen des Volkes. *Ausschlaggebend* ist vor allem das *Bewußtsein der Zusammengehörigkeit und der Wille, zusammenzugehören.*"[4]

Nichts anderes dürfte für die übrigen Stammesideologien jener Jahre gelten, schließlich aber auch für andere, bewußt gewählte regionale Zugehörigkeiten wie das „Mitteldeutschland"-Bewußtsein unserer Tage. Kulturelle Identitäten nicht primär als *gewachsene,* sondern *gesetzte,* in komplexen historischen Prozessen künstlich gewordene Formen kollektiven Selbstbewußtseins zu deuten folgt nicht einer platt ideologiekritischen Intention noch der Absicht, individuell gefühlte, sehr reale Bindungen von konkreten Menschen an Orte, Landschaften und Länder als sentimentale Rückwärtsgewandtheit zu etikettieren, letztlich gar als gegenstandslos für die Entstehung modernen gesellschaftlichen Bewußtseins zu bezeichnen. Die im folgenden angedeutete Rekonstruktion von Heimat, Heimatgefühlen und regionalem, mitteldeutschem Kulturbewußtsein als Komplex vielfältiger Identifikations- und Definitionsprozesse soll vielmehr den politischen Charakter angeblich unpolitischer kultureller Optionen deutlich werden lassen.[5] Die neuere Nationalismus-Forschung, die sich etwa auf Benedict Anderson, Ernest Gellner und Eric Hobsbawm beruft,[6] hat glaubwürdig klarmachen können, daß das Nationalbewußtsein die Nation gebiert und nicht umgekehrt. Bernhard Giesens und Helmut Berdings Forschungen zur Rolle von Gebildeten und Intellektuellen beim ideell-mentalen ‚nation-building'-Prozeß konnten weitere Argumente beibringen.[7] So wird man nicht ganz falsch liegen, auch im Falle regionaler Identität vom konstruktivistischen Charakter des Gegenstands auszugehen.

Eine kritische Betrachtung medial unterstützter aktueller Identitätspolitik, deren Anfänge bereits in den 80er Jahren lagen,[8] sowie die Kenntnis historiographischer Analyse der „Erfin-

---

nismus, S. 112–156; Ditt, Karl: Regionalismus in Demokratie und Diktatur. Die Politisierung der kulturellen Identitätsstiftung im Deutschen Reich 1919–1945, in: Auf der Suche nach regionaler Identität. Geschichtskultur im Rheinland zwischen Kaiserreich und Nationalsozialismus, Bensberg 1997, S. 13–29.

4 Wähler (wie Anm. 2), S. 27, Hervorhebung im Original.

5 Neben den im folgenden genannten Studien von Berding und Giesen ist anregend Treibel, Annette: Transformationen des Wir-Gefühls. Nationale und ethnische Zugehörigkeiten in Deutschland, in: Transformationen des Wir-Gefühls. Studien zum nationalen Habitus. Hrsg. v. Reinhard Blomert, Helmut Kuzmics u. ders., Frankfurt a. M. 1993, S. 313–345; Francois, Etienne: Von der wiedererlangten Nation zur „Nation wider Willen". Kann man eine Geschichte der deutschen „Erinnerungsorte" schreiben?, in: ders.; Siegrist, Hannes; Vogel, Jakob (Hrsg.): Nation und Emotion. Deutschland und Frankreich im Vergleich 19. und 20. Jahrhundert, Göttingen 1995, S. 93–107.

6 Anderson, Benedict: Die Erfindung der Nation. Zur Karriere eines folgenreichen Konzepts, Frankfurt a. M., New York 1988; Gellner, Ernest: Nationalismus und Moderne, Berlin 1991; Hobsbawm, Eric: Nationen und Nationalismus. Mythos und Realität seit 1789, Frankfurt a. M., New York 1991.

7 Giesen, Bernhard: Die Intellektuellen und die Nation. Eine deutsche Achsenzeit, Frankfurt a. M. 1993; ders. (Hrsg.): Nationale und kulturelle Identität. Studien zur Entwicklung kollektiven Bewußtseins in der Neuzeit (1), Frankfurt a. M. 1991; Berding, Helmut (Hrsg.): Nationales Bewußtsein und kollektive Identität. Studien zur Entwicklung kollektiven Bewußtseins in der Neuzeit (2), Frankfurt a. M. 1994; ders. (Hrsg.): Mythos und Nation. Studien zur Entwicklung kollektiven Bewußtseins in der Neuzeit (3), Frankfurt a. M. 1996; s. auch Giesen, Bernhard; Junge, Kay; Kritschgau, Christian: Vom Patriotismus zum völkischen Denken. Intellektuelle als Konstrukteure der deutschen Identität, in: Nationales Bewußtsein und kollektive Identität (2), S. 345–393.

8 Im Umfeld des sogenannten „Historikerstreits" kam es zu Formen von gouvernementaler Identitätspolitik, die den Deutschen eine „normale" nationale Identität andienen wollte; vgl. dazu Wehler, Hans-Ulrich: Ent-

dung der Tradition"[9] oder der „Erfindung der Nation"[10] führen meiner Ansicht nach zu begründeter Skepsis gegenüber einigen aktuellen Versuchen, eine Art „mitteldeutscher Identität" zu kreieren, die gewachsene lokale und regionale Bindungen von Individuen an konkrete Orte und Landschaften überformt. Aus Sachsen, Sachsen-Anhalt und Thüringen soll nun eine Region „Mitteldeutschland" werden. Doch wo wiederum dies seinen Ort hat, liegt an der Definition bestimmter geographischer Räume, deren Grenzen sich jedoch der politischen Geschichte verdanken und stetigen Wandlungsprozessen unterworfen sind. Das „grüne Herz Deutschlands", also Thüringen, lag lange Zeit wirklich in der Mitte des kleindeutschen Reiches, doch durch Hitlers Expansionismus verschob sich diese Mitte, topographisch gesehen, wohl eher in Richtung Sachsen. Durch die Aufteilung des ehemaligen Deutschen Reiches in Besatzungszonen wiederum geriet Thüringen in eine extreme Randlage an der heißen Grenze zweier politischer Blöcke. Der abgrenzende Blick nach Westen trat an die Stelle älterer kultureller Abschließungsbemühungen gegen Osten, von denen noch die Rede sein wird.

Von Ländern der Mitte zu schwärmen, ist also eher erklärungsbedürftig denn hinreichend konkret oder gar selbstbegründend. Für einen Westdeutschen war „Mitteldeutschland" in den 1950er und 60er Jahren die gesamte DDR, also lagen auch Wismar, Güstrow, Stralsund, Plauen oder Potsdam in Mitteldeutschland.[11] Als „China hinter der Mauer", also als deutsches „Reich der Mitte" karikierte Wolf Biermann einst seine DDR, ein Land des kulturellen Abschlusses gegen den Westen, des Kastengeistes und des Mittelmaßes. „Deutsche Mitte" nannte sich ein Sammelband des 1950 aus der damals in der Bundesrepublik so genannten „Sowjetzone" geflohenen ehemaligen Mitarbeiters des Goethe-Schiller-Archivs Heinz-Winfried Sabais.[12] Von der Ostseeküste bis Magdeburg schweift der Blick der Bandautoren durch die Deutsche Demokratische Republik, die das Vorwort keine Republik nennt, „denn [sie] wird von einem sowjetischen Vizekönig mit diktatorischen Vollmachten beherrscht", und der auch ihr deutscher Charakter abgesprochen wird, „denn [sie] wurde von einer imperialistischen Macht künstlich geschaffen, um Deutschland zu zerreißen".[13] Aber die Menschen der

sorgung der deutschen Vergangenheit? Ein polemischer Essay zum „Historikerstreit", München 1988; „Historikerstreit". Die Dokumentation der Kontroverse um die Einzigartigkeit der nationalsozialistischen Judenvernichtung, München 1987. Hinweise zum Zusammenhang von Vergangenheitsaufarbeitung und identitätssichernder Zukunftsorientierung bei Reichel, Peter: Gedenktage: Kalendarische Erinnerung und politische Skandale, in: ders.: Politik mit der Erinnerung. Gedächtnisorte im Streit um die nationalsozialistische Vergangenheit, München, Wien 1995, S. 265–323; Cullen, Michael S. (Hrsg.): Das Holocaust-Mahnmal. Dokumentation einer Debatte. Zürich, München 1999.

9 Vgl. die maßstabsetzende Studie von Hobsbawm, Eric; Ranger, Terence (Hrsg.): The Invention of Tradition, Cambridge 1983; im wahrsten Wortsinne anschaulich ist der Ausstellungskatalog von Flacke, Monika (Hrsg.): Mythen der Nationen. Ein europäisches Panorama, Berlin 1998.

10 Vgl. Anderson, Erfindung der Nation (wie Anm. 6).

11 Hinweise bei Wolf, Herbert: Wandlungen des Begriffs „Mitteldeutschland", in: Festschrift für Friedrich von Zahn. Band I. Zur Geschichte und Volkskunde Mitteldeutschlands. Hrsg. v. Walter Schlesinger, Köln, Graz 1968, S. 3–23.

12 Sabais, Heinz-Winfried (Hrsg.): Deutsche Mitte. 18 Essays über mitteldeutsche Städte und Landschaften, Köln, Berlin 1964.

13 Ebenda, S. 7.

Mitte seien deutsch, und wer das vor Augen habe, „wird gewiß sein"   so Sabais –, „daß sich unser Volk niemals und unter keinen Umständen mit der willkürlichen Zerreißung Deutschlands abfinden kann".[14] So eine im Ton schrille, in der Sache inzwischen überholte Stimme aus dem Jahre 1964.

Doch der Topos der Mitte ist hartnäckig und wird auch dann beschworen, wenn die Dinge, kulturhistorisch gesehen, komplizierter liegen. Im aktuellen Dumont-Kunstreiseführer „Thüringen" aus dem Jahre 1996 ist zu lesen, der „Sog der Mitte" habe in Thüringen dafür gesorgt, Fremdes anzuziehen, um es dem Heimischen anzuverwandeln.[15] Ein derartiges Erklärungsmodell kultureller Amalgamierungsprozesse provoziert die Bemerkung, daß manch Fremdes von Thüringen angesaugt wurde, um dann nur mehr dessen Knochen auszuspucken. Das ehemalige Konzentrationslager Buchenwald, dessen Geschichte 1937 begann und erst 1950 endete,[16] liegt unumgänglich in der Mitte Thüringens und zeitlich mitten im „Zeitalter der Extreme".[17]

Wer – um ein anderes Beispiel zu wählen – die Reformation als Geschenk der Mitte an ganz Deutschland versteht, dürfte die Unzahl deutschgläubiger und deutschchristlicher Gruppierungen nicht unterschlagen, von denen die thüringischen „Deutschen Christen" die bekanntesten gewesen sind.[18] Daneben ist an Max Maurenbrecher in Dresden, Guida Diehl in Eisenach und Walter Vogel in Leipzig zu erinnern, deren deutschchristliche Ideen in den 1920er und 30er Jahren ihre Wirkung entfaltet haben.[19] Deutschchristentum und Deutschgläubigkeit aber verstanden sich mal als „Vollendung", mal als „Überwindung der Reformation" – galt doch die konfessionelle Spaltung der deutschen Gemeinschaft des Volkes als Erbübel der Neuzeit, dem man mit einer sogenannten „Reformation des 20. Jahrhunderts" abzuhelfen versuchte.[20] Das Herzland der Reformation dabei entsprechend umzukodieren, unternahmen nicht wenige Deutschnationale und Völkische, die sich dabei auf eine bedeutsame Mittellage beriefen. Aus diesem nationalprotestantischen „Herzen deutscher Kultur" aber wurde umgehend alles angeblich „Gemeinschaftsfremde" entfernt, vor allem die deutschen Juden, die sich bis 1933 mit Recht als engagierte Verwalter des deutschen Kulturerbes verstehen durften.

---

14 Ebenda, S. 8.

15 Vgl. Müller, Hans: Thüringen. Landschaft, Kultur und Geschichte im ‚grünen Herzen' Deutschlands, Köln 1996, S. 12.

16 Eigentlich sind es zwei Geschichten auf dem Ettersberg: die des nationalsozialistischen „Konzentrationslagers Buchenwald" 1937–1945 und die des sowjetischen „Speziallagers Nr. 2" in den Jahren 1945–1950, das Gelände- und Gebäudeteile des alten KZs nutzte. Vgl. Konzentrationslager Buchenwald 1937–1945. Begleitband zur ständigen historischen Ausstellung. Hrsg. v. d. Gedenkstätte Buchenwald, Göttingen 1999; Ritscher, Bodo: Spezlager Nr. 2 Buchenwald, Weimar-Buchenwald 1995.

17 Hobsbawm, Eric: Das Zeitalter der Extreme. Weltgeschichte des 20. Jahrhunderts. Taschenbuchausgabe, München 1998; das englische Original erschien bereits 1994.

18 Vgl. Seidel, Thomas A. (Hrsg.): Thüringer Gratwanderungen. Beiträge zur 75jährigen Geschichte der evangelischen Landeskirche Thüringens, Leipzig 1998; zum „Dritten Reich" s. S. 80–163.

19 Meier, Kurt: Die Deutschen Christen, Göttingen 1967; ders.: Kreuz und Hakenkreuz. Die evangelische Kirche im Dritten Reich, München 1992, insbes. S. 22–32.

20 Hinweise zu diesen Denkfiguren bei Ulbricht, Justus H.: „Veni creator spiritus" oder „Wann kehrt Baldr heim?". Deutsche Wiedergeburt als völkisch-religiöses Projekt, in: Faber, Richard (Hrsg.): Politische Religion – religiöse Politik, Würzburg 1997, S. 161–172.

Mit der „Mitte" und der Geschichte Mitteldeutschlands ist es also so eine Sache. Sie enthält Licht und Schatten, kulturelle Leistungen und antihumane Exzesse. Zudem steht jede Definition der Mitte in Konkurrenz zu anderen: Für den Schriftsteller Wilhelm von Scholz, den 1926 bis 1928 amtierenden Präsidenten der Sektion Dichtkunst der Preußischen Akademie, galt – aller eigenen Liebe zu Weimar zum Trotze –: „Berlin ist unsere Mitte, ist das Herz, das dem ganzen Leibe Blut sendet und es von ihm wieder in seine Kammern empfängt, um es neu auszusenden."

Wie immer man aber vergangene und gegenwärtige geographisch-kulturelle Zuschreibungen wertet und deren politisch-weltanschauliche Konnotationen entschlüsselt, problematisch scheint allein schon die zugrunde liegende „Identitäts"-Konzeption selbst zu sein,[21] vor allem dann, wenn man bei der Konstruktion neuen kulturellen „deutschen" oder nur „mitteldeutschen" Selbstbewußtseins dazu neigt, die negativen Aspekte der Regional- und Zeitgeschichte systematisch auszublenden oder argumentativ abzumildern. Bitterfeld liegt auch in Mitteldeutschland, dessen Gesicht von der Industrie geprägt, aber eben auch zerstört worden ist. Buchenwald gehört ebenso in diese Region wie Weimar; die Triumphe der Arbeiterbewegung hatten hier ihren Ort ebenso wie deren blutige Unterdrückung in den zwanziger Jahren – etwa durch die Reichsexekution in Sachsen und Thüringen – oder deren undemokratische Versteinerung in der SED. In der Gartenstadt Hellerau bei Dresden lebten und arbeiteten von Anbeginn an auch Völkische und Antisemiten mit[22]; das Dresdener Hygienemuseum bewahrt die düstere Geschichte der Rassenhygiene in Deutschland ebenso auf wie den berühmten „gläsernen Menschen". Und was uns heute als romantische Burg vor Augen steht, diente vielleicht jahrhundertelang als Machtzentrum fürstlicher Willkür, als Gefängnis oder Irrenanstalt. Kurzum, es ließe sich sicherlich fruchtbar darüber streiten, was denn die Leistung des mitteldeutschen Kulturraumes, die Schönheit seiner Kunst- und Baudenkmäler und den Reiz seiner Landschaften ausmacht – derer man sich jedoch nicht vergewissern sollte, ohne nach den „Schattenlinien"[23] der mittel- wie gesamtdeutschen Kulturgeschichte zu fragen. Doch auch allzu eingefahrene Betroffenheitsrituale verstellen den klaren Blick auf Geschichte, der man sich nur im mühsam rekonstruierenden Erinnern wird angemessen nähern können. Mit der Beschwörung der „Janusköpfigkeit Weimars", seiner „Ambivalenz" und dem Diktum vom „deutschen Schicksalsort"[24] ist wenig gewonnen für die Erkenntnis des Zusammenhangs

---

21 Sehr anregend dazu Balibar, Etienne; Wallerstein, Immanuel: Rasse Klasse Nation. Ambivalente Identitäten, Hamburg 1992; Simanowski, Roberto: Einleitung: Zum Problem kultureller Grenzziehung, in: Turk, Horst; Schultze, Brigitte; ders. (Hrsg.): Kulturelle Grenzziehungen im Spiegel der Literaturen: Nationalismus, Regionalismus, Fundamentalismus, Göttingen 1998, S. 8–60.

22 Ulbricht, Justus H.: Keimzellen deutscher Wiedergeburt. Die Völkischen in Hellerau und Dresden, in: Dresdner Hefte 15 (1997), Nr. 51, S. 80–86.

23 Dieser Terminus entstammt dem letzten Kapitel in Nipperdey, Thomas: Deutsche Geschichte 1866–1918. Band I: Arbeitswelt und Bürgergeist, München 1990, S. 812–834.

24 Vgl. Merseburger, Peter: Mythos Weimar. Zwischen Geist und Macht, Stuttgart 1998; auf S. 10 dieser anregenden und informativen Studie heißt Weimar ein „ambivalenter deutscher Schicksalsort". Vgl. auch den Unter-

von Klassikerstadt und Konzentrationslager, deren Realkontakt zum Teil ernüchternd pragmatisch vonstatten ging.[25]

Affirmative, programmatisch unproblematische Identitätskonstrukte und deren pflichtschuldigste Umwertung nach politischen Umbrüchen verstellen in der Regel den kritisch-rekonstruierenden Blick auf deutsche Geschichte. Es sei denn, man begreift kulturhistorische Forschung als Teil der Kompensationswissenschaften gegen Modernisierungsschäden, als Form affirmativer Traditionsstiftung in politischen Krisenzeiten. Damit aber schriebe man fort, was in der mitteldeutschen Region im 19. und 20. Jahrhundert ohnehin ständig betrieben worden ist: eine „Erbe"-Konstruktion mit dem Gratifikationsversprechen der Sinnstiftung im nationalen Sinne, mit der auch durchaus individuelle Orientierungskrisen zumindest scheinhaft bewältigt werden sollen.

Ein Weimarer Forschungsprojekt mit dem Titel „Die völkische und nationalsozialistische Instrumentalisierung der kulturellen Traditionen Weimars"[26] hat sich zwischen 1995 und 1998 einiger Fragen angenommen, die jüngst von anderer Seite so ähnlich gestellt worden sind. Lothar Machtan versteht in seiner kleinen Skizze über „Nationale Selbstbilder"[27] den Nationalismus als „Weltanschauung, als geistige und ästhetische Prägekraft von politischer Kultur und als Bewegung zur Formierung kollektiver Identität". Er richtet den Blick besonders auf „kulturelle Medien". Kulturell definierte Vorstellungen seien geeignet, Nationalbewußtsein unverwechselbar zu prägen, regionale und nationale Identitäten zu verschränken und allgemeine Pathosformeln nationaler Programmatiken „durch ihre besonderen Güter zu füllen". Er versteht den ästhetisch fundierten Nationalismus als „massenhaft geglaubtes Zeichensystem einer besseren Welt".[28] Nationale Identität generiere sich durch Inklusions- und Exklusionsprozesse, schaffe Freund- und Feindbilder und neige daher zur Entliberalisierung und Entdemokratisierung politischer Diskurse. Nationalismus könne sich zur politischen Religion entwickeln, mit fundamentalistischen Zügen und „großer visionärer Kraft". Dabei könnten sich konfessionelle Differenzen innerhalb der Nationalgesellschaft sogar verstärken. „Im emotionsdurchwirkten Raum des Nationalen bestimmen zumeist nicht- oder präkognitive Fähigkeiten die historische Erinnerung. Das erklärt, wie wirkungsvoll märchen- und mythennahe Deutungen in Gestalt von Bildern und Symbolen in die Tiefen des kollektiven Bewußtseins einzudringen vermögen."[29] Kulturelle Eliten des Nationalismus seien mehr ästhetisch

---

titel der architekturhistorischen Studie zum nationalsozialistischen „Gauforum" in Weimar: Vergegenständlichte Erinnerung. Perspektiven einer janusköpfigen Stadt, Weimar 1996.

25 Dazu jetzt Schley, Jens: Nachbar Buchenwald. Die Stadt Weimar und ihr Konzentrationslager 1937–1945, Köln, Weimar, Wien 1999.

26 Außer in zahlreichen Einzelstudien sind die Ergebnisse dieses Projekts in zwei Sammelbänden greifbar, vgl. Ehrlich, Lothar; John, Jürgen (Hrsg.): Weimar 1930. Politik und Kultur im Vorfeld der NS-Diktatur. Köln, Weimar, Wien 1998; Ehrlich, Lothar; John, Jürgen; Ulbricht, Justus H. (Hrsg.): Das Dritte Weimar. Vom Umgang mit den kulturellen Traditionen im Nationalsozialismus, Weimar, Köln, Wien 1999.

27 Machtan, Lothar: Nationale Selbstbilder zwischen Inszenierung und Verinnerlichung 1885 – 1935, in: Zeitschrift für Geschichtswissenschaft 46 (1998), H. 9, S. 818–827.

28 Ebenda, S. 820; dies aber gilt für Konstrukte wie „Heimat" und „Stammesreich" ebenso.

29 Ebenda, S. 822.

stilisierende und literarisch verdichtende Perzeptoren schon vorhandener Grundstimmungen gewesen als deren Präzeptoren – was die generative originelle Leistung dieser Eliten für die Genese nationaler Selbstbilder jedoch nicht unterschätzen sollte.[30] Man möge sich also – so Machtan – gerade auf die ästhetische Vermittlung der im engeren Sinne politischen Inhalte des Nationalismus konzentrieren; die Geschichtswissenschaft müsse stärker als bisher den Schulterschluß mit der Religions-, Kunst- und Literaturwissenschaft suchen, und neue Nationalismus-Forschung solle sich primär auf kulturgeschichtliche Quellen stützen, deren – wie ich ergänzen möchte – ästhetischer Unwert oder weltanschauliche Trivialität kein Grund sein dürfen, sich damit nicht zu beschäftigen.

II. Ausgangspunkte: Jena als „Mittelpunkt der Welt"

Damit sind einige Leitlinien auch der vorliegenden Untersuchung angedeutet, die sich nunmehr direkt und ausschließlich in die Mitte Deutschlands begeben wird: „Jena ist der Mittelpunkt der Welt. Denn der Mittelpunkt der Weltteile ist Europa, der Mittelpunkt Europas ist Deutschland. In der Mitte von Ost und West, von Nord und Süd liegt aber Jena. Jena ist aber auch eine Stadt, die einstmals in Griechenland lag." [31]

Diese Worte hat der Verleger Eugen Diederichs zwar selbst einmal eher als „Scherz" bezeichnet[32] – doch eigentlich drücken sie recht genau sein Selbstbewußtsein und das organisierende Zentrum seiner kulturellen Vorstellungen aus. Das Zitat verrät also nicht etwa geographische Unkenntnis, sondern offenbart die von Diederichs vorgenommene Amalgamierung von Moderne, Saale-Romantik und klassischem Erbe, die gerade seine Verlagserzeugnisse zwischen Jahrhundertwende und Erstem Weltkrieg entscheidend geprägt hat. Zudem werden nationale Deutungsmuster von Kultur beim frühen Diederichs immer in europäische Kontexte gestellt, ohne jedoch die hegemoniale Rolle seines eigenen Vaterlandes in Zweifel zu ziehen.

Dem Jenaer Verleger ging es um die Versöhnung der drei Komponenten Moderne, Romantik und Klassik. Mit seinem Umzug von Leipzig nach Jena im Jahre 1904 wählte er als Standort bewußt die – verglichen mit Weimar – modernere, weil industriell geprägte Stadt; den Ort der Frühromantik, mit welcher Epoche er die Sehnsucht nach einer „neuen Mythologie"

---

30 Im unserem Weimarer Untersuchungsfeld stießen wir neben einzelnen politisierenden Professoren vor allem auf die Pfarrer und Lehrer, auf Verleger, Publizisten und Künstler, deren Arbeit am Erbe in den meisten Fällen keine große Kunst oder tiefgründige Wissenschaft hervorgebracht hat – stattdessen jedoch mehrheitsfähige Trivialitäten, deren massenhafte Verbreitung und politisierende Wirkung unverkennbar ist. Dazu Ulbricht, Justus H.: Im Herzen des „geheimen Deutschland". Kulturelle Opposition gegen Avantgarde, Moderne und Republik in Weimar 1900–1933, in: Weimar 1930 (wie Anm. 27), S. 139–167.

31 Diederichs, Eugen: Lebensaufbau. Skizze zu einer Selbstbiographie. Typoskript 1920/21 (Deutsches Literaturarchiv Marbach, Nachlaß Eugen Diederichs), S. 277 [im folgenden: Diederichs, LA].

32 Diederichs, LA, S. 277.

teilte sowie den Ort der freundschaftlichen Beziehung von Wissenschaft *und* Kunst.[33] Außerdem lag Jena in einer Landschaft, deren Zauber man sich bis heute – aller weiterer Bebauungspraxis zum Trotze und je nach Wetterlage – immer noch nicht ganz entziehen kann.

Diederichs nannte sein Verlagshaus selbstbewußt „führender Verlag der Neuromantik"[34] – eine Chiffre, die bei ihm den Rückbezug auf die deutsche Klassik mit einschloß. Das Jenaer Schiller-Jubiläum von 1905 beispielsweise war von dem Verleger organisiert worden. Eine Kunst- und Kunstgewerbeausstellung wurde im alten herzoglichen Jagdschloß präsentiert, wobei in den klassischen Räumen Erzeugnisse der Münchner, Saalecker und Dresdener Werkstätten, also der Avantgarde des zeitgenössischen Kunstgewerbes, zu sehen waren. Außerdem präsentierte Diederichs die aktuellen Produkte seines eigenen Verlags – alles im wahrsten Wortsinn anschauliche Beispiele für die kongeniale Verschmelzung von Klassizität und Modernität. Im Jahre 1908 erschien ein programmatischer Almanach unter dem Titel „Weimar und Jena"[35]; zeitgleich das Verlagsverzeichnis „Wege zu deutscher Kultur"[36], dessen Titel andeutete, wohin es gehen sollte.

Für Romantik, Klassik und Moderne gleichermaßen faszinierend war die ihrerseits „klassisch" genannte Antike. Auf die Frage, warum man sich mit dieser lange vergangenen Epoche gerade in der modernen Zeit beschäftigen müsse, antwortete Diederichs im Jahre 1911: „Eine straffe Linie verbindet den Idealismus Platos mit dem der Renaissance und dem der deutschen Philosophen"[37] in deren Nachfolge wiederum sein Verlag der „Neuromantik" stand. Diese Antike-Konstruktion sollte primär also die Diederichssche Reihenpolitik beglaubigen und war zugleich deren Ausdruck.

Kurz zuvor – im Jahre 1910 – hatte der Verleger auf seiner Islandreise außerdem eine andere Epoche wiederentdeckt, indem er den „gotischen Menschen" im zeitgenössischen Isländer wiederzuerkennen glaubte. Bald darauf startete in Jena die berühmte „Sammlung Thule", die erstmals unter der Überschrift „Zur Erkenntnis unserer Rasseninstinkte" angekündigt wurde.[38] „Die Isländischen Sagas können in unserem modernen Leben vielleicht eine kultu-

---

33 Zu Diederichs und dessen Verlag aus kulturhistorischer Sicht umfassend Hübinger, Gangolf (Hrsg.): Versammlungsort moderner Geister. Der Eugen Diederichs Verlag – Aufbruch ins Jahrhundert der Extreme, München 1996; von eher buchhandelsgeschichtlicher Warte Heidler, Irmgard: Der Verleger Eugen Diederichs und seine Welt (1896–1930), Wiesbaden 1998; Ulbricht, Justus H.; Werner, Meike G. (Hrsg.): Romantik, Revolution und Reform. Der Eugen Diederichs Verlag im Epochenkontext 1900 bis 1949, Göttingen 1999.

34 Im Prospekt „Zur Jahrhundertwende" bezeichnete Diederichs sich als „führender Verlag der Neuromantik", vgl. LA, S. 68; zum Kontext Heidler, Eugen Diederichs (wie Anm. 33), S. 444–456.

35 Dazu Diederichs, Ulf: Jena und Weimar als verlegerisches Programm, in: Aus dem Antiquariat 7 (1994), S. A 241–A 257.

36 Wege zu deutscher Kultur. Eine Einführung in die Bücher des Verlages Eugen Diederichs in Jena, Jena 1908; dazu Ulbricht, Justus H.: „Meine Seele sehnt sich nach Sichtbarkeit deutschen Wesens". Weltanschauung und Verlagsprogramm von Eugen Diederichs im Spannungsfeld zwischen Neuromantik und ‚Konservativer Revolution', in: Hübinger, Versammlungsort, S. 335–374.

37 Bücherverzeichnis Oktober 1911, S. 32, Hervorhebungen im Original.

38 Zu „Thule" s. Zernack, Julia: Geschichten aus Thule. Islendingasögur in Übersetzungen deutscher Germanisten, Berlin 1994; Schier, Kurt: Die Literaturen des Nordens, in: Hübinger, Versammlungsort (wie Anm. 33),

relle Aufgabe erfüllen: Uns zur Besinnung auf unser Eigenstes zu bringen, und zu dem Mut, uns dazu zu bekennen."[39] Seitdem also trafen sich in der Mitte Deutschlands Nordisches und Deutsches, Südliches und Nördliches. Derartige Diederichssche Kulturkonzeptionen besaßen neben der ästhetisch-poetischen auch eine politische Dimension, deren im Laufe der Jahre zunehmend konservativere Ausprägung ihn nach 1918 in die Nähe der „Konservativen Revolution" führte, die der Weimarer Republik auch in Mitteldeutschland engagiert entgegentrat.

III. Mitteldeutsches Mittelalter – um 1900

Der bewußte Rückbezug des modernen Menschen Eugen Diederichs auf die Romantik schloß jedoch – die Formulierung vom „gotischen Menschen" deutet dies an – eine andere ältere deutsche Geschichtsepoche mit ein.

Beherrschendes Erlebnis bereits für den jungen Eugen waren Landschaft und Weichbild der Stadt seiner Kindheit, nämlich Naumburgs, dessen Dom zum privaten Wallfahrtsort des Verlegers, zur „Stätte innerer Einkehr", zur „Pilgerstätte jährlicher Wanderung"[40] werden sollte. Kurz vor der Hochzeit mit der Schriftstellerin Helene Voigt im Jahre 1898 stellte Diederichs seine junge Frau den Naumburger Stifterfiguren vor, was ihm noch „wesentlicher"[41] war, als sie mit der eigenen Mutter bekannt zu machen. Der dritte Teil seiner unveröffentlichten Autobiographie „Lebensabriß", die der Verleger 1921 niederschrieb, beginnt mit dem Kapitel „Naumburg", das – so zeigt es das Manuskript – ursprünglich hätte „Heimat" heißen sollen: „Das Dominnere strahlt die Vorstimmung der Frührenaissance aus, einen festlichen in Schönheit getauchten Lebensgenuß. Fast Diesseitigkeitsstimmung, kein mystisches Versenken oder christliche Askese. In ihm spüre ich das Lebensgefühl einer aristokratischen Herrenschicht im unterworfenen Slawenlande, eine ritterliche Kultur, deren Wurzeln in die Minnesängerhöfe der Provence und in die Kultur des burgundischen Reiches reichen. Mein Liebling unter den männlichen Stifterfiguren ist der Graf von Camburg, den ich Parzival nenne, und unter den weiblichen die Gräfin Gerburg, die für mich den Seelenadel der Heiligen Elisabeth verkörpert."[42]

Diederichs' autobiographischer Text zeigt etwas Typisches: Heimatgefühle, vor allem aber deren literarischer Ausdruck, sind immer eine Mischung aus persönlicher Erinnerung, die an Realobjekten und Ereignissen haftet, und kulturellen Imaginationen, für deren Wirklichkeit Realobjekte letztlich sogar verzichtbar sind oder nur noch die Funktion besitzen, Projektionsfläche für ganz anderes zu sein. Das souveräne Jonglieren mit eigenen ästhetischen Vorlieben

S. 411–449, insbes. S. 417–440. Bei Zernack, S. 11–96, findet sich auch eine fulminante Analyse der deutschen „Nordland"-Begeisterung zwischen 1900 und 1945.

39 Neuererscheinungen / Politik / Antike und Renaissance, Jena Oktober 1911, S. 22 f.; Hervorhebungen im Original.

40 Diederichs, LA, S. 201.

41 Diederichs, LA, S. 58.

42 Diederichs, LA, S. 201 f.

sowie den Stichworten des Zeitgeistes ist hier spürbar, das des Verlegers gesamten Zugriff auf die Geschichte ebenso charakterisiert wie die Neigung zahlreicher anderer Zeitgenosssen des Spätwilhelminismus, sich in anderen Epochen der deutschen Geschichte zu spiegeln oder gar wiederzuerkennen.

Eine in den Intellektuellen-Kreisen der Jahrhundertwende ausgeprägte Kritik am traditionellen Christentum fand in Diederichs' Naumburg-Beschwörung ebenso Eingang wie die damals den Gebildeten vertraute Nibelungen-Mythologie und der Artus-Sagenkreis, die die meisten allerdings über den Umweg der Wagnerschen „Bühnenweihfestspiele" kennengelernt haben dürften. In seine Frau Helene hatte sich Eugen übrigens erst wenige Tage vor dem gemeinsamen Naumburg-Erlebnis bei einem Konzertbesuch verliebt: „Abends, es war Donnerstag, hörten wir Richard Wagners Siegfried im Stadttheater [Leipzig]. Helene Voigt spürte, daß die Entscheidung in der Luft lag, in ihrem Gesicht zuckte es, beinahe wären ihr während der Vorstellung Tränen gekommen, ihre Unruhe zu lösen. Auf dem Nachhauseweg fanden sich unsere Hände zu einem Druck und an der Haustür sagte ich nur kurz : Morgen komme ich zu Dir. Das war alles."[43]

Kennt man die weitere Ehegeschichte von Eugen und Helene Diederichs, dann ist man versucht zu sagen, der Verleger habe – ohne es zu spüren – in erster Ehe Uta von Naumburg geheiratet, die sich deren hymnische Verehrer immer schön und unnahbar zugleich vorgestellt haben.[44]

Diederichs sprach in seiner Naumburg-Apotheose von der „Frührenaissance". Dies verweist auf bestimmte kulturelle Diskurse im deutschen Bildungsbürgertum, speziell in der Kunstgeschichtsschreibung. Mal differenzierte man zwischen ‚guter' deutscher Früh- und ‚problematischer' italienischer Hochrenaissance; mal verstand man das deutsche Mittelalter insgesamt als unverzichtbares Vorspiel der europäischen Renaissancen.[45] Dies funktionierte allerdings nur so lange, bis einigen Meisterdenkern – wie etwa dem Diederichs-Autor Richard Benz – die Renaissance eher als „Verhängnis der deutschen Kultur" erschien. So lautete der Titel einer kleinen Schrift, die 1915 als erstes Heft der Diederichs-Reihe „Blätter von deutscher Art und Kunst" erschienen ist, deren Titel nicht unbeabsichtigt an Herders berühmte Textsammlung erinnerte.[46] Seit Mitte des Ersten Weltkriegs scheint sich diese negative Lesart der Renaissance bei vielen Bildungsbürgern durchgesetzt zu haben. Zugleich wuchs das Interesse am deutschen Mittelalter, dessen Spätzeit man als Zeitalter deutscher Wiedergeburt – also als Renaissance für Deutsche – umdeutete. Die Wiederentdeckung der Mystik ebenso wie die

---

43 Diederichs, LA, S. 57.

44 Vgl. Ullrich, Wolfgang: Uta von Naumburg. Eine deutsche Ikone (Kleine Kulturwissenschaftliche Bibliothek, Nr. 58), Berlin 1998.

45 Hinweise zum Wandel des Mittelalter-Bildes bei Wyss, Ulrich: Mediävistik als Krisenerfahrung – Zur Literaturwissenschaft um 1930, in: Althoff, Gerd (Hrsg.): Die Deutschen und ihr Mittelalter. Themen und Funktionen moderner Geschichtsbilder vom Mittelalter, Darmstadt 1992, S. 127–146; Oexle, Otto Gerhard: Das Mittelalter und das Unbehagen an der Moderne. Mittelalterbeschwörungen in der Weimarer Republik und danach, in: ders.: Geschichtswissenschaft im Zeichen des Historismus, Göttingen 1996, S. 137–162.

46 Benz, Richard: Die Renaissance, das Verhängnis der deutschen Cultur (Blätter für deutsche Art und Kunst, hrsg. v. Richard Benz. Erstes Heft), Jena 1915.

der mittelalterlichen Dome gehört in diesen Kontext, eine geistige Tendenz, die gerade im mitteldeutschen Raum zahlreiche sehr konkrete Anknüpfungspunkte vorfinden konnte, z. B. den Kyffhäuser, die Wartburg, diverse Dome aus Naumburg, Erfurt und Quedlinburg, zahlreiche Burgen oder Burgruinen oder etwa die Tatsache, daß der bekannteste und wirkmächtigste deutsche Mystiker, Meister Eckehart, ein Erfurter Dominikaner gewesen ist. Gerade in Thüringen entwickelte sich ein regelrechter Eckehart-Kult, gesteuert nicht zuletzt über die Verlagserzeugnisse des Hauses Diederichs, dessen Leiter den Mystiker als ersten modernen Menschen und noch größeren Reformator als Luther verehrte.[47] Mystik-Renaissance und Protestantismus-Kritik, verstanden als Abwehr orthodoxer Theologie und lutherisch verhärteter bürgerlicher Frömmigkeit, gehörten zusammen und lassen sich bis in den Eckehart-Kult Alfred Rosenbergs verfolgen. Dort allerdings ist die Bewunderung für „deutsche Mystik" gepaart mit einem radikal-antichristlichen Neopaganismus, dessen liturgische Phantasien die Faszination auch von Protestanten für einen „ästhestischen Katholizismus"[48] belegen, also das Neuheidentum an christliche Vorstellungswelten dennoch zurückbinden.

IV. Die Mitte als Grenze und Ausgangspunkt

Im zitierten Diederichs-Text über Naumburg war die Rede von der „aristokratischen Herrenschicht im unterworfenen Slawenlande". Nahezu sämtliche mir bekannten Texte über Thüringen als „Mitte Deutschlands" behaupten im gleichen Atemzug dessen zentrale Funktion als Grenzland, als Ausgangsbasis der Ostkolonisation oder als Puffer gegen mannigfaltige östliche Bedrohung. In den Texten über Thüringen wurde in der Regel die erfolgreiche Rolle der Region bei der Behauptung des „Deutschen" gegen „den Osten" unterstrichen.

In den späten zwanziger Jahren erkannte der völkische Schweizer Architekt Alexander von Senger im Wirken des Dessauer Bauhauses die „Brandfackel Moskaus".[49] Sein Kampf gegen den sog. „Kulturbolschewismus"[50] und dessen mitteldeutsche Zentren in Weimar und Dessau bemühte Bildwelten, die seit Ende des Kaiserreichs zum Inventar panisch anti-avantgardistischer Bildungsbürger gehörten. Noch weiter östlich saßen Ängste eines negativen Orientalismus, der im „jüdisch-bolschewistischen Flachdach" die zentrale Attacke modernen

---

47 Ulbricht, Justus H.: Durch „deutsche Religion" zu „neuer Renaissance". Die Rückkehr der Mystiker im Verlagsprogramm von Eugen Diederichs, in: Baßler, Moritz; Chatellier, Hildegard (Hrsg.): Mystik, Mystizismus und Moderne in Deutschland um 1900, Strasbourg 1998, S. 165–186. Zur Mystik-Renaissance um 1900 allgemein s. Spörl, Uwe: Gottlose Mystik in der deutschen Literatur um die Jahrhundertwende, Paderborn, München, Zürich 1997, insbes. S. 75–173.

48 Zu diesem Terminus s. Braungart, Wolfgang: Ästhetischer Katholizismus. Stefan Georges Rituale der Literatur, Tübingen 1997.

49 Senger, Alexander von: Die Brandfackel Moskaus, Zurzach 1931.

50 Dazu John, Eckhard: Musikbolschewismus. Die Politisierung der Musik in Deutschland 1918–1938, Köln, Weimar, Wien 1994; Bollenbeck, Georg: Tradition, Avantgarde, Reaktion. Deutsche Kontroversen um die kulturelle Moderne 1880–1945, Frankfurt a. M. 1999; passim. ders.: Von der „Rinnsteinkunst" zur hysterischen Angst vor dem „Kulturbolschewismus". in: Nowak, Cornelia; Scherz, Kai Uwe; Ulbricht, Justus H. (Hrsg.): Expressionismus in Thüringen. Facetten eines kulturellen Aufbruchs, Jena 1999, S. 398–405.

Formempfindens gegen das „deutsche Wesen" witterte und der im flachen Dach des „neuen Bauens" Sympathien für Nomaden und Fellachen vermutete, also für ‚wurzellose' Individuen. Bis heute bekannt ist die polemische Fotomontage, in der eine Kamel-Karawane durch die Weißenhof-Siedlung in Stuttgart wandert. Im Goethejahr 1932 veröffentlichte der erfolgreiche Architekt Paul Schmitthenner, alsbald ein Kampfgefährte Paul Schultze-Naumburgs im „Kampfbund für deutsche Kultur", sein Werk „Das deutsche Wohnhaus"[51], in dem er einer sog. „Wohnmaschine" aus Stuttgart Goethes Gartenhaus als Vollendung und Prototyp „deutschen Bauens" gegenüberstellte. Damit war er an die Ilm zurückgekehrt, von wo bereits 1925 das Bauhaus in ähnlichem Geiste vertrieben worden war.[52]

Die Gegner der modernen Kunstschule hatten sich dabei als „Hüter des Erbes" und als „Kämpfer" für deutsche Kultur stilisiert – Kampf, Schlacht und Abwehr gehörten ohnehin zum Inventar kulturkritischer Deutungsmuster. Die Militarisierung der kulturellen Diskurse, die schon zur Reichsgründungszeit spürbar gewesen war, sich nach dem Ersten Weltkrieg aber nochmals verschärft hatte, war nun auch in den kunsttheoretischen Debatten der Zeit angekommen. Für manche lag es in jenen Jahren nahe, sich als Erneuerer vergangener sogenannter „Heldenzeitalter" zu fühlen, in denen sich die erwünschte Dominanz des deutschen Kulturerbes über andere fraglos gültig gezeigt und sich somit als dauernd erwiesen habe. Die Neigung statusbedrohter Bildungsbürger zu geistesaristokratischen Selbstdeutungsmustern, die Imaginationen von Künstlern als Krieger und Soldaten, als Ritter vom Geiste, als Kulturkämpfer und neue Elite passen dazu. Ob die Platonische Akademie für Klassik-Begeisterte oder die Tafelrunde für Adepten des religiös verehrten Mittelalters – immer evozierten derartige Diskurse geistesgeschichtliche Traditionsbestände mit religiöser Aura, die bemüht wurde, um konkrete, zeitgeschichtlich bedingte Sinndefizite gerade von Gebildeten, gekoppelt mit deren Anspruch auf gesamtgesellschaftliche Führungspositionen, zu beheben.[53] Das deutsche Selbstbild von „Ritter, Tod und Teufel" – dem des „Faustischen" verwandt[54] – gehört in diesen Kontext ebenso wie „Zarathustra" und „Parzival". Beide waren Sinnsucher und Selbstüberwinder – und letztgenannter auch noch ein Ritter, Mitglied einer spirituell-geistigen Elite.

Elitekonzepte dieser Art fanden gerade in Weimar und Thüringen zu verschiedenen Zeiten ihre Verfechter. Schon die Vorstellung von der kulturellen Mitte Deutschlands als dem Zentrum des Wesentlichen deutscher Tradition legte die Vermutung nahe, die Verwalter des

---

51 Schmitthenner, Paul: Das deutsche Wohnhaus, Stuttgart 1932, dort S. 8 f.

52 Vgl. Ulbricht, Justus H.: Willkomm und Abschied des Bauhauses in Weimar. Eine Rekonstruktion, in: Zeitschrift für Geschichtswissenschaft 46 (1998), H. 1, S. 5–27; ders.: „Wir wünschen hier kein München Schwabing". Das Staatliche Bauhaus im Spannungsfeld der politischen Kultur Weimars 1918–1925, in: Bothe, Rolf; Föhl, Thomas (Hrsg.): Aufstieg und Fall der Moderne, Ostfildern-Ruit 1999, S. 264–272.

53 Dazu Ulbricht, Justus H.: Massenfern und klassenlos oder: „Wir brauchen eine Brüderschaft im Geiste, die schweigend wirkt". Zur Organisation der Gebildeten im Geiste des Eugen Diederichs Verlags, in: Faber, Richard; Holste, Christine (Hrsg.): Kreise, Gruppen, Bünde. Zur Soziologie moderner Intelekutellenassoziationen, Würzburg 2000, S. 385–402.

54 Schwerte, Hans: Faust und das Faustische. Ein Kapitel deutscher Ideologie, Stuttgart 1962, insbes. S. 243–277; Hinweise auch bei Jasper, Willi: Faust und die Deutschen, Berlin 1998.

Wesentlichen seien ihrerseits in der Mitte zu Hause – oder sollten dies wenigstens sein. Friedrich Lienhard, Ernst Wachler, Adolf Bartels und andere wählten ihren Wohn- und Wirkungsort um 1900 bewußt im „Herzen deutscher Kultur", um von dort aus den ganzen Körper wiederzubeleben.[55]

Durch die kulturkritischen Debatten jener Jahrzehnte geisterten immer auch Bilder vom Zusammenschluß der führenden Geistigen. Die Idee einer deutschen Dichterakademie, von Franz Liszt in liberalem Geist schon Mitte des 19. Jahrhunderts entworfen, beschäftigte deutsche Schriftsteller der Jahrhundertwende erneut – als idealer Standort war natürlich Weimar im Gespräch. Hatte Liszt dies noch mit der Existenz der klassischen Traditionen der Ilm-Stadt begründet, so mischt sich um 1900 ein anderer Ton unüberhörbar in die Diskussion; die bewußte Distanz zu Berlin nämlich, der gerade von konservativen Autoren geschmähten Kapitale der Moderne. Der Elsässer Friedrich Lienhard war in diesem Fall mehr als ein Stichwortgeber. Er hatte einst das Motto „Los von Berlin" in die Welt gesetzt, damit die Heimatkunstbewegung inspiriert, und er sprach zudem unausgesetzt von seinesgleichen als den „Gralshütern". Den Gral der Moderne aber sah er in der Verschmelzung von „Wittenberg-Wartburg-Weimar" verkörpert. „Akropolis-Golgatha-Wartburg" lautet eine andere Kombination kulturhistorisch bedeutsamer Chiffren, hinter denen sich bei Lienhard ganze Bedeutungswelten verbargen.[56]

Nach dem verlorenen Weltkrieg versuchte der Schriftsteller übrigens, die Goethe-Gesellschaft zu einer Organisation umzugestalten,[57] die Eugen Diederichs mit einem Wort Lagardes wohl als „heimlich offener Bund, der für das große Morgen sinnt"[58] bezeichnet haben würde. Friedrich Meinecke wiederum – auch daran sei erinnert – wünschte nach 1945 die Gründung von „Goethe-Gemeinden" zur moralisch-kulturellen Erneuerung Deutschlands. Andere spannen vor dem „Dritten Reich" bereits die Vorstellung von der Akademie der Geistigen weiter und verschmolzen in ihren kulturregeneratorischen Phantasien Athen, Olympia und Delphi zu ein und demselben Sehnsuchtsort – den man dann vor allem auf Weimar projizierte.[59]

---

55 Vgl. Ulbricht, Justus H.: „Deutsche Renaissance". Weimar und die Hoffnung auf die kulturelle Regeneration Deutschlands zwischen 1900 und 1933, in: John, Jürgen; Wahl, Volker (Hrsg.): Zwischen Konvention und Avantgarde. Doppelstadt Jena-Weimar, Köln, Weimar, Wien, 1995, S. 191–208; ders.: Kulturrevolution von rechts. Das völkische Netzwerk 1900–1933, in: Heiden, Detlev; Mai, Gunther (Hrsg.): Nationalsozialismus in Thüringen, Köln, Weimar, Wien 1995, S. 29–48.

56 Chatellier, Hildegard: Friedrich Lienhard als ungetreuer Verwalter des Weimarer Erbes? Politische Implikationen kultureller Verbiegungen, in: Weimar 1930, S. 169–183; diess: Lienhard, Friedrich, in: Puschner, Uwe; Schmitz, Walter; Ulbricht, Justus H. (Hrsg.): Handbuch zur „Völkischen Bewegung" 1871–1918. München 1996, S. 114–130.

57 Neumann, Thomas: „… der die idealen Triebe ihrer Vorschläge vollauf zu würdigen weiß." Friedrich Lienhard und die Goethe-Gesellschaft, in: Weimar 1930, S. 185–210.

58 Diese gern zitierte Sentenz stammt von Lagarde, Paul de: Ueber die gegenwärtige Lage des deutschen Reiches. Göttingen 1875, in: ders.: Deutsche Schriften. Gesamtausgabe letzter Hand, Göttingen 1920 (5. Aufl.), S. 106–182, Zitat S. 136.

59 Vgl. demn. Ulbricht, Justus H.: „Weimar ist unser Olympia geistiger Kraft". „Ilm-Athens" Festspielkultur, eine Annäherung, in: „Entartete Musik". Weimar – ein deutsches Beispiel, Weimar 2000.

Nur für wenige avantgardistische Intellektuelle, wie etwa Heinrich Hart oder Hans Brandenburg, lag dies Olympia in Hellerau,[60] dem „unverlierbaren Europa" Peter de Mendels-
sohns.[61] Henry van de Velde und Harry Graf Kessler dachten an einen „heiligen Hain" zu
Ehren Nietzsches oberhalb des Nietzsche-Archivs – den Blick von dort auf den Bismarck-
Turm und das Goethe-Schiller-Archiv hatte man einkalkuliert.[62] Denn Nietzsche galt den
Gebildeten unter seinen Verfechtern als ideeller Reichsgründer eines anderen Deutschland,
und zugleich beerbte er die Klassiker, deren dritter oder – wenn man Shakespeare mitzählt[63]
– vierter er war.

V. Neues Mittelalter zwischen den Kriegen

National gesonnene bürgerliche Deutsche aber – und das war bekanntlich die Mehrheit –
suchten ihr Heil direkt zu Füßen der „Gralsburg des Protestantismus", also der Wartburg.[64]
Das Bild der Dichterakademie – wie man weiß, blieb es beim Plan – und der Gralsburg
zugleich gewann Gestalt in den späteren „Dichtertagen auf der Wartburg", die ab 1938 dann
in Weimar stattfanden.[65] Mit derartigen Vorstellungen konservierten die beteiligten Schriftsteller ein Dichterbild, das hoffnungslos veraltet, im schlechten Sinne unzeitgemäß war und
im Getriebe des literarischen Marktes zunehmend verschwand. Viele Bildungsbürger hatten
sich längst in Intellektuelle verwandelt, Dichter wurden zu „Literaten" und „Journalisten".[66]
Das war vor allem für diejenigen bedrohlich, die in den neuen Rollen weitgehend erfolglos
blieben. Weimar, Thüringen und andere Teile Mitteldeutschlands wurden von diesen „Stillen im Lande" zum rettenden Abseits der Moderne erklärt, zum stillen Winkel in der Provinz
verklärt und zur „Heimat" des „heimlichen Deutschland" stilisiert – ein Abseits im übrigen,

---

60 Hinweise auf Heinrich Harts Olympia-Phantasie bei Michelis, Marco de: Heinrich Tessenow. Das architekto-
    nische Gesamtwerk, Stuttgart 1991, S. 18.
61 Mendelssohn, Peter de: Hellerau. Mein unverlierbares Europa, Dresden 1993.
62 Dazu Krause, Jürgen: „Märtyrer" und „Prophet". Studien zum Nietzsche-Kult in der bildenden Kunst der
    Jahrhundertwende, Berlin, New York 1984, S. 199–210.
63 Wegen seines Einflusses auf die Entwicklung der Dramatik in Deutschland galt der englische Klassiker Shake-
    speare seit 1800 auch in Deutschland als Klassiker; die Shakespeare-Gesellschaft wurde 1864 in Weimar
    begründet. Seit etwa 1900 finden sich in der völkischen Bewegung rassistische Begründungen für Shake-
    speares „Deutschheit", stammten die Angeln und Sachsen doch eigentlich aus Norddeutschland!
64 Anregend ist: Schuchardt, Günther: Die Wiederentdeckung der Wartburg und ihre Verklärung zum Gesamt-
    kunstwerk, in: Müller, Matthias (Hrsg.): multiplicatio et variatio. Beiträge zur Kunst – Festgabe für Ernst
    Badstübner zum 65. Geburtstag, Berlin 1998, S. 14–29; ders.: Eisenacher „Nationaldenkmäler". Wartburg –
    Burschenschaftsdenkmal – Bismarckturm, in: Wartburg-Jahrbuch 1996, S. 103–128.
65 Vgl. Barbian, Jan-Pieter: Literaturpolitik im „Dritten Reich". Institutionen, Kompetenzen, Betätigungsfelder,
    München 1995, S. 436–450.
66 Hübinger, Gangolf: „Journalist" und „Literat". Vom Bildungsbürger zum Intellektuellen, in: ders.; Momm-
    sen, Wolfgang J. (Hrsg.): Intellektuelle im Deutschen Kaiserreich, Frankfurt a. M. 1993, S. 95–110.

von dem aus man gedachte, die deutsche Gesellschaft kulturell zu reformieren und damit vor dem Abgrund der Moderne zurückreißen zu können.[67]

Umgekehrt konnte das Bild der Provinz von deren Verächtern gegen die Apologeten des Anti-Avantgardismus gewendet werden. Als Franz Pfemfert im Jahre 1915 die Editionspolitik des Nietzsche-Archivs und dessen militarisiertes Nietzsche-Bild kritisieren wollte, nannte er seine Bemerkungen „Die Deutschsprechung Friedrich Nietzsches" und behauptete, der gute Europäer würde von seiner Schwester „ins Naumburgische" übersetzt.[68] Der Teufel meint im Disput mit Adrian Leverkühn, diesem Protagonisten des Nietzsche-Romans „Doktor Faustus" von Thomas Mann, Leverkühn solle doch so ehrlich sein zu sagen: „Wo ich bin, ist Kaisersaschern". Das heißt in unseren Worten, er solle die Problematik eines Deutschtums aus metaphysischem Drang, Mittelalter-Begeisterung und Provinzialität ehrlich benennen.[69]

Durchmustert man die Heimatzeitschriften aus Thüringen, dann trifft man lange vor 1933 auf eben die Melange, die Thomas Mann nach 1945 in ihrer bestialischsten Ausprägung im Nationalsozialismus als „deutsches Schicksal" des 20. Jahrhunderts dichterisch gestaltet hat. Was der bei der Wartburg-Restaurierung beteiligte Maler Carl Alexander Simon 1838 bemerkte: „Wenn ich mithin von der Erhaltung der Wartburg, ja von ihrer Wiedergeburt durch die Kunst rede, so verstehe ich darunter einen Tempel der Geschichte, in welchem die Nation sich an den Beispielen seiner [sic!] Altvordern sammeln kann"[70], gilt eigentlich für Thüringen, besonders nach 1918, insgesamt, in das nicht wenige modernisierungserschütterte Deutsche wallfahrteten – und, wie es scheint, bis heute tapfer wallfahren – um sich zu sammeln und an der Aura des Ererbten innerlich wieder aufzurichten.

Eine der esoterischsten Gruppierungen der Bündischen Jugend, der im süddeutschen wie berlin-brandenburgischen Raume gleichermaßen vertretene „Bund Deutscher Neupfadfinder", zog 1920 zu Pfingsten nach Naumburg und erlebte dort sein prägendstes Bundes-Erlebnis[71] angesichts der Mittelalter-Kulisse der Stadt, die besonders diese Jugendgruppe inspirieren mußte, nannte sich das Bundesblatt doch „Der Weisse Ritter".[72] Zu Rittern und Knappen

---

67 Zu diesen kulturkritischen Topoi und den entsprechenden thüringischen Autoren s. Ulbricht, Im Herzen (wie Anm. 30), S. 139–147; vgl. auch Haß, Ulrike: Vom „Aufstand der Landschaft gegen Berlin", in: Weyergraf, Bernd: Literatur der Weimarer Republik 1918–1933. München 1995, S. 340–370.

68 Pfemfert, Franz (Hrsg.): Die Deutschsprechung Friedrich Nietzsches, in: Die Aktion. Wochenschrift für Politik, Literatur, Kunst 5 (1915), Nr. 25, S. 320–324.

69 Zum Roman s. Vaget, Hans Rudolf: Kaisersaschern als geistige Lebensform. Zur Konzeption der deutschen Geschichte in Thomas Manns Doktor Faustus, in: Paulsen, Wolfgang (Hrsg.): Der deutsche Roman und seine historischen und politischen Bedingungen, Bern, München 1977, S. 200–235.

70 Dazu Krauß, Jutta: Die Wiederherstellung der Wartburg im 19. Jahrhundert, Eisenach 1990; Gherhardt, Günther: Die Wiederentdeckung der Wartburg und ihre Verklärung zum Gesamtkunstwerk, in: Müller, Matthias (Hrsg.): multiplicatio et variatio (wie Anm. 64), S. 14–29.

71 Vgl. Nach Naumburg, in: Der Weisse Ritter 2 (1920), H. 11/12, S. 216–236; Der Naumburger Bund. Sonderheft zum Weißen Ritter 5. Band (= Der Weiße Ritter 5/1925, Pfingstheft).

72 Zu dieser Jugendgruppe vgl. Ulbricht, Justus H.: Ein „Weisser Ritter" im Kampf um das Buch. Die Verlagsunternehmen von Franz Ludwig Habbel und der Bund Deutscher Neupfadfinder, in: Schmitz, Walter; Schneidler, Herbert (Hrsg.): Expressionismus in Regensburg. Texte und Studien, Regensburg 1991, S. 149–174.

aber träumte man sich damals gerne als jungdeutscher Mann, zumal in der Jugendbewegung. Wer an Rittergestalten dachte, erinnerte sich so mancher Inszenierung des Wagnerschen „Lohengrin" oder des „Parzival", sah vielleicht aber auch den Bamberger Reiter[73] oder eben direkt die Naumburger Stifterfiguren[74] vor sich. Diese Bilder waren inzwischen geronnen zum Phantasma des „deutschen" oder gar „gotischen" Menschen, das die Literatur der Weimarer Jahre durchzieht; jedoch nicht nur die der Konservativen, denkt man etwa an die Faszination, die die Gotik auf junge expressionistische Künstler ausgeübt hat.[75]

In Erfurt sammelte sich nach dem Ersten Weltkrieg die Künstlergruppe „Jung-Erfurt", die auch die mittelalterliche Kulisse dieser Stadt zum Thema ihrer Bilder, die Mystik zum Gegenstand ihrer Texte und damit die Vergangenheit zum Vorschein der Gegenwart machte.[76] Im Rudolstädter „Greifen-Verlag" druckte Karl Dietz Bücher für die „Kinder der neuen Zeit"[77] und öffnete das kulturelle Feld Jugendbewegung für Strömungen der Avantgarde. Auch in der bereits erwähnten Zeitschrift „Der Weisse Ritter" findet sich bündische Ideologie im Geiste Stefan Georges neben expressionistischer Ausdrucksgraphik und stehen Mittelalter-Sehnsüchte neben geistreichen Analysen zeitgenössischer Problemlagen.

Wenn man vom Mittelalter und dessen modernen Renaissancen spricht, dann darf ein Name nicht unerwähnt bleiben: der des bedeutenden Kunsthistorikers Wilhelm Pinder. Wie kaum ein anderer hat sich dieser der Apotheose des deutsch-mittelalterlichen Menschen und seiner kulturellen Prägekraft verschrieben. Immer wieder aber entwickelte er derartige Vorstellungen an den Domen Naumburgs und Bambergs, deren Figurenschmuck ihn zeitlebens fesselte. Mitte der zwanziger Jahre erschien der mit dem Photographen Walter Hege gemeinsam gestaltete Band zum Naumburger Dom,[78] bald darauf der zu Bamberg. Denn, wie Pinder 1928 in einer Rede vor dem Deutschen Werkbund ausführte: „Nach den *Kathedralen* müssen wir fragen, um zu wissen, was damals ‚bauen' hieß."[79] Für den Kunsthistoriker waren die Dome steingewordener Ausdruck einer Gemeinschaft, einer im Mittelalter angeblich gegebenen, unverbrüchlichen Beziehung von Religion, Kunst und Volk; Sinnbild der engen Bezie-

---

73 Vgl. Hinz, Berthold: Der „Bamberger Reiter", in: Warnke, Martin (Hrsg.): Das Kunstwerk zwischen Wissenschaft und Weltanschauung, Gütersloh 1970, S. 26–46.

74 Sauerländer, Willibald: Die Naumburger Stifterfiguren. Rückblick und Fragen, in: Die Zeit der Staufer. Geschichte – Kunst – Kultur, Stuttgart 1977, S. 169–245.

75 Bushart, Magdalena: Der Geist der Gotik und die expressionistische Kunst, München 1990.

76 Bei Prof. Dr. Ruth Menzel in Erfurt entsteht zur Zeit die Dissertation von Cornelia Nowak über diese bislang unerforschte Künstlergruppe; sh. auch Nowak, Cornelia: „An die Freunde des Kommenden"- die expressionistische Künstlergruppe „Jung-Erfurt", in: Nowak, Cornelia; Schierz, Kai Uwe; Ulbricht, Justus H. (Hrsg.): Expressionismus in Thüringen. Facetten eines kulturellen Aufbruchs, Jena 1999, S. 34–43.

77 Dazu Ulbricht, Justus H.: Bücher für die „Kinder der neuen Zeit". Ansätze zu einer Verlagsgeschichte der deutschen Jugendbewegung, in: Jahrbuch des Archivs der deutschen Jugendbewegung 17 (1988–92), S. 77–140; insbes. S. 86–92.

78 Der Naumburger Dom und seine Bildwerke, aufgenommen von Walter Hege, beschrieben von Wilhelm Pinder, Berlin 1925; vgl. auch das im Ton der Zeit gehaltene Büchlein von Pinder, Wilhelm: Die Bildwerke des Naumburger Doms, Leipzig o. J. [1937].

79 Pinder, Wilhelm: Zur Möglichkeit eines kommenden großen Stiles, in: ders.: Reden aus der Zeit, Leipzig 1934, S. 5–25, Zitat S. 11; Hervorhebungen im Original.

hung von sakraler Sphäre und Welt – die er in der eigenen Gegenwart schmerzlich vermißte. Das profane Gegenbild heißt bei Pinder 1928 der „Corbusiersche Mensch", der „mythenlose Mensch ohne Unterschiede": „Große repräsentative Architektur von völlig unsakraler Haltung wäre gerechtfertigt allein durch einen mythenlosen Einheitsmenschen. *Der ist nicht da. Der kommt auch bestimmt nicht, er ist nur ein schrecklicher und häßlicher Wunsch!*"[80] Folglich galt für Pinder: „Das Irrationale, das hinter allem Leben steht, das weitab von Fahrrad, Auto, Flugzeug liegen kann, das bleibt uns. Eben hier liegt die Quelle künftiger und zusammenfassender Möglichkeiten des Geistes."[81]

Pinders Kunst- und Weltsicht war Wille zur Flucht aus der „transzendentalen Obdachlosigkeit"[82] des modernen Menschen, der er imaginär in die Gläubigkeit des Mittelalters und die Sakralität seiner Dome zu entkommen suchte. In der Abkehr vom Internationalismus der Avantgarden fand er das Heil vom Verlust seiner Mitte in Mitteldeutschland und besonders bei den Stiftern von Naumburg: „Damals herrschte, zumal in Nordeuropa, das ritterliche Ideal – damals beschränkt auf eine Schicht. Unsere große und, sobald man sie nennt, fast unlösbar scheinende und doch so notwendige Aufgabe muß es sein, ein ganzes Volk so zu gestalten, daß es dem Sinne nach das wird, was seine vornehme Schicht gewesen ist: eine einzige, verkörperte Forderung auf Haltung und Benehmen von Körper und Seele in untrennbarer Einheit."[83]

Dieser durchaus zeittypische „Hunger nach Ganzheit"[84] in subjektivem und kollektivem Sinne wich jedoch nicht nur in vergangene historische Räume aus, sondern faßte die Zeitgeschichte 1933 fest in den Blick: „Das wird einst der geschichtliche Ruhm des neuen Deutschland und seines Führers sein: einen vielhundertjährigen Ablauf, der mit schweren Verlusten sehr Großes erkauft hat, in einer gesunden Weise so reguliert zu haben, daß ein neues Mittelalter kommen wird. [Dann, so Pinder weiter – JHU] wird [es] einen Stil geben, weil wir Stil haben werden. Der Mensch macht den Stil! Der Glaube macht den Stil. Stil ist nur nach außen Form; Stil ist Glaube und Gemeinschaft und gemeinschaftlicher Glaube."[85]

Das vorläufig und gottseidank letzte „Heldenzeitalter" der Deutschen, das sich selbst als „Drittes Reich" verstand, evozierte ebenfalls gerne den „ritterlichen Menschen". So lautet der Titel einer Gemeinschaftsproduktion von Gertrud Bäumer, der berühmten Schriftstellerin und Frauenrechtlerin, und des Weimarer Photographie-Professors Walter Hege, die im ersten Jahr des totalen Krieges, also 1941, entstanden ist.[86] Die Bilder des „ritterlichen Men-

---

80 Ebenda, S. 20; Hervorhebungen im Original.

81 Ebenda, Zur Möglichkeit, S. 24.

82 So eine Formulierung von Georg Lukács aus dem Jahre 1914, dazu Ulbricht, Justus H.: „Transzendentale Obdachlosigkeit". Ästhetik, Religion und „neue soziale Bewegungen" um 1900, in: Braungart, Wolfgang; Fuchs, Gotthart; Koch, Manfred (Hrsg.): Ästhetische und religiöse Erfahrungen der Jahrhundertwenden II: um 1900, Paderborn, München, Zürich 1998, S. 47–67.

83 Pinder, Wilhelm: Die bildende Kunst im neuen Staat, in: ders.: Reden aus der Zeit, S. 26–69, Zitat S. 58.

84 Vgl. Gay, Peter: Der Hunger nach Ganzheit: Erprobung der Moderne, in: ders.: Die Republik der Außenseiter. Geist und Kultur in der Weimarer Zeit 1918–1933, Frankfurt a. M. 1987, S. 99–137.

85 Pinder, Die bildende Kunst (wie Anm. 84), S. 50, 51.

86 Bäumer, Gertrud: Der ritterliche Mensch. Die Naumburger Stifterfiguren, in 16 Farbaufnahmen von Walter Hege, Berlin 1941.

schen", dem Urtypus des deutschen Menschen der Neuzeit, fand Hege zum wiederholten Male in seiner Heimatstadt Naumburg und den Stifterfiguren des Domes. Als Wesen des Ritterlichen begriff Gertrud Bäumer, allzu zeitgemäß, die Fähigkeit, das Leben auch und gerade ohne sichere Gewißheit des Sieges im Kampfe für das Reich hinzugeben.[87]

„Darum bedarf es auch keines Trostes, wenn das Schicksal den Helden erschlägt. Es gehört zur Ordnung der Welt, daß solches geschieht, und zum Wesen des Helden, daß er sein Schicksal annimmt. In seiner Bewährung liegt sein Triumph über die feindliche Welt."[88]

Das „Unternehmen Barbarossa", dessen Namen einen anderen mitteldeutschen Mythos zitierte, hatte soeben begonnen.[89] Dies war wohl die letzte hochproblematische Schwundstufe einer stählernen Mittelalter-Romantik, die wir Heutigen in Anschauung bestimmter Baudenkmäler allerdings nicht ganz vergessen sollten. Walter Benjamin hat einmal bemerkt, es sei die genuine ästhetisch-politische Leistung des Nationalsozialismus gewesen, Kampfpiloten in Ordensburgen auszubilden.[90] Dies scheint ein hilfreicher Fingerzeig zu sein, der Verschränkung von Moderne und Archaik auch in Texten über die mitteldeutsche Kulturlandschaft systematisch nachzugehen.[91]

VI. Wille zum Reich

Derartige Zeugnisse wie die der „Weissen Ritter" , Pinders oder Bäumers lassen sich vielfach finden in der Literatur zwischen den Kriegen. Holger Brülls hat sich mit der Wiederkehr des Mittelalters in seinem Buch über die Neo-Romanik im Kirchenbau der Zwischenkriegszeit beschäftigt, wobei seine kunsthistorischen Belege eher in West- und Mitteldeutschland lagen.[92] Doch unbenommen des jeweils anderen geographischen Bezugspunktes, leisten der-

---

87 Ebenda, S. 21, 23.
88 Ebenda, S. 21.
89 Zum Kyffhäuser-Mythos s. Weigend, Friedrich; Baumunk, Bodo M.; Brune, Thomas: Keine Ruhe im Kyffhäuser. Das Nachleben der Staufer. Ein Lesebuch zur deutschen Geschichte, Stuttgart 1978; Borst, Arno: Barbarossas Erwachen. Zur Geschichte der deutschen Identität, in: Marquardt, Odo; Stierle, Karlheinz (Hrsg.): Identität, München 1996 (2. Aufl.), S. 17–60.
90 „Die Verschränkung von Technik und Esoterik, die Sie so früh nachweisen, ist mit einem Regime, das Ordensburgen für Piloten aufführt, sinnfällig geworden." So Walter Benjamin an Theodor W. Adorno, Brief vom 7. Mai 1940 aus Paris, in: Benjamin, Walter: Briefe. Hrsg. u. mit Anmerkungen versehen von Gershom Scholem und Theodor W. Adorno, Frankfurt a. M. 1978, Bd. 2, S. 848–857, Zitat S. 855.
91 Die Fantasy-Life-Spieler der heutigen Jugend- und Jung-Erwachsenen-Kultur entdecken übrigens – für Spiel, Tanz und Kampf gleichermaßen geeignet – die überkommenen Orte deutscher Mittelalter-Begeisterung wieder, etwa die Leuchtenburg oder andere deutsche Burgen. Doch wird man bei heutigen Freizeit-Rittern eher von Heldentum light sprechen müssen, auch wenn es wohl kaum ein Zufall ist, daß sich auch einzelne militante Rechtsradikale in Orden und Kampfgruppen eines neuen Mittelalters finden lassen. Midgard, Mittelerde und Mitteldeutschland liegen dann in gewisser Hinsicht am selben Ort.
92 Brülls, Holger: Neue Dome. Wiederaufnahme romanischer Bauformen und antimoderne Kulturkritik im Kirchenbau der Weimarer Republik und der NS-Zeit, Berlin, München 1994; vgl. auch Bringmann, Michael:

artige Diskurse immer die Verschränkung regional-heimatlicher Identitätskonstruktionen mit Konzepten nationalen Selbstgefühls. Man konnte etwa 1934 die „sächsisch-thüringische Kunst" als „Wesensausdruck des mitteldeutschen Menschen" deuten.[93] Zugleich aber versprach diese Sicht den realen dort lebenden Menschen, vor allem Deutsche zu sein. Der Stolz auf den eigenen Dom, das Schloß und die Burg, das „Dichterhaus" oder die „Fürstengruft" ist dann durchaus heimatlich, zugleich aber national, denn aus diesen Zeugen der Vergangenheit spricht das „Deutsche", wenn nicht gar „Ewiges Deutschland".[94] Dessen Antlitz war mal das des „Bamberger Reiters", mal das der Uta von Naumburg. Es soll noch heute Touristen geben, die in der Saale-Stadt das berühmte Reiterstandbild suchen – eine Spätfolge kulturhistorischer Debatten und entsprechender Bildwelten aus dem Arsenal der Zwischenkriegsepoche.[95]

Zentrales Thema der damaligen Mittelalter-Begeisterung war „das Reich"[96] und die Frage, wann denn der Flug der Raben um den Kyffhäuser endlich zu Ende sei und wer „Deutschlands Retter" werden könne.[97] Eine Antwort darauf gab die Zeitgeschichte 1933 mit Hitlers Machtergreifung, deren Apologeten das „Dritte Reich" als Vollendung der gesamten deutschen Geschichte feierten.

Auf dem Erfurter Historiker-Tag von 1937 hielt Erich Maschke, seit 1935 Professor in Jena, ein Referat über „Thüringen und das Reich".[98] Bereits die Person des Referenten selbst ist in unserem Zusammenhang von höchstem Interesse. In jenem Jahr 1937 nämlich galt der zehn Jahre zuvor promovierte Schüler und Assistent von Hans Rothfels in Königsberg, ein enger Freund und Generationsgefährte von Theodor Schieder, Werner Conze und Rudolf Craemer, als einer der Hoffnungsträger nationalsozialistischer Geschichtswissenschaft.[99] Maschkes Apo-

---

Gedanken zur Wiederaufnahme staufischer Bauformen im späten 19. Jahrhundert, in: Die Zeit der Staufer, Bd. V, S. 580–620.

93 Giesau, Hermann: Sächsisch Thüringische Kunst als Wesensausdruck des Mitteldeutschen Menschen, Burg 1934 (= Sonderdruck aus: Jahrbuch der Denkmalpflege in der Provinz Sachsen und in Anhalt 1933/34).

94 Brockmeier, Wolfram: Ewiges Deutschland, Leipzig 1934. Die Gedichtsammlung dieses NS-Barden erschien im Goten-Verlag Herbert Eisentraut! Ein Großteil der Gedichte wurde mehrfach im Mitteldeutschen Rundfunk und im Deutschen Rundfunk gesendet, in Sendungen wie „Von deutscher Seele", „Deutsche Kantate" und „Stunde der Nation".

95 Zahlreiche Hinweise zur Rezeptionsgeschichte beider Bildwerke in Hinz, Bamberger Reiter (wie Anm. 73), bzw. Ullrich, Uta von Naumburg (wie Anm. 44).

96 Münkler, Herfried: Das Reich als politische Macht und politischer Mythos, in: ders.: Reich – Nation – Europa. Modelle politischer Ordnung, Weinheim 1996, S. 11–59.

97 Schreiner, Klaus: „Wann kommt der Retter Deutschlands?" Formen und Funktionen von politischem Messianismus in der Weimarer Republik, in: Saeculum. Jahrbuch für Universalgeschichte 49 (1998), I. Halbband, S. 107–160.

98 Maschke, Erich: Thüringen und das Reich, in: Zeitschrift des Vereins für Thüringische Geschichte und Altertumskunde. Neue Folge 32 (1937), S. 289–387.

99 Zahlreiche Hinweise zu Maschke in Schönwälder, Karen: Historiker und Politik. Geschichtswissenschaft im Nationalsozialismus, Frankfurt a. M., New York 1992; dies.: „Lehrmeisterin der Völker und der Jugend". Historiker als politische Kommentatoren, 1933 bis 1945, in: Schöttler, Peter (Hrsg.): Geschichtsschreibung als Legitimationswissenschaft 1918–1945, Frankfurt a. M. 1997, S. 128–165; Haar, Ingo: „Revisionistische" Historiker und Jugendbewegung. Das Königsberger Beispiel, in: Schöttler, Geschichtsschreibung, S. 52–103.

theose des Reichs, ebenso wie die Faszination für den Deutschritterorden und dessen Ost-expansion, hatte eine ihrer Wurzeln in seiner Mitgliedschaft bei einer Potsdamer Gruppe der erwähnten „Neupfadfinder", deren Bundeszeitschrift „Der Weisse Ritter" er jahrelang redigiert hatte. Zum Reich des „Weissen Ritters" erweckt worden aber war der Jugendliche Maschke auf dem legendären Bundestreffen zu Pfingsten 1920 in Naumburg. Dort schloß er sich als Pfadfinderführer mit seiner eigenen Gruppe, dem „Volk vom Eichhof", den „Neu-pfadfindern" an.

Maschkes im Erfurter Vortrag entworfenes Thüringen-Bild verband die Kritik an der poli-tischen Zersplitterung der „Herzlandschaft Deutschlands" mit dem Lob von deren kulturel-ler Leistung. „Seine Kräfte haben dennoch im tiefsten Sinne politisch gewirkt, denn sie gestal-teten mit am Leben von Volk und Reich", dessen Erfüllung in der Gegenwart des „Dritten Reiches" gekommen schien. Maschke verstand Thüringen explizit als „Vorkämpfer für das Reich". Konkret meinte er den NSDAP-Parteitag 1926 sowie die wachsenden Erfolge Wilhelm Fricks und Fritz Sauckels zwischen 1930 und 1932. [100]

Während Maschke als Ideologe der Reichsidee eher von dort aus argumentierte, kann der in der Region persönlich wie publizistisch omnipräsente Volkskundler Martin Wähler als Anwalt des Heimatlichen gelten, als Gesinnungsthüringer der strikten Observanz, dessen Bio-graphie man in Zukunft jedoch noch erforschen muß. Dies um so mehr, als Wähler nicht nur persönlich hochaktiv war, sondern auch, weil er als Professor an der Pädagogischen Akademie Erfurt, an der Hochschule für Lehrerbildung in Frankfurt, an der Universität Hannover und schließlich als Lehrstuhlvertreter für Volkskunde in Leipzig, schließlich zuletzt als ordentli-cher Professor für Volkskunde in Frankfurt wichtige Multiplikatoren ausgebildet hat. Wähler schrieb nicht nur zahlreiche Bücher und Aufsätze im universitär-akademischen Umfeld, son-dern belieferte regelmäßig die populärwissenschaftlichen Zeitschriften der Region mit seinen Beiträgen. Auch die zahlreichen Heimatblättchen Thüringens konnten auf Wählers Feder bauen. Wähler verdanken wir nicht nur die frühe Koppelung von volkskundlichen mit rasse-theoretischen Diskursen Mitte der Zwanziger Jahre,[101] sondern auch eine der häufigsten Denk-figuren im Reden über Thüringen und sein Wesen. Wählers Rekonstruktion eines thüringi-schen „Stammescharakters"[102] konstatiert Beweglichkeit, Lebhaftigkeit, Erregbarkeit – was manchmal auch zum Negativen hin ausschlagen könne. Neben einer besonderen musikali-schen Begabung schreibt er seinem „Stamm" eine ebensolche besondere religiöse zu. In poli-

100 Vgl. Maschke, Thüringen und das Reich (wie Anm. 98), S. 387; zum Kontext s. Tracy, Donald R.: Der Aufstieg der NSDAP in Thüringen, in: Nationalsozialimus in Thüringen (wie Anm. 55), S. 49–73; Neliba, Günter: Wilhelm Frick und Thüringen als Experimentierfeld für die nationalsozialistische Machtergreifung, in: Ebenda, S. 75–95.

101 Als ein Beispiel für andere s. Wähler, Martin: Die Blutmischung des Thüringer Stammes in ihrer Bedeu-tung für die Kulturleistungen, in: Thüringen. Eine Monatsschrift für alte und neue Kultur 2 (1926), H. 7, S. 124–132.

102 Wähler, Martin: Der thüringische Stammescharakter, in: ders.: Thüringische Volkskunde, Jena 1940, S. 502–523. Auf Seite 523 des Exemplars aus der Weimarer Herzogin-Anna-Amalia-Bibliothek existieren Überklebungen aus der Zeit nach 1945, wie sie in zahlreichen anderen Büchern ebenfalls zu finden sind. In der Regel sind dies Passagen mit expliziten Bezügen zum „Dritten Reich" und dessen „Führer".

ticis kaum ein Vorbild – die ewige Kleinstaaterei beklagen die meisten Thüringen-Freunde mit wenigen Ausnahmen unisono –, sei das gelobte „Herzland Deutschlands" [...] unleugbar eine deutsche „Kulturprovinz schlechthin"[103], dazu berufen, „die auseinanderfallenden Deutschen immer wieder zur Einigung zu bringen." Politisch zu „weich" und „partikularistisch", habe die zentrale deutsche Kulturlandschaft mit Sprache und Musik allerdings diejenigen Kräfte freigesetzt, ohne die gerade die politische Einigung der Deutschen undenkbar gewesen wäre: „... die Mitte Deutschlands hat diese notwendige Einigung wenigstens vorbereitet durch das sprachliche und musikalische Band, das sie um alle Deutschen schlangen."[104] Daher sei „Thüringen nicht nur seiner äußeren Lage nach als ‚grünes Herz', sondern „aus innerster Berechtigung schlechthin als Herz Deutschlands anzusprechen."[105] Eine Rekonstruktion der einmal vorhandenen Einheit des Thüringer-Stammes müsse folglich bei jeder künftigen Reichsreform berücksichtigt werden.

„Unerlöstes Thüringen. Thuringia irredenta. Ein Beitrag zur Einheit Thüringens" nannte sich eine kleine Schrift aus Weimar, die Wählers Entwurf widersprach, sich jedoch zu derart preußen- und sachsenkritischen Tönen verstieg, daß die nationalsozialistischen Machthaber das Pamphlet umgehend verboten.[106] Besonders das Ende des Textes dürfte die Zensoren verärgert haben: „Die Thüringer Heimat darf nicht in einem ‚mitteldeutschen' Brei versinken. Gewiß kann man an Hand von klugen wissenschaftlichen Abhandlungen und von gutgewähltem statistischen Material beweisen, daß ganz Mitteldeutschland, der Raum von Stendal bis Coburg, zusammengehört. Ja und Nein! Zusammengehörig, aufeinander angewiesen sind schließlich alle Deutschen; da können wir nicht einfach die Grenze vom Harz in die Lüneburger Heide, von der Saale an die Elbe verlegen. Aber Träger eines Stammesgedankens sind doch nur wir Thüringer, und nicht das sauber zusammengeschriebene ‚mitteldeutsche' Volk. Solche Einheit läßt sich wohl zusammenkonstruieren; zusammenleben würde sie sich nicht."[107]
Dominant blieben jedoch andere Töne, für die wiederum Martin Wähler als Beispiel dienen kann. Für diesen, aber auch für die eben erwähnten Kritiker seiner Thüringen-Konstruktion, waren es ausschließlich ‚metapolitische', weil angeblich unpolitisch-kulturelle Gründe, die eine politische Neuordnung in Mitteldeutschland zugunsten Thüringens legitimieren sollten. Die Erfolgsgeschichte der „Heimat Thüringen" periodisierte Wähler konsequenterweise nach Daten der Kulturgeschichte, wobei er auf sieben Zeitalter kam:
(1.) „Wartburg-Eisenach" um 1200; (2.) Erfurt um 1300 und noch einmal um 1500, schließlich auch die an mehreren Orten wirksame Kultur des Pietismus und der Musik im 17. und 18. Jahrhundert; (3.) Gotha unter Luise Dorothea; (4.) Erfurt unter Dalberg; (5.) Weimar

---

103 Ebenda, S. 502; so ähnlich auch S. 522.
104 Ebenda, Volkskunde, S. 520 f.
105 Ebenda, Volkskunde, S. 522; vgl. auch Wähler, Stammes- und Kultureinheit (wie Anm. 2), S. 36.
106 Achler, Heinrich: Unerlöstes Thüringen. Thuringia irredenta. Ein Beitrag zur Einheit Thüringens, Weimar 1933.
107 Ebenda, S. 60.

unter Karl August; (6.) Jena; (7.) Weimar unter Karl Alexander. Die Aktivitäten des Nietzsche-Archivs sowie die ab 1922 veranstalteten „Wartburg-Maientage" rechnete der Volkskundler zu den besonderen kulturellen Leistungen seiner eigenen Zeit.[108]

Immer wieder aber war es die Musik, die Wähler als genuine Leistung Thüringens kennzeichnete, als „bestes und tiefstes Einigungsmittel der Deutschen".[109] Man wird hierbei den Beethoven-Kult gebildeter Bürger, Nietzsches Vorliebe für Musik – dem Wähler sich besonders verbunden fühlte – , die regionaltypische Bachverehrung sowie die Ideologie des gut organisierten thüringischen Männergesangvereins-Wesens in Rechnung zu stellen haben. Schon Richard Benz wiederum galten die Dome des Mittelalters als „gebaute Musik". Die „deutsche Musik" sei die einzige Kunstform, in der die mythenschaffende, in Religion und Volkstum wurzelnde Kunst des Mittelalters über die Reformationszeit hinweg in die Moderne gerettet worden sei.[110] Andere begriffen die Koalition von Weimar und Bayreuth, von Literatur und Musik, als einzig möglichen Ausgangspunkt der Regeneration deutscher Kultur. Im Bach-Händel-Schütz-Jahr 1935 inszenierten die Nazis in Eisenach einen historischen Festzug, dessen letzte siebte Abteilung 1935 endete, im „Jahr der Erfüllung". Die Teilnahmeplakette zeigt eine Orgel, deren Prospekt ein Hakenkreuz schmückt.[111] Drei Jahre später eröffnete der Weimarer Kulturfunktionär Hans Severus Ziegler seinen Feldzug gegen die „entartete Musik" im Namen der Klassiker Goethe, Schiller, Bach, Haydn und Beethoven.

Vor diesem Hintergrund kann es eigentlich wenig erstaunen, daß Thomas Mann einen „Tonsetzer", also einen Komponisten, zum Prototyp des ‚deutschen Künstlers' gemacht hat, dessen Heimatstadt „Kaisersaschern", mit Dom und Schloß bewehrt, nahe bei Leipzig und Halle lag und dessen künstlerisches und menschliches Scheitern im Roman „Doktor Faustus" Symbol der deutschen Katastrophe geworden ist. Das deutsche Psychogramm „Kaisersaschern" ist übrigens eine Konstruktion aus Wittenberg, Merseburg, Eisleben, Mansfeld, Sangerhausen, Wolfenbüttel, Quedlinburg, dem Nürnberg der Dürerzeit und Thomas Manns Heimatstadt Lübeck … also größer als Mitteldeutschland.[112]

VII. Nachklang der alten Mitte …

Das „Herz deutscher Kultur" fand seine Sänger auch nach 1945 und unter ganz anderen politischen Umständen: „Hoch über dem Land, hoch über der Stadt jubelt, klagt, singt eine Stimme: Das ist Deutschland. Warum? Muß es gerade hier sein? Weil es die Mitte ist des herrlich geglie-

---

108 Wähler, Stammes- und Kultureinheit (wie Anm. 2), S. 29–32.
109 Ebenda, S. 34.
110 Vgl. Benz, Richard: Die Stunde der deutschen Musik. Zwei Bände, Jena 1927, 1930. Dazu Ulbricht, Justus H.: „Der Beethovendeutsche" oder: Richard Benz als Erzieher, in: ders.: „Meine Seele sehnt sich …" (wie Anm. 36), S. 344–346.
111 Zu diesem Festzug vgl. Ulbricht, Justus H. Von der „Heimat" zum „Trutzgau". Aspekte kulturellen Wandels in der „Zeitenwende" 1933, in: „Das Dritte Weimar" (wie Anm. 26), S. 163–217.
112 Vgl. Vaget, Kaisersaschern (wie Anm. 69), S. 217.

derten Landes zwischen Alpen und Meer, Strom und Strom? Was in unseren Breiten möglich ist, besitzt Deutschland: das Liebliche und das Heroische, das harte Licht der Gletscher und den tiefen, riesigen Himmel über Heide und See. Aber die Deutschen, die hierher kommen und über die Stadt hinblicken, sagen sich: Das hier ist es. Und die Fremden, die zum ersten Mal vielleicht nach Deutschland kommen, aber von ihm viel gehört, manches darüber gelesen haben, und die jetzt oben stehen auf der Burg mit einem inneren Bild, das sich zusammensetzt aus Gehörtem, Gelesenem, Geahnten, glauben zu wissen : Dies muß es ein."[113]

Gemeint ist in diesem Text von Stephan Hermlin aus dem Jahre 1958 eine Stadt in einem SED-Bezirk namens Erfurt, deren Stadtkrone vielen bis heute als „deutscheste aller deutschen Burgen" gilt: also Eisenach. Dies kleine Beispiel zeigt, daß auch der Geist einer neuen, antifaschistischen Zeit kulturelle Stereotypen weitergetragen hat, deren Wert man für fraglos gültig hielt, ohne ihren artifiziellen und politisch belasteten Charakter zu durchschauen. Für Hermlin jedenfalls lag dort in Eisenach Deutschlands Mitte: „Das ist Deutschland: seine Träume, sein Wach- und Traumbild, seine Verheißung, seine Erfüllung. Dieses Stück Erde ist Deutschland. Und so hat man es lieb."[114]

Wer wollte einem Freunde Eisenachs und der Wartburg das auch bestreiten. Doch sollte am Ende dieser Bemerkungen erneut die Aufmerksamkeit auf das „Gehörte, Gelesene und Geahnte" gelenkt werden, aus dem oftmals Heimatgefühle bestehen, vor allem aber die im kollektiven Gedächtnis entworfenen und gespeicherten Bilder von Identität und kulturellem Selbstgefühl. Für die SBZ und DDR gilt, daß bestimmte kulturelle Deutungsmuster das Ende jener sozialen Formation überdauert haben, aus deren Fundus sie einst stammten, den Untergang des klassischen deutschen Bildungsbürgertums nämlich. Nach 1989 wiederum scheinen oftmals diejenigen Ideen und Denkmuster zurückgekehrt zu sein, die vordem pauschal geächtet waren, ohne daß man sie wirklich begriffen hätte. Im Gewand von Folklorismus und Fremdenindustrie entdeckt Thüringen und das übrige Mitteldeutschland sich als „Heimat" im wiedervereinigten Deutschland neu. Ob jedoch das entsprechende Gedankengut so neu ist, wäre angesichts der hier skizzierten problematischen Wirkungsgeschichte kultureller Klischees ernstlich zu prüfen.

Die in unseren Tagen aus politischen wie ökonomischen Gründen beschworene Wiederkehr der Regionen in einem vereinten Europa sollte kulturelle Deutungsmuster nicht unbefragt reartikulieren, deren nationalkulturelle Geschichte höchst problematische Seiten der Ausgrenzung und politischen Instrumentalisierung zeigt. Ebensowenig aber helfen zwanghafte Umetikettierungen, die beispielsweise aus dem Kyffhäuser-Denkmal[115] oder dem der

---

113 Eisenach und die Wartburg. Mit Bildern von Günther Beyer und Klaus Beyer und einem Vorwort von Stephan Hermlin, Weimar 1958, Zitat S. 5.

114 Ebenda, S. 8.

115 Zu dessen Interpretation s. Arndt, Monika: Das Kyffhäuser-Denkmal – Ein Beitrag zur politischen Ikonographie des Zweiten Reiches, in: Wallraff-Richartz-Jahrbuch 40 (1978), S. 75–127; Mai, Gunther (Hrsg.): Das Kyffhäuser-Denkmal 1896–1996. Ein nationales Monument im europäischen Kontext, Köln, Weimar, Wien 1997.

Leipziger Völkerschlacht[116] urplötzlich europäische Friedensmäler machen möchten. Schließlich aber mag die Erkenntnis beruhigen, daß man historische Mythen auch dadurch kritisch dekonstruieren kann, daß man sie anders, als ursprünglich gedacht, weiter erzählt bzw. den historischen Kern des Mythos offenlegt. Dies kann eine Kulturgeschichte in kritischer Absicht leisten, die sich den neuen Versuchungen affirmativer Identitätspolitik verweigert, ohne sich zugleich der Rolle zu entziehen, die die Geschichtswissenschaft bei der Entstehung regionalen Bewußtseins dennoch spielen kann.

---

116 Keller, Katrin; Schmid, Hans-Dieter (Hrsg.): Vom Kult zur Kulisse. Das Völkerschlachtdenkmal als Gegenstand der Geschichtskultur, Leipzig 1995.

Imaginäre und reale „mitteldeutsche Geschichtswege"

Günther Schönfelder

Mitteldeutschland aus geographischer Sicht – Versuch einer Deutung

Einführung

Weder aus dem beruflichen Umfeld des Verfassers, der sächsisch-thüringischen Landeskunde, noch aus dem Verständnis des Arbeitgebers, der Sächsischen Akademie der Wissenschaften zu Leipzig, heraus erweisen sich Charakteristik, Umgrenzung und innere Gliederung der räumlichen „Realität Mitteldeutschland" in irgendeiner Weise als besonders problematisch. Dies trifft aus physiogeographischer Sicht ebenso zu wie aus jener der Humangeographie. „Mitteldeutschland" ist deckungsgleich mit der Realität der Territorien der drei Länder Sachsen, Sachsen-Anhalt und Thüringen als Glieder der Bundesrepublik Deutschland.

Natürlich gibt es eine Fülle anderer Vorstellungen darüber, was Mitteldeutschland nun eigentlich zu bedeuten habe. Der Begriffsinhalt „Mitteldeutschland" hat sich nicht nur aus geographischer Sicht allein in unserem Jahrhundert wiederholt gewandelt.[1] Physiogeographisch galt zu jener Zeit sowohl die gesamte Mittelgebirgsschwelle Deutschlands, von den östlichen Ausläufern der Ardennen bis zu den Sudeten, als Mitteldeutschland (Penck 1887, Partsch 1904, Hettner 1907), wie ebenso die „Thüringische oder Halle-Leipziger Tieflandsbucht" mit Leipzig in ihrer Mitte (Penck 1921) als das Zentrum dieser Region angesehen wurde. Der Dresdener Botaniker und Biogeograph Oscar Drude (1852–1933) charakterisierte und umgrenzte den „Hercynischen Florenbezirk" (Drude 1902) derart, daß dieser ebenfalls den mitteldeutschen Raum repräsentieren könnte, zumal Hermann Meusel (1936, 1955) gerade diese Vorstellungen untermauerte. Einer der bedeutendsten Geographen Mitteldeutschlands, der Mitbegründer der Siedlungsgeographie und der morphologischen Kulturlandschaftsforschung, Otto Schlüter, bekannte sich zu Mitteldeutschland, dem „Saale- und Mittleren Elbegebiet", für das er im Auftrage der Historischen Kommission für Sachsen und Anhalt maßgeblich den Mitteldeutschen Heimatatlas in erster Auflage (1934) und später im Verein mit Oskar August in zweiter Auflage (1958/62) herausbrachte. Zur damaligen Zeit, in der Weimarer Republik bis in die ersten Jahre der NS-Zeit, war ebenfalls die sog. mitteldeutsche Frage im Zusammenhang mit einer beabsichtigten Reichsreform im Gespräch. Staatspolitisch und verwaltungstechnisch

---

1 Moderne Geographie als Wissenschaft wird zwar seit Ende des 18. Jahrhunderts betrieben, aber erst nach Einrichtung geographischer Lehrstühle an deutschen Universitäten im letzten Viertel des 19. Jahrhunderts instrumentalisiert und bewußt gepflegt. Um die Wende zum 20. Jahrhundert dominierte der naturwissenschaftliche Zweig der Geographie, die Komponenten der heutigen Physiogeographie, die gesamte Disziplin. In der Folgezeit setzte sich dann zunehmend die von Friedrich Ratzel als „Anthropogeographie" bezeichnete und später von Otto Schlüter umschriebene „Kulturgeographie" als geistes- und sozialwissenschaftliche Teildisziplin der Geographie stärker durch. Die heutige Humangeographie (im nationalen wie internationalen Gebrauch) hat in der „Geographie des Menschen" Alfred Hettners ihren Vorläufer.

orientierte Kommunal- und Regionalpolitiker der Preußischen Provinz Sachsen (namentlich der Regierungsbezirke Erfurt und Merseburg), der Länder Anhalt, Braunschweig, Sachsen und Thüringen sowie der Stadt Leipzig u. a. bemühten sich im Zeitraum von 1925 bis
1936 Geographen[2], Historiker sowie Archivare, Statistiker und Volkswirte darum, Grundlagen zu schaffen, damit eine geeignete Synthese dreier Gesichtspunkte, der natürlichen Gliederung, der historischen Gebundenheiten an den Raum und der räumlichen Arbeitsteilung
in der gesamten Volkswirtschaft, ermöglicht und „Mitteldeutschland" als Ganzes postuliert
werden konnte. Aufgrund unterschiedlicher sachlicher Sichtweisen sowie teils räumlich-ego-
istischer Vorbehalte sowohl größerer Gebietskörperschaften und einzelner, ihre eigene Stärke
überschätzender Großstädte im Zentrum und an der Peripherie Mitteldeutschlands[3] kam
es zu verschiedenen Vorschlägen groß-, klein- und teilmitteldeutscher Lösungen. Die drei
Länder Sachsen, Sachsen-Anhalt und Thüringen heute als Mitteldeutschland zu bezeichnen,
entspricht völlig einem damaligen *großmitteldeutschen* Vorschlag.[4]

Nach der Wiedererlangung der staatlichen Einheit Deutschlands im Jahre 1990 regten sich
ebenfalls in der mitteldeutschen Region Kräfte, die den Begriff „Mitteldeutschland" für die
regionale Identitätsfindung einsetzen. Hier wird künftig eine „Designer-Region" als Produkt
geschaffen, das nicht nur für die Tourismusbranche, sondern für die Entwicklung der gesamten Wirtschaft dienlich sein kann und ein Thema aktueller Regionalpolitik darstellt (Blotevogel 1995). Das Vorhaben kann auf gute Traditionen verweisen. Im Jahre 1992 wurde auf maßgebliche Veranlassung durch die Industrie- und Handelskammer Halle-Dessau die „Aktion
Mitteldeutschland e. V." ins Leben gerufen, deren mehr oder weniger offenes Bezugsfeld zum
Zwecke des Regionalmarketings zumindest die Kammerbezirke Halle-Dessau, Westsachsen
(Leipzig) und Ostthüringen (Altenburg, Gera) darstellen. Dies entspräche einer *teilmitteldeut-*
schen Lösung, die etwa den Raum von Quedlinburg bis Torgau sowie von Erfurt bis Chem-

---

2 Der Geograph Rudolf Reinhard, Direktor des „Deutschen Museum für Länderkunde" in Leipzig, legte
 wohl seinerzeit den umfassendsten Beitrag zur „mitteldeutschen Frage" aus geographischer Sicht vor (Reinhard 1936). Der Autor geht in seinen Darlegungen von den beiden Bedeutungszusammenhängen jener Zeit
 aus, dem lagemäßig geomorphologischen („mitteldeutsche Gebirgsschwelle") Begriff der Jahrhundertwende
 einerseits und dem regionalen, auf einen bestimmten Gebietsausschnitt eingeengten, „volkswirtschaftlichen,
 soziologischen und politischen" Raum-Begriff der zwanziger Jahre andererseits. Diesem zweiten Begriffsver-
 ständnis schlossen sich dann später die Geographen an (z. B. Penck 1921, Schlüter 1927, Scheu 1928, Blume
 1929). Dieser zweite, im Gegensatz zum erstgenannten, verengte Begriff „bezeichnet ein Mitteldeutschland
 im engeren und eigentlichen Sinne, ein Gebiet im Herzen des deutschen Lebensraumes, das nirgends dessen
 äußere Grenze berührt (Reinhard 1936, 321). Der substantiell umfassende Beitrag Reinhards war sowohl
 dem 26. Deutschen Geographentag, der 1936 in Jena veranstaltet wurde, gewidmet wie er zur inhaltlichen
 Gestaltung einer dementsprechenden Sonderausstellung „Mitteldeutschland" des Museums zugrunde gelegt
 worden war.

3 „Sieben Hauptstädte suchen einen Staat?" lautet eine der Schlagzeilen im Presseecho zur Leipziger Denkschrift (Leiske 1929), die wohl zugleich einen Höhepunkt und den Abschluß einer fruchtbringenden Diskussion zur sog. „Mitteldeutschen Frage" im Sinne einer „Großmitteldeutschen Lösung" unter funktionalem
 Aspekt darstellt.

4 Um 1920 zählten zu Mitteldeutschland gänzlich oder teilweise die Territorien von insgesamt 5 Staaten: Preußen (Provinz Sachsen), Sachsen, Braunschweig, Thüringen und Anhalt.

nitz umfassen würde. Hierzu sind ebenfalls bereits in der Zeit zwischen den beiden Weltkriegen entsprechende Vorschläge im Auftrage der Kammern der Wirtschaft gemacht worden (Penck 1921). Den Kern bildet der Halle-Leipziger Raum (Lehmann 1965), die industrielle Agglomeration im Raum Halle-Leipzig-Dessau (Scholz 1996). Ein dritter, *kleinmitteldeutscher* Gliederungsvorschlag liegt größenmäßig in der Mitte zwischen der großmitteldeutschen und teilmitteldeutschen Lösung, und er bezieht sich auf eine gewisse natürliche wie historisch begründbare Einheit des eigentlichen engeren thüringisch-obersächsischen Raumes. Die Altmark im Norden und weitere Territorien des heutigen Regierungsbezirkes Magdeburg Sachsen-Anhalts, die Oberlausitz bzw. der östlich des Elbelaufes gelegene Landesteil Sachsens sowie das Gebiet an der oberen Werra, jenseits des Thüringer Waldes gelegen, in Thüringen gehörten dann aus geographischer Sicht wohl eher nicht zur Region „Mitteldeutschland" (vgl. Steinberg 1967/1979 u. a.).

Den heutigen Auffassungen von Geographie entsprechend, geht es darum, geographische Argumente zu finden, die dazu berechtigen, von „Mitteldeutschland" als individueller geographischer Raumeinheit, als einer bestimmten *Region* (wenn es denn möglich erscheint) auszugehen. Gemäß den geographischen Axiomen, die wir Ernst Neef verdanken – des landschaftlich-räumlichen Zusammenhangs, des jeweiligen Raumbezugs geographischer Objekte einerseits und des „continuum geographicum" andererseits –, kann jedwede Raumgliederung vollzogen werden, so sie denn gewissen Zwecken dienlich sein kann und an den jeweiligen Aufgaben, die sie im konkreten Fall erfüllen soll, ausgerichtet ist. Mit Alfred Hettner (1927), Heinrich Schmitthenner (1954), Ernst Neef (1967) u. v. a. bekennt sich der Verfasser zu der Feststellung, daß es weder richtige noch falsche geographische Raumgliederungen, bezogen auf den Naturraum, den Landschaftsraum, den Kulturraum, den Wirtschaftsraum u. a., geben kann, sondern nur zweckmäßige oder unzweckmäßige erdräumliche Ausgrenzungen, die geeignet oder ungeeignet für den jeweiligen Anwendungsbereich sein können.

Geographie in Mitteldeutschland gestern und heute

Moderne Geographie heute ist eine „junge" raumbezogene Wissenschaft, die jedoch nicht darauf eingeengt werden darf, daß es sich dabei um die Feststellung der Anordnung von irgendwelchen Erscheinungen und Sachverhalten im Raum, auf der Erdoberfläche im weitesten Sinne, handele. Vielmehr geht es um die Beantwortung eines gesamten Fragenbündels, nämlich z. B. um die Erkenntnis des Wo?, des kausalen, stochastischen oder sozialbestimmten Warum?, des räumlichen wie retrospektiven Woher? und des räumlichen wie prospektiven Wohin? geographischer Untersuchungsgegenstände. Betrieben von den ersten Lehrstuhlinhabern für das Fach Geographie (Oscar Peschel in Leipzig seit 1871, Alfred Kirchhoff in Halle seit 1873 und Fritz Regel in Jena seit 1884) und ihren Nachfolgern an den mitteldeutschen Universitäten, konnte sich das Fach an den Hochschulen und übrigen Bildungsanstalten emanzipieren und damit aus dem Schatten der historischen Wissenschaft treten, wo ihr ein Platz im Ensemble der historischen Hilfswissenschaften eingeräumt worden war. Damals wie heute wird die geographische Wissenschaft davon geprägt, daß sie zugleich von einer naturwissenschaftlichen – der physiogeographischen – Teildisziplin und einer geisteswissenschaftlichen – der humangeographischen – Teildisziplin bestimmt wird. Beide Teilfächer bilden die Allgemeine Geographie, und sie können heutzutage wohl eher getrennt und seltener vereint („komplex") ebenfalls als Regionale Geographie betrieben werden. Der regionalgeographische Ansatz orientiert auf eine besonders räumliche Betrachtungsweise, wobei jedoch sowohl der räumlich-individuelle (ideographische) als auch der raumtypologische (regionale) Aspekt völlig gleichberechtigt nebeneinander stehen. Sie kommen jeweils zur Anwendung nach dem jeweiligen Zweck der Untersuchung und den gebotenen Mitteln, die der jeweiligen Aufgabe zu entsprechen scheinen. Der dann zu bestimmende „geographische Untersuchungsraum" kann sowohl am Beginn geographischer Forschungen festgelegt werden, er kann aber ebenso das Hauptresultat einer derartigen Untersuchung darstellen. Im konkreten Fall geht es hier um die Beantwortung der Frage: Gibt es aus geographischer Sicht eine individuelle Raumeinheit, eine Region „Mitteldeutschland"? Wie bereits dargelegt, kann es eigentlich nur darum gehen, geographische Erscheinungen und Sachverhalte zu charakterisieren, die eher einend oder eher trennend wirken und somit die Frage eher positiv oder eher negativ beantwortbar erscheinen lassen.

Das Raumverständnis des Physiogeographen orientiert sich an der Auffassung vom Raum als natürlicher Umwelt des Menschen. Jenes des Humangeographen ist eher zweigeteilt. Einerseits wird Raum als sozialer Raum und als ökonomischer Raum im Sinne eines gesellschaftlichen Raumes, etwa im Sinne der Raumplanung oder der gesamten Volkswirtschaft, aufgefaßt und andererseits ebenso als eher subjektiver Raum (als gelebter Raum, Anschauungsraum, Handlungsraum) von Personen und Gruppen in soziologischem, sozialgeographischem Sinne begriffen. Das modern erscheinende Konzept der „New Regional Geography" beispielsweise ist stark auf soziologische Aspekte ausgerichtet. Regionen werden eindeutig in ihrer einmaligen, unverwechselbaren Individualität als das Resultat ausschließlich sozialer Interaktionen unter jeweils bestimmten raum-zeitlichen Rahmenbedingungen angesehen. Hierbei werden jedoch Aspekte der Physiogeographie nahezu völlig ausgeblendet und selbst kulturgeographische und geschichtliche Erscheinungen und Sachverhalte nur reduziert, bezogen auf den jeweiligen Sachverhalt, auf den besonderen Fall (Wirth 1999). Der eigentliche humangeographische Ansatz zur Bestimmung von Raum und Region hat jedoch das gesamte Spektrum wirtschafts-, sozial- und kulturgeographischer Fragestellungen zu berücksichtigen. Er ist daher erheblich weiter zu fassen.

Die Bestimmung des Inhaltes und der Grenzen einer jedweden Raumeinheit, einer *Region*[5] – im räumlich-individuellen wie im raumtypologischen Sinne –, wird sehr weitgefächert ausfallen müssen. Die „Region" ist und bleibt ein Schlüsselbegriff in der Physiogeographie wie in der Humangeographie und die aktuelle Wiederbelebung des Begriffes, die einherzugehen

---

5 „Region" erscheint in der gegenwärtigen Zeit nahezu zu einem Modewort in der Öffentlichkeit und in der Politik geworden zu sein. Mit „Region" befassen sich heute nicht nur Politik und Wirtschaft, Sozialkultur, Ökologie und Umweltforschung, sondern auch die räumlich orientierte fach- und querschnittsbezogene Planung.

scheint mit einem Bedeutungsgewinn, führt zu neuen Entwicklungschancen geographischer Forschung und Anwendung geographischer Erkenntnisse. Insbesondere aus landeskundlicher Sicht, einem Teilgebiet der Regionalen Geographie, geht es darum, kompetent ein gewisses *Spektrum physiogeographischer, historisch-kultureller und sozioökonomischer Informationen* über die „Region Mitteldeutschland" zu liefern. Hinsichtlich der Konstruktion von Regionen und der Bestimmung regionaler Identität besitzt die Geographie gemeinsam mit der Geschichte eine längere, jedoch nicht nur rühmliche Tradition.[6]

Das Ziel kann daher nur sein, eine möglichst umfassende räumliche Synthese vorzunehmen, mit welcher das Zusammenwirken der entscheidenden strukturbildenden (jedoch keineswegs aller) Kräfte und Erscheinungen in entsprechender räumlicher Differenzierung erfaßt und dargestellt werden kann. Im Kern geht es immer zunächst um die Kennzeichnung des Inhaltes erdräumlicher Einheiten und nicht vordergründig um die Bestimmung exakter Grenzen, die in der Geographie ohnehin schwer exakt festzulegen sind, da die Verbreitung geographischer Tatbestände in der Mehrzahl nur durch gewisse Übergangsbereiche (Grenzsäume) bestimmt werden kann.

Die Region Mitteldeutschland

Der Begriff

Der Begriff „Mitteldeutschland" ist in den frühen Jahren der DDR-Zeit, um in der Bundesrepublik Deutschland deren offiziellen Namen zu vermeiden, unangemessen politisiert worden. Nach 1949 wurde diese Bezeichnung für das gesamte Land DDR gebraucht. Damit wurde der Begriff „Mitteldeutschland" für eine Region mißbräuchlich verwendet, der wohl seit dem 19. Jahrhundert aus geographischer Sicht sich mehrfach gewandelt hat und verschiedene Bedeutungen annahm, jedoch richtigerweise immer mehr oder weniger im Kern deckungsgleich mit dem obersächsisch-thüringischen Raum „in der Mitte Deutschlands" verknüpft war[7]. In weiterer Erstreckung, im weitesten Sinne geowissenschaftlich ausgerichtet, kann Mit-

---

6 „Dabei kam den Historikern in der Regel die Aufgabe zu, solche Konstrukte in die Historie zurückzuverlängern, während die Geographen den Part übernahmen, die aus der Lage und den erdräumlichen Gegebenheiten vermeintlich ableitbare Zwangsläufigkeit der Regionskonstrukte nachzuweisen" (Blotevogel 1995, S. 64). Auch Schlüter stellt in seinen schriftlichen Äußerungen immer wieder mit Nachdruck heraus, daß die v. a. physiogeographische Beschaffenheit des Raumes nur bedigt, mehr oder weniger zufällig, den Gang der Geschichte vorbestimmt habe und in gar keiner Weise, wie aus manchen Äußerungen Ratzels geschlußfolgert werden könnte, der Naturraum würde den Gang der Geschichte, vor allem sofern sie dynastischer Entscheidungen unterliege, folgerichtig und nahezu zwangsläufig bestimmen.

7 Die alte Geschichte des Begriffes „mitteldeutsch", das Mitteldeutsche als Begriff der Germanisten im temporalen wie regionalen Sinne (nach Wolf, 1968, seit dem 14. Jahrhundert), bleibt hier weitestgehend außer Acht. Die unter sprachwissenschaftlichem Gesichtspunkt vorgenommene Gliederung in oberdeutsch, mitteldeutsch und niederdeutsch hat jedoch in der frühen Geographie unter geomorphologischem Aspekt lagebezogen Bedeutung erlangt, als Mitteldeutschland mit dem Verbreitungsgebiet der Mittelgebirgsschwelle in

teldeutschland auch mit dem „Hercynischen Florenbezirk" nach Drudes klassischem Werk (Drude 1902) in etwa gleichgesetzt werden. Dies nahmen Fachvertreter der Universität Halle-Wittenberg z. B. zum Anlaß, eine wissenschaftliche Zeitschrift zu gründen, die der Öffentlichkeit und der Wissenschaft die Möglichkeit eröffnen soll, sich mit dem Fortschritt der Heimatforschung im mitteldeutschen „hercynischen" Raum bekannt zu machen (Hercynia[8] N. F., 1 (1963/64) ff., Zum Geleit). Daran sind bis heute Vertreter der Gebiete Botanik und Zoologie, Geographie, Geologie, Paläontologie und Mineralogie, Geophysik sowie der Wirtschaftswissenschaften beteiligt. Die Eigenart des „hercynischen Raumes" wird nach Ansicht der Herausgeber der „Hercynia" maßgeblich charakterisiert durch seine erdgeschichtlich mannigfaltige Rinde, seine Schroffheit klimatischer Abstufung, seine reichen Bodenschätze verschiedenster geologischer Perioden, seine außerordentlich intensive Landwirtschaft und durch seine jahrtausendealte Einwirkung menschlicher Kultur auf Boden, Wasserhaushalt, Vegetation u. a. m. Der so inhaltlich bestimmte und umgrenzte Raumscheint gut geeignet zu sein, die Region „Mitteldeutschland" aus geowissenschftlicher Sicht in etwa mit dem „hercynischen Raum" gleichzusetzen, zumal auch deshalb, weil hier der Inhalt scharf, die Grenzen relativ offen definiert werden.

Die größte Akzeptanz in der Öffentlichkeit, in der Verwaltung und in der geographischen Wissenschaft erfuhr der Begriff „Mitteldeutschland" in der Zwischenkriegszeit, als eine Reichsreform angestrebt wurde, um eine Wirtschaftsprovinz Mitteldeutschland zu schaffen. In das Bemühen, dafür sowohl geographische, historische, regionalpolitische und wirtschaftliche Argumente zu finden, waren die seinerzeit führenden Geographen aktiv und umfassend eingebunden. Dieser Vorgang vermittelte dem Deutschen Geographentag 1929 in Magdeburg das Tagungsthema, und die Thematik war ebenfalls indirekt anläßlich des Deutschen Geographentages 1921 in Leipzig präsent. Heute sollte der geographische Begriffsinhalt wieder unbefangen verwendet werden können. Steht er doch für einen charakteristischen Raumauschnitt aus der Geosphäre mit einer bestimmten, arteigenen naturräumlichen Ausstattung, ähnlicher sprachlich-kultureller Entwicklung und spezifischer Wirtschaftsstruktur, der als

---

Deutschland in Verbindung gebracht wurde und diese das südlich davon gelagerte Hochgebirge der Alpen einerseits und das nördlich davon sich ausbreitende mitteleuropäische Tiefland – genauer einen Teil davon, die norddeutsche Tiefebene – andererseits voneinander schied (Hettner 1907, Penck 1887). Mitteldeutschland aus geographischer Sicht ist nicht nur orientiert aus reinen Lagebeziehungen irgendwelcher räumlichen Erscheinungen und Sachverhalte – seien diese nur nord-süd- oder zentral-peripher-bezogen –, sondern in erster Linie inhaltlich bezogen auf die geographische Substanz (zugehörig zur materiell-physischen Welt), die einen bedeutenden Gegenstand der Wissenschaft Geographie ausmacht. Also auf die strukturbildenden Verknüpfungen räumlicher Ausstattungsmerkmale und Prozesse mit deren arteigenen Wechselbeziehungen und Wirkungsgefügen des Handelns menschlicher Gruppen und Gesellschaften zu schauen und diese zu erfassen suchen oder in zeitgemäßer Betrachtung (der Postmoderne) aus regionalgeographischer Sicht thematische Handlungsfelder in räumlicher Verortung zu überdenken.

8 Der Begriff „Hercynia" ist alt. Als Regionalbegriff wird er in der Geographie von Sophus Ruge (1900, 10) aufgegriffen. Der Autor bezieht sich dabei u. a. auf Julius Cäsar, der einen Gürtel von Waldgebirgen in Mitteleuropa damit bezeichnete, und er beschreibt ihn folgendermaßen: „… das ganze mitteldeutsche Bergland vom Rhein bis an die Donau unterhalb Wien, 9 Tagereisen breit und 60 Tagereisen lang, silva Hercynia den hercynischen Wald" (ebenda).

Einheit dieses Raumes, als einmalige individuelle geographische Region, begriffen werden kann, obwohl er, im scharfen Gegensatz dazu, bis heute nicht als territoriale Einheit gesehen wird, sondern mehr oder weniger durch historisch bedingte territoriale Zersplitterung bis in die Gegenwart gekennzeichnet ist. Der Verfasser teilt nicht die Ansicht, wie jüngst in einer regionalgeographischen Abhandlung dargelegt wird, daß die zeitgemäße Benennung unserer Region „Mitteldeutschland" heute wohl angemessener „Die östliche Mitte" Deutschlands heißen solle (Rother 1997). Im Gegenteil: Die bis zur Mitte unseres Jahrhunderts übliche Identifikation der Region „Mitteldeutschland" mit den thüringisch-obersächsisch-anhaltischen Landen (Schlüter 1927, 1929) – „einer politisch-historischen Landschaft", die sich anteilig über mehrere Länder erstreckt – sollte heutzutage im historisch-geographischen Kontext und ebenso in Gegenwart und Zukunft als „eigens geschaffene Region für wirtschaftliche Zwecke", als Konstrukt, sowie gleichfalls als Identifikationsraum für die hier lebende Bevölkerung angesehen und damit auch fürderhin befördert werden. Die in der Region „Mitteldeutschland" tätigen regionalen Akteure (MDR, Geschichts-, Landeskunde- und Heimatverbände, Kammern u. a. m.) scheinen dafür prädestiniert zu sein.

Der Raum und seine Abgrenzung

Die Region „Mitteldeutschland" kann aus geographischer Sicht sowohl hinsichtlich der großmitteldeutschen Variante als auch in bezug auf eine kleinmitteldeutsche Version über die allgemeine Bestimmung hinaus – Mitteldeutschland umfasse das Territorium der drei Länder der Bundesrepublik Deutschland Sachsen, Sachsen-Anhalt und Thüringen – unkompliziert räumlich konfiguriert werden. In jedem Falle erfolgt die Umgrenzung anhand der erdräumlichen Verbreitung von geographischen, geschichtlichen und sozioökonomischen Objekten, Erscheinungen und Sachverhalten, die den Inhalt der Region, Mitteldeutschland genannt, bestimmen. Die Konfiguration der Region „Mitteldeutschland" geschieht demnach *nicht* aus formalen Lagebezeichnungen heraus, etwa dergestalt, daß dieser Raum in der Mitte Deutschlands zu liegen habe.

Hinsichtlich der naturräumlichen Ausstattung und der aktuellen Landschaftsstruktur kann Mitteldeutschland als natürlich-geographische Einheit, als *Naturraum*, einerseits sowie als humangeographische Einheit, als *Siedlungs- und Wirtschaftsraum*, andererseits etwa folgendermaßen umgrenzt werden:

Die Aufragungen der Mittelgebirge, die Pultscholle des Erzgebirges und der Horst des Thüringer Waldes, bilden im Süden, das Eichsfeld (bis zur westlichen Begrenzung durch den Leinegraben) und der Oberharz im Westen die mehr oder weniger scharf gezogenen natürlichen Grenzen. Im nördlichen Harzvorland stellen die Höhenzüge von Salzgitter und Lutter und weiter nördlich davon die Erhebungen Asse, Elm und Lappwald die äußerste Westgrenze dar, die sich weiter bis zur Niederung des Drömling erstreckt. Die Urstromtalung des Drömling bildet gemeinsam mit der Flußniederung der Ohre die naturbezogene Nordgrenze Mitteldeutschlands. Diese Linie markiert wie die Grenzen im Süden zugleich eine bedeutende tektonische Störungslinie. Sie ist jedoch ebenfalls landschaftsräumlich markant ausgeprägt.

Südlich der Ohre erstreckt sich der ebene bis flachwellige landwirtschaftliche Gunstraum, das Löß-Schwarzerdegebiet der Magdeburger Börde, und nördlich des Flusses dagegen die sandigen, Kiefernforst tragenden Aufschüttungsgebiete, die Moränen und Hügelgebiete der Letzlinger Heide. Die waldreichen Moränenrücken des Fläming bilden die naturbezogene Grenze Mitteldeutschlands gegen das nordostdeutsche Tiefland. Die Nordostgrenze wird durch die höchsten Erhebungen des Fläming bestimmt. Die Talweitungen der mittleren Elbe und der Schwarzen Elster gehören ebenso zu Mitteldeutschland wie die sich südlich anschließenden Sander- und Moränengebiete der Annaburger und Düben-Dahlener Heide. Die Ostgrenze Mitteldeutschlands verläuft etwa dort, wo die Großenhainer Pflege im Süden vom Westlausitzer Hügel- und Bergland abgelöst wird und dieses nach Westen an den Flußlauf der Elbe herantritt. In diesem Fall wäre die Dresdener Elbtalwanne als zu Mitteldeutschland zugehörig zu betrachten. Oder aber die Westgrenze der Dresdener Elbtalweitung und die Westgrenze des Elbsandsteingebietes (der Sächsischen Schweiz) sowie der östliche Ausläufer des Mulde-Lößhügellandes umschließen das Erzgebirge im Osten und bilden somit die eigentliche Ostgrenze Mitteldeutschlands.

Hinweise auf frühe kartographische Nachweise der Region Mitteldeutschland reichen bis in die Antike zurück. So sind in den griechischen Handschriften des Ptolemäus bereits „Deutschlandkarten" zu finden, die die mitteldeutschen, buchenbestockten Gebirgszüge Harz und Erzgebirge erkennen, zumindest vermuten lassen (Käubler 1963). Die erste gedruckte Regionalkarte, ein handkolorierter Holzschnitt im Maßstab etwa 1:600 000 (116 mm hoch und 151 mm breit) stammt von Sebastian Münster aus dem Jahre 1550. Die Darstellung zeigt Thüringen und Meißen (das spätere Obersachsen) zwischen Harz, Eisenach und Schweinfurt im Westen und Dresden im Osten, zwischen Halle, Wittenberg und Herzberg im Norden sowie Bamberg und Eger (Cheb) im Süden.

Die innere Differenzierung Mitteldeutschlands

Der komplexe (komplizierte) Charakter einer jeden Region, so auch Mitteldeutschlands, die Mannigfaltigkeit der Objekte im Raum, ihr Werden und Vergehen im Laufe der Zeit sowie deren Vielfalt und deren jeweilige räumliche Ordung zwingen zu speziellen Herangehensweisen der landeskundlichen Untersuchung und Darstellung (Text, Tabelle, Karte, Graphik). Die Mannigfaltigkeit dieser regionalen Ausstattungsobjekte wird bestimmt durch deren Art, Entstehung, Funktion (zu verschiedenen Zeitpunkten) und deren räumliche Lage. Derartige Komponenten sind zum einen Naturbedingungen, Prozesse und Naturkörper (Ressourcen) und zum anderen kulturelle Gebilde, hervorgebracht aus der Tätigkeit menschlicher Gruppen, der Nutzung des Naturraumes als Lebens-, Wirtschafts- und Erlebnisraum (Kulturraum). Jeder Ausschnitt aus der Erdhülle, jede Region, gleich welcher Dimension der Betrachtung und welchen Maßstabes der Darstellung, hat daher ein doppeltes Gesicht: (1) als naturräumlich-landschaftliche Erscheinung mit einem bestimmten Gestaltcharakter und (2) als vielfach umgebauter Raum (mit einer mehr oder weniger großen Zahl kulturlandschaftlicher Zeugen aus verschiedenen Zeitabschnitten) mit jeweils bestimmtem aktuellem Nutzungscharakter.

Der Naturraum

Der *Naturraum* wird bestimmt durch die Beschaffenheit der ihn aufbauenden Komponenten. Der geologische Untergrund und die Merkmale der Oberflächenformen, des Georeliefs, bewirken mit dem vormaligen und gegenwärtig in der Region Mitteldeutschland vorherrschenden Klima die entsprechenden raumtypischen Wasser-, Boden- und Vegetationsverhältnisse. Werden die jeweiligen Ausprägungen dieser Komponenten und deren Beziehungen untereinander berücksichtigt, so kann Mitteldeutschland in naturraumbezogene Teilglieder (Subregionen) zerlegt werden, die – je nach Untersuchungsziel – als einmalige, räumlich individuelle Subregionen einerseits oder als subregionale Raumtypen oder Typenräume andererseits bestimmt werden können. Eine derartige Gliederung Mitteldeutschlands hat die drei großen mitteleuropäischen Naturregionen zu berücksichtigen: das Tiefland, das Hügelland und das Bergland mit dem Mittelgebirge.

Der *geologisch-tektonische Bau* und die Gesteinsformationen des Untergrundes gehören zu den stabilen Komponenten des Naturraumes. Sie bilden das Ausgangssubstrat für die Ausprägung des Georeliefs sowie des Verwitterungsmaterials als Grundlage wiederum für die Bodenbildung und Ausprägung der Bodendecke. An den Untergrund und seine differenzierte Genese sind die Vorkommen an mineralischen Rohstoffen und Energieträgern gebunden. Die Region Mitteldeutschland gehört regionalgeologisch nahezu gänzlich der Sächsisch-Thüringischen Scholle oder Mitteldeutschen (Haupt-)Scholle an (Katzung & Ehmke 1993). Sie wird gebildet aus paläozoisch gefaltetem Grundgebirge, vergesellschaftet, teils überdeckt mit Gesteinsformationen des Übergangsstockwerkes einerseits und des jüngeren Tafeldeckgebirges andererseits (Buhl & Schwab 1976). Diese Scholle ist ein Baustein des Zentraleuropäischen Schollengebietes, im Nordosten begrenzt durch die Störungen des Wittenberger und Lausitzer Abbruches gegenüber der Norddeutschen Senke und durch den Verlauf der Fränkischen Störungszone am Südrand des Thüringer Waldes und Schiefergebirges gegenüber der Süddeutschen Senke. Im Nordwesten bildet der Leine-Graben die Grenze zur Solling-Scholle, und im Südosten begrenzt der Erzgebirgsabbruch (Böhmischer Abbruch) die Mitteldeutsche Scholle gegenüber der Böhmischen Scholle. Zur geowissenschaftlichen, naturgeographischen Abgrenzung der Region Mitteldeutschland können, im Nordwesten beginnend, nachfolgende Störungslinien herangezogen werden: Leine-Graben, Haldenslebener Störung, Wittenberger Abbruch, Elbe-Störungszone (Lausitzer Überschiebung), Erzgebirgsabbruch und Fränkische Störungszone.

Die alten gefalteten Kerne des paläozoischen Grundgebirges und des Schiefergebirgsstockwerkes – der Harz, Thüringer Wald und Schiefergebirge sowie das Erzgebirge – bilden gleichsam den Gebirgsrahmen Mitteldeutschlands. An die Gesteinskomplexe der Gebirgsstrukturen sind die Vorkommen u. a. an Eisen, Silber und Zinn gebunden, die zur Ausprägung der Region Mitteldeutschland in historischer Zeit so entscheidend bis zur Gegenwart beigetragen haben. Ebenso haben Anteil an dieser wirtschaftlichen Ausprägung der Region Mitteldeutschland die Steinkohlenvorkommen aus dem Karbon der dem Grundgebirge vorgelagerten Senken (Plötz-Wettin, Zwickau, Lugau-Oelsnitz und Döhlen-Freital). Weitaus bedeutender sind jedoch die Rohstofflager des jüngeren Tafeldeckgebirgsstockwerkes, das sich – ebenfalls hercynisch gerichtet (NW-SE) – nördlich des Harzes (Subhercynes Becken und Kreidemulde), östlich davon (Mansfelder und Querfurter Mulde) sowie zwischen Harz und Thüringer Wald (Thüringer Becken) erstreckt. An diese Strukturen sind einerseits permische Kupferschiefervorkommen und die Stein- und Kalisalze der Salzfolgen des Zechsteinsalinars gebunden, die gemeinsam mit den tertiären Braunkohlenvorkommen des Lockerdeckgebirgsstockwerkes die wohl mitentscheidenden Grundlagen bilden zur Ausprägung des engeren mitteldeutschen Industriebezirkes im Mitteldeutschland (der teilmitteldeutschen Lösung) seit Mitte des 19. Jahrhunderts (Scholz 1996). Die Kohlenlager der verschiedenen Flöze unterschiedlichen Alters und diverser Tiefenlage des Mitteldeutschen Braunkohlenreviers – hierzu gehören: Subhercynes Becken, Harzvorland, Thüringer Becken, Geiseltal, Weißelster-Becken und Bitterfeld – sind an tertiäre Senken gebunden, die mit marinen, teils festländischen Lockermassen verfüllt wurden. Diese greifen in der sog. Leipziger Tieflandsbucht (ursprünglich einmal nur orographisch bestimmt) weit nach Süden aus, und sie überdecken nahezu geschlossen paläozoische wie mesozoische Schichten. Entlang etwa der Linie Wurzen, Frohburg, Altenburg, Zeitz, Weißenfels, Mücheln, Röblingen, Aschersleben und weiter in Richtung nach Helmstedt sich fortsetzend, bergen diese Tertiärschichten teils isolierte, jedoch hochwertige Vorkommen an Braunkohlen, die zum großen Teil bereits gewonnen worden sind. Nördlich der Leipziger Bucht (Mosigkauer Heide, Prellheide, Düben-Dahlener Heide) nehmen pleistozäne Lockermassen an Mächtigkeit stark zu (Geschiebelehm, Kies, Sand), die dann zum glazial bestimmten Tiefland überleiten, wozu die Tieflandsbucht zwar nach der Lage über dem Meeresspiegel, jedoch nicht nach dem Bau des Untergrundes zu rechnen ist.

Periglazialschutt und Lößbildungen überdecken weite Teile der Ebenen und Hügelländer Mitteldeutschlands. Die großen Täler und Niederungen werden von holozänen Bildungen, den jüngsten Sedimenten des Lockerdeckgebirges (Aulehm, Kies, Sand, Schluff), bestimmt. Die periglazialen und holozänen Bildungen (u. a. fluviale Schotter und Schutt, äolische Löße) als oberflächennahe Substrate sind infolge der jüngeren Erd- und Klimageschichte, vor allem im Spät- und Postpleistozän, entstanden. Sie wiederum bilden bedeutende Grundlagen für die Besiedlungsgeschichte und Landnutzung durch menschliche Gesellschaften in Mitteldeutschland.

Neben geologischem Bau und Gesteinsuntergrund als tellurischer Steuergröße der Landschaftsgenese sind die *Erscheinungen des Klimas und die Ausprägung des Gewässernetzes* als solarer Gegenpol zu nennen. Das nahezu, in gewissen Perioden, regelhafte Wettergeschehen führt zur Ausprägung bestimmter Größenordnungen einzelner Klimaelemente. Typische Wetterlagen, Windhäufigkeit, -richtung und -stärke sowie Niederschlag und Lufttemperatur im jahreszeitlichen Wandel, beobachtet über einen längeren Zeitraum, bestimmen das Klima eines Erdraumes. Mitteldeutschland insgesamt präsentiert mehrere Klimatypen, jedoch kann allgemein, jedoch nicht allein in bezug auf Klima und Wasserhaushalt, von einer gewissen Mittellage und von einem Durchgangsgebiet gesprochen werden. Im Kern der Region erstreckt sich das sog. „Mitteldeutsche Trockengebiet" (Bohnstedt 1938). Ein keineswegs arides Gebiet, wie der Begriff eigentlich vermuten läßt, aber jedoch ein Raum, wo in den Sommermonaten durchaus mit Wassermangel zu rechnen ist, da bereits die jährlichen Abflußwerte (als Differenz zwischen Niederschlag und Verdunstung) teils unter 50 mm liegen können. Das nördliche und östliche Harzvorland sowie das innere Thüringer Becken bilden den Kern dieses Gebietes. Auch die Berglandklimate des Harzes, des Thüringer Waldes und des Erzgebirges unterscheiden sich hinsichtlich jährlicher Niederschlagssumme und der Lufttemperaturwerte. Das ist ebenso wie im mitteldeutschen Trockengebiet an räumliche Lagemerkmale (was kurzgeschlossen vielfach als „geographisch" bezeichnet wird) gebunden. Mitteldeutschland liegt zwischen dem stärker ozeanisch beeinflußten westlichen und dem kontinentaleren östlichen Klimagebiet. Bedingt durch die vorherrschenden Westwetterlagen einerseits und durch die hercynisch, erzgebirgisch und rheinisch gerichteten und exponierten Gebirge, Bergrücken und Schichtstufen andererseits kam es in der jüngeren Erdgeschichte bis zur Gegenwart zur Ausbildung von Luv- und Lee-Effekten, die eine relativ enge Kammerung von verschiedenen Klimagebieten bewirken. Das Mitteldeutsche Trockengebiet ist dem deutschen Wärmepol, dem Oberrheintalgraben, dem Breisgau, am nächsten. Auch deshalb unterliegen die Hauptentwässerungsadern Mitteldeutschlands jahreszeitlich teils größeren Schwankungen. Die Flüsse Bode, Wipper, Helme, Unstrut, Saale, Weiße Elster, Pleiße, Zwickauer Mulde, Zschopau, Freiberger Mulde und Schwarze Elster tragen mit ihrem jahreszeitlichen Abflußverhalten in unterschiedlichem Maße modifizierend zur Wasserführung der mittleren Elbe bei, die als „Fremdlingsfluß" in ihrem Oberlauf, außerhalb Mitteldeutschlands, bestimmt wird. Nicht nur in bezug auf die Ausprägung von Klima und Wasserhaushalt kann Mitteldeutschland sowohl als Grenzgebiet als auch als Übergangsgebiet gekennzeichnet werden, von dem gesagt wird, daß gerade in der Mannigfaltigkeit der Erscheinungen seine Einheit liege (Bohnstedt 1938, S. 109).

Die Ausprägung der *Boden*decke *und* die Entwicklung der *Vegetation* folgen allgemein den Vorgaben des oberflächennahen Untergrundes als Ausgangssubstrat der Bodenbildung und des Klimaverlaufs im Spätpleistozän und vor allem im Holozän (der geologischen Jetztzeit, Beginn 10 000 Jahre vor heute). Im Nördlichen und Östlichen Harzvorland, im Thüringer Becken, dort, wo im Regenschatten des Harzes das eigentliche Mitteldeutsche Trockengebiet sich erstreckt, haben sich Tschernoseme und schwarzerdeartige Böden seit Beginn des Holozän ausgebildet und somit die seinerzeitigen Steppenbedingungen im Atlantikum (dem bisherigen Klimaoptimum der geologischen Gegenwart) bis heute bewahrt. Im Lößgürtel schließen sich weiter nach Osten die Parabraunerden (Lessives) an, die in niederschlagsreicheren Gebieten liegen. Die mesozoischen Schichtstufenumwallungen des Thüringer Beckens werden von Rendzinen (Humuskarbonatböden) bestimmt. Die Mittelgebirge Harz, Thüringer Wald und Schiefergebirge sowie das Erzgebirge und deren unmittelbare Vorländer sind mit einer Decke, bestehend aus Staugley-Böden, Braunerden, Gebirgsbrauerden, die z. T. podsoliert sind, überzogen. In den niederschlagsreichen oberen Lagen und in den Kammlagen herrschen die Podsole (Bleicherden) vor. Die großen Talungen der mittleren Elbe, unteren Saale und Mulde u. a. sind mit Auenböden bedeckt. Deren Ausgangssubstrat der Bodenbildung, der Aulehm, ist das Produkt der mittelalterlichen Rodungsphasen in Mitteldeutschland, so u. a. der beiden Phasen der deutschen Ostkolonisation in Richtung Osten und Süden über die Saale-Linie hinweg und aufwärts in die Mittelgebirge und deren Vorländer zuerst entlang der aus dem Bergland herabfließenden Gewässer, was ebenso auf den Harz zutrifft.

Auf die Ausbildung der Vegetationsdecke bezogen, ist Mitteldeutschland, wie ganz Mitteleuropa, ein reines Waldland. Die potentiell natürliche Vegetation (pnV) wird eindeutig durch Buchenwälder bestimmt. Die Vegetationsdecke hat sich im Zeitraum zwischen dem Weichselhochglazial und dem Atlantikum, im Übergang von Pleistozän und Holozän, stark gewandelt. Im Weichselhochglazial war das Zentrum Mitteldeutschlands vorwiegend geprägt durch die Lößsteppe, eine kräuterreiche Grassteppe. In den Mittelgebirgen herrschte die vegetationslose Frostschuttwüste, während sich im Berg- und Hügelland die steinige Bergtundra ausgebreitet hatte. Das Tiefland war bestimmt durch die Niederungstundra mit teils unterbrochener Vegetationsdecke. Die pnV Mitteldeutschlands (seit Beginn des Holozän bis zur Gegenwart) wird überwiegend, vor allem im Zentrum, vom Eichen-Hainbuchenwald bestimmt. Reiner Buchenwald dominiert im Westen die Vorländer von Harz und Thüringer Wald. Im Oberharz sowie im Thüringer Wald und Schiefergebirge, im Vogtland und im Erzgebirge bedeckt der Buchen-Tannen-Fichten-Wald mehrheitlich den Boden. In den Gipfel- und Kammlagen sind Hochmoore ausgebildet, und Windflüchter sowie Krüppelwuchs prägen vielfach die heutige Gestalt des Baumbestandes. Im glazial bestimmten Tiefland, am nordöstlichen Grenzsaum Mitteldeutschlands, mischt sich die Kiefer im Eichen-Hainbuchenwald in bedeutender Zahl. In den Flußtälern und Niederungen dominiert der Auwald (Erlen, Eschen, Ulmen). Das mittlere Elbetal, die Elster-Luppe-Aue zwischen Halle und Leipzig und das Leinetal stellen noch heute in gewissen Abschnitten naturnahe Bereiche in bezug auf die pnV dar. Insgesamt ist jedoch die natürliche Vegetationsdecke in Mitteldeutschland heute nahezu gänzlich abgelöst worden durch Kulturwald (Forsten) und die sog. Kultursteppe, die in den Bördegebieten, den Ackerebenen, in den sog. Altsiedelländern Mitteldeutschlands, besonders ausgeprägt erscheint.

Oscar Drude (1902) verdanken wir eine erste wesentliche Gliederung Mitteldeutschlands auf der Grundlage der aktuellen Vegetation. Er nannte das gesamte Untersuchungsgebiet den „Hercynischen[9] Florenbezirk". Er gibt ebenso erstmalig eine geographische Abgrenzung des Raumes in der gebotenen Offenheit und Verallgemeinerung, die sich ganz erheblich von den Vorstellungen früherer Autoren aus der großen Schar der Geographen (z. B. Penck 1887), aber auch denen von Vertretern der Sprach-, Volkstums- und Kulturforschung (Frings u. a. 1936) wohltuend unterscheidet und diesen wirklich auf die „Mitte" als Übergangs- und Durchgangsraum einschränkt.

Der Siedlungs- und Wirtschaftsraum

Die frühe Lebens- und Siedlungstätigkeit unserer Vorfahren sowie die wirtschaftsräumliche Erschließung der Erdoberfläche, der landschaftlichen Ausstattung, gehören bis zur Gegen-

---

9 Vgl. Anm. 8.

wart zu den großen und bedeutenden Kulturleistungen des Menschen, sozialer Gruppen und Gesellschaften. Dies gilt natürlich ebenso für die Region Mitteldeutschland. Unser Raum gehört seit jeher zu den größten zusammenhängenden frühmittelalterlichen Siedlungsgebieten des Kontinents (Schlüter 1952, 1958, Käubler 1965). Das Gebiet, das sog. Altsiedelland, die frühgeschichtlichen Wohnflächen, deren Vorteil das günstige Verhältnis zwischen Offenland und Wald war, erstreckt sich über die frühere Lößsteppe, das Verbreitungsgebiet der Schwarzerden, welches nahezu den Kern der Region Mitteldeutschland bildet. Der hercynische Raum ist nicht nur hinsichtlich der Verbreitung bestimmter Vegetationsarten dreigeteilt. Nach Drude (1902), Meusel (1938, 1955) und Müller (1964) ist der Raum gliederbar in *Westmitteldeutschland* mit (1) Thüringen im Süden bis zum Harz im Norden und mit (2) dem Unterharz mit nördlichem Harzvorland, den Gebieten an der unteren Saale und mittleren Elbe im Norden sowie in (3) *Ostmitteldeutschland*, das Gebiet östlich der Saale, bis an die Elbe reichend, bzw. an die Störungslinie der Lausitzer Überschiebung.

Die zahlreichen Flußläufe in Mitteldeutschland und deren Niederungen galten lange Zeit als natürliche Hemmungslinien (Wütschke 1925) im Zuge der Erschließung des Landes und des Ausbaues des Siedlungsnetzes. Die Elbe-Saale-Linie, insbesondere der Flußlauf der Saale oberhalb Halles und die Grenze nach Norden weiterführend in Richtung Magdeburg (sowie Dessau und Wittenberg), gilt als eine der wichtigsten Grenzlinien mittelalterlicher Regionalentwicklung in Mitteldeutschland. Den Grenzbefestigungen deutscher Siedler an der Saale (z. B. Großjena, Goseck, Schönburg, Merseburg, Schkopau, Giebichenstein, Wettin) liegt östlich davon das seinerzeit vonehmlich von Slawen beherrschte Siedelgebiet gegenüber. Deren einstige Zentren sich noch heute nicht nur in den Ortsnamen, sondern ebenso in den Verbreitungsgebieten der Ortsformen (Rundweiler, Bauernweiler) zu erkennen geben. Entlang dieser Linie erstreckt sich von Nord nach Süd ein Streifen (insgesamt von der Unterelbe bis nach Franken reichend), in welchem auffallend oft der Ortsgrundriß des Rundlings (Kleindörfer mit rundem oder ovalem Dorfplatz) verbreitet ist. Charakteristisch für die südliche Grenze des Siedlungsraumes Ostmitteldeutschland könnte hinsichtlich der Verbreitung markanter Siedlungsgrundrisse die Verbreitung der Waldhufensiedlungen sein. Dorf und Flur der Waldhufenstrukturen sind verbreitet etwa entlang einer Linie südlich von Gera–Kohren–Colditz–Leißnig–Nossen und südlich Meißen, die ebenso als Übergangsgebiet zur Südostgrenze einer kleinmitteldeutschen Region angesehen werden könnte.

Zur Scheidelinie zwischen West und Ost, zwischen Altsiedelland und Kolonialland, gesellt sich eine weitere, den Norden vom Süden trennende Grenzlinie, die jene nahezu rechtwinklig schneidet. Dieser Grenzverlauf der Sprachverbreitung oberdeutscher Lautverschiebung deckt sich nach Annahme von Schlüter (1927, S. 30) „... ziemlich gut mit der bronzezeitlichen Grenze zwischen Germanen und Kelten ...". Generell dürften jedoch für das Verständnis der Gliederung des heutigen Kulturraumes Mitteldeutschland die Bedeutung ur- und frühgeschichtlicher Epochen eher belanglos sein.

Vor allem die Zeitphasen der geschichtlichen Entwicklung seit der Völkerwanderung und speziell die Entwicklung im Hoch- und Spätmittelalter sind für Mitteldeutschland bis heute bedeutsam geblieben. Eine Vielzahl von reliktischen Zeugen aus jenen Epochen ist noch gegenwärtig im Landschaftsraum physiognomisch und damit ebenfalls aus geographischer Sicht wahrnehmbar. Ähnliches gilt für die Anlage der Verkehrswege, für Straßen, wo der mitteldeutsche Raum seit dem Ausgang des Mittelalters, zu Beginn der Neuzeit, zum Wegekreuz heranwuchs, wo sich die Hauptverkehrswege von Nord nach Süd, von West nach Ost kreuzten (Naumburg, Leipzig) und die Städte durch Handelsprivilegien prosperierten. Eine gewisse Bedeutung haben sicherlich ebenfalls historisch-territoriale Aspekte dynastischer Landesherrschaft im mitteldeutschen Raum für die Ausprägung des Siedlungs-, Wirtschafts- und Kulturraumes seit der Mitte des ersten Jahrtausends unserer Zeitrechnung. Allerdings ergaben sich seit jener Zeit nur zwei Perioden, in welchen die Region Mitteldeutschland von einer dynastischen Macht mehr oder weniger deutlich dominiert worden ist. Dies war einerseits zur Zeit des Thüringer Reiches der Fall, als es noch keine Territorialherrschaft im späteren Sinne gab, welches durch die Franken mit Unterstützung durch die Sachsen nach der Schlacht im Jahre 531 in der Nähe der unteren Unstrut, bei Burgscheidungen (?), unterging. Andererseits gab es in weiten Teilen Mitteldeutschlands eine relativ einheitliche Entscheidungsgewalt durch die Herrschaft des Hauses Wettin zwischen 1247 (Tod des Thüringer Landgrafen Heinrich Raspe) und 1815 (Wiener Kongreß). Die Folgen seinerzeit landesweit gültiger Gesetze und Verfügungen (Bau-, Boden- und Gewerbeordnung, Gewässer- und Mühlenordnung, Weinbergsordnung u. a. m.) sind teils noch heute meist durch verbliebene reliktische Elemente in der Kulturlandschaft sichtbar. Wohl besonders deutlich zeigen sich noch heute ebenfalls die Resultate der Kultivierung von Feuchtgebieten meist durch Klöster und erfahrene Einwanderer (z. B. Flamen) in der Region. Entsprechende Flurstücke und Siedlungsformen zeugen davon. Insgesamt kann gelten, daß die heutige Wald-Offenland-Verteilung im wesentlichen seit dem ausgehenden Mittelalter ebenso festgelegt scheint wie die Entwicklung des städtischen und ländlichen Siedlungsnetzes nach Beendigung der seinerzeitigen Wüstungsperioden, die in Mitteldeutschland nicht unerhebliches Ausmaß angenommen hatten (u. a. Neuß 1995).

Mit dem Eintritt in das Industriezeitalter, in der Region seit etwa Mitte des 19. Jahrhunderts, manifestiert sich im Raum ein ganz neues, bis dahin unbekanntes Bild der Kulturlandschaft. Viele Städte wachsen über ihre mittelalterlichen Grenzen hinaus, die Industrialisierung schreitet zügig fort, neue Verkehrswege (Eisenbahn, Straßen) entstehen in rascher Folge. Die Zahl der Bevölkerung wächst, und dadurch nimmt ebenfalls der Bedarf an Nahrungsmitteln bedeutend zu. Als Folge davon werden, vor allem in Ostmitteldeutschland, viele Bauernwälder gerodet zugunsten von Ackerflächen. In Mittelsachsen nimmt so das Ackerland um etwa 20 % bis 30% zu. Auf der Grundlage zunehmend massenhaft zur Verfügung stehender Bodenschätze durch Entwicklung des Bergbaus im Schachtbauverfahren und im Tagebaubetrieb wie Braunkohle, Kali- und Steinsalze, Kalkstein, Gips, und Sand, Kies, Ton, Lehm als Baumaterialien u. a. entsteht später im engeren Mitteldeutschland seit den letzten beiden Jahrzehnten des 19. Jahrhunderts die Großchemie. So beginnt 1883 in Bernburg die Sodaproduktion, 1893 in Bitterfeld die Chlorkaliproduktion, 1927 in Leuna die Kohlehydrierung, 1936 in Wolfen die Herstellung von Farbfilmen und 1938 von Perlonfasern. Ebenso entstehen Kraftwerke auf Braunkohlebasis (Zschornewitz 1912), Standorte des Schwermaschinen-, Maschinen-, Flugzeug- und Schienenfahrzeugbaus. Im Schwarzerdegebiet entwickelten sich die diversen Industriebranchen aus der Technisierung und Industrialisierung der Landwirtschaft, die mit dem Bau von Zuckerfabriken ihren Anfang nahm. Im so engeren Mitteldeutschland, etwa gleichbedeutend mit dem Agglomerationsraum um Halle und Leipzig, zwischen Altenburg und Dessau gelegen, breitete sich in der Zeit zwischen den beiden Weltkriegen ein relativ homogenes Wirtschafts- und Lebensgebiet aus, das auch relativ gut verkehrstechnisch nach dem damaligen Stand erschlossen war (Straße, Autobahn, Schiene, Luftverkehr). Hier dominierten Bergbau, Energiewirtschaft, Großchemie, Maschinen- und Fahrzeugbau bei nach wie vor bedeutsamer, hochwertiger und produktiver Landwirtschaft. Dem stand zum anderen die territoriale Zersplitterung eines relativ homogenen Siedlungs- und Wirtschaftsraumes gegenüber. Nur der Freistaat Anhalt, somit das „eigentliche Herz" Mitteldeutschlands, gehörte der Region in Gänze an. Von der Provinz Sachsen zählten nur die Regierungsbezirke Erfurt und Merseburg zum eigentlichen Mitteldeutschland sowie Teile Thüringens und der Nordwesten (West- und Mittelsachsen) des Freistaates Sachsens. Aus wirtschaftsgeographischer Sicht galt es seit langem als Tatsache, daß Mitteldeutschland, bestehend aus der Provinz Sachsen sowie den Ländern Anhalt, den Thüringer Staaten und Sachsen, als eine eigenständige Wirtschaftsregion Deutschlands anzusehen sei (Scheu 1928). Die Bemühungen der Politik um ein gemeinsames gebietsplanerisches und staatliches Handeln im Sinne einer derartigen Region ging von preußischer Seite aus, da dort der Handlungsbedarf am größten schien. Später beteiligten sich auch die übrigen, zu Mitteldeutschland sich zugehörig fühlenden, Gebietskörperschaften mit dem Ziel, Beiträge zur damals beabsichtigten Reichsreform zu leisten oder nur die eigene vermeintliche Größe besonders herauszustellen und das mit der Forderung nach besonderen Führungsansprüchen zu verbinden (Hübener 1927, Leiske 1927, 1928, 1929, Thormann & Staab 1929, Lüttgens 1931). In der NS-Zeit und zu Zeiten der DDR kamen derartige Bestrebungen aus unterschiedlichen Gründen zum Erliegen. Neuerliche Ansätze zur „mitteldeutschen Frage", die heutzutage genauso zu stehen scheint wie damals, können sich Argumentationen aus geographischer Sicht zunutze machen, die frühere Fachvertreter bereits erbracht haben (Penck 1921, Riedel 1921, Schlüter 1927, 1929, Kaiser 1931, Reinhard 1936 u. a.). Trotz der heute teils anders gelagerten Probleme (Revitalisierung altindustialisierter Gebiete, Erneuerung der traditionellen Standorte der Großchemie usw.) gelangt man wohl zu ähnlichen Tendenzen. Nicht nur unter dem Aspekt der Bewahrung von Sachzeugen der traditionsreichen chemischen Industrie, des Bergbaus und der Energiewirtschaft wie der verarbeitenden Industrie als Meilensteine der historischen Entwicklung der Technik (Krug 1998) sind gegenwärtig vielfältige Aufgaben zu lösen. Wichtig erscheint ebenfalls die Schaffung von Perspektiven für die in der Region lebenden Menschen und zur Verbreiterung eines Identifikationsgefühls mit der Region Mitteldeutschland. Hierzu tragen auch landeskundliche Darstellung aus der Hand von Geographen bei. Solche landeskundlichen sozial- und wirtschaftsgeographischen Studien lieferten bisher u. a. Lehmann (1965, 1967) und Scholz (1996).

Fazit

Die Region Mitteldeutschland stellt ein historisch-geographisches Gebilde dar, dessen Begriff hauptsächlich nach dem Ersten Weltkrieg geprägt und dessen räumliche Erstreckung in vielen Varianten konstruiert wurde. Otto Schlüter (1927, 1929) spricht darüber, daß dieser Begriff aus dem damals (nach den verheerenden Folgen des verlorenen Krieges und der Besinnung auf das eigene Land – d. V.), vorher kaum gekannten Gefühl einer gewissen Einheit und Zusammengehörigkeit im thüringisch-sächsisch-anhaltischen Raum erwuchs, dem man nachgehen und diesen Raum fürderhin als Einheit betrachten wollte. Diese damals beschworene Einheit der Bewohner Mitteldeutschlands war jedoch ebensowenig gänzlich gegeben, wie sie auch heute nicht unwidersprochen ist und nicht überall feststellbar erscheint.

Der Begriff „Region Mitteldeutschland" hat aus der Sicht der Geographie dann seine Berechtigung, wenn er an den engeren thüringisch-obersächsisch-anhaltischen Raum (physisch ohne Altmark, Oberlausitz, Ostsachsen, Südthüringen) oder, politisch etwas weiter, an die Territorien der drei Länder Sachsen, Sachsen-Anhalt und Thüringen gebunden wird. Die Wesensmerkmale dieses Raumes sind aus einer gewissen Mittellage und Mittlerstellung erwachsen. Diese kommt besonders deutlich zum Ausdruck in der naturräumlichen Ausstattung des Landes und in der kulturgeschichtlichen Entwicklung des Raumes. Beide Komponenten prägen vielfach, auch heute noch, in weiten Strecken die Landschaftsstruktur. Der Raum ist Übergangs- und Durchgangsgebiet in bezug auf gegensätzliche Kulturgrenzen, die einen kulturgeschichtlichen Wandel bewirkten. Hierzu zählen die west-ost verlaufende Sprachgrenze, die das Niederdeutsche vom Oberdeutschen trennt, und die nord-süd gerichtete Siedlungsgrenze, welche das fränkische vom slawischen Siedelgebiet scheidet. Beide Gliederungen sind jedoch durch ähnliche natürliche Ausstattung bestimmt und einheitliche wirtschaftliche Erschließung sowie durch Weiterentwicklung des Raumes nachfolgend weiter vereinheitlichend überprägt worden. Dieser Prozeß wird sich in gewissem Sinne auch künftig weiter fortsetzen.

Eine weitere, auf administrativen Grenzen beruhende räumliche Bestimmung der Region Mitteldeutschland i. e. S. beruht auf den regionalen Planungsregionen der drei Länder: Dessau, Halle und Westsachsen gänzlich sowie Ostthüringen, Chemnitz-Erzgebirge und Südwestsachsen anteilig. Besonders aus aktueller und aus prospektiver, planerischer Sicht erscheinen diese Raumeinheiten gut geeignet zu sein. Bisher haben im Großraum Halle-Leipzig-Dessau (Staatsvertrag zwischen dem Land Sachsen-Anhalt und dem Freistaat Sachsen) seit 1993 drei Regionalentwicklungskonferenzen stattgefunden, Konzepte wurden erarbeitet, manche darin enthaltene Projekte sind bereits umgesetzt worden. Auch diese Einheiten sind jedoch nur Behelfslösungen, wenn sie auch der üblichen Begriffsbestimmung von „Region" entsprechen. Im klassischen geographisch-landeskundlichen Sinne, im Lichte eines hermeneutischen Ansatzes, wird eine Region, also auch Mitteldeutschland, als real existierendes erdräumliches Individuum aufgefaßt werden können, als individuell einmaliger, dominant menschengeprägter Landschaftsraum (Lehmann 1990). Es ist jedoch schwierig, diese Definition im konkreten Fall anhand der Region Mitteldeutschland widerspruchs- und zweifelsfrei umzusetzen.

Zu vielfältig sind, wie wohl gezeigt werden konnte, die zu berücksichtigenden raum-, sach- und zeitbezogenen Merkmale. Als eine erste Voraussetzung dazu erscheint eine einheitliche administrative Zuordnung oder zumindest in Anfängen ein entsprechender Zweckverband zu sein. Möglicherweise bildet der schon lange angekündigte einheitliche Verkehrsverbund Mitteldeutschland hierzu einen Identifikationspunkt, einen ersten Kristallisationskern für zukünftige Entwicklungen.

Literatur

Assmann, Rudolf: Einfluss der Gebirge auf das Klima von Mitteldeutschland, in: Forschungen zur deutschen Landes- und Volkskunde. Band 1, Heft 6. Stuttgart 1886.

Aubin, Gerhard: Die wirtschaftliche Einheit Mitteldeutschlands, in: Hübener, Erhard (Hrsg.): Mitteldeutschland auf dem Wege zur Einheit. Denkschrift, Merseburg 1927, S. 3–15.

Blotevogel, Hans Heinrich: Auf dem Wege zu einer „Theorie der Regionalität": Die Region als Forschungsobjekt der Geographie, in: Brunn, Gerhard (Hrsg.): Region und Regionsbildung in Europa. Konzeptionen der Forschung und empirische Befunde. Baden-Baden 1995, S. 44–68.

Blume, Ernst: Der Begriff „Mitteldeutschland", in: Geographische Zeitschrift. 35 (1929) 4/5, S. 193–197.

Bohn, Richard: Die Siedelungen in der Leipziger Tieflandsbucht nach Lage und Gestalt, in: Mitteilungen des Vereins für Erdkunde zu Leipzig, Jg. 1901. Leipzig 1902, S. 93–112.

Bohnstedt, Hans: Zum Klima Mitteldeutschlands, in: Mitteilungen des sächsisch-thüringischen Vereins für Erdkunde zu Halle. 61/62 (1937/38), Halle 1938, S. 88–109.

Buhl, Andreas & Max Schwab: Geologische Verhältnisse und Pflanzenverbreitung im Hercynischen Raum. Hercynia N. F. 13 (1976) 3, S. 380–390.

Drude, Oscar: Der Hercynische Florenbezirk (Pflanzenverbreitung in Mitteleuropa nördlich der Alpen No. 1.). Leipzig 1902.

(Frings, Theodor u. a.) Ebert, Wolfgang; Frings, Theodor; Gleißner, Käthe; Kötzschke, Rudolf & Gerhart Streitberg: Kulturräume und Kulturströmungen im mitteldeutschen Osten. Halle 1936 (= Veröffentlichung der Forschungsinstitute für Kultur- und Universalgeschichte und für neuere Philologie, Abt. ältere Germanistik, sowie des Institutes für Heimatforschung an der Universität Leipzig).

Hettner, Alfred: Grundzüge der Länderkunde, I. Europa. Leipzig 1907.

Hettner, Alfred: Die Geographie, ihre Geschichte, ihr Wesen und ihre Methoden. Breslau 1927.

Hoffmann, Walter: Die wirtschaftliche Struktur Mitteldeutschlands, in: Mitteldeutschland das neue Wirtschaftszentrum. Berlin, Leipzig, Erfurt 1925, S. 11 ff.

Hübener, Erhard (Hrsg.): Mitteldeutschland auf dem Wege zur Einheit. Denkschrift über die Wirkung der innerstaatlichen Schranken. Merseburg 1927.

Käubler, Rudolf: Auswertung einer 2000 Jahre alten Karte in bezug auf die mitteldeutschen Gebirge, in: Hercynia N. F. 1 (1963) 1, S. 16–39.

Käubler, Rudolf: Beiträge zur historischen Geographie Mitteldeutschlands, in: Nova Acta Leopoldina N. F., Band 30, Nr. 173. Leipzig 1965, S. 181–188.

Kaiser, Ernst: Mitteldeutschland in erdkundlicher Betrachtung, in: Lüttgens, C.-M. (Hrsg.): Mitteldeutschland. Erfurt 1931, S. 27–42.

Katzung, Gerhard & Gerhard Ehmke: Das Prätertiär in Ostdeutschland. Strukturstockwerke und ihre regionale Gliederung. Köln 1993.

Krug, Klaus: Bewahrung von Sachzeugen der chemischen Industrie Mitteldeutschlands, in: Hänseroth, Thomas (Hrsg.): Technik und Wissenschaft als produktive Kräfte in der Geschichte. Rolf Sonnemann zum 70. Geburtstag. Dresden 1998, S. 69–82.

Lehmann, Edgar: Kulturlandschaftliche Auswirkungen der Chemie-Industrie im Halle-Leipziger Raum, in: Deutscher Geographentag Bochum 1965. Tagungsbericht und wissenschaftliche Abhandlungen. Wiesbaden 1965, S. 205–218.

Lehmann, Edgar: Die räumliche Differenzierung der Industrie- und Bevölkerungsagglomeration im Halle-Leipziger Gebiet. Sitzungsberichte der Sächsischen Akademie der Wissenschaften zu Leipzig. Phil.-hist. Klasse, Band 113, Heft 2. Berlin 1967.

Lehmann, Edgar: Landschafts- und Regionalkarten – eine Zukunftsaufgabe von Geographie und Kartographie. (unveröffentlichtes Manuskript eines Vortrages am 22. November 1990 in Ladenburg), 10 S.

Leiske, Walter (Hrsg.): Leipzig und Mitteldeutschland. Verhandlungen der Stadtverordneten zu Leipzig am 7. Dezember 1927 (Leipziger Verkehr und Verkehrspolitik Nr. 10). Leipzig 1927.

Leiske, Walter (Hrsg.): Leipzig und Mitteldeutschland. Denkschrift für Rat und Stadtverordnete zu Leipzig. Leipzig 1928.

Leiske, Walter (Hrsg.): Mitteldeutschland. Presse-Spiegel der Leipziger Denkschrift (Leipziger Verkehr und Verkehrspolitik Nr. 14). Leipzig 1929.

Lüttgens, Carl-Max (Hrsg.): Mitteldeutschland. Erfurt 1931.

Meusel, Hermann: Pflanzengeographische Gliederung des mitteldeutschen Raumes, in: Mitteilungen des sächsisch-thüringischen Vereins für Erdkunde zu Halle 61/62 (1937/38). Halle 1938, S. 1–87.

Meusel. Hermann: Entwurf zu einer Gliederung Mitteldeutschlands und seiner Umgebung in pflanzengeographische Bezirke, in: Wissenschaftliche Zeitschrift der Martin-Luther-Universität Halle-Wittenberg. Math.-nat. R. 4 (1955) 3, S. 637–642.

Möllenberg, Walter: Sachsen und Anhalt. Zur geschichtlichen Einheit des mitteldeutschen Raumes, in: Sachsen und Anhalt. Jahrbuch der Historischen Kommission für die Provinz Sachsen und und für Anhalt 8 (1932), S. 1–5.

Müller, Gerd: Die Bedeutung der Ackerunkrautgesellschaften für die Pflanzengeographische Gliederung West- und Mittelsachsens. Teil III: Entwurf einer Gliederung in pflanzengeographische Bezirke. Hercynia, N. F. 1 (1963/64), S. 280–313.

Müller, Johannes: Der mitteldeutsche Industriebezirk. Jena 1927.

Neef, Ernst: Die theoretischen Grundlagen der Landschaftslehre. Gotha, Leipzig 1967.

Neuß, Erich: Sachsen und Anhalt. Zur wirtschaftlichen Einheit des mitteldeutschen Raumes, in: Sachsen und Anhalt. Jahrbuch der Historischen Kommission für die Provinz Sachsen und für Anhalt 9 (1933), S. 1–26.

Neuß, Erich: Besiedlungsgeschichte des Saalkreises und des Mansfelder Landes. Von der Völkerwanderungszeit bis zum Ende des 18. Jahrhunderts. (Bearbeitet von Elisabeth Schwarze-Neuß.) Weimar 1995.

Partsch, Josef: Mitteleuropa. Gotha 1904.

Penck, Albrecht: Das Deutsche Reich. Wien, Prag, Leipzig 1887.

Penck, Albrecht: Der Großgau im Herzen Deutschlands (Veröffentlichungen der Handelskammer Leipzig). Leipzig 1921.

Ratzel, Friedrich (Hrsg.): Beiträge zur Geographie des Mittleren Deutschland, in: Wissenschaftliche Veröffentlichungen des Vereins für Erdkunde zu Leipzig, Bd. 4. Leipzig 1899.

Reinhard, Rudolf: Mitteldeutschland, in: Geographische Zeitschrift 42 (1936) 9/10, S. 321–359.

Riedel, Johannes: Das mitteldeutsche Wirtschaftsgebiet. Sein natürlicher und wirtschaftlicher Aufbau, seine inneren Zusammenhänge und Grenzen (Veröffentlichungen der Handelskammer Leipzig). Leipzig 1921.

Rother, Klaus: Deutschland – Die östliche Mitte. Braunschweig 1997. (Das Geographische Seminar).

Ruge, Sophus: Das sächsische Land, in: Wuttke, Richard (Hrsg.): Sächsische Volkskunde. Dresden 1900, S. 3–25.

Scheu, Erwin: Deutschlands Wirtschaftsprovinzen und Wirtschaftsbezirke. Berlin 1928.

Schlüter, Otto: Mitteldeutschland als Geographischer Raum, in: Hübener, Erhard (Hrsg.): Mitteldeutschland auf dem Wege zur Einheit. Denkschrift über die Wirkung der innerstaatlichen Schranken. Merseburg 1927, S. 19–33.

Schlüter, Otto: Der Begriff „Mitteldeutschland, in: Schlüter, Otto & Ernst Blume (Hrsg.): Beiträge zur Landeskunde Mitteldeutschlands. Festschrift zum 23. Deutschen Geographentage in Magdeburg. Braunschweig 1929, S. 7–13.

Schlüter, Otto: Die Siedlungsräume Mitteleuropas in frühgeschichtlicher Zeit, in: Forschungen zur deutschen Landeskunde. Frankfurt, Remagen, Teil 1, Band 63 (1952) und Teil 2, Band 110 (1958).

Schlüter, Otto; August, Oskar: Atlas des Saale- und mittleren Elbegebietes. Leipzig 1958/1962.

Schmitthenner, Heinrich: Zum Problem der Allgemeinen Geographie und der Länderkunde, in: Münchner Geographische Hefte, Heft 4. Regensburg 1954.

Schönfelder, Günther: Der Ballungsraum Halle-Leipzig-Dessau – das Zentrum Mitteldeutschlands, in: Karrasch. Petra (Hrsg.): Die Region Leipzig-Halle im Wandel. Chancen für die Zukunft (Material zur Angewandten Geographie, Band 22). Köln 1993. 11–23.

Scholz, Dieter: Die industrielle Agglomeration im Raum Halle-Leipzig-Dessau. Werden und Struktur einer grenzüberschreitenden Industrieregion, in: Haase, Günter & Ernst Eichler (Hrsg.): Wege und Fortschritte der Wissenschaft. Beiträge von Mitgliedern der Sächsischen Akademie der Wissenschaften zu Leipzig zum 150. Jahrestag ihrer Gründung. Berlin 1996, S. 641–654.

Steinberg, Heinz Günter: Der Begriff „Mitteldeutschland", in: Berichte zur deutschen Landeskunde 39 (1967) 1, S. 31–48.

Steinberg, Heinz Günter: Der Begriff „Mitteldeutschland", in: Mitteldeutschland. Versuche begrifflicher Definition unter fachwissenschaftlichen Aspekten (Aus Deutschlands Mitte. Teil 3). Troisdorf 1979, 2. Auflage, S. 59–78.

Thormann, Hanns; Staab, Erich: Der Mitteldeutsche Raum. Seine natürlichen, geschichtlichen und wirtschaftlichen Grenzen. Merseburg 1929.

Wirth, Eugen: Handlungstheorie als Königsweg einer modernen Regionalen Geographie? Was 30 Jahre Diskussion um die Länderkunde gebracht haben, in: Geographische Rundschau 51 (1999) 1, S. 57–64.

Wolf, Herbert: Wandlungen des Begriffes „Mitteldeutschland", in: Schlesinger, Walter (Hrsg.): Festschrift für Friedrich von Zahn. Band I: Zur Geschichte und Volkskunde Mitteldeutschlands. Köln, Graz 1968, S. 3–23.

Wütschke, Johannes: Geographische Grundlagen der geschichtlichen Entwicklung der Provinz Sachsen und des Freistaates Anhalt. Sachsen und Anhalt, in: Jahrbuch der Historischen Kommission für die Provinz Sachsen und für Anhalt 1 (1925), S. 1–19.

Gotthard Lerchner

Imaginäre und reale „mitteldeutsche Geschichtswege" – Der Sprachraum

1.

Begriff und Bezeichnung Sprachraum stehen in Beschreibungszusammenhängen unterschiedlicher Provenienz und sind daher uneindeutig:

1.1.

Im Verständnis der traditionellen Sprach- bzw. Dialektgeographie stellt ein Sprachraum ein Areal relativ einheitlicher dialektaler Systemeigenschaften dar, das sich durch eine größere Anzahl unterscheidender Merkmale von umgebenden Landschaften abgrenzt. Übereinstimmung bzw. Abgrenzung werden kartographisch durch Isoglossen markiert. Aus dem mehr oder weniger eindeutigen Zusammenfall mehrerer Isoglossen zu einem Linienbündel werden Dialekt- bzw. Sprachgrenzen abgeleitet.

Von welchem ‚Stärkegrad' von Linienbündeln zusammenfallender Isoglossen an ein auf diese Weise abgegrenztes Areal einen Sprachraum darstellt und welche sprachgeschichtliche

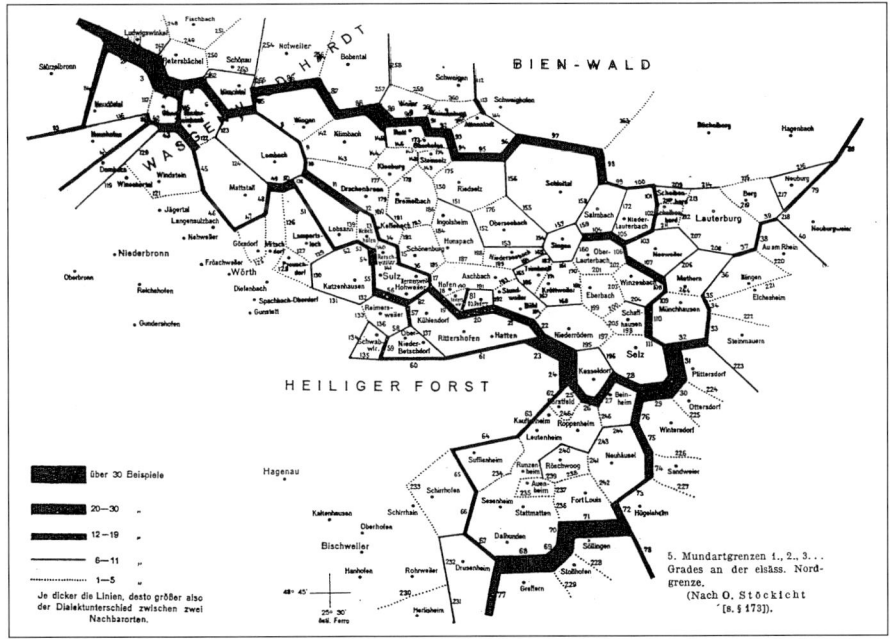

Karte 1: Mundartgrenzen 1., 2., 3. … Grades

Wichtung diesem beigemessen wird, hängt im konkreten Fall von den interpretativen Zuschreibungen des Untersuchenden ab (Löffler 1980, S. 134–139). Dabei können geographische, historisch-politische (z. B. Besiedlungsvorgänge, mittelalterliche Territorialgrenzen, geschichtliche Administrationsstrukturen), ökonomische oder kulturgeschichtliche Gegebenheiten in Hilfsfunktion bestimmend oder mitbestimmend werden. D. h. es stellen die auf diesem Verfahrensweg zustande gekommenen Kartierungen von Sprachräumen ein pseudo-objektives Beobachterkonstrukt dar, dessen Validität hinsichtlich der sprachhistorischen Realität in hohem Grade von der statistischen Zuverlässigkeit bzw. dem sprachhistorischen Aussagewert der der Analyse zugrunde gelegten Materialcorpora abhängt. Konsequenterweise haben die traditionellen Grenz- bzw. Sprachraumbestimmungen mit fortschreitender linguistischer Erkenntnis vor allem unter folgenden methodologischen Gesichtspunkten kritische Abwertung erfahren (vgl. Goossens 1977): (a) Die sprachlichen Unterscheidungsmerkmale entstammen in der dialekthistoriographischen Praxis in weitaus überwiegendem Maße den lautlichen bzw. lexischen sprachlichen Teilsystemen, d. h. signifikante grammatische (und prosodische) Entitäten finden traditionell keine oder nur gelegentliche Berücksichtigung. (b) Sprach- bzw. Dialektgrenzen werden gebildet durch arbiträre Summationen von distinktiven Einzelmerkmalen, markieren also nicht notwendigerweise Systemgrenzen; Sprache existiert aber immer nur in der Ordnung von Systemen. (c) Einzelne Merkmale, so vor allem die sog. Lautverschiebungsisoglossen, nach denen traditionell die großlandschaftliche Einteilung der deutschen Mundartlandschaften in *Oberdeutsch*, *Mitteldeutsch* und *Niederdeutsch* erfolgt (vgl. Wiesinger 1983), haben in der Praxis eine in qualitativer Hinsicht weder linguistisch noch sprachgeschichtlich zu rechtfertigende, d. h. methodologisch unverhältnismäßige Überbewertung erfahren (Lerchner 1971). – Ungeachtet der grundsätzlichen methodologischen Mängelkritik haben sich die dialektgeographischen Grenzziehungen in der beschreibenden Praxis jedoch insoweit bewährt, als die festgestellten Mundartlandschaften bzw. -räume sich in einem bestimmten Grad von unterscheidender sprachlicher Spezifik als sprachgeschichtlich aussagefähig erwiesen haben. Die auf umfangreiche Erfahrungen der Exploratoren in der Landschaft/den Landschaften bzw. das intuitive Wissen der Gewährsleute gestützten Sprachraumbegrenzungen gelten heute im großen und ganzen als traditionell anerkannt; d. h. die Isoglossenbündel von Einzelerscheinungen können als eine Art Indikatoren für diskrete areale Sprachvarietäten reinterpretiert werden.

1.2.

Verschiedene, z. T. aus der dialekthistoriographischen Beschreibung hervorgegangene bzw. auf dieser wissenschaftsgeschichtlich basierende Konzepte begreifen Sprachräume als Kulturräume, d. h. als geographisch begrenzte Einheiten umfassender kulturbestimmter Kommunikation (vgl. Ebert, Frings et al. 1936). Vorleistungen der Landes-, Kirchen-, Rechts- und Siedlungsgeschichte, der Volkskunde und Patrozinienforschung sind in einem umfassenden kulturmorphologischen Zugriff in vergleichender Zusammenschau mit dialektgeographischen Befunden zu einander wechselseitig interpretierenden Aussagen einer pragmatischen Sprach-

historiographie instrumentalisiert worden. Ihr Bezugspunkt ist der kommunikativ – d. h. ökonomisch, politisch, kulturell, rechtlich, religiös und in allem auch sprachhandelnde – Mensch
in den konkreten Kommunikationsstrukturen eines geographisch bestimmbaren Bereichs.
Die Grundlage für dieses sprachhistoriographische Konzept ist in den 30er Jahren dieses Jahrhunderts in der sog. Kulturmorphologie der Bonner und Leipziger Schule gelegt worden,
aus der bedeutende Forschungsergebnisse gerade auch zur Sprach- und Kulturgeschichte
des östlichen deutschen Sprachgebietes hervorgegangen sind. Ein großer Teil unseres wissenschaftlich gesicherten Wissens über ostdeutsche sprachliche Regionalentwicklungen ver-
dankt sich diesem methodologischen Zugriff, darunter so bedeutsame wie die nahezu lücken-
lose Beschreibung der dialektalen Sprachräume unseres Bereichs oder die regionalgeschicht-
lich so bedeutsamen Erkenntnisse zu deutsch-slawischen Wechselbeziehungen, die namen-
kundliche Forschungen sichergestellt haben (Frings; Fischer et al. 1961 ff.). Allerdings hat es
auch an kritischen Bewertungen nicht gefehlt. In methodologischer Hinsicht hat sie sich u. a.
gegen die rein empirisch-zufällige Zusammenstellung von ‚gleichgerichteten' (d. h. zusam-
menpassenden) Einzelmerkmalen der „kulturellen Äußerungen einer Landschaft" gewandt
sowie gegen die einseitige Übergewichtung mündlicher Sprachkommunikation im Verhältnis zur landschaftssprachlichen Schriftlichkeit, die in dem Konzept weitgehend vernachlässigt
worden ist (vgl. Große 1990; Lerchner 1996). Die Defizite lassen sich jedoch zumindest tendenziell beheben – und die durch die Kulturraumforschung gesicherten Resultate damit im
großen und ganzen demgemäß im wesentlichen bestätigen –, wenn das Konzept Sprachraum
als Kulturraum einer Systematisierungsoperation durch die Adaption kultursemiotischer
Erkenntnisse unterworfen wird. Das ist insofern bruchlos möglich, als beide deskriptiven
Zugriffsweisen prinzipiell übereinstimmend – wenngleich mit deutlich voneinander unter-
schiedener Stringenz – von der Annahme einer im Rahmen eines Gesamtsystems Kultur gere-
gelten Interaktion zwischen systematisch organisierten unterschiedlichen Domänen menschlichen Sozialverhaltens ausgehen. Diese Domänen des Sozialverhaltens können im Sinne der
Systemtheorie beschrieben werden als Netzwerk von heterarchisch organisierten strukturellen Systemen (Schmidt 1989). D. h. die kulturmorphologisch praktizierte Vorstellung von
einer gleichgerichteten Entwicklung aller „kulturellen Äußerungen einer Landschaft" kann
auf diese Weise problemlos reifiziert werden als systematisch-deskriptive Prozeßbeschreibun-
gen eines kommunikativen Transfers auf den Mikroebenen eines Kulturraumes, etwa mit
Hilfe von Fragestellungen wie: Welche Wege bzw. Regularitäten der Interaktion zwischen
zwei (oder mehr) kulturräumlich definierten Sozialsystemen lassen sich analytisch sicherstel-
len; von welchen Positionen/Faktoren gehen Anstöße einerseits oder Widerstände andererseits gegen Innovationen aus; welche (individuellen und/oder korporativen) Akteure werden
in den einzelnen Sozialsystemen führend wirksam; worin bestehen oder äußern sich sozial-
psychische Prädispositionen für Verhaltensweisen, die auf Traditionserhalt im Verständnis
eines kulturellen Gedächtnisses des zu beschreibenden kommunikationsbestimmten Raumes
deuten usw. Nach dieser Auffassung steuert die sprachraumbezogene Kommunikationskultur den Diskurs sowohl innerhalb aller ihr zugeordneten kulturellen Erscheinungsformen
als auch zwischen diesen, insofern Ausgangspunkt jeglicher kommunikativer Innovation das

nicht anders als kulturell handelndes Individuum ist, das immer zugleich mehreren kulturellen Teilsystemen zugehört und damit fortgesetzt und unmittelbar Transferleistungen innerhalb des einer Kommunikationsgemeinschaft zugeordneten Raumes bewirkt (Lerchner 1997a).

1.3.

In einem vom Prinzip her psycholinguistisch bestimmten Zugriff aus lassen sich, von 1.2. ausgehend, Sprachräume als Wahrnehmungsräume begreifen, deren regionale Ausprägung (u. a.) durch die Spezifik des räumlich begrenzbaren Sprachsystems (des Regiolekts) repräsentiert wird. Kommunikation und Kognition werden hier explizit als einander wechselseitig beeinflussende Komponenten in der geistigen Verfassung der indigenen Sprecher aufgefaßt. Vor allem entscheiden sie über die Art und Weise, in der diese sich, positioniert in raumspezifisch organisierten Netzen des Wissensaustausches, ein/ihr Weltbild aneignen und mit Hilfe sozialer Kreisläufe interaktiv penetrieren. Dabei ist bemerkenswert, daß sich die psychophysische Disposition der Menschen gegenüber einer auf der Zeitachse beobachtbaren zunehmenden Beschleunigung jener sozialen Kreisläufe ausgesprochen konservativ verhält. U. a. auch daraus ergibt sich ein wichtiges Begründungspotential für die Annahme einer Langzeitwirkung sprachvermittelter Identitätsbildung (Lerchner 1997b). Sprachräumlich manifestierte Identität kann demzufolge über längere Zeitabschnitte erhalten bleiben auch dann, wenn die bedingenden Faktoren, die zu ihrer geschichtlichen Ausprägung geführt hatten, nur noch partiell oder überhaupt nicht mehr existieren.

2.

Aus der skizzenhaft-kritisch revidierenden Übersicht über methodologische Zugriffsweisen der Sprachhistoriographie läßt sich deren – durchaus differenziert zu beurteilendes – Aussagepotential und vor allem der mögliche Stellenwert der sichergestellten deskriptiven Ergebnisse für die Beantwortung der Frage nach der historischen Begründbarkeit einer Beschreibungseinheit Mitteldeutschland im Sinne einer Einheit der drei Bundesländer Sachsen, Sachsen-Anhalt und Thüringen ableiten:

2.1.

Aus der Sicht der historischen Dialektgeographie ergibt sich ein grundsätzlich negativer Befund. Der Begriff mitteldeutsch (nicht Mitteldeutschland) spielt zwar, wie in 1.1. erwähnt, für die Einteilung der deutschen Mundarten eine zentrale Rolle, ist aber mit dem geo- bzw. historiographischen oder gar dem politischen Verständnis von Mitteldeutschland nicht kompatibel: Die mitteldeutschen Mundarten, traditionell begrenzt durch die Isoglossen eines spezifischen Duchführungsstandes der II. oder Hochdeutschen Lautverschiebung (d. h. eines Prozesses aus der deutschen Vor- bzw. Frühgeschichte!), erstrecken sich in einem breiten

Gürtel zwischen den oberdeutschen Mundarten im Süden und den niederdeutschen im Norden durchgängig von West nach Ost.

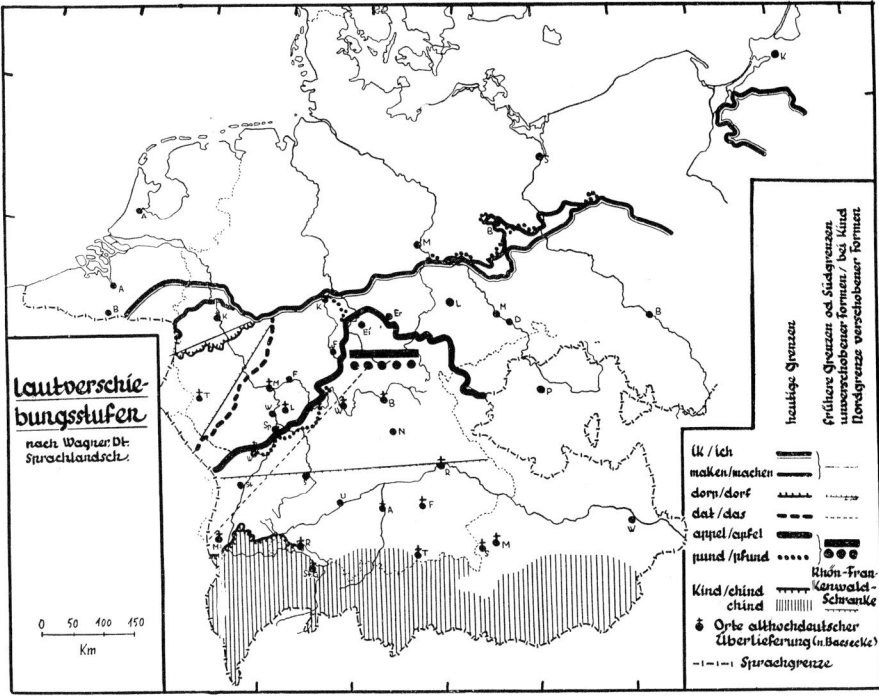

Karte 2: Niederdeutsch, Mitteldeutsch, Oberdeutsch

Vor dem Hintergrund dieser Karte ist der Mitteldeutschland-Begriff im Sinne der drei Länder einerseits wesentlich enger (das Westmitteldeutsche wird mit ihm ebensowenig erfaßt wie der größte Teil der historischen schlesischen Mundarten, ganz zu schweigen vom Nordböhmischen und Hochpreußischen), andererseits aber auch weiter, insofern Sachsen-Anhalt in keineswegs unbedeutendem Maße niederdeutsches Gebiet einschließt und der SW Thüringens zum Oberdeutschen gehört. Im Klartext heißt das: Mitteldeutschland bildet dialekthistorisch keine spezifische, in sich homogene Sprachlandschaft.

Diese Aussage kann allerdings im Sinne einer zentripedalen Tendenz problematisiert werden, wenn man jüngere, mit ihrem Beginn vom Ende des 19. Jahrhunderts datierende und im Laufe des 20. Jahrhunderts massiv zunehmende Ausgleichs- und Angleichungsprozesse der Mundarten an die nhd. Standardsprache ins Auge faßt, die zur Herausbildung des Typs einer obersächsisch-thüringischen Umgangssprache geführt haben (vgl. Große; Hutterer 1961; Lerchner 1992). Bei etwas großzügiger Zusicht kann man die areale Geltung dieser Sprachform in etwa mit dem heutigen Flächenbereich der drei Bundesländer identifizieren, wobei die Nordgrenze gegen eine vordringende „berlinische" Umgangssprache als durchaus unfest anzusehen ist. Hinzu kommt, daß diesem US-Typ aufgrund der Besonderheiten der deutschen

Kommunikationsgeschichte der letzten 50 Jahre von einem bzw. für einen größeren Teil der DDR-Bevölkerung zumindest ansatzweise eine gewisse Identitätsmarkierung aufgeschichtet worden ist, die offenbar fortwirkt; genauere Untersuchungen dazu stehen freilich noch aus. Andererseits muß deutlich einschränkend dazu bemerkt werden:

(a) Die Gemeinsamkeiten der obersächsisch-thüringischen Umgangssprache bestehen im Prinzip primär auf einer strukturellen Annäherung der jeweiligen historisch gewachsenen Mundarten an den hochdeutschen (nationalen) Standard, kaum jedoch auf der Ebene eines tatsächlich übereinstimmenden Sprachgebrauchs. Insbesondere die sog. konstitutiven Faktoren (darunter versteht man in der Sprachwissenschaft Spezifika des prosodischen Systems, also vor allem Sprechmelodie, Akzent, Verknüpfungsweise der Sprecheinheiten) sowie bestimmte lexikalische Bereiche bleiben davon im wesentlichen unberührt, so daß die dialektal-sprachräumliche Herkunft eines Sprechers auch bei ausschließlichem US-Gebrauch erkennbar bleibt.

(b) Es gibt keinerlei sichere Anzeichen für die Konstituierung eines umgangssprachlich manifestierten obersächsisch-thüringischen Sprachgemeinschaftsbewußtseins und damit auch keine erkennbare sprachliche Manifestation einer „mitteldeutschen Identität". Gerade die erwähnte tendenzielle Korrelierung der obersächsisch-thüringischen Umgangssprache mit einer (temporären) staatlich-politischen Markierung „*DDR*" bzw. „*Ostdeutsch*" spricht dagegen, insofern sie verdeutlicht, daß das Identifikationspotential frei und daher politisch-sozial unter den genannten kommunikativen Gegebenheiten ungehindert einsetzbar war.

2.2.

Bei Applikation des Konzepts Sprachraum als Kulturraum im skizzierten Sinne historisch-kommunikativer räumlicher Strukturen ergeben sich insofern in bezug auf die leitende Fragestellung der Tagung modifizierte Aussagen, als negativen Befunden auch deutlich positive gegenübergestellt werden können:

(a) Ausgehend von den insgesamt gut gesicherten Daten einer hochmittelalterlichen Besiedlung der vor dem 11. Jahrhundert slavischen Gebiete etwa östlich der Saale-Unstrut-Linie – mithin in beträchtlichen Teilen des heutigen „Mitteldeutschlands" – (vgl. Frings, Ebert et al. 1936; Becker; Bergmann 1969) hat sich neuerer Forschung für diese Gebiete eine sprachhistorische Spezifik erschlossen, die insgesamt die Charakterisierung als Transferraum rechtfertigt.

Als kommunikationsgeschichtlich signifikante Merkmale haben in dieser Hinsicht vor allem zu gelten:
– die großflächige Mischung von Sprechern dialektgeographisch unterschiedlicher Herkunftslandschaften mit der Folgeerscheinung historisch-dialektalen Ausgleichs in sich neu formierenden (deutschsprachigen) Kommunikationsgemeinschaften (vgl. Große 1955). Dieser Ausgleich stellt sich in typologischer Hinsicht als multizentrisch verlaufender Vorgang dar,

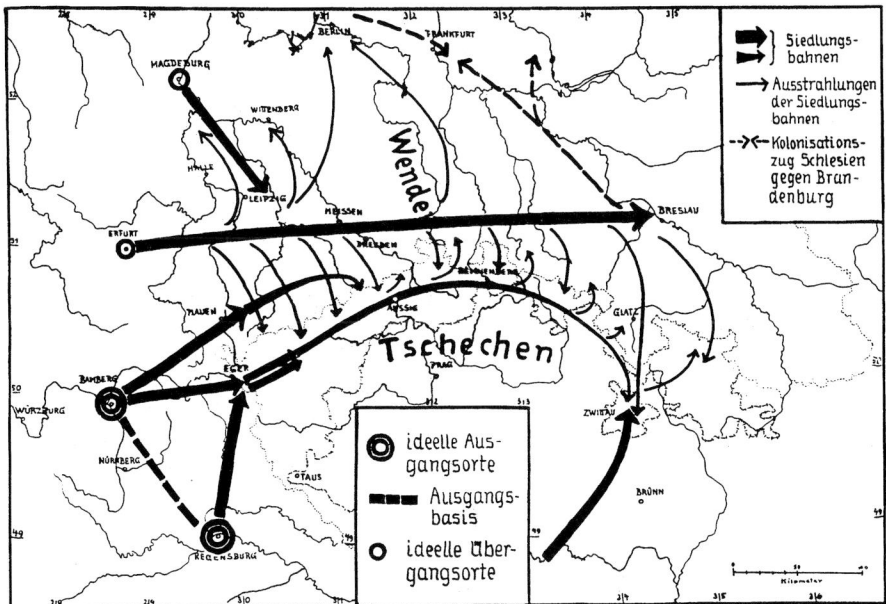

Karte 3: Mitteldeutsche Siedelbahnen

womit auch seine relative Großräumigkeit – in Kontrast zu normalerweise eng begrenzten
bäuerlichen kommunikativen Einheiten – erklärbar wird;

– eine sprachgeschichtlich bis in das Spätmittelalter bestehen gebliebene transitorische Offenheit der räumlichen Strukturen im Sinne von Sprecher- und Sprachbewegungen in west-östlicher, aber auch nord-südlicher bzw. süd-nördlicher Richtung. Dadurch sind sog. mund-
artliche Staffellandschaften entstanden. Der Aspekt eines kennzeichnenden Transfers als
sprachgeschichtlich konstituierendes Merkmal der ostmitteldeutschen Sprachgebiete läßt
sich im übrigen durch die Jahrhunderte bis in die Neuzeit verfolgen: Beispiele sind etwa
der in annehmbar beträchtlicher Größenordnung – im Grunde bis heute nicht völlig abgeschlossene – Sprachwechsel der bodenständigen slawischen Bevölkerung; die frühe Öffnung der ostmitteldeutschen Kanzlei- und Druckersprache zum Ostoberdeutschen; die
Nordexpansion der ostmitteldeutschen Schriftsprache (auch) im Gefolge der Reformation
mit der nahezu vollständigen Ablösung der im Gebiet der Hanse bis ins 16. Jahrhundert geltenden mittelniederdeutschen Schriftsprache „lübischer Norm"; die sprachlich-kulturellen
Transferleistungen Obersachsens im Kontext der westeuropäischen Aufklärung; die – freilich insgesamt nur zögerliche – Ausdehnung der meißnisch geprägten schriftsprachlichen
Varietät nach Süden um die Mitte des 18. Jahrhunderts; auch den genannten Prozeß der are-
alen Etablierung einer obersächsisch-thüringischen Umgangssprache im 20. Jahrhundert
könnte man in diese Reihe stellen (vgl. Lerchner 1997b, S. 22 ff.). Versucht man, aus diesen
sprachhistorischen Fakten den deskriptiven Ertrag für die Geschichte „Mitteldeutschlands"
zu verdeutlichen, ergibt sich der folgende Befund: Der „traditionslose Boden des kolonialen Vorgeländes" (Frings 1957, S. 42) hat im Ergebnis der hochmittelalterlichen Siedel-

vorgänge eine sprachgeschichtliche Tradition transitorischer Offenheit und soziopragmatischer Dynamik gestiftet, die ein wesentliches Variationspotential für historisch nachfolgende Raumbildungsprozesse darstellt.

(b) In bestimmter Weise gegenläufig zu dieser Tradition eines transitorisch-offenen Transferraums wirkt die mit der Etablierung von Landesherrschaften (fürstlichen Territorien) begründete Konstanz und Stabilität von kommunikationskulturellen Strukturen, die vom späten Mittelalter an die landschaftlichen Traditionen des Sprechens determinieren. Für die regionalsprachliche Entwicklung Mitteldeutschlands entscheidend wird in dieser Hinsicht der bekannte historische Sachverhalt, daß der Staat der Wettiner mit seinen kommunikationsbestimmenden, gut entwickelten Organisationsformen von Verwaltung, Kirche, Wirtschaft, Recht und kulturellen Sozialsystemen zwar bis zum Ende des 15. Jahrhunderts das „mitteldeutsche" Areal zum größeren Teil erfaßt, in den folgenden Jahrhunderten aber diese „alte" flächendeckende kommunikationskulturelle Einheit aufgrund der landesgeschichtlich-politischen Entwicklungen relativ rasch zerfällt. Als kommunikationsgeschichtlich im Sinne fortwirkender Traditionen des Sprechens folgenreich und für die sprachgeschichtliche Bewertung des gegenwärtigen Zustandes signifikant erweist sich dabei der Sachverhalt, daß im Ergebnis dieses Vorgangs einerseits mit dem albertinischen Sachsen eine – ungeachtet aller Modifikationen durch interne Variationen und von Gebietsverlusten – areal komplexe, in ihren kommunikationskulturellen Organisationsformen hocheffiziente, stabile regionale Struktureinheit bis in die Gegenwart fortbesteht, während der „Restbereich" Mitteldeutschlands mit seinen gebietspolitisch wechselnden Entwicklungen durch kommunikationsstrukturelle Inkonstanz gekennzeichnet ist. Das heißt, wiederum zugespitzt auf eine sprachgeschichtliche Positionierung hinsichtlich des thematischen Interesses der Tagung: Die in den mittelalterlichen Entwicklungen potentiell angelegte Parallelität raumbezogener kommunikationsgeschichtlicher Strukturen mit dem modernen Beschreibungszugriff „Mitteldeutschland" unterliegt zu Beginn der frühen Neuzeit einer reduzierenden Auflösung. Bestehen bleibt die – eingeschränkte – regiolektal-sprachräumliche Identität mit den Kommunikationsstrukturen des sächsischen Staates; dieser haben die übrigen Bereiche „Mitteldeutschlands" nichts qualitativ Gleichwertiges zur Seite zu stellen.

2.3.

Die kommunikationskulturellen Strukturbildungen in Sachsen bestimmen historisch in entscheidender Weise die Ausprägung von regionalen Wahrnehmungsräumen im Sinne der in 1.3. avisierten Konzepte:

(a) Hinlänglich belegbar durch zeitgenössische metasprachliche Feststellungen vom 17. Jahrhundert an (Eichler; Bergmann 1967), werden die regionalen „meißnischen" bzw. obersächsischen Traditionen des Sprechens (insbesondere die entsprechenden Texttraditionen) bewußt wahrgenommen bzw. thematisiert. Das gilt insbesondere für die vielfältigen Aktivitäten im

Rahmen einer hochentwickelten wettinischen Sprachkultur im 17. und 18. Jahrhundert (von Pohlenz 1989), ebenso für den vielfach bezeugten Stolz auf die luthersprachliche Tradition und deren Pflege bis zur Mitte des 18. Jahrhunderts sowie für den in der zweiten Hälfte dieses Jahrhunderts nachhaltig reklamierten, bekanntermaßen zu heftigen Auseinandersetzungen führenden Anspruch darauf, daß in den „blühenden Städten" Obersachsens das beste Deutsch gesprochen werde (Lerchner 1991). In Erscheinungsmerkmalen dieser Art manifestiert sich, im übrigen unbeschadet objektiver Kritikwürdigkeit des jeweils Postulierten, der gemeinsame „Kulturwille" von Sprechern eines Raumes. Im modernen Verständnis werden damit wesentliche Kriterien für die Qualifizierung (Ober-)Sachsens als Region und die Bestimmung der hier geltenden Sprachformen als Regiolekt erfüllt; beide Zuschreibungen können in der hier für verbindlich gehaltenen Definition für den Gesamtbereich „Mitteldeutschland" dagegen gerade nicht in Anspruch genommen werden. Dabei sei unter Region verstanden ein spezielles, historisch ausgeformtes und aktuell als markiert (territorial, kulturell, evtl. politisch, konfessionell) wahrgenommenes System von Interaktionssituationen in einem strukturierten Handlungsraum, gekennzeichnet durch die soziale und emotionale Signifikanz der Beziehungen zwischen den diesem zugehörigen Interaktionspartnern und ausgestattet mit einer Symbolfunktion im Sinne einer maximalen Aufmerksamkeitsbündelung des Sich-geltend-Machens der Subjekte gegenüber einer andersartigen (als fremd empfundenen) „Außenwelt". Regiolekt ist dann ein raumbezogenes, sprachgeschichtlich spezifisch strukturiertes muttersprachliches Diasystem, bestehend aus areal, funktional und situational differenzierten Varietäten mit psychosozial homogenisierendem Effekt. In diesem Verständnis gibt es nur einen obersächsischen, keinen mitteldeutschen Regiolekt. Die Antwort auf die berechtigte Anschlußfrage, ob es auch für die Bundesländer Thüringen und Sachsen-Anhalt adäquate (einheitliche) Regiolektentwicklungen gibt bzw. gegeben hat, muß mangels einschlägiger Analysen offenbleiben; anmutungsweise scheint derzeit mehr dagegen als dafür zu sprechen.

(b) Die regiolektalen Voraussetzungen determinieren die geschichtlichen ebenso wie die aktuellen sprachinduzierten Identifikationsprozesse indigener (bodenständig-heimischer) Sprecher (vgl. Blancke; Tiemann 1993), wenn man jene als Funktion begreift aus historisch bedingten soziokulturellen Voraussetzungen und aktuellen soziopsychischen Präferenzen (Mattheier 1982): Regiolektale Kommunikation hat – selbstverständlich neben intentional dominierendem Informationsaustausch – immer auch die begleitende Funktion einer konsensuellen Konstruktion von Orientierungsinteraktionen, insofern sie wiederkehrende Handlungen generalisiert und zu Symbolen verdichtet, die u. a. als meist emotional situierte Ordnungsmuster für Wertzuschreibungen dienen bzw. dienen können (Steger 1990). Die regiolektalen Traditionen des Sprechens unterliegen dabei einer funktionalen Entsynchronisierung ihrer ursprünglichen Bedingungszusammenhänge. Die daraus resultierenden Folgen lassen sich zu den im gegebenen Diskussionszusammenhang signifikanten Aussagen ausbuchstabieren, (a) daß der obersächsische Regiolekt aufgrund der kommunikationskulturellen Konstanz seiner strukturellen Grundlagen als eine der wesentlichen Trägerinstanzen des kulturellen Gedächtnisses der Sprachlandschaft alle Modernisierungseinflüsse der Neuzeit zu adaptieren vermochte, d. h. als Identifikationsmuster aktuell fortbesteht und den postmodernen Auflösungserscheinungen von traditionellen Orientierungsangeboten (Religion, Ethik/Moral, Nation) prinzipiell nicht unterliegt; (b) daß seine sprachinduzierte Identifikationsleistung durch historisch kurzzeitige politische „Zwischenfälle" (NS-Gau-Bildung; Strukturierung in DDR-Bezirke) nicht merkbar affiziert worden ist. Auch unter historisch-psychopragmatischem Gesichtspunkt gibt es dagegen keine relevante sprachgeschichtliche Substanz für das Konstrukt einer „mitteldeutschen Identität".

Literaturnachweise

Becker, Horst; Bergmann, Gunter: Sächsische Mundartenkunde. Entstehung, Geschichte und Lautstand der Mundarten des obersächsischen Gebietes, Halle 1969.

Blancke, Susanne; Tiemann, Heinrich: Regionale Kulturen in den neuen Bundesländern, in: Die Neue Gesellschaft. Frankfurter Hefte 6 (1993), S. 537–543.

Ebert, Wolfgang; Frings, Theodor, et al.: Kulturräume und Kulturströmungen im mitteldeutschen Osten, Halle 1936.

Eichler, Ingrid; Bergmann, Gunter: Zum Meißnischen Deutsch. Die Beurteilung des Obersächsischen vom 16. Bis zum 19. Jahrhundert, in: Beiträge zur Geschichte der deutschen Sprache und Literatur (H) 89 (1967), S. 1–75.

Frings, Theodor: Grundlegung einer Geschichte der deutschen Sprache. Dritte, erweiterte Auflage Halle 1957.

Frings, Theodor; Fischer, Rudolf (Hrsg.): Deutsch-Slawische Forschungen zur Namenkunde und Siedlungsgeschichte, Bd. 1–10 Halle 1956 ff., Bd. 11 ff., Berlin 1961 ff.

Goossens, Jan: Deutsche Dialektologie, Berlin 1977.

Große, Rudolf: Die meißnische Sprachlandschaft. Dialektgeographische Untersuchungen zur obersächsischen Sprach- und Siedlungsgeschichte, Halle 1955.

Große, Rudolf (Hrsg.): Sprache in der sozialen und kulturellen Entwicklung. Beiträge eines Kolloquiums zu Ehren von Theodor Frings (1886–1986), Berlin 1990 (= Abhandlungen d. Sächs. Akademie d. Wissenschaften zu Leipzig, Phil.-hist. Klasse 73,1).

Große, Rudolf; Hutterer, Claus Jürgen: Hochsprache und Mundart in Gebieten mit fremdsprachigen Bevölkerungsteilen, Berlin 1961.

Lerchner, Gotthard: Zur II. Lautverschiebung im Rheinisch-Westmitteldeutschen. Diachronische und diatopische Untersuchungen, Halle 1971.

Lerchner, Gotthard: Deutsche Kommunikationskultur des 18. Jahrhunderts aus der Sicht Wielands im „Teutschen Merkur", in: Zeitschrift f. Phonetik, Sprachwissenschaft u. Kommunikationsforschung 44 (1991), S. 52–60.

Lerchner, Gotthard: Dialekt und Standardsprache: die historische Entwicklung im ostdeutschen Raum, in: J. A. van Leuvensteijn; J. B. Berns (ed. s), Dialect and Standard Language in the English, Dutch, German and Norwegian Language Areas. Seventeen Studies in English or German, Amsterdam, Oxford, New York, Tokyo 1992, p. 204–220.

Lerchner, Gotthard: Kulturraumforschung – Tradition und Perspektiven, in: Günter Haase; Ernst Eichler (Hrsg.), Wege und Fortschritte der Wissenschaft. Beiträge von Mitgliedern der Akademie zum 150. Jahrestag ihrer Gründung, Berlin 1996, S. 37–50.

Lerchner, Gotthard: Nomination und Semiose. Zur Explikation ihrer kulturell-kommunikativen Geprägtheit, in: Irmhild Barz; Marianne Schröder (Hrsg.), Nominationsforschung im Deutschen. Festschrift für Wolfgang Fleischer zum 75. Geburtstag, Frankfurt a. M., Berlin, Bern usw. 1997a, S. 147–155.

Lerchner, Gotthard: Regionale Identität und standardsprachliche Entwicklung. Aspekte einer sächsischen Sprachgeschichte, Berlin 1997b.

Löffler, Heinrich: Dialektologie, 2. Aufl. Darmstadt 1980.

Mattheier, Klaus Jürgen: Erhebung von Regionaldaten (historisch, sozial, kulturell, geographisch), in: Werner Besch; Ulrich Knoop; Wolfgang Putschke; Herbert Ernst Wiegand (Hrsg.), Dialektologie. Ein Handbuch zur deutschen und allgemeinen Dialektforschung, Bd. 1, Berlin, New York 1982, S. 572–580.

Pohlenz, Peter von: Glanz und Elend der sächsischen Sprachkultur, in: Hans-Assa von Pohlenz; Gabriele von Seydewitz (Hrsg.), 900-Jahr-Feier des Hauses Wettin. Festschrift, Bamberg 1989, S. 225–232.

Posner, Roland: Kultur als Zeichensystem. Zur semiotischen Explikation kulturwissenschaftlicher Grundbegriffe, in: Aleida Assmann; Dietrich Harth (Hrsg.), Kultur als Lebenswelt und Monument, Frankfurt a. M. 1991, S. 37–73.

Schmidt, Siegfried J.: Die Selbstorganisation des Sozialsystems Literatur im 18. Jahrhundert, Frankfurt a. M. 1989.

Steger, Hugo: Über Sprachvarietäten und Existenzformen der Sprache, in: Rudolf Große (Hrsg.), Sprache in der sozialen und kulturellen Entwicklung. Beiträge eines Kolloquiums zu Ehren von Theodor Frings (1886–1986), Berlin 1990, S. 39–50.

Wiesinger, Peter: Die Einteilung der deutschen Dialekte, in: Werner Besch; Ulrich Knoop; Wolfgang Putschke; Herbert Ernst Wiegand (Hrsg.), Dialektologie. Ein Handbuch zur deutschen und allgemeinen Dialektforschung, Bd. 2, 1983, S. 572–580.

Manfred Straube

„Mitteldeutschland": Der Wirtschaftsraum*

Wenn über einen Wirtschaftsraum gesprochen wird, dann setzt das eine Wirtschaft voraus, die einen bestimmten geographischen oder wenigstens politischen Raum ausfüllt. Unter den konkreten historischen Bedingungen der vergangenen Jahrhunderte wiederum ist eine politische Strukturierung einem ständigen Wandel unterworfen und nie dauerhaft gewesen.

Aus diesen Gründen begrüße ich das Anliegen und die thematischen Ansätze dieser Tagung, die vielleicht auch Anregungen geben kann für andere „Wirtschaftsräume" – ich denke dabei z. B. an den „hansischen" Wirtschaftsraum oder an den wirtschaftshistorischen Begriff „Oberdeutschland" –, und will mich zugleich von den modischen Identitätsbemühungen für einige gegenwärtige politische Strukturen – etwa nach Ländern – abgrenzen. Als Begründung für diese Auffassung, die zugleich die Basis für meine Darstellung des mitteldeutschen Wirtschaftsraums ist, will ich nur wenige Beispiele nennen.

Ich halte es schlechterdings für unmöglich, die Reformation und Wittenberg aus der sächsischen Geschichte zu eliminieren und die heutigen Sachsen davon auszugrenzen, nur weil der Kurkreis seit 1815 zu Preußen gehörte und nach 1945 für wenige Jahre und dann seit 1990 im Bundesland Sachsen-Anhalt aufging, genauso wie ich es für problematisch halte, etwa die Geschichte von Suhl und Umgebung für die preußische Geschichte zu reklamieren, nur weil dieses Gebiet von 1815 bis 1945 unter preußischer Verwaltung stand. (Es muß sicher nicht betont werden, daß bestimmte Aspekte politischer und der Wirtschaftsgeschichte auch unter preußischen Blickwinkeln gesehen werden müssen, hier etwa die der Waffenproduktion.) Noch komplizierter wird die Frage, wenn man sich unter wirtschaftsgeschichtlichen Gesichtspunkten die Position Erfurts in Thüringen vorstellt, von Sachsen-Coburg-Gotha gar nicht zu reden. Zugleich fällt es schwer, etwa das Einzugsgebiet von Magdeburg oder die Altmark zu einem thüringisch-sächsischen Wirtschaftsgebiet zu zählen. Im Grunde läuft die Identifikation dann auf die Zeit nach 1945 hinaus, weil zuvor der größte Teil Mitteldeutschlands zu Preußen gehörte und der geringere zu Sachsen. Es wäre schließlich für alle Identitätsbemühungen eine Katastrophe, wenn es eines Tages doch zu einer Länderreform kommen sollte.

Zurück zum Ausgangspunkt und zur Frage nach einem „mitteldeutschen" Wirtschaftsraum. Zunächst ist festzustellen, daß das Territorium der heutigen Bundesländer Sachsen, Sachsen-Anhalt und Thüringen relativ spät in die Position Mitteldeutschland gebracht wurde, abhängig von der Wertung der Geschichte der Lausitzen, und hier besonders der Oberlausitz, und der lehnsrechtlichen Stellung Schlesiens zum Reich. Eckdaten sind nach meiner Mei-

---

* Erweitertes und mit Anmerkungen versehenes Vortragsmanuskript.

nung 1327, als sich fast alle schlesischen Herzöge unter die Lehenshoheit Johanns von Böhmen begaben und von nun an das Schicksal der böhmischen Krone zunächst unter den Luxemburgern und dann unter den Habsburgern teilten, und 1763 mit den Ergebnissen der Schlesischen Kriege, als das böhmisch-österreichische Schlesien an Preußen kam. Es bedarf sicher noch weiterer Überlegungen, um hier zu einem gesicherten Standpunkt zu kommen. Aber schon jetzt kann wohl festgestellt werden, daß vor allem Schlesien eine gesonderte politische Entwicklung genommen hat, abgegrenzt auch von Sachsen, das schon früh eine Mittel- und Mittlerrolle im Reich übernommen hatte.

Unabhängig davon ist die Frage, wann sich die Wirtschaft so weit entwickelt hatte, daß sie lokale Bereiche durchbrechen und eine bestimmte Region integrierende Funktion einnehmen konnte. Bezogen auf jenes Territorium, das die genannten drei Bundesländer heute umfaßt und das im folgenden als *thüringisch-sächsische Region* bezeichnet wird, kann eine gezielte und notwendige Marktproduktion und der Warenaustausch als Voraussetzung und als Maßstab gelten. Eine gezielte Marktproduktion setzt ein hochentwickeltes Handwerk voraus, so wie eine notwendige Marktproduktion vor allem von der Nachfrage und von der Rohstoffgewinnung, die vom Stand der Arbeitsteilung bestimmt wird. Der Warenaustausch ist die logische Folge, unterstützt und gefördert von staatlichen Maßnahmen. Entscheidend sind dabei nicht einzelne Zunftproduktionen oder Handelsverträge zwischen verschiedenen Städten, sondern die Gesamtheit der Marktproduktion innerhalb dieser Region und der Nachweis über regionale Verflechtungen und Abhängigkeiten. Da nach wie vor wirtschaftsgeschichtliche Untersuchungen für diese Region Mangelware sind und zusammenfassende Darstellungen völlig fehlen, können hier nur thesenartig Überlegungen vorgetragen werden. Eine *thüringisch-sächsische Wirtschaftsregion* beginnt sich seit dem 14. Jahrhundert herauszubilden, gewinnt im 15. Jahrhundert stärkere Konturen und kann im 16. Jahrhundert als konsolidiert gelten.[1] Im frühen 14. Jahrhundert nahmen in Thüringen um Schmalkalden, Suhl und Schleusingen sowie im Ost- und Westerzgebirge um Berggießhübel bzw. Schwarzenberg und im Vogtland im weiteren Umkreis von Plauen die schon ältere Förderung von Eisen und die Produktion

---

1 Eine ausführliche Begründung für diesen Begriff habe ich bereits 1981 in meiner Leipziger Habil.-Schrift gegeben: *Zum überregionalen und regionalen Warenverkehr im thüringisch-sächsischen Raum, vornehmlich in der ersten Hälfte des 16. Jahrhunderts.* Die (west)deutsche Forschung , die sich seit den 60er Jahren mit den Begriffen Raum, Region und Landschaft unter wirtschaftsgeschichtlichen Gesichtspunkten auseinandersetzte, geht fast durchweg vom Stand der Industrialisierung aus und konzentriert sich dementsprechend auf das 19. Jahrhundert. Vgl. z. B. Fremdling, Rainer; Pierenkemper, Toni; Tilly, Richard H.: Regionale Differenzierung in Deutschland als Schwerpunkt wirtschaftshistorischer Forschung, in: Fremdling, Rainer; Tilly, Richard H. (Hrsg.): Industrialisierung und Raum. Historisch-Sozialwissenschaftliche Forschungen, Bd. 7, Stuttgart 1979. Auch auf der Tagung der Gesellschaft für Sozial- und Wirtschaftsgeschichte in Graz 1983 zum Thema: Gewerbe- und Industrielandschaften vom Spätmittelalter bis ins 20. Jahrhundert, wurden nur zwei Vorträge gehalten, die das Spätmittelalter behandelten: Pickl, Othmar: Die Steiermark als Gewerbe- und Industrielandschaft vom Spätmittelalter bis zur Gegenwart; Stromer, Wolfgang v.: Gewerbereviere und Protoindustrien in Spätmittelalter und Frühneuzeit. Abdruck in: VSWG, Beiheft 78, Stuttgart 1986, S. 16–38 bzw. S. 39–111. Der Vortrag von Karl Heinrich Kaufhold: Gewerbelandschaften in der frühen Neuzeit (1650–1800), ebenda, S. 112–143, orientiert schon stark auf das Problem der Industrialisierung. Eine umfassende Auseinandersetzung mit den vorliegenden Auffassungen erfolgt an anderer Stelle.

von Eisenwaren einen schnellen Aufschwung und wurden zu einem bedeutenden Wirtschaftsfaktor der gesamten Region.[2] Absatz- und Nutzungsgebiete der Produkte waren vor allem – in Abgrenzung zu Franken – Thüringen und Sachsen, wenn auch Schmalkaldener Produkte frühzeitig in größerem Umfang über die Grenzen der Region gehandelt wurden. Den Beweis dafür liefern die Nachrichten über den Warenaustausch, hier zunächst die Geleitsordnungen von Erfurt von 1315 und 1441. In der Ordnung von 1315[3], die auf ältere Vorlagen oder Gewohnheiten zurückgreift, werden alle jene Waren genannt, die Erfurt erreichten oder passierten und für die eine bestimmte Summe an Geleitsgeld als Gebühr für sichere Straßennutzung festgelegt war. Erwähnt werden Messer – nach Zentnern berechnet –, eiserne Flaschen, Panzer(Rüstungs-)handschuhe, eiserne Platten und Panzer, eiserne Drähte und vor allem Sicheln und Sensen, die nach Wagenladungen angegeben werden mußten. Spätere Nachweise für die thüringischen Eisenwaren finden sich in der Erfurter Ordnung von 1441[4], die wiederum auf ältere Vorlagen zurückgeht. Neben einer sehr ins einzelne gehenden Aufzählung der verschiedensten Produkte aus Eisen und den jeweiligen differenzierenden Geleitsgebühren halte ich eine weitere Festlegung für bedeutsam, ist sie doch Ausdruck einer beginnenden staatlichen Wirtschaftspolitik, unabhängig von den Herrschaftsverhältnissen: *die von Mels auf dem Walde gesessen geben kein Geleite zu Erffurdt vom Eyßen, das sie einbringen […] desgleichen sein auch die von Sula […] Item was die von Mels und Sula aus Erffurdt fuhren, darvon geben sie nichtes, furhen sie es uber den Walt, mussen sie vorgleitn.* (Mels = Mehlis, 1919 mit Zella zu Zella-Mehlis vereinigt, Sula = Suhl). Damit werden die Produktionsstätten auf dem Thüringer Wald eindeutig protektioniert zugunsten der Verbraucher in Thüringen, ein deutlicher Hinweis auf eine sich entwickelnde Wirtschaftsregion. Für Dresden, neben Pirna Eingangstor der osterzgebirgischen Eisenerzeugnisse in die Mark Meißen, nennt eine Zollrolle von 1415[5] Wagen mit Eisen, Sensen und Schwertern. Von den anderen Metallen, die die thüringischsächsische Wirtschaftsregion prägten, ist vor allem Kupfer zu nennen, das im 15. Jahrhundert im Mansfelder Revier gewonnen wurde.[6] Bereits um die Wende vom 12. zum 13. Jahrhundert wurde hier kupferhaltiger Schiefer gefördert, im 14. Jahrhundert war das Kupferflöz in seinem ganzen Ausmaß bekannt, so daß eine umfängliche Förderung möglich war, aber erst zwischen 1450 und 1470 konnte die Produktion von Garkupfer auf jährlich 1000 Gewichtstonnen gesteigert werden. Durch das Saigerverfahren, die neue Technologie zur Trennung von Kupfer und Silber, ergab sich eine Gewinnsteigerung von 66%. In der ersten Hälfte des 16. Jahrhunderts wurden im Mansfelder Revier jährlich bis zu 2000 Gewichtstonnen Kupfer gewonnen. Das

2   Straube, Manfred: Über den Handel mit Eisen und Eisenwaren im thüringisch-sächsischen Raum im 15. und 16. Jahrhundert, in: Opll, Ferdinand (Hrsg.): Stadt und Eisen, Linz, Donau 1992, S. 259–290. Dazu Altmann, Götz: Erzgebirgisches Eisen. Geschichte – Technik – Volkskultur, Dresden 1999.

3   Erfurter Geleitstafel. 1315, abgedruckt in: Quellen zur älteren Wirtschaftsgeschichte Mitteldeutschlands, II. Teil, hrsg. v. Helbig, Herbert, Weimar 1952, Nr. 169, S. 133 f.

4   Ebenda, Nr. 174, S. 145–153.

5   Ebenda, Nr. 172, S. 140–143.

6   Vgl. Mansfelder Land. Werte unserer Heimat Bd. 38, Berlin 1982, bes. S. 27 ff. Außerdem Zur Geschichte des Mansfelder Kupferschieferbergbaus. Bearb. v. Jankowski, Günter. GDMB Clausthal-Zellerfeld 1995.

Eislebener Garkupfer erlangt in jenen 100 Jahren europäische Bedeutung.[7] Entscheidend für die innere Struktur der thüringisch-sächsischen Wirtschaftsregion ist die Tatsache, daß nicht nur das Mansfelder Kupfer innerhalb der Region dem Saigerverfahren unterworfen und dann als Rohkupfer exportiert wurde[8], sondern daß auch nordhessisches und – in großen Quantitäten – selbst ungarisches Kupfer in Thüringen gesaigert wurde. Es muß an dieser Stelle noch nicht im einzelnen dargelegt werden, daß die Konzentration von Kupferverarbeitungsstätten neben dem Bergbau nach Eisen und der Produktion von Eisenwaren in Thüringen und im Mansfelder Revier die wirtschaftliche Infrastruktur auf ein bis dahin unbekanntes und in weiten Teilen Deutschlands noch nach langen folgenden Jahrzehnten nicht erreichtes hohes Niveau brachten. Während der Schmalkaldener Raum als das Ruhrgebiet des 16. Jahrhunderts bezeichnet wurde, haben die mit dem wirtschaftlichen Aufschwung entstehenden gesellschaftlichen und sozialen Widersprüche im Mansfelder Revier seinen größten Sohn, den Reformator Martin Luther, maßgeblich geprägt.

Eine vielleicht noch größere, zumindest bekanntere und in ihren Auswirkungen überragende Funktion für die Ausprägung der thüringisch-sächsischen Wirtschaftsregion hatte der Bergbau im sächsischen Erzgebirge[9], nicht zuletzt auch, weil er die machtpolitische Position der sächsischen Landesherren so weit stärkte, daß die Wettiner zu den einflußreichsten Fürsten Deutschlands aufstiegen und damit auch ihr politischer Spielraum nach innen und außen wesentlich erweitert wurde. Es gehört zu den bemerkenswerten Kennzeichen der sächsischen Landesherren jener Jahrhunderte, daß sie die Zeichen der Zeit erkannten und die wirtschaftliche Entwicklung in vielfacher Form unterstützten. Bereits die ersten Silbererzfunde 1168 und die Gründung und Förderung der Bergstadt Freiberg brachte über die Regalrechte dem meißnischen Markgrafen Otto den Beinamen „der Reiche" ein, und auch in der folgenden Zeit wußten die Wettiner mit dem Bergbau sorgsam umzugehen. So blieben die Bergwerke über alle landesherrlichen Teilungen hinweg gemeinsamer Besitz, einschließlich der Leipziger Teilung von 1485, als die albertinischen und die ernestinischen Linien der Wettiner entstanden.

Als der Freiberger Bergbau in der zweiten Hälfte des 14. Jahrhunderts in eine Krise geriet und im 15. Jahrhundert fast zur Bedeutungslosigkeit herabsank, wurde verstärkt in anderen sächsischen Gebieten nach Silbererz geschürft. Nachrichten über Funde im Schneeberger Revier sind seit dem beginnenden 14. Jahrhundert überliefert, und in den folgenden Jahrzehnten hat der Bergbau immer wieder die Aufmerksamkeit und die Förderung der Kurfürsten gefunden, bis es schließlich 1470 zum ersten großen Fund kam. Es kann hier nicht auf die ande-

---

7 Vgl. Westermann, Ekkehard: Das Eislebener Garkupfer und seine Bedeutung für den europäischen Kupfermarkt 1460–1560, Köln, Wien 1971.

8 Westermann führt die Saigerhütten bzw. Saigerhandelsgesellschaften an von Schleusingen, Hohenkirchen, Schwarza, Gräfenthal, Steinach, Eisfeld, Arnstadt, Ludwigstadt, Hasenthal und die Gesellschaft der Messinghütte zu Neubrunn; ebenda, S. 266–283. Weitere Saigerhütten gab es in Stolberg, Wernigerode, Ilmenau und Katzhütte. Dazu auch Eisenächer, Wolfgang: Der Kupferseigerprozeß und das Mansfelder Kupfer, in: Mansfeld-Museum. Schriftenreihe, NF, Nr. 3, Hettstedt 1998, S. 1–71; außerdem Lange, Peter: Graf Albrecht IV. von Mansfeld, ebenda, S. 72–92.

9 Dazu Laube, Adolf: Studien über den erzgebirgischen Silberbergbau von 1470 bis 1546, Berlin 1974.

ren Reviere im Erzgebirge wie Annaberg und Marienberg eingegangen, sondern zunächst nur auf die geographische Ausdehnung und allgemein auf die Bedeutung des Silbererzbergbaus in der thüringisch-sächsischen Region aufmerksam gemacht werden. Dazu gehört auch die Förderung anderer Erze und die mit ihrer Verarbeitung und ihrem Vertrieb zusammenhängenden Wirtschaftsbereiche.

Ein anderes Bergbauprodukt muß aber ausführlicher erwähnt werden, weil es maßgeblich zur wirtschaftlichen Charakterisierung der Region gehört und zweifellos auch zur wirtschaftlichen Integration beigetragen hat: das Salz. Die thüringisch-sächsische Region hatte den großen Vorteil, daß sie über große Salzvorkommen verfügte und damit anderen weit überlegen war. Die Salinen in Halle, Staßfurt, Frankenhausen, Artern, Salzungen, Aschersleben, Auleben, Altensalz und Großsalza exportierten ihr Salz bis weit nach Franken und Hessen, nach Schlesien und Böhmen, nach Polen und Rußland, vermutlich auch bis an die Ostseeküste.[10] Der ständige Bedarf an Salz als Würz- und Konservierungsmittel sah täglich Hunderte Salztransporte auf allen Haupt- und Nebenstraßen – die „Salzstraßen" sind Legende –, die auf ihren Rückfahrten ausländische Produkte wieder ins Land brachten und so den überregionalen Warenaustausch wesentlich bestimmten. Die Fuhrleute wiederum fanden nicht nur einen sicheren Lebensunterhalt außerhalb der agrarischen Produktion, sie förderten zugleich die Integration durch die Versorgung der einzelnen Landesteile mit Fertigprodukten oder Rohstoffen.

Im Schatten des Bergbaus – zumindest nach der Fachliteratur – steht ein anderer, in seiner Langzeit- und Breitenwirkung vielleicht sogar bedeutsamerer, auf jeden Fall aber ausgedehnterer Wirtschaftszweig der thüringisch-sächsischen Region: die Textilproduktion, d. h. die Herstellung von Wolltuchen und Leinwand. Diese Tuchproduktion bestimmte nicht nur die Wirtschaftskraft zahlreicher Städte von Adorf, Bautzen, Bischofswerda, Chemnitz, Eisfeld, Gera, Glauchau, Görlitz, Großenhain, Kamenz, Leisnig, Löbau, Lobenstein, Meiningen, Meißen, Mittweida, Mühlhausen, Neustadt/Orla, Niemegk, Oschatz, Pirna, Plauen, Pößneck, Schmölln, Stollberg, Werdau, Zeitz, Zittau bis natürlich Zwickau[11], sondern hatte auch vielfache wirtschaftliche Bedeutung für die ganze Region. Gleiches gilt für die Leinenproduktion in Bautzen, Bischofswerda, Burgstädt,Chemnitz,Glauchau, Lobenstein, Meerane, Mittweida, Mühlhausen, Niemegk, Pegau, Penig, Rochlitz, Schmölln, Stollberg, Triptis und anderen Städten und zahlreichen Dörfern.[12] Selbstverständlich wurden auch anderenorts in Deutschland Tuche und Leinwand hergestellt, mit Ausnahme der Bodenseeregion und der Umgegend von Köln und – mit Abstrichen – in Schlesien, aber kaum so eine Region beherrschend wie in

---

10 Straube, Manfred: Zum Handel mit Salz aus thüringisch-sächsischen Salinen, vornehmlich in der ersten Hälfte des 16. Jahrhunderts. Umfang – Organisation – Ausdehnung, in: Jb. für Salzgeschichte. Bd. 1, Schwaz 1993, S. 116–141.

11 Nicht nur für Chemnitz zutreffend Kunze, Arno: Der Frühkapitalismus in Chemnitz, Beiträge zur Heimatgeschichte von Karl-Marx-Stadt, Nr. 7, Karl-Marx-Stadt 1958.

12 Noch immer grundlegend Aubin, Gustav; Kunze, Arno: Leinenerzeugung und Leinenabsatz im östlichen Mitteldeutschland zur Zeit der Zunftkämpfe, Stuttgart 1940. Außerdem Heitz, Gerhard: Ländliche Leinenproduktion in Sachsen (1470–1555), Berlin 1961.

Thüringen und Sachsen. Es geht dabei auch wieder nicht allein um Quantitäten – die sich nach dem gegenwärtigen Forschungsstand auch nicht bestimmen lassen –, sondern um die Bedeutung für die Infrastruktur der Wirtschaftsregion.

Eine besondere Rolle spielt dabei die Herkunft und Erzeugung der Naturrohstoffe: Durch den hohen Bedarf an guter Wolle, die nach Verarbeitung auch mit ausländischen Tuchen konkurrieren konnte, erreichte die Schafzucht einen außerordentlich hohen Stand und die Aufmerksamkeit der Landesherrschaft. Wir kennen Angaben über den Viehbestand der fürstlichen Schäfereien, über Aufzucht und Wollproduktion und vor allem über die Preise und über den Verkauf in die Tuchstädte. Was wir noch nicht im einzelnen wissen, ist, welche Qualität die Wolle besaß. Da sie aber nachweislich in westliche Produktionszentren exportiert wurde, muß diese Wolle dort konkurrenzfähig gewesen sein. Vorrangig waren aber die wirtschaftlichen Beziehungen innerhalb der thüringisch-sächsischen Region, zwischen Produktionsgebieten der Rohstoffe und den Produktionszentren der Tuche. Beide waren aufeinander angewiesen und beide haben sich zu hoher Qualität und Quantität gefördert. Thüringische und sächsische Tuche waren ein bekanntes und wichtiges Wirtschafts- und Handelsgut und bestimmten – neben englischen und flandrischen Tuchen – auch den Tuchhandel auf den großen Märkten.

Gleiches gilt auch für die Leinenproduktion, die, um konkurrenzfähig zu sein, auf hochwertigen Flachs als Rohstoff angewiesen war und somit auch an die agrarische Produktion höchste Anforderungen stellen mußte. Daß sächsisches oder thüringisches Leinen ein wichtiges Exportgut wurde, zeigt, daß die einheimische Landwirtschaft dieser Aufgabe nachgekommen ist.

Besonders bedeutsam und förderlich für die Herausbildung einer thüringisch-sächsischen Wirtschaftsregion unter den genannten Gesichtspunkten und der Integration von Handwerk, Handel und Landwirtschaft war die Produktion von Waid, dem wichtigsten Färbemittel jener Zeit in Mitteleuropa, im sog. Erfurter Becken mit den 5 thüringischen Waidstädten Erfurt, Gotha, Langensalza, Tennstädt und Arnstadt. Der Waid, eine gelb blühende Pflanze, deren Blätter nach vielfältigen arbeitsaufwendigen Behandlungen blauen Farbstoff lieferten, brachte den Bauern im Anbaugebiet nicht nur einen sonst nicht üblichen Wohlstand, sondern durch den Export in alle angrenzenden Länder der gesamten Region erhebliche Vorteile gegenüber anderen Tuchproduktionszentren, die auf den wichtigen Rohstoff Farbe angewiesen waren. Die Nähe zur Waidproduktion sicherte der Tuchproduktion in der heimischen Region darüberhinaus den unmittelbaren Zugriff auf diesen wichtigen Farbstoff.

Mit dem Bergbau und der Textilproduktion sind jene zwei Wirtschaftszweige genannt, die bestimmend waren für die Herausbildung einer thüringisch-sächsischen Wirtschaftsregion. Dabei gab es selbstverständlich auch in anderen Teilen Europas Bergbau und Textilproduktion (die übrigens überall zum wirtschaftlichen Aufschwung beitrugen), aber nirgends in dieser kompakten Konzentration wie hier und nirgends so folgenreich für die wirtschaftliche Integration der Territorien. Die dargestellten Produktionen haben sich ja nicht isoliert entwickelt, sondern waren abhängig von Bedingungen und Möglichkeiten in anderen Wirtschaftsbereichen, die wiederum eine neue Qualität erreichten und von sich aus zur Integration beitrugen.

Einige Beispiele mögen diese Thesen beweisen.

Nachdem man 1470 auf dem Schneeberg fündig wurde, kam es in wenigen Jahren zu einer ungeahnten Ausbeute, aber auch zu einer Konzentration von Menschen, die alle bisherigen Vorstellungen jener Zeit in den Schatten stellte: Zwischen 1300 und 1550 stieg die Bevölkerung im Raum Annaberg um 196,8%, im Raum Marienberg um 131,4% und im Raum Schwarzenberg um 112,7% bei einem durchschnittlichen Wachstum der Bevölkerung in Sachsen um 40%.[13] Aus provisorischen Ansiedlungen nach dem ersten „Berggeschrei" entstanden innerhalb kurzer Zeit bedeutende Städte. Schneeberg, 1481 mit dem Stadtrecht begabt, hatte 1499 bereits 600 Häuser, Annaberg, wo 1497 mit dem Häuserbau begonnen wurde, hatte 1499 500 Häuser und 1501 etwa 3000 Einwohner, 1509 sollen es über 8000 gewesen sein. Marienberg erhielt 1525 Stadtrecht und am Ende der 30er Jahre zählte man etwa 500 Häuser. Diese drei Orte – nicht langsam gewachsen, sondern aus „wilder Wurzel" entstanden –, stehen für viele andere. Nach einer nur allgemein möglichen Schätzung lebten am Ende des 15. und zu Beginn des 16. Jahrhunderts etwa 50 000–70 000 Menschen im Erzgebirge. Das Besondere an dieser Bevölkerung besteht einmal darin, daß sie weitgehend persönlich frei war – auch ein Kennzeichen der Region –, und zum anderen, daß sie überwiegend losgelöst war von agrarischer Produktion und demzufolge grundsätzlich und in allen Teilen angewiesen war auf die Zulieferung von Nahrungsmitteln aller Art.

Die Aufgabe der Versorgung bewältigt zu haben gehört unbedingt zu den großartigsten Leistungen der Landwirtschaft Thüringens und Sachsens und des Warentransports am ausgehenden 15. und im 16. Jahrhundert. Die Untersuchungen, wie es möglich war, in einem so großen und heute kaum vorstellbaren Umfang die Versorgung in so kurzer Frist zu sichern, stehen erst am Anfang, wobei offenbleiben muß, ob es überhaupt ins einzelne gehende Antworten geben wird; vermutlich kann die Produktion von Getreide nur durch eine Intensivierung der Landwirtschaft erreicht worden sein – möglicherweise auf Kosten der einheimischen Viehzucht –, was wiederum auch eine Verbesserung und intensivere Benutzung der landwirtschaftlichen Werkzeuge voraussetzt, angefangen von eisernen Pflügen über eiserne Eggen bis hin zu Sensen und Sicheln, wobei sich der Bogen zur Eisengeräteproduktion wieder schließt. Da das Getreide für das Erzgebirge, das Mansfelder Revier und die Bergbaugebiete in Thüringen ausschließlich aus Thüringen und Sachsen kam – Importe waren nicht möglich und Exporte waren deshalb landesherrlich verboten –, wurden natürlich auch die Verflechtungen der einzelnen Landesteile intensiver, unabhängig von den jeweiligen politischen Gegebenheiten.

Der Erzbergbau machte aber nicht nur eine Versorgung mit Getreide notwendig, sondern auch mit allen anderen Nahrungsgütern wie Fleisch und Fisch, Bier und Wein; herdenweise wurden Rinder, Schweine und Schafe in die Bevölkerungszentren getrieben, umfangreiche Transporte von lebenden oder getrockneten und gesalzenen Fischen sind nachzuweisen,

---

13 Vgl. Straube, Manfred: Notwendigkeiten, Umfang und Herkunft von Nahrungsmittellieferungen in das sächsische Erzgebirge zu Beginn des 16. Jahrhunderts, in: Bergbaureviere als Verbrauchszentrum, VSWG-Beiheft 130, Stuttgart 1997, S. 203–220. Die Zahlen nach Blaschke, Karlheinz: Bevölkerungsgeschichte von Sachsen bis zur industriellen Revolution, Weimar 1967, S. 79 und S. 138 ff.

Honig mußte ebenso angeliefert werden wie andere Gewürze und vor allem Salz. Aber auch alle anderen gewerblichen Produkte jener Zeit, wie etwa eiserne Werkzeuge und sonstige Metaller-zeugnisse, Textilien (Arbeitskleidung, Haushaltstextilien), Lederwaren (Schuhe, Arbeitsklei-dung), Wachs und Unschlitt für Beleuchtungen in den Haushalten und an den Arbeitsplätzen, im Grunde alles, was die Lebens- und Arbeitsverhältnisse jener Zeit erforderten, mußte ange-liefert werden. Nachweislich handelte es sich – mit Ausnahme von Seefischen, Rinderherden und Wachs – fast ausschließlich um Produkte aus der thüringisch-sächsischen Region, erga-ben sich aus diesem Bedingungsgefüge nicht nur immer engere wirtschaftliche Kooperations-verbindungen – aus dem Erzgebirge wurde z. B. das für die Salzsiedung in Halle notwendige Holz geliefert –, sondern durch die ständig steigende und weitgehend kontinuierliche Markt-produktion auch eine Besserung der sozialen Lebensverhältnisse der Produzenten.

Wenn auch die Anforderungen an die Versorgungswirtschaft durch die rasche Entwicklung im Bergbau besonders extrem waren, so treffen sie im Grunde auch für die Textilproduktion zu, nur daß sie nicht so explosionsartig anwuchsen, sondern sich langsam steigerten und sich vor allem auf die gesamte thüringisch-sächsische Region verteilten, wie die bereits genannten Städte deutlich machen. Mit der Konzentration von Textilarbeitern – und es sind nicht nur die, die am Endprodukt arbeiten – veränderte sich auch die Wirtschafts- und Sozialstruktur der städtischen Siedlungen, wurden aus Ackerbürgerstädten Gewerbestädte, deren Bevöl-kerung sich nicht mehr durch eigene Agrarprodukte ernähren konnte. Auch hier mußten Grundnahrungsgüter eingeführt werden. Auf die Veränderung ländlicher Verhältnisse durch die ländliche Leinenproduktion kann hier nur verwiesen werden.

Um den Bogen spannen zu können zu den großen Märkten und Messen, dem dritten großen Bereich, den ich für entscheidend halte für die Herausbildung der wirtschaftlichen Grundlagen der thüringisch-sächsischen Region, soll die Aufmerksamkeit auf das Transport-wesen gelenkt werden, ein Gewerbe, das in den historischen Betrachtungen bisher weitgehend unbeachtet geblieben ist. Es mag zunächst wenig einleuchtend sein, unter der vorgegebenen Themenstellung darauf einzugehen, aber ohne Fuhrleute, ohne Pferde und Wagen wäre die wirtschaftliche Entwicklung im Bergbau, in der Textilproduktion und in allen anderen Wirt-schaftsbereichen nicht möglich gewesen. Bisher ist kaum nachgefragt worden, woher denn die Fuhrleute mit Pferd und Wagen kamen, wie groß ihre Zahl war, unter welchen Bedingun-gen der erforderliche, aber in seiner Quantität und Qualität weitgehend unbekannte Waren-transport erfolgte usw. Inzwischen ist bekannt, daß es sich vorwiegend um Bauern handelte, die in Dörfern entlang der wichtigsten Handelsstraßen oder in wirtschaftlich exponierten Landesteilen wohnten, die zu Hunderten den Warentransport mit Tausenden Pferden bewäl-tigten. Betrieben sie anfänglich das Fuhrwesen als Nebenbeschäftigung, so wurde es unter dem Druck der Anforderungen und den Möglichkeiten zu einem höheren Einkommen bald zu einem selbständigen Gewerbe.[14] Verbunden damit war oftmals auch die Pferdezucht, ein

---

14 Vgl. dazu die auch den thüringischen Raum tangierende Würzburger Phil. Diss. von Moser, Peter: Mittel- und Nordwesteuropäischer Landtransport. Die Frammersbacher Fuhrleute und ihr Beitrag zur Transportge-schichte (15.-19. Jahrhundert), o. O. 1991.

Gebiet, über das die Forschung bisher keine konkreten Ergebnisse vorgelegt hat.[15] Auch wenn dieser Teilbereich sich noch in einer Grauzone unserer Kenntnisse befindet, so steht fest, daß sich durch das Fuhrwesen auch die Sozialstruktur zahlreicher Dörfer verändert hat mit gravierenden Auswirkungen auf die gesamte Region. Weitgehend frei von feudalen Zwängen konnte sich hier ein selbständiges Gewerbe entwickeln, das erst in der zweiten Hälfte des 19. Jahrhunderts durch Entwicklung der Eisenbahn in eine entscheidende Krise geriet.

Der dritte große Bereich, der die Grundlage für die Herausbildung der thüringisch-sächsischen Wirtschaftsregion schuf, waren die großen Märkte und späteren Messen. Dabei ist selbstverständlich, daß es bei der skizzierten hohen Marktproduktion von Landwirtschaft und Gewerbe auch die Möglichkeit gegeben haben muß, die Produkte nicht nur unmittelbar bei den Produzenten umzusetzen, sondern sie auf einem regionalen oder gar überregionalen Markt anzubieten, um dafür Rohstoffe oder andere Güter eintauschen oder erwerben zu können. Es muß an dieser Stelle sicher nicht auf die allgemeinen Marktmechanismen eingegangen werden. Entscheidend ist allerdings, wie sich die thüringisch-sächsische Region in den überregionalen Warenaustausch eingebracht und wie sie ihn letztlich für Mitteleuropa mit bestimmt hat.[16]

An dieser Stelle soll zunächst die Rolle der wettinischen Landesherren erwähnt werden, die, die ganze Region politisch beherrschend, die politischen und juristischen Rahmenbedingungen für ein Handelszentrum in Leipzig und einen gesicherten Warenaustausch schufen. Ausdruck dafür sind nicht nur die verschiedenen Privilegien für Leipzig, sondern auch die Sicherung der Handelsstraßen, der Auf- und Ausbau einer Verkehrsstruktur mit Straßen, Brücken, Flößen usw., die Verträge mit den politisch Mächtigen in den Nachbarstaaten und auch der Freiraum, der den Kaufleuten und Händlern eingeräumt wurde.

Es spricht für den hohen wirtschaftlichen Standard der thüringisch-sächsischen Region über Jahrhunderte hinweg, daß nicht nur Leipzig mit seinen drei großen Märkten florierte – wobei entgegen allen landläufigen Vorstellungen der 1458 errichtete Neujahrsmarkt eine herausragende Stellung einnahm –, sondern sich auch Erfurt und Halle zu Wirtschafts- und Handelszentren herausbildeten und sogar die Bischofsstadt Naumburg bis weit in das 19. Jahrhundert hinein eine stark frequentierte überregionale Messe besaß. Es gibt keine Region in ganz Europa, in der innerhalb eines so geringen Umkreises jährlich vier große Märkte mit überregionaler Bedeutung abgehalten werden konnten und für die offensichtlich ein Bedarf auch für den Verkauf einheimischer Produkte bestand. Es ist die Zeit, in der Leipzigs große Märkte zu ihrem ersten Höhenflug ansetzten und begannen, zum führenden Handelsplatz Deutschlands und Mitteleuropas zu werden. Ein Ausdruck dafür ist die zweimalige Privilegie-

---

15 Als Beispiel bäuerlicher Pferdezucht im Amt Wittenberg vgl. Straube, Manfred: Zur wirtschaftlichen Stellung Wittenbergs in der ersten Hälfte des 16. Jahrhunderts, in: Jb. f. Regionalgeschichte, Bd. X, Weimar 1983, S. 49–69.

16 Straube, Manfred: Die Stellung Mitteldeutschlands im europäischen Handelsverkehr zu Beginn der Neuzeit, in: Europa in der Frühen Neuzeit. Festschrift für Günter Mühlpfordt. Bd. 1: Vormoderne, hrsg. v. Erich Donnert, Weimar, Köln, Wien 1997, S. 99–117.

rung dieser Märkte mit erweiterten Qualitäten durch Maximilian I. 1497 und 1507, d. h. innerhalb von nur 10 Jahren. Auch dafür gibt es international keine Vergleiche.[17]

Auch wenn es fast überflüssig erscheint, soll an dieser Stelle nochmals darauf hingewiesen werden, daß der Warenaustausch nicht nur unmittelbare Auswirkungen auf die genannten Städte hatte, sondern daß die gesamte Region einbezogen war, angefangen von Produzenten und Konsumenten in allen Städten und Dörfern über Fuhrleute und „Dienstleistungsgewerbe" wie Schmiede, Stellmacher, Sattler und natürlich Gastwirte, und daß durch die eigene Marktproduktion auch eher die Möglichkeit gegeben war, die eigene Kaufkraft zu stärken und das vielfältige Warenangebot für sich zu nutzen. Ein besonders sichtbares Zeichen für die wirtschaftliche Integration ist neben der hohen Dichte der städtischen Siedlungen auch das enge Straßennetz in Mitteldeutschland, zu dem es kaum Vergleichbares in anderen Wirtschaftsregionen gibt und das die Zusammengehörigkeit der Bevölkerung und vielleicht auch der Herrschaftsgebiete förderte.

Ein weiterer Aspekt verdient ebenfalls Aufmerksamkeit: Die hohe wirtschaftliche Integration mit allen ihren Anforderungen hat natürlich auch einen hohen allgemeinen Bildungsstand der Bevölkerung notwendig gemacht. Je mehr in die Marktproduktion und in den Warenaustausch eingebunden waren, um so notwendiger waren Kenntnisse im Lesen, Schreiben und Rechnen, um den schriftlichen Anweisungen folgen und Vorteile gewinnen zu können. Es ist sicher verständlich, daß dieser Bildungsstand unter wirtschaftsgeschichtlichen Aspekten im einzelnen nicht meßbar ist, sondern daß nur logische Überlegungen möglich sind. Immerhin spricht der hohe Stand der Buchdruckerkunst mit den hohen Buchauflagen und die schnelle Verbreitung reformatorischer Ideen für die umfassende Fähigkeit, nicht nur zu lesen, sondern auch zu verstehen. Nicht zuletzt ist auf Adam Ries zu verweisen, dessen *Rechenkünste* von Sachsen aus ihren Siegeszug durch ganz Deutschland antraten, angefangen von der *Rechnung auff der linihen …,* einem Lehrbuch zum Rechnen mit römischen Zahlen, bis hin zur *Coß,* in der algebraische Rechnungen beschrieben wurden.

Aus den bisher angeführten Sachverhalten ergibt sich, daß die thüringisch-sächsische Region eine wirtschaftlich hochentwickelte, die einzelnen wirtschaftlichen Bereiche integrierende Region war mit einem außerordentlich hohen Anteil der Bevölkerung an der Marktproduktion bzw. entsprechenden Dienstleistungen und maßgeblich den überregionalen Warenaustausch in Deutschland und Mitteleuropa mitbestimmte. Diese Position konnte nur erreicht, gehalten und ausgebaut werden, wenn sich die wirtschaftlichen Grundlagen den modernsten Anforderungen der Zeit stellten oder sie bestimmten. Im konkreten handelt es sich dabei um die Anfänge bürgerlich-kapitalistischer Produktionsverhältnisse, wie sie sich sowohl im Bergbau als auch in der Textilproduktion nachweisen lassen. Der feudale Staat besaß oder schuf dazu noch ausreichend Spielraum, was zugleich bedeutet, daß in Thüringen und Sachsen die feudalstaatlichen Grenzen keine wesentlich hemmende Rolle spielten.

---

17 Straube, Manfred: Wir Maximilian von Gottes Gnaden … Über die Bedeutung des Messeprivilegs Maximilians I. von 1497, in: Leipzig. Stadt der wa(h)ren Wunder. 500 Jahre Reichsmesseprivileg. Veröffentlichungen des Stadtgeschichtlichen Museums Leipzig, hrsg. v. Volker Rodekamp, Leipzig 1997, S. 17–20; ders.: Europäische Handelswaren auf dem Wege von und zu den Leipziger Märkten um 1500, in: ebenda, S. 21–30.

Von besonderem Vorteil für die skizzierte Entwicklung war, daß die Voraussetzungen, Bedingungen und Möglichkeiten, wie sie Sachsen und Thüringen besaßen und nutzten, in dem damaligen, wirtschaftlich sehr ungleich entwickelten Deutschland und Mitteleuropa zu den Ausnahmen gehörten. Weite Landesteile blieben aus unterschiedlichen Gründen von der frühen kapitalistischen Entwicklung und von der aktiven Marktproduktion unberührt oder konnten ihr nicht folgen. Während z. B. die thüringisch-sächsische Region auch im 16. Jahrhundert weiteren wirtschaftlichen Aufschwung nahm – ein Maßstab ist der Höhenflug der Messen –, stagnierten andere Regionen wie z. B. das wendische Quartier der Hanse oder Brandenburg, und blieben für immer und immer weiter zurück, so daß der Vorsprung hier nicht nur gehalten, sondern ausgebaut werden konnte.

Offensichtlich haben die wirtschaftlichen Bedingungen auch die Innovationen der Bevölkerung vorteilhaft beeinflußt, denn auch in Notzeiten und Wirtschaftskrisen wurden in Thüringen und Sachsen Auswege gefunden, sich wirtschaftlich relativ schnell wieder zu sanieren, selbst wenn Kriege und Seuchen immer wieder Rückschläge brachten. Beispielhaft können hier der Nordische Krieg – dessen erster Friedensschluß 1706 in Altranstädt (westlich Leipzigs) Kurfürst Friedrich August I. zeitweilig die polnische Königskrone kostete – und die sog. Schlesischen Kriege genannt werden, die 1763 mit dem Frieden von Hubertusburg – östlich Leipzigs – beendet wurden und der die sächsisch-thüringische Region endgültig in die Mitte Deutschlands brachte. Trotz hoher Kriegsschäden und Kontributionen konnten danach in wenigen Jahrzehnten die immer stärker werdenden Elemente kapitalistischer Produktionsverhältnisse sich durchsetzen und die Kriegsschäden überwinden. Selbst der Massenexodus in der Völkerschlacht in und um Leipzig 1813 hat diese Entwicklung nicht aufhalten können. Im Gegenteil: Sachsen wird mit Thüringen in ganz Deutschland zum Vorreiter neuer Produktionsverhältnisse, zu einem entscheidenden Zentrum der Maschinenindustrie, der Textilproduktion (mit Textilmaschinenbau), und es ist gewiß kein Zufall, wenn in der thüringisch-sächsischen Wirtschaftsregion die ersten konkreten Vorstellungen zu den Plänen Friedrich Lists entwickelt und umgesetzt wurden: Bereits 1829 legte Mathäus Ludwig Wucherer, hallescher Stadtrat und späterer 1. Handelskammerpräsident Halles, eine Denkschrift vor, „den Bau einer Eisenbahn Leipzig–Halle–Magdeburg betreffend", und im November 1833 überreichten 316 „der angesehensten Personen und Handelshäuser Leipzigs" dem Regierungskommissar in Leipzig eine „Petition" zum Bau einer Eisenbahn. Dieser „Petition" folgte schon im Mai 1835 die Konzession für den Eisenbahnbau auf der Strecke Leipzig-Dresden durch die sächsische Regierung, am 1. März 1836 begann der Bau dieser Strecke, und am 24. April 1837 wurde der erste Teilabschnitt von 9 km eröffnet. (Die Strecke war damit um fast 3 km länger als die erste Eisenbahnverbindung zwischen Nürnberg und Fürth 1835 mit 6,1 km). Nur 2 Jahre später war die Gesamtstrecke vollendet, und am 7. April 1839 konnte der erste Zug die erste deutsche Ferneisenbahnstrecke befahren, zweifellos ein markanter Ausdruck wirtschaftspolitischer Weitsicht in dieser Region, zumal schon am 18. August 1840 der erste Personenzug von Leipzig nach Magdeburg über Halle fahren konnte und nur 6 Wochen später (am 1. November) der Güterzugverkehr auf der gesamten Strecke aufgenommen wurde.

Innerhalb weniger Jahre entstand im thüringisch-sächsischen Raum das dichteste Eisenbahnnetz Deutschlands – bis 1840 mit 289 km – mit weitreichenden wirtschaftlichen und politischen Folgen. Wenn auch entsprechende Studien noch fehlen, so dürfte doch unbestritten sein, daß die neuen Verkehrs- und Transportmöglichkeiten nicht nur wesentlich zur weiteren Stärkung der Wirtschaftsregion und zur Integration der verschiedenen Landesteile beitrugen, sondern eigentlich die Voraussetzungen schufen für das neue industrielle Zeitalter, das mit Kohle und Chemie bis in die Gegenwart hinein den mitteldeutschen Raum prägte und zugleich abgrenzte.

Erst als seit 1857 direkte Eisenbahnverbindungen zwischen den Braunkohlengruben im Raum Bitterfeld und den entstehenden Industrie- und Bevölkerungszentren hergestellt wurden, wurde die Kohleförderung effektiv. Zunächst konnten die Zuckerfabriken beliefert werden – was wiederum den Anbau von Zückerrüben stimulierte –, ab 1863 war es möglich, Berlin und Leipzig mit Bitterfelder Kohle zu versorgen. Als 1871 die Brikettierung der Braunkohle gelang und damit auch eine wesentliche Minderung des Transportvolumens und der Transportkosten, kauften Berliner Händler gleich die Jahresproduktionen ganzer Gruben.[18]

Die schier unerschöpflichen Bodenschätze führten schließlich zur Ansiedlung chemischer Industrie, die die Braunkohle für ihre eigene Produktion verarbeitete. 1893/94 wurde durch die AEG ein Werk zur Herstellung von Chlorkalk und Soda aufgebaut, 1895 folgte die Aktiengesellschaft für Anilinfarben (AGFA), und schließlich brauchte auch das Salzbergwerk Neu-Staßfurt Braunkohle. Hier hatte 1852 offiziell der Steinsalzbergbau begonnen, dem 1860 der große Durchbruch gelang, als der Chemiker Adolph Frank Mittel und Wege fand, aus den Staßfurter Abraumsalzen Düngemittel herzustellen. Daneben gab es noch vielfältige andere Wechselbeziehungen zwischen der Industrie, dem Verkehr und dem Handel bis hin zur Einführung der Muster-Messe nach 1871, wodurch Leipzig wohl den Titel als Mutter aller Messen erwarb.

Es kann unter den gegebenen Voraussetzungen und der Zielstellung des Beitrages nicht die Aufgabe sein, die wirtschaftlichen Merkmale und Positionen im thüringisch-sächsischen Raum im einzelnen bis in die Gegenwart nachzuzeichnen, zumal es nach m. M. im Grunde vor allem um eine Bewahrung, Vervollkommnung, Modernisierung und um den Ausbau und die Abgrenzung der in früheren Jahrhunderten geschaffenen Wirtschaftsregion gegangen ist, die in allen Zeiten bestimmt war von der überregionalen Marktproduktion und dem überregionalen Warenaustausch. Diese Vorteile und diese Position gingen nach 1945 verloren, als die wirtschaftlichen Bindungen und Verbindungen vor allem zu den westlichen Wirtschaftsregionen abbrachen. Welche Wirtschaftskraft dennoch erhalten blieb, zeigt die Tatsache, daß die Wirtschaftskraft der DDR vor allem auf der Industrie in der mitteldeutschen Wirtschaftsregion basierte und damit selbst im RGW (Rat für Gegenseitige Wirtschaftshilfe – COMECON) eine maßgebliche Rolle spielen konnte.

---

18 Vgl. Chronik des Braunkohlenbergbaus im Revier Bitterfeld. Hrsg. v. Bitterfelder Bergleute e. V., Bitterfeld 1998.

Auch wenn durch den Zusammenbruch der sozialistischen Volkswirtschaften die östlichen Märkte wegbrachen, durch die überlegene westdeutsche Industrie die mitteldeutschen Produktionsstätten von vornherein auf der Verliererstraße standen, stehen Thüringen und Sachsen unter den sog. neuen Bundesländern an der Spitze der Industrieproduktion, bilden wieder eine Art progressive Wirtschaftsregion, allerdings auf einem sehr niedrigen Ausgangsniveau. Auch hier darf die Leipziger Messe als Beispiel herangezogen werden! Dagegen hat Sachsen-Anhalt besonders unter dem Niedergang der chemischen Industrie und der Braunkohleförderung und -verarbeitung zu leiden.

Wenn auf die vorgegebenen Fragen und Aspekte unter wirtschaftsgeschichtlichen Gesichtspunkten geantwortet werden soll, dann ergibt sich:

– Die thüringisch-sächsische Region, das Kerngebiet des späteren Mitteldeutschland, hat eine reale historische Substanz. Allerdings kann in diese Region und auch nicht in Mitteldeutschland der nördliche Teil des Bundeslandes Sachsen-Anhalt einbezogen werden. Die Altmark und das nördliche Gebiet des ehemaligen Erzbistums Magdeburg haben eine eigene historische Entwicklung. Diese Feststellung gilt für alle weiteren Fragen und Antworten.

– Es entspricht nicht der historischen Realität, daß sich wirtschaftliche Integrationstendenzen erst im 19. Jahrhundert erkennen lassen sollen. Eine wirtschaftliche Integration entwickelt sich bereits zu Beginn eines thüringisch-sächsischen und späteren mitteldeutschen Wirtschaftsraums, in den einzelnen Jahrhunderten selbstverständlich mit unterschiedlicher Intensität und Qualität.

– Die heutige mitteldeutsche Länderstruktur kann durch die innere politische Struktur des Bundeslandes Sachsen-Anhalt nur als ein zu überwindendes Zufallsprodukt angesehen werden, das durch eine neue Länderstruktur mit den Freistaaten Thüringen und Sachsen und dem Südteil des Landes Sachsen-Anhalt (ehem. preuß. Regierungsbezirk Merseburg) ersetzt werden sollte.

Alle anderen Fragen oder Aspekte ergeben sich aus dem Text oder können unter wirtschaftsgeschichtlichen Gesichtspunkten nicht zuverlässig beantwortet werden.

Michael Simon

Der Begriff „Mitteldeutschland" aus volkskundlicher Sicht

Nähert man sich dem Thema und dem Begriff „Mitteldeutschland" aus volkskundlicher Perspektive, muß man in das 19. Jahrhundert zurückblicken und an Wilhelm Heinrich Riehl und seine sechs „Thesen zur deutschen Landes- und Volkskunde" erinnern.[1] Riehls Arbeiten können bis heute als ein früher und diskutabler Versuch angesehen werden, auf der Grundlage empirischer Daten ein Konzept zur kulturräumlichen Gliederung Mitteleuropas zu entwickeln, das gleichzeitig eine umfassende Charakterisierung des mitteldeutschen Raumes beinhaltet.[2] Historisch datieren seine Überlegungen aus den Jahren zwischen der bürgerlichen Revolution von 1848/49 und der Reichsgründung von 1871. Politisch fügen sie sich ein in sein großes Unternehmen, die „Naturgeschichte des Volkes auf der Grundlage einer deutschen Sozialpolitik" zu schreiben.[3]

Riehls Ansatz ist dadurch gekennzeichnet, daß es ihm nicht um einzelne, zufällig ermittelte Differenzen zwischen den regionalen Kulturstilen Mitteleuropas geht, sondern um eine wesensmäßige Unterscheidung des angesprochenen Raumes. Einsichten aus so verschiedenen Bereichen wie der Geographie, Wirtschaft, Geschichte und Sozialstatistik dienen ihm als Grundlage. Sie vermitteln ihm das Bild eines dreigeteilten Deutschlands. Im einzelnen unterscheidet er 1. das norddeutsche Tiefland, 2. das deutsche Mittelgebirge und 3. das gebirgige Oberdeutschland.

Als maßgeblich für die gesamte kulturelle Entwicklung des angesprochenen Raumes sieht Riehl Mitteldeutschland an (S. 125), das er als großes Dreieck zwischen Schlesien, Bodensee

---

1 Riehl, Wilhelm Heinrich: Land und Leute (Die Naturgeschichte des Volkes als Grundlage einer deutschen Social-Politik 1), Stuttgart 1867 (6. Aufl.).

2 Vgl. Wiegelmann, Günter: Nord-Süd-Unterschiede in den kulturräumlichen Gliederungen seit Wilhelm Heinrich Riehl, in: Wiegelmann, Günter: Theoretische Konzepte der Europäischen Ethnologie. Diskussionen um Regeln und Modelle (Grundlagen der Europäischen Ethnologie 1), Münster 1990, S. 193–212. Die wissenschaftsgeschichtliche Bedeutung von Wilhelm Heinrich Riehl ist in der Volkskunde heftig umstritten und wird seit Jahrzehnten kontrovers diskutiert, vgl. den zusammenfassenden Überblick von Zinnecker, Andrea: Romantik, Rock und Kamisol. Volkskunde auf dem Weg ins Dritte Reich – die Riehl-Rezeption (Internationale Hochschulschriften 192), [Diss. Augsburg], Münster, New York 1996, S. 15 ff.

3 Der Gedanke, daß Riehl mit dem von ihm entworfenen Konzept einer kulturräumlichen Gliederung Deutschlands nicht zuletzt dessen politische Einigung verfolgte, ist so offensichtlich, daß er hier nicht weiter kommentiert zu werden braucht (vgl. A. Zinnecker [wie Anm. 2], S. 37). Der zweite Gedanke, daß Riehl seine Thesen vor allem dem bayerischen König Max II. zuliebe verfaßte, der weniger aus ethnographischen als aus dynastischen Gründen ein Verfechter des Triasgedankens war und Riehl nach München berufen sollte, scheint mir für die Diskussion allerdings auch nicht mehr als eine Randnotiz wert zu sein; vgl. Voigt, Günther: Zur weltanschaulichen Entwicklung Wilhelm Heinrich Riehls, in: Deutsches Jahrbuch für Volkskunde 4 (1958), S. 288–300, hier S. 292; Weber-Kellermann, Ingeborg: Deutsche Volkskunde zwischen Germanistik und Sozialwissenschaften, Stuttgart 1969, S. 32.

und der preußisch-belgischen Grenze bei Aachen definiert (S. 128). Dieses Gebiet, dessen genaue Grenzen er freilich unbestimmt läßt (S. 128), zeichne sich vor allem durch das Fehlen gemeinsamer Merkmale aus.[4] Im Unterschied zu den nord- und süddeutschen Landesteilen, die eine große Einförmigkeit und eine starke Zentralisierung der Landschaft und des Volksle-

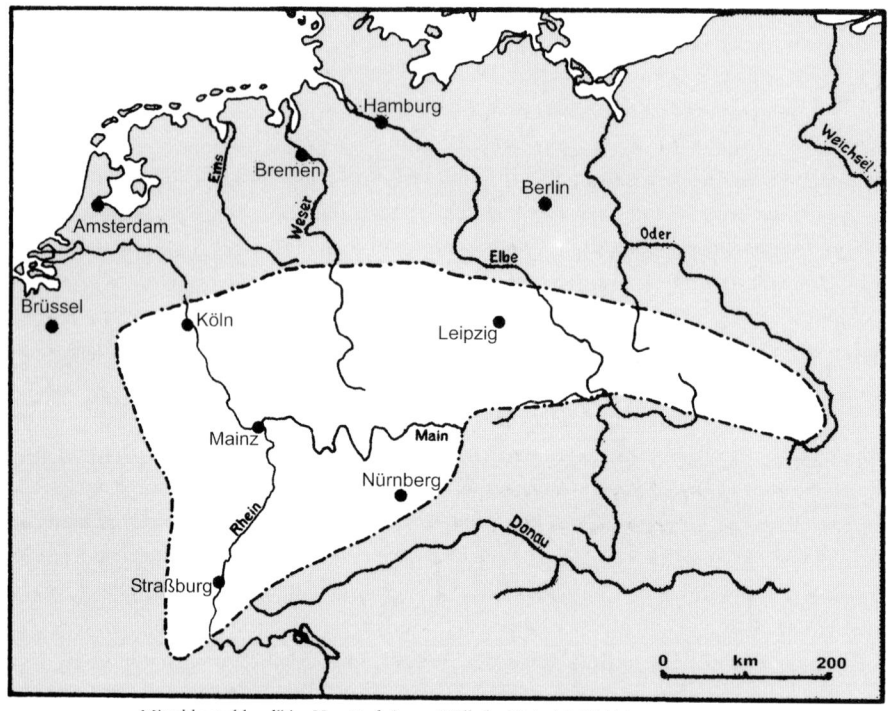

„Mitteldeutschland" im Verständnis von Wilhelm Heinrich Riehl (entnommen aus: G. Wiegelmann [wie Anm. 2], S. 196, nach W. König [wie Anm. 4], S. 120)

bens aufweisen, sei Mitteldeutschland weitgehend zersplittert und individualisiert. Auch eine eigene Identität hätte sich unter diesen Bedingungen in der Bevölkerung nicht ausgebildet. Vielmehr gehe es den meisten wie den Geographen, die nicht wissen würden, ob sie Mitteldeutschland zum Norden oder Süden rechnen sollen.

„Denn Mitteldeutschland ist der Uebergangspunkt, wo die bestimmten leicht greifbaren Gegensätze des deutschen Wesens zusammenstoßen, sich kreuzen, verwischen und aufheben. Es läßt sich leichter bestimmen nach dem was es nicht ist, als nach dem was es ist. Es ist in dieser Beziehung vergleichbar dem ‚vierten Stande' in der bürgerlichen Gesellschaft, der thatsächlich vorhanden, aber noch nicht abgeschlossen ist, dessen flüssiges Wesen die scharfe Grenze des Begriffes flieht, der im Einzelnen nur die Elemente der modernen Stände in sich enthält, als Ganzes aber doch neu und eigenartig erscheint" (S. 143).

---

4 Eine kartographische Darstellung zu Riehls geographischem Begriff von Mitteldeutschland bietet König, Werner: dtv-Atlas zur deutschen Sprache, München 1978, S. 120.

Mit großer sprachlicher Eleganz konstruiert Riehl ein facettenreiches Bild vom individualisierten Mitteldeutschland, das nicht ohne aufschlußreiche Einblicke in die aktuellen Zustände seiner Zeit bleibt. Insbesondere gelingt es ihm, die verschiedenen Voraussetzungen für die beispiellose industrielle Entwicklung aufzuzeigen, die im 19. Jahrhundert den breiten Gürtel von der Saar über die Ruhr bis nach Thüringen, Sachsen und Schlesien erfaßte und diesen Landschaften ein gänzlich neues kulturelles Gepräge verlieh.

Für Riehl, der diese Vorgänge sozusagen in nascendi beobachten konnte, waren sie freilich keine kulturellen Neuschöpfungen, sondern erschienen ihm aufgrund seines „socialpolitischen Conservatismus" (S. V) als Auflösungs- und Zersplitterungsprozesse. Treffend umschreibt er sie mit dem Begriff der Individualisierung, den er allerdings insofern einengt, als er darunter „eben nicht eine besonders neumodische Sitte und Art [versteht], sondern jene bunte Musterkarte des Volkslebens auf engem Raum, in welcher – grundverschieden vom Norden und Süden – überall Neues und Altes, Fremdes und Eigenes, Gutes und Schlimmes sich kreuzt und entgegensteht. Darum findet man allerdings norddeutsche und süddeutsche Elemente ganz bestimmt, ja hier und da in örtliche Selbständigkeit abgeschlossen, auch im mittleren Lande; aber für das Ganze maßgebend bleibt dann um so mehr die Auflösung, Vielfarbigkeit und innere Zersplitterung dieser Gruppe" (S. 139).

Mit einer Vielzahl von Beispielen aus einzelnen Landschaften hat Riehl sein Konzept von der „Dreiteilung in der Volkskunde Deutschlands" erläutert und dabei klassische Schilderungen wie die über die Pfälzer geschaffen.[5] Sehr viel unbestimmter blieben dagegen seine Ausführungen über ethnographische Befunde im großräumigen Vergleich sowie seine Anmerkungen zu den östlichen Gebieten Mitteldeutschlands, die er aus eigener Anschauung nur wenig kannte.[6] Natürlich darf man bei dieser Kritik nicht vergessen, daß die von Riehl bemühte Wissenschaft Volkskunde um die Mitte des 19. Jahrhunderts erst im Entstehen begriffen war und nur über wenige adäquate Beobachtungsreihen und Materialsammlungen für weitgespannte Erklärungsansätze verfügte.[7]

Mit der Ausbildung des Faches wuchsen dessen Quellenbestände und der Wunsch, ein grundlegendes „Inventarbuch" der deutschen Volkskultur anzulegen. Die entscheidenden Anregungen zu diesem Projekt kamen aus den Reihen der Germanistik und wurden nach dem Ersten Weltkrieg in enger Anlehnung an laufende Mundarterhebungen und sprachgeographische Arbeiten umgesetzt.[8] Ziel war die Schaffung eines Atlas der deutschen Volks-

---

5 Riehl, Wilhelm Heinrich: Die Pfälzer. Ein rheinisches Volksbild, Stuttgart und Augsburg 1858 (2. Aufl.).

6 G. Wiegelmann (wie Anm. 2), S. 194, 197.

7 Vgl. Wiegelmann, Günter: Geschichte der Forschung im 18. und 19. Jahrhundert, in: Wiegelmann, Günter u. a. (Hrsg.): Volkskunde. Eine Einführung, Berlin 1977, S. 11–26, hier S. 23.

8 Zur Geschichte des ADV siehe u. a. Cox, Heinrich L.; Zender, Matthias: Sprachgeschichte, Kulturraumforschung und Volkskunde, in: Besch, Werner u. a. (Hrsg.): Sprachgeschichte. Ein Handbuch zur Geschichte der deutschen Sprache und ihrer Erforschung, 1. Teilbd., Berlin, New York 1998 (2. Aufl.), S. 160–172; Gansohr-Meinel, Heidi: „Fragen an das Volk." Der Atlas der deutschen Volkskunde 1928–1945. Ein Beitrag zur Geschichte einer Institution (Quellen und Forschungen zur Europäischen Ethnologie 13), [Diss. Bonn], Würzburg 1993; Grober-Glück, Gerda: Zum Abschluß des Atlas der deutschen Volkskunde – Neue Folge. Ein Bei-

kunde (ADV), der auf der Grundlage empirischer Erhebungen einen zuverlässigen Überblick über die regionale Verbreitung ausgewählter volkskultureller Erscheinungen in der Gegenwart (um 1930) vermitteln sollte. Außerdem hoffte man, seine Ergebnisse in ähnlicher Weise nutzen zu können, wie es 1926 Hermann Aubin, Theodor Frings und Josef Müller in ihrer aufsehenerregenden Studie über „Kulturströmungen und Kulturprovinzen in den Rheinlanden" getan hatten.[9] Ihr interdisziplinärer Ansatz bestand darin, „möglichst viele Lebensgebiete und diese für verschiedene Zeiten zu durchmustern und miteinander in Vergleich zu setzen. Wenn dabei bestimmte Räume und Hauptbewegungslinien, in denen und auf denen sich das Leben der vergesellschafteten Menschen abspielt, immer wieder hervortraten, dann mußten sich beherrschende Züge einer Kulturmorphologie der Landschaft ergeben" (S. IV).

Die Hauptuntersuchungen zum ADV wurden zwischen 1930 und 1935 im gesamten Deutschen Reich sowie in verschiedenen angrenzenden Gebieten mit deutschsprachiger Bevölkerung durchgeführt.[10] Insgesamt kamen fünf Fragebogen mit 243 Einzelfragen zum Versand, die annähernd in jeden 4. Schulort geschickt wurden. Die Rücklaufquote lag bei 16 000 bis 23 000 Ortsbelegen pro Frage.[11] Als Adressaten wählte man in der Hauptsache Lehrer aus, die stellvertretend für die Bewohner ihres Ortes antworten sollten. Das Antwortmaterial wurde zentral in Berlin gesammelt, wo eine Forschergruppe unverzüglich mit der Auswertung begann. Daneben bestanden regionale Arbeitsstellen, die für die Durchführung der Erhebungen vor Ort verantwortlich waren und Duplikate der eingehenden Antworten erhielten.

In Mitteldeutschland – das war nach dem Sprachgebrauch der Zeit der sächsisch-thüringische Raum[12] – wurden vier dieser Landesstellen eingerichtet, und zwar in Dessau, Halle, Jena und Leipzig. Diese Aufteilung erscheint insofern bemerkenswert, als das Fach Volkskunde von den massiven Versuchen jener Jahre, „Mitteldeutschland als Einheit" zu denken, eigentlich nicht unberührt geblieben war. Erinnert sei in diesem Zusammenhang nur an die Herausgabe der „Mitteldeutschen Blätter für Volkskunde", die von 1925 bis 1943 erschienen und in ihrer Zeit als das führende Fachorgan der Region anzusehen sind.[13]

Eine sekundäre, aber für unser Thema wichtige Nutzungsmöglichkeit des ADV-Materials eröffnete sich mit der Durchführung des Planes, parallel zu der 1926 erschienenen Studie über die Rheinlande die „Kulturräume und Kulturströmungen im mitteldeutschen Osten"

---

    trag zur Wissenschaftsgeschichte, in: Bringéus, Nils-Arvid u. a. (Hrsg.): Wandel der Volkskultur in Europa. Festschrift für Günter Wiegelmann zum 60. Geburtstag (Beiträge zur Volkskultur in Nordwestdeutschland 60), Bd. 1, Münster 1988, S. 53–70.

9 Aubin, Hermann; Frings, Theodor; Müller, Josef: Kulturströmungen und Kulturprovinzen in den Rheinlanden, Bonn 1926.

10 Zum methodischen Vorgehen bei den Erhebungen des ADV s. Röhr, Erich: Die ersten Kartenreihen des Atlas der deutschen Volkskunde. Beiträge zur Methodik der Volkstumsgeographie, in: Folk 1/1 (1937), S. 113–145; Schlenger, Herbert: Methodische und technische Grundlagen des Atlas der deutschen Volkskunde (Deutsche Forschung. Aus der Arbeit der Notgemeinschaft der Deutschen Wissenschaft 27), Berlin 1934; Wildhagen, Eduard: Der Atlas der deutschen Volkskunde. I. Grundlagen, Berlin 1938 (als Manuskript gedruckt).

11 H. L. Cox, M. Zender (wie Anm. 8), S. 166.

12 Vgl. z. B. den Beitrag von Otto Schlüter über Mitteldeutschland in Gauß, Paul (Hrsg.): Das Buch vom deutschen Volkstum. Wesen – Lebensraum – Schicksal, Leipzig 1935, S. 232–241.

13 Vgl. Krause, Fritz u. a.: Zur Einführung, in: Mitteldeutsche Blätter für Volkskunde 1/1 (1926), S. 1 f.

zu untersuchen.[14] Wie bei der westdeutschen Arbeit wurde auch für das Mitteldeutschland-Projekt ein volkskundlicher Beitrag eingeplant, den Gerhart Streitberg vorzulegen hatte.[15] Er übernahm es, auf der Grundlage erster Ergebnisse der Atlasbefragungen „Anhaltspunkte für die Gliederung Sachsens auf dem Gebiet der Volkskunde zu gewinnen […] Der Blick ist auf die Lagerung und Abgrenzung einiger Bräuche gerichtet und prüft die Kartenbilder, ob sie sich den aus der Mundartgeographie gewonnenen Erfahrungen anfügen, inwiefern sie sich von ihnen unterscheiden. Erschöpfende Aussagen zu machen beabsichtigt der folgende Versuch nicht" (248 f.).

Die zitierte Passage demonstriert recht gut die Hilflosigkeit des Autors gegenüber der ihm gestellten Aufgabe.[16] Eine konsequente Auseinandersetzung mit den volkskulturellen Erscheinungen in dem für die Untersuchung abgesteckten Raum zwischen Thüringer Wald, Erzgebirge und Harz gelang Streitberg nicht. Statt dessen wählte er als Ausgangspunkt für seine Darlegungen Sachsen unter Berücksichtigung der angrenzenden Gebiete (S. 249), was perspektivisch immerhin einen gravierenden Unterschied bedeutet. Seine Ausführungen konzentrieren sich im wesentlichen auf wenige Beispiele, die zudem nur zwei Bereiche der Alltagskultur berühren: zum einen die Vorstellungswelt der Kinder und zum anderen den Bereich der Festtagsspeisen. Aus der ersten Gruppe findet man in seinem Text die Frage nach dem Geschenkebringer zu Weihnachten thematisiert. Dazu kommen Ausführungen über die Lieder an den Marienkäfer sowie über den Brauch des Pfeifenklopfens und die dazugehörigen Bastlösereime. Für den Bereich der Ernährung liefert Streitberg Hinweise auf die regionalen Spezialitäten beim Essen am Heiligen Abend.

Seine Ausführungen schließen mit der nicht gerade neuen Einsicht, „daß auf dem Boden Sachsens Auseinandersetzungen zwischen südlich-oberdeutschem und nördlich-niederdeutschem Gut ausgetragen werden" (S. 260). Eine weitergehende Interpretation läßt sich nicht erkennen, sieht man einmal von der Feststellung des Autors ab, daß Sachsen „auf volkskundlichem Gebiet" stärker mit dem schlesischen und sudetendeutschen Raum verbunden zu sein scheint, als die ansonsten sehr ähnlichen Ergebnisse aus der Laut- und Wortgeographie vermuten lassen (S. 260). Diese Aussage wird man in Anbetracht der sonst geübten Zurückhaltung des Verfassers bei der Bewertung seiner Befunde durchaus als politisch verstehen können.

Selbst die Koordinatoren des Gesamtwerkes, Theodor Frings und Rudolf Kötzschke, hatten wohl mehr Erwartungen an den Ertrag des volkskundlichen Beitrages geknüpft. In ihrem Vorwort betonen sie jedenfalls, daß dem Abschnitt „Volkstum" durch die Forschungslage Grenzen gesetzt waren, die man dem Autor zugute halten wolle. Am Ende hätte man auf den Versuch nicht verzichtet, da Müllers Beitrag zur rheinischen Studie von 1926 so „außerordentlich anregend" gewirkt habe (S. XIV).

---

14 Hintergrund des Vergleichs war natürlich der Weggang von Frings aus Bonn, der seit 1927 in Leipzig lehrte.

15 Streitberg, Gerhart: Volkstum, in: Ebert, Wolfgang u. a.: Kulturräume und Kulturströmungen im mitteldeutschen Osten, Halle/Saale 1936, S. 248–261, 272.

16 Tatsächlich war Streitberg Germanist, der mit einer Arbeit über „Die wortgeographische Gliederung Ostsachsens und des angrenzenden Nordböhmens" (Halle/Saale 1937) promoviert wurde.

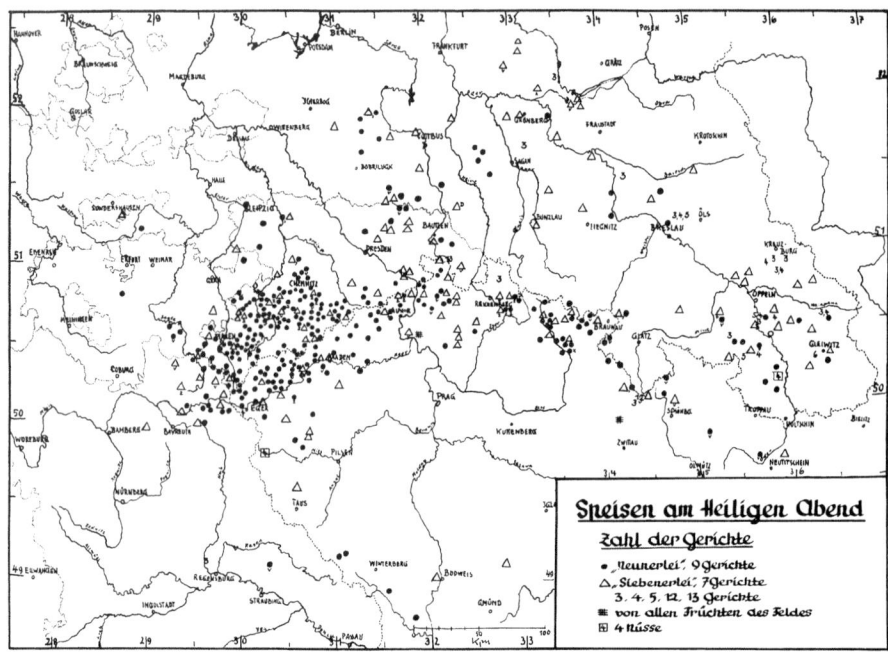

Die Anzahl der Speisen am Heiligen Abend, Beispiel einer Verbreitungskarte aus dem Beitrag von Gerhart Streitberg
zur Untersuchung „Kulturräume und Kulturströmungen im mitteldeutschen Osten", Halle/Saale 1936 (Karte 87)

Wie dem auch sei, wichtig wird den Autoren natürlich der Hinweis auf die Übereinstimmungen zwischen den volkskundlichen Isolinien und den sprachlichen Befunden gewesen sein, da sie auf diesem Wege argumentativ die sich andeutenden Kulturraumgrenzen zu befestigen vermochten (vgl. S. 315 f.). Daß sie bei der Präsentation der ermittelten Ergebnisse die Zahl und die Bedeutung der herangezogenen Indikatoren sowie die Kongruenz der Verbreitungslinien nicht weiter problematisierten, bleibt aus heutiger Sicht kritisch nachzutragen. Ebenso verdient in diesem Zusammenhang der Verdacht von Matthias Zender weitere Beachtung, daß die Verfasser der vorbildgebenden Bonner Studie „genaue Parallelen" durchaus etwas abweichend vom eigentlichen Kartenbild sahen.[17]

Neuerliche Anstöße zur Auseinandersetzung mit den volkskundlichen Eigenheiten des ostmitteldeutschen Raumes erwuchsen nach dem Zweiten Weltkrieg aus der Fortführung der Arbeiten am Atlas der deutschen Volkskunde, dessen enormes Quellenmaterial über die Kriegsjahre hinweggerettet werden konnte. Im Unterschied zu den Auswertungsversuchen der Vorkriegszeit, die sich auf eine Veröffentlichung unkommentierter Kartenreihen beschränkten,[18] wurden ab den 50er Jahren neben neuen Atlasblättern wissenschaftliche Begleittexte erstellt, die unter Berücksichtigung der einschlägigen Fachliteratur und ergänzender Quellen-

---

17 Vgl. Gansohr-Meinel (wie Anm. 8), S. 18.
18 Harmjanz, Heinrich; Röhr, Erich (Hrsg.): Atlas der deutschen Volkskunde, 1.-6. Lieferung (120 Karten), Leipzig 1937–39.

gruppen zu einer intensiveren Betrachtung der dokumentierten Phänomene führten.[19] Bei ihrer Darstellung auf mehreren hundert Karten fiel die Sonderstellung des östlichen Mitteldeutschlands wiederholt auf und verlangte nach einer fachspezifischen Erklärung. Matthias Zender übernahm es, eine erste Zusammenschau und Deutung zu geben. Nachdrücklich verwies er darauf, daß die Atlas-Ergebnisse ein neues Bild vom Volksleben in dieser Region vermitteln und dazu beitragen, manche Ungereimtheiten in der älteren Literatur zu beseitigen.

„Erst die Karten des Volkskundeatlas enthüllten den besonderen Charakter von Sachsen und Thüringen. Dort fallen Sachsen und die Gegend von Halle-Merseburg als Träger von Neuerungen auf. Nur hier gibt es Zigarren und Zahnbürste als Grabbeigabe. Nur hier ist das Gesangbuch in der Hand des Toten eine Attrappe. Schon seit langem hatte das Jahresfeuer in Mitteldeutschland seinen brauchtümlichen Charakter verloren. Daher konnten Feuer zu politischen Tagen dort so großen Anklang finden, vom Feuer am 18. Oktober über den Sedantag bis zu Lichterumzügen bei politischen Feiern schon der Weimarer Zeit, den Jahresfeuern der Jugendbünde, den von Nationalsozialisten verordneten Sonnwendfeuern. Der Muttertag ist aus Amerika in Deutschland nach 1918 bekanntgeworden. Sachsen mit Teilen Thüringens meldet für 1932 in 90 bis 100% aller Orte die Feier des Muttertags als allgemein und in den Familien üblich. Das ist ein Prozentsatz, der weder von der Umgebung Hamburgs oder von Köln noch vom Ruhrgebiet erreicht wurde. Zusammenfassend können wir sagen: Sachsen war um 1930 volkskundlich gesehen die modernste Landschaft Deutschlands, war jene Industrieregion, in der das Volksleben am besten den Erfordernissen der industriellen Gesellschaft angepaßt war."[20]

Bei dieser Einschätzung darf nicht übersehen werden, daß alle aufgezählten Befunde im Grunde auf einer elementaristischen Sicht der Kultur beruhen, die selbst durch die Bündelung charakteristischer Merkmale in bestimmten Verbreitungsgebieten nur partiell überwunden werden kann. Nichtsdestoweniger lassen sich auf diesem Wege wichtige Einsichten gewinnen, die durchaus geeignet erscheinen, kulturelle Prozesse der Integration und Segregation im Raum wahrzunehmen. Mit Blick auf den mitteldeutschen Raum hat das Gerda Grober-Glück noch einmal sieben Jahre nach Zender versucht.[21] Ihre Ausführungen über den säch-

---

19 Zender, Matthias (Hrsg.): Atlas der deutschen Volkskunde NF, Erläuterungen 1–3, Marburg 1958–1985.

20 Zender, Matthias: Zeiträumliche Betrachtung. Ergebnisse der Kulturraumforschung, in: Wiegelmann, Günter u. a.: Volkskunde. Eine Einführung (Grundlagen der Germanistik 12), Berlin 1977, S. 198–216, hier S. 212. Vgl. Zender, Matthias: Die kulturelle Stellung Westfalens. Nach den Sammlungen des Atlas der deutschen Volkskunde, in: Der Raum Westfalen IV/2, Münster/W. 1965, S. 3–69, hier besonders S. 31. Nachzutragen bleibt der Hinweis, daß die Jahresfeuer am 18. Oktober einst zur Erinnerung an den siegreichen Ausgang der Leipziger Völkerschlacht entzündet wurden, vgl. Düding, Dieter: Das deutsche Nationalfest von 1814: Matrix der deutschen Nationalfeste im 19. Jahrhundert, in: Düding, Dieter u. a. (Hrsg.): Öffentliche Festkultur. Politische Feste in Deutschland von der Aufklärung bis zum Ersten Weltkrieg, Reinbek bei Hamburg 1988, S. 67–88. Das Datum ist allerdings heute im großen und ganzen aus dem kollektiven Gedächtnis der Deutschen verschwunden.

21 Grober-Glück, Gerda: Der sächsisch-ostthüringische Regionalstil im frühen 20. Jahrhundert, in: Cox, H. L., Wiegelmann, Günter (Hrsg.): Volkskundliche Kulturraumforschung heute (Beiträge zur Volkskultur in Nordwestdeutschland 42), Münster 1984, S. 55–76.

sisch-ostthüringischen Regionalstil geben auf der Grundlage des Atlasmaterials weitere Beispiele für die kulturelle Sonderstellung dieses Raumes und erklären sein Zustandekommen
aus dem Ablauf einschlägiger Innovations- und Traditionsprozesse. Auch diese Ergebnisse
zeigen in der Hauptsache den sächsisch-ostthüringischen Raum in der Zwischenkriegszeit als
stark „modernisierte" Zone, die sich freilich nicht allein durch die frühzeitige Übernahme von
Neuerungen, sondern auch durch die schöpferische Umbildung von Traditionsformen aus-

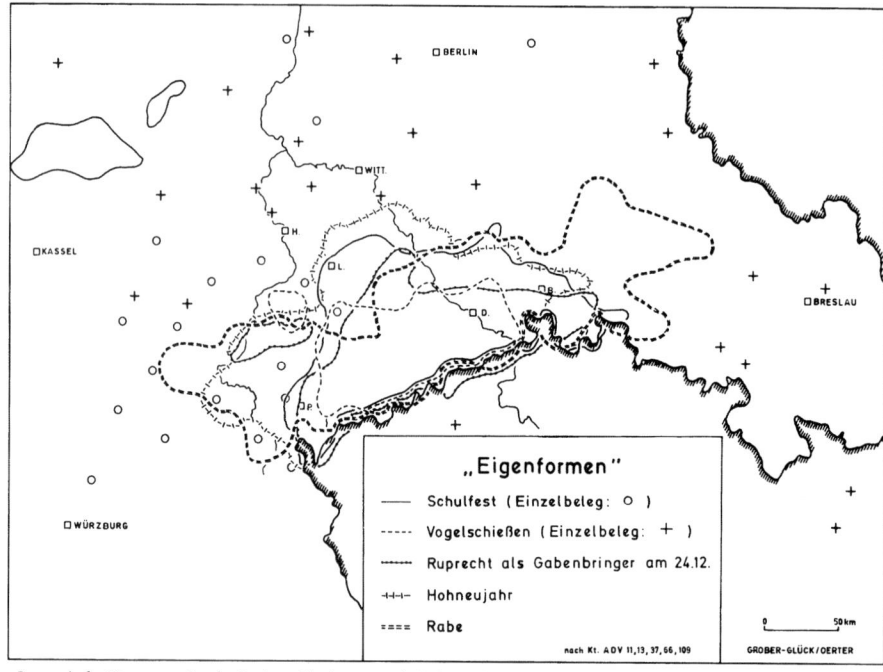

*Synoptische Karte von Gerda Grober-Glück zum sächsisch-ostthüringischen Regionalstil; dargestellt ist die regionale
Ausbreitung bestimmter Brauch- und Glaubensformen auf der Grundlage der Erhebungen des Atlas der deutschen
Volkskunde von 1930 bis 1935 (entnommen aus: G. Grober-Glück [wie Anm. 21], S. 72).*

zeichnet. Wie man sieht, untermauern die Erhebungen des ADV recht deutlich jenen Befund,
den Wilhelm Heinrich Riehl um die Mitte des 19. Jahrhunderts erst vage fassen konnte, nämlich die Ausbildung einer neuen Alltagskultur im Zuge der industriellen Entwicklung samt
der sich daraus ergebenden Sonderstellung des mitteldeutschen Raumes unter besonderer
Berücksichtigung seiner östlichen Landesteile.

Leider erfolgte die Vorlage dieser Ergebnisse erst ein halbes Jahrhundert nach ihrer Auf-
nahme, weshalb sie im Fach weitgehend unbeachtet blieben. Eine neue Generation von Volks-
kundlerinnen und Volkskundlern bestimmte mittlerweile den fachinternen Diskurs, der sich
von der Erörterung großräumiger Fragestellungen auf die Mikroebene und die Beschäftigung
mit sozialen Problemen verlagert hatte. Die kulturprägende Kraft des Raumes verlor sozusagen in Übereinstimmung mit der wachsenden Kommunikation und Mobilität sowie mit
den nivellierenden Einflüssen der Industrialisierung an Interesse. Hinzu kam eine klare Präfe-

renz für „weiche" Methoden und eine sich verstärkende Abneigung gegenüber quantifizieren-
den Verfahren.[22] Die frühen Erhebungen des Atlas avancierten in diesem Zusammenhang zur
methodischen Fehlleistung par excellence, was die Vorbehalte gegenüber allen Auswertungsversuchen noch verschärfte.[23] Im Verlauf dieser heftigen Diskussion wurde schlichtweg vergessen, daß die überlieferten Unterlagen im Grunde zur historischen Quelle geworden waren,
die trotz gewisser Abstriche als einmalige Querschnittdokumentation aus der Zwischenkriegszeit anzusehen ist.

Das Problem „Mitteldeutschland" läßt sich damit allerdings nur zum Teil abhandeln. Weitere Daten wären für eine tiefergehende Betrachtung nötig sowie eine Systematisierung der
vorliegenden Befunde nach ihrem kulturellen Gewicht.[24] Außerdem darf nicht vergessen
werden, daß bei den bisherigen Überlegungen die subjektive Seite völlig ausgeklammert
wurde. Im Vordergrund stand vielmehr die Frage nach der Berechtigung, Mitteldeutschland
als „objektiven" Kulturraum zu fassen.[25] Welche Bedeutung dem Begriff dagegen in der öffentlichen Meinung zukommt, welche Rolle er bei der Ausbildung von Klischees, Vorurteilen,
Stereotypen sowie bei der Umschreibung subjektiver Gefühlslandschaften spielt und von welchen historischen Veränderungen in dieser Hinsicht auszugehen ist, muß aus volkskundlicher Sicht größtenteils noch untersucht werden. Dabei darf ein Blick auf die Entwicklungen
nach der deutschen Teilung und der späteren Wiedervereinigung nicht fehlen. Erfreulicher-
weise ist in den letzten Jahren wieder ein gewisses Interesse an solchen Fragen im Fach zu
spüren, das hoffentlich bald zu einer Belebung der anstehenden Diskussion führen wird.

---

22 Simon, Michael: „Volksmedizin" im frühen 20. Jahrhundert. Zum Quellenwert des Atlas der deutschen
Volkskunde [Habil. Ms.], Münster 1996.

23 Schenda, Rudolf: Einheitlich – urtümlich – noch heute. Probleme der volkskundlichen Befragung, in:
Abschied vom Volksleben (Untersuchungen des Ludwig-Uhland-Instituts der Universität Tübingen 27),
Tübingen 1970, S. 124–154.

24 Vgl. Wiegelmann, Günter: Von der Detailkarte zum Kulturraum – Kriterien des kulturellen Gewichts, in:
Wiegelmann, Günter: Theoretische Konzepte der Europäischen Ethnologie. Diskussionen um Regeln und
Modelle, Münster 1990, S. 151–172.

25 Vgl. Weiss, Richard: Kulturgrenzen und ihre Bestimmung durch volkskundliche Karten, in: Studium Gene-
rale 5/6 (1952), S. 363–373.

Karlheinz Blaschke

Kirche, Kultur und Bildung als Faktoren mitteldeutscher Einheit

Der heutige mitteldeutsche Raum gehört seit dem 10. Jahrhundert in seiner Gesamtheit zu Deutschland. Er wird hier als das Gebiet aufgefaßt, das sich zwischen Erzgebirge, Thüringer Wald, Harz und Fläming erstreckt und sich geographisch als das Flußgebiet der Saale und mittleren Elbe beschreiben läßt[1]. Bis zum 10. Jahrhundert bildete die Saale eine scharfe Grenze in ethnischer, politischer und kultureller Hinsicht. Westlich des Flusses stand der südliche Teil seit dem Jahre 531 unter fränkischer Herrschaft, der nördliche gehörte zum sächsischen Stammesherzogtum, das von Karl dem Großen vor 800 unterworfen wurde[2]. So erlebte der mitteldeutsche Raum westlich der Saale im 9./10. Jahrhundert die Entwicklung vom fränkischen zum deutschen Reich, die mit der Wahl des Sachsenherzogs Heinrich zum deutschen König im Jahre 919 als abgeschlossen angesehen werden kann. Hier vollzog sich seit der Mitte des 8. Jahrhunderts zunächst im südlichen Teil die Christianisierung, die mit der Gründung des Bistums Erfurt unter Bonifatius im Jahre 741 begann. Nach 800 geschah das gleiche im nördlichen Teil, was sich vor allem in der Gründung des Bistums Halberstadt zeigte. Da zu jener Zeit Kirche und Herrschaft eng miteinander verbunden waren, muß zu Beginn dieser Darlegungen auch auf die politische Entwicklung eingegangen werden.

Das gilt auch für den ostsaalischen Teil des heutigen Mitteldeutschland, der von König Heinrich I. auf seinem Slawenzug des Jahres 929 in das entstehende deutsche Reich eingegliedert wurde[3]. Damit waren die politischen Voraussetzungen für die Christianisierung dieses Gebietes geschaffen, die mit der Gründung der Sorbenbistümer Merseburg, Zeitz und Meißen im Verbande des Erzbistums Magdeburg im Jahre 968 begann[4]. Das weitere Vordringen des deutschen Königtums nach Osten im 11. Jahrhundert legte die deutsche Ostgrenze an Queis und Bober fest. Bis dahin erstreckte sich auch die Diözese des Bistums Meißen, das damit

---

1 Schlüter, Otto; August, Oskar: Atlas des Saale- und mittleren Elbegebietes (Mitteldeutscher Heimatatlas) , 1. Teil, Leipzig 1958, Bl. 1 und 6.

2 Patze, Hans; Schlesinger, Walter: Geschichte Thüringens, 1. Bd., Köln, Graz 1968, S. 316–380; 2. Bd., 1. Teil, Köln, Wien 1974, S. 1–10.

3 Geschichte der Sorben. Gesamtdarstellung. Von einem Autorenkollektiv unter Leitung von Jan Šolta u. a., Bd. 1: Jan Brankačk und Frido Mětšk, Von den Anfängen bis 1789. Bautzen 1977; Unger, Manfred; Brankačk, Jan: Politische und kulturelle Entwicklung der slawisch-sorbischen Stämme im Gebiet von Saale-Elbe-Neiße im 6. bis 10. Jahrhundert, in: Sächsische Heimatblätter 28. Jg. (1982), H. 5, S. 200–206; Czok, Karl: Geschichte Sachsens, Weimar 1989, darin: Hans, Walther: Landnahme und Stammesbildung der Sorben (um 600 bis 929) und: Die Markgrafschaft Meißen (929–1156), S. 59–104; Blaschke, Karlheinz: Geschichte Sachsens im Mittelalter, Berlin 1990, S. 43–62.

4 Blaschke, Karlheinz; Wießner, Heinz; Haupt, Walther: Die Kirchenorganisation in den Bistümern Meißen, Merseburg und Naumburg um 1500, Weimar 1969.

die beiden späteren Markgraftümer Nieder- und Oberlausitz einschloß und sie in kirchlicher Hinsicht an den mitteldeutschen Raum band. Als die deutsche Ostkolonisation des 13. Jahrhunderts auch diese Grenze überschritt, überzog sie auch Schlesien, das bereits im Jahre 1000 mit der Gründung des Bistums Breslau im Verband der polnischen Kirchenprovinz Gnesen missioniert worden war. Seitdem gab es im Osten des so definierten mitteldeutschen Raumes eine feste Kirchenorganisation und eine aus Bauern und Städtebürgern bestehende, vorwiegend deutsche Bevölkerung, so daß der heute als Mitteldeutschland verstandene Raum in seiner Mittellage diese Bezeichnung in kirchlicher und kultureller Hinsicht zu Recht verdient. Als der polnische König im Jahre 1335 die schlesischen Herzöge aus seiner Oberhoheit entließ, geriet dieses Land endgültig unter böhmische Lehnsherrschaft und gehörte damit mittelbar zum deutschen Reich[5]. Der mitteldeutsche Raum lag somit nach allen Richtungen hin politisch und kulturell im echten Sinne des Wortes in Deutschlands Mitte.

Während des Mittelalters war er allerdings noch keine kirchliche und kulturelle Einheit, er mußte erst dazu heranwachsen. Schon an dieser Beobachtung zeigt sich die Tatsache, daß die Einheit Mitteldeutschlands keine bloße Konstruktion, sondern das Ergebnis einer organischen Entwicklung ist. Sie wurde durch die Christianisierung der slawischen Bevölkerung in den Gebieten östlich der Saale seit 968 eingeleitet[6] und setzte sich mit der Einwanderung der bereits christlichen Kolonisten im 12. Jahrhundert in großem Stile fort. Jetzt entstand eine flächendeckende Kirchenorganisation, durch die jeder Landesbewohner einer Pfarrkirche zugewiesen und geistlich versorgt wurde. Kirchspiele wurden in derselben Art wie in den alten Stammesgebieten westlich der Saale eingerichtet, Pfarrkirchen wurden in ebensolchen architektonischen Formen wie dort erbaut[7]. Das hatte in diesem Land eine allmähliche Angleichung des kulturellen Erscheinungsbildes zur Folge, das bis weit ins hohe Mittelalter hinein noch fast ausschließlich von der Kirche bestimmt wurde.

Daß die Saale ihre Bedeutung als Trennungslinie mehr und mehr verlor, zeigt sich an den Bauten von Klöstern, Stiftern und Großkirchen im Lande östlich des Flusses. Was man heute als Kulturtransfer bezeichnet, ereignete sich damals in der Übertragung kirchlicher Organisations- und Bauformen und in der Wanderung kirchlichen Personals vom Westen nach dem Osten. Klöster im Westteil sorgten für Tochtergründungen im Osten[8]. Aus dem westlich der Saale gelegenen Frauenkloster Gerbstedt bei Halle ging der Propst 1124 zur Gründung des Augustiner-Chorherrenstifts auf den Lauterberg östlich davon, von dort aus wurde um 1160 das Chorherrenstift Zschillen am Fuße des Erzgebirges besetzt. Eine Tochtergründung von Pforta bei Naumburg war das 1162 gegründete Kloster Altzella bei Nossen, das selbst wieder 1268 Neuzelle in der Niederlausitz ins Leben rief. Mönche aus Sittichenbach bei Eisleben besetzten die Klöster Buch bei Leisnig und Grünhain im Erzgebirge. Benediktiner aus Pegau gründeten 1136 das Kloster Chemnitz, von Bürgel bei Jena aus wurde das Kloster Remse an

5 Schieder, Theodor: Handbuch der europäischen Geschichte, Bd. 2, Stuttgart 1987, S. 521.
6 Schlesinger, Walter: Kirchengeschichte Sachsens im Mittelalter. 1. Bd., Köln, Graz 1962, S. 1–51.
7 Löffler, Fritz: Stadtkirchen in Sachsen, Berlin 1973; Heinrich Magirius, Dorfkirchen in Sachsen, Berlin 1985.
8 Kobuch, Manfred: Zisterzienser zwischen Saale und Neiße, in: Blaschke, Karlheinz; Magirius, Heinrich; Seifert, Siegfried (Hrsg.): 750 Jahre Kloster St. Marienstern. Festschrift, Halle 1998, S. 129–145, Karte S. 133.

der Mulde eingerichtet. Von Volkenroda bei Mühlhausen gingen die Mönche zur Gründung des Klosters Doberlug in die Niederlausitz. Da die Beziehungen zwischen den Mutterklöstern und ihren Tochtergründungen weiterhin gepflegt wurden, ergaben sich geistliche Verbindungen quer durch Mitteldeutschland in westöstlicher Richtung.

Sichtbar und greifbar werden diese Beziehungen an den baulichen Merkmalen von Kirchen, bei denen sich vielfach die Übertragung von Stilformen von einem Ort zum andern nachweisen läßt, was zur Feststellung von „Kunstlandschaften" geführt hat. Heinrich Magirius ist, von Beobachtungen in Altzella ausgehend, auf eine „ostmitteldeutsche zisterziensische Bautengruppe" gestoßen, die von Georgenthal in Thüringen ausging und Altzella, Buch bei Leisnig und Doberlug in der Niederlausitz umfaßte[9]. An der Freiberger Marienkirche weisen viele stilistische Bezüge zur Architektur des Harzvorlandes und der Landschaft zwischen Saale und Mulde. Daraus läßt sich der Schluß ziehen, daß die an der Saale verlaufende kirchliche Verwaltungsgrenze zwischen den alten Diözesen Mainz und Halberstadt im Westen und den jungen Diözesen Magdeburg, Merseburg und Zeitz/Naumburg im Vollzug kirchlicher Wirksamkeit keine Trennlinie darstellte, weil die nach Osten vorgetragene Mission und die Entfaltung des geistlichen Lebens darüber hinwegschritt. Das gilt besonders für die Ordensgemeinschaften, die nicht an Bistumsgrenzen gebunden, sondern eher vom Stifterwillen weltlicher Herren abhängig waren, deren Zuwendungen erst die Gründung von Klöstern und Stiftern ermöglichten.

Die Überwindung der trennenden Saalelinie hat während des Mittelalters sichtliche Fortschritte gemacht, sie ist aber bis zu dessen Ende nicht vollständig gelungen. Ein Blick auf die Karte der Verbreitung von Klöstern und Stiftern im heutigen Mitteldeutschland zeigt das sehr deutlich, denn westlich der Saale war bis an die Schwelle der Reformation die Dichte etwa viermal so groß wie östlich des Flusses[10]. Erst die Auflösung der mittelalterlichen Kirchenordnung und der völlige Neubau eines evangelischen Kirchenwesens im 16. Jahrhundert haben die alten Unterschiede beseitigt und dem mitteldeutschen Raum zu einer kirchlichen Einheit verholfen. Diese bestand allerdings nicht in einer einheitlichen Verwaltungsorganisation, denn der Neubau der reformatorischen Kirche lehnte sich an die territorialstaatliche Struktur an und schuf daher neben der großen Landeskirche des Kurfürstentums Sachsen viele kleine und kleinste selbständige Kirchengebiete unter jeweils verschiedenen Fürsten, Grafen und Herren. Statt dessen entstand eine neue höhere Einheit, die für die weitere Entwicklung von Kultur und Bildung bedeutsam werden sollte.

Die Reformation als ein weltgeschichtliches Ereignis ist unlösbar mit den Namen Martin Luther und Wittenberg verbunden, aber die sozialgeschichtliche Sicht jener Vorgänge, wie sie heute vorherrscht, bezieht auch das gesellschaftliche Umfeld mit ein, wenn es um das tie-

---

9 Magirius, Heinrich:Die Baugeschichte des Klosters Altzella. Abh. der Sächsischen Akademie der Wissenschaften zu Leipzig, Phil.-hist. Klasse 53, H. 2, Berlin 1962, S. 49–66; Ders., Zisterzienserarchitektur im Bistum Meißen, in: Aspekte zur Kunstgeschichte von Mittelalter und Neuzeit. Karl Heinz Clasen zum 75. Geburtstag, Weimar 1971, S. 115–165; ders.: Der Freiberger Dom. Forschungen und Denkmalpflege, Weimar 1972, S. 173 f.

10 Mitteldeutscher Heimatatlas (wie Anm. 1), Bl. 17.

fere Verständnis und die Erklärung der Reformation geht[11]. Eisleben, Magdeburg, Eisenach, Erfurt, Wittenberg, Leipzig und Torgau sind die wichtigsten Stationen auf Luthers Wegen und zugleich Orte mit hoher Bedeutung für die Durchsetzung der Reformation, die auf dem fruchtbaren mitteldeutschen Boden aufgewachsen ist. Hier faßte sie zuerst Fuß, hier setzte sie sich bis auf geringe Restbestände der römischen Kirche vollständig durch. Das Kurfürstentum Sachsen füllte mit seinem Territorium den größeren Teil dieses Raumes aus und beherrschte ihn als die protestantische Vormacht im deutschen Reich auch konfessionspolitisch. Die hier getroffenen dogmatischen Entscheidungen, unter denen die Konkordienformel von 1577 herausragte, wurden von allen anderen landeskirchlichen Gewalten Mitteldeutschlands übernommen, so daß Mitteldeutschland wie kaum ein anderer Großraum in Deutschland eine konfessionelle Geschlossenheit aufwies. Sie blieb bis weit in das 19. Jahrhundert hinein bestehen und wirkte sich auf die öffentliche Mentalität, die Grundsätze der Schul- und Bildungspolitik staatlicher und städtischer Obrigkeiten, die Lehrinhalte der Universitäten, die Ziele der Volkserziehung im Rahmen landeskirchlicher Sozialdisziplinierung und das ganze moralische Wertsystem innerhalb der Gesellschaft aus.

Die führende Rolle Mitteldeutschlands in geistiger Hinsicht zeigt sich auch beim Blick auf die Studentenzahlen seiner Universitäten. Bis zum Jahre 1540 waren auf dem Boden des späteren zweiten deutschen Reiches 12 Universitäten gegründet wurden. Die drei mitteldeutschen, und das heißt lutherischen, Universitäten Leipzig, Erfurt und Wittenberg standen in bezug auf die durchschnittliche Jahresfrequenz in dieser Reihenfolge an der Spitze mit zusammen 1351 Studenten gegenüber 1603 Studenten in den übrigen neun Hochschulen[12].

Unter den Bedingungen der Volkskirche, die bis zum Ende der Monarchie 1918 auch die Volksschule und die Militärseelsorge einschloß, besaß Mitteldeutschland fast 400 Jahre lang eine von der lutherischen Konfession bestimmte mentale Prägung. Die evangelische Kirchschule trug seit der Reformation bis in das letzte Dorf hinein das Angebot einer allgemeinen Alphabetisierung[13]. Die Bevölkerung wurde in ihrem intellektuellen Habitus vom regelmäßigen Anhören der Predigt, vom Mitsprechen der Gebete und vom Singen der Kirchenlieder an den Gebrauch der Schriftsprache gewöhnt, die durch Luthers Bibelübersetzung eben gerade aus der mitteldeutschen Mundart heraus entwickelt worden war. Städtische Lateinschulen vermittelten auch in kleineren Städten altsprachliche Kenntnisse bis in gehobene Handwerkerschichten hinein. Mit den Universitäten Erfurt (1392), Leipzig (1409), Wittenberg (1502), Jena (1558) und Halle (1694) besaß Mitteldeutschland bis zum Beginn des 19. Jahrhunderts eine besonders hohe Dichte von Hochschulen, denen sich die Bergakademie Freiberg (1765)

---

11 Junghans, Helmar: Das Jahrhundert der Reformation in Sachsen, Berlin 1989; Blaschke, Karlheinz: Sachsen im Zeitalter der Reformation, Gütersloh 1970; Beyreuther, Erich: Die Kirche in der Neuzeit, in: Geschichte Thüringens (wie Anm. 2), 4. Bd., S. 1–52.

12 Eulenburg, Franz: Die Frequenz der deutschen Universitäten von ihrer Gründung bis zur Gegenwart. Photomechnischer Nachdruck der Ausgabe von 1904, Berlin 1994, S. 53.

13 Thomas, Ralf: Die Neuordnung der Schulen und der Universität Leipzig, in: Das Jahrhundert (wie Anm. 11), S. 113–132; Flitner, Wilhelm: Wissenschaft und Schulwesen in Thüringen von 550 bis 1933, in: Geschichte Thüringens (wie Anm. 2), 4. Bd., S. 53–68.

und die Technische Hochschule Dresden (1828) hinzugesellten. In Leipzig und Wittenberg wurden für das Kurfürstentum Sachsen, in Jena für die ernestinischen Herzogtümer die Juristen, Theologen und Pädagogen ausgebildet, was sich in einer regional vereinheitlichenden Ausrichtung der geistigen Eliten auswirkte. Mitteldeutschland verfügt im Verhältnis zu anderen deutschen Landschaften über ein besonders dichtes Städtenetz[14], in dem ein höheres Niveau bürgerlicher Kultur und Bildung erreicht wurde. Die überdurchschnittliche Bevölkerungsdichte des Raumes stand mit der Industrialisierung im Zusammenhang[15], die wiederum die Gründung von Fachschulen für Wirtschaft und Technik in Gang brachte. Karten über die Verbreitung der Bildungseinrichtungen zeigen in der zweiten Hälfte des 20. Jahrhunderts im sächsisch-thüringischen Raum eine deutliche Konzentration, die sich aus seiner wirtschaftlichen Struktur von selbst ergab[16].

Eine herausragende Frucht der lutherischen Reformation ist die hochentwickelte Musikkultur im sächsisch-thüringischen Raum, die ihren Ursprung in Kirchenlied und Gemeindegesang als wesentlichen Neuerungen des reformatorischen Gottesdienstes hat[17]. In ihm trat neben den Pfarrer der Kantor, der mit dem späteren Einbau von Orgeln auch in bescheidenen Dorfkirchen zum Organisten wurde. So gab es nun überall im Lande eine Schicht von musikalisch gebildeten Fachleuten, die mit Hilfe von Laienmusikern in den städtischen Kantoreigesellschaften beachtliche Aufführungen kirchenmusikalischer Werke zustande brachten. Auf dieser breiten Grundlage konnten sich die hochbegabten Spitzenvertreter der Barockmusik in Mitteldeutschland entwickeln. Heinrich Schütz kam aus dem thüringischen Köstritz nach Dresden zu lebenslanger Wirkung. Der in Magdeburg geborene Georg Philipp Telemann entfaltete in Leipzig seine hohe Begabung und wirkte in Sorau in der sächsischen Niederlausitz und in Eisenach, bevor er in Hamburg seine endgültige Lebensaufgabe fand. Georg Friedrich Händel trug die mitteldeutsche Musikkultur seiner Heimat mit größtem Erfolg nach London. Die thüringische Familie Bach hat vom 16. bis zum 18. Jahrhundert in sechs Generationen 16 musikalisch begabte Männer hervorgebracht, von denen einige ihre hohe Kunst nach Berlin, Hamburg, London und Mailand trugen, die aber doch vorwiegend in Mitteldeutschland wirkten: in Arnstadt, Eisenach, Gotha, Halle, Jena, Köthen, Leipzig, Mühlhausen und Weimar im Dienste wettinischer, schwarzburgischer und anhaltinischer Fürsten, einer Reichsstadt und einer großen Messestadt. Ihr geographisches Wirkungsfeld umfaßte vornehmlich den mitteldeutschen Raum ohne Rücksicht auf politische Grenzen. Wenn nach der kulturellen Identität Mitteldeutschlands gefragt wird, so ist seine Bedeutung als eine Musiklandschaft herauszustellen, wie es kaum eine andere in Deutschland gibt.

---

14 Blaschke, Karlheinz: Zur Statistik der sächsischen Städte im 16. Jahrhundert, in: Vom Mittelalter zur Neuzeit, Festschrift für Heinrich Sproemberg, Berlin 1956, S. 133–143.

15 Ders.: Bevölkerungsgeschichte von Sachsen bis zur industriellen Revolution, Weimar 1967.

16 Atlas Deutsche Demokratische Republik, hrsg. von der Akademie der Wissenschaften der DDR, Gotha, Leipzig 1976. Darin: Bl. 49 Allgemeinbildende Schulen und Berufsschulen, Bl. 50 Universitäten, Hoch- und Fachschulen, Bl. 51.2 Buch- und Archivwesen, Bl. 52 Kulturelle Einrichtungen.

17 Wetzel, Christoph: Das Kirchengesangbuch, in: Das Jahrhundert (wie Anm. 11), S. 133–152; Engel, Hans: Musik in Thüringen, in: Geschichte Thüringens (wie Anm. 2), 4. Bd., S. 207–260.

Die dabei zum Ausdruck gekommene förderliche Rolle der Fürstenhöfe führt in weitere Zusammenhänge der Kulturgeschichte der frühen Neuzeit, in der im Zeitalter von Barock und Aufklärung wesentliche Grundlagen für die spätere und bis heute andauernde Gesamtstruktur der deutschen Kulturlandschaft geschaffen wurden. Wenn man von der Frage absieht, in welchem Umfang etwa die reichsgräflichen und reichsritterlichen Herrschaftssitze im fränkischen, rheinischen und schwäbischen Raum Standorte einer höfischen Kulturentfaltung gewesen sind, dann weist keine andere deutsche Landschaft eine solche Dichte von Fürstenhöfen auf. Die vielen Erbteilungen der ernestinischen Wettiner seit 1572 haben zur Einrichtung von Seiten- und Nebenlinien in Altenburg, Coburg, Eisenach, Eisenberg, Gotha, Hildburghausen, Jena, Marksuhl, Meiningen, Römhild und Weimar geführt, wo jedesmal ein Schloß mit Hofkirche, Hoftheater, Hofkapelle, Bibliothek, Kunstsammlungen, Parkanlagen und allem anderen Zubehör barocken höfischen Lebens einen kulturellen Mittelpunkt bildete[18]. Die Begründung wettinisch-albertinischer Nebenlinien seit 1656 schuf mit deren weiteren Untergliederungen Fürstenhöfe in Lauchstädt, Merseburg, Neustadt/Orla, Spremberg, Weißenfels, Zeitz und Zörbig und einen Witwensitz in Delitzsch[19]. Die im Jahre 1697 in den Reichsfürstenstand erhobenen Grafen von Schwarzburg hatten Hofhaltungen in Arnstadt, Ebeleben, Frankenhausen, Rudolstadt und Sondershausen eingerichtet[20]. Die Herren Reuß stiegen 1673 in den Grafenstand und seit 1778 in den Reichsfürstenstand auf, die Familie spaltete sich in viele Linien, denen die Residenzen in Ebersdorf, Gera, Greiz, Hirschberg, Köstritz, Lobenstein und Schleiz ihre Entstehung verdankten[21]. Im Schatten des albertinischen Kurfürstentums Sachsen konnten die Herren von Schönburg eine begrenzte Landesherrschaft behaupten, die sich in den Residenzschlössern von Glauchau, Hartenstein, Lichtenstein und Waldenburg darstellte[22]. Die Besitzer der erzgebirgischen Herrschaft Wildenfels saßen als reichsunmittelbare Herren auf der Wetterauer Grafenbank, mit der Ernennung eines Hofpredigers brachten sie ihren Anspruch auf höfisches Leben zum Ausdruck. Schließlich können die Fürsten von Anhalt in die mitteldeutsche Kulturlandschaft einbezogen werden, die infolge mehrfacher Erbteilungen in Ballenstedt, Bernburg, Dessau, Köthen, Plötzkau und Zerbst Hofhaltungen unterhielten[23]. Wenn man noch die kursächsische Residenzstadt Dresden als Hauptstadt der protestantischen Führungsmacht in Deutschland mit ihren europäischen dynastischen Verbindungen und ihrem seit dem 16. Jahrhundert hochentwickelten prächtigen höfischen Leben hinzunimmt, die sich im 18. Jahrhundert mit den Schloßbauten von

---

18 Huschke, Wolfgang: Politische Geschichte von 1572 bis 1775, in: Geschichte Thüringens (wie Anm. 2), 5. Bd., 1. Teil, 1. Teilband, S. 1–551.

19 Kretzschmar, Hellmut: Zur Geschichte der sächsischen Sekundogeniturfürstentümer, in: Sachsen und Anhalt Bd. 1 (1925), S. 312–340, und Bd. 3 (1927), S. 284–315; Groß, Reiner; Kobuch, Manfred: Vom Anteil Sachsens an der neueren deutschen Geschichte. Ausgewählte Aufsätze, Leipzig 1999, S. 141–203.

20 Huschke, Wolfgang: Die Grafen und Fürsten von Schwarzburg, in: Politische Geschichte (wie Anm. 18), S. 552–561.

21 Franz, Günther: Die Herren, Grafen und Fürsten Reuß, ebenda, S. 561–573.

22 Schlesinger, Walter: Die Landesherrschaft der Herren von Schönburg, Münster, Köln 1954.

23 Wäschke, H.: Anhaltische Geschichte, Bd. 1–3, 1912/13.

Großsedlitz, Hoflößnitz, Moritzburg und Pillnitz in das umgebende Land hinaus zu einer Residenzlandschaft erweiterte[24], und schließlich noch an die albertinische Nebenresidenz Torgau und die kurfürstlichen Witwensitze Colditz, Lichtenburg und Pretzsch denkt, dann erweist sich der mitteldeutsche Raum als ein Gebiet, das mit einem halben Hundert von Standorten höfisch-fürstlichen Lebens angefüllt war.

Jeder dieser Orte war ein Knotenpunkt in einem Geflecht familiärer und kultureller Beziehungen, das durch eheliche Verbindungen entstand und ständig erneuert wurde. Es ist bemerkenswert, aber eigentlich nicht erstaunlich, wie viele fürstliche Ehen im Laufe der frühen Neuzeit zwischen den genannten Familien geschlossen worden sind. Die räumliche Nähe, die gemeinsame Konfession und die ständische Zugehörigkeit zu einer Gruppe mindermächtiger Reichsfürsten auf einer wenig bedeutenden Ebene mögen als Erklärung dafür dienen; selbst ein sächsischer Kurfürst holte sich einmal seine Gemahlin aus einer ernestinischen Nebenlinie. Daß bei einer solchen dynastischen Vernetzung neben zahlreichen Verwandtenehen auch ein Gefühl familiärer und regionaler Zusammengehörigkeit entstehen konnte, liegt auf der Hand.

Aus dieser fürstlichen Kulturgemeinschaft in Mitteldeutschland ist im 17. Jahrhundert eine bemerkenswerte Blüte in Gestalt der Fruchtbringenden Gesellschaft erwachsen[25]. Fürst Ludwig von Anhalt-Köthen und die drei ernestinischen Herzöge Johann Ernst, Friedrich und Wilhelm von Sachsen gründeten im Jahre 1617 diese erste in der Reihe der deutschen Sprachgesellschaften in Weimar. Wenn sie auch nach einem anfangs großen Erfolg dann doch mit ihren zum Skurrilen neigenden Bestrebungen keine dauerhafte Wirkung erzielen konnte und 1680 wieder erlosch, so kann sie doch als Zeichen eines in diesem Raum lebendigen Kulturwillens angesehen werden, der bald auch adlige und bürgerliche Kräfte anzog.

Der Adel war in den mitteldeutschen Territorialstaaten der frühen Neuzeit zunächst an den Dienst für denjenigen Fürsten gebunden, in dessen Gebiet er landsässig war. Aber auch in dieser Hinsicht zeigte sich eine erstaunliche Beweglichkeit, die manchen Angehörigen eines adligen Geschlechts auch in den Dienst eines anderen „ausländischen" Fürsten innerhalb Mitteldeutschlands führte. Nicht selten wechselten hohe Beamte adliger Herkunft ihren Dienstherrn und lösten sich damit von einer Bindung an Herkunftsorte und Heimatlandschaften. Der bekannte Verfasser des „Teutschen Fürstenstaates", Veit Ludwig von Seckendorf, kam aus Oberfranken, trat 1651 in den Dienst des Herzogs von Sachsen-Gotha, wurde 1664 Kanzler im Fürstentum Sachsen-Zeitz, 1676 Landschaftsdirektor in den Herzogtümern Sachsen-Gotha und Sachsen-Altenburg. Von seinem dort gelegenen Rittergut Meuselwitz aus pflegte

---

24 Blaschke, Karlheinz: Die Umlandbeziehungen Dresdens als Residenzstadt, in: Stadt-Land-Beziehungen und Zentralität als Problem der historischen Raumforschung (Veröffentlichungen der Akademie für Raumforschung und Landesplanung, Forschungs- und Sitzungsberichte 88 – Historische Raumforschung 11), Hannover 1974, S. 139–160.

25 Conermann, Klaus; Herz, Andreas; Schmidt-Glintzer, Helwig: Die Fruchtbringende Gesellschaft. Gesellschaftsgedanke und Akademiebewegung, in: Döring, Detlef; Nowak, Kurt: Gelehrte Gesellschaften im mitteldeutschen Raum (1650–1820), Teil I (Abh. der Sächsischen Akademie der Wissenschaften zu Leipzig, Phil.-hist. Klasse, Bd. 76, H. 2), Leipzig, Stuttgart 2000, S. 19–38.

er intensiven Briefwechsel mit Leibniz, Pufendorf und Spener und belieferte die Leipziger Acta Eruditorum mit Beiträgen. An der Gründung der brandenburgischen Universität Halle war er bis zu seinem Tode 1692 maßgeblich beteiligt. Sein Neffe Friedrich Heinrich war in Meuselwitz ansässig, von wo aus er unter anderem dem sächsischen Kurfürsten Friedrich August I. diente. Aus der im Meißnischen begüterten, aus dem Leipziger Bürgertum aufgestiegenen Familie von Fritsch, die den berühmten Kopf des kursächsischen Rétablissements von 1763, Thomas Freiherr von Fritsch, hervorgebracht hatte, ging dessen Sohn Jakob Friedrich in den Dienst des Herzogtums Sachsen-Weimar, wo er der leitende Beamte des Staates war, dem auch seine beiden Söhne in hohen Stellungen dienten[26]. Ein Urenkel von Thomas kehrte als General in eine königlich sächsische Stellung zurück. Der aus einem weitverzweigten Geschlecht der Oberlausitz stammende Ernst Christian August von Gersdorff kam aus Herrnhutischer Bildungstradition 1807 nach Eisenach, wo er sich bis zum Staatsminister im Großherzogtum Sachsen-Weimar der Goethe-Zeit hocharbeitete[27]. Wenn man sich mit der geschichtlichen Bedeutung der in Mitteldeutschland auftretenden Adelsgeschlechter beschäftigt, dann stellt man allenthalben eine solche Beweglichkeit nach dem hier angeführten Muster fest. Dieser Personenkreis war aufgrund seiner Ausbildung an den mitteldeutschen Universitäten, seiner gesellschaftlichen Rolle als Rittergutsbesitzer und seiner führenden Stellung in staatlichen Diensten auch in intellektueller und kultureller Hinsicht ein Element der Bindung und Einheitlichkeit in diesem Raum. Nicht zuletzt ist an die mitteldeutschen Eliteschulen zu denken, in denen gerade auch adlige Söhne vor dem Universitätsstudium ihre Ausbildung und mit ihr auch eine pädagogische Prägung erhielten. Hier sind die drei kursächsischen Fürstenschulen in Grimma, Meißen und Schulpforta, die vielbesuchte Schule Roßleben an der Unstrut und die herrnhutischen Pädagogien in Barby und Niesky zu nennen.

Das Bürgertum der mitteldeutschen Städte kann nicht in gleicher Weise wie der Adel als eine in kultureller Hinsicht einheitsstiftende Kraft angesehen werden, seine Bedeutung liegt eher in seiner wirtschaftlichen Leistung, die in einigen Städten wie Leipzig, Erfurt, Halle, Görlitz und Zittau auch einen hohen Rang kultureller Entfaltung erreicht hatte, ohne daß es dabei jedoch zu Verbindungen im Sinne einer mitteldeutschen Vernetzung gekommen wäre[28]. Hier kann allerdings auf eine für die ganze deutsche und europäische Bildung wichtig gewordene Erscheinung hingewiesen werden, die aus der intellektuellen Führungsschicht des mitteldeutschen Bürgertums im Zeitalter der Aufklärung hervorgegangen ist. Der Hallische Historiker Günter Mühlpfordt hat in seinem unter schwierigsten äußeren Bedingungen geschaffenen Lebenswerk die „Wegweiser- und Mittlerrolle" der Leipziger und mit ihr der ganzen mitteldeutschen Aufklärung herausgearbeitet, ihm sind die nachfolgenden Darlegungen zu verdanken[29].

---

26 Jeserich, Kurt G. A.; Neuhaus, Helmut: Persönlichkeiten der Verwaltung, Stuttgart 1991, S. 23–26.
27 Ebenda, S. 146–149.
28 Kramm, Heinrich: Studien über die Oberschichten der mitteldeutschen Städte im 16. Jahrhundert (Mitteldeutsche Forschungen 87), Köln, Wien 1981.
29 Mühlpfordt, Günter: Gelehrtenrepublik Leipzig. Wegweiser- und Mittlerrolle der Leipziger Aufklärung in der Wissenschaft, in: Martens, Wolfgang: Zentren der Aufklärung III, Leipzig. Aufklärung und Bürgerlich-

Leipzig war in der frühen Neuzeit als „Marktplatz Europas" ein Stapel- und Umschlagplatz auch für geistige Güter, ein Ballungszentrum von Kommerz und Kultur, das in seinen Mauern mehr Bibliotheken, Redaktionen, Druckereien, Buchbindereien, Verlage, Buchhandlungen und Antiquariate beherbergte als jeder andere deutsche Ort. Zu den Messezeiten kamen an diesem Treffpunkt des intellektuellen Deutschland und Europa anregende Gesprächsrunden zwischen Gelehrten und Verlegern zustande. Das aus der Dreiheit von Messe, Universität und Buchhandel entstandene Zentrum Leipzig lag inmitten der sächsisch-thüringischen Kulturregion, die sich als eine von Erzgebirge, Thüringer Wald und Harz umschlossene historische Großlandschaft darstellte, sie war sein „geistiges Weichbild" und sein Einzugs- und Ausstrahlungsbereich. Mit ihm stand die Stadt in fruchtbaren Wechselbeziehungen, denn viele Einsichten, Entdeckungen, Erfindungen und Errungenschaften der Leipziger Aufklärung empfingen vom mitteldeutschen Raum mit seinen vorindustriellen Montan- und Textilrevieren, seinem hochentwickelten Schulwesen, seinen dicht beieinanderliegenden Universitäten maßgebliche Denkanstöße. In dieser Großlandschaft mit ihren vielen kleinen Residenzen und Verwaltungssitzen, die zu Sammelpunkten kultureller und wissenschaftlicher Betätigung wurden, war ein Niveau von klassisch-humanistischer Bildung, großgewerblicher Produktion und gepflegter Geistigkeit aufgewachsen, auf dem starke wissenschaftliche Bedürfnisse und Interessen gediehen.

Noch mehr als zur Reformationszeit waren jetzt die nunmehr auf fünf angewachsenen mitteldeutschen Universitäten Schrittmacher des geistig-wissenschaftlichen Fortschritts. Während des 18. Jahrhunderts studierten bei einem Jahresdurchschnitt von 6000–8000 Studenten an allen 31 Universitäten Deutschlands allein in Erfurt, Halle, Jena, Leipzig und Wittenberg 3121 Studenten[30]. Die überragende Stellung Mitteldeutschlands im akademischen Lehrbetrieb jener Zeit ist damit mehr als deutlich, sei es, daß hier ein wesentlich höherer Anteil aus der Jugend ein Studium aufnahm, sei es, daß in starkem Maße ein Zustrom aus anderen deutschen Gebieten erfolgte.

Halle, Jena und Leipzig waren Brennpunkte der Aufklärungsideen in einem fruchtbaren Umfeld mit hohem Bildungsstand und weiterentwickelten gewerblichen Produktivkräften. Eine Aufschlüsselung von Aufklärerbiographien hat gezeigt, daß ein Großteil der Aufklärer zwischen Werra und Queis gebürtig war. An ihrer Spitze steht Gottfried Wilhelm Leibniz, in dessen Person die geistigen Potenzen mehrerer Generationen sächsischer Beamter aus Bergbau und Staatsverwaltung gipfelten[31]. Er war der Sohn eines Leipziger Universitätsprofessors ebenso wie Christian Thomasius, der an der Gründung der Universität Halle mitwirkte und eine ihrer führenden Kräfte wurde. August Hermann Francke erhielt seine Bildung in Leip-

keit, Heidelberg 1990, S. 39–101. – Dieser umfangreiche Aufsatz bietet auf der Grundlage einer tiefgreifenden Sachkenntnis einen meisterhaften Überblick über die geistig-kulturelle Bedeutung Mitteldeutschlands in der Aufklärungszeit.

30 Eulenburg, Franz: Die Frequenz (wie Anm. 12), S. 153.

31 Döring, Detlef: Der junge Leibniz und Leipzig. Ausstellung zum 350. Geburtstag von Gottfried Wilhelm Leibniz im Leipziger Alten Rathaus, Berlin 1996.

zig und ging über Erfurt nach Halle. Aus der sächsischen Oberlausitz stammten Ehrenfried Walter von Tschirnhaus, der Pfarrerssohn Gotthold Ephraim Lessing und Johann Gottlieb Fichte, der sich aus ärmlichen Verhältnissen über die Fürstenschule Schulpforta zum Radikalaufklärer in Jena entwickelte; er wurde der erste Rektor der Berliner Universität. Der Mathematiker und Pädagoge Erhard Weigel wurde nach Studien in Halle und Leipzig Professor in Jena, wo er als Haupt einer weitverzweigten Keimzelle der deutschen Aufklärung u. a. auf den sächsischen Pfarrerssohn Samuel Pufendorf, auf Leibniz, Tschirnhaus, Thomasius, Christian Weise und den hochbedeutsamen Christian Wolff wirkte, der im Gefolge von Leibniz eine „Revolution in der Philosophie" verursachte und von Réaumur als „Professor des Menschengeschlechts" gelobt wurde. Die Geschichte der drei mitteldeutschen Aufklärungsuniversitäten Halle, Jena und Leipzig führt klangvolle Namen wie Johann Christoph Gottsched und Christian Fürchtegott Gellert, ebenso aber auch Themen von hoher wissenschaftlicher Bedeutung auf, die von der Leipziger Sprachreform mit der Bildung einer deutschen Wissenschaftssprache über die naturrechtliche, die theologische und die pädagogische „Revolution" der Philanthropisten bis zu Fortschritten in der Geschichtsforschung, in der Astronomie, der Kameralistik und den Naturwissenschaften führte. Als „Journalfabrik" nahm Leipzig eine Spitzenstellung in Deutschland ein, Lexika aus dieser „Mutter der Lexikographie" waren auf allen Gebieten führend, die besten Zeitungen kämen aus Leipzig, Jena und Gotha, stellte man 1695 in Hamburg fest.

Der in sich vielfach verflochtene Kulturraum Mitteldeutschland wirkte im Zeitalter der Aufklärung in starkem Maße anregend nach außen. Die 1734 gegründete Universität Göttingen zog tüchtige Köpfe aus der übersättigten Leipziger Akademikerszene ab, Göttingen wurde zu einer Domäne mitteldeutscher Aufklärer. Der aus Chemnitz stammende Christian Gottlieb Heyne machte sich als Leiter der berühmten Göttinger Universitätsbibliothek und Sekretär der dortigen Akademie einen Namen. Die Göttinger Aufklärung stellt sich als ein gemeinsames Werk der fünf mitteldeutschen Universitäten dar. Berliner Aufklärer nahmen über Leibniz, Weigel und Tschirnhaus Anstöße aus Leipzig auf. Aus der Aufklärung von Leipzig, Halle und Jena schöpften sämtliche deutschen Klassiker der Literatur und Philosophie bis zu Klopstock, Wieland und Goethe. Reformideen aus Leipzig, Halle, Jena, Dessau, Weimar, Gotha, Dresden und Erfurt wurden weithin in Europa beachtet und verwertet. Am stärksten übernahm Preußen solche Impulse teils von seiner eigenen Universität Halle, teils von Leipzig, wo König Friedrich II. während der preußischen Besetzung im Siebenjährigen Krieg das sächsische Bildungs- und Schulwesen als vorbildhaft für seinen Staat kennenlernte. Von den späteren Reformern Stein und Hardenberg hat der erste in Freiberg, der zweite in Leipzig studiert. Der österreichische Staatskanzler Wenzel Anton Graf von Kaunitz nahm aus seiner Leipziger Studienzeit aufklärerische Gedanken mit nach Österreich. Im russischen Reich stützten sich die Reformen des 18. Jahrhunderts auf Halle-Leipziger Naturrechtslehre und Kameralistik. Die Petersburger Akademie der Wissenschaften kam unter maßgeblicher Mitwirkung mitteldeutscher Professoren zustande, 45 Jahre lang standen an ihrer Spitze Gelehrte aus Leipzig, Halle oder Jena, der russische Universalgelehrte Lomonossow war von der Halle-Leipziger Aufklärung geprägt. Junge Russen studierten damals vorzugsweise in Leipzig. In der Außenansicht hat sich Mitteldeutschland den Zeitgenossen offenbar als eine eigene geistige Größe dargestellt.

Nach der Ausstrahlung der mitteldeutschen Aufklärung in die geographische Weite ist ihre Fortwirkung im eigenen Lande zu bedenken. Das betrifft in erster Linie die Ausbildung der deutschen Klassik. In der als kultur- und geistesgeschichtliche Einheit begriffenen Goethezeit tritt Mitteldeutschland mit dem Weimarer Kreis wiederum in den Vordergrund, diesmal zwar aus vielen Anregungen aus dem akademischen Bereich genährt, aber doch in einem anderen sozialen Umfeld gedeihend. Ein letztes Mal erweist sich die Welt des Fürstenhofes als Nährboden einer hohen Entfaltung von Literatur, Bildung, Kunst und Lebensgefühl mit weiter Ausstrahlung. Der Weimarer Musenhof Anna Amaliens wird infolge eines glücklichen Zusammentreffens großer Geister zu einem Sammelbecken einzigartiger kultureller Leistungen, die nicht mehr von einheimischen Kräften erbracht werden, aber unter günstigen Bedingungen des mitteldeutschen Raumes zu einer Wirkungseinheit zusammenwachsen. Von Weimar aus unterhält der reichsstädtische Frankfurter Goethe Beziehungen nach dem mainzischen, dann französischen, dann preußischen Erfurt und nutzt im kursächsischen Lauchstädt das Theater für Aufführungen seiner Truppe. In Leipzig hatte er als Student das reiche Bildungsangebot von „Klein-Paris" in sich aufgenommen, in Dresden beeindruckte ihn die großartige Gemäldegalerie. Der Schwabe Schiller fand in Leipzig und Dresden Freunde und Gönner, die ihm dort längere Aufenthalte ermöglichten, bis er in Jena eine Professur und in Weimar unter einem fürstlichen Mäzen seine endgültige Bleibe erhielt. Sein Landsmann Christoph Martin Wieland wurde mit 32 Jahren Professor in Erfurt und sieben Jahre später Prinzenerzieher in Weimar, wo er neben dem 1776 berufenen Ostpreußen Johann Gottfried Herder den Kreis der Hauptgestalten der deutschen Klassik bereicherte. Zur gleichen Zeit und auf gleichem sozialem Untergrund entfaltete sich um das Dessauer Philanthropinum ein anregender Kreis fortschrittlicher Pädagogik.

Der Begriff der Goethezeit kennzeichnet den letzten großen Beitrag Mitteldeutschlands zur deutschen Kultur- und Geistesgeschichte mit einer eigenen Prägung[32]. Die weitere Entwicklung stand unter dem Zeichen übergreifender, nationaler gesamtdeutscher Vorgänge, in denen auch Kultur und Bildung mehr und mehr auf zentrale Strukturen orientiert waren. Einzelne Landschaften und Regionen konnten im 19. und 20. Jahrhundert in wirtschaftlicher Hinsicht ein eigenes Profil gewinnen, wie es auch für den mitteldeutschen Raum gilt, aber die deutsche Kultur wurde jetzt vereinheitlicht und in weltweite Beziehungen eingebunden, in denen für landschaftliche Eigenarten kaum noch Platz war. Geblieben sind aber die Traditionen und Institutionen der Kulturpflege, die ihre Wurzeln in der Geschichte der vergangenen fünf Jahrhunderte haben. Mitteldeutschland ist in dieser Hinsicht ein Gebiet auffälliger Verdichtung von Einrichtungen der Kultur und des Bildungswesens, der Musik- und Theaterpflege, der Museen und Kunstsammlungen von hohem Rang.

Es war die Aufgabe der vorstehenden Ausführungen, der Frage nachzugehen, ob und in welchem Maße Mitteldeutschland als ein Raum gelten kann, der in bezug auf Kirche, Kultur

---

32 Vgl. hierzu Bruford, Walter Horace: Deutsche Kultur der Goethezeit, Konstanz 1965.

und Bildung eine eigene Prägung aufweist und sich von anderen Räumen unterscheidet. Die angeführten Entwicklungen und Tatsachen dürften gezeigt haben, daß dies der Fall ist. Der Großraum in der Mitte des historischen Deutschland hat in den Jahrhunderten der frühen Neuzeit in vier Epochen der Kulturgeschichte seine Eigenart und seinen Eigenwert erhalten. Die Reformation, die Kultur des Barock, die Aufklärung und die Goethezeit haben ihn aus der allgemeinen deutschen Kulturlandschaft herausgehoben und seine intellektuellen und künstlerischen Kräfte zu hoher Entfaltung gebracht, so daß auf diesem Boden vorbildhafte Leistungen mit weiter und anhaltender Ausstrahlung erbracht worden sind. Mitteldeutschland definiert sich nicht durch eine politische Vormachtstellung. Seine Bedeutung für das Erscheinungsbild und das Wesen der Nation liegt vielmehr im Bereich von Kultur, Bildung und Geist.

Jürgen John

Die politisch-administrative Geschichtslandschaft „Mitteldeutschland"

M it einem knappen Überblick auf die Territorial-, Staats- und Verwaltungsgeschichte Sachsens, Sachsen-Anhalts und Thüringens[1] ist im folgenden zu prüfen, ob, inwieweit und zu welchen Zeiten sich dabei übergreifend-„mitteldeutsche" bzw. zur heutigen Länderstruktur führende Integrationskerne ausbildeten. Das berührt die Realgeschichte territorial-administrativer Strukturen wie die Geschichte darauf bezogener Denkfiguren und Deutungsmuster. Realgeschichtlich sticht die strukturelle Heterogenität ins Auge, konstruktgeschichtlich das Dilemma, sie in einen konstitutiven Zusammenhang bringen zu wollen.

Argumentationsmuster

Von einer historisch gewachsenen „Einheit Mitteldeutschlands" ausgehende Großraumkonzepte können sich kaum positiv auf dauerhaft-gemeinsame territoriale und administrative Strukturen berufen. Sie führen meist natur-, sozial- und kulturräumliche Argumente ins Feld.

---

1 Grundsätzlich ist auf die Literaturhinweise und Belege im Beitrag „Gestalt und Wandel der ‚Mitteldeutschland'-Bilder" zu verweisen. Einzelbelege erfolgen nur bei dort nicht erwähnten oder sonst nicht eindeutig erkennbaren Titeln und bei Zitaten. Bislang gibt es nur länderbezogene Darstellungen, aber keine ausführlich-systematische Gesamtübersicht über die mitteldeutsche Territorial-, Staats- und Verwaltungsgeschichte. Ansätze enthalten die „Mitteldeutschland"-Literatur der 1920er/30er Jahre und die im Beitrag über die „‚Mitteldeutschland'-Bilder" erwähnten begriffsgeschichtlichen Aufsätze von Otto Schlüter, Heinz Günter Steinberg (u. a. in: Mitteldeutschland. Versuche begrifflicher Definition unter fachwissenschaftlichen Aspekten [Aus Deutschlands Mitte 3], ²Bonn 1979), Herbert Wolf und Karlheinz Blaschke. Einen knappen Überblick gab Flach, Willy: Die staatliche Entwicklung Mitteldeutschlands, in: Das Thüringer Fähnlein. Monatshefte für die mitteldeutsche Heimat 7 (1938), S. 378–381, den bislang einzigen relativ ausführlichen Kötzschke, Rudolf: Staatlicher Aufbau und Gebietsentwicklung, in: Ebert, Wolfgang u. a.: Kulturräume und Kulturströmungen im mitteldeutschen Osten, Halle 1936, S. 15–68 (beide Aufsätze waren auf das „mitteldeutsche Volkstum" ausgerichtet). Als länderbezogene Nachschlagewerke seien empfohlen Köbler, Gerhard: Historisches Lexikon der deutschen Länder. Die deutschen Territorien vom Mittelalter bis zur Gegenwart, ⁴München 1992; Sante, Georg Wilhelm (Hrsg.): Geschichte der deutschen Länder. „Territorien-Ploetz", Würzburg 1964/71; Die Territorien des Reiches im Zeitalter der Reformation und Konfessionalisierung 1500–1650 (hrsg. v. Anton Schindling; Walter Ziegler), 2 Bde. („Der Nordosten", 1990) u. 4 („Mittleres Deutschland", 1992); Grundriß zur deutschen Verwaltungsgeschichte 1815–1945 (hrsg. v. Walter Hubatsch), Reihe A/Bd. 6 (Provinz Sachsen, 1975), Reihe B/Bde. 14 (Sachsen, 1982), 15 (Thüringen, 1983) u. 16/II (Anhalt, 1981), sowie die relevanten Bände der jeweils ebenfalls methodisch sehr ähnlichen und deshalb leicht zu vergleichenden Zwecken heranziehbaren Reihen „Historische Landeskunde Mitteldeutschlands" (hrsg. v. Hermann Heckmann; betr. Sachsen, Thüringen, Sachsen-Anhalt, mehrere Aufl. seit den 1980er Jahren); „Historische Stätten" (betr. Sachsen, Thüringen, Sachsen-Anhalt, mehrere Aufl. seit den 1960er Jahren); „Historischer Führer" (betr. Bezirke Dresden, Cottbus, Leipzig, Karl-Marx-Stadt 1981/82); „Geschichte in Daten" (betr. Sachsen, Günter Naumann, 1991; Sachsen-Anhalt/Anhalt, Gerlinde Schlenker u. a., 1993/94; Thüringen, Jürgen John u. a., 1995).

Ansonsten argumentieren sie eher negativ mit der Notwendigkeit, kleinteilige und verschiedenartige Strukturen großräumig zu überwinden, oder bezeichnen die „Einheit in der Vielfalt" als konstitutives Merkmal[2]. Das sind geläufige und weitverbreitete Deutungsmuster und -probleme, die sich auch in anderen heterogen strukturierten Regionen ausprägten. Im Falle erfolgreicher Großländerbildung führten sie zu dem Problem, die einstige Negativsicht auf überwundene Vorgängerterritorien ins Positive zu wenden[3]. Ob ein Großland „Mitteldeutschland" integrationsfähig wäre und seine historisch-administrativen Identitätsprobleme bewältigen könnte, muß dahingestellt bleiben. Gewisse Aufschlüsse erlauben aber die aus ehemals kleinstaatlichen und preußischen Gebieten gebildeten „mitteldeutschen" Länder Thüringen (1920/45) und Sachsen-Anhalt (1945/47).

Diese Zusammenschlüsse wurden mit der „wirtschaftlichen und kulturellen Einheit" des jeweiligen Raumes und mit der Notwendigkeit angemessener administrativer Strukturen begründet. Bei der Suche nach entsprechenden historischen Vorläufern griff man gern weit in die Geschichte zurück und sah dann großzügig darüber hinweg, daß vorstaatlich-mittelalterliche Strukturen keinen Bestand hatten, zerfielen oder in anderen territorialstaatlichen und administrativen Zusammenhängen aufgingen. Zwar kann in beiden Ländern auf das neuzeitliche Vordringen Brandenburg-Preußens verwiesen werden, das in ihren Gebieten neue Integrationszonen schuf. Daneben hielten sich aber die Kleinstaaten Anhalts (bis 1863) und Thüringens (bis 1920). Deren Vorgeschichte wurde nach dem Ende der Dynastien 1918 zum identitätspolitischen Problem des nun freistaatlichen Landes Anhalt und des neuen Landes Thüringen. Dazu trug auch der Paradigmenwechsel von der politisch-dynastisch ausgerichteten Landesgeschichte zur Volks- und Kulturraumforschung nach 1918 bei. Nach 1945 erschien die kleinstaatlich-dynastische Vorgeschichte erst recht suspekt. Zwar zeichnet sich seit 1990 die Tendenz ab, wieder die geschichtsbildende Rolle einstiger kleinstaatlicher Dynastien zu betonen. Zu Recht wird darauf verwiesen, daß die lang anhaltende und schließlich nahezu singuläre Staatenfülle dieser „Regionen der Residenzen, Höfe und Fürsten" deren neuzeitlicher Geschichte in positiver wie negativer Weise ihren Stempel aufgedrückt hat. Doch gerät der Versuch, aus solchen Wirkungszusammenhängen gemeinschaftsbildende Traditionen der heutigen Bundesländer herauszufiltern, zum fragwürdigen Konstrukt. Kleinstaatenfülle und Polyzentralität kann man als prägende Phänomene, als fördernde oder hemmende Faktoren der jeweiligen Geschichts- und Kulturlandschaft beschreiben, aber kaum auf heutige Landesidentität hochrechnen. Das ist allerdings eher ein Problem thüringischer als sachsen-anhaltischer Identitätspolitik[4].

---

2 Vgl. hierfür und für andere im folgenden erwähnte Deutungsmuster und Denkfiguren die im Beitrag über die „,Mitteldeutschland'-Bilder" dargelegten Beispiele.

3 Vgl. dazu auch den auf die „alten Bundesländer" bezogenen kritischen Literaturbericht von Mohr, Arno: Politische Identität um jeden Preis? Zur Funktion der Landesgeschichtsschreibung in den Bundesländern, in: Neue Politische Literatur 35 (1990), S. 222–274, und den Beitrag Dietmar v. Reekens über Niedersachsen in diesem Band.

4 Vgl. Identität und Tradition in Sachsen-Anhalt. Beiträge zur Selbstfindung eines neuen Bundeslandes, Magdeburg, Bonn-Bad Godesberg 1993; John, Jürgen (Hrsg.): Thüringen – Geschichte und Identität (für den

Im heutigen Freistaat Thüringen überwiegen die bis 1920 kleinstaatlichen Gebiete die im 19. Jahrhundert entstandenen preußischen. Letztere stehen deshalb auch historiographisch meist im Schatten. Seinen Kern bildet das 1920 von sieben Kleinstaaten gegründete und 1945 um die preußischen Gebiete erweiterte Land. Diese „kleinthüringische" Landesgründung 1920 mit der einstigen Residenzstadt Weimar als Landeshauptstadt galt freilich nur als Notlösung und das damals nicht in das Land eingebundene preußische Verwaltungszentrum Erfurt – die größte, wirtschaftlich stärkste und zentral gelegene Stadt – als eigentliche Hauptstadt der Region[5]. Entsprechend ging die Funktion der Landeshauptstadt 1948/51 an Erfurt über, das sie 1990 wieder übernahm. Dynastiegeschichtliche Argumente spielten bei der Thüringer Landesgründung 1918 bis 1920 keine positive Rolle. Vielmehr wurde die Notwendigkeit betont, den dynastisch bedingten „Thüringer Kleinstaatenjammer"[6] nach dem Ende der Dynastien endlich zu überwinden. Aus dieser Vorgeschichte ließ sich in der politischen Kultur der Weimarer Republik keine Landesidentität ableiten. Allenfalls berief man sich – wie im Falle Coburgs, zeitweise auch Meiningens und Altenburgs – 1918/19 auf eigenstaatliche Traditionen, um sich nicht der entstehenden Thüringer Gemeinschaft, sondern Bayern oder Sachsen anzuschließen. Die Identitätspolitik der sozialistischen Landesregierungen bis 1923 war darauf gerichtet, die neue republikanische politische Kultur im Bewußtsein der Bevölkerung zu verankern. Dies scheiterte am Widerstand konservativ eingestellter gesellschaftlicher Eliten. Zudem geriet das junge Land in den Sog der „Mitteldeutschland"-Pläne, die seine Existenz bereits wieder in Frage stellten[7]. Nach 1933 trat der – Land und preußische Gebiete umschließende – NSDAP-Gau Thüringen in den Vordergrund politischen Handelns und entsprechender Identitätspolitik. Die „Thüringen"-Agitation der Nationalsozialisten stellte den völkisch und rassisch gedeuteten NS-„Mustergau" über das Land mit seiner kleinstaatlich-dynastischen Vorgeschichte. Nach 1945 sollten – soweit der „Thüringen"-Gedanke trotz der Bezirksstrukturen seit 1952 lebendig blieb bzw. dann in den 1970er/80er Jahren wieder belebt wurde – revolutionär-proletarische Traditionen den Makel dieser Vorgeschichte ausgleichen. Seit 1990 mehren sich zwar Tendenzen, „Thüringer Identität" wieder dynastiegeschichtlich zu begründen. Den Grundzug aber bildete seit 1920 das Bestreben, die Identität des Landes und seiner Bewohner aus

---

Druck vorbereitet) – mit freilich unterschiedlicher – auf den Nachweis sachsen-anhaltischer „Identität und Tradition" oder auf die Geschichte „Thüringer Identitäts"-Konstruktionen gerichteter – Zielstellung.

5 Vgl. John, Jürgen: Erfurt als Zentralort, Residenz und Hauptstadt, in: Weiß, Ulman (Hrsg.): Erfurt. Geschichte und Gegenwart, Weimar 1995, S. 23–44; Post, Bernhard; Wahl, Volker (Hrsg.): Thüringen-Handbuch. Territorium, Verfassung, Parlament, Regierung und Verwaltung in Thüringen 1920 bis 1995, Weimar 1999; vgl. auch neuerdings: Das preußische Thüringen. Abhandlungen zur Geschichte seiner Volksvertretungen (Schriften zur Geschichte des Parlamentarismus in Thüringen 17), Rudolstadt, Jena 2001.

6 Vgl. Hofmann, Arthur: Thüringer Kleinstaatenjammer. Ein Weckruf an alle Thüringer ohne Unterschied der Parteizugehörigkeit, Saalfeld 1906; zu den Argumentationsmustern bei der Thüringer Landesgründung vgl. die in den Beiträgen über die „Mitteldeutschland'-Bilder" und die „Reichsreform" angeführte Literatur; eine spätere Synthese kleinstaatlicher und kultureller Vorgeschichte versuchte lediglich die Schrift von Schneider, Friedrich; Tille, Armin: Einführung in die Thüringische Geschichte, Jena 1931, mit ihren beiden Teilen „Thüringens staatliche Entwicklung" und „Die kulturelle Bedeutung Thüringens".

7 Vgl. den Beitrag von Oliver Lemuth in diesem Band.

der Landschafts-, Volks- und Kulturgeschichte und aus jenen historischen Perioden abzuleiten, in denen „Thüringen" als territorial-administrativ einigermaßen geschlossener oder integrationsfähiger Raum in Erscheinung zu treten schien – aus dem Königreich der Thüringer des 5./6. Jahrhunderts, der Thüringer Landgrafschaft (1131/1247) und dem ernestinischen Kurfürstentum (1485/1547).

Im heutigen Land Sachsen-Anhalt stellen sich die Konstellationen umgekehrt dar. Hier überwiegen die Gebiete der 1816 aus unterschiedlichen Vorgängerterritorien gebildeten preußischen Provinz Sachsen mit ihren Verwaltungs-, Hochschul- und Wirtschaftszentren Magdeburg und Halle die der einstigen, 1863 vereinigten anhaltischen Kleinstaaten. Folglich gaben bei den Zusammenschlußplänen der 1920er/30er Jahre wie dann bei der Provinz- bzw. Landesgründung 1945/47 die provinzsächsischen Gebiete den Ausschlag gegenüber dem erheblich kleineren und von preußischen Gebieten umschlossenen Anhalt. Die Provinz Sachsen fungierte als Integrations-, Anhalt als Anschlußgebiet. So kam beim Zusammenschluß 1945 nur eine provinzsächsische Stadt und nicht das anhaltische Dessau als Hauptstadt in Frage. Die Wahl fiel damals auf Halle. Erst 1990 wurde Magdeburg Landeshauptstadt. Diese disproportionale Konstellation der beiden Landeskomponenten prägt auch die Sicht auf die Vorgeschichte des heutigen Landes. Sie rückt den in den 1920er/30er Jahren als Initiativ- und Kernzone damaliger „Mitteldeutschland"-Pläne[8] hervortretenden provinzsächsischen Raum mit seinen historischen Wurzeln in den Mittelpunkt. Die bis 1918 dynastisch geprägte Geschichte Anhalts und seiner kleinstaatlichen Vorgänger erscheint nur als Appendix. Das brandenburgisch-preußische Vordringen und die Integrationsleistungen der kleinstaatlich-dynastisch unbelasteten, modernen, wirtschaftlich dynamischen Provinz Sachsen erschienen in den 1920er/30er Jahren als bahnbrechend und wegweisend für die erstrebte „Einheit Mitteldeutschlands". Nach 1945 galt die provinzsächsische Grundkomponente des neuen Landes Sachsen-Anhalt freilich als Bestandteil des „reaktionären Preußens". Dieser Makel liegt immer noch auf Sachsen-Anhalt, das sich zudem des Vorwurfs zu erwehren hat, nur ein Kunstprodukt preußischer Okkupations- bzw. alliierter Besatzungspolitik zu sein. Deshalb hat sich auch hier die Neigung ausgeprägt, solchen Identitätsproblemen durch den Rückgriff in die ältere Geschichte auszuweichen und Sachsen-Anhalt als Kernland ottonischer Reichs- und Ostpolitik (10./11. Jh.), sächsischer Herzogtümer (9.-15. Jh.), der Reformation sowie als ein anderen Regionen ebenbürtiges, wenn nicht gar überlegenes altes Kulturland zu bezeichnen. Daneben kommt der „Mitteldeutschland"-Gedanke wieder zur Geltung, um mit ihm sachsen-anhaltischer „Landesidentität" Nachdruck zu verleihen oder gar die Landesgründung 1945/47 konzeptionell auf die Pläne der 1920er/30er Jahre zurückzuführen.

Allein im heutigen Freistaat Sachsen kann von einer bis in markmeißnische Zeit zurückreichenden, trotz der Gebietseinbußen 1815 im Kern ungebrochenen territorialstaatlichen Kontinuität mit der Residenz-, Kultur- und Landeshauptstadt Dresden und dem Wirtschafts-,

---

8 Vgl. den Beitrag über die „‚Mitteldeutschland'-Bilder" und die entsprechenden Beiträge im dritten Teil dieses Bandes.

Messe-, Verlags- und Wissenschaftszentrum Leipzig ausgegangen werden. Der wettinische Kurstaat (1423/85) gehörte zu den wichtigsten spätmittelalterlichen Territorien, das albertinische Kursachsen (1547/1806) zu den einflußreichsten frühneuzeitlichen Staaten und Konkurrenten Brandenburg-Preußens. Das 1815 stark verkleinerte Königreich Sachsen (1806/1918) spielte als industrielle Pionierregion und bis 1866 in mittelstaatlichen Versuchen, ein an Österreich angelehntes „drittes Deutschland" zu formieren, eine wichtige Rolle. Mit diesem historischen Hintergrund und seinen ausgeprägt landes- und regionalgeschichtlichen Forschungstradionen erscheint Sachsen als identitätspolitisch relativ unproblematisches Land, als geeignetes Untersuchungsfeld regionaler Identifikationsprozesse[9] und häufig auch als ausbaufähiger Kern eines administrativen mitteldeutschen Großraumes mit dem wettinischen Territorialstaat des 15. Jahrhunderts als Vorläufer. Revisionskonzepte zur Wiederherstellung des 1485 geteilten wettinischen Verbundes oder zur Rückgewinnung der 1815 an Preußen verlorenen Gebiete verbanden und verbinden sich mit der Vision, Sachsen sei berufen, die „politische Einheit Mitteldeutschlands" herzustellen. Solche Konzepte schließen oft ein Negativbild Preußens ein, das auf das Land Sachsen-Anhalt als Aufteilmasse für ein künftiges Großland „Mitteldeutschland" oder „Sachsen-Thüringen" übertragen wird[10]. Dies zeigte sich seit 1990 in mehreren Neugliederungsinitiativen mit entsprechendem Rückhalt bei der sächsischen Landesgeschichtsschreibung.

So unterschiedlich die Argumentationsmuster in den drei Ländern auch gelagert sind – eines haben sie mit Blick auf das hier erörterte Thema gemeinsam: Sie berufen sich durchweg auf ältere, als integrationsfähig angesehene Staats- und Verwaltungsstrukturen, um den Makel heterogener Vorgeschichte zu kompensieren oder die „Einheit Mitteldeutschlands" mit entsprechendem Iniatitiv- und Führungsanspruch historisch zu begründen. Bis heute stehen solch raumbezogene Denkmodelle im Banne des Großstaat- und Großraumdenkens. Sie billigen kleinteiligen Strukturen allenfalls in kultureller Hinsicht geschichtsbildende Kraft zu. Ansonsten sehen sie in ihnen durchweg partikulare, zentrifugale, zersplitternde, hemmende und letztlich destruktive Faktoren. Großstaaten und administrative Großräume erscheinen als positive Gegenbilder. Man kritisiert zwar früheres Macht- und Großstaatdenken borussischen Zuschnitts, bleibt aber – wenn es um die eigenen Absichten geht – selbst solchen Denkkategorien verhaftet. Es wird kaum bedacht, daß diese durch die Machtstaatpolitik des 19./20. Jahrhunderts, seit Heinrich v. Treitschke oder gar Carl Schmitt politisch wie geistig gründlich diskreditiert sind[11] und zumindest der (selbst)kritischen Reflektion bedürfen.

In der Regel richten sich entsprechende Konzepte nach folgendem Grundprinzip: Sie gehen von einem vorgegebenen Raum aus und fragen danach, wo, wann, in welchem Ausmaß und in welcher Konsistenz sich dieser Raumvorgabe entsprechende Herrschafts-, Staats- und Ver-

---

9 Vgl. Fach, Wolfgang u. a.: Regionenbezogene Identifikationsprozesse. Das Beispiel Sachsen. Konturen eines Forschungsprogramms, in: Wollersheim, Heinz Werner u. a. (Hrsg.): Region und Identifikation, Leipzig 1998, S. 1–32.

10 Vgl. den Beitrag über die „„Mitteldeutschland'-Bilder" und den Beitrag von Werner Rutz in diesem Band.

11 Vgl. auch den Beitrag von Michael Dreyer in diesem Band.

waltungsstrukturen bzw. entsprechend integrations- und ausbaufähige Kerne ausbildeten. Sie werden dann entweder auf eines der drei heutigen Länder oder auf einen angestrebten mitteldeutschen Großraum projiziert. In Zeiten besonders massiver Großraumpläne und des Versuchs, „Mitteldeutschland" als „Einheit" (1927)[12] zu denken, standen sich solch gegensätzliche Projektionen und die entsprechende Berufung auf ältere staatlich-administrative Integrationstendenzen diametral gegenüber. Entweder wurden die Notwendigkeit eines mitteldeutschen Großraumes mit historischen Argumenten begründet oder die Eingliederung in einen administrativen Großraum „Mitteldeutschland" mit solchen Argumenten und mit dem Hinweis auf eigene territorialstaatliche Traditionen abgelehnt. Von der jeweiligen Projektions- und Argumentationsabsicht hängt die – oft konträre – Interpretation historischer Strukturen und Vorgänge ab[13]. Grundsätzlich geht die jeweilige Interpretations- und Projektionsperspektive von Zusammenschlüssen, Staatsbildungs- und -ausbauprozessen aus. Krisen, Zusammenbrüche, Teilungen und Gebietsverluste werden als Rückschlag bewertet, mit Negativurteilen belegt oder ausgeblendet. Meist wählt solch raumbezogene Inanspruchnahme früherer staatlich-administrativer Integrationstendenzen die für die jeweilige Argumentation paßgerechten historischen Beispiele recht beliebig aus. Dabei wird ziemlich unbekümmert mit den historischen Befunden umgegangen. Die im Verlaufe der historischen Entwicklung grundverschiedene Qualität von Herrschaft, Staatlichkeit und Verwaltung bleibt oft unberücksichtigt. Von der romantisierenden Wissenschaftssprache des 19. Jahrhunderts für die Frühzeit geprägte Begriffe („Stämme", „Stammesherzogtümer" etc.) werden häufig undifferenziert und unflektiert verwendet, um den Eindruck von Geschlossenheit und Konsistenz zu erwecken.

Strukturen und Konstellationen

Die Suche nach möglichst frühen Großraumstrukturen führte die Verfechter „politischer Einheit Mitteldeutschlands" bis in die Völkerwanderungszeit. Sie wurden beim Königreich der Thüringer fündig, das sich nach dem Zerfall der hunnischen Konföderation (451) im Mittelelbe-Saale-Gebiet formierte. Dieser 531 von Franken (und wahrscheinlich auch Sachsen) zerschlagene germanische Stammesverband eignet sich schon deshalb gut für solche Projektionen, weil sein Bild bei äußerst dünner schriftlicher Quellenlage vage und deshalb interpretationsfähig bleibt. Zudem ist für ihn ein weiter Siedelraum archäologisch belegt, der zeitweise vom Nordharz- bis in das Donaugebiet reichte[14]. Das ließ ihn als „einheitlichen Großsiedlungsraum"[15] erscheinen und verleitete in der „Mitteldeutschland"-Euphorie der 1920er/30er

---

12 Vgl. Mitteldeutschland auf dem Wege zur Einheit. Denkschrift über die Wirkung der innerstaatlichen Schranken, Merseburg 1927.

13 Vgl. die entsprechenden Beispiele in dem Beitrag über die „‚Mitteldeutschland'-Bilder".

14 Vgl. hierfür und für weitere räumlich-territorialstaatliche Angaben die diesem Band beigefügten Karten.

15 Heinz Günter Steinberg in: Mitteldeutschland. Versuche begrifflicher Definition (Anm. 1), S. 64.

Jahre zu der mitunter bis heute kolportierten abstrusen Ansicht, hier habe „Mitteldeutschland" zum ersten- und letztenmal seine „politische Einheit" erreicht[16]. Dieses „Thüringer Reich" – hieß es wenig später in ähnlicher Weise – schloß „den ganzen Raum in einer politischen Einheit zusammen"[17]. Mit Blick auf die als „ostgotisch-thüringisches Bündnis" gewertete Heirat des letzten – und einzigen in den Quellen einigermaßen Konturen annehmenden – Thüringer Königs Hermenefred (Herminafrid) mit einer Nichte des Ostgotenherrschers Theoderich wird es auch heute noch mit Begriffen wie „mächtigstes germanisches Reich außerhalb des römischen Westreiches" und „Widerlager" fränkischen Vordringens[18] umschrieben, die eher an moderne geopolitische Konstellationen als an diese Frühzeit erinnern.

Das Ende des Thüringer Königreiches 531 führte nach gängiger Auffassung in anschließender fränkischer Zeit zu einer Dreiteilung seines Siedlungsraumes: die südlichen Rest-Siedelgebiete der Thüringer mit enger Bindung an das Frankenreich und besonders Mainfranken, in dem sich ein („Stammes")Herzogtum ausbildete, den von Sachsen besiedelten Teil nördlich der Unstrut und den slawisch besiedelten östlichen. Die fränkische Herrschaft südlich und – seit der Unterwerfung der Sachsen (772/804) – auch nördlich des Harzes war nach 700 (im Süden)[19] bzw. nach 800 (im Norden) mit durchgängiger Christianisierung verbunden. Sie schuf zwei sehr verschiedene Siedlungs- und Geschichtslandschaften mit der Saale und mittleren Elbe als „Ostgrenze". Die westlichen Gebiete mit ihrem merowingisch-karolingisch, dann ostfränkisch geprägten System von Grenzmarken, Herzogtümern und Grafschaften, kurzzeitiger Erfurter (742, 746/52 Mainz inkorporiert) und dauerhafter Halberstädter (814/27) Bistumsgründung sowie den karolingischen Königspfalzen/Handelsplätzen Erfurt und Magdeburg (802/05) waren nach Westen ausgerichtet, der slawische Osten fortan gelegentliches Vorstoß- und Tribut- bzw. seit dem 10. Jahrhundert Eroberungs-, Missions- und Kolonisationsgebiet. Nach den sog. Sachsenkriegen (772/804) entstand im Norden des karolingischen bzw. (seit 843) ostfränkischen Reiches das seit der zweiten Hälfte des 9. Jahrhunderts liudolfinisch beherrschte („Stammes"-)Herzogtum Sachsen mit seinen drei Teilen Westfalen (Westsachsen), Engern (Mittelsachsen) und Ostfalen (Ostsachsen). Letzteres gewann zunehmenden Einfluß auf Thüringen. Dessen Herzogtum verlor an Konturen und trat bei den Königswahlen des Frankenherzogs Konrad (911) und des Sachsenherzogs Heinrich (919) bereits nicht mehr reichsbildend in Erscheinung.

Unter Heinrich I. (919/36)[20] wurde der ostsächsisch-thüringische Raum „Reichs-" und „Königslandschaft", „Wiege", „Kerngebiet" und „Kraftfeld"[21] des entstehenden deutschen,

---

16 Theodor Steudel in dem Sammelband von Lüttgens, Carl-Max (Hrsg.): Mitteldeutschland, Erfurt 1931, S. 9.

17 Rudolf Kötzschke in seinem Text aus dem Jahre 1936 (Anm. 1), S. 17.

18 Matthias Werner in: Vom Königreich der Thüringer zum Freistaat Thüringen, Erfurt 1999, S. 15.

19 Nach ersten Ansätzen im 6./7. Jahrhundert in der ersten Hälfte des 8. Jahrhundert vor allem mit der Tätigkeit der angelsächsischen Missionare Willibrord und Winfried (Bonifatius), der später zum „Apostel der Deutschen" stilisiert wurde.

20 Hier wie im folgenden beziehen sich die bei Personen in Klammern genannten Daten auf Regierungs- und Amtszeiten.

21 So die in der Literatur bis heute gängigen Deutungen und Begriffe.

dann (seit Otto I.) römisch-deutschen Reiches mit zahlreichen Königshöfen und Pfalzen, unter denen Memleben, Quedlinburg, Merseburg und Magdeburg herausragten. Und er bildete den Ausgangspunkt seiner mit der Abwehr von Slawen- und Ungarneinfällen verbundenen Ostexpansion[22] im Elbe-Saale-Gebiet. 928/29 wurden unter anderem die „Brennaburg" (Brandenburg) der Heveller im Norden und die Daleminzer-Burg Gana im Süden erobert und dort die spätere Burg Meißen (zunächt als befestigtes Militärlager) angelegt. 932 fiel die Burg „Liubusua" der Lusizer (Niederlausitz). Die mehrfach rückschlägige Unterwerfung der Milzener (Oberlausitz) dauerte bis etwa 990. Für die bis 936 eroberten und tributpflichtigen slawischen Gebiete setzte Otto I. (936/73) die Markgrafen Hermann Billung (936/73) an der Niederelbe und Gero (937/65) im Mittelelbe-Saale-Gebiet ein. Zur Christianisierung der unterworfenen, in Marken und Burgwardbezirke eingeteilten slawischen Siedelgebiete entstanden die Bistümer Havelberg und Brandenburg (948) für die nördlichen, Merseburg, Zeitz und Meißen (968) für die südlichen Gebiete sowie das Erzbistum Magdeburg (968) als Eckpfeiler des ottonischen Reichskirchensystems. Nach dem Tode Markgraf Geros (965) wurde dessen umfangreiche Mark in mehrere Marken und Gaue geteilt – mit den Kernzonen der sog. Nordmark west- (die spätere „Altmark") und östlich der Elbe, der sog. sächsischen Ostmark/Mark Lausitz (mittlere Gebiete) und der Mark Meißen im Süden. 966 übertrug Otto dem Markgrafen Hermann Billung das nun von den östlichen Eroberungsgebieten bis zum Rhein reichende sächsische Herzogtum.

Mit diesen Vorgängen wurde das Mittelelbe-Saale-Gebiet aus einer östlichen Grenzregion zur Binnenlandschaft des Reiches – allerdings vorerst nur im südlichen Teil auf Dauer. Denn die nördlichen Expansionsgebiete gingen durch den Slawenaufstand (983) verloren. Magdeburg und der westliche Rest der Nordmark („Altmark") stellten nun wieder Grenzgebiete dar. Erst Mitte des 12. Jahrhunderts wurden die östlichen Teile der Nordmark erneut und weitergreifend erobert, die Bistümer Havelberg und Brandenburg wiederhergestellt und diese Gebiete nun wie die südlichen Marken zu festen, seitdem vor allem deutsch aufgesiedelten und die slawische Bevölkerung weitgehend assimilierenden Bestandteilen des Reiches. Erst seitdem nivellierten sich die Unterschiede zwischen den „Altsiedelgebieten" und den Expansions-, Missions- und Kolonisationsgebieten der Marken. Sie lebten nur in verfassungsrechtlicher Hinsicht und in großräumigeren Strukturen im Osten fort, die den Territorialgewalten dort günstigere Entfaltungsmöglichkeiten boten.

Von einer „politischen Einheit" des nun auch in der West-Ost-Perspektive überwiegend „mitteldeutschen" Raumes kann für diese ja noch weitgehend vorstaatliche Zeit keine Rede

---

22 Mit Blick auf die Gesamtvorgänge vom 10. bis 13./14. Jahrhundert gilt der Begriff „Ostexpansion" als vorurteilsbehaftet und ideologisch diskreditiert und wird deshalb oft durch den Begriff „Ostsiedlung" ersetzt. Dies schließt die Tendenz ein, mit dem Begriff die der Siedlungsbewegung vorausgehenden expansiven Vorgänge selbst aus dem Gedächtnis streichen oder herunterspielen zu wollen. Bis heute hält sich die aus der früheren Ostforschung stammende Deutung der Gesamtvorgänge als deutsche Kultur- und Zivilisationsleistung oder als abendländischer, west-östlicher Kulturtransfer, die mit der Transformation früherer Ostforschung nach 1945 in die Nachkriegs-Historiographie einging, wobei nur – nicht immer – auf die Interpretation eines sich zu Recht im Osten ausbreitenden „Deutschtums" verzichtet wird – vgl. zu diesen Deutungen und ihrer Kontinuität auch den Beitrag über die „‚Mitteldeutschland'-Bilder".

sein. Nur bedingt lassen sich zur heutigen Länderstruktur weisende Integrationsansätze feststellen. Das Bild stellt sich vielmehr außerordentlich buntscheckig, vielgestaltig, changierend
und von reichspolitisch-partikularen Gegensätzen überlagert dar. Deren Konstellationen veränderten sich von ottonisch(936/1024)-salischer (1024/1125) bis staufischer (1138/1254) Zeit
tiefgreifend. Dabei zeichneten sich die unter Friedrich II. (1212/50) dann reichsrechtlich[23] sanktionierte Tendenz zur „Territorialisierung des Reiches" mit dauernder Vergabe von Reichs-
rechten an die Reichsfürsten und damit der Wandel zum „ständischen Reich" ab. Durch
Anhäufung territorialer Herrschaftsrechte entstanden Landesherrschaften mit seit spätmittel-
alterlicher Zeit tendenziell territorialstaatlichem Charakter.

Im sächsischen Herzogtum konnten die Billunger ihre Herrschaft (966/1106) nur in den
unterelbischen Gebieten zur Geltung bringen. In den alten ostsächsisch-thüringischen Gebieten standen dem das dicht gelagerte, freilich durch Lehenvergabe, Bistums- und Klostergrün-
dungen, eine gesonderte Pfalzgrafschaft Sachsen etc. zerfaserte liudolfinische Hausgut und
das an verschiedene Geschlechter gefallene Gerosche Erbe entgegen. Mit schrittweisem Rückzug der Reichs- und Königsgewalt breiteten sich hier im 11./12. Jahrhundert zahlreiche konkurrierende Territorialgewalten aus, die ihre (relative) Eigenständigkeit zum Teil über das Mittelalter hinaus wahren konnten (Grafen von Henneberg, Käfernburg-Schwarzburg, Gleichen,
Hohnstein, Querfurt-Mansfeld, Stolberg-Wernigerode, Ballenstedt-Aschersleben [Askanier]).
Frühere Versuche, eine übergeordnete Stellung und die strategisch wichtige Mark Meißen
zu erlangen, hatten keinen Bestand – so der um Naumburg begüterten Ekkehardin(g)er, die
als Markgrafen von Meißen (985/1046) kurzzeitig und letztmals die Thüringer Herzogwürde
(1000) sowie die Verlegung des Bistums Zeitz nach Naumburg (1028) erreichten, oder der
Grafen von Weimar-Orlamünde als Markgrafen von Meißen (1046/67). Bei den späteren
Konkurrenz- und Machtkonflikten kam die – 1046 zeitweise um die Markgrafschaft (Nieder-
)Lausitz (bis 1117) und Teile der oberen Lausitz (bis 1081) erweiterte – Mark Meißen 1089 erstmals an die aus dem unteren Saalegebiet stammenden Wettiner.

Diese Tendenzen prägten sich unter den letzten beiden salischen Kaisern während des
Investiturstreites mit dem Papsttum (1073/1122) und ihrer harzgerichteten, an der sächsisch-
thüringischen Opposition (1073/75, 1112/15) scheiternden Reichsgutpolitik sowie dann mit
erneuter Ostexpansion (Wendenkreuzzug 1147) aus. Dabei erlangte Lothar v. Supplinburg als
sächsischer Herzog (1106/37), Führer der sächsisch-thüringischen Adelsfronde (1112/15) und
König/Kaiser (1125/37) eine kurzzeitige Schlüsselstellung. Seine Territorial- und Bündnispolitik verhalf jenen Dynastien zu Herrschaft und Expansionsmöglichkeit, die fortan die weitere
mitteldeutsche Territorialentwicklung für unterschiedlich lange Zeiträume maßgeblich prägten. Dem leistete dann die ambivalente Politik der Staufer weiteren Vorschub. Einerseits setzten sie – vor allem unter Friedrich I. (1152/90) – die Reichsgutpolitik der Salier mit einem
dichten Netz von Reichsgütern, -burgen und -städten fort, scheiterten aber. Nur Nordhausen und Mühlhausen hatten als Reichsstädte (bis 1802/03) Bestand. Erfurt konnte trotz nomi-

---

23 Confoederatio cum principibus ecclesiasticis (1220), Statutum in favorem principum (1232), Mainzer Land-
   frieden (1235).

neller mainzischer Stadtherrschaft einen nahezu reichsstädtischen Status (bis 1664) erlangen, dem es als wirtschaftlich stärkste und größte mitteldeutsche Stadt durch die Gründung einer Universität (1379/89) Ausdruck verlieh. Andererseits knüpften die Staufer an die Territorial- und Bündnispolitik Lothars an, um sich den Rücken für ihre Italien- und Kreuzzugspolitik frei zu halten. Damit beschleunigten sie die Territorialisierung des Reiches und schufen sich – wie Friedrich I. mit dem welfischen Sachsen- (1142/80) und Bayernherzog (1156/80) Heinrich („der Löwe") – neue mächtige Konkurrenten.

Bei diesen Vorgängen und Maßnahmen zeichneten sich zugleich zukunfts- wie in ausein- anderstrebende landesherrliche Zusammenhänge weisende Konstellationen ab. Gegen einen salisch-kaiserlichen Parteigänger (Wiprecht v. Groitzsch) verhalf Lothar 1123/25 dem Wettiner Konrad („der Große" 1125/56) zur dauernden Herrschaft in der Mark Meißen. 1136 erlangte Konrad zudem wieder die Markgrafschaft (Nieder-)Lausitz (bis 1304 wettinisch), kurzzeitig auch Teile der oberen Lausitz. Zwar wurden die wettinischen Gebiete von Konrad und seinen Nachfolgern mehrfach geteilt. Doch wahrten sie den Kernbestand und konnten ihn fortan weiter ausbauen. 1130/31 verlieh Lothar den Ludowingern die herzogähnliche Würde der Land- grafen von Thüringen mit dem Ziel, dieses sich seit etwa 1040 nordwestlich des Thüringer Waldes landesherrlich ausdehnende, ebenfalls der sächsisch-thüringischen Adelsfronde zuge- hörige Geschlecht dauerhaft an sich zu binden und die Ludowinger als Ordnungsfaktor über die anderen Thüringer Herrschaften zu setzen. Sie stiegen in staufischer Zeit zu auch kultu- rell (Wartburg) wichtigen Reichsfürsten mit umfangreichen, doch verstreuten Herrschaftsge- bieten in Thüringen, Hessen (Marburg) und an der Unstrut (Neuenburg) auf. 1134 belehnte Lothar den askanischen Grafen Albrecht v. Ballenstedt („der Bär" 1134/70) mit der Nordmark. Nach diesmal dauerhafter Eroberung ihrer östlichen Teile nannte sich Albrecht seit 1150 Mark- graf v. Brandenburg. Er wurde so zum Begründer der Mark Brandenburg, die seit dem 13./14. Jahrhundert zu den weltlichen Kurfürstentümern (Kämmereramt) zählte, sowie askanischer Herrschaft (bis 1319/20) in der Kurmark, zu der die „Altmark" (bis 1807/15) gehörte.

Das Herzogtum Sachsen hingegen übertrug Lothar 1137 (kurz vor seinem Tode) dem Welfen Heinrich („der Stolze", 1139 gest.). Der Askanier Albrecht („der Bär") konnte zwar dessen Königswahl verhindern und vom neuen (staufischen) König Konrad III. (1138/52) kurzzeitig das Herzogtum Sachsen (1138/42) erlangen, sich aber dort nicht gegen den Welfen Heinrich („der Löwe") als Sachsenherzog (1142/80) durchsetzen. Dessen Sturz 1180 führte zur Auftei- lung des um Mecklenburg und das westliche Pommern erweiterten („alten") Herzogtums Sachsen. Aus dem Gros der west- und mittelsächsischen Gebiete behielten die Welfen nur ihr Eigengut Braunschweig-Lüneburg. Kleinere Teile des ostsächsischen Gebietes fielen an die Ludowinger (Pfalzgrafschaft Sachsen) und an das Erzstift Magdeburg, der größte Teil an den Askanier Bernhard (1180/1212). Das so 1180 entstandene askanische Herzogtum Sachsen wurde 1261 in die Herzogtümer Sachsen-Lauenburg (bis 1689) an der unteren und Sachsen- Wittenberg (bis 1422) an der mittleren Elbe geteilt. Letzteres trug seit dem 13. Jahrhundert die sächsische Kurwürde (Marschallamt). Es gehörte damit spätestens seit der „Goldenen Bulle" (1356), die das Recht der Königswahl und die Rechtsstellung der Kurfürsten endgültig regelte, zu den vier weltlichen Kurfürstentümern. Die alten askanischen Hausgüter kamen nach dem

Tod Herzog Bernhards (1212) an dessen ältesten Sohn Heinrich (1212/52), der sich seit 1218 „Fürst von Anhalt" nannte. Er gilt als Begründer der anhaltischen Dynastie, deren verschiedene Linien (erstmals 1252) zu den sich seit 1564/1603 ausbildenden anhaltischen Kleinstaaten (Fürstentümern) führten.

Diese Konstellationen mit ihren Schwerpunkten askanischer Herrschaft (anhaltische Gebiete, Herzogtümer Sachsen, Mark Brandenburg) im Norden, ludowingischer Landgrafschaft im thüringisch-hessischen Raum und wettinischer Mark Meißen im Osten werden von der Landesgeschichtsschreibung der drei heutigen Länder für die jeweilige Landesidentität reklamiert, insgesamt aber sehr unterschiedlich beurteilt. Aus sachsen-anhaltischer Sicht etwa riß das Ende des alten Herzogtums Sachsen (1180) einen Großraum und die Verbindung Ostsachsens mit Niedersachsen bzw. Braunschweig auseinander und führte zu jahrhundertelangen Auseinandersetzungen zwischen Brandenburg und (dem späteren wettinischen) Obersachsen um die Vorherrschaft im mitteldeutschen Raum[24]. Zumindest waren diese Konstellationen nicht von Dauer. Sie verschoben sich seit der Mitte des 13. Jahrhunderts tiefgreifend.

1247 erlosch das Geschlecht der Ludowinger im Mannesstamm. Der Thüringer Teil der Landgrafschaft und die Landgrafenwürde fielen nach Erbvertrag/Eventualbelehnung (1243) und wettinisch-hessischem Erbfolgekrieg (1247/64) an Markgraf Heinrich („der Erlauchte") v. Meißen (1221/88). Die hessischen Teile gingen in der neuen Landgrafschaft Hessen (1292) auf. Die kleine Herrschaft Schmalkalden kam an die Henneberger[25]. Mit dem bis heute kontrovers beurteilten[26] Übergang der Landgrafschaft Thüringen an die Wettiner griffen diese weit nach Westen aus. Innere Wirren und die Hausmachtpolitik der nach dem Interregnum (1256/73) gewählten Könige/Kaiser stellten die wettinische Herrschaft wieder in Frage. Erst mit dem militärischen Sieg über König Albrecht I. (1298/1308) bei Lucka (1307) konnten die Wettiner ihre Herrschaft sichern. Sie weiteten sie dann durch Erwerb des Reichslandes Pleißen mit Altenburg, Chemnitz und Zwickau (1311), mit dem „Thüringer Grafenkrieg" (1342/46, bei dem u. a. Weimar an die Wettiner fiel) und dem „Vogtländischen Krieg" (1354/59) etc. bis nach Franken (Erwerb Coburgs 1353) aus. Von den größeren fränkisch-thüringischen Grafengeschlechtern hielten sich nur die (gefürsteten) Henneberger (bis 1583) und die Schwarzburger, im ostthüringisch-vogtländischen Gebiet die reußischen Vögte.

Weniger erfolgreich waren zunächst Versuche, den durch weiteren Gebietserwerb, Schutzrechte (Bistümer Meißen, Naumburg und Merseburg, zeitweise auch Erfurt), Städteausbau

---

24 Mathias Tullner in: Identität und Tradition in Sachsen-Anhalt (Anm. 4), S. 13.

25 Seit 1360 war die Herrschaft Schmalkalden zwischen Hennebergern und den Landgrafen v. Hessen zweigeteilt. Nach dem Aussterben der Henneberger (1583) fiel sie an Hessen-Kassel und nach dessen Annektion 1866 an Preußen (Provinz Hessen-Nassau bis 1944).

26 Als Beginn gemeinsamer (ober)sächsisch-thüringischer Geschichte und politischer Integration „Mitteldeutschlands" (Blaschke, Karlheinz: Politische Geschichte Sachsens und Thüringens, München 1991); aus thüringischer Sicht als Ende eines hoffnungsvoll thüringisch-hessischen Verbundes und einer „bedeutenden Periode herrschaftlicher Integration", mit dem Thüringen seine „regionale Führungsspitze" verlor, zum „wettinischen Nebenland" herabsank und wieder in ein „politisches Schattendasein" verfiel (Mägdefrau, Werner: Die Landgrafschaft Thüringen 1130 bis 1247, Erfurt 1996).

etc. arrondierten wettinischen Herrschaftsbereich nach Norden auszudehnen und die 1304 verlorene Mark Lausitz zurückzuerlangen. Im Konflikt mit dem letzten askanischen Markgrafen v. Brandenburg mußten die Wettiner sogar erhebliche Rückschläge und Gebietseinbußen in Kauf nehmen (1312/17). Erst in den Wirren nach dem Ende askanischer Herrschaft in der Mark Brandenburg (1319/20) konnten sie die Mark Landsberg wiedererwerben (1347). Ihr erneuter Zugriff auf die Lausitzer Marken scheiterte. Kaiser Karl IV. (1346/78) unterstellte sie königlich-böhmischer Oberhoheit, bei der sie bis 1635 überwiegend blieben. Erst das Ende askanischer Herrschaft im Kurfürstentum Sachsen-Wittenberg (1422) ermöglichte die weitere Ausdehnung wettinischer Herrschaft nach Norden. Mit dem Erwerb der Wittenberger Kurlande und der sächsischen Kurwürde (1423) durch Markgraf Friedrich („der Streitbare" 1381/1428) ging auch der Name „Sachsen" auf den markmeißnisch-wettinischen Territorialkomplex („Obersachsen") über. Als nunmehr sächsische Kurfürsten stiegen die Wettiner in die reichsfürstliche Spitze und in die Kurfürstenkurie (seit 1489) der Reichsstände („Reichstage") auf. Zudem stellten sie mit Ernst II. v. Sachsen den Erzbischof von Magdeburg (1476/1513) und Bischof von Halberstadt (1480/1513). Seitdem standen das Erz- und das Hochstift in (bis 1513 wettinischer, dann bis 1566 brandenburgischer) Personalunion.

Mit dem wettinischen Vordringen und dem durch fiskalisierte und konzentrierte Herrschaftsrechte, Landesordnungen, Ämterstruktur, Landesuniversität (Leipzig 1409), Oberhofgericht (Leipzig 1488/93) fortschreitenden inneren Landesausbau nahm ein großräumiger Herrschaftskomplex Gestalt an. Er schien der seit 1411/15 von den Hohenzollern beherrschten Kurmark Brandenburg (mit der Altmark) weit überlegen. Verfechtern einer „politischen Einheit Mitteldeutschlands" erscheint der wettinische Herrschaftskomplex des 15. Jahrhunderts deshalb bis heute als „Ergebnis politischer Raumordnung"[27] und als Garant künftiger Gesamtintegration des mitteldeutschen Raumes. Doch war dieser noch im Zeichen damaliger „Reiseherrschaft" stehende Herrschaftsbereich mit seinen verschiedenen Landesportionen wenig gefestigt. Nur mühsam ließ er sich zusammenhalten. Mehrfach (1382, 1410, 1445) wurde er geteilt. Aus der dritten wettinischen Landesteilung 1445 ging das relativ eigenständige Territorium des Herzogs von Sachsen und Landgrafen von Thüringen Wilhelm III. (1445/82) mit Weimar als bevorzugter Residenz hervor. Machtpolitische Konflikte führten zum verheerenden „Sächsischen Bruderkrieg" (1446/51). Der Naumburger Friedensvertrag (1451) bekräftigte die Teilung von 1445. Somit erwiesen sich diese Teilungen als eine den damaligen Möglichkeiten dynastischer Politik entsprechende Form von Konfliktregulierung, in denen sich die Tendenz gesonderter Territorialentwicklung der verschiedenen wettinischen Landesteile andeutete.

Sie führte nach kurzzeitiger Wiedervereinigung der wettinischen Lande (1482/85) zur vierten und endgültigen Leipziger Teilung (1485). Mit ihr teilten die Brüder Kurfürst Ernst (1464/86) und Herzog Albrecht (1464/1500) – die Namensgeber der künftigen ernestinischen und albertinischen Linien der Wettiner – das Gesamtterritorium unter Wahrung gemeinsamer Nut-

---

27 Karlheinz Blaschke in: Politische Geschichte (Anm. 26), S. 19.

zungs- (Bergbau, Bergstädte, Hofgericht) und Schutzrechte (abhängige geistliche Territorien). Das ernestinische Kurfürstentum Sachsen umfaßte den Wittenberger Kurkreis sowie den größten Teil wettinischer Gebiete im heutigen Thüringen und Westsachsen. Das Kerngebiet des erheblich kleineren albertinischen, 1499 die Primogenitur einführenden Herzogtums Sachsen reichte von Dresden/Meißen bis nach Leipzig. Es erhielt zudem den „Thüringer Kreis" von Weißenfels bis Langensalza. Als Ersatz für die an die Albertiner gefallene Leipziger Universität schufen die Ernestiner die Universität Wittenberg (1502), von der 1517 die lutherische Kirchenreformation ausging und vom Kurfürstentum Sachsen auf die Nachbarterritorien ausstrahlte. Unter den mit der „Reichsreform" unter Kaiser Maximilian I. (1493/1519) eingerichteten Reichskreisen gehörten das Kurfürsten- und das Herzogtum Sachsen bzw. ihre Nachfolgeterritorien mit Kurbrandenburg und den meisten mitteldeutschen Territorien zum „Obersächsischen Reichskreis", die bis 1566 in Personalunion stehenden Stifte Magdeburg (mit Halle) und Halberstadt zum „Niedersächsischen Reichskreis", die kurmainzischer Oberhoheit unterstehenden Gebiete (Erfurt, Eichsfeld) zum „Kurrheinischen Reichskreis".[28]

Mit Blick auf die hier erörterten Zusammenhänge stellt das Jahr 1485 ein bis heute heftig umstrittenes Schlüssel- und Symboldatum dar[29]. Überwiegend wird die Leipziger Teilung als ein dann 1547 nur unzureichend kompensierter Willkürakt angesehen, der einen gleichsam geographisch vorgezeichneten „mitteldeutschen" Großraum und sächsisch-thüringischen Verbund ohne Sinn und Verstand zerschlug. Dies übersieht freilich die vorausgehenden Konflikte wie die zunächst konfliktdämmenden Wirkungen dieser Teilung – und zwar offenkundig nicht trotz, sondern gerade wegen der durch sie geschaffenen Gemengelagen. Die 1485 alles in allem einigermaßen austarierte machtpolitische Situation im mitteldeutschen Raum wurde dann freilich durch die Konfessions-, Reichs- und Machtkonflikte zur Zeit Kaiser Karls V. (1519/56) aufgebrochen, die erst mit dem Augsburger Religionsfrieden (1555) einigermaßen beigelegt werden konnten.

Die vom Kurfürstentum Sachsen ausgehende lutherische Kirchenreformation nahm nach dem Bauernkrieg (1525), dem Tode des noch katholisch gesinnten Luther-Schützers Kurfürst Friedrich („der Weise" 1486/1525) und dem Reichstagsbeschluß (1526), der das Wormser Edikt (1521) zeitweise aussetzte und die Bekenntnisfrage de facto in die Hand der Reichsfürsten legte, territorialstaatliche Formen an. Das ließ die latenten machtpolitischen Gegensätze im mitteldeutschen Raum offen ausbrechen. Zwischen 1526 und 1530 führten das Kurfürstentum Sachsen und die Landgrafschaft Hessen offiziell die Reformation ein. Beide traten nach der „Protestation" (1529) an die Spitze des Reformationsbündnisses, das sich auf der Grundlage des „Augsburger Bekenntnisses" (1530) zum „Schmalkaldischen Bund" (1531) formierte. Die meisten mitteldeutschen Territorien führten in den 1530er/40er Jahren die Reformation ein, darunter 1539 Kurbrandenburg und das albertinische Herzogtum Sachsen, das unter Herzog

---

28 Vgl. auch Dotzauer, Winfried: Die deutschen Reichskreise in der Verfassung des Alten Reiches und ihr Eigenleben (1500–1800), Darmstadt 1989.

29 Vgl. hierzu und zur Deutung der Vorgänge 1547 die im Beitrag über die „‚Mitteldeutschland'-Bilder" angeführten Beispiele.

Georg (1500/39) im katholischen Gegenlager stand und auch nach dem Übergang zur Reformation außerhalb des Reformationsbundes blieb. 1513/45 lagen die Stifte Magdeburg und Halberstadt in der Hand Kardinal Albrechts v. Brandenburg (seit 1514 auch Erzbischof v. Mainz). Dessen ehrgeiziger Plan, in seiner Residenz Halle ein katholisches „Gegen-Wittenberg" zu schaffen, scheiterte 1541. Der mainzische Zugriff blieb fortan auf das gemischt lutherisch-katholische Erfurt und auf das seit 1574 rekatholisierte Eichsfeld beschränkt. In den Magdeburger und Halberstädter Gebieten setzte sich die Reformation schrittweise durch und wurde 1566 nach dem Ende der Personalunion und der Einsetzung von (in Magdeburg brandenburgischen, in Halberstadt braunschweigischen) Administratoren offiziell eingeführt.

Der albertinische Herzog Moritz (1541/53) erstrebte als Konkurrent des ernestinischen Kurfürsten Johann Friedrich (1532/47) eine Restauration des gesamtwettinischen Kurfürstentums. Er agierte deshalb im Schmalkaldischen Krieg (1546/47) auf seiten des katholischen Kaisers gegen den ernestinisch-hessisch geführten Reformationsbund. Nach dessen Niederlage bei Mühlberg/Elbe (1547) erlangte Moritz mit der Wittenberger Kapitulation (1547) die sächsische Kurwürde, den Wittenberger Kurkreis und die westsächsischen Teile des bisherigen ernestinischen Kurfürstentums. Moritz' Absicht, den gesamten wettinischen Territorialkomplex wieder in seiner Hand zu vereinen, scheiterte an den kaiserlichen Gegeninteressen. Damit und mit Moritz' anschließendem Frontwechsel in das antikaiserlich-protestantische Lager, der zu einer Pattsituation führte und nach dem Passauer Vertrag (1552) den Augsburger Kompromiß (1555) mit ermöglichte[30], entstand im mitteldeutschen Raum eine erneut gründlich veränderte Lage.

Das durch die reformierten und säkularisierten Bistümer Merseburg, Naumburg/Zeitz und Meißen/Wurzen (1565/81), den Erwerb Plauens (1569) etc. abgerundete, wirtschaftlich und kulturell prosperierende albertinische Kurfürstentum Sachsen mit seinen beiden Universitäten Leipzig und Wittenberg profilierte sich als mitteldeutsche Vormacht und als Konkurrent des aufstrebenden Kurbrandenburgs. Wie in den anhaltischen Kleinstaaten zeichneten sich dabei in beiden Kurstaaten (in Kursachsen 1586/91, in Kurbrandenburg seit 1613) politisch wirksame philippistisch-calvinistische („reformierte") Tendenzen ab. Die Zentren Kursachsens bildeten die Hauptresidenz Dresden und die neue Messestadt Leipzig. Der Wittenberger Kurkreis und der „Thüringer Kreis" wurden Nebengebiete. Das ernestinische (Rest-)Herzogtum Sachsen bestand aus mehreren Landesportionen (mittelthüringische um Weimar und Saalfeld, westthüringische um Gotha und Eisenach, fränkisch-südthüringische um Coburg und Hildburghausen). 1554 wurde es durch die Rückgabe Altenburgs und einiger kleinerer Ämter geringfügig erweitert. Als Ersatz für das verlorene Wittenberg entstand die Universität Jena (1548/58). Nach erneuter Reichsexekution und Gebietsverlusten (1566/67)[31] beschritten die

---

30 Freilich bedarf es erheblicher Gedankenakrobatik, um daraus den Schluß zu ziehen, Moritz habe trotz zeitweisem Zusammengehen mit dem katholischen Kaiser streng an der evangelischen Kirchenpolitik festgehalten und so letztlich entscheidend dazu beigetragen, die Reformation zu sichern.

31 Der ebenso ehrgeizige wie skurrile Versuch des Herzogs Johann Friedrich II. (1547/67), frühere ernestinische Machtpositionen wiederzuerlangen, endete 1566/67 mit der erneuten Katastrophe der „Grumbachschen

Ernestiner seit 1572 den konfliktdämmenden Teilungsweg unter Wahrung von Gemeinschafts-einrichtungen (Gesamtuniversität Jena; Hof-, später Oberappellations- bzw. Oberlandesge-richt Jena).

Zwischen 1572 und 1603 wurden die ernestinischen Gebiete in mehrere Herzogtümer geteilt[32]. Aus erneuter Teilung entstanden 1640 die Weimarer und Gothaer Linien[33], die sich nach dem Henneberger Erbe (1583/1660)[34] und dem Ende Sachsen-Altenburgs (1672) in drei (weimarische Linie 1672)[35] bzw. sieben (gothaische Linie 1680/81)[36] Herzogtümer teilten. Mit Einführung der Primogenitur setzte dann ein gewisser Konzentrationsprozeß ein. Daraus entstanden die bis 1918 existierenden Herzogtümer Sachsen-Weimar-Eisenach (1741, seit 1815 Großherzogtum) sowie in der gothaischen Linie Sachsen-Coburg und Gotha, Sachsen-Mei-ningen und Sachsen-Altenburg (1826). Diese Vorgänge seit 1572 sind lange Zeit als Ausdruck besonders hemmungsloser, vom Teilungswahn besessener Kleinstaaterei angesehen worden. Erst neuerdings werden die Zusammenhänge von „Krise und Neubeginn" bedacht, das Ende des ernestinischen Kurfürstentums 1547 und der Teilungsbeginn 1572 stärker in Bezug zu den anschließenden Reform- und Kulturleistungen gesetzt und insgesamt abgewogener über kleinstaatliche Entwicklungs- und Teilungswege geurteilt. Dabei wird auf deren konfliktregu-lierende Wirkungen, auf überwiegend friedfertige und kulturintensive Entwicklungstenden-zen und darauf aufmerksam gemacht, daß die Ernestiner keineswegs absonderliche, sondern damals weitverbreitete Wege beschritten.

Zu ähnlich kleinteiligen und hier besonders skurrilen Formen führten die 1564 begin-nenden Teilungen der reußischen Herrschaften. Im späten 17. Jahrhundert bestanden auf engstem Raum zeitweise neun reußische Kleinststaaten (seit 1778/1806 Fürstentümer), aus denen schließlich die bis 1918 bestehenden Fürstentümer Reuß ältere Linie/Greiz (1778) und Reuß jüngere Linie/Gera (1848) hervorgingen. Bei den schwarzburgischen Grafschaften (seit 1697/1711 Fürstentümer) mit ihren territorial recht weit auseinanderliegenden Ober- und Unterherrschaften zeichneten sich bereits 1571/99 die beiden bis 1918 bestehenden Linien Schwarzburg-Rudolstadt und Schwarzburg-Sondershausen (letztere 1651/1716 mit mehreren Nebenlinien) ab. In Anhalt entstanden (nach einem Vorspiel 1563/70) 1603 die vier Linien/

Händel", Reichacht, durch den albertinischen Kurfürsten August I. (1553/86) vollstreckter Reichsexekution, dem Verlust mehrerer („assekurierter") Ämter (Weida mit Ziegenrück und Ranis; Arnshaugk mit Neustadt/ Orla) an die Albertiner (bis 1815) und zeitweiliger albertinischer Kuratel.

32 1572 in Sachsen-Weimar (bis 1640) und Sachsen-Coburg-Eisenach (bis 1596); letzteres 1596 in Sachsen-Coburg (bis 1633) und Sachsen-Eisenach (bis 1638) geteilt; 1603 Sachsen-Altenburg (bis 1672).

33 Sachsen-Weimar (1640/72), Sachsen-Gotha (1640/80); das 1640 gebildete Herzogtum Sachsen-Eisenach bestand nur bis 1644.

34 Die 1554 vereinbarte Aufteilung des Henneberger Erbes wurde nach deren Erlöschen (1583) wirksam. Dabei kam der Kreis Schmalkalden an Hessen-Kassel. Die übrigen Gebiete wurden bis 1660 von einer gemeinsam albertinisch-ernestinischen Regierung (Meiningen) verwaltet. Dann fiel der größere Teil (um Schleusingen und Suhl) an die Albertiner, der kleinere (mit Meiningen und Ilmenau) an die Ernestiner.

35 Sachsen-Weimar (1672/1741), Sachsen-Eisenach (1672/1741), Sachsen-Jena (1672/90).

36 Sachsen-Gotha-Altenburg (1680/1826), Sachsen-Meiningen (1681/1826), Sachsen-Hildburghausen (1680/1826), Sachsen-Eisenberg (1680/1707), Sachsen-Römhild (1680/1710), Sachsen-Coburg (1680/99), Sachsen-Saalfeld (1680/1735, dann bis 1826 Sachsen-Coburg-Saalfeld).

Fürstentümer (seit 1807 Herzogtümer) Anhalt-Dessau, Anhalt-Zerbst, Anhalt-Köthen und Anhalt-Bernburg mit zeitweisen Abspaltungen und wechselnden Konstellationen, gemeinsamen Rechten („Gesamtung") und Seniorat. Nach Aussterben der Linien Zerbst (1793), Köthen (1847) und Bernburg (1863) entstand 1863 das Herzogtum Anhalt mit der Residenz Dessau. Auch die westlich benachbarte Landgrafschaft Hessen wurde seit 1564 (zunächst in Hessen-Kassel, Hessen-Marburg, Hessen-Darmstadt und Hessen-Rheinfels) aufgeteilt.

Die latenten Spannungen der seit Mitte des 16. Jahrhunderts entstandenen mitteldeutschen Konstellationen mit den beiden Polen Kursachsen und Kurbrandenburg und den dynastisch wie konfessionell verschiedenen kleinstaatlichen Territorien zeigten sich bereits im Vorfeld des europäische Dimensionen annehmenden 30jährigen Krieges (1618/48). Der Fürst v. Anhalt-Bernburg gehörte zu den Initiatoren der protestantischen Union (1608). Ihr schlossen sich die meisten lutherischen oder reformierten Staaten an, darunter das 1613 zur reformierten Kirche übertretende Kurbrandenburg. Gegen die Union formierte sich die kaiserlich-katholische Liga (1609). Kursachsen erstrebte unter Kurfürst Johann Georg I. (1611/56) die – damals brandenburgisch ausgeübte – Administration des Erzstifts Magdeburg und den Erwerb der beiden Lausitzen. Es trat deshalb nicht der Union bei, sondern suchte – wie einst Moritz – zunächst beim habsburgischen Kaiser Rückhalt. Die erst 1615 der kursächsischen Vormundschaft ledig gewordenen Weimarer Ernestiner nahmen engen Kontakt zur calvinistisch-reformierten Partei des protestantischen Lagers auf. Zum Forum entsprechenden kulturpolitischen Zusammenwirkens mit Anhalt-Köthen wurde die Sprachpflege-Sozietät der Fruchtbringenden Gesellschaft (1617/90). Ihr politisches Engagement für eine lutherisch-calvinistische Allianz (Deutscher Friedbund 1622/23) scheiterte.

In der ersten Phase des 30jährigen Krieges (1618/35) setzten die anhaltischen und ernestinischen Staaten auf den zum böhmischen König ausgerufenen, von der Union unterstützten pfälzischen Kurfürsten und dann auf das 1630 seitens der Union in den Krieg eingreifende Schweden. Die Weimarer Fürsten erhofften sich davon Gebiets- und Machtzuwachs vor allem auf Kosten von Kurmainz. Doch blieb die Rolle des Herzogs Wilhelm (1626/62) als schwedischer Statthalter (1631/35) der mainzischen Gebiete (Erfurt, Eichsfeld) ebenso Episode wie das Herzogtum Franken (1633/34) seines als Feldherrn in schwedischen Diensten stehenden Bruders Bernhard. Erfurt wiederum versuchte vergeblich, sich von Mainz zu lösen und einen regulär reichsstädtischen Status zu erlangen. Kurbrandenburg und Kursachsen hielten sich zunächst aus dem Krieg heraus, der 1625 mit dem Vordringen einer Armee des „Niedersächsischen Reichskreises" die mitteldeutschen Gebiete erreichte. Erst nach kaiserlich-ligistischer Besetzung großer Teile Mittel- und Norddeutschlands, dem kaiserlichen Restitutionsedikt (1629), das alle Säkularisationen seit 1552/55 für ungültig erklärte, und dem Fall Magdeburgs (1631) gaben Kursachsen und Kurbrandenburg ihre Neutralität auf und schlossen – mehr oder weniger erzwungene – Bündnisse mit dem Schwedenkönig Gustav II. Adolf (1611/32). Mit dem Prager Frieden (1635), dem sich auch die mitteldeutschen Kleinstaaten anschlossen, wechselten sie erneut die Fronten. Mit ihm erhielt Kursachsen die beiden Lausitzen, die Ämter Querfurt, Jüterbog und Dahme sowie die Aussicht auf die Administration des Erzstifts (Herzogtums) Magdeburg.

Die zweite, nicht minder verheerende Phase des Dreißigjährigen Krieges (1635/48) endete mit dem Westfälischen Frieden (1648), der zur faktischen Souveränität der Territorialstaaten des Reiches führte, den Konfessionsfrieden von 1555 wiederherstellte und im mitteldeutschen Raum in etwa die 1635 erreichten Konstellationen festschrieb – freilich zugunsten Kurbrandenburgs. Es erhielt die Administration im Hochstift (Fürstentum) Halberstadt und im Erzstift (Herzogtum) Magdeburg nach dem Tode des 1635 vereinbarten kursächsischen Administrators August. Dies trat 1680 ein. Nach dem Fürstentum Halberstadt kam damit auch das Herzogtum Magdeburg (mit Halle) offiziell an Kurbrandenburg, das in Halle seine (nach Frankfurt/Oder) zweite Landesuniversität gründete (1694). Kursachsen behielt die beiden Lausitzen. In den ernestinischen, reußischen, schwarzburgischen und anhaltischen Kleinstaaten erreichten Teilungen und kleinteilige Strukturen Ende des 17. Jahrhunderts ihren Höhepunkt und wurden dann eingedämmt. Trotz damit mehrfach wechselnder Konstellationen blieb der Gebietsstand dieser dynastisch wie kulturell eng vernetzten Staaten nahezu konstant. Er erweiterte sich mit dem ernestinischen Anteil des Henneberger Erbes (1660). Seit 1657 wuchs die Zahl der Kleinstaaten zudem um die albertinischen Sekundogenituren (Herzogtümer) Sachsen-Zeitz (1657/1718), Sachsen-Merseburg (1657/1738) und Sachsen-Weißenfels (1657/1746), denen die albertinischen Gebiete Thüringens (mit dem entsprechenden Anteil des Henneberger Erbes 1660) zufielen. Der Weißenfelser Herzog August (1657/80) war zugleich Administrator des Herzogtums Magdeburg. Erfurt wurde 1664 (sog. Reduktion) zwangsweise in den kurmainzischen Territorialstaat eingefügt und einem Statthalter unterstellt. Die Reste der Grafschaften Mansfeld und Hohnstein fielen an Kurbrandenburg, Kursachsen, Braunschweig und Hannover. Die Grafschaften Stolberg-Wernigerode wurden 1714 von Brandenburg-Preußen, die schönburgischen („Rezeß"-)Herrschaften um Glauchau 1740 von Kursachsen mediatisiert, behielten aber Sonderrechte.

Die mitteldeutschen Territorialstrukturen nach dem 30jährigen Krieg waren – machtpolitisch gesehen – vom Gegensatz zwischen Brandenburg-Preußen (seit 1701 Königreich Preußen) und Kursachsen als Nebenkonstellation des die späte Reichsgeschichte zunehmend dominierenden und belastenden Preußen-Österreich-Dualismus bestimmt. Dieser preußisch-sächsische Gegensatz spitzte sich vor allem in der kulturell glanzvollen „Augusteischen Periode" Kursachsens (1694/1763) mit ihrer ehrgeizigen Reichs- und Polenpolitik zu. Für den Erwerb der polnischen Königskrone trat Kurfürst Friedrich August I. („der Starke" 1694/1733, als König v. Polen August II. 1697/1706, 1709/33) zum Katholizismus über. Fortan war der kursächsische Hof katholisch, der Kurstaat protestantisch geprägt. Mit der von der früheren sächsischen Geschichtsschreibung hochgeschätzten, neuerdings eher kritisch beurteilten augusteischen Politik unter August „dem Starken" und seinem Nachfolger Friedrich August II. (als König v. Polen August III. 1733/63) bzw. seinem politikprägenden Günstling und Minister Heinrich v. Brühl geriet Kursachsen in den Nordischen Krieg (1700/06) und dann in den Sog des Preußen-Österreich-Gegensatzes und der Schlesischen Kriege (1740/45). Das augusteische Sachsen und das friderizianische Preußen stießen so nach anfänglichem Bündnis auch militärisch aufeinander. Der Siebenjährige Krieg (1756/63) traf das Kurfürstentum Sachsen hart, da der Preußenkönig Friedrich II. (1740/86) dessen Ausplünderung zur Grundlage seiner Kriegsökonomie machte. Auch die anhaltischen Staaten wurden durch Rekrutenaushebungen und Kontributionen von diesen Kriegen betroffen. Am glimpflichsten kamen die machtpolitisch abseits stehenden Thüringer Kleinstaaten davon, die dieser Lage ihre kulturelle Blüte bis in die klassische Zeit verdankten. Geradezu paradigmatisch fiel der Beginn der klassischen Kulturkreise Weimar-Jena unter Anna Amalia (1758/75) und Carl August (1775/1828) sowie Dessau-Wörlitz unter Leopold III. Friedrich Franz (1758/1817) in die Zeit des Siebenjährigen Krieges. Und es war bezeichnend, daß Leopold aus dem preußischen Heer austrat und so mit der – namentlich von Leopold I. v. Anhalt-Dessau („der alte Dessauer" 1693/1747) verkörperten – militärischen Tradition seines Hauses im Dienste der Hohenzollern brach[37].

Als Fazit mitteldeutscher Territorialentwicklung zwischen 30jährigem und 7jährigem Krieg ließe sich formulieren: Die territorialen Verschiebungen entstanden aus Kriegen und führten im Kontext machtpolitischer Konstellationen wieder zu Kriegen. Die – trotz aller Teilungsdynamik – eher beständigen kleinstaatlichen Strukturen standen für überwiegend friedfertige Tendenzen, kulturelle Intensität und den – freilich vergeblichen – Versuch, ein „drittes Deutschland" jenseits des Preußen-Österreich-Dualismus zur Reform des Reiches zu schaffen. In diese Richtung zielte das namentlich vom Weimarer Herzog Carl August propagierte Projekt eines „Fürstenbundes". Allerdings erwies sich der 1785/86 – zunächst als Drei-Kurfürstenbund (Kurbrandenburg, Kursachsen, Kurhannover) gebildete, dann durch den Beitritt kleinerer Staaten (darunter Weimar, Gotha und Dessau) erweiterte – Fürstenbund bald als bloßes Instrument antihabsburgischer preußischer Politik und blieb so letztlich eine Episode in der Agonie des Alten Reiches.

Die Koalitionskriege gegen das revolutionäre Frankreich, gegenzügige Napoleonische Expansion, Territorialrevolution, Ende des Alten Reiches (1806), Befreiungskriege und Wiener Kongreß (1814/15) veränderten die mitteldeutsche Territorialstruktur erneut tiefgreifend. Der Baseler Frieden (1795) zwischen Preußen und Frankreich verschaffte Nord- und Mitteldeutschland eine zehnjährige Friedenszeit und ermöglichte so die Blütezeit der klassischen Kulturkreise von Weimar-Jena und Dessau-Wörlitz. Mit dem Reichsdeputationshauptschluß (1803) wurden 112 weltliche und geistliche Reichsstände aufgelöst/säkularisiert und nach dem Rastatter Kompensationsprinzip (Abtretung links- gegen Erwerb rechtsrheinischer Gebiete) größeren Staaten zugeschlagen[38]. Im Vorgriff vereinbarte Preußen 1802 mit Frankreich den Erwerb ehemals geistlicher und reichsstädtischer Gebiete. Das betraf in Thüringen die mainzi-

---

37 Eine programmatisch ähnliche Konstellation hatte sich bereits am Beginn des hier betrachteten Zeitraumes abgezeichnet, als Herzog Ernst I. („der Fromme" 1640/74) 1640 – noch mitten im 30jährigen Krieg – nach eigenen militärischen Abenteuern das Herzogtum Gotha begründete, die seitdem neuerbaute Residenz „Friedenstein" nannte und das Herzogtum zu einem religiös-patriarchalischen „Musterstaat" gestaltete, der den Zeitgenossen als Idealtypus des „Teutschen Fürsten-Staates" (so die Schrift Veit Ludwig v. Seckendorffs 1656) erschien.

38 Preußen und Österreich hatten bereits mit den Friedensverträgen von Basel (1795) und Campo Formio (1797) der Abtretung linksrheinischer Reichsgebiete gegen rechtsrheinische Entschädigung an Frankreich zugestimmt. Dieses Prinzip, die Rheingrenze und die kompensatorische Säkularisation bzw. Mediatisierung von Reichsständen wurden auf dem Rastatter Friedenskongreß (1797/99) verhandelt, nach dessen Abbruch durch 2. Koalitionskrieg und österreichischen Truppeneinmarsch dann im Frieden von Lunéville (1801) all-

schen Gebiete Erfurt und Eichsfeld sowie die beiden Reichsstädte Mühlhausen und Nordhausen. 1803 fiel dann auch das säkularisierte Stift/Fürstentum Quedlinburg an Preußen. Dieser Gebietszuwachs hatte zunächst nur kurze Zeit Bestand. Nach der preußisch-sächsischen Niederlage von Jena und Auerstedt (1806) gegen Napoleon verlor Preußen mit dem Tilsiter Frieden (1807) seine seit dem 17. Jahrhundert erworbenen mitteldeutschen Gebiete. Sie wurden zusammen mit der Altmark 1807 dem Königreich Westfalen (Residenz Kassel) zugeschlagen und das Erfurter Gebiet Napoleonische „Sonderdomäne". In dieser Rolle fungierte Erfurt 1808 als Schauplatz des als „Fürstentag" apostrophierten Treffens Napoleons mit Zar Alexander I. Das ebenfalls militärisch geschlagene Sachsen und die machtpolitisch bedeutungslosen mitteldeutschen Kleinstaaten wurden im Kalkül Napoleons zu Bundesgenossen, Sachsen zum Königreich (1806), die anhaltischen Staaten zu Herzogtümer (1807). Alle mitteldeutschen Staaten traten 1806/07 dem im Juli 1806 unter dem Protektorat Napoleons gegründeten Rheinbund bei. Nur Preußen und Österreich standen außerhalb des Rheinbundes. Freilich blieb die – vom Preußen-Österreich-Dualismus unbelastete, reformintensive und erneute Hoffnungen auf ein „drittes Deutschland" weckende – Rheinbund-Periode ebenso Episode wie das französisch regierte Königreich Westfalen.

Nach der Niederlage Napoleons sanktionierten Wiener Kongreß (1814/15) und Deutscher Bund (1815) weitgehend die Neuordnung des früheren Reichsgebietes seit 1802/03 (mit Ausnahme der aufgelösten Napoleonischen Kunststaaten), den Status der neuen Königreiche, Groß- und Herzogtümer sowie die verbliebenen kleinstaatlichen Strukturen[39]. Preußen erhielt seine früheren und 1802/03 erworbenen mitteldeutschen Gebiete wieder zugesprochen. Sein Versuch, sich das gesamte Königreich Sachsen einzuverleiben, scheiterte an den Gegeninteressen der anderen Mächte. Doch erwarb Preußen den größten Teil der Gebiete, die das 1813 bei Leipzig mit in die Niederlage Napoleons gerissene Sachsen abtreten mußte (Teile der Nieder- und Oberlausitz, ehem. Wittenberger Kurlande, „Thüringer Kreis", Gebiete um Merseburg, Naumburg-Zeitz, Suhl-Schleusingen, Ziegenrück-Ranis). Kleinere Gebiete („Neustädter Kreis") fielen an das – nunmehr – Großherzogtum Sachsen-Weimar-Eisenach. Bei der administrativen Neuordnung des preußischen Staatsgebietes 1815/16 kamen die Lausitzer Gebiete an die Provinzen Brandenburg und Schlesien. Die Altmark und die vom 17. bis 19. Jahrhundert an Brandenburg-Preußen gefallenen mitteldeutschen Gebiete wurden 1816 in der Provinz Sachsen mit der Provinzialhauptstadt Magdeburg und den drei Regierungsbezirken Magdeburg („Regierung in Niedersachsen"), Merseburg („Regierung im Herzogtum Sachsen") und Erfurt („Regierung in Thüringen") zusammengefaßt[40].

Diese administrative Dreiteilung der preußischen Provinz Sachsen mit teils überkommenen, teils neu geschaffenen Verwaltungsgrenzen entsprach ihrer heterogenen, verschiedenen

---

gemein akzeptiert, im preußisch-französischen Abkommen (1802) erstmals und mit dem Reichsdeputationshauptschluß (1803) durchgängig praktiziert.

39 Vgl. auch Hundt, Michael: Die mindermächtigen deutschen Staaten auf dem Wiener Kongreß (Veröffentlichungen des Instituts für Europäische Geschichte Mainz. Abteilung Universalgeschichte 164), Mainz 1996.

40 Diese Vorgänge 1815/16 werden bis heute historiographisch gegensätzlich bewertet. Aus sächsischer Sicht waren sie ein verhängnisvoller Rückschlag auf dem Wege zur „politischen Einheit Mitteldeutschlands", der

territorialstaatlichen Wurzeln entstammenden Struktur. Die wirtschaftlichen Regionalisierungs- und Integrationsprozesse des 19. Jahrhunderts nivellierten diese verschiedenen Wurzeln. Sie führten zugleich zu unterschiedlichen Kristallisationskernen mit dem thüringischen Erfurt im Süden, dem mittleren Halle-Merseburger Raum sowie dem Verwaltungs- und Industriezentrum Magdeburg und der eher agrarisch geprägten Altmark im Norden. Verbindend wirkten die nun in all diesen Gebieten geltenden preußischen Reformen, die 1823/25 geschaffene Provinzialselbstverwaltung (Merseburg), die Gerichtsorganisation mit dem Oberlandesgericht Naumburg[41], die Provinzialuniversität Halle(-Wittenberg)[42] sowie die 1819 ein- und sich in den 1820er bis 1840er Jahren durchsetzende Zoll- und Verkehrsintegration, zumal sich Preußen mit dem Deutschen Zollverein (1834) als wirtschaftliche Vormacht des Deutschen Bundes etablierte. Als Reformraum, in dem neben den preußischen Reformen auch Reformimpulse aus der Zeit des Rheinbundes bzw. des Königreiches Westfalen nachwirkten, hob sich die Provinz Sachsen anfangs deutlich von den meisten Nachbarstaaten ab.

Allerdings beschritten mehrere Thüringer Kleinstaaten, ähnlich den süddeutschen Mittelstaaten, frühzeitig konstitutionelle Wege. Vor allem Sachsen-Weimar-Eisenach galt mit seinem Grundgesetz (1816) im Vorfeld der Karlsbader Repressiv-Beschlüsse (1819) als beispielgebend für die Anwendung des Verfassungsartikels der Bundesakte und als recht liberaler, nationalpolitische Bewegungen begünstigender Staat. Nicht zufällig stellte es mit der Wartburg (1817) die erste Symbolstätte der (studentischen) Nationalbewegung. In dieser Hinsicht überflügelten einige Kleinstaaten das Königreich Preußen, das trotz Verfassungsversprechen (1810) erst unter dem Druck der Revolution 1848 – und dann in gegenrevolutionärer Absicht – zum konstitutionellen System überging. Doch verweigerten sich mehrere Kleinstaaten längere Zeit – die anhaltischen bis 1848, Reuß ältere Linie sogar bis 1867 – konstitutionellen Wegen. Im Königreich Sachsen und einigen Thüringer Staaten erzwang die revolutionäre Bewegung 1830 Staatsreformen und Verfassungen (1830/31). Das Königreich Sachsen suchte sich als industrielle Pionierregion und in der „Trias-Politik" engagierter Mittelstaat dem Druck Preußens zu entziehen. Beide Staaten übten dabei eine wirtschaftliche Sogwirkung auf die Kleinstaaten aus: Sachsen durch frühindustrielle Verflechtung mit dem ostthüringisch-reußischen Raum und vergeblich mit dem „Mitteldeutschen Handelsverein" (1828), Preußen erfolgreich durch im Vorfeld des Deutschen Zollvereins abgeschlossene Zollverträge; beide Staaten zudem mit ihrer Eisenbahnpolitik, wobei sich letztlich ebenfalls Preußen durchsetzte. Bei den Agrarreformen folgten die Kleinstaaten preußischen wie sächsischen Reformwegen.

---

höchst willkürliche administrative Grenzen geschaffen sowie weite Gebiete aus dem sächsischen Fortschrittszusammenhang herausgerissen und Preußen ausgeliefert habe. Aus sachsen-anhaltischer Sicht entstand so die Grundstruktur des heutigen Landes, aus der Sicht provinzsächsischer „Mitteldeutschland"-Pläne der 1920er/30er Jahre der eigentliche administrative Ausgangspunkt für einen mitteldeutschen Großraum; vgl. auch die Beispiele im Text über die „‚Mitteldeutschland'-Bilder" und die dort angegebene Literatur über die Entstehung der Provinz Sachsen.

41 Im Zuge der Reichs-Gerichtsreform wurden 1878 die Obergerichte in Halberstadt und Magdeburg aufgelöst; seitdem war das Oberlandesgericht Naumburg für die gesamte Provinz Sachsen und das Herzogtum Anhalt zuständig.

42 Die 1802/15 an Preußen gefallenen Universitäten Erfurt und Wittenberg wurden 1816 aufgelöst, letztere Halle angeschlossen.

Die kleinstaatlichen Strukturen blieben zunächst unverändert. Im Kontrast zum seit 1803 mittelstaatlich arrondierten Süden bildete der mitteldeutsche Raum mit Thüringen, Anhalt und Hessen die kleinstaatliche Hauptzone des Deutschen Bundes. Von dessen anfangs 39 (deutschen) Staaten lagen 20 im mitteldeutschen Raum, zwölf in Thüringen, drei in Anhalt und fünf in Hessen. 1826/48 reduzierte sich die Zahl der Thüringer Kleinstaaten auf acht[43]. Nach Gründung des Herzogtums Anhalt (1863)[44] und preußischer Annektion der meisten hessischen Staaten (1866)[45] galt dann Thüringen mit seinen teilweise dynastisch unterschiedlichen Kleinstaaten neben Nordwestdeutschland als klassische kleinstaatliche Region und als Inbegriff „dynastischer Kleinstaaterei" – zumal die Personalunion von Coburg-Gotha (1826), Reuß (1902) und Schwarzburg (1909) hier nicht wie 1863 in Anhalt zu Zusammenschlüssen führte.

Die nach 1800 entstandene, zwischen 1826 und 1866 leicht veränderte territoriale Grundstruktur Mitteldeutschlands blieb über Deutschen Bund (1815/66), Norddeutschen Bund (1867/71) und Deutsches Kaiserreich (1871/1918) hinaus bis in die erste Hälfte des 20. Jahrhunderts erhalten. Mit der 1816 gebildeten preußischen Großprovinz Sachsen, dem 1815 amputierten Königreich Sachsen, dem 1863 vereinigten Anhalt und den politisch, kulturell und wirtschaftlich eng vernetzten Thüringer Kleinstaaten zeichneten sich die Integrationskerne der heutigen Länderstruktur ab. Die wirtschaftlich großräumigen Integrationstendenzen des 19. Jahrhunderts stellten diese Territorialstruktur kaum in Frage. Sie verfestigten sie vielmehr durch innere Verdichtungs- und Integrationsprozesse. Auch die Thüringer Kleinstaaten rückten mit Industrialisierung, staatenübergreifenden Zoll- (1833), Eisenbahn- (1840), Städte- (1869) und Industriellenbünden (1909) sowie neuen Gemeinschaftseinrichtungen[46] enger zusammen. Sie entwickelten ein Gemeinschaftsbewußtsein und begannen, sich als „Thüringer Staaten" zu bezeichnen. In der Revolution 1848/49, in der erstmals ein deutscher Nationalstaat Konturen annahm, gerieten sie bereits an den Rand des Zusammenschlusses.

Die Revolution rückte 1848 die Lösung der „nationalen Frage" in greifbare Nähe. Mit ihr schienen auch die „thüringische" und die „anhaltische Frage" lösbar geworden zu sein. Der Zusammenschlußdruck ging in beiden Regionen von revolutionären Basisbewegungen wie von der provisorischen Reichsgewalt, ihren Reichsexekutionen und -kommissaren (Ende

---

43 1826 durch Umgruppierung im gothaischen Hause mit dann noch drei Staaten: Sachsen-Meiningen, Sachsen-Altenburg, Sachsen-Coburg und Gotha (Doppelherzogtum in Personalunion); 1848 durch Zusammenschluß mehrerer reußischer Staaten zum Fürstentum Reuß jüngere Linie/Gera; weiterhin bestanden bis 1918 das Großherzogtum Sachsen-Weimar-Eisenach sowie die Fürstentümer Reuß ältere Linie/Greiz (seit 1902 in Personalunion mit Reuß jüngere Linie), Schwarzburg-Rudolstadt und Schwarzburg-Sondershausen (seit 1909 in Personalunion).

44 Nach dem Ende der Köthener Linie (1847) wurde Anhalt-Köthen vom Dessauer Herzog als Senior verwaltet; nach Erlöschen auch der Bernburger Linie (1863) bildeten die drei Kleinstaaten das Herzogtum Anhalt.

45 1866 wurden das Kurfürstentum Hessen-Kassel, das Herzogtum Hessen-Nassau und die Freie Stadt Frankfurt/M von Preußen annektiert; das Großherzogtum Hessen-Darmstadt mußte Hessen-Homburg an Preußen abtreten; der bis 1866 zu Kurhessen gehörende thüringische Kreis Herrschaft Schmalkalden kam an die 1868 gebildete preußische Provinz Hessen-Nassau (bis 1944).

46 Neben den auch von den Fürstentümern genutzten älteren Einrichtungen (ernestinische Gesamtuniversität Jena, Oberappellations- bzw. seit 1879 Oberlandesgericht Jena) entstanden u. a. eine Landesversicherungsanstalt (1890) und ein Oberverwaltungsgericht (1912), gemeinsame statistische Büros und andere Verwaltungsgemeinschaften, denen sich aber keineswegs alle Staaten anschlossen; v. a. die Randstaaten Coburg, Meiningen, Altenburg und die beiden Reuß gingen mehrfach Sonderwege.

1848) aus. Die seit 1847 gemeinsam verwalteten Staaten Anhalt-Dessau und Anhalt-Köthen gaben sich 1848 eine gemeinsame Verfassung und bildeten entsprechende Verfassungsorgane aus. Die Thüringer Staaten verhandelten nach dem Abdanken zweier Fürsten[47] unter Mitwirkung des Reichskommissars über ihren staatenbündischen Zusammenschluß. Mit dem Scheitern der Revolution rückten sie freilich davon ab. Nur die reußischen Staaten der jüngeren Linie schlossen sich zusammen. Auch in Anhalt scheiterte die Einigungsbewegung. Mit dem Wegfall des Revolutionsdruckes traten wieder die kleinstaatlichen Eigeninteressen in den Vordergrund. Auch richteten nach dem Sieg der preußischen und österreichischen Gegenrevolution und nach Ablehnung der Frankfurter Paulskirchenverfassung durch die Königreiche Preußen, Sachsen, Hannover und Bayern viele Liberale und Demokraten ihre Freiheitshoffnungen auf die Kleinstaaten. Denn diese stellten sich auf den Boden der Frankfurter Reichsverfassung (März 1849) und dann des preußischen Unionsprojektes. Nicht zufällig wurden die Weichen für diesen Versuch, nun einen Bundesstaat „von oben" unter preußischer Führung zu schaffen, in Gotha mit dem „Dreikönigsbündnis" Preußens, Sachsens und Hannovers (Mai 1849) und der Versammlung der propreußisch („erbkaiserlich") gesinnten Liberalen (Juni 1849) gestellt. Der nationalliberal eingestellte Coburg-Gothaer Herzog Ernst II. (1844/93) galt als entschiedener Verfechter eines solchen Weges. Sein Doppelherzogtum gehörte im Umfeld der späteren Reichsgründung neben Sachsen-Weimar-Eisenach und dem Königreich Sachsen zu den Gründungsregionen des deutschen Liberalismus und der Sozialdemokratie. 1850 trat das unterdes gewählte Unionsparlament (Volks- und Staatenhaus) in Erfurt zusammen und nahm die Unionsverfassung an. Zwar scheiterte das Projekt am Widerstand Österreichs und Rußlands. Die mittelstaatlichen Königreiche wandten sich schon frühzeitig von der Union ab. Doch standen das kleinstaatliche Gotha und das preußische Erfurt 1849/50 geradezu paradigmatisch für einen Weg, der dann nach dem gewaltsamen Ende des 1850 restaurierten Deutschen Bundes (1866) über den Norddeutschen Bund (1867/71) zur kleindeutsch-preußischen Reichsgründung (1871) führte.

Mit ihrem ambivalenten Verhalten 1848 bis 1850 demonstrierten die mitteldeutschen Kleinstaaten, daß ihre Interessen eher zentripetal als -fugal ausgerichtet waren. Wie ihr möglicher Zusammmenschluß 1848 hing letztlich auch ihre Weiterexistenz von der Lösung der „nationalen Frage" ab. Gerade im Falle Anhalts zeigte sich, wie sehr dabei die Kleinstaaten bereits von Preußen abhängig waren. Die preußische Hofkamarilla mischte sich 1848/49 direkt in die „anhaltische Frage" ein. Die anhaltischen Staaten mußten nach 1849 Militärkonventionen mit Preußen abschließen. Hingegen vermochten vor allem Coburg-Gotha und Sachsen-Weimar-Eisenach – obwohl deutlich national und propreußisch ausgerichtet – dank europaweiter dynastischer Verbindungen ihre relative Eigenständigkeit auch über die Reaktionsperiode hinweg zu wahren. Das Königreich Sachsen wiederum versuchte mit der Bundesreform- und Triaspolitik der „Ära Beust" (1849/66) noch einmal eine politisch engagierte Rolle zu spielen und richtete sich dabei wie die anderen Mittelstaaten zunehmend auf Österreich aus. So geriet es 1866 zum dritten Mal binnen weniger Jahrzehnte auf die Seite der militärisch unterlegenen

---

47 Herzog v. Sachsen-Altenburg und Fürst v. Reuß-Ebersdorf.

Partei und an den Rand seiner Existenz. Die meisten der mitteldeutschen Staaten standen im Preußen-Österreich-Konflikt 1866 auf seiten Preußens. Den anderen (Königreich Sachsen, Reuß ältere Linie und Sachsen-Meiningen) blieb das Annektionsschicksal Hannovers, Kurhessens, Hessen-Nassaus und Frankfurts erspart. Wieder einmal hing ihre Weiterexistenz vom politischen Kalkül – diesmal Bismarcks – ab. Über den Norddeutschen Bund fanden sie den Weg in das preußisch dominierte „kleindeutsche" Kaiserreich und trotz ihrer Souveränitäts- und Kompetenzeinbußen zu einigermaßen stabiler Weiterexistenz in der – territorial freilich höchst disproportionierten – bundesstaatlichen Ordnung dieses ebenso wirtschaftlich erfolgreichen wie von ungelösten inneren Problemen belasteten und in seiner Wilhelminisch-imperialistischen Spätphase zunehmend aggressiven Reiches.

Die verschiedenen Problemlagen des Wilhelminischen Kaiserreiches mit der ungelösten „Thüringer Frage" wurden seit 1900 und vor allem während des Ersten Weltkrieges (1914/18) offenkundig. Doch rückten erst das revolutionsbedingte Ende des Kaiserreiches und der einzelstaatlichen Dynastien 1918 die Lösung der nun massiv debattierten Struktur- und Territorialprobleme in den Bereich des Möglichen. Trotz aller „Reichsreform"- und Neugliederungspläne blieben sie aber auch im „unitarischen Bundesstaat" der Weimarer Republik (1919/33) formell weitgehend ungelöst bzw. wurden zur Spielwiese politisch-informeller Praktiken[48]. Greifbare Resultate im Sinne einer Territorialreform zeitigten vor allem der Zusammenschluß von sieben Thüringer Freistaaten zum Land Thüringen (1920)[49] sowie die neuen – unterschiedlich gegliederten und zum Teil wechselnden – Regionalstrukturen der Wahlkreis-[50], Finanz-[51], Schlichter-[52] und Arbeitsamtsbezirke[53]. Die provinzsächsisch initiier-

---

48 Vgl. hierfür und für das Folgende den Beitrag über die „Reichsreform" und die anderen Beiträge im dritten Teil dieses Bandes; dort auch die Belege für die nachfolgenden Angaben über die neuen mitteldeutschen Regionalstrukturen nach 1918.

49 Das Land Thüringen entstand 1920 nach längerer Vorbereitungsphase (1918/19) durch Zusammenschluß der Freistaaten Weimar(-Eisenach), Altenburg, Meiningen, Gotha, Rudolstadt, Schwarzburg und des Volksstaates Reuß (1919 durch Vereinigung von Reuß ältere und jüngere Linie entstanden); der 1919 von Gotha separierte Freistaat Coburg schloß sich nach Volksabstimmung Bayern an.

50 Für die Wahlen zur verfassunggebenden (Weimarer) Nationalversammlung 1919 wurden per Verordnung („Reichswahlgesetz") v. 30. 11. 1918 37 z. T. neue Wahlkreise gebildet, darunter im mitteldeutschen Raum sechs, die mit anderen Ziffern dann seit 1920 auch die Reichstagswahlkreise bildeten: die Wahlkreise Magdeburg (Regierungsbezirk Magdeburg, Land Anhalt), Merseburg (Regierungsbezirk Merseburg) und Thüringen (Regierungsbezirk Erfurt, Kreis Schmalkalden, thüringische Staaten bzw. Land Thüringen) sowie im Gebiet des Freistaates Sachsen die Wahlkreise Dresden-Bautzen, Leipzig und Chemnitz-Zwickau.

51 Mit der Reichsfinanzreform 1919/20 entstanden 25 bzw. dann 26 Landesfinanzämter, davon 13 in Preußen; von ihnen waren das Landesfinanzamt Magdeburg für die Provinz Sachsen und Anhalt zuständig, die Landesfinanzämter Dresden und Leipzig für den Freistaat Sachsen, das Landesfinanzamt Rudolstadt für das Land Thüringen.

52 Die Reichs-Schlichtungsverordnung v. 30. 10. 1923 schuf zunächst 16 Bezirke mit ständigen staatlichen Schlichtern für die Tarifkonflikte, darunter die Bezirke „Mitteldeutschland" (Provinz Sachsen und Anhalt; Schlichtersitz Magdeburg), „Thüringen" (Land Thüringen; Schlichtersitz Weimar) und „Sachsen" (Freistaat Sachsen; Schlichtersitz Dresden); 1928 wurden die ersten beiden zum Bezirk „Mitteldeutschland" (Schlichtersitz Erfurt) zusammengefaßt und dieser 1929 mit Sachsen vereinigt (Schlichtersitz Leipzig mit einem ständigen Stellvertreter für die Provinz Sachsen, Anhalt und Thüringen in Erfurt).

53 Auf der Grundlage des Reichs-Gesetzes über Arbeitsvermittlung und Arbeitslosenversicherung (1927) entstanden 1928 13 Landesarbeitsämter, darunter die Landesarbeitsämter „Mitteldeutschland" (Provinz Sachsen, Land Anhalt, Land Thüringen; Sitz Erfurt) und „Sachsen" (Freistaat Sachsen; Sitz Dresden).

ten „Großmitteldeutschland"-Pläne scheiterten ebenso wie die anfänglichen „Großsachsen"-Visionen. Die euphorische Annahme, „Mitteldeutschland" befinde sich „auf dem Wege zur Einheit" (1927), erwies sich als Trugschluß. Sie wich jenen Plänen, die auf eine arrondierend-dreiteilende Neugliederung des „mitteldeutschen" Raumes (Sachsen, Großthüringen, Sachsen-Anhalt) hinausliefen.

Dem leisteten die Vorgänge während der NS-Zeit (1933/45) und des Zweiten Weltkrieges (1939/45) mit ihrer Tendenz, die Regionalfunktionen im sog. Altreich auf die NSDAP-Gaue umzustellen, Vorschub. Die „gleichgeschalteten" Länder und preußischen Provinzen traten immer mehr hinter den NSDAP-Gauen – vor 1933 reine Parteiformationen – zurück. Sie wurden so nach dem Verlust ihrer eigenstaatlichen bzw. selbstverwaltenden Rechte auch in administrativer Hinsicht zunehmend bedeutungslos. Diese Tendenz setzte sich im Spannungsfeld von „Reichszentralismus" und „Gaupartikularismus" sowie im Zuge neuer rüstungs- und kriegswirtschaftlicher Steuerungsmechanismen seit 1936 und vor allem unter den Bedingungen des „totalen Krieges" seit 1942 durch. Sie deutete sich bereits mit der „Ländergleichschaltung" 1933/35 an. In der Regel wurden 1933 die jeweiligen NSDAP-Gauleiter als Reichsstatthalter in den Ländern eingesetzt und übernahmen damit staatlich-administrative Funktionen. In Sachsen waren Gau- und Landesstrukturen identisch[54]. In Thüringen umschloß der NSDAP-Gau das Land Thüringen, den Regierungsbezirk Erfurt (Provinz Sachsen) und den Kreis Schmalkalden (Provinz Hessen-Nassau)[55]. Im nördlichen Bereich der Provinz Sachsen und Anhalt bestanden die NSDAP-Gaue Magdeburg-Anhalt und Halle-Merseburg[56]. In der Periode des sog. Vierjahresplanes seit 1936 übernahmen die Gaue wichtige, den Ländern und Provinzen übergeordnete Regionalfunktionen. Bei Kriegsbeginn 1939 entstanden zunächst den Wehrkreisen angepaßte großräumige Reichsverteidigungsbezirke mit NSDAP-Gauleitern als Reichsverteidigungskommissaren[57]. 1942 wurden die Reichsverteidigungsbezirke verkleinert und den Gaustrukturen angepaßt, seitdem nahezu alle wichtigen Regionalfunktionen auf die NSDAP-Gaue übertragen. 1944 zogen sog. Führererlasse daraus auch formell-administrative Konsequenzen. Sie gliederten die preußischen Provinzen Hessen-Nassau und Sachsen entsprechend den Gaustrukturen neu. Die Provinz Sachsen wurde in die Provinzen Magdeburg

---

54 Hier fungierte der NSDAP-Gauleiter Mutschmann zugleich als Reichsstatthalter des Landes.

55 Hier fungierte der NSDAP-Gauleiter Sauckel als Reichsstatthalter für das Land Thüringen und baute dann seine zunächst nur für das Land zuständige Reichsstatthalterbehörde über das Ende der „Gleichschaltungs"-Periode hinaus zur faktischen Regionalregierung für den gesamten Gau aus.

56 1933 wurde der Magdeburg-Anhalter Gauleiter Loeper als Reichskommissar für die Länder Anhalt und Braunschweig eingesetzt. Nach einem Interim unter dem Thüringer Gauleiter Sauckel (1935/37) übernahm dann 1937 der bisherige Halle-Merseburger Gauleiter Jordan die Reichsstatthalterfunktion für Anhalt und Braunschweig sowie die Funktion des Gauleiters von Magdeburg-Anhalt.

57 Der Reichsverteidigungsbezirk IV (Dresden) unter Gauleiter Mutschmann umfaßte den Freistaat Sachsen und Teile der Nachbarländer; der Reichsverteidigungsbezirk IX (Kassel) unter dem Thüringer Gauleiter Sauckel umfaßte den größten Teil der Provinz Hessen-Nassau und des Landes Thüringen, Teile der Provinzen Sachsen (Regierungsbezirk Erfurt und die südlichen Kreise des Regierungsbezirkes Merseburg), Westfalen und Hannover sowie der Länder Bayern und Hessen; auf Betreiben Sauckels wurden bereits Ende 1939 ein Bezirkswirtschaftsamt und Führungsstab Wirtschaft für den Gau Thüringen als Teilbezirk IXb gebildet.

und Halle geteilt. Der Thüringer NSDAP-Gauleiter Sauckel erhielt die Oberpräsidentenbefugnisse für den Regierungsbezirk Erfurt und den Kreis Schmalkalden[58].

Dies verstärkte die Grundtendenz zur arrondierend-administrativen Dreiteilung des mitteldeutschen Raumes. Nach dem Ende des Krieges und des NS-Regimes nahm sie 1945 mit der „großthüringischen" Landesgründung (ehemaliges Land Thüringen, Regierungsbezirk Erfurt, Kreis Schmalkalden), der Gründung der Provinz Sachsen (Provinzen Halle und Magdeburg, Land Anhalt) und der Angliederung bis dahin preußischer Lausitzer Gebiete an Sachsen Gestalt an. Sie prägte so die südliche Länderstruktur in der sowjetischen Besatzungszone (SBZ). Diese blieb – im Unterschied zu den britischen und französischen Zonen – unverändert. Die Auflösung Preußens durch den Allierten Kontrollrat (1947) wirkte sich auf die SBZ nur insofern aus, als die Provinzen Sachsen (-Anhalt) und Brandenburg den Landesstatus erhielten. Die anfangs im Spannungsfeld von Föderalismus und Zentralismus agierenden SBZ-Länder verloren mit der zentralistisch-strukturellen Umgestaltung der SBZ 1947/48 und nach Gründung der DDR 1949 ihre Kompetenzen[59].

Die zentralistisch ausgerichtete DDR-Verwaltungsreform 1952 hob die Länder de facto – wenn auch nicht de jure – auf und ersetzte sie durch Verwaltungsbezirke[60]. An die Stelle der Landesregierungen traten dem DDR-Ministerrat nachgeordnete Räte der Bezirke, an die Stelle der Land- Bezirkstage. Die neuen Bezirke mit ihrer kleinteiligen Kreisstruktur entsprachen dem Herrschafts-, Sicherheits- und Planwirtschaftsverständnis der SED und prägten über mehrere Jahrzehnte die räumliche Entwicklung der DDR. Nach deren Eigensicht schufen sie eine ausgewogenere, das Nord-Süd-Gefälle abbauende und somit zukunftsweisende Territorialstruktur[61]. Die fast 40jährige DDR-Bezirksstruktur wirkte zweifellos regional nivellierend und strukturell angleichend. Unter landesplanerischen Aspekten erwies sie sich zum Teil effektiver als die alten Ländergrenzen[62]. Obwohl sie teilweise über diese hinwegging, hielt sie sich doch weitgehend an die frühere SBZ-Länderstruktur.

So konnte 1990, als im Vorfeld des Beitritts der DDR zur Bundesrepublik die Länder wiedereingeführt wurden, staatsrechtlich wie strukturell an die 1952 aufgelösten fünf Länder angeknüpft werden. Ministerrat (Beschluß vom 2. Mai 1990) und Volkskammer (Ländereinführungsgesetz vom 22. Juli 1990) der DDR folgten den Empfehlungen der Regierungskommission „Verwaltungsreform" bzw. des Ministeriums für regionale und kommunale Angelegen-

58 Vgl. auch Snell, Detlev: Die Führererlasse vom 1. April 1944 und das Schicksal des Regierungsbezirks Erfurt sowie des Landkreises Herrschaft Schmalkalden, in: Zeitschrift des Vereins für Thüringische Geschichte 49 (1995), S. 9–21.

59 Zu den SBZ-Ländern, den DDR-Bezirken und der Länderwiedereinführung 1990 vgl. die im letzten Teil des Beitrages über die „,Mitteldeutschland'-Bilder" angegebene Literatur.

60 Im Land Thüringen die Bezirke Erfurt, Suhl und Gera; im Land Sachsen die Bezirke Leipzig (mit dem bis dahin thüringischen Gebiet Altenburg), Dresden und Chemnitz (seit 1953 Karl-Marx-Stadt); im Land Sachsen-Anhalt die Bezirke Halle und Magdeburg.

61 Vgl. u. a. Ostwald, Werner (Hrsg.): Die DDR im Spiegel ihrer Bezirke, Berlin (Ost) 1989.

62 So Rutz, Werner; Scherf, Konrad; Strenz, Wilfried: Die fünf neuen Bundesländer – historisch begründet, politisch gewollt und künftig vernünftig?, Darmstadt 1993.

heiten, die Länder Mecklenburg-Vorpommern, Brandenburg, Sachsen[63], Thüringen[64] und Sachsen-Anhalt[65] durch annähernde Zusammenlegung der jeweiligen Bezirksterritorien zu bilden, ohne die kleinteilige Kreisstruktur von 1952 wiederherzustellen. Dafür wurden Regierungsbevollmächtigte in den Bezirken (6. Juni 1990) und aus ihrem Kreis Landessprecher (8. August 1990) eingesetzt. Die Bezirkstage stellten zum 31. Mai 1990 ihre Tätigkeit ein. Die Räte der Bezirke fungierten ab 1. Juni 1990 als Bezirksverwaltungsbehörden. Dieser Weg föderativer Umgestaltung der DDR im Vorfeld ihres Beitritts zur Bundesrepublik schien die zwar nicht optimale, aber damals einzig kompromißfähige, gesellschaftlich wie finanziell vertretbare Lösung zu sein. Dem Wunsch, weitere kleinere Länder – darunter ein Land Lausitz – zu bilden, wurde damit ebenso eine Absage erteilt wie der Forderung, die Bezirke Halle und Magdeburg auf die Länder Sachsen und Brandenburg aufzuteilen oder das ganze Gebiet der DDR in zwei bzw. drei Großländer zu gliedern. Großländerpläne hatten in dieser auf pragmatische Lösungen drängenden Situation keine Chance. Einer grundsätzlichen Neugestaltung der deutschen Länder nach erfolgter Vereinigung stehe – hieß es in den Empfehlungen und Begründungen – die Bildung der fünf Länder im Territorium der DDR nicht im Wege. Entsprechende Forderungen sind in den letzten Jahren mehrfach erhoben worden, fanden aber nur geringe Resonanz. Die mit dem Beitritt der DDR zur Bundesrepublik (3. Oktober 1990) und den Landtagswahlen (14. Oktober 1990) besiegelte Lösung des Jahres 1990 hat sich – nachdem sich die „neuen Bundesländer" relativ stabilisiert haben – offenkundig bewährt.

Fazit

Die Geschichte politisch-administrativer Strukturen des mitteldeutschen Raumes wies insgesamt mehr trennende als verbindene Elemente auf. Die Heterogenität bildete ihr überwiegendes Struktur- und Entwicklungsmerkmal. Dabei entstanden in den verschiedenen Entwicklungsetappen sehr unterschiedliche und häufig wechselnde Integrationsansätze. In vorstaatlich-mittelalterlicher Zeit hatten sie keinen Bestand und nahmen erst nach 1500 dauerhaftere und stabilere Züge an. Sie verdichteten sich mit den Integrationsprozessen nach 1800 und tendierten im 20. Jahrhundert nach zeitweise massiven Großraumplänen zu einer arrondierend-administrativen Dreiteilung des mitteldeutschen Raumes. Der Grundtrend staatlich-administrativer Territorialentwicklung im 19./20. Jahrhundert wies so eher in die Richtung der heutigen Länderstruktur als eines administrativ einheitlichen Großraumes „Mitteldeutschland". Aus dieser Gesamtentwicklung läßt sich nicht die zwingende Notwendigkeit ableiten, ein Großland „Mitteldeutschland" oder „Sachsen-Thüringen" zu bilden. Großräumig ausge-

---

63 Aus den Bezirken Dresden, Karl-Marx-Stadt (Chemnitz) und Leipzig – ohne die Kreise Altenburg und Schmölln; die Niederlausitzer Kreise (Bezirk Cottbus) kamen entsprechend den Grenzen von 1815 an das Land Brandenburg.

64 Aus den Bezirken Erfurt, Gera und Suhl – einschließlich der Kreise Altenburg, Schmölln und Artern.

65 Aus den Bezirken Halle und Magdeburg – ohne den Kreis Artern.

richtete Neugliederungskonzepte ergaben sich nicht aus einer lang zurückreichenden historischen, sondern aus der modernen wirtschaftlichen Entwicklung. Sie gingen von jeweils aktuell-rationellen Überlegungen aus und untermauerten ihre Pläne mit paßgerechten historischen Argumenten. Der entsprechende Rückgriff auf frühere staatlich-administrative Integrationsansätze entsprach nicht historischer Realentwicklung, sondern aktuellen Planungs- und Konstruktionsabsichten. Die Frage einer möglicherweise notwendigen Neugliederung des heutigen mitteldeutschen Raumes mit Blick auf die EG-Integration und die Perspektiven des bundesdeutschen Föderalismus steht auf einem anderen Blatt. Dies und die Frage, ob unter heutigen Globalisierungs- und regionalen Flexibilisierungstendenzen groß- oder kleinräumigere Strukturen angemessener sind, sollte von den hier erörterten Fragen staatlich-administrativer Realgeschichte dieses Raumes abgekoppelt werden.

Territorialstruktur im 4. bis 6. Jahrhundert

Territorialstruktur im 10./11. Jahrhundert

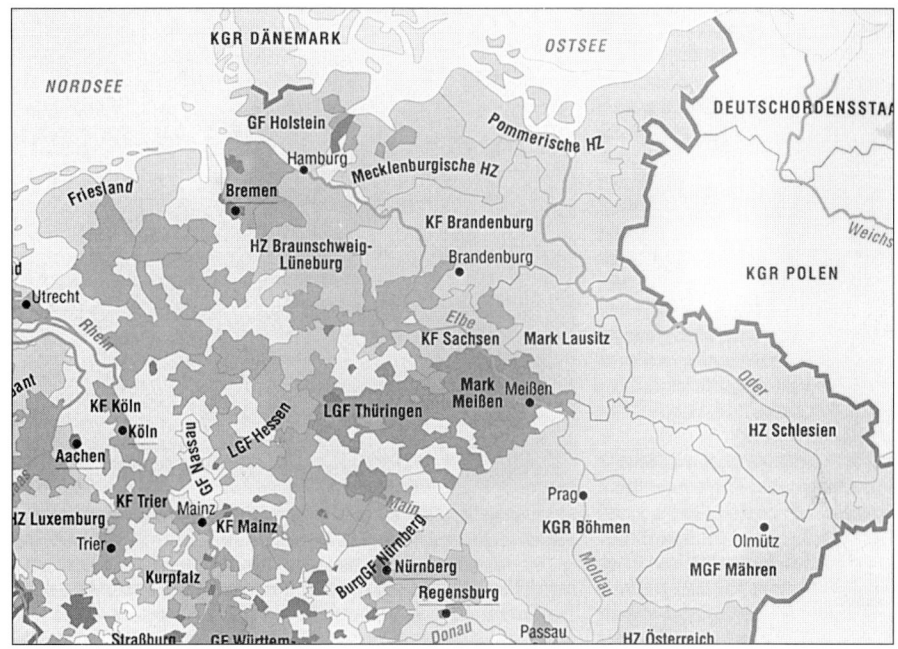

Territorialstruktur zur Zeit Karls IV. (1378)

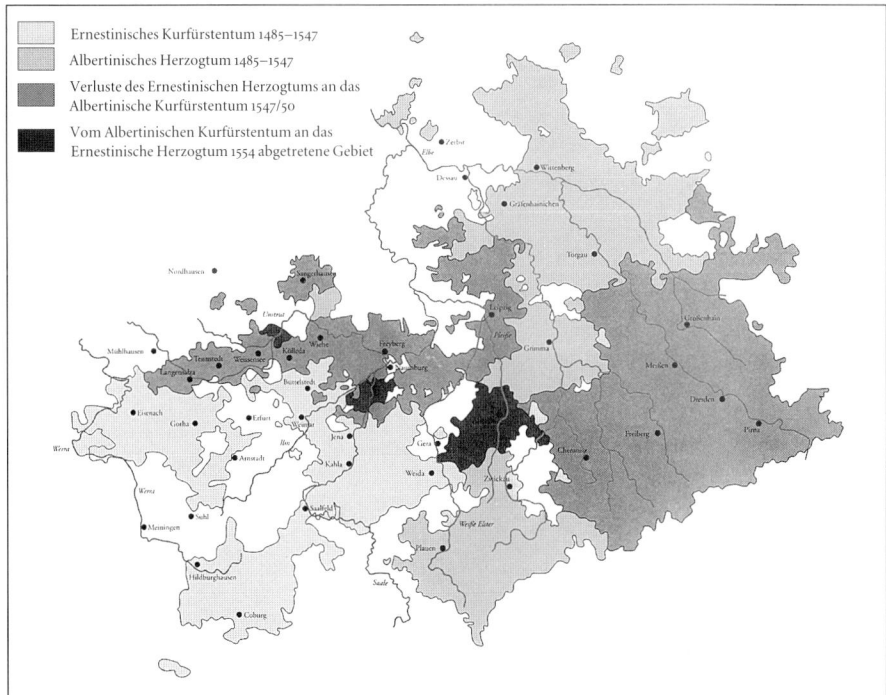

Die ernestinischen und albertinischen Gebiete nach der Leipziger Teilung 1485 und der Wittenberger Kapitulation 1547

*S. 258–262: Karten der provinzsächsischen Denkschrift „Mitteldeutschland auf dem Wege zur Einheit" (1927)
zur brandenburgisch-preußischen Gebietsentwicklung: I Kernland Altmark*

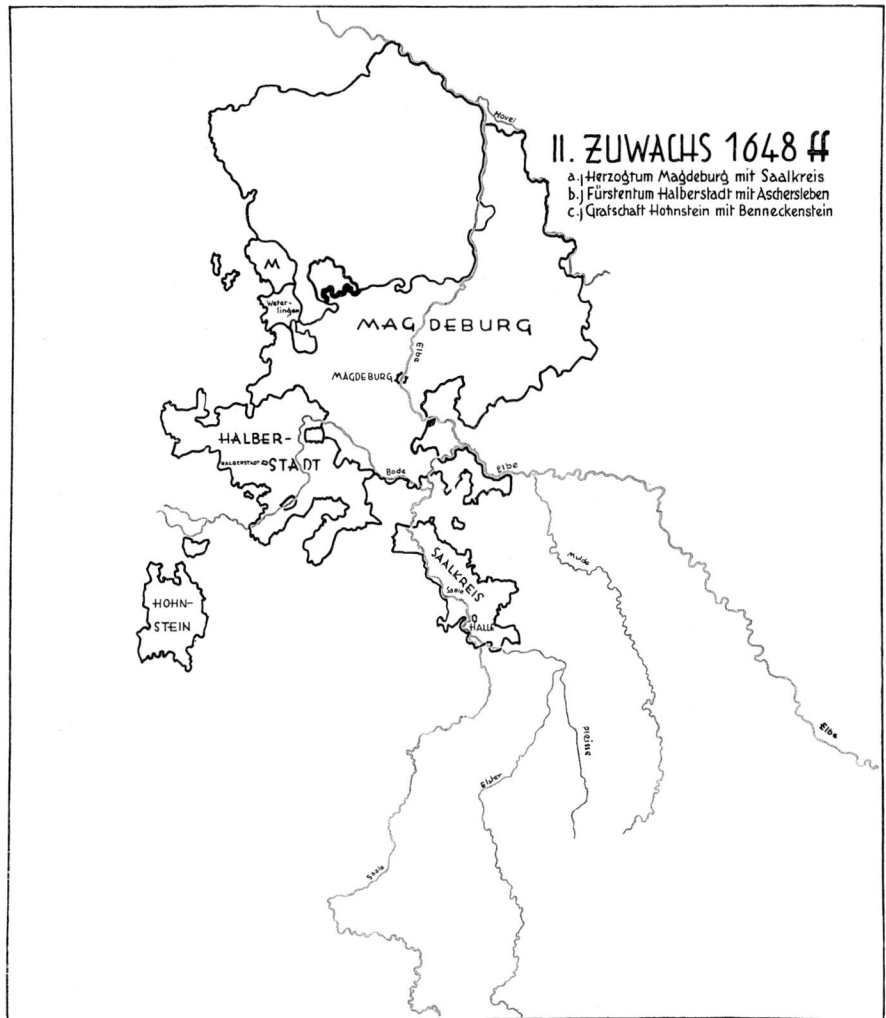

II Zuwachs 1648 ff.

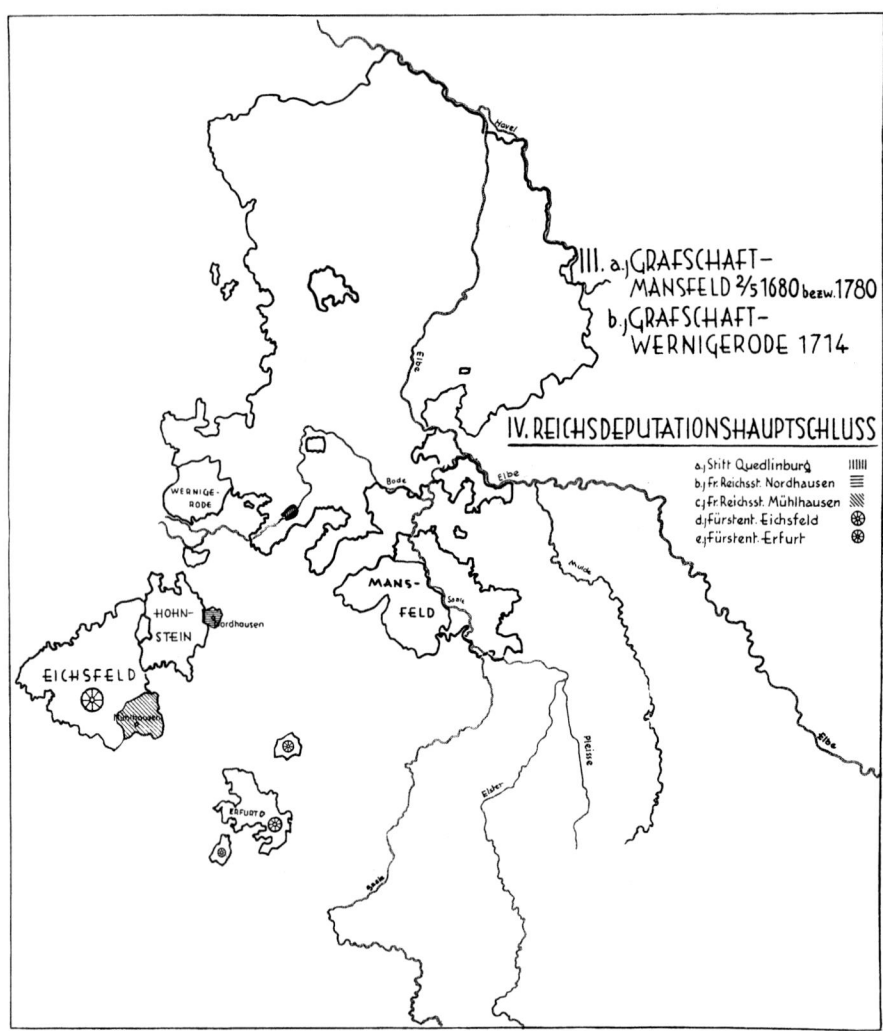

III Grafschaft Mansfeld (1680/1780), Grafschaft Wernigerode (1714); IV Reichsdeputationshauptschluß (1802/03)

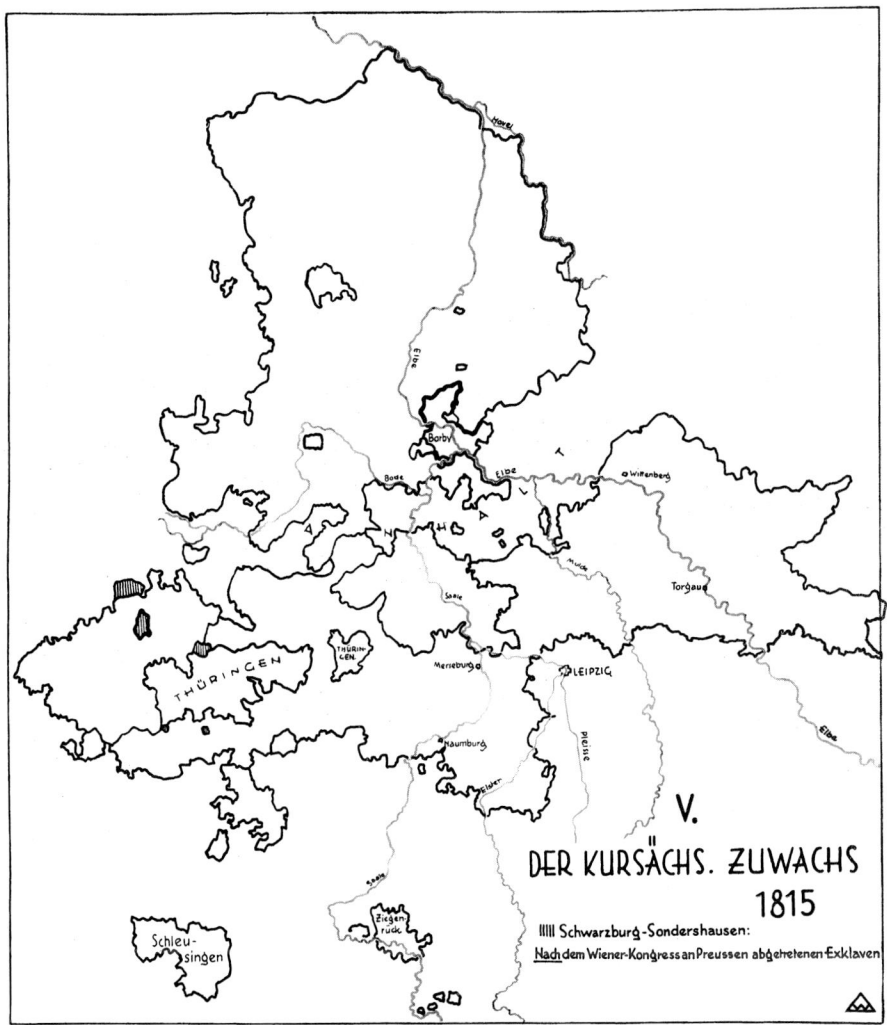

V Der kursächsische Zuwachs 1815

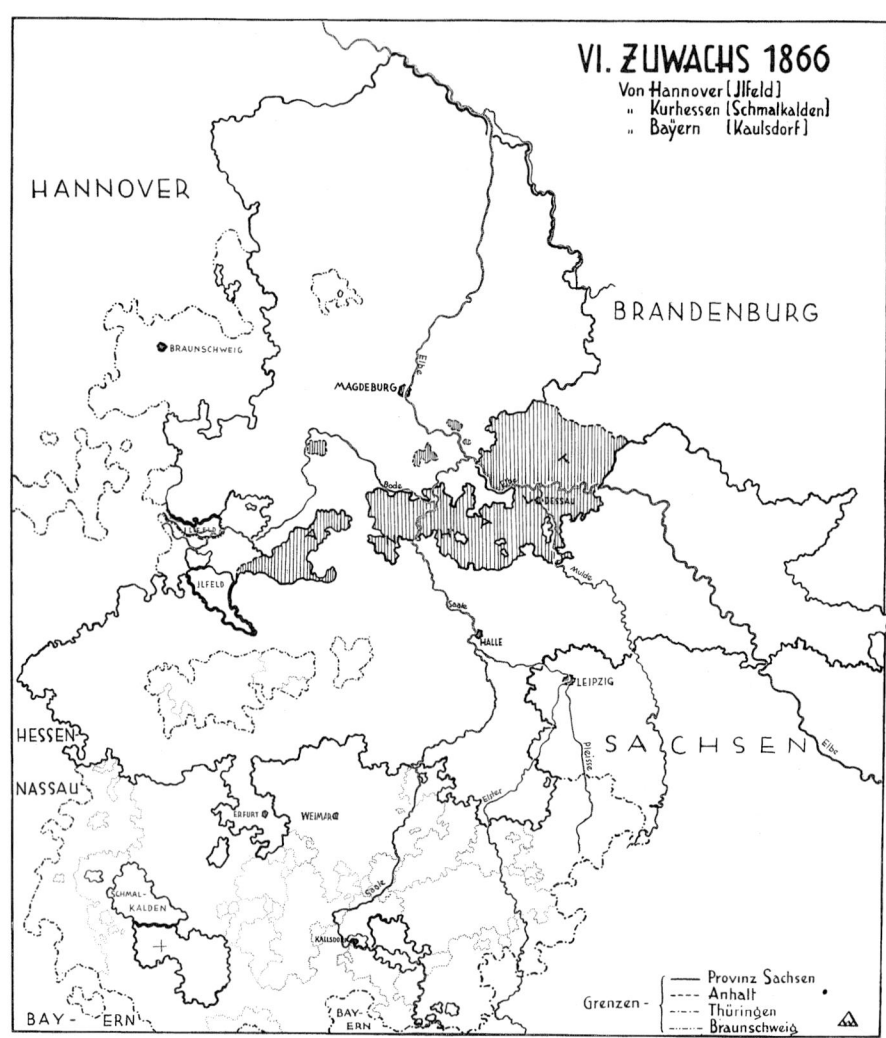

VI Zuwachs 1866

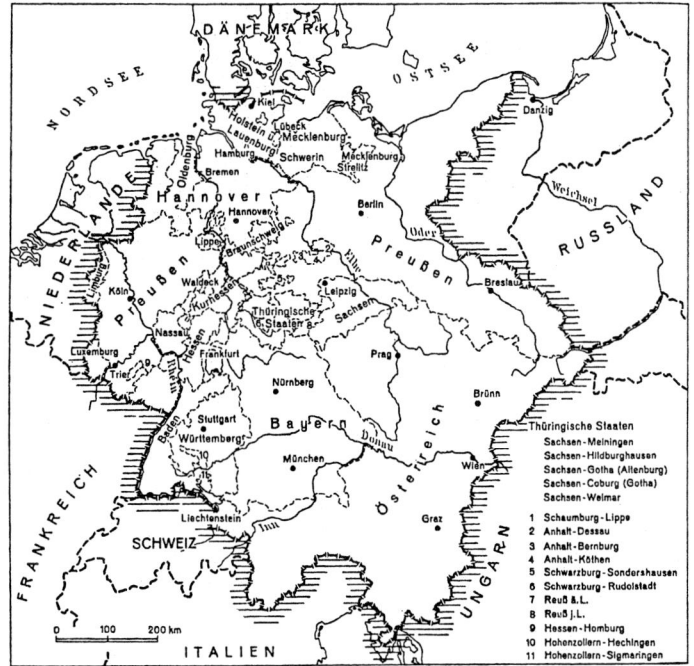

Die Staaten des Deutschen Bundes (1815/66)

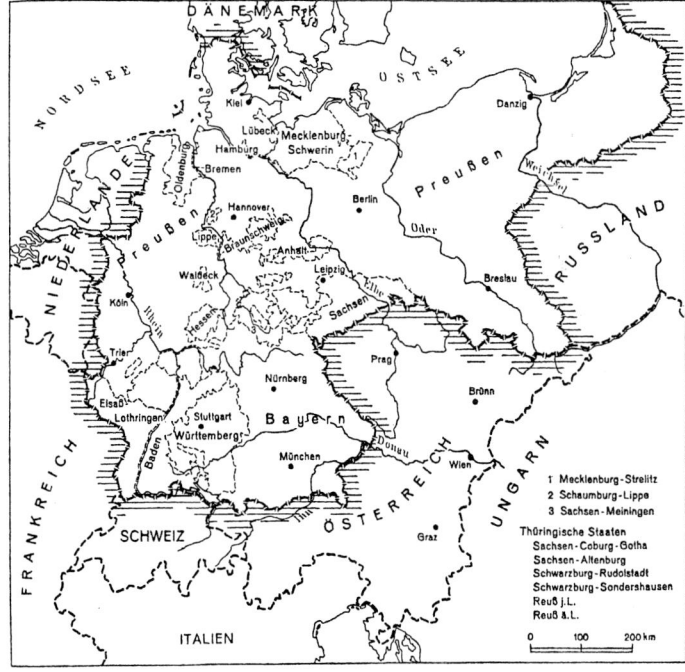

Die Staaten des Deutschen Kaiserreiches (1871/1918)

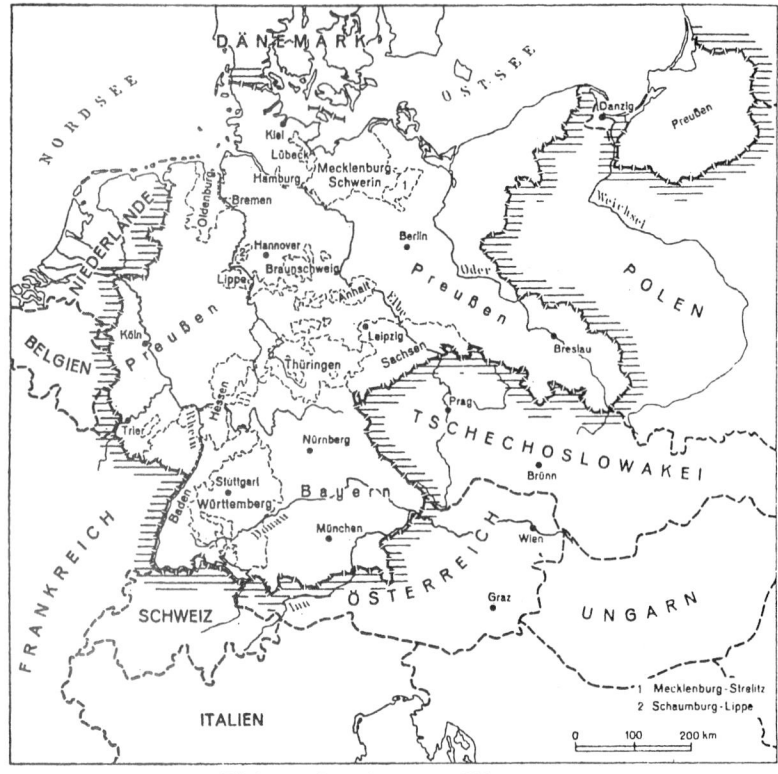

Die Staaten der Weimarer Republik (1919/33)

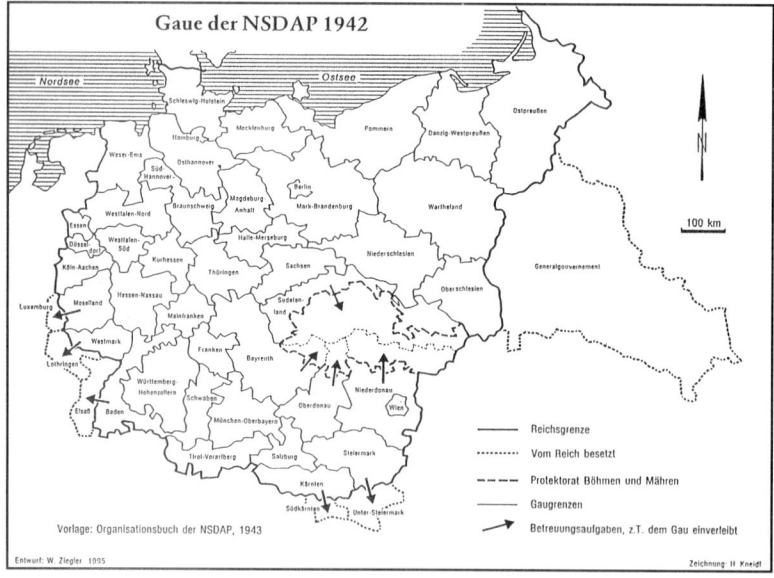

Die NSDAP-Gaue (1942)

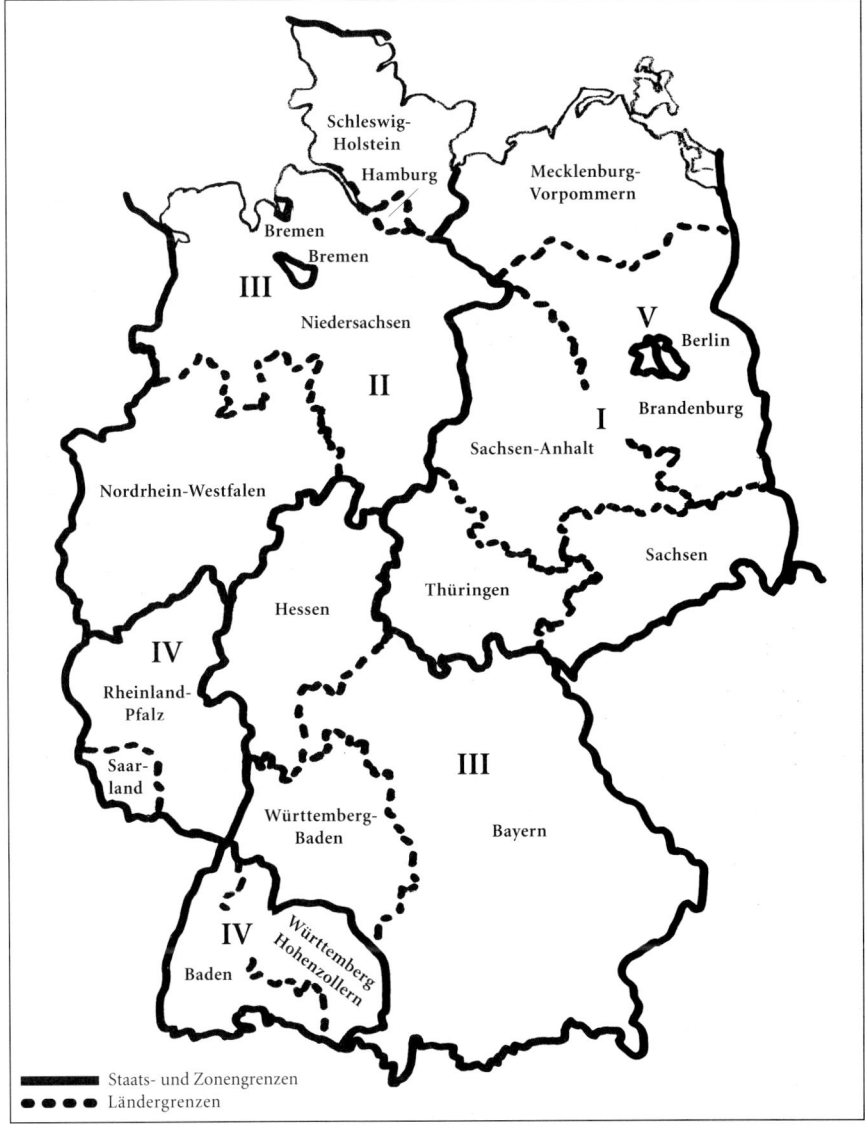

Die Länder der vier Besatzungszonen (1945/49)

I = Sowjetische Besatzungszone *(Länder: Mecklenburg-Vorpommern, Brandenburg, Sachsen-Anhalt, Sachsen, Thüringen).* **II = Britische Besatzungszone** *(Länder: Schleswig-Holstein, Hamburg, Niedersachsen, Nordrhein-Westfalen).* **III = Amerikanische Besatzungszone** *(Länder: Hessen, Bayern, Württemberg-Baden, Bremen [Exklave]).* **IV = Französische Besatzungszone** *(Länder: Rheinland-Pfalz, Baden, Württemberg-Hohenzollern, Saarland [bis 1957 franz. Zoll- und Wirtschaftsgebiet]).* **V = Berlin** *(unter alliierter Verwaltung, seit 1948 gespalten in den sowjetisch besetzten Ostsektor und die westalliiert besetzten Westsektoren)*

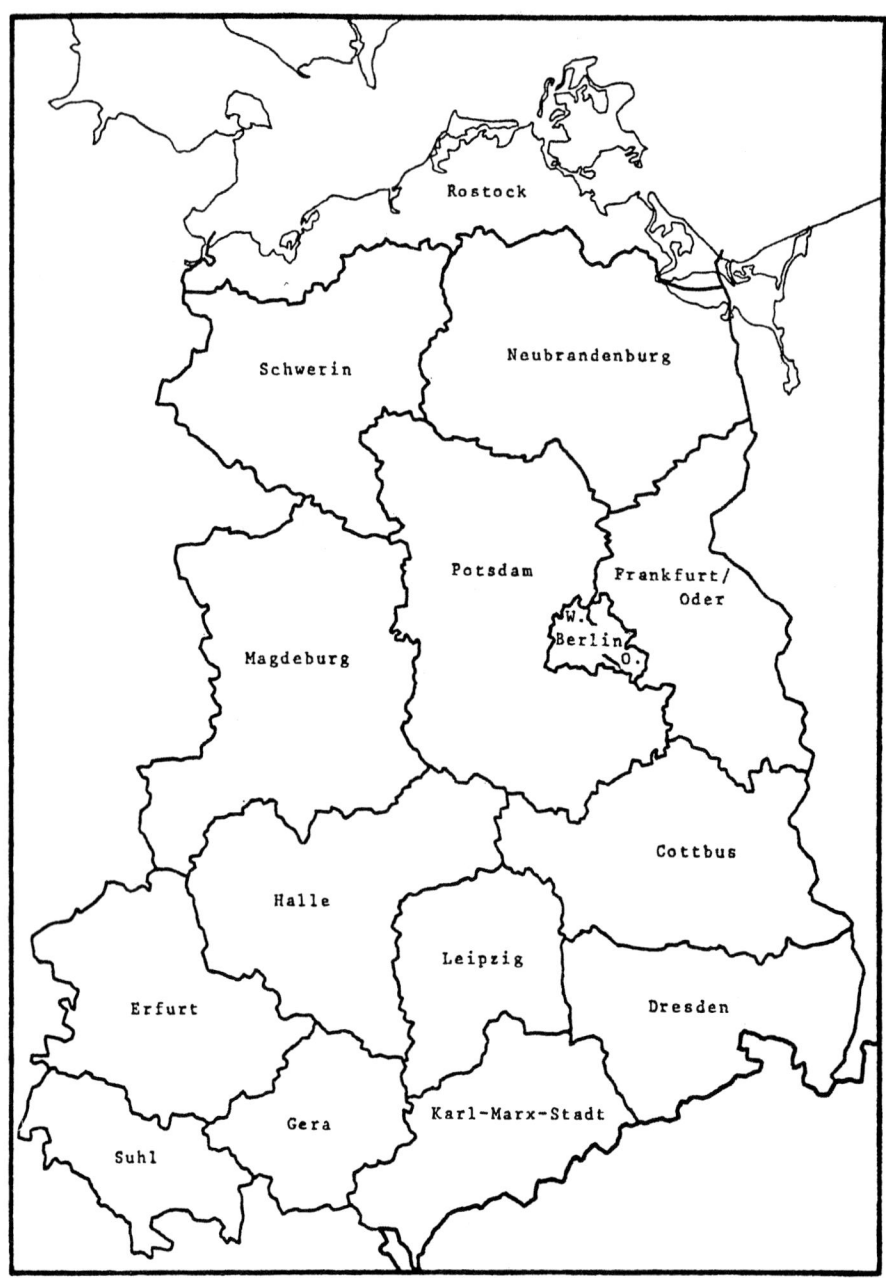

Die Bezirke der DDR (1952/90)

Die Länder der Bundesrepublik Deutschland seit 1990

Karsten Rudolph

Zum mitteldeutschen Format der demokratischen Bewegung in Sachsen, Thüringen und Anhalt (1848–1933)

I.

Dem folgenden Essay liegt die doppelte Fragestellung zugrunde, ob es so etwas wie eine spezifisch mitteldeutsche Form und Reichweite demokratischer Bewegungen[1] gegeben hat und welche (regional)politischen Wirkungen sie auf diesen Raum gehabt haben. In einem Bochumer Forschungsprojekt wurde diesen Fragen in verschiedenen Richtungen nachgegangen,[2] wobei die räumliche Konstituierung des Untersuchungsgegenstandes auf mehreren forschungsstrategischen Hypothesen aufbaute.

Zunächst drängte sich angesichts der deutsch-deutschen Konkurrenz um das preußische Erbe in den 1980er Jahren und wegen der sich vor allem im Süden der DDR versteifenden Widerstände gegen eine neue ‚Borussifizierung‘ der Geschichte die Frage auf, worin eigentlich das politische Erbe der nicht-preußischen und nicht-süddeutschen Territorien in der deutschen Geschichte bestehen könnte. Es nährte den Verdacht, daß die DDR eher ‚sächsisch‘ als preußisch geprägt war. Hatte die DDR-Volkskammer ihren Namensgeber nicht vielleicht im sächsischen Parlament der Weimarer Zeit? Und war nicht ein guter Teil der SED-Parteifunktionäre in der sächsischen oder thüringischen KPD sozialisiert worden? Andererseits warfen solche Überlegungen die Frage nach der Stärke und dem Verbleib der demokratischen Traditionen in diesen Regionen auf. Welche Rolle hatten die sozialdemokratische Arbeiterbewegung und das liberale Bürgertum, deren Wiegen in Mitteldeutschland standen, für die geschichtliche Entwicklung dieses Raumes gespielt? So gefragt, erhärtete sich die Hypothese, daß man es bei Mitteldeutschland nicht nur mit dem historiographischen Kunstprodukt einer irgendiwe zwischen Ost und West, Nord und Süd gelagerten black box zu tun hatte, auch wenn es eine moderne territoriale mitteldeutsche Einheit niemals gegeben hat.

Die Erforschung der Geschichte demokratischer Bewegungen in Preußen und in Süddeutschland war seit den siebziger Jahren vorangeschritten, während dieser regionalhistorische Aufschwung an Sachsen, Thüringen und Anhalt zunächst vorbeizulaufen schien. Neben einer preußischen und einer süd(west)deutschen Sicht auf die Geschichte der deutschen

---

1 Unter demokratischen Bewegungen sollen diejenigen regionalen formalen Organisationen und dasjenige kollektive Verhalten verstanden werden, welche auf eine Demokratisierung von Staat und Gesellschaft zwischen 1848 und 1933 abzielten.

2 Vgl. die Veröffentlichungen des Projektes in der von Helga Grebing, Hans Mommsen und Karsten Rudolph herausgegebenen Reihe Demokratische Bewegungen in Mitteldeutschland, Weimar, Köln, Wien 1995 ff.

Demokratie sollte deshalb mit dazu beigetragen werden, die mitteldeutsche Perspektive aus ihrer Abseitsstellung herauszuholen. Die ‚Bonner' und ‚Ostberliner' Geschichtsschreibung vermittelten kein überzeugendes Bild von der mitteldeutschen Geschichte. Jedenfalls wurde es von beiden in der Regel kräftig überzeichnet: Einerseits diente es als Negativfolie für einen ständigen sozialen und politischen Unruheherd, in dem die Extreme besonders kräftig nach links und rechts ausschlugen, andererseits wurde das Gemälde einer Hochburg der kommunistischen Bewegung gemalt, aus der heraus jedoch ein ums andere Mal kein erfolgreicher revolutionärer Umsturz eingeleitet werden konnte. Spätestens solche Betrachtungen warfen die Frage nach dem Verbleiben des „Dritten Deutschlands"[3], der ursprünglich starken demokratischen Tradition der Achtundvierziger- und der ihr nachfolgenden sozialdemokratischen Arbeiterbewegung auf. Wenn die mitteldeutsche Region weder als ein Modell für die kommunistische Machteroberung noch als Vorbild für eine demokratisch-parlamentarische Form der Lösung gesellschaftlicher Konflikte taugte, war die Rolle der regionalen Demokratiebewegung für die gesellschaftspolitische Entwicklung an Saale und Elbe dann nicht genauer einzuschätzen? Schließlich trat noch ein aufklärisches Argument hinzu: Sollte für die Entfaltung eines historisch informierten demokratischen Bewußtseins nach 1989 neben der intensiven Auseinandersetzung mit den beiden deutschen Diktaturen nicht auch eine kritische Beschäftigung mit den regionalen demokratischen Traditionen nützlich sein?

Aber auch jenseits dieser Erwägungen bestätigte schon ein kurzer, oberflächlicher Blick auf die Zäsuren deutscher Geschichte – als Stichworte seien nur die Jahreszahlen 1830/31, 1848/49, 1866, 1918/19, 1923, 1933 genannt – den starken Auftritt der mitteldeutschen Region in diesen Umbruchphasen. Diese Präsenz verdankte sie in den allerwenigsten Fällen einem beispielgebenden Hervortreten der herrschenden politischen und sozialen Regionalgewalten. Der Mangel an energischen und vorausblickenden Fürsten, an konservativen oder liberalen Landespolitikern überregionalen Formats sticht nach dem Abtreten von Beust nicht nur im deutschen Regionalvergleich ins Auge, er fällt auch angesichts der außergewöhnlichen Dichte der ‚von unten' in die Arena der Politik eindringenden sozialen Bewegungen auf. Es waren letztlich sie, die die herrschende soziale und politische Schicht immer wieder zum Handeln – soll heißen: zum Koalieren und *Re*agieren – zwangen.

Dabei zeigte sich frühzeitig, daß Mitteldeutschland ein spezifisches Konflikt- und Problempotential aufwies. Erstens war der Widerspruch zwischen sozialökonomischer Modernisierung und politischer Partizipation besonders ausgeprägt. Vor allem Sachsen galt als ein Pionierland der Industrialisierung, als Vorreiter der Demokratisierung in Deutschland mochte es hingegen kaum gelten. Die moderne soziale Frage stellte sich – zweitens – eher als in anderen deutschen Regionen. Der frühzeitig offen zu tage tretende Widerspruch zwischen Kapital und Arbeit sorgte für eine starke Orientierung der demokratischen Bewegung an Forde-

---

3 Mommsen, Hans: Einleitung: Ein „drittes Deutschland", in: Grebing, Helga; Mommsen, Hans; Rudolph, Karsten (Hrsg.): Demokratie und Emanzipation zwischen Saale und Elbe. Beiträge zur Geschichte der sozialdemokratischen Arbeiterbewegung bis 1933 (Veröffentlichungen des Instituts zur Erforschung der europäischen Arbeiterbewegung, Schriftenreihe A: Darstellungen, Bd. 4), Essen 1993, S. 11–16.

rungen nach sozialer Gleichheit. Daneben spielte – drittens – die nationale Frage eine entscheidende Rolle für die Formierung der demokratischen Bewegung. Auch nach 1871 blieb der Gegensatz zwischen dem ‚borussischen Reich' und den mitteldeutschen Staaten virulent. Die außerhalb des städtischen Bürgertums weitverbreitete antipreußische Disposition reaktivierte sich anläßlich des Auftretens preußischer Truppen in den mitteldeutschen Konfliktherden ein ums andere Mal. Der mitteldeutsche Kulturkampf wurde viertens zwischen dem vordemokratischen Staat, der evangelisch-lutherischen Amtskirche und dem überwiegend konservativ geprägten bürgerlichen Lager einerseits und der sozialdemokratischen Arbeiterbewegung andererseits ausgetragen. Diese wies übrigens bemerkenswerte personelle Verbindungen zu innerkirchlichen Reformbewegungen aus dem demokratischen Bürgertum auf. Fünftens fehlte in Mitteldeutschland aufgrund der dominant protestantischen Einfärbung eine nennenswerte politische katholische Strömung. Mit Ausnahme des Eichsfeldes, in dem die Kreise Heiligenstadt und Worbis dominant katholisch waren, fielen nur noch das ostsächsische Sorbenland und die Kreise Oschersleben und Wanzleben im Bezirk Magdeburg mit einem Katholikenanteil von mehr als fünf Prozent auf. Der Sozial-Katholizismus fiel somit als volksnaher, nicht-sozialistischer Moderator des Modernisierungsprozesses vollständig aus; das Zentrum bildete kein Scharnier zwischen der sozialdemokratischen Arbeiterbewegung und dem bürgerlichen Linksliberalismus, der überdies in Mitteldeutschland schon in der Wilhelminischen Ära einem rapiden Verfallsprozeß unterlag, weil er auf die nationalistische Bewegung keine Antwort fand.

Dieses – bei allen intraregionalen Unterschieden – besondere Konfliktpotential hob Mitteldeutschland von anderen deutschen Regionen ab und mußte der demokratischen Bewegung in Mitteldeutschland ein Gepräge verleihen, welches sich in den kritischen historischen Phasen noch tiefer ausformte.

In den September- und Oktoberunruhen 1830 fanden sich insbesondere in Sachsen und denjenigen thüringischen Staaten Ansätze für breite Volksbewegungen, die noch nicht über frühkonstitutionelle Verfassungen verfügten.[4] Sie wurden allerdings durch das intermediäre Auftreten des Bürgertums, das sich bald selbst bedroht sah, zurückgedrängt. Im Ergebnis bewegte sich die mitteldeutsche Region dann auf einer verfassungspolitisch mittleren Linie, d. h. sie entfernte sich in der Verfassungsentwicklung vom rückständigen Preußen und fand Anschluß an die progressive südwestdeutsche Richtung. Aber nicht nur die demokratische Frage, auch die soziale Frage wurde in Mitteldeutschland bereits im Vormärz aufgeworfen. Der Sozialismus Wilhelm Weitlings bezog von hier sein praktisches Anschauungsmaterial. Es war kein Zufall, daß der Schneidergeselle dem Ideal des kleinbürgerlichen Egalitarismus „den Anspruch der Eigentumslosen gegen die Eigentümer" entgegensetzte und „insofern den

---

4 Zu Sachsen vgl. jetzt die detaillierte Untersuchung von Hammer, Michael: Volksbewegung und Obrigkeiten. Revolution in Sachsen 1830/21 (Geschichte und Politik in Sachsen, Bd. 3), Weimar, Köln, Wien 1997; für das Folgende vgl. auch meine Skizze Epoche und demokratische Frage, in: Rudolph, Karsten; Wickert, Christl (Hrsg.): Geschichte als Möglichkeit. Über die Chancen von Demokratie, Essen 1995, S. 76 ff.

Anfang für eine lange und differenzierte Geschichte der Entsprechung von proletarischer Gleichheit und Demokratieverständnis im Rahmen der Emanzipationsbewegung der europäischen Arbeiterklasse" legte[5].

In der Revolution von 1848/49 bildete dann Mitteldeutschland eine Hochburg der Linken, was Heinrich Best in einem Regionalvergleich eindrucksvoll nachgewiesen hat.[6] Mit der kleindeutschen Nationalstaatsbildung gingen Linksliberale und Demokraten, die in der Revolution anfänglich zusammengestanden hatten, jedoch endgültig auseinander. Die sich rasch ausbreitende sozialdemokratische Arbeiterbewegung übernahm zunächst die revolutionäre und großdeutsche Tradition der Volks- und demokratischen Bewegung. Sie konstituierte sich gleichsam als nicht-preußische Regionalpartei des Volkes, als Sächsische oder Thüringische Volkspartei, bevor sie sich in eine sozialistische Klassenpartei der Industriearbeiter, in die SPD, verwandelte.[7] Die politisch-ideologische Justierung der deutschen Sozialdemokratie durch die mitteldeutschen – insbesondere sächsischen – Gliederungen ist kaum zu überschätzen. Die sächsischen und thüringischen Organsiationen bildeten das organisatorische Rückgrat der Partei, stützten in ideologischen Konflikten mehrheitlich stets die „zentristische Position" von August Bebel und waren insofern ganz maßgeblich an der Herausbildung des „revolutionären Attentismus" (Dieter Groh) in der Partei beteiligt. Diese Prägung reflektierte in hohem Maße die verfassungs- und koalitionspolitische Situation, in der sich die mitteldeutsche Arbeiterbewegung befand, und trug in nicht geringem Maße zur sekundären nationalen Integration der mitteldeutschen Demokratie- und Arbeiterbewegung bei. In Sachsen jedenfalls konnte die sozialdemokratische Arbeiterbewegung bis zum Ausbruch des Ersten Weltkriegs stets das große Entweder-oder vermeiden, sei es bei der Etatabstimmung im Landtag oder der geschmähten Hofgängerei.

Die sozialdemokratische Arbeiterbewegung und ihre demokratischen Bündnispartner, die sich nach 1918 in der DDP sammelten, verpaßten in der Revolution 1918/19 trotz der allgemein günstigen politischen Voraussetzungen und wider Erwarten den Zeitpunkt für eine durchgreifende Neuordnung der sozialen Verhältnisse. Die Versäumnisse der Revolution wollte

5 Helga Grebing: Mehr Gleichheit – mehr Demokratie, in: Fabian, Anne-Marie (Hrsg.): Arbeiterbewegung, Erwachsenenbildung, Presse. Festschrift für Walter Fabian, Köln-Frankfurt a. M. 1977, S. 74.

6 Best, Heinrich: Politische Regionen in Deutschland: Historische (Dis-) Kontinuitäten, in: Oberndörfer, Dieter; Schmitt, Karl (Hrsg.): Parteien und regionale politische Traditionen in der Bundesrepublik Deutschland, Berlin 1991, S. 39–64, hier insbesondere S. 44 ff. Zur preußischen Provinz Sachsen und den anhaltischen Staaten vgl. jetzt Tullner, Mathias: Die Revolution von 1848/49 in Sachsen-Anhalt, Halle 1998, anregend zu Sachsen: Neemann, Andreas: Kontinuitäten und Brüche aus einzelstaatlicher Perspektive. Politische Milieus in Sachsen 1848 bis 1850, in: Jansen, Christian; Mergel, Thomas (Hrsg.): Die Revolution von 1848/49. Erfahrung – Verarbeitung – Deutung, Göttingen 1998, S. 172–189, sowie den komprimierten Überblick von Rupieper, Hermann-Josef: Sachsen, in: Dipper, Christof; Speck, Ulrich (Hrsg.): 1848. Revolution in Deutschland, Frankfurt a. M.-Leipzig 1998, S. 81; zu Thüringen vgl. als neuen Standard: Hahn, Hans-Werner; Greiling, Werner (Hrsg.): Die Revolution von 1848/49 in Thüringen. Aktionsräume, Handlungsebenen, Wirkungen, Rudolstadt, Jena 1998.

7 Vgl. hierzu demnächst Rudolph, Karsten: On the Disappearance of a Political Party from German History: The Saxon People's Party, 1866–1869, in: Retallack, James: Saxony in German History, Ann Arbor/Michigan 2000), S. 199–214.

deshalb eine jüngere Generation sozialistischer Politiker nachholen, die nach dem Kapp-Lütt-witz-Putsch und der Attentatsserie gegen führende Politiker der Weimarer Republik in die Schlüsselpositionen der mehrheitssozialdemokratischen Partei und des Staates einrückte.[8] Zusammen mit den gemäßigten Führern der USPD bestimmte sie die Politik der wieder-vereinigten Partei. Sachsen und Thüringen, in denen die Bildung „proletarischer Mehrhei-ten" keine Schimäre[9] blieb, entwickelten sich neben Braunschweig zu sozialdemokratischen ‚Musterländern‘, die jenseits der Weimarer Koalition und der Großen Koalition für wenige Jahre eine linksrepublikanische Perspektive für Deutschland eröffneten, die 1923 durch die intransingente Politik der KPD und die gegen Sachsen und Thüringen gerichtete Reichsexe-kution Berlins zerstört wurde.[10]

Bei dieser nur rohen, idealtypischen Skizzierung fällt freilich sogleich die Sonderrolle Anhalts auf, wo die politische Entwicklung auf einer frühzeitigen Sozialpartnerschaft zwischen Unternehmern und Gewerkschaften sowie einer sozialdemokratisch-liberalen Zusammenar-beit beruhte. Die partnerschaftliche Form der industriellen Beziehungen, die pragmatische Haltung der freien Gewerkschaften und der Sozialdemokratie sowie die prinzipienorientierte Haltung der Linksliberalen muß von daher als Sonderweg in Mitteldeutschland gelten.[11]

II.

Zwischen Revolution und Reichsexekution kam es zu zwei bemerkenswerten Anläufen, Mit-teldeutschland zu einer politischen Großregion zusammenzufassen. Der erste Anlauf stand im Zusammenhang mit den territorialen Neuordnungsplänen während der sozialistischen Revolution und republikanischen Verfassungsgebung.[12] Er ging von der Dresdner mehrheits-

---

8 Typisch für sie war der weit über Mitteldeutschland bekannt werdende sächsische Ministerpräsident Erich Zeigner; vgl. Rudolph, Karsten: Erich Zeigner und die Reichsexekution gegen Sachsen 1923, in: Rudolf, Michael (Hrsg.): Erich Zeigner, Bildungspolitiker und Sozialdemokrat, Leipzig 1999, S. 37–55.

9 So Miller, Susanne bei der Beurteilung der reichspolitischen Situation: Die Bürde der Macht. Die deutsche Sozialdemokratie 1918–1920 (Beiträge zur Geschichte des Parlamentarismus und der politischen Parteien, Bd. 63), Bonn 1978, S. 388, unter Berufung auf Morgan, David: The Socialist Left and the German Revolution: A History of the German Independent Social Democratic Party 1917–1922, London, Ithaca 1975, S. 330.

10 Vgl. Rudolph, Karsten: Die sächsische Sozialdemokratie vom Kaiserreich zur Republik 1871–1923 (Demokra-tische Bewegungen in Mitteldeutschland, Bd. 7), Weimar, Köln, Wien 1995, S. 270 ff., und Hausmann, Chri-stopher: Die „Reichsexekution" in Thüringen 1923 (Blätter zur Landeskunde), Erfurt 1997. Ohne Rezeption des neueren Forschungsstandes dagegen und folglich in der Interpretation enttäuschend bleibt Krusch, Hans-Joachim: Linksregierungen im Visier. Reichsexekutive 1923, Schkeuditz 1999.

11 Vgl. Kupfer, Torsten: Der Weg zum Bündnis. Entschieden Liberale und Sozialdemokraten in Dessau und Anhalt im Kaiserreich (Demokratische Bewegungen in Mitteldeutschland, Bd. 7), Köln, Weimar, Wien 1998, und ders.: Sozialdemokratie im Freistaat Anhalt 1918–1933 (Demokratische Bewegungen in Mitteldeutsch-land, Bd. 5), Weimar, Köln, Wien 1996.

12 Vgl. hierzu Rudolph, Die sächsische Sozialdemokratie vom Kaiserreich zur Republik (wie Anm. 10), S. 212 f. und Schmeitzner, Mike: Georg Gradnauer und die Begründung des Freistaates Sachsen 1918–1920. Parlamen-tarisierung und Demokratisierung der sächsischen Revolution, in: Aurig, Rainer; Herzog, Steffen; Lässig,

sozialdemokratischen Revolutionsregierung und dort namentlich von ihrem Chef Georg Gradnauer aus. Hatten im gemeinsamen Revolutionskabinett noch die Unabhängigen Sozialdemokraten mit ihrer unitarischen Präferenz den Ton angegeben, so gewann die föderative Linie Gradnauers nach dem Rückzug der unabhängigen Minister die Oberhand. Gleich nach der Übernahme des Innenministeriums ließ der gebürtige Magdeburger einen „innerdeutschen Gebietsaustausch" prüfen. Dies ging weit hinaus über eine reine Anpassung an die sich abzeichnende Behauptung der Länder gegenüber einer „einheitlichen großdeutschen Volksrepublik", wie sie noch im Aufruf der sächsischen Revolutionsregierung vom 18. November 1918 gefordert worden war.[13] Gradnauer trat für die Aufteilung Preußens ein und zielte darauf ab, die ländlichen preußischen Gebiete nördlich der Staatsgrenze zu annektieren.[14] In dieser Hinsicht bewegte er sich auf der Linie von Hugo Preuß und dessen engem Mitarbeiter, dem im Reichsamt der Innern für Verfassungsfragen zuständigen Geheimrat Alfred Schulze, der es in der sächsischen Staatsverwaltung unter Gradnauer zum Leiter der Staatskanzlei und einflußreichsten Beamten des Landes brachte. Die unitarische Ausrichtung des Preußschen Verfassungsentwurfs teilte der sächsische Regierungschef indessen nicht.

Der Vorgänger Gradnauers, der Leipziger USPD-Politiker Richard Lipinski, sah in der Forderung Gradnauers nach einem Gebietsaustausch nichts anderes als den untauglichen Versuch, das Territorium des alten Wettiner Reichs wieder herzustellen. Für die Einverleibung der Provinz Sachsen und Thüringen gebe es jedoch keinerlei demokratische Legitimation; er mutmaßte, daß es sich dabei um nichts anderes als um eine aus dem alten Apparat „erstrebte Vorarbeit für die Wiederherstellung der Monarchie" handele, die er selbst in seiner Ministerzeit sogleich zurückgewiesen habe.[15] Mit dieser Vermutung lag Lipinski wohl nicht richtig, denn Gradnauer und Teile der MSPD vertraten die großsächsische Sache unabhängig von der Zuarbeit aus dem Staatsministerium. Mit dem Hinweis, daß die Pläne Gradnauers keine große Zuneigung in den betroffenen Gebieten der Provinz Sachsen finden würden, sollte er indessen Recht erhalten. Der „Annexionsföderalismus" (Jürgen John) behinderte auch in diesem Fall die Ausbildung föderativer Konzepte, die auf eine balancierte Länderstruktur und eine Alternative zum kleindeutsch-preußischen Konzept der Nation zielten, statt daß er sie unterstützte.

Auch wenn Gradnauers Initiative auf schroffe Ablehnung bei der USPD, Befremden im liberalen Lager und manches Unverständnis in der eigenen Partei stieß, so stand er doch nicht allein da. In der mehrheitssozialdemokratischen Dresdner Volksstimme war bereits am 27. Dezember 1918 der Ruf nach einer „Zusammenlegung Sachsens mit einem anderen Staate, etwa mit Großthüringen", laut geworden. Begründet wurde dieser territoriale Neuordnungs-

---

Simone (Hrsg.): Landesgeschichte in Sachsen. Tradition und Innovation (Studien zur Regionalgeschichte, Bd. 10), Bielefeld 1997, S. 249–270.

13 Der Aufruf ist abgedruckt bei Lipinski, Richard: Der Kampf um die politische Macht in Sachsen, Leipzig 1926, S. 12 ff.

14 Sächsische Staatszeitung vom 22. 1. 1919.

15 Lipinski, Kampf (wie Anm. 13), S. 22.

versuch mit der Herstellung in etwa gleich großer und wirtschaftlich ausgewogen strukturierter Bundesstaaten. Die sächsische Führung bei einer solchen Zusammenlegung wurde jedoch nicht akzeptiert.

Bald saß Sachsen zwischen sämtlichen Stühlen. Die Bevölkerung der Provinz Sachsen lehnte einen ‚Staatenwechsel‘ ab, und die preußische Regierung in Berlin verwahrte sich gegen die Annexionsforderungen. Als sich abzeichnete, daß Preußen nicht aufgeteilt werden würde, strebte Gradnauer eine mitteldeutsche Staatsbildung an, die nur Sachsen und ein größeres Thüringen umgreifen sollte. Dies entsprach den in der Dresdner Volkszeitung erhobenen Forderungen nach einer stärkeren sächsischen Position zwischen Preußen und den süddeutschen Staaten.[16] Alfred Schulze formulierte die Überlegungen für eine solche Lösung so: „Sachsen und Thüringen zu einem Staat vereinigt, würden vermöge ihrer Größe und Einwohnerzahl, wegen der glücklichen Ergänzung ihrer Industrie durch die nötige landwirtschaftliche Fläche und wegen ihrer zentralen Lage im Reich politisch und wirtschaftlich ein Schwergewicht und eine Bedeutung besitzen, die nicht hoch genug eingeschätzt werden kann."[17]

Gradnauer, Schulze und die Dresdner Volkszeitung überschätzten auch hier die Attraktivität einer solchen Staatsbildung in der Bevölkerung bei weitem. Ein mitteldeutsches Regionalbewußtsein ließ sich für eine Staatsbildung unter sächsischer Führung einmal mehr nicht mobilisieren. Allein das Ministerium Sachsen-Altenburgs trat dem Plan näher. Es erhoffte sich einen industriellen Aufschwung, wollte aus seiner thüringischen Randlage herauskommen und zum Mittelpunkt des neuen Staatsgebildes zu werden.[18] Doch schon der sachsen-altenburgische Landtag lehnte die Avancen ab, die die eigene Regierung Dresden gemacht hatte. Von den übrigen thüringischen Staaten wurden die sächsischen Pläne rundherum abgelehnt, was insofern keine Überraschung bot, als bereits die Dresdner Initiative zur Übernahme preußischer Gebiete auf die großthüringischen Ambitionen gestoßen war.[19] Der anhaltische Staatsrat hatte im Zusammenhang mit diesen Plänen einen Anschluß an den künftigen Verwaltungsbezirk bzw. das künftige Bundesland Großthüringen sondiert, war aber von Weimar mit dem Hinweis abgewiesen worden, daß wohl kaum ein ausreichender räumlicher Zusammenhang für eine solche Lösung bestehen würde.

Nachdem das vollständige Scheitern der sächsischen Bestrebungen offensichtlich geworden war, konzentrierte sich die Regierung Gradnauer auf die Behauptung der Rechte Sachsens und eine möglichst föderative Grundstruktur der Republik, was ihr nicht nur Kritik von der Linken einbrachte, sondern auch bei den Liberalen Kopfschütteln auslöste. Die Leipziger Neuesten Nachrichten sprachen am 20. April 1919 von „Sondertümelei" und „engherzigem Partikularismus in Reinkultur", den der Dresdner Ministerpräsident pflege.

---

16 Dresdner Volkszeitung vom 30. 12. 1918.
17 Schulze, Alfred: Das neue deutsche Reich, Dresden 1927, S. 57.
18 Vgl. Schmeitzner: Gradnauer (wie Anm. 12), S. 259 f.
19 Für die thüringischen Staatsbildungsbemühungen vgl. jetzt auch John, Jürgen: Thüringer Verfassungsdebatten und Landesgründung 1918 bis 1921, in: Thüringer Landtag Erfurt (Hrsg.): 80 Jahre Weimarer Reichsverfassung 1919–1999 (Schriften zur Geschichte des Parlamentarismus in Thüringen, 14), S. 67–122.

Nach den großsächsischen Plänen zerschlugen sich im Spätsommer 1919 auch die thüringisch-preußischen Gemeinschaftspläne, womit eine großthüringische Lösung der mitteldeutschen Frage ebenfalls vom Tisch war und sich der kleinthüringische Weg als einzig gangbarer erwies. Dies brachte die mitteldeutsche Frage vorerst zum Ruhen und schuf stabile Rahmenbedingungen für die Bildung des Landes Thüringen.[20]

Der zweite Anlauf, eine mitteldeutsche Großregion zu formieren, bezog sich nicht mehr auf Arrondierungsmöglichkeiten, sondern auf die politischen Ambitionen der mitteldeutschen Reformregierungen. Nach Braunschweig und Sachsen hatte sich Anfang Oktober 1921 in Thüringen eine weitere, von der KPD tolerierte sozialistische Minderheitsregierung etabliert, was ebenso den ungeteilten Beifall der sozialistischen Linken in Deutschland fand, wie es der rechten Agitation gegen das „rote Mitteldeutschland" weiteren Auftrieb gab.[21] Kurz nach der Regierungsbildung in Weimar ergriff das Braunschweiger Staatsministerium unter dem USPD-Ministerpräsidenten Sepp Oerter eine Initiative zur gegenseitigen Abstimmung der Politik der sozialistisch regierten Länder und schlug die Einrichtung gemeinsamer „Ministertreffen" vor. In einem Schreiben an die thüringische und sächsische Landesregierung betonte es das gemeinsame Interesse der „drei Gliedstaaten, die unter rein sozialistischer Regierung stehen" an einer Politik zum „Schutz der republikanischen Verfassung", zum „Ausbau der Demokratie in allen Zweigen der Verwaltung und der Justiz", zur Durchsetzung einer gemeinwohlorientierten statt privatkapitalistischen Wirtschaftspolitik sowie an einer friedlichen Außenpolitik, die den „Abbau der Ententemaßnahmen gegen das Reich" bewirken solle. Weiter schlug Braunschweig vor, im Reichsrat „einheitlich und geschlossen" vorzugehen sowie auf einen „einheitlichen Charakter" der inneren Politik in den drei Freistaaten hinzuarbeiten, wofür es notwendig sei, ein gemeinsames politisches Programm zu erarbeiten.

Während das Thüringische Staatsministerium der Initiative unverzüglich beipflichtete und um einen baldigen Termin noch vor dem Zusammentritt des Landtags bat,[22] bestanden nun in der sächsischen Regierung Vorbehalte gegen eine zu enge Kooperation, zumal eine direkte Einflußnahme der Länder auf die deutsche Außenpolitik deren verfassungsrechtliche Kompetenzen überschritt und sich bei der Aufstellung eines gemeinsamen Programms ein fader sezessionistischer Beigeschmack kaum vermeiden ließ. Eine Verständigung, die von Fall zu Fall erfolgte, war dagegen unstrittig. Der sächsische Ministerpräsident Wilhelm Buck pflichtete schließlich dem Plan seines Braunschweiger Kollegen im Grundsatz bei, bestand jedoch darauf, daß es sich nicht um formelle Gespräche handeln dürfe.[23]

---

20 Häupel, Beate: Die Gründung des Landes Thüringen. Staatsbildung und Reformpolitik 1918–1923 (Demokratische Bewegungen in Mitteldeutschland, Bd. 2), Weimar, Köln, Wien 1995.

21 Vgl. hierzu Rother, Bernd: Die Sozialdemokratie im Land Braunschweig 1918–1933, Bonn 1990, sowie Tracey, Donald R.: Reform in the Early Weimar Republic: The Thuringian Example, in: Journal of Modern History 44 (1972), S. 195–212.

22 Vgl. den Entwurf des Antwortschreibens von August Frölich, dem Vorsitzenden des Staatsministeriums, sowie den Beschluß der Regierung vom 18. 10. 1921. ThHStAW, Thüringisches Staatsministerium 80, Bl. 1 f., bzw. 53, Bl. 254.

23 SHStA, Sächsische Staatskanzlei, Nr. 109, Bl. 3.

Am 31. Oktober 1921 kam es im Leipziger Volkshaus zu einem ganztägigen „Ministertreffen", an dem auch Vertreter aus Anhalt teilnahmen.[24] Buck zufolge faßte man keine Beschlüsse. Man habe sich lediglich über die Stellung der Länder im Reichsrat und über verschiedene innenpolitische Probleme ausgesprochen, teilte er anschließend mit. Die Anwesenden verständigten sich aber darauf, daß bei sie gemeinsam betreffenden Interessen, insbesondere in Wirtschafts- und Verkehrsfragen, „zukünftig ein gemeinschaftliches Vorgehen im Reichsrat angestrebt werden soll". Eben dies, die wirtschaftliche Benachteiligung Mitteldeutschlands, war bereits bei den Großsachsen- und Großthüringenplänen ein bedeutsames Argument gewesen, was auch später immer wieder aufgegriffen werden sollte. Sodann war verabredet worden, daß Buck und der sächsische Innenminister Lipinski weitere Treffen organisieren sollten. Die weitere Initiative lag somit bei den Sachsen.[25]

Nachdem das Treffen bekannt geworden war und Innenminister Lipinski zur gleichen Zeit die nationalistischen Geheimorganisationen sowie deren Helfershelfer scharf angegriffen hatte,[26] brachte die DDP am 17. November 1921 einen Mißtrauensantrag gegen die unabhängigen Minister ein, der von MSPD, USPD und KPD zurückgewiesen wurde.[27] Er betraf nicht mehr allein die sächsische Regierung, sondern zielte auch gegen die Kooperation sozialistischer Länderregierungen in Mitteldeutschland, die von der bürgerlichen Opposition fortan scharf befehdet wurde.

Am 12. Dezember trafen die Minister dann wieder in Leipzig zusammen.[28] Auf Initiative Lipinskis hin wurde eine gemeinsame Haltung zu dem neuen Reichsgesetz hergestellt, das die Frage der Beamtenvertretungen regelte. Der Gesetzentwurf hatte jedoch den Reichsrat bereits passiert und lag dem Reichstag zur Beschlußfassung vor. Auf die Abgeordneten der vier Länder sollte nunmehr eingewirkt werden, den Beamtenorganisationen das Recht auf Anhörung einzuräumen. Diese Absprache ging über eine abgestimmte Politik der Länder im Reichsrat hinaus und zielte sogar auf die politische Festlegung von Abgeordneten durch die Landesregierungen außerhalb des Rahmens der Fraktion ab. Man kam ferner überein, das neue Beamtenbesoldungsgesetz gemeinsam vorzubereiten, wobei Weimar und Dresden darüber stritten, wer von ihnen im Reichsrat eine „soziale Gestaltung der Besoldung" geltend gemacht hätte.[29] Außerdem trug Lipinski die sächsischen Pläne für eine Gemeindereform vor. Bereits dem Einladungsschreiben waren thesenartige Leitsätze zur Gemeindereform in Sach-

---

24 Über dieses und die zwei Folgetreffen siehe die regierungsoffiziöse Berichterstattung in der Sächsische Staatszeitung v. 3. 1. 1922.

25 ThHStAW, Thüringisches Staatsministerium 80, Bl. 6; SHStA, Sächsische Staatskanzlei, Nr. 109, Bl. 5.

26 Vgl. Lipinski, Kampf (wie Anm. 13), S. 26.

27 Mitteilungen des sächsischen Landtages, Verhandlungen, Bd. 3, 1920/21, S. 2419 ff.

28 Vgl. das thüringische Protokoll der Zusammenkunft in: ThHStAW, Thüringisches Staatsministerium 80, Bl. 8, und das sächsische Protokoll in: SHStA, Sächsische Staatskanzlei, Nr. 109, Bl. 10 ff.

29 Vier Aspekte wurden dabei hervorgehoben: Erstens sollten Reichswehrangehörige aus der Besoldungsordnung herausgenommen werden, zweitens sollten die Besoldungsgruppen I und II wegfallen, drittens eine einheitliche Kinderzulage von 200 M durchgesetzt und viertens eine Verkleinerung der Ortsklassenzahlen sowie die finanziellen Abstände zwischen ihnen vermindert werden. ThHStAW, Thüringisches Staatsministerium 80, Bl. 8.

sen beigefügt worden, aus denen hervorging, daß die Kernpunkte der Reform in der Realisierung einer möglichst weitgehenden Selbstverwaltung und der Abschaffung des „Zweikammersystems" aus Stadtrat und Stadtverordnetenversammlung bestanden. Das Thema sollte weiter behandelt und bei der nächsten Zusammenkunft außerdem die Richtlinien des sächsischen Justizministers zur Strafrechtsreform besprochen werden.[30]

Auch dieses Treffen blieb nicht vertraulich. Die USPD-Organe applaudierten der mitteldeutschen Kooperation, die mehrheitssozialdemokratische Presse sprach von der Etablierung einer dauernden Arbeitsgemeinschaft, und die bürgerlichen Zeitungen mobilisierten gegen die Bildung eines sozialistischen Staatenblocks in Deutschland. Ein solches Presseecho kam der sächsischen Regierung wenig gelegen, nährte es doch Hoffnungen und Ängste, die kein stabiles Fundament hatten. Sie beschwichtigte deshalb die Öffentlichkeit, indem sie durchblicken ließ, daß es sich lediglich um ein „privates Treffen" gehandelt hätte.[31] Freilich war es mehr als das gewesen.

Bei der dritten Zusammenkunft, die am 29. Dezember 1921 im Weimarer Innenministerium abgehalten wurde und zu dem der thüringische Regierungschef eingeladen hatte, stand, wie vorgesehen, die Reform des Strafrechts und der Justizverwaltung im Mittelpunkt. Bei der Unterredung war auch Reichsjustizminister Gustav Radbruch zugegen.[32] In einem von Lipinski handschriftlich entworfenen amtlichen Kurzbericht wurde resümiert, daß bei den Gesprächsteilnehmern eine „erfreuliche Übereinstimmung" für eine Strafrechts- und Justizverwaltungsreform bestanden habe.[33] Man deklarierte die Zusammenkünfte wiederum als informelles Arbeitstreffen sozialdemokratischer Minister, um die Gerüchteküche über vermeintliche Geheimtreffen nicht weiter anzuheizen und um den Aufbau einer übermächtigen Front gegen die mittel- und norddeutschen Länder nicht zu provozieren.

Am 30. Januar 1922 kam es im Volkshaus Leipzig zum letzten „Ministertreffen"[34], bei dem weitere Fragen der Justizverwaltungsreform behandelt sowie die Arbeit der Volkshochschule Tinz und die Lebensmittelversorgung angeschnitten wurden.[35]

Die Zusammenkünfte sorgten für mehr öffentlichen Wirbel als für konkrete Ergebnisse. Eine Koordinierung der sozialdemokratisch geführten Länder einschließlich Preußens hatte Friedrich Ebert ebenso abgelehnt wie die preußische Staatsregierung, die sich von einer Abstimmung der Länder untereinander aufgrund ihrer starken Stellung nicht nur nichts versprach, sondern eine Einmischung in die inneren Angelegenheiten ihrer Weimarer Koalition befürchtete. Insoweit stellten die mitteldeutschen Ministertreffen ein Provisorium dar. Sie bildeten aber darüber hinaus den bemerkenswerten Versuch, die sozialdemokratische Politik

---

30 Ebenda.

31 SHStA, Sächsische Staatskanzlei, Nr. 109, Bl. 18 ff.

32 Ebenda, Bl. 31 ff.

33 Ebenda, Bl. 44.

34 Vgl. die Mitteilung der Sächsischen Staatszeitung vom 2. 1. 1922.

35 SHStA, Sächsische Staatskanzlei, Nr. 109, Bl. 84 ff.

zwischen der Länder- und Reichsebene stärker zu verzahnen und die nord- und mitteldeutschen Staaten als eigenständigen Faktor gegenüber dem Reich ins Spiel zu bringen.

Die Konferenzen wurden schließlich nicht fortgesetzt, zumal das Jahr 1922 jede einzelne Landesregierung in einen sozialen und politischen Strudel zog, so daß es bald nur noch um das eigene politische Überleben ging. Die Rede vom „roten Block Mitteldeutschland" war dennoch in der Welt. Sie fand genügend Nahrung in der kommunistischen Propaganda, die einen Schulterschluß zwischen den drei sozialistisch regierten Ländern gegenüber Berlin und München verlangte, aber in ihrem Enthusiasmus überzog, denn: Die mitteldeutschen Sozialdemokraten steuerten keineswegs die Revolution an; ihnen ging es um die Öffnung einer linksrepublikanischen Perspektive angesichts des allgemeinen Rechtsruckes in Deutschland.[36] Dieser energischen linksrepublikanischen Politik waren die entscheidenden Impulse und Fortschritte auf dem Weg zur Demokratisierung der deutschen Nachkriegsgesellschaft zu verdanken, die jedoch – von den Schulreformen, der Trennung von Staat und Kirche über die sächsische Gemeindereform bis zum Arbeitnehmerkammergesetz, einer aktiven Arbeitsmarktpolitik und den Anfängen einer regionalen Strukturpolitik – im Grunde genommen erst in der Bundesrepublik ihre späte Berechtigung erfuhren. Wenn bei Karlheinz Blaschke davon die Rede ist, daß der Adel dem mitteldeutschen Raum die Hochkultur brachte und das Bürgertum ihm die wirtschaftliche Leistungskraft,[37] dann darf man mit Fug und Recht sagen, daß die sozialdemokratische Arbeiterbewegung Mitteldeutschland Demokratie und Freiheit brachte. Überlagert wurde diese spezifische Leistung der demokratischen Arbeiterbewegung in Mitteldeutschland, die einen Vorbild- und Pioniercharakter über die Region hinaus erlangte, jedoch durch das Bild von einem Mitteldeutschland, das erst ‚rot' war und rasch ‚braun' wurde. War Mitteldeutschland also (wenn man auch hier wieder von Anhalt absieht) eine politische Region der Extreme?

III.

Die geläufige These vom Aufschaukeln der Extreme scheint gerade für Sachsen, noch mehr aber für Thüringen zu bestechen, wenngleich eine Reihe neuester Analysen diese zu holzschnittartige Interpretation inzwischen zurückgewiesen hat.[38] Bei einer genaueren Sicht zeigt

---

36 Siehe die Sächsische Staatszeitung vom 6. 1. 1922.

37 Vgl. dessen Beitrag in diesem Band.

38 Diese Tendenz immer noch bei Tammena, Heiko; Matthiesen, Helge (Hrsg.): Viele „Dritte Wege" führten zum „linksrepublikanischen Projekt". Forschungen zu demokratischen Bewegungen in Sachsen, Thüringen und Anhalt bis 1930, in: Internationale wissenschaftliche Korrespondenz zur Geschichte der deutschen Arbeiterbewegung 33 (1997), S. 403–413, der eine zu starke Verallgemeinung des Gothaer Sonderfalls zugrunde legt. Vgl. demgegenüber etwa Mai, Gunther: Thüringen in der Weimarer Republik, in: Heiden, Detlev; Mai, Gunther (Hrsg.): Thüringen auf dem Weg ins „Dritte Reich" (Thüringen gestern & heute), Erfurt o. J.; John, Jürgen: Aspekte und Probleme Thüringischer Landesgeschichte 1920 bis 1952, in: Archive und Landesgeschichte, 44. Archivtag, hrsg. vom Vorstand des Thüringer Archivverbandes, Weimar 1996, S. 7–44; und

sich nämlich, daß die antisozialistische Position des mitteldeutschen Bürgertums (die Ausnahme bildet wiederum Anhalt), sich kaum als Abwehrreaktion auf fragwürdige ‚sozialistische Experimente' oder eine systematische Drangsalierung des mitteldeutschen Unternehmertums oder gar auf eine Ausschaltung der demokratischen Opposition rechtfertigen läßt. Das Ressentiment gegen die Arbeiterbewegung saß demgegenüber viel tiefer; die Bereitschaft, soziale Konflikte mit Gewalt auszutragen, notfalls zu diktatorischen Mitteln zu greifen, wenn demokratische Mehrheiten nicht zu bekommen waren, und Modernisierungsprozesse mit aller Kraft zu behindern, wenn sie sich gegen die eigenen privilegierten Positionen richteten, war selbst dann vorhanden, wenn die sozialdemokratische Arbeiterbewegung nicht im Bunde mit der KPD oder nur halbherzig daran ging, gesellschaftliche Strukturen zu modernisieren und zu demokratisieren.

In ambitionierten Einzelstudien und luziden intraregionalen Vergleichsanalysen haben Franz Walter, Tobias Dürr und Klaus Schmidtke im Rahmen eines milieubeschreibenden Ansatzes nachgewiesen, daß nur diejenigen roten Hochburgen dem nationalsozialistischen Ansturm standhielten, die auf den festen Pfeilern einer lang gepflegten sozialistischen Solidargemeinschaft aufruhten und das klassische sozialistische Milieu des Kaiserreichs als Fundament besaßen.[39] Die übrigen Hochburgen erwiesen sich als Zentren sozialpolitischen Protests, die entlang krisenträchtiger ökonomischer und fragiler sozialer Strukturen über kein stabiles soziokulturelles Milieu verfügten. In diesen Fällen konnten aus roten Hochburgen, wenn auch nicht über Nacht, braune Hochburgen werden. Aber kann man wegen der parteipolitischen Verlagerung dieses politischen Treibsandes schon davon sprechen, daß auf das rote das braune Mitteldeutschland folgte?[40]

In seiner Dissertation hat Christopher Hausmann einige bemerkenswerte wahlhistorische Befunde herausgearbeitet, die Mitteldeutschland (d. h. Sachsen, Thüringen, Anhalt *und* die drei preußischen Regierungsbezirke Magdeburg, Merseburg und Erfurt) als eine distinkte Wahlregion konturieren und die Untersuchungen von Franz Walter et al. modifizieren.[41]

Rudolph, Karsten: Untergang auf Raten. Die Auflösung und Zerstörung der demokratischen Kultur in Thüringen 1930 im regionalen Vergleich, in: Ehrlich, Lothar; John, Jürgen (Hrsg.): Weimar 1930. Politik und Kultur im Vorfeld der NS-Diktatur, Weimar, Köln, Wien 1998, S. 15–29.

39 Walter, Franz; Dürr, Tobias; Schmidtke, Klaus: Die SPD in Sachsen und Thüringen zwischen Hochburg und Diaspora. Untersuchungen auf lokaler Ebene vom Kaiserreich zur Gegenwart, Bonn 1993. Die These vom Untergang der sächsischen Form in zugespitzter Form findet sich bei Walter, Franz: Sachsen, ein Stammland der Sozialdemokratie?, in: Politische Vierteljahresschrift 32 (1991), S. 207–231. Zur Kritik siehe Hausmann, Christopher; Rudolph, Karsten: Trotz allem: Sachsen, die rote Hochburg. Eine Replik auf Franz Walter, in: Politische Vierteljahresschrift 34 (1993), S. 92–97. Als Antikritik Walter, Franz.: Analyse von regionalen Teilstrukturen im Zerfall: das Beispiel Sachsen. Eine Antwort auf Bochumer Kritik, in: Politische Vierteljahresschrift 34 (1993), S. 674–680. Verhaltener zu Thüringen dann ders.: Thüringen – einst Hochburg der sozialistischen Arbeiterbewegung?, in: Internationale Wissenschaftliche Korrespondenz zur Geschichte der deutschen Arbeiterbewegung 28 (1992), S. 21–39.

40 Walter, Franz: Von der roten zur braunen Hochburg. Wahlanalytische Überlegungen zur Resonanz der NSDAP in den beiden thüringischen Industrielandschaften, in: Heiden, Detlev; Mai, Gunther (Hrsg.): Nationalsozialismus in Thüringen, Weimar, Köln, Wien 1995, S. 143–164.

41 Hausmann, Christopher: Wahlen im „roten Mitteldeutschland" 1918–1933. Ein Beitrag zur regionalen Wahlforschung, Diss. Jena 1999.

Danach stellte sich Mitteldeutschland als eine hoch mobilisierte Wählerregion dar, mit höheren Zustimmungsraten sowohl bei den linken Parteien als auch bei den bürgerlichen Gruppierungen. Weniger jedoch die stärkste milieubedingte Determinante, die Konfession, als vielmehr die regionale politische Traditionsbildung wirkte sich auf das Wahlverhalten aus. Hausmann bringt dies auf die Formeln „Region ‚does matter'" und „Tradition ‚does matter'" und kann einen regionsspezifischen „linksrepublikanischen Traditionsfaktor" für das SPD-Wählervotum empirisch nachweisen, während sozialstrukturelle Faktoren demgegenüber in den Hintergrund traten.[42] Von einem linken oder sozialistischen Lager könne dagegen keine Rede sein, da sich die kommunistische Wählerschaft scharf von der sozialdemokratischen abgrenzen lasse. Beide erwiesen sich gegenüber den nationalsozialistischen Avancen als die einzigen regionalen Barrieren. Besonders scharf hoben sich die KPD- von den NSDAP-Hochburgen ab. Der Wähleraustausch zwischen den Extremen fand somit auch hier nicht statt. In einem gegen Ende der Weimarer Republik manifesten Prozeß der Deregionalisierung von Wahlhochburgen, stand die Festung der mitteldeutschen Sozialdemokratie noch, wenngleich schwer angeschlagen, als einziges demokratisches Hindernis der nationalsozialistischen Machtübernahme im Weg. Eben dies aber kennzeichnete in besonderem Maße ein distinktes mitteldeutsche Wählerprofil.

Mitteldeutschland erweist somit auch unter dem Blickwinkel der historischen Wahlforschung nicht als eine historiographische Erfindung, sondern als eine fruchtbare Konstruktion. Die Suche der Historiker nach dem Dritten Deutschland kann mit einiger neuer Berechtigung weitergehen. Angesichts der neuen Erträge milieutheoretischer Ansätze, der Erforschung politischer Regionalkulturen und jetzt auch der quantitativen empirischen Wahlforschung können die Konturen der mitteldeutschen Region schärfer und feiner gezeichnet werden.

---

42 Ebenda, S. 238 f.

Historische und aktuelle Neugliederungs- und Großraumpläne im Vergleich

Klaus-Jürgen Matz

Der deutsche Neugliederungsdiskurs im internationalen Vergleich*

Daß die Territorialordnung in Deutschland auf Länderebene an vielen Stellen als Relikt einer überlebten und typisch deutschen Kleinstaaterei zu gelten habe, daß Landesgrenzen hier, insofern sie geschlossene Wirtschaftsgebiete und insbesondere große Agglomerationen zerschneiden, oft entwicklungshemmende und dysfunktionale Wirkungen zeitigen (wie etwa in Mitteldeutschland oder im Rhein-Neckar-Dreieck), dies darf seit den Anfängen der ersten deutschen Republik 1918/19 in der deutschen Öffentlichkeit fast schon als communis opinio gelten. Wenn sich – selten genug – doch Gegenstimmen erheben, herrscht meist fast allgemein Einverständnis darüber, daß solche nicht anders denn als Ausdruck einer regressiven Regionalromantik und hoffnungslosen Provinzialität verstanden werden müßten. *Auch* deshalb sei nachfolgend der Versuch unternommen, den Blick ein wenig zu weiten und den deutschen Neugliederungsdiskurs im internationalen Vergleich zu betrachten. Dabei sollen die Verhältnisse und Gepflogenheiten hierzulande mit denen in anderen föderativ verfaßten Ländern der Erde – v. a. mit denen der Schweiz und der Vereinigten Staaten als den klassischen und stilbildenden Republiken mit bundesstaatlicher Ordnung und darüber hinaus auch mit Brasilien als einem der größten Bundesstaaten der Welt – verglichen werden, um dadurch Aufschluß zu gewinnen nicht nur über ganz andere Traditionen und Entwicklungen, sondern vielleicht auch über den Charakter des deutschen Diskurses, wie er seit 1918 mit unterschiedlicher Intensität, aber doch unaufhörlich fortgeführt wird.

In einem ersten Schritt soll kurz der Frage nachgegangen werden, wie der internationale Vergleich im Bezug auf Neugliederung und Territorialreform bislang in Deutschland gehandhabt wurde, da in einem Land, in dem fast kein Vorhaben propagiert wird und keine Entscheidung fällt (in welchem Bereich auch immer), ohne daß man auf Vorbilder des Auslandes rekurrierte, eigentlich zu erwarten steht, daß der Vergleich auch bei dem hier in Rede stehenden Thema eifrig gepflegt worden ist. In einem zweiten Arbeitsgang ist zu untersuchen, wie es mit den in Deutschland gebetsmühlenartig beklagten Unzulänglichkeiten der eigenen Territorialordnung von der unzureichenden Größe der Länder über die Unausgewogenheit ihrer

---

* Grundsätzlich sei verwiesen auf mein Buch: Matz, Klaus-Jürgen: Länderneugliederung. Zur Genese einer deutschen Obsession seit dem Ausgang des Alten Reiches (Historisches Seminar NF 9), Idstein 1997 (mit zahlreichen weiterführenden Literaturangaben); hier auch – mit jeweils den exakten Quellenbelegen – die Zitate von Heinrich v. Treitschke (S. 50, S. 131), Friedrich Engels (S. 49 f. u. S. 130), Walther Vogel (S. 22), aus dem Luther- (S. 22) und dem Ernst-Gutachten (S. 22 f.). Bezüglich der Entwicklungen und Probleme in den gewählten Beispielländern empfehlen sich für einen ersten Zugriff: Handbuch Politisches System der Schweiz. Bd. 3: Föderalismus, Bern, Stuttgart 1986; Annaheim, Jörg: Die Gliedstaaten im amerikanischen Bundesstaat, Berlin 1992; Pfirter, Dieter: Bundesstaat Brasilien. Historische, juristische und territoriale Entwicklung, Baden-Baden 1990 und Huf, Peter-Michael: Die Entwicklung des bundesstaatlichen Systems in Brasilien, Frankfurt a. M. u. a. 1991.

Proportionen bis hin zu den v. a. ökonomisch dysfunktionalen Landesgrenzen anderswo bestellt ist. Drittens schließlich wird der Frage nachzugehen sein, ob sich in der Welt Parallelen zum deutschen Diskurs finden lassen und wie man überhaupt mit dem Problem der Neugliederung in anderen Bundesstaaten umgeht.

Zur ersten der aufgeworfenen Fragen läßt sich feststellen, daß im Bezug auf eine Länderneugliederung der gerade in Deutschland ansonsten so überaus beliebte internationale Vergleich nicht nur immer zu kurz gekommen, sondern eigentlich nie angestellt worden ist. Während im 19. Jahrhundert Autoren so unterschiedlicher politischer couleur wie Heinrich von Treitschke und Friedrich Engels bei der Betrachtung des „Jammerbildes" der deutschen Kleinstaaterei den Blick noch nach draußen zu lenken wußten, wo sie freilich beide weder in der Schweiz noch in den Vereinigten Staaten hoffnungsfroh ein Vorbild für die Heimat erkennen konnten, weil sie ungeachtet ansonsten diametral entgegengesetzter politischer Standpunkte doch in dem Ziel übereinstimmten, daß Deutschland, sollte es sich zum respektierten Machtstaat entwickeln, einer tendenziell unitarischen Ordnung und jedenfalls keiner „föderalistischen Verschweizerung" bedürfe, so ist das Vorbild des Auslands nach 1918 von deutschen Betrachtern kaum je in den Blick gerückt worden. In den Weimarer Jahren fiel überhaupt nur einem Autor auf – es war der einflußreiche Geograph Walther Vogel –, daß „Absonderlichkeiten auch anderswo" vorkämen, wofür er als Beispiel die extreme Disproportion bei der Einwohnerzahl zwischen den amerikanischen Bundesstaaten New York und Nevada benannte. Ansonsten findet sich in den unzähligen Schriften zur Reichsreform und auch in den dazu angefertigten Gutachten nirgends ein Hinweis auf Parallelen oder Kontraste im Ausland, fast so, als habe eine vollständige Ignoranz auch unter den Fachleuten geherrscht. Derart eingesponnen, so auf sich selbst bezogen waren die Deutschen im Diskurs zur Reichsreform, daß ihnen der Blick nach draußen offenbar noch nicht einmal in den Sinn gekommen ist.

Nun mag dies für die Weimarer Zeit angesichts der traumatisierenden Niederlage im Ersten Weltkrieg und der Kumulation der daraus erwachsenden Probleme für den noch sehr jungen deutschen Nationalstaat vielleicht verständlich sein; für die Zeit nach dem Zweiten Weltkrieg, in der die beiden deutschen Teilstaaten jeweils vollständig in die Bündnissysteme der beiden Supermächte einbezogen wurden, ist es aber überraschend, daß ausländische Beispiele bei der trotz radikal veränderter Ausgangslage nahtlos an Weimar anknüpfenden Neugliederungsdebatte nie und nirgends eine Rolle gespielt haben. Immerhin, im Luther-Gutachten von 1955 wurde noch festgestellt, daß sich „in fast allen Bundesstaaten der Welt … als unausweichliches Problem des Föderalismus, eine erhebliche Unterschiedlichkeit der Größe der einzelnen Länder" ergebe. Im Ernst-Gutachten von 1972/73 aber, das also sogar erst nach dem Verwestlichungsprozeß der Bundesrepublik in den 60er Jahren erstellt wurde, enthielt man sich bereits wieder jedes Rekurses auf das Ausland. Gerade, daß darin noch kommentarlos die bundesstaatlich organisierten Staatswesen der Erde aufgeführt und in dieser Liste Österreich, die Schweiz, Jugoslawien, Argentinien, Australien, Brasilien, Indien, Kanada, Mexiko, Nigeria, Südafrika, die UdSSR und die USA – Venezuela und Malaysia hatte man vergessen – benannt wurden. Aber eine Erörterung darüber, wie sich die Konstanz und Stabilität der Territorialordnung in fast allen diesen Ländern mit der eigenen Anschauung vertrug, wonach „das föderative System … unter einem ständigen Anpassungs- und Modernisierungszwang" stehe, die „Funktionsfähigkeit eines so anspruchsvollen Dezentralisationssystems, wie es die bundesstaatliche Ordnung" darstelle, nicht mehr gewährleistet werden könne, wenn „die innere Ausgewogenheit der Ländergemeinschaft gestört" sei, unterblieb doch ganz. Und nicht einmal die eher zaghaften und eingeschüchterten zeitgenössischen Kritiker bemängelten diesen Punkt – so sehr beherrschte der technokratische Modernisierungs- und Machbarkeitswahn Westdeutschland vor dem Schock der ersten Ölkrise. Daß Deutschland mit seinem Neugliederungsproblem und Neugliederungsdiskurs im Vergleich mit anderen Bundesstaaten der Erde, ja sogar im Vergleich mit fast allen älteren Nationalstaaten ohne Föderativsystem, ziemlich einzig dasteht, wurde dergestalt von Deutschen selbst nie gründlicher thematisiert und nicht einmal erkannt.

Kommen wir zur zweiten Frage: ob jene Probleme und Defizite, wie sie für die deutsche Ländergliederung so oft beschrieben wurden, in anderen Bundesstaaten der Erde völlig unbekannt seien und sich schon von daher ein dem deutschen vergleichbarer Neugliederungsdiskurs dort erübrige? Was zunächst die Größe der Gliedstaaten anlangt (gemessen natürlich an ihrer Einwohnerzahl und nicht ihrer Fläche), so zeigt schon ein rascher Blick auf die in Tabelle 1 zusammengestellten Daten, daß die deutschen Bundesländer mit durchschnittlich etwas mehr als 5,1 Millionen Einwohnern zu den größten Gliedstaaten in den föderativ strukturierten Staatswesen nicht nur in Europa, sondern sogar in der Welt zählen. Sieht man von Indien ab, das mit einer Bevölkerung von annähernd einer Milliarde Menschen für jeden Vergleich von vornherein ausscheidet, und auch von Jugoslawien, das – weitgehend amputiert – nur mehr aus zwei Bundesgliedern besteht, so wird das deutsche Niveau nur in Brasilien mit knapp 6 Millionen und den Vereinigten Staaten mit 5,3 Millionen leicht übertroffen. Beide Staaten aber sind nach Bevölkerung wie Fläche – wiederum abgesehen von Indien – die größten Bundesrepubliken der Erde, d. h. ihre Gliedstaaten sind in Relation zum jeweiligen Gesamtstaat im Durchschnitt erheblich kleiner als die deutschen Bundesländer. Dies gilt im übrigen auch für die Glieder so traditionsreicher Bundesstaaten wie der Schweiz, Mexiko, Argentinien und Venezuela und sogar für Nigeria, das freilich immer als Sonderfall behandelt werden muß. Wenn sich die Proportionen zwischen dem durchschnittlichen Gliedstaat und dem Gesamtstaat in Kanada, Australien und Österreich ein wenig günstiger gestalten, so ist zu beachten, daß die genannten Länder eine im Vergleich zu Deutschland wesentlich kleinere Bevölkerung besitzen und im Falle Australiens (das hinsichtlich der Einwohnerzahl mit Nordrhein-Westfalen annähernd vergleichbar ist) oder Österreichs (vergleichbar mit Niedersachsen) in toto nur die Dimension deutscher Bundesländer erreichen. Der Vorwurf, die heutige deutsche Ländergliederung sei ein Relikt der verhängnisvollen deutschen Kleinstaaterei, ist also – wirft man den Blick auf die Verhältnisse in anderen Weltgegenden – geradezu absurd. Daß die Vorstellung, Deutschland sei nach wie vor ein Land der Kleinstaaterei, wie sie sich zuletzt nach der Ablehnung der Fusion von Brandenburg und Berlin offenbarte, gleichwohl in so vielen Köpfen steckt, zeigt, in welchem Umfang sich Denkfiguren zu verselbständigen vermögen, die schon lange zurückliegende Verhältnisse reflektieren. Und sie zeigt darüber hinaus, daß Realität und Perzeption von Realität auch dann weit auseinanderklaffen können, wenn die Perzeption von fast allen geteilt wird.

Man kann nun freilich einwenden, daß Durchschnittswerte wenig besagen, gilt der Vorwurf der Kleinstaaterei in Deutschland doch hauptsächlich dem Saarland und den Stadtstaaten und hier insonderheit dem Zwei-Städte-Land Bremen. Die Unausgewogenheit der Länderstruktur sei das deutsche Problem, die enorme Diskrepanz zwischen dem größten und dem kleinsten der Gliedstaaten, die gewaltigen Disproportionen zwischen großen und kleinen Ländern überhaupt. Auch hier aber zeigt der internationale Vergleich nach Ausweis von Tabelle 2, daß die deutsche Situation jedenfalls in der Gegenwart (für die Weimarer Republik gilt wegen Preußen bekanntlich anderes) keineswegs ungewöhnlich ist. Auch wenn die Bevölkerung Nordrhein-Westfalens diejenige Bremens um fast das 27fache übertrifft, begründet dies keine deutsche Sonderstellung. Unter den klassischen Bundesstaaten der Erde erreichen nur Australien, Malaysia, Südafrika und Österreich bessere Werte. Überall sonst sind die Proportionen z. T. wesentlich stärker verzerrt. Und sogar wenn man Indien wiederum beiseite läßt und für Argentinien wie Brasilien mit Rücksicht auf die besondere Situation in den ebenso ausgedehnten wie siedlungsfeindlichen Regionen Patagonien und Amazonien Ausnahmerechte gelten läßt, ist nicht zu übersehen, daß die Spreizung zwischen größtem und kleinstem Glied gerade in den besonders traditionsreichen Bundesstaaten wie in der Schweiz (1:79 bzw. 1:33) und den USA (1:66), aber auch in Kanada (fast 1:82) und Mexiko (1:31) erheblich größer ist als in Deutschland. So groß sind die Disportionen in diesen Ländern, daß – würde man dortige Verhältnisse auf hiesige übertragen – tatsächlich auch Traditionseinheiten wie Vorpommern und der heute Sachsen einverleibte kleinere Teil Niederschlesiens auf das Recht pochen könnten, ein eigenes Bundesland zu bilden – von Oldenburg oder Anhalt ganz zu schweigen.

Die extremen Diskrepanzen in der Größe der Bundesglieder werden in allen genannten Bundesstaaten ohne weiteres akzeptiert und sind dort nirgends Gegenstand einer öffentlichen Diskussion. Dies ist um so überraschender, als im Unterschied zu Deutschland, wo in der Zusammensetzung des Bundesrats auf die Größenverhältnisse der Länder wenigstens noch eine gewisse Rücksicht genommen wird (die Landesregierung von Nordrhein-Westfalen z. B. instruiert dort bekanntlich doppelt so viele Stimmen wie der Senat Bremens), alle Bundesglieder etwa in der Schweiz und in den USA in der jeweiligen zweiten Kammer des nationalen Parlaments absolut gleichberechtigt sind. Das menschenleere Wyoming entsendet also ebenso zwei Vertreter in den Senat wie das volkreiche Kalifornien und das ländliche Uri ebenso zwei Abgeordnete in den Ständerat wie der hochindustrialisierte und dichtbesiedelte Kanton Zürich. In der Schweiz müssen sich nur die sechs Halbkantone mit jeweils einer Stimme im Ständerat begnügen. Aber auch so besitzt das Votum eines Bürgers von Appenzell-Innerrhoden immer noch fast vierzigmal soviel Gewicht wie das eines Kantons-Zürchers. Die Tatsache, daß solche Disparitäten in der Schweiz wie in den USA widerspruchslos hingenommen werden, stellen ein bundesstaatliches Selbstverständnis unter Beweis, wie es in Deutschland undenkbar wäre.

Gegen die Gliederung des deutschen Bundesgebiets wird nun öfters weiter eingewandt, daß manche Ländergrenze nur historisch oder sogar nur dynastisch begründet sei, heute aber, insofern sie zusammenhängende Wirtschaftsräume v. a. um große Agglomerationen oder in Flußtälern zerschneide, dysfunktionale Wirkungen zeitige. Darin werde ein Modernisierungsdefizit erkennbar und ein überlebter Traditionalismus, der mit den Prinzipien moderner Raumplanung unvereinbar sei. Doch auch hier lehrt der Blick über die Grenzen Deutschlands, daß sich die Situation in anderen Bundesstaaten fast nirgends besser, sehr oft dagegen erheblich ungünstiger gestaltet.

Was zunächst die Schweiz anlangt, so gehen die Grenzen ihrer Kantone großenteils auf das Ancien Régime, mitunter gar auf das späte Mittelalter zurück. Zwar ordnete wie in Deutschland auch hier schon Napoleon eine große Flurbereinigung an; nach seinem Sturz wurde sie jedoch in weitem Umfang wieder rückgängig gemacht. Seit 1815 wurden Kantonsgrenzen nur in zwei Fällen nochmals geändert. 1833 beschloß die Tagsatzung, d. h. der Gesandtenkongreß der Kantone, unter dem Eindruck der Juli-Revolution und nach einer militärischen Intervention des Bundes, die Untertanenlande Basels von der Stadt zu trennen, weil den Landgemeinden der Zugang zum Großen Rat und damit die politische Gleichberechtigung verwehrt worden war. Am 1. Januar 1979 folgte dieser Sezession jene des größeren Teils der frankophonen (und katholischen) Gemeinden des Kantons Bern mit der Bildung des eigenständigen Kantons Jura. Die geringfügigen Korrekturen der Territorialordnung führten in der Schweiz also nicht etwa zur Vereinfachung von Grenzverläufen, zu Arrondierungen oder Fusionen, sondern im Gegenteil zur Verkleinerung und Mehrung der Bundesglieder. Mit dem Kanton Jura ist überdies recht eigentlich nur ein schon in der Revolutionszeit untergegangenes Territorium des Heiligen Römischen Reiches – das Hochstift Basel – wiederbelebt worden. So offenbart auch die jüngste Territorialrevision in der Schweiz den geradezu archaischen Charakter ihrer politisch-administrativen Binnengrenzen. Als Folge davon sind die internen Grenzverläufe hier in extremer Weise unübersichtlich und verworren. Sie orientieren sich häufig nicht an den natürlichen Gegebenheiten und fast nirgendwo an den Erfordernissen moderner Raumplanung. So ist beispielsweise der Halbkanton Basel-Stadt durch die Kantonsgrenze in extremer Weise eingeschnürt und auf die Gemarkungsfläche eines größeren deutschen Dorfes reduziert. Viele Ex- und Enklaven verwirren das Bild noch zusätzlich. Dabei stechen die katholischen Kantone Fribourg/Freiburg und Solothurn besonders hervor. Die extreme territoriale Zersplitterung hat der Schweiz in ökonomischer Hinsicht aber offenbar niemals zum Schaden gereicht. Sie nahm ihren Aufstieg zum Industrieland früher und erfolgreicher als benachbarte Regionen; und sie gehört, wenn sie nicht sogar den Spitzenplatz behauptet, seit langem zum exklusiven Kreis der Länder mit der höchsten Wirtschaftsleistung in der Welt.

Nicht ganz so alt wie die der Schweiz, womöglich aber noch beständiger ist die Territorialordnung der Vereinigten Staaten. Die Grenzen der 13 Gründerkolonien sind seit der 1783 anerkannten Unabhängigkeit mit Ausnahme derjenigen Virginias nie verändert worden, obwohl sich darunter als Ergebnis der frühen Besiedlungsgeschichte heute noch Staaten befinden, die kaum größer sind als ein deutscher Landkreis (Rhode Island) oder Regierungsbezirk (Delaware, Connecticut). Eine Revision dieser aus der Kolonialzeit tradierten Grenzen oder jener, die später im Zuge der Westverschiebung der Frontier willkürlich am Reißbrett entworfen wurden, ist in den USA dennoch nie auch nur erwogen worden. Auch die jüngsten Bundesstaaten, von denen manche ja nicht sehr viel älter sind als ein Menschenleben, haben eine stark ausgebildete Identität entwickelt und führen ein ausgeprägtes Eigenleben. In der ganzen amerikanischen Geschichte wurden interne Staatsgrenzen nur zweimal verändert: 1820 mußte Massachusetts im Zusammenhang mit dem Missouri Compromise auf einen Teil seines Staatsgebietes verzichten, damit dort ein sklavenfreier neuer Staat mit dem Namen Maine eingerichtet und so die Parität zwischen sklavenhaltenden und sklavenfreien Staaten bewahrt werden konnte. Und während des Bürgerkriegs trennten sich die westlichen counties Virginias, in denen kleiner sklavenfreier Landbesitz überwog, von ihrem Heimatstaat, nachdem dieser der Konföderation beigetreten war. Der dadurch neu konstituierte Bundesstaat West Virginia wurde 1863 als 35. Mitglied in die Union aufgenommen. Auch in den USA führten somit wie in der Schweiz sozioökonomische und politische Spannungen zur Spaltung von Bundesgliedern und damit zu deren weiterer Vermehrung. Dabei weist die Binnengliederung des riesigen Landes zahllose moderner Raumplanung zuwiderlaufende Inkonsistenzen auf. So werden Staatsgrenzen oft durch Flüsse gebildet; Mississippi, Ohio und Delaware markieren solche fast in ihrem ganzen Verlauf, Columbia und Colorado, Savannah und Potomac, Red River und Missouri immer noch über weite Strecken desselben. Täler und zusammenhängende Wirtschaftsgebiete werden dergestalt überall in den USA geteilt. Fast mehr noch dürfte ins Gewicht fallen, daß hier auch große Ballungsräume immer wieder durch Staatsgrenzen zerschnitten werden. Das augenfälligste Beispiel hierfür ist New York, an dessen Agglomeration nicht weniger als drei Bundesstaaten Anteil haben. Aber auch im Falle von Philadelphia oder Washington, Cincinnati, Chicago, St. Louis, Kansas City und Memphis verlaufen Staatsgrenzen in unmittelbarer Nähe zum jeweiligen Stadtkern, so daß große Teile der zugehörenden Vororte in fremden Bundesstaaten liegen. Der Aufstieg dieser Metropolen scheint dadurch aber ebensowenig gebremst worden zu sein wie der des ganzen Landes überhaupt. Heute sind die Vereinigten Staaten, wenn schon nicht mehr der relativ reichste, so doch immer noch der größte und wichtigste Industriestaat der Erde. Davon, daß ihr Aufstieg durch die vielen Unzulänglichkeiten der territorialen Gliederung behindert worden sei, ist nie die Rede gewesen.

Als drittes Beispiel für die Zählebigkeit historischer Binnengrenzen und die völlige Nichtbeachtung moderner Forderungen nach Anpassung an gewandelte Verhältnisse möge Brasilien dienen. Hier wurde zwar der Bundesstaat Guanabara, der in der Hauptsache aus der Stadt Rio de Janeiro bestand, 1976 mit dem Staat Rio de Janeiro vereinigt und die Agglomeration dieser zweitgrößten brasilianischen Metropole somit administrativ zusammengeführt, doch entfiel mit dieser Maßnahme nur eine eher traditionslose Sonderexistenz, die der ehemalige Bundesdistrikt für wenige Jahre seit der Verlegung der Hauptstadt nach Brasilia (1961) geführt hatte. Ansonsten wurden Veränderungen der Territorialordnung nur vorgenommen, indem man Bundesstaaten im Landesinnern teilte. Auf diese Weise entstand 1977/79 im Süden von Mato Grosso der Staat Mato Grosso do Sul und 1988 im Norden von Goias der neue Staat Tocatins. Es ist bezeichnend, daß diese Neugliederungen nur unter der Militärdiktatur durchgeführt werden konnten – und auch nur, weil der Bund die älteren Staaten für ihren Gebietsverzicht mit der Übernahme der jeweiligen Staatsschulden entschädigte – ein Vorgehen, das in Brasilien mittlerweile verfassungsrechtlich ausgeschlossen ist. Eine grundlegende Neuordnung der Staatsgrenzen, die am Atlantik in ihrer Tradition bis zur Einrichtung der portugiesischen Kapitanate im 16. Jahrhundert zurückreichen, ist aber auch im größten Land Südamerikas immer ausgeblieben. Die Kleinstaaterei des Sertão, des bettelarmen Nordostens mit seinen halbfeudalen Strukturen, blieb dergestalt ebenso erhalten wie die Grenzziehung entlang von Flußläufen oder das Nebeneinander von sehr großen und winzig kleinen Staaten. So behauptet sich heute Espirito Santo noch neben Minas Gerais und ebenso Sergipe oder Alagoas neben Bahia. Auch für Brasilien gilt mithin wie für die USA und die Schweiz, daß die Bundesglieder ungeachtet ihrer Größe in ihren jeweiligen historischen Grenzen faktisch als unveränderlich erachtet werden.

Einen unbedingten Vorrang vor allen Erfordernissen, die von Raumplanern aus ökonomischen, infrastrukturellen oder demographischen Gründen so oft postuliert werden, besitzen historische Grenzen darüber hinaus auch in fast allen anderen Bundesstaaten der Erde. So ist die Grenze zwischen Zis- und Transleithanien in unmittelbarer Nachbarschaft Wiens in der Grenze zwischen Niederösterreich und dem Burgenland noch ebenso erhalten wie jene zwischen Tirol und Kärnten, obwohl Osttirol durch die 1918 gezogene neue Brennergrenze zur Exklave wurde. Und die Bundesdistrikte von Mexiko und Argentinien bleiben trotz des exorbitanten Wachstums der jeweiligen Kapitalen, die als Konurbationen weit über die politischen Grenzen hinaus gewachsen sind, administrativ ebenso auf ihren historischen Bestand reduziert wie die kleinen kanadischen Provinzen Newfoundland, Nova Scotia und New Brunswick am Atlantik. Binnengrenzen sind also in fast alle Bundesstaaten der Erde faktisch sakrosank,t ungeachtet ihres oft hohen Alters, der Zufälligkeiten ihrer Entstehung und der Hemmungen, die sie womöglich heute bedeuten. Wo sie – selten genug – doch korrigiert wurden, geschah dies wie in der Schweiz, in den USA oder in Brasilien nie, um größere Einheiten zu schaffen, sondern, im Gegenteil, zur Entschärfung innenpolitischer Konflikte – kleinere.

Wir kommen zur dritten und letzten Frage, ob sich in anderen Bundesstaaten der Erde Parallelen zum deutschen Neugliederungsdiskurs zeigen lassen, ob und wo die Neugliederung des jeweiligen Bundesgebiets im Ausland als Problem erkannt und diskutiert wird. Lassen wir Äthiopien, Belgien, die Komoren und St. Kitts and Nevis als Länder ohne eigentliche Föderalismustradition ganz beiseite, so gibt es in der Welt tatsächlich nur ganz wenige Bundesstaaten, in denen über Reformen der territorialen Ordnung nachgedacht und solche auch durchgeführt wurden. Völlige Instabilität herrscht aber nur in Nigeria, wo nach zahlreichen früheren Neugliederungen eine Territorialreform zuletzt 1996 unter der Militärdiktatur verordnet wurde. Die extreme Labilität der Territorialordnung im größten Staats Afrikas ist Folge starker ethnischer, ökonomischer und sozialer Konflikte, v. a. zwischen dem islamischen Norden, dem Rekrutierungsgebiet der politisch-militärischen Elite, und dem stärker christlich geprägten Süden, wo die Mehrheit der Bevölkerung lebt. Als ein weiterer Sonderfall muß neuerdings Südafrika betrachtet werden. Hier wurde die Territorialordnung ebenfalls erst vor kurzem –

1994 – im Zusammenhang mit dem Übergang der Herrschaft an die schwarze Bevölkerungsmehrheit und der Rückgliederung der zuvor formal unabhängig gewordenen Homelands grundlegend umgestaltet. Immerhin hat man dabei zwei der vier traditionellen Einheiten – Natal als KwaZulu-Natal und den Oranje Vrystaat als Free State oder Vrystaat – mit unveränderten Grenzen erhalten und nur Transvaal und die flächenmäßig ausgedehnte Kap-Provinz in insgesamt sieben neue Einheiten aufgeteilt. Weitere Veränderungen erscheinen aber wenig wahrscheinlich; ein Neugliederungsdiskurs jedenfalls ist gegenwärtig in Südafrika nicht im Gange. Wie in der Vergangenheit muß mit geringfügigen Modifikationen der bundesstaatlichen und territorialen Ordnung zur Beseitigung von Anachronismen aus der Kolonialzeit, zur Entschärfung ethnischer oder sprachlicher Konflikte und zum besseren Schutz nationaler Minderheiten demgegenüber weiterhin in Indien gerechnet werden. Da sich die Tendenz zum Regionalismus hier weiterhin verstärkt (der Aufstieg der Regionalsprachen während der letzten Jahrzehnte bildet hierfür ein sicheres Indiz), sind vielleicht auch größere Grenzkorrekturen oder zumindest die Statusaufwertung von Unionsterritorien in Indien nicht ganz ausgeschlossen, ohne daß freilich die Grundstruktur der Binnengliederung in Frage stünde.

In den anderen Bundesstaaten der Erde war und ist die Territorialordnung demgegenüber ausgesprochen stabil, die Neugliederung des Bundesgebiets kein Thema. Wenn in den USA im Verlaufe des 19. Jahrhunderts mit der Einrichtung der Bundesstaaten Maine und West Virginia zwei kleinere Korrekturen erfolgten, so war dies – wie wir gesehen haben – allein auf den sektionalistischen Konflikt zwischen Nord und Süd zurückzuführen. Eine Neugliederung ist in den USA verfassungsrechtlich zwar zugelassen – sie bedürfte freilich nicht nur der Zustimmung des Kongresses in Washington, sondern auch jener der Legislativen aller betroffenen Staaten –, sie wurde und wird aber weder diskutiert noch überhaupt in Erwägung gezogen. Von Arrondierungen oder gar Fusionen – etwa zwischen den äußerst strukturschwachen und dünn besiedelten Staaten North und South Dakota – ist in den USA nie die Rede gewesen. Als hätte Gott selbst sie – Inseln gleich – geschaffen, existieren die amerikanischen Bundesstaaten ungeachtet des Strukturwandels in Gesellschaft, Wirtschaft und Verkehr bis heute unangefochten in den Grenzen, die ihnen in der Geschichte bestimmt wurden. Solches gilt auch für die Schweizer Kantone, deren Souveränität und territoriale Integrität in der Bundesverfassung ausdrücklich festgehalten sind. Eine Neugliederung ist in der Eidgenossenschaft verfassungsrechtlich eigentlich sogar ganz ausgeschlossen, weil entsprechende Bestimmungen fehlen. Wenn trotzdem zweimal neue Grenzen gezogen wurden, liegt dies daran, daß die Abtrennung des Halbkantons Basel-Landschaft in die Zeit vor dem Inkrafttreten der Verfassung fiel und die Sezession des Kantons Jura jahrzehntelang als ein rein innerbernisches Problem behandelt wurde. Bundesparlament und Bundesvolk kamen hier erst ins Spiel, nachdem man in mehreren Referenden 1974/75 die genaue Abgrenzung des sezessionswilligen Gebiets festgestellt und die Gesamtbevölkerung des Kantons Bern im Februar 1978 einer solchen Sezession zugestimmt hatte. In demokratisch mustergültiger Form wurde hier also ein innerkantonaler Konflikt ganz innerkantonaler Entscheidungsfindung überlassen, ehe sich die Bundesorgane wegen der notwendigen Verfassungsänderung für den Gesamtstaat mit der Angelegenheit beschäftigten. Andererseits ist es den Kantonen in der Schweiz aber auch verwehrt, selbständig und ohne Zustimmung des Bundes Grenzen zu verschieben, weil dadurch die Machtverhältnisse innerhalb des Gesamtstaats zum Nachteil dritter Bundesglieder verschoben werden könnten. Dergestalt sind in der Schweiz die Gewichte zwischen Bund und Bundesgliedern sorgsam austariert; die Interessen des Bundes können nicht von den Kantonen, deren Interessen nicht vom Bund verletzt oder einfach übergangen werden, wie es in Deutschland gemäß der „Theorie des labilen Bundesstaats" doch einige Male geschehen ist.

Nun aber Brasilien: Hier tatsächlich gibt es in Ansätzen einen Neugliederungsdiskurs, wie wir ihn aus Deutschland kennen. Insbesondere Militärgeographen haben es sich seit der Frühzeit des – im übrigen zentralistisch organisierten – Kaiserreichs angelegen sein lassen, immer wieder Karten zu zeichnen, wie Brasilien neu zu gliedern sei. Hauptmotiv bildete dabei stets der Wunsch, das Innere des riesigen Landes zu entwickeln, die einseitige Bevölkerungskonzentration an der Küste zu verringern. Daneben kamen wiederholt aber auch raumplanerische Gesichtspunkte – insbesondere für den territorial zersplitterten Nordosten – ins Spiel. Eine durchgreifende Reform ist gleichwohl – wie wir gesehen haben – nie durchgeführt worden. Neben dem Beharrungsvermögen, das sich aus der stark entwickelten Identität der Einzelstaaten ableitet, dürften dafür die Verfassungsbestimmungen den Hauptausschlag gegeben haben. Alle demokratischen Verfassungen Brasiliens und sogar jene der Vargas-Diktatur des Estado Novo von 1937 banden nämlich eine Neugliederung, ähnlich wie die Verfassung der Vereinigten Staaten, an die Zustimmung nicht nur des Nationalen Kongresses, sondern auch an jene der jeweils betroffenen Einzelstaaten – sei es in der Form einer in unterschiedlichen Sessionen zweimal erfolgten Zustimmung der einzelstaatlichen Legislativen, wie in den Verfassungen von 1891, 1934 und 1937, oder in der Form des Referendums der betroffenen Bevölkerung wie in den Verfassungen von 1946 und 1988. Nur die beiden Konstitutionen der Militärdiktatur von 1967 und 1969 stellten eine mögliche Neugliederung allein den Organen des Bundes anheim – ganz so, wie es de facto in der bis 1976 gültigen Fassung des Artikels 29 GG auch in Deutschland der Fall gewesen ist. Tatsächlich sind Neugliederungsmaßnahmen in Brasilien auch nur – wir haben dies bereits gesehen – während der Militärdiktatur ergriffen worden. Über die anderen Bundesstaaten der Erde braucht hier nicht weiter gesprochen zu werden. In Kanada, Australien, Mexiko, Argentinien, Malaysia und Österreich beispielsweise sind die Verhältnisse völlig stabil, die Grenzen zwischen den Bundesgliedern unantastbar, Forderungen, wie sie in Deutschland immer wieder erhoben werden, undenkbar. Wie daraus erhellt, ist der deutsche Neugliederungsdiskurs in der Welt doch einzigartig.

Am Schluß seien die Ergebnisse der vorstehenden Darlegungen nochmals kurz rekapituliert:

1. Bezüglich der hier so oft geforderten und ebenso lange wie vergeblich diskutierten Länderneugliederung ist der internationale Vergleich in Deutschland, einem Land, wo man es ansonsten fast nie unterläßt, ausländische Beispiele zu zitieren, nicht nur vernachlässigt, sondern eigentlich nie angestellt worden.

2. Die für Deutschland immer wieder bemängelten Unzulänglichkeiten der Territorialordnung finden sich in fast allen Bundesstaaten der Erde wieder – meist sogar in verschärfter Form. Dies gilt sowohl für die durchschnittliche Größe der Bundesglieder wie für die zwi-

schen ihnen aufklaffenden Disproportionen und darüber hinaus auch für die vielbeschworenen dysfunktionalen Wirkungen von Binnengrenzen.

3. Einen Neugliederungsdiskurs wie in Deutschland gibt es, vom Sonderfall Nigeria abgesehen, ansatzweise nur in Brasilien – sonst in keinem Bundesstaat der Welt. Die historisch überkommenen Binnengrenzen föderativ verfaßter Staatswesen gelten im Prinzip fast überall als unantastbar und sind deswegen normalerweise äußerst stabil und dauerhaft. Wo Gebietsänderungen von der jeweiligen Verfassung gleichwohl erlaubt werden, ist es üblich, das übereinstimmende Votum der jeweiligen Bundesorgane wie der betroffenen Gliedstaaten zu verlangen. Forderungen, wie sie in Deutschland neuerdings wieder erhoben werden, eine Neugliederung allein in das Belieben der Institutionen des Bundes oder (per Referendum) des Bundesvolkes zu stellen, könnten sich im internationalen Vergleich allenfalls auf das Beispiel der brasilianischen Militärdiktatur berufen. Sie sind mit dem föderalistischen Prinzip auch deshalb unvereinbar.

Tabellen

Die Zahlen wurden aus den Angaben der neuesten Ausgaben des Statesman's Year-Book, des Britannica Book of the Year und des Fischer-Weltalmanachs berechnet und zusammengestellt. Die Russische Föderation und die Union Myanmar (Birma) blieben wegen ihrer besonderen Struktur (hier stehen einem zentralistisch verwalteten Hauptstaat jeweils kleinere und kleinste Gliedstaaten für die nationalen Minderheiten gegenüber) unberücksichtigt. Staaten ohne eigentliche bundesstaatliche Tradition, d. h. solche, in denen eine föderative Verfassung erst jüngst eingeführt wurde, um eine Staatskrise abzuwenden, sind mit einem * gekennzeichnet.

Tabelle 1: Durchschnittsgröße der vollberechtigten Bundesglieder (bzw. aller administrativen Einheiten oberster Ordnung) in den föderativ verfaßten Staaten der Erde (nach der Einwohnerzahl)

Staat (Einw. 1996 in Mio.)	Bundesglieder	Einheiten	Ø Einw. in Mio. (Jahr) der BG	der E
Indien (945,1)	25	32	33,434	26,447 (1991)
Äthiopien* (58,2)	9	10	6,225	5,823 (1996)
Brasilien (157,1)	26	27	5,971	5,817 (1996)
USA (265,3)	50	51	5,295	5,202 (1996)
Jugoslawien (10,6)	2	2	5,287	5,287 (1996)
Deutschland (82,1)	16	16	5,129	5,129 (1997)
Südafrika (41,2)	9	9	4,582	4,582 (1995)
Belgien* (10,2)	3	3	3,386	3,386 (1996)
Nigeria (114,6)	36	37	3,174	3,096 (1996)

Staat (Einw. 1996 in Mio.)	Bundesglieder	Einheiten	Ø Einw. in Mio. (Jahr) der BG	der E
Kanada (30,0)	10	12	2,951	2,539 (1995)
Australien (18,3)	6	8	2,910	2,241 (1995)
Mexiko (93,2)	31	32	2,666	2,848 (1995)
Argentinien (35,2)	23	24	1,289	1,359 (1991)
Malaysia (20,6)	13	15	1,247	1,161 (1991)
Venezuela (22,3)	22	23	0,908	0,970 (1996)
Österreich (8,1)	9	9	0,897	0,897 (1997)
Ver. Arab. Emirate (2,5)	7	7	0,362	0,362 (1996)
Schweiz (7,1)	23	26	0,309	0,273 (1997)
Komoren*(0,5)	3	3	0,168	0,168 (1996)
Mikronesien (0,1)	4	4	0,027	0,027 (1996)
St. Kitts and Nevis*(0,04)	2	2	0,020	0,020 (1991)

Tabelle 2: Größenverhältnis zwischen jeweils kleinstem und größtem vollberechtigten Bundesglied in den föderativ verfaßten Staaten der Erde (nach der Einwohnerzahl)

Staat (Bez. der Bundesglieder)	kleinstes Bundesglied	größtes Bundesglied	Verhältnis (Jahr)
Indien (Staaten)	Sikkim	Uttar Pradesh	1 : 342,6 (1991)
Argentinien (Provinzen)	Tierra del Fuego	Buenos Aires	1 : 182,5 (1991)
Brasilien (Staaten)	Roraima	São Paulo	1 : 138,1 (1996)
Kanada (Provinzen)	Prince Edward Island	Ontario	1 : 81,6 (1995)
USA (Staaten)	Wyoming	California	1 : 66,2 (1996)
Venezuela (Staaten)	Amazonas	Zulia	1 : 41,3 (1995)
Schweiz (Kantone bzw. Halbkanton)	Uri	Zürich	1 : 33,0 (1997)
	Appenzell-Inner-rhoden	Zürich	1 : 79,3

Staat (Bez. der Bundesglieder)	kleinstes Bundesglied	größtes Bundesglied	Verhältnis (Jahr)
Mexico (Staaten)	Baja California Sur	Mexico	1 : 31,2 (1995)
Deutschland (Länder)	Bremen	Nordrhein-Westfalen	1 : 26,7 (1997)
Vereinigte Arabische Emirate	Umm al-Qaywayn	Abu Dhabi	1 : 26,4 (1996)
Jugoslawien (Republiken)	Montenegro	Serbien	1 : 15,9 (1991)
Australien (Staaten)	Tasmania	New South Wales	1 : 12,9 (1995)
Malaysia (Staaten)	Perlis	Selangor	1 : 12,4 (1991)
Südafrika (Provinzen)	Northern Cape	KwaZulu-Natal	1 : 11,8 (1995)
Komoren* (Inselstaaten)	Mwali	Njazidja	1 : 9,5 (1994)
Mikronesien (Staaten)	Kosrae	Chuuk	1 : 7,2 (1994)
Belgien* (Regionen)	Brüssel	Flandern	1 : 6,1 (1993)
Österreich (Länder)	Burgenland	Wien	1 : 5,8 (1997)
Nigeria (Staaten)	Yobe	Lagos	1 : 4,0 (1991)

Auf der Basis von 30 Bundesstaaten nach der Verwaltungsreform von 1991;
Zahlen für die 36 neuen Staaten nach der weiteren Reform von 1996 liegen nicht vor.

St. Kitts and Nevis*	Nevis	St. Kitts	1 : 2,7 (1991)
Äthiopien*	Zahlen für die erst jüngst gebildeten Einheiten liegen nicht vor.		

Jürgen John

„Unitarischer Bundesstaat", „Reichsreform" und „Reichs-Neugliederung" in der Weimarer Republik

I. Gesamtproblematik und Grundpositionen

„Der neue Bau des deutschen Reichs", schrieb Hugo Preuß in seiner Verfassungsdenkschrift vom 3. Januar 1919, „muß ... ganz bewußt auf den Boden gestellt werden, den Bismarck bei seiner Reichsgründung ganz bewußt nicht betreten hat. Das neue Reich kann selbstverständlich kein Bund der Fürsten und einzelstaatlichen Regierungen sein; aber es kann ebensowenig aus einem Bunde der bisherigen Einzelstaaten in ihrer neuen Gestalt als Freistaaten hervorgehen. ... Indem die Revolution gleichzeitig im Reiche und in den Einzelstaaten die alten Gewalten beseitigte, machte sie hier wie dort die Neugestaltung der staatsrechtlichen Zustände auf der Grundlage des Volkswillens zur dringendsten politischen Notwendigkeit. ... Wenn sich die bisherigen 25 Einzelstaaten in ihrer Verfassung und in ihrem territorialen Bestande ohne Rücksicht auf die künftige Reichsgestaltung jetzt nach der Revolution wieder konsolidieren, so ist eine der wichtigsten Errungenschaften dieser Revolution von vornherein wieder beseitigt: die Möglichkeit freier Bahn für die politische Selbstorganisation des ganzen deutschen Volkes nach den inneren Lebensnotwendigkeiten des modernen Nationalstaates. ... Es wäre eine geschichtlich verhängnisvolle, tragische Verschuldung des deutschen Volkes, wenn es die glückliche Beseitigung seiner 22 Dynastien nicht besser für die neue Gestaltung seines politischen Schicksals zu verwerten wüßte. Und die tatsächlich vorhandene Gefahr ist nicht zu unterschätzen; denn obgleich mit den Dynastien der bisherige Kern des einzelstaatlichen Sondergeistes ausgehoben ist, sind dahin gerichtete Neigungen in großen und kleinen Einzelstaaten immer noch bedrohlich stark. ... Diese Einzelstaaten sind ... samt und sonders lediglich Zufallsbildungen rein dynastischer Hauspolitik. ... Die deutsche Republik kann solche Erbschaft nur cum beneficio inventarii antreten; sie würde sich an ihrer wichtigsten Aufgabe versündigen, wenn sie die ‚teutsche Libertät' wieder aufleben ließe in einem Bunde so unnatürlich gestalteter Einzelstaaten. So lange die deutsche Einheit von der Grundlage eines Bundes der dynastischen Regierungen nicht frei kam, mußte das schwere Übel eben getragen werden; die Beseitigung der Dynastien bleibt in der Hauptsache sinnlos, wenn damit nicht zugleich jener Krebsschaden des deutschen politischen Lebens geheilt würde. Daß die kleinsten Einzelstaaten, deren bisherige scheinbare Selbständigkeit ja nur eine kaum verhüllte Abhängigkeit von Preußen war, nicht in dieser Gestalt in die deutsche Republik übergehen können, ist so offenbar, daß dort bereits eine starke Strömung der öffentlichen Meinung auf die Vereinigung zu politisch lebensfähigen Gebilden hinwirkt. ... Im übrigen wird die natürliche Zusammenlegung von Kleinstaaten, wie namentlich der thüringischen, zu landschaftlich, kulturell und wirtschaftlich zusammenhängenden größeren Gemein-

wesen gehemmt durch die territoriale Lage, die sie überall in Teile des preußischen Staatsgebietes einsprengt. Das führt unmittelbar zu der Frage, die das Kernproblem der künftigen inneren Gestaltung Deutschlands bildet: Der Frage nach dem Fortbestand eines preußischen Einheitsstaats innerhalb der künftigen deutschen Republik. ... Denn der Fortbestand einer einheitlichen Republik von 40 000 000 Einwohnern innerhalb einer von ihr organisatorisch getrennten Republik von zusammen etwa 70 000 000 Einwohnern ist schlechthin eine staatsrechtliche, politische und wirtschaftliche Unmöglichkeit. ... Auf diesem Grundprinzip kann der Bau der deutschen Reichsrepublik unmöglich errichtet werden; es ist unmöglich, die Einheitlichkeit der Spitze des Reichs und Preußens wiederherzustellen; es ist unmöglich, alle die künstlichen Sicherungen jener Hegemonie in der Struktur des Bundesrats wiederherzustellen, ohne in allem Wesentlichen wieder in jenen alten Zustand zurückzufallen, von dem uns die Revolution befreit hat. Ein Einzelstaat aber, der 4/7 des gesamten Reichs umfaßt, ist nur als Hegemoniestaat möglich. Ist die preußische Hegemonie in Deutschland unmöglich geworden, so ist damit auch ein einheitliches Preußen in Deutschland unmöglich geworden."[1]

„Unitarischer Bundesstaat"

Mit diesen Sätzen legte der am 15. November 1918 zum Reichs-Staatssekretär des Innern berufene linksliberale Staatsrechtler jene Grundpositionen und Ziele seines Verfassungsentwurfes dar, die unter den Schlagworten „dezentralisierter Einheitsstaat" und „Reichsneugliederung" einen Schwerpunkt der kontroversen Staats- und Verfassungsdebatten 1919 bildeten. Dabei ging es Preuß keineswegs um einen straff zentralisierten Staat etwa nach französischem Muster. Ein solcher Einheitsstaat wurde nach Revolution und Fürstenabdankung zwar vielfach erwartet und angestrebt. Die Annahme war weit verbreitet, nun sei die Stunde gekommen, einen vom gesamten „Ballast" des Föderalismus, seiner Kosten, des Verwaltungsaufwandes, des Kompetenzwirrwarrs und der disproportionalen Reichsgliederung befreiten Einheitsstaat zu schaffen. Auch Kultur- und Hochschulpolitiker forderten ein solch „einigendes Band" für den ideellen Zusammenhalt des Staates und der Gesellschaft, zumindest aber die kulturpolitische Führung durch das Reich, um dem politischen und geistigen Partikularismus entgegenzuwirken[2].

---

1 Denkschrift zum Verfassungsentwurf, 17 S. (Zitate nach dem im ThStAR, Staatsministerium Rudolstadt, Nr. 771 überlieferten Exemplar, S. 3–5), auch abgedr. bei Preuß, Hugo: Staat, Recht und Freiheit. Aus 40 Jahren deutscher Politik und Geschichte. Mit einem Geleitwort von Theodor Heuss, Tübingen 1926, S. 368–394; die Denkschrift bezog sich auf den – nicht veröffentlichten – Vorentwurf (1. Entwurf) der Reichsverfassung (3. 1. 1919), wurde zusammen mit dem revidierten 2. Entwurf (20. 1. 1919) den einzelstaatlichen Regierungen zur Stellungnahme übersandt und lag mit diesem der Staatenkonferenz am 25. 1. 1919 zugrunde – vgl. zu den verschiedenen Verfassungsentwürfen Anm. 86.

2 Vgl. Becker, C(arl) H(einrich): Kulturpolitische Aufgaben des Reiches, Leipzig 1919, Zitat S. 5; dabei trat der Verfechter einer das republikdistanzierte Hochschulwesen demokratisierenden Reform (vgl. ders.: Gedanken zur Hochschulreform, Leipzig 1919) und spätere preußische Kultusminister für den Weg der Vereinbarung zwischen Reich und Ländern ein, um einen Kulturkampf zu vermeiden.

Doch zeigte sich bald, daß das alles gar nicht durchsetzbar war. Dem standen schon der dezentrale Revolutionsverlauf[3] entgegen, erst recht die komplizierte Gesamtsituation zwischen Revolution und Republikgründung, Waffenstillstand und Friedensschluß, nicht zuletzt der Widerstand Preußens, Bayerns und der meisten anderen Einzelstaaten[4]. Die Interessenlagen waren ebenso verschieden wie die politischen Gestaltungskonzepte. Unitarische Positionen vertraten Anhänger des parlamentarisch-repräsentativen Systems wie des Rätestaates. In solchen Kategorien dachten Liberale, die in der Nationalstaattradition von 1848 Parlamentarismus und Demokratie mit straffem Reichsaufbau gleichsetzten, wie Linkssozialisten und Kommunisten, denen ein sozialistischer Einheitsstaat vorschwebte. Unitarische Konzepte verfolgten auch jene politisch rechtsstehenden Gegner der neuen freistaatlichen Verhältnisse, die nach Kriegsniederlage und Revolution einen autoritären „starken Staat" für den „nationalen Wiederaufstieg" schaffen wollten. Noch mußten sie sich zurückhalten. Doch konnten sie sich in den bürgerkriegsartigen Wirren der zweiten Revolutionsphase bereits Chancen für ihre Absichten ausrechnen.

Auch das föderative Denken war politisch und weltanschaulich höchst unterschiedlich ausgerichtet. Dem konservativen Föderalismus, der sich aus Distanz zu Revolution und Republik neu profilierte, standen Traditionen eines demokratischen Föderalismus gegenüber. Sie hatten sich vor allem im Südwesten ausgeprägt und schon längst auch die programmatisch auf den Einheitsstaat festgelegte Sozialdemokratie erfaßt. Der etatistische Föderalismus war auf Erhalt einzelstaatlicher Kompetenzen und des territorialen Status quo gerichtet. In diesem Sinne wandten sich die neuen freistaatlichen Politiker gleichermaßen gegen den Unitarismus wie gegen eine Reichsneugliederung. Ganz anders dachten jene überzeugten Föderalisten, die in der Denktradition eines Constantin Frantz im hegemonialen Großstaat Preußen das Haupthindernis eines ausgewogenen Föderalismus und nun die Möglichkeit sahen, Preußen aufzulösen und das Reich im föderativen Sinne neu zu gliedern. Die Ideenwelt des Föderalismus-Klassikers Frantz mit dem einprägsamen Bild „Der Löwe und die Maus können nicht konföderieren" erlebte 1918/19 eine deutliche Renaissance. Aus diesem Geiste erwuchsen oft die rigorosesten Neugliederungskonzepte[5].

---

3 Preuß meinte ironisch, es habe in Deutschland 1918 keine Revolution, sondern „25 Einzelrevolutiönchen" gegeben – vgl. Preuß, Hugo: Reich und Länder. Bruchstücke eines Kommentars zur Verfassung des Deutschen Reiches. Aus dem Nachlaß hrsg. v. Gerhard Anschütz, Berlin 1928, S. 158.

4 Vgl. aus zeitgenössischer Sicht v. a. Zahn, Friedrich: Preußen, Bayern und die Reichseinheit, in: Anschütz, Gerhard u. a. (Hrsg.): Handbuch der Politik, Bd. 3: Die politische Erneuerung, ³Berlin 1921, S. 26–33; Gmelin, Hans: Die übrigen Länder, ebenda, S. 34–40; Becker, Walter: Föderalistische Tendenzen im deutschen Staatsleben seit dem Umsturze der Bismarckschen Verfassung. Eine politisch-staatsrechtliche Studie (Abhandlungen aus dem Staats- und Verwaltungsrecht mit Einschluß des Völkerrechts 40), Breslau 1928.

5 Vgl. Anm. 29 und 90; eine gute zeitgenössische Übersicht über die verschiedenen Föderativkonzepte 1918/19 und ihren Niederschlag in der Programmatik und Praxis der politischen Parteien findet sich bei Becker: Föderalistische Tendenzen (Anm. 4), S. 38–54; ausführlich zu Constantin Frantz und zudem mit einem knappen und präzisen Ausblick auf die Situation 1919 vgl. Dreyer, Michael: Föderalismus als ordnungspolitisches und normatives Prinzip. Das föderative Denken der Deutschen im 19. Jahrhundert (Europäische Hochschulschriften XXXI/ 102), Frankfurt/M u. a. 1987, S. 405–476, 576–589; zum allgemeinen Überblick vgl. v. a. Deuerlein,

Der Unitarismus-Föderalismus-Gegensatz ging durch nahezu alle politischen Lager. Die Frage, ob das Föderativsystem ein historisches Relikt sei oder für die neue politische Ordnung tauge, spaltete auch die Gründerparteien der Republik und die Reihen der neuen republikanischen Politiker. Der Ansicht, es sei dynastisch belastet, begünstige partikularistisch-zersplitternde Tendenzen und gefährde so Reich und neue Demokratie[6], stand die Auffassung entgegen, die föderative Struktur habe die zentrifugalen Tendenzen seit der Revolution abgefangen und die Reichseinheit gesichert[7]. Der linkssozialistische bayerische Ministerpräsident Kurt Eisner sah im föderativen System ein weltweit „konstitutives Element der kommenden Demokratie"[8], das zur Grundlage der neuen politischen Ordnung werden müsse. Er forderte seinen entsprechenden Ausbau und trat als Wortführer gegen den als „unitarisch" empfundenen Preuß'schen Verfassungsentwurf auf. Damit konnten dem Reich zwar Zugeständnisse abgerungen werden. Doch waren solch föderative Visionen ebensowenig durchzusetzen wie der Einheitsstaat. Selbst diejenigen, die damals die ausgleichend-zentripetalen Wirkungen des Föderativsystems hervorhoben, meinten, die „Landeshoheit im Sinne von Staatsgewalt" sei „zum Verschwinden verurteilt". Sie lebe wohl in der „Form der Provinzhoheit" wieder auf, ohne daß man zur Zeit absehen könne, „welches Maß von Selbständigkeit die Reichsteile gegenüber der Reichszentralgewalt behalten oder gewinnen werden."[9]

Ernst: Föderalismus. Die historischen und philosophischen Grundlagen des föderativen Prinzips (Schriftenreihe der Bundeszentrale für politische Bildung 94), Bonn 1972 (S. 171–193 zur Weimarer Zeit 1919–1933); Nipperdey, Thomas: Der Föderalismus in der deutschen Geschichte, in: ders.: Nachdenken über die deutsche Geschichte, München 1986, S. 60–109; Koselleck, Reinhart: Diesseits des Nationalstaats. Föderale Strukturen der deutschen Geschichte, in: Transit. Europäische Revue, H. 7, 1994, S. 63–76; nur bis zum Kaiserreich reichen die Überlegungen von Langewiesche, Dieter: Föderativer Nationalismus als Erbe der deutschen Reichsnation. Über Föderalismus und Zentralismus in der deutschen Nationalgeschichte, in: ders.; Schmidt, Georg (Hrsg.): Föderative Nation. Deutschlandkonzepte von der Reformation bis zum Ersten Weltkrieg, München 2000, S. 215–242.

6 So der Volksbeauftragte Otto Landsberg (MSPD) und der reußische, der USPD nahestehende Staatsrat Karl Freiherr v. Brandenstein am 25. 1. 1919 auf der Konferenz der provisorischen Reichsregierung mit den Einzelstaaten über den Verfassungsentwurf vom 20. 1. 1919 – vgl. Aufzeichnung über die Besprechungen im Reichsamt des Innern vom 25. Januar 1919 über den der verfassunggebenden deutschen Nationalversammlung vorzulegenden Verfassungsentwurf (gedr. Protokoll, 31 S.), S. 21 u. 30 – zit. nach dem im ThStAR, Staatsministerium Rudolstadt, Nr. 771 überlieferten Exemplar.

7 So etwa Gmelin: Die übrigen Länder (Anm. 4): „wäre das Reich ein Einheitsstaat gewesen, wären vielleicht Teile abgesplittert" (S. 34); ähnlich auch Zahn: Preußen, Bayern und die Reichseinheit (Anm. 4): erst der überzogene Reichsunitarismus habe „die Reichsfreudigkeit in Bayern erschüttert"; eine ausgleichendere Politik werde Bayern schon in „seinem wohlverstandenen Selbstinteresse" auf das Reich verweisen; der „Grundton der künftigen bayerischen Politik sei deutsch, bayerisch nur die Schattierung" (S. 29, 33).

8 So auf der Staatenkonferenz vom 25. 1. 1919 – vgl. Aufzeichnung (Anm. 6), S. 11; vgl. auch Bauer, Franz J. (Bearb.): Die Regierung Eisner 1918/19. Ministerratsprotokolle und Dokumente (Quellen zur Geschichte des Parlamentarismus und der politischen Parteien I/10), Düsseldorf 1987; lange Zeit galt Eisners Föderativkonzept nur als taktische Variante seiner angeblich „linksradikalen", gegen den Berliner Rat der Volksbeauftragten gerichteten Politik; vgl. dagegen aus neuerer Sicht u. a. Weckerlein, Friedrich (Hrsg.): FREIstaat. Die Anfänge des demokratischen Bayerns 1918/19, München, Zürich 1994; Pohl, Karl Heinrich; Grau, Bernhard: Kurt Eisners Volksstaat. Zur Bedeutung der „politischen Pädagogik" in der Revolution von 1918/19, in: Beiträge zur Geschichte der Arbeiterbewegung 37 (1995), H. 4, S. 3–21; Merz, Johannes: „Freistaat Bayern". Metamorphosen eines Staatsnamens, in: Vierteljahreshefte für Zeitgeschichte 45 (1997), S. 121–142.

9 Gmelin: Die übrigen Länder (Anm. 4), S. 40 (der Text wurde Ende Februar 1920 abgeschlossen).

Das betraf nicht zuletzt die „preußische Frage" – die Weiterexistenz Preußens, den Reich-Preußen-Dualismus, das Verhältnis der preußischen Zentralregierung zu den Provinzen und die preußische Provinzialstruktur als mögliches Modell eines „dezentralisierten Einheitsstaates". Die sozialdemokratischen Politiker Preußens argumentierten im föderativen Sinne, wenn es darum ging, bei den anderen Gliedstaaten Rückhalt gegen die Pläne zur Auflösung Preußens zu erlangen, in erster Linie aber unitarisch. Sie bezeichneten den auflösungsbedrohten Großstaat als Garanten der Reichseinheit[10], verwiesen auf den Separatismus, der nicht nur Preußen, sondern auch das Reich bedrohe, traten als Advokaten des Einheitsstaates auf und argumentierten, es sei unsinnig, einen „dezentralisierten Einheitsstaat" anzustreben und zugleich Preußen als dessen ausbaufähigen Kern zerschlagen zu wollen.

Anstelle früherer Debatten über die Teilbarkeit monarchisch verstandener Staatssouveränität wurde fortan die Frage „Eigenstaatlichkeit der Länder" oder „dezentralisierter Einheitsstaat" zur Scheidelinie föderativ- oder einheitsstaatlicher Konzepte[11], nachdem die Weimarer Gründungskompromisse zum Erhalt des Bundesstaates wie zum Ausbau der Reichskompetenzen geführt hatten. Dieser Weg deutete sich frühzeitig an. Eine von Preuß einberufene Vorberatung über die neue Reichsverfassung vom 9. bis 12. Dezember 1918 kam zu dem Grundeindruck: Über das Reich als Republik habe die Revolution entschieden. Auch der parlamentarische Weg wäre vorgezeichnet. Die Arbeiter- und Soldatenräte seien als vorübergehender Faktor zu betrachten. Offen schiene die Frage Einheits- oder Föderativrepublik. Doch sei – so die überwiegende Meinung – der Einheitsstaat weder wünschenswert noch mit Blick auf die süddeutschen Widerstände möglich. Man brauche ein föderatives System mit stark unitarischem Einschlag, um das Reich nach innen und außen handlungsfähig zu machen und die Reichseinheit zu sichern. Auch müßten die territorialen Disproportionen überwunden werden. Vor allem der Zusammenschluß Thüringens sei dringend. Mit all dem stünden die staatsrechtliche Stellung und der Territorialbestand Preußens zur Disposition. Hinter diesen Grundfragen trete die Kompetenzabgrenzung von Reich und Einzelstaaten vorerst zurück. Bisherige Beratungen hätten den Eindruck hinterlassen, letztere akzeptierten zwar das außen- und verfassungspolitische Primat des Reiches, widersetzten sich aber einem allzu starken Reichsunitarismus und einem Neugliederungsgebot[12].

---

10 So der preußische Ministerpräsident Paul Hirsch (MSPD) auf der Staatenkonferenz vom 25. 1. 1919 – vgl. Aufzeichnung (Anm. 6), S. 8 f., und der Innenminister Wolfgang Heine (MSPD) am 19. 3. 1919 im Verfassungsausschuß der Nationalversammlung – vgl. Verhandlungen der verfassunggebenden Deutschen Nationalversammlung, Bd. 336. Anlagen zu den Stenographischen Berichten, Nr. 391. Bericht des Verfassungsausschusses, Berlin 1920, 10. Sitzung v. 19. 3. 1919, S. 93 ff.

11 Vgl. als charakteristische Beispiele solch gegensätzlicher Positionen etwa Beyerle, Konrad: Reich und Länder, in: Harms, Bernhard (Hrsg.): Volk und Reich der Deutschen. Vorlesungen, gehalten in der Deutschen Vereinigung für Staatswissenschaftliche Fortbildung, Bd. 2, Berlin 1929, S. 244–260; Anschütz, Gerhard: Das Problem der Vereinheitlichung des Reiches, ebenda, S. 261–281; Popitz, Johannes: Zentralismus und Selbstverwaltung, ebenda, S. 328–361, oder die vier Referate auf der Länderkonferenz 1928 – vgl. Die Länderkonferenz (Januar 1928), hrsg. v. Reichsministerium des Innern, Berlin 1928, S. 2–48, sowie auch Abschnitt III.

12 Vgl. Aufzeichnung über die Verhandlungen im Reichsamt des Innern über die Grundzüge des der verfassunggebenden deutschen Nationalversammlung vorzulegenden Verfassungsentwurfs vom 9. bis 12. Dezem-

Als die provisorische Reichsregierung des Rates der Volksbeauftragten dann am 14. Januar 1919 über den nach dieser Beratung von Preuß vorgelegten ersten Verfassungsentwurf und seine Denkschrift vom 3. Januar beriet, meinte Otto Landsberg (MSPD): „Wenn die Revolution den einheitlichen Staat verwirklicht, wollen wir sie segnen. Wir müssen in Deutschland den Einheitsstaat schaffen." Aber selbst er räumte ein, dies dürfe nicht von oben dekreditiert und müsse durch Verhandlungen mit den Einzelstaaten erreicht werden. „Ist das unmöglich, so bleibt allerdings nur der föderative Staat übrig."[13] Der Ratsvorsitzende Friedrich Ebert (MSPD) erklärte, er stimme ihm zwar theoretisch zu, glaube aber doch, „daß die Reichseinheit nur möglich ist auf föderativer Grundlage." „Wir müssen versuchen, innerhalb des Föderativstaates die Reichsmacht nach Möglichkeit wirtschaftlich zu stärken" und „die Einheit in der Reichsgesetzgebung und Reichsverwaltung beim Postwesen, Eisenbahnwesen, Schulwesen, Steuerwesen usw. durchzusetzen". „Daß Preußen so nicht weiterbestehen kann", glaube er auch. Deshalb stimme er der „Tendenz der Denkschrift zu, die auf eine Teilung Preußens hinausläuft"[14]. Nicht der völlige Einheitsstaat, wohl aber Reichsprimat, Ausbau der Reichskompetenzen und – wenn möglich – Neugliederung des Reichsgebietes, die vielen als Schlußstein der Preußschen Verfassungsarchitektur erschien[15] – das waren die für das hier behandelte Thema maßgeblichen Positionen, mit denen die provisorische, dann gewählte Reichsspitze in die anschließenden Verfassungsdebatten des Staatenausschusses und der Nationalversammlung ging.

Das Preußsche Konzept staatlicher Umgestaltung ließ sich kaum in die klassischen Kategorien von Einheits- oder Föderativstaat einordnen. Schon deshalb schien es einen Weg zu bieten, den staatsrechtlichen und weltanschaulichen Grabenkämpfen zwischen Unitaristen und Föderalisten zu entgehen. Der Weg vom „Obrigkeits- zum Volksstaat" – erläuterte Preuß in einem späteren Aufsatz sein Konzept – müsse die bisherige territorialstaatliche Ordnung im doppelten Sinne überwinden: den preußischen Einheitsstaat ebenso wie die sonstige bundesstaatliche Struktur mit ihrer dem „territorial-ständischen Wirrwarr" des Dynastiezeital-

---

ber 1918 – BA, NL Pager, Nr. 11, Bl. 154–172 Rs. (der Vf. dankt Michael Dreyer für die Möglichkeit zur Einsichtnahme in dieses Protokoll und in die Protokolle des Staatenausschusses); an diesen von Preuß geleiteten Beratungen nahm auch Max Weber teil; der Hinweis auf vorangegangene Beratungen bezog sich v. a. auf die Konferenz des RVb mit den Einzelstaaten am 25. 11. 1918, auf der v. a. Eisner gegen das außen- und verfassungspolitische Handlungsprimat des Reiches auftrat, ohne sich damit durchsetzen zu können; die Staatenkonferenz sprach sich für eine bundesstaatliche Ordnung aus, akzeptierte das Handlungsprimat des Reiches, stimmte einer bald zu wählenden Nationalversammlung und einer rasch vorzubereitenden neuen Reichsverfassung zu; mit ähnlichen Resultaten verlief die Stuttgarter Koordinationsberatung der süddeutschen Staaten am 27./28. 12. 1918 – vgl. auch Abschnitt II.

13 Zit. nach dem Protokoll dieser Beratung, abgedr. in: Miller, Susanne; Potthoff, Heinrich (Bearb.): Die Regierung der Volksbeauftragten 1918/19. Zweiter Teil (Quellen zur Geschichte des Parlamentarismus und der politischen Parteien I/6/2), Düsseldorf 1969, S. 237–248, Zitat S. 238.

14 Ebenda, S. 239 f.

15 Der Preußsche Entwurf baue geradezu auf der Neugruppierung auf – so Gmelin: Die übrigen Länder (Anm. 4), S. 38; „die ganze Architektur des von Preuß entworfenen Gebäudes forderte diese Neugliederung" – so Vogel, Walther: Deutsche Reichsgliederung und Reichsreform in Vergangenheit und Gegenwart, Leipzig, Berlin 1932, S. 82.

ters entstammenden „höchst fragwürdigen territorialen Einteilung Deutschlands". Dies solle nicht zu einem zentralisierten Einheitsstaat führen. Damit werde nur das preußische Modell – nach Preuß das „Werk des Obrigkeitsstaates" schlechthin – auf das Reich übertragen. „Die im Volksstaat unentbehrliche Einheitlichkeit nationalen Staatsbewußtseins" sei „keineswegs gleichbedeutend mit staatlicher Zentralisation" von oben. In Konsequenz seiner Genossenschaftslehre und seiner Theorie eines demokratischen Pluralismus plädierte Preuß vielmehr für eine „Zentralisation auf dem Wege der volksstaatlichen Organisation von unten nach oben". Neben den Grundelementen der republikanischen Staatsform, des parlamentarischen Regierungssystems und einer dualen Reichsspitze aus volksgewähltem Reichspräsidenten und parlamentarisch gewähltem Reichskanzler sah dieses Konzept zunächst auch ein unabhängig von den bestehenden Staaten zu wählendes Staatenhaus als zweite Parlamentskammer und die Neugliederung des Reichsgebietes vor. Mit ihr sollten sich selbst verwaltende neue territoriale Einheiten geschaffen werden, die den wirtschaftlichen Erfordernissen und dem Zusammengehörigkeitsgefühl ihrer Bewohner besser entsprächen als die bisherigen Gliedstaaten. Nur so könne der seit November 1918 beschrittene Weg „vom Obrigkeits- zum Volksstaat" vollendet und der „verhängnisvolle Wahn" gebrochen werden, „Demokratie und Parlamentarismus als angebliche ‚westliche Bildungen' in Gegensatz zu deutscher Eigenart stellen zu wollen"[16].

Brachte Preuß' entschiedenes Bekenntnis zur parlamentarischen Demokratie die Verfechter rätestaatlicher Konzepte und vor allem die politische Rechte gegen ihn auf, die den „Juden Preuß" fortan als „Erfüllungsgehilfen der Entente" attackierte, so stießen die von ihm entworfenen Verfassungsartikel zur Stärkung der Reichsgewalt, sein Neugliederungskonzept und die Absicht, den bisherigen Bundesrat durch ein direkt gewähltes Staatenhaus zu ersetzen, auf den Widerstand der meisten Einzelstaaten. Deren Abwehrfront reichte vom auflösungsbedrohten Preußen über Bayern und andere um ihre Kompetenzen besorgte Mittelstaaten bis

---

16 Vgl. Preuß, Hugo: Vom Obrigkeitsstaat zum Volksstaat, in: Anschütz: Handbuch der Politik, Bd. 3 (Anm. 4), S. 16–26, alle Zitate S. 22, 24; in seinem berühmt gewordenen Artikel „Volksstaat oder verkehrter Obrigkeitsstaat?" vom 14. 11. 1918 im „Berliner Tageblatt" (abgedr. in: Preuß: Staat, Recht und Freiheit (Anm. 1), S. 365–368), hatte Preuß eine bürgergenossenschaftlich fundierte Repräsentativdemokratie statt sozialistischer Parteiherrschaft und die sofortige Einberufung einer verfassunggebenden Nationalversammlung verlangt, woraufhin ihn Friedrich Ebert zum Staatssekretär (und damit Leiter) des Reichsamtes des Innern berief; Preuß gehörte dem 1. Reichskabinett Scheidemann (13. 2. – 20. 6. 1919) als Innenminister an und schied dann mit der DDP aus der Reichsregierung aus; das neue Kabinett Bauer berief ihn zum Reichskommissar ohne Ministerrang; zudem besaß er kein Mandat in der Nationalversammlung und konnte deshalb in den weiteren Verfassungsdebatten nur noch eine vermittelnde Maklerrolle spielen; Preuß' Neugliederungsziele spielten über seinen frühen Tod (1925) hinaus eine wichtige Rolle in den späteren Neugliederungsplänen und -debatten; zu Preuß und seiner Rolle bei der Entstehung der WRVf vgl. u. a. Mauersberger, Jasper: Ideen und Konzeption Hugo Preuß' für die Verfassung der deutschen Republik 1919 und ihre Durchsetzung im Verfassungswerk von Weimar, Frankfurt/M u. a. 1991; Lehnert, Detlef: Verfassungsdemokratie als Bürgergenossenschaft. Politisches Denken, Öffentliches Recht und Geschichtsdeutungen bei Hugo Preuß – Beiträge zur demokratischen Institutionenlehre in Deutschland, Baden-Baden 1998; Dreyer, Michael: Die Entstehung der Weimarer Reichsverfassung, in: 80 Jahre Weimarer Reichsverfassung (1919–1999) (Schriften zur Geschichte des Parlamentarismus in Thüringen 14), Weimar 1999, S. 31–66.

zu den um ihre Weiterexistenz bangenden mittel- und norddeutschen Kleinstaaten. Obwohl überwiegend von Politikern der programmatisch auf die Einheitsrepublik festgelegten sozial-demokratischen Parteien und von Parteifreunden des DDP-Politikers Preuß regiert, bestanden sie auf möglichst uneingeschränkter Eigenstaatlichkeit, Ländervertretung und territorial-staatlichem Status quo. Nur die ihren Zusammenschluß oder ein „Großthüringen" unter Einschluß preußischer Gebiete anstrebenden Thüringer Kleinstaaten bildeten da eine Ausnahme. Sie suchten beim Reich entsprechenden Rückhalt, traten für einen Neugliederungszwang ein und sprachen sich anfangs für einen Einheitsstaat aus, von dem sie sich am ehesten die Möglichkeit regionaler Neugliederung versprachen[17]. Doch damit standen sie allein auf weiter Flur. Und ihre Stimmen fielen kaum ins Gewicht.

Am überwiegenden Länderwiderstand scheiterten 1919 die Konzepte eines „dezentralisierten Einheitsstaates" und der „Reichsneugliederung". Statt eines Neugliederungsgebotes sah die Weimarer Reichsverfassung vom Sommer 1919 nur die Möglichkeit der Neugliederung vor. Schon im März 1919 kam Preuß im Verfassungsausschuß der Nationalversammlung zu der Einsicht, eine „territoriale Umgruppierung" sei ebenso unvermeidlich wie zur Zeit nicht durchführbar. „Es steht sich", fügte er hinzu, „hier wieder einmal das Notwendige und das Mögliche in unangenehmer Weise gegenüber"[18]. Seine Erwartungen hätten sich leider nicht erfüllt. So blieben nur das Prinzip der Freiwilligkeit und dem Reich eine vermittelnde und sanktionierende Rolle. Auch ein gewähltes Staatenhaus kam nicht zustande. Statt dessen entstand ein Reichsrat als Vertretung der einzelstaatlichen Regierungen beim Reich mit freilich weit geringeren Kompetenzen als der frühere Bundesrat. Die Frage Einheits- oder Bundesstaat entschied sich bereits vor Zusammentritt der Nationalversammlung im föderativen Sinne.

Aus den Gründungskompromissen 1919 ging erneut ein Bundesstaat hervor – aber mit beträchtlich erweiterten Reichs- und entsprechend begrenzten Länderkompetenzen. Der scheinbare Erfolg der Länder erwies sich im „unitarischen Bundesstaat"[19] der Weimarer Republik als Phyrrhussieg des Föderalismus[20]. Dieser spannungsgeladene Kompromiß wurde zur Quelle von Dauerkonflikten. Er ging – wie Preuß schon im Januar 1919 ahnungsvoll formulierte – den Unitaristen wegen der Zugeständnisse an die Länder nicht weit genug, den Föde-

---

17 Die Initiativberatung vom 30. 11. 1918 strebte eine „Provinz Thüringen als Teil der Einheitsrepublik Deutschland" und erst in zweiter Linie – falls es bei einem deutschen Föderativstaat bliebe – einen „Bundesstaat Thüringen" an – vgl. ThHStAW, Staatsministerium-Präsidialabteilung, Nr. 1, Bl. 11 Rs; vgl. auch Häupel, Beate: Die Gründung des Landes Thüringen. Staatsbildung und Reformpolitik 1918–1923 (Demokratische Bewegungen in Mitteldeutschland 2), Weimar, Köln, Wien 1995; John, Jürgen: Thüringer Verfassungsdebatten und Landesgründung 1918 bis 1921, in: 80 Jahre Weimarer Reichsverfassung (Anm. 16), S. 67–122.

18 Vgl. Verhandlungen (Anm. 10), 10. Sitzung v. 19. 3. 1919, S. 90.

19 Zum Begriff und seiner Anwendung auf die Verfassungskompromisse 1919 vgl. Hesse, Konrad: Der unitarische Bundesstaat, Karlsruhe 1962; Huber, Ernst Rudolf: Deutsche Verfassungsgeschichte seit 1789, Bd. VI, Stuttgart, Berlin, Köln 1981, S. 55–67; Jeserich, Kurt G. A.; Pohl, Hans; Unruh, Georg-Christoph v. (Hrsg.): Deutsche Verwaltungsgeschichte, Bd. 4, Stuttgart 1985, S. 112–121.

20 Ähnlich auch die Einschätzungen bei Becker: Föderalistische Tendenzen (Anm. 4); zu den Details vgl. Abschnitt II.

ralisten aber wegen der beträchtlich erweiterten Reichsrechte viel zu weit[21]. Die einen wie die anderen bezeichneten diesen „unmöglichen Kompromiß“, mit dem „die Weimarer Verfassung weder nach der unitarischen noch nach der föderativen Seite zu völlig einheitlich geworden“ sei, als Hauptquelle allseits beklagter „verworrener Zustände“ und verlangten eine föderative oder unitarische Verfassungsrevision[22]. Die auf eine Stärkung des Föderalismus Drängenden sahen im „überzogenen Reichszentralismus“ die Quelle der Mißstände. Die anderen verwiesen auf die Skurrilitäten der Länderstruktur, auf den „Länderegoismus“ und auf die im Kaiserreich undenkbar gewesene Fülle politisch unterschiedlicher Konstellationen in den Ländern, die eine einheitliche politische Willensbildung verhindere.

Die Länder sahen sich fortan ständig in ihrer Eigenstaatlichkeit bedroht. Ihre Lage war im „unitarischen Bundesstaat“ der Weimarer Republik alles andere als komfortabel. Sie gerieten als Mittelinstanzen im dreigliedrigen Staatsaufbau unter doppelten Druck. Einerseits erweiterte das Reich stetig seine Kompetenzen auf Kosten der Länder. Andererseits drängten die Städte auf den Ausbau ihrer Selbstverwaltung. Dem standen die Länder im Wege. Deshalb vertraten Städte und kommunale Spitzenverbände oft weit rigoroser unitarische Positionen als selbst die Reichsinstanzen. Zudem gaben die Verfechter des „dezentralisierten Einheitsstaates“ und der „Reichsneugliederung“ ihre Ziele keineswegs auf. Sie versuchten in den folgenden Jahren das, was 1919 scheiterte, durch eine funktionale und territoriale „Reichsreform“ mit unitarischen Zielen zu erreichen. Allenfalls räumten sie dem Bundesstaat nach dem Motto „Durch den Föderalismus über den Föderalismus hinaus!“ eine zeitweise Perspektive ein, um so die „heute noch föderalistischen Kräfte in den Reichsdienst zu stellen“[23]. Im Gegenzug instrumentalisierten republikdistanziert-föderalistische Kreise – mit dem seit 1920 rechtskonservativ regierten Bayern als Wortführer – die schwierige Lage der Länder und die Sorge um deren Eigenstaatlichkeit für eine Art roll back-Politik, um die Kompetenzen des republikanischen Reiches wieder einzuschränken. Dieser „Kampf Bayerns um die Reichsreform“[24] verfolgte defensive Ziele zur Abwehr des Reichsdrucks wie offensive im Sinne einer Re-Föderalisierung. Doch blieben solche Stimmen – so lautstark sie sich auch zu Wort meldeten – im Gesamtensemble der „Reichsreform“-Debatten der 1920er/30er Jahre eher Randtöne. Den Grundton gaben die Verfechter eines „dezentralisierten Einheitsstaates“ an – freilich unter-

---

21 So am 25. 1. 1919 auf der Staatenkonferenz über den Verfassungsentwurf vom 20. 1. 1919 – vgl. Aufzeichnung (Anm. 6), S. 2.

22 So die Referenten der Länderkonferenz vom Januar 1928 – der für eine unitarische Verfassungsreform eintretende Hamburger Bürgermeister Petersen ebenso wie der gemäßigt föderativ argumentierende württembergische Staatspräsident Bazille und der rigoros föderative Positionen beziehende bayerische Ministerpräsident Held – vgl. Die Länderkonferenz (Anm. 11), Zitate S. 3, 17 und 25, Abschnitt III sowie als dezidiert föderalistische Stimme auch Nawiasky, Hans: Grundprobleme der Reichsverfassung. Erster Teil: Das Reich als Bundesstaat, Berlin 1928.

23 So das Fazit bei Becker: Föderalistische Tendenzen (Anm. 4), S. 187, das den Leitspruch einer Festrede zur Reichsgründungsfeier der Universität Halle vom 18. 1. 1928 aufgriff – vgl. Fleischmann, Max: Verfassungserbgut von Reich zu Reich. Festrede zur Reichsgründungsfeier der Universität Halle am 18. Januar 1928 (Recht und Staat in Geschichte und Gegenwart 55), Tübingen 1928, S. 21.

24 So Schwend, Karl: Bayern zwischen Monarchie und Diktatur. Beiträge zur bayerischen Frage in der Zeit von 1918 bis 1933, München 1954, S. 315 ff.

des oft mit Zielen und politischen Absichten, die denen von Preuß 1919 diametral entgegenstanden.

„Reichsneugliederung"

Vor diesem Hintergrund verweisen die eingangs zitierten Sätze der Preußschen Verfassungsdenkschrift auf die Kernpunkte jener Neugliederungsdebatten der Weimarer Zeit, die Klaus-Jürgen Matz in seiner polemischen Studie über die „deutsche Obsession" ständiger Länderneugliederung als „erstes Ringen um Neuordnung" bezeichnete. Obwohl letztlich ebenso ergebnislos wie das „zweite Ringen" nach 1949, habe es die „Stabilität der territorialen Ordnung in Deutschland radikal" und in einer für die Weimarer Demokratie abträglichen Weise „in Frage gestellt"[25]. Damit widersprach Matz der vorherrschenden Meinung der meisten Historiker, erst eine solche Neugliederung hätte der Republik einen stabilen, ausgeglichenen, von allen Resten des Dynastiezeitalters befreiten Unterbau verliehen. Da dies nur in wenigen Fällen gelang, habe die Weimarer Republik die durch das Ende des Kaiserreiches und der einzelstaatlichen Dynastien gebotene Chance zur Modernisierung der territorialstaatlichen Ordnung nicht genutzt. Das sei eine schwere Hypothek und einer der Haupt-Strukturdefekte ihres politischen Systems gewesen. Damit habe sie eine Erblast des „deutschen Sonderweges" übernommen, dessen Ausdruck Matz gerade in der Neugliederungs-Besessenheit sieht. Diese vorherrschende, von Matz attackierte Sicht geht im Kern auf jene Argumentationen und Projekte zurück, die in den 1920er/30er Jahren das beseitigen wollten, was Preuß in seiner Verfassungsdenkschrift 1919 als „schweres Übel" und „Krebsschaden des deutschen politischen Lebens" bezeichnet hatte, ohne es damals überwinden zu können.

„Der Zustand unserer Reichsgestaltung" – so lautete ein typisches, die spätere Historiographie weitgehend prägendes Urteil – „ist in der Tat ganz absonderlich"[26]. Dies zeige schon der internationale Vergleich. Zwar gäbe es ähnliche Extreme auch in anderen föderativ gestalteten Staaten wie der Schweiz und den USA. Mit der preußisch-deutschen Doppelregierung in Berlin und seiner im Vergleich zu den westeuropäischen Staaten bis in die jüngste Zeit dynastisch, territorial- und einzelstaatlich geprägten Geschichte stehe das Deutsche Reich aber einzigartig da. Im föderativen Weg deutscher Geschichte wurzele der „entscheidende Unterschied zwischen der staatlichen Entwicklung Deutschlands und seiner meisten Nachbarn." Nach dem Deutschen Bund als „Einungsstaat in loser Form" sei das Deutsche Reich von 1871 „als ein mit dem preußisch-norddeutschen Einheitsstaat eng verflochtener, sozusagen um ihn herum geordneter Einungs- oder Bundesstaat" entstanden. Doch wurde diese „eigenartige, ganz auf die Zeitlage ihrer Entstehung zugeschnittene Verfassungs- und Gliederungsform" dann nicht „entsprechend dem inneren Zusammenwachsen des deutschen Wirtschafts- und Kulturlebens weiterentwickelt". Nach dem Weltkrieg, dem Fortfall der Monar-

---

25 Matz, Klaus-Jürgen: Länderneugliederung. Zur Genese einer deutschen Obsession seit dem Ausgang des Alten Reiches (Historisches Seminar NF 9), Idstein 1997, S. 53; vgl. auch dessen voranstehenden Beitrag.
26 Vogel: Deutsche Reichsgliederung (Anm. 15), S. 2.

chie und dem Übergang zu demokratisch-parlamentarischen Verfassungsformen sei sie gänzlich unmöglich geworden. „Jetzt stehen wir vor der Aufgabe, die durch die Revolution gleichsam aus Versehen wieder aufgerissene Kluft zwischen der preußischen und der Reichszentrale zu schließen, eine wirklich einheitliche Reichsleitung, ohne preußisch-deutschen Dualismus, zu schaffen und daneben die richtige Form für eine gut und sachgemäß arbeitende billige Verwaltung mittlerer Instanz zu gestalten."[27] Dies solle im Sinne der seit 1928 erarbeiteten Neugliederungs-Projekte erst einmal in Nord- und Mitteldeutschland in Angriff genommen werden. Den süddeutschen Raum könne man vorerst in seiner territorialen Struktur belassen. Ohnehin seien dort die Widerstände gegen eine Neugliederung am stärksten und diese deshalb zur Zeit kaum durchsetzbar. Auch könne der süddeutsche Raum seit der Napoleonischen Flurbereinigung bereits als einigermaßen ausgeglichen gelten. Die Haupt-Problemzonen lägen nördlich des Mains. Das Argument, mit einer zunächst auf Norddeutschland beschränkten Neugliederung schaffe man eine „neue Mainlinie", sei nicht stichhaltig. Es male nur ein „Schreckgespenst" an die Wand, um entweder die Neugliederung zu verhindern oder sie in unrealistischer Weise auf das gesamte Reichsgebiet auszudehnen[28].

Ähnlich fielen damals die meisten Argumentationen aus. Auch die Verfechter einer föderalistischen „Reichsneugliederung" konzentrierten sich auf den von Preußen geprägten mittel- und norddeutschen Raum. Sie wollten damit freilich keinen „dezentralisierten Einheitsstaat", sondern eine ausgewogenere föderative Ordnung erreichen. An die Stelle des „Preußen-Deutschlands" sollte ein konsequent föderativ und nach „naturgemäßen Stammeszusammenhängen" gegliedertes Reich treten[29]. Doch solche Stimmen aus den Anfangsjahren der Republik traten bald hinter jenen zurück, die – wie Preuß' Amtsnachfolger als Reichsinnenminister (1919/21) Erich Koch(-Weser) (DDP)[30] oder der preußische Ministerpräsident

27 Ebenda, S. 177 f.; Vogel stellte sich damit vor allem hinter die Vorschläge des BER und des Verfassungsausschusses der Länderkonferenz – vgl. Abschnitt III.

28 Ebenda, S. 125 u. 157; dieses Argument äußerten v. a. Frankfurter Verfechter einer auch nach Süddeutschland hineinreichenden Neugliederung des Rhein-Main-Gebietes – so der Frankfurter Stadtplaner August Weitzel (Anm. 50), auf den sich Vogel hier ausdrücklich bezog, sowie der Vorsitzende des Verbandes Mitteldeutscher Industrieller, Waldemar Braun, und der Frankfurter Oberbürgermeister Ludwig Landmann auf einer Verbandstagung mit dem BER-Vorsitzenden Luther – vgl. Luther (Hans): „Um die Reichsreform". Vortrag, gehalten am 4. Dezember 1928 in der Mitglieder-Versammlung des Verbandes Mitteldeutscher Industrieller e. V. (Veröffentlichungen des Verbandes Mitteldeutscher Industrieller 9), o. O. u. J., S. 3, 13–16.

29 Vgl. Schmittmann, Benedikt: Preußen-Deutschland oder deutsches Deutschland?, Bonn 1920; der Kölner Jurist gehörte zu jenen rheinischen Zentrumskreisen um Konrad Adenauer, die für die Auflösung Preußens und eine weitgehende föderative Autonomie eintraten; die seiner Denkschrift beigefügte Karte des Heidelberger Geographen Walther Tuckermann sah eine Gliederung nach angeblich „naturgemäßen Stammeszusammenhängen" in 13 Länder vor: Bayern, Schwaben, Baden, Hessen, Rheinland, Westfalen, Niedersachsen, Nordsachsen, Mark und Pommern, (Ost)Preußen, Lausitz-Schlesien, Obersachsen, Thüringen (sowie die Saar als 14. Land).

30 Vgl. v. a. seine Denkschrift betr. den „Übergang zum Einheitsstaat" v. 12. 1. 1920, abgedr. bei Golecki, Anton (Bearb.): Das Kabinett Bauer (Akten der Reichskanzlei. Weimarer Republik), Boppard/Rh. 1980, S. 514–530, sowie weiterhin Koch, Erich: Die Neugliederung des Reichs, in: Anschütz, Gerhard u. a. (Hrsg.): Handbuch der Politik, Bd. 5: Der Weg in die Zukunft, ³Berlin 1922, S. 336–345; ders.: Einheitsstaat und Selbstverwaltung, Berlin (1928); ders.: Vom Kleinstaat zum Reich und zum großdeutschen Einheitsstaat, in: Erkelenz, Anton

Otto Braun (SPD) und sein Finanzminister Hermann Höpker-Aschoff (DDP)[31] – in den 1920er Jahren alle damals üblichen Argumente gegen die disproportionale Reichsgliederung und gegen die „deutsche Vielstaaterei" vorbrachten, um dann die denkbaren und möglichen Wege zu einem „Einheitsstaate" zu erörtern[32]. Dabei wurde überwiegend der „dezentralisierte Einheitsstaat" mit seinem Grundgedanken einer dezentralisierten, in Selbstverwaltungskörper annähernd gleicher Größe (neu) zu gliedernden Reichsverwaltung propagiert.

„Der Ruf nach dem Einheitsstaate geht durch die Lande", schrieb Höpker-Aschoff. „Die Stimmen, die den Einheitsstaat fordern, mehren sich. Man ist der querelles allemandes, der Kämpfe zwischen Reich und Ländern und unter den Ländern überdrüssig. Man will die Zusammenfassung der nationalen Kraft in einem geschlossenen Staatswesen, man will die deutsche Nation und Staatsbürger, die sich drinnen und draußen als Deutsche und nicht als Preußen und Bayern fühlen. Man will eine geschlossene, einheitliche Willensbildung für große außen- und innenpolitische Entscheidungen. Man will eine klare und einfache Gliederung der Gesamtverwaltung – und hat recht damit."[33] Die „ideale Lösung" sei zweifellos, durchgängig einheitlich gestaltete Reichsprovinzen mit ausgedehnter Selbstverwaltung zu bilden. Da dies angesichts der süddeutschen Widerstände zur Zeit nicht durchsetzbar sei und alle übrigen erörterten Lösungen eher Nach- als Vorteile böten, empfahl Höpker-Aschoff, zunächst zweigleisig zu verfahren: die Reichskompetenzen durch extensive Auslegung ent-

(Hrsg.): Zehn Jahre deutsche Republik. Ein Handbuch für republikanische Politik, Berlin 1928, S. 42–97; Koch(-Weser) galt als energischer Vertreter der Reichsinteressen gegenüber den Ländern und als Hauptförderer einer unitarischen Reichsreform auf dem Wege eines „dezentralisierten Einheitsstaates", den er im Gegensatz zu Preuß aber nicht durch Auflösung Preußens erreichen wollte; er galt deshalb als typischer Vertreter eines gemäßigt-unitarischen Konzeptes; als DDP-Vorsitzender (1924/30) prägte Koch(-Weser) auf dem Höhepunkt der „Reichsreform"-Debatten maßgeblich die Positionen seiner Partei in dieser Frage; zu seiner Position zur der „Preußen"-Frage vgl. Anm. 40, zu seiner Rolle bei der Bildung der Zentralstelle für die Gliederung des Reiches Abschnitt III.

31 Vgl. Braun, Otto: Deutscher Einheitsstaat oder Föderativsystem?, ²Berlin 1927; Höpker-Aschoff, Hermann: Deutscher Einheitsstaat. Ein Beitrag zur Rationalisierung der Verwaltung, Berlin 1928.

32 Als weitere charakteristische Beispiele aus dem umfangreichen Schrifttum zum Einheitsstaat vgl. Wege zum Einheitsstaat, hrsg. v. Reichsvorstand des Deutschen Republikanischen Reichsbundes, Berlin 1926; Petersen, Carl: Wege zum Einheitsstaat. Festrede bei der Verfassungsfeier des Senates der Freien und Hansestadt Hamburg am 11. August 1927, Hamburg 1927; Lohmeyer, Hans: Zentralismus oder Selbstverwaltung. Ein Beitrag zur Verfassungs- und Verwaltungsreform, Berlin 1928; Frielinghaus, Otto: Der dezentralisierte Einheitsstaat, Berlin 1928; Wege zum Einheitsstaat, hrsg. v. Vorstand der Sozialdemokratischen Partei Deutschlands, (Berlin) 1929; als Beispiele aus dem akademischen Milieu vgl. die Schrift des unter der politischen Rechten umtriebigen Gießener Professors Horneffer, Ernst: Deutschland als Einheitsstaat. Vortrag im Auftrage der Leipziger Messe, Essen 1928, oder mehrere „Reichsreform"-bezogene – meist republikdistanzierte – universitäre Festreden zum „Reichsgründungstag" – so von Fleischmann: Verfassungserbgut (Anm. 23), und Thomas, Richard: Die Forderung des Einheitsstaates. Festrede zur Reichsgründungsfeier der Universität Heidelberg am 18. Januar 1928, Heidelberg 1928; als eine der wenigen prorepublikanischen Stimmen dieser Art vgl. Hübener, Rudolf: Widerstände gegen den Einheitsstaat. Festrede zur Reichsgründungsfeier der Universität Jena am 18. Januar 1929 (Jenaer akademische Reden 7), Jena 1929 ; als Beispiel föderativ-etatistischer Gegenpositionen vgl. Schwann, Hans: Einheitsstaat oder Föderativsystem, Wiesbaden 1927 (Schwann, BVP, wirkte als Berater des bayerischen Ministerpräsidenten Heinrich Held).

33 Höpker-Aschoff: Deutscher Einheitsstaat (Anm. 31), S. 3, 20.

sprechender Verfassungsartikel zügig auszubauen und die Neugliederung nördlich des Mains zu beginnen. Dort solle ein „Reichsland Norddeutschland" mit zwölf Reichsprovinzen auf Selbstverwaltungsbasis und Bezirken als Substruktur gebildet werden. Die eigenstaatlichen Rechte der süddeutschen Ländern seien schrittweise einzuschränken und diese so allmählich dem Norden des Reiches anzugleichen. „Wie der norddeutsche Bundesstaat der Vorläufer des deutschen Bundesstaates gewesen ist, so möge das Reichsland Norddeutschland der Vorläufer des deutschen Einheitsstaates sein."[34]

Solche Neugliederungsvorschläge umgingen zwar die „bayerische Frage"[35], rührten aber unmittelbar an das, was Preuß in seiner Verfassungsdenkschrift 1919 als das „Kernproblem der künftigen inneren Gestaltung Deutschlands" bezeichnet hatte – die „preußische Frage"[36]. Wie für Preuß war auch für viele andere Politiker der preußische Einheitsstaat ein „Werk des Obrigkeitsstaates" und deshalb aufzulösen. So erklärte Landsberg 1919 im Rat der Volksbeauftragten: „Preußen hat seine Stellung mit dem Schwert erobert und dieses Schwert ist zerbrochen. Wenn Deutschland leben soll, muß Preußen in der bisherigen Gestalt sterben."[37] Doch hatte sich die Grundeinstellung der Verfechter einer unitarischen „Reichsneugliederung" unterdes gewandelt. Sie näherte sich den Positionen jener an, die schon damals meinten, die Auflösung Preußens gefährde die deutsche Einheit, die „durch die Bildung immer größerer Staaten geschaffen worden" sei,[38] und die den Standpunkt vertraten: „Nur ein starkes Preußen verbürgt das Weiterbestehen des Reiches, daher darf Preußen um keinen Preis zerstückelt werden."[39] Der historisch gewachsene Groß- und Einheitsstaat Preußen – so betonte Koch

---

34 Ebenda, S. 26 f.; solche dann von „Lutherbund" und Länderkonferenz aufgegriffenen „Reichsland"-Pläne wurden damals vielfach unterbreitet – vgl. z. B. Kitz, Wilhelm: Reichsland Preußen. Ein Beitrag zur Verfassungs- und Verwaltungsreform, Düsseldorf (1927); der preußische Ministerpräsident Braun wandte sich allerdings entschieden gegen solche Pläne und namentlich gegen den seines Finanzministers, der das Reich nicht eine, sondern in ein unitarisch-norddeutsches und ein föderativ-süddeutsches Reich spalte – vgl. Die Länderkonferenz (Anm. 11), S. 45 f.

35 Vgl. u. a. Schwend: Bayern (Anm. 24); Heyl, Gerhard (Bearb.): Reich und Länder in der Weimarer Republik (Ausstellungskataloge der bayerischen staatlichen Archive 3), München 1969; Benz, Wolfgang: Süddeutschland in der Weimarer Republik. Ein Beitrag zur deutschen Innenpolitik 1918–1923, Berlin 1970; Domarus, Max: Bayern 1805–1933. Stationen der Staatspolitik, Würzburg 1979.

36 Vgl. v. a. Eimers, Enno: Das Verhältnis von Preußen und Reich in den ersten Jahren der Weimarer Republik 1918–1923 (Schriften zur Verfassungsgeschichte 11), Berlin 1969; Ehni, Hans-Peter: Bollwerk Preußen? Preußen-Regierung, Reich-Länder-Problem und Sozialdemokratie 1918–1932 (Schriftenreihe des Forschungsinstituts der Friedrich-Ebert-Stiftung 111), Bonn, Bad Godesberg 1975; Berndt, Roswitha: Preußen in der Weimarer Republik. Zum staatsrechtlichen Verhältnis Preußen – Reich zwischen 1918 und 1933, Diss. B Halle 1975 (MS); Hauser, Oswald (Hrsg.): Zur Problematik „Preußen und das Reich", Köln 1984; Biewer, Ludwig (Bearb.): Preußen in der Weimarer Republik. Ausstellungskatalog, Berlin 1982; ders.: Preußen und das Reich in der Zeit der Weimarer Republik. Grundsätzliches und ausgewählte Beispiele, in: Hauser, Oswald (Hrsg.): Preußen, Europa und das Reich, Köln 1987, S. 331–356; Orlow, Dietrich: Weimar Prussia 1918–1925. The Unlikely Rock of Democracy, Pittsburgh/Pa. 1986; ders.: Weimar Prussia 1925–1933. The Illusion of Strength, Pittsburgh/Pa. 1991.

37 In der Beratung vom 14. 1. 1919 über den 1. Verfassungsentwurf – zit. nach Miller; Potthoff: Die Regierung (Anm. 13), S. 237.

38 So der Kriegsminister Reinhardt in dieser Beratung – ebenda, S. 244.

39 Zahn: Preußen (Anm. 4), S. 30.

(-Weser) 1919/20 immer wieder – dürfe nicht zum Spielball von Partikularinteressen und föderativer Neugliederungskonzepte werden. Solange man den „dezentralisierten Einheitsstaat" nicht erreicht habe, schaffe eine Zerschlagung Preußens nur „neue Mittelstaaten", die man dann höchst mühsam „auf die Ebene von Provinzen drücken" müsse. Vielmehr sei Preußen in vernünftiger Weise in das neugestaltete Reich einzugliedern, um den 1918/19 entstandenen Reich-Preußen-Dualismus zu überwinden, und könne mit seiner Provinzial-Selbstverwaltung zum Modell eines „dezentralisierten Einheitsstaates" auf Reichsebene werden. Man müsse die preußischen Provinzen durch Übertragung von Verwaltungsaufgaben und Stärkung ihrer Selbstverwaltungs-Befugnisse aufwerten und auf der anderen Seite die Eigenstaatlichkeit der Länder einschränken, um so beide Verwaltungstypen einander anzugleichen[40].

Diesen Weg hatten die meisten Verfechter des „dezentralisierten Einheitsstaates" und einer unitarischen „Reichsneugliederung" mit ihren in den 1920er Jahren unterbreiteten Vorschlägen im Auge. Preußen – so argumentierten sie – müsse den Kern des künftigen Einheitsstaates bilden und dürfe deshalb nicht aufgeteilt werden. Das beraube „das Reich seiner stärksten Stütze und des festesten Rückhalts gegenüber den im Osten drohenden Gefahren"[41], zerstöre eine schon vorhandene „große Zentralgewalt", begünstige Sezessionstendenzen und den Partikularismus, vermehre die Länderzahl, wenn – wie vielfach gefordert – aus dem preußischen Staatsgebiet neue Länder entstünden, und stärke so den Föderalismus, statt ihn abzubauen[42]. Deshalb enthielten gerade die unitarisch ausgerichteten Schriften der 1920er/30er Jahre oft die entschiedensten Bekenntnisse zu Preußen: „Preußen war, ist und bleibt der Kern des Deutschen Reiches. ... Das preußische Schicksal ist das deutsche Schicksal."[43] Nötig sei „ein starkes Preußen für ein starkes Deutschland"[44]. „Preußen muß der Einheitsstaat in Deutschland bleiben, der seinen nicht zersplitterten Einfluß in unitarischer Richtung zur Geltung zu bringen vermag. ... So liegt der Weg klar vor uns: Preußen soll nicht in Deutschland aufgehen, sondern Deutschland in Preußen."[45] Das waren freilich häufig eher Referenzen für das „Werk Bismarcks" als für das republikanische Preußen. Und schließlich wies der politisch motivierte Staatsstreich Papens gegen das verbliebene „sozialdemokratische Bollwerk Preußen" 1932[46] ganz andere Wege zur Lösung der „preußischen Frage".

---

40 Vgl. z. B. Kochs Denkschrift betr. den „Übergang zum Einheitsstaat" v. 12. 1. 1920, in: Golecki: Das Kabinett Bauer (Anm. 30), S. 527 f.; ähnlich auch Koch: Die Neugliederung (Anm. 30); diese Position vertrat Koch(-Weser) bereits gegen das Konzept seines Parteifreundes Preuß im Verfassungsausschuß der Nationalversammlung – vgl. z. B. Verhandlungen (Anm. 10), 9. Sitzung v. 18. 3. 1919, S. 88.

41 Schmidt-Haack: Geopolitischer Typen-Atlas. Zur Einführung in die Grundbegriffe der Geopolitik, Gotha 1929, S. 62, Kommentar zur Karte 30: Neugliederung des Reichsgebietes.

42 Höpker-Aschoff: Deutscher Einheitsstaat, S. 12; Braun: Deutscher Einheitsstaat (beide Anm. 31), S. 31 f.; so argumentierte Braun dann auch auf der Länderkonferenz vom Januar 1928 – vgl. Die Länderkonferenz (Anm. 11), S. 45.

43 Vogel: Deutsche Reichsgliederung (Anm. 15), S. 125.

44 Fleischmann: Verfassungserbgut (Anm. 23), S. 39.

45 Becker: Föderalistische Tendenzen (Anm. 4), S. 166 f.

46 Vgl. Ehni: Bollwerk Preußen? (Anm. 36); Grund, Henning: „Preußenschlag" und Staatsgerichtshof im Jahre 1932 (Studien und Materialien zur Verfassungsgerichtsbarkeit 5), Baden-Baden 1976; Petzold, Joachim: Franz von Papen. Ein deutsches Verhängnis, München, Berlin 1995, S. 78–98.

Weit rigoroser und meist ohne Rücksicht auf Preußen oder Süddeutschland argumentierten und planten diejenigen, die eine regionalistisch und unitarisch motivierte Neugliederung nach Wirtschaftsgebieten anstrebten[47]. Deutschlands Wirtschaftserfolg als moderner Industriestaat beruhe auf der 1871 erreichten politischen Einheit. Sie habe die wirtschaftlich hemmende Kleinstaaterei – freilich unvollkommen – überwunden und so „wirtschaftliche Einheit", Verflechtung der Wirtschaftsgebiete und „wirtschaftsgeographische Harmonie" überhaupt erst ermöglicht[48]. Doch diese wirtschaftliche „Schicksalsgemeinschaft" sei durch die Kriegsfolgen bedroht. Deshalb müßten das Wirtschaftsleben neu organisiert und die belastende „innere politische Zerstückelung … auf dem Wege der rationellen Dezentralisierung Deutschlands" endgültig überwunden werden[49]. In diesem Sinne erstrebe der „regionalistische Gedanke" solch wirtschaftsgeographischer Neugliederungskonzepte die „verwaltungsmäßig ungehemmte Wirtschaftsentwicklung" auf der Grundlage eines „dezentralisierten Einheitsstaates" beiderseits des Mains. Dies sei ein Weg zur völligen wirtschaftlichen und politischen Einheit des Reiches und bedeute – so mit Blick auf Warnungen vor partikularistischen

---

47 Vgl. Scheu, Erwin: Deutschlands Wirtschaftsprovinzen und Wirtschaftsbezirke (Weltpolitische Bücherei 2), Berlin 1928; Weitzel, A(ugust): Die regionale Gliederung Deutschlands nach Wirtschafts- und Verkehrsgebieten (Sonderdruck aus: Erde und Wirtschaft. Vierteljahrsschrift für Wirtschaftsgeographie und ihre praktische Anwendung), Braunschweig, Berlin, Hamburg (1928); ders.: Die regionale Gliederung des deutschen Einheitsstaates (Sonderdruck aus: Der Zusammenschluß), Berlin (1928); ders.: Deutschlands Neugliederung in 12 Reichsländer nach dem „Frankfurter Entwurf". Gliederung nach Wirtschaft, Verkehr und Kultur, Frankfurt/M (1931); Scheus Neugliederungsplan sah die Bildung von 9 Wirtschaftsprovinzen mit Wirtschaftsbezirken als Substruktur vor: I. Baltische (Ostpreußen, Pommern, Mecklenburg), II. Märkische (Berlin und die Mark), III. Schlesische (Ober- und Niederschlesien), IV. Mitteldeutsche (Provinz Sachsen, Sachsen, Thüringen, Anhalt), V. Nordwestdeutsche (Niedersachsen/Hannover, Hamburg, Bremen, Lübeck, Schleswig-Holstein), VI. Niederrhein-westfälische, VII. Mittelrheinische (Mittelrhein, Untermain), VIII. Südwestdeutsche, IX. Bayerische (Bayern rechts des Rheins); dieser Vorschlag wurde von Vogel (Anm. 15) als zu radikal abgelehnt, gilt aber in der historiographischen Literatur zu den Weimarer Neugliederungsdebatten meist als der brauchbarste Entwurf; Weitzels „Frankfurter Entwurf" sah die Neugliederung des Reiches in 12, von Großstädten mit mehr als 250 000 Einwohnern aus konzipierte „Reichsländer" (Selbstverwaltungskörper) vor: 1. Ostpreußen mit Königsberg, 2. Pommern mit Stettin, 3. Brandenburg mit Berlin, 4. Schlesien mit Breslau, 5. Obersachsen mit Leipzig, Dresden, Chemnitz und Magdeburg, 6. Niedersachsen/Weser mit Hannover und Bremen, 7. Niedersachsen/Elbe mit Hamburg, 8. Niederrhein mit Köln, Essen, Düsseldorf, Dortmund und Duisburg, 9. Rheinfranken mit Frankfurt/M, 10. Schwaben mit Stuttgart, 11. Franken mit Nürnberg, 12. Bayern mit München sowie als 13. „Reichsland" Österreich mit Wien; diese „Reichsländer" sollten zudem mit den jeweiligen Bahn-, Post-, Rundfunk-, Verkehrs-, Handels- und Industrie-, Handwerks- und Landwirtschaftskammerbezirken übereinstimmen; auf diesen Vorschlag Weitzels griffen nach 1945 Vorschläge zur Bildung sog. city-Länder zurück (so z. B. Hermann Brill 1952 – vgl. Anm. 85); ähnliche Vorschläge zur Neugliederung nach Wirtschaftsgebieten unterbreiteten 1928 Erich Obst, der den Entwurf Weitzels präzisierte, sowie Hans Baumann und Hans Rabe, die 12 bzw. 11 Wirtschaftsgebiete nach Energiequellen und Verkehrsbezirken vorsahen; alle diese Pläne sind – mit Karten versehen – ausführlich erörtert bei Vogel: Deutsche Reichsgliederung (Anm. 15), S. 141–153.

48 Vgl. Scheu, Erwin: Deutschlands wirtschaftsgeographische Harmonie, Breslau 1924; ders.: Des Reiches wirtschaftliche Einheit. Eine Darstellung der inneren Verflechtung des Deutschen Reiches in allen seinen Teilen, Berlin 1926.

49 Vgl. Scheu: Deutschlands Wirtschaftsprovinzen (Anm. 47), Zitat S. 70; Scheu sah die von ihm vorgeschlagene Neugliederung nach Wirtschaftsprovinzen und -bezirken als Zwischenetappe auf dem Wege zu einer – wie sich seit 1919 zeige – schwerer durchsetzbaren politisch-administrativen Neugliederung des Reiches.

Tendenzen neuer Wirtschaftsprovinzen – eine klare Absage an jeden partikularen Regionalismus oder Separatismus[50].

Wie die kontroverse historiographische Sicht unterstreichen die zitierten zeitgenössischen Stimmen die Brisanz des hier behandelten Themas. Und sie verweisen auf die Intensität und Dramatik der Neugliederungsdebatten nach 1918. Auf das gesamte Reich gerichtete und regionale Neugliederungspläne schossen damals wie Pilze aus dem Boden. Diese Pläne und Debatten lassen die Weimarer Republik geradezu als Eldorado entsprechender Projekte, mehr oder weniger phantasievoller Planspiele und des „politischen Regionalismus"[51] erscheinen. Sie faszinieren verwandte Geister bis heute. In der Gesamtgeschichte deutscher Raumordnung, Ländergliederung und Neugliederungsdiskurse seit dem Ende des Alten Reiches stechen sie deutlich ins Auge. Entsprechende Langzeitstudien schenkten ihnen deshalb stets besondere Aufmerksamkeit[52]. Schon die an ihnen Beteiligten empfanden sie als eine geistige Entscheidungsschlacht im jahrzehnte- oder gar jahrhundertelangen Ringen um zweckmäßige Reichsgliederung, Unitarismus, Föderalismus und das Reich-Länder-Verhältnis[53]. Nach 1945 zogen sie überaus reges Forschungsinteresse auf sich. Zahlreiche Schriften zur Länderneugliederung nach 1945 bezogen sich auf die Pläne der Weimarer Zeit, referierten sie für aktuelle Zwecke oder widmeten ihnen einen ausführlichen historischen Rückblick[54]. Personelle Kontinuitä-

---

50 Weitzel: Die regionale Gliederung Deutschlands (Anm. 47), S. 4 f.; Weitzel – seit 1924 Leiter des städtischen Planungsamtes Frankfurt/M – gehörte zu den Wortführern der „Frankfurter Pläne" zur wirtschaftlichen und administrativen Neugliederung des gesamten Reichsgebietes und des Rhein-Main-Gebietes im besonderen; er sprach sich deshalb entschieden gegen eine auf Norddeutschland beschränkte „Reichsneugliederung" aus, die nur eine „neue Mainlinie" schaffe – vgl. auch Anm. 28; vor partikularistischen Tendenzen neuer Wirtschaftsprovinzen wurde häufig gewarnt; so erklärte der Thüringer MSPD-Abgeordnete Kieß, neu entstehende Wirtschaftsprovinzen wie Groß-Berlin, der Großraum Frankfurt/M oder das nordrhein-westfälische Gebiet bedürften straffer Kontrolle, um nicht zu Partikularismus zu führen – vgl. I. Landtag von Thüringen. Stenographische Berichte, 42. Sitzung v. 2. 3. 1921, S. 979 ff.

51 Vgl. Ditt, Karl: Regionalismus in Demokratie und Diktatur. Die Politisierung der kulturellen Identitätsstiftung im Deutschen Reich 1919–1945, in: Auf der Suche nach regionaler Identität. Geschichtskultur im Rheinland zwischen Kaiserreich und Nationalsozialismus (Bensburger Protokolle 89), Bergisch Gladbach 1997, S. 13–29, sowie Anm. 80, Abschnitt IV und den Beitrag von Dietmar v. Reeken in diesem Band.

52 Vgl. v. a. Wagner, Helmut H.: Die territoriale Gliederung Deutschlands in Länder seit der Reichsgründung. Eine politologische Studie zur Raumordnung, in: Studien zur territorialen Gliederung Deutschlands im 19. und 20. Jahrhundert (Historische Raumforschung 9 / Veröffentlichungen der Akademie für Raumforschung und Landesplanung. Forschungs- und Sitzungsberichte 62), Hannover 1971, S. 1–148; Verwaltungsreformen in der Bundesrepublik Deutschland seit Beginn des 19. Jahrhunderts (Veröffentlichungen der Akademie für Raumforschung und Landesplanung. Forschungs- und Sitzungsberichte 110), Hannover 1977 (Text- und Kartenband); Burg, Peter: Die Neugliederung deutscher Länder. Grundzüge der Diskussion in Politik und Wissenschaft (1918 bis 1996) (Geschichte 12), Münster 1996; Matz: Länderneugliederung (Anm. 25).

53 Vgl. v. a. Becker: Föderalistische Tendenzen (Anm. 4); Vogel: Deutsche Reichsgliederung (Anm. 15).

54 Vgl. u. a. Münchheimer, Werner: Die Neugliederung Deutschlands. Grundlagen – Kritik – Ziele und die Pläne zur „Reichsreform" von 1919–1945 (Frankfurter Geographische Hefte 23/1), Frankfurt 1949; ders.: Die Versuche zur Neugestaltung der deutschen Länder nach 1945. Eine Übersicht, in: Die Bundesländer. Beiträge zur Neugliederung der Bundesrepublik, Frankfurt 1950, S. 117–169; Schöller, Peter: Länderreform und Landeskunde. Politische Zwischenbilanz und wissenschaftliche Probleme der Bestrebungen zur innergebietlichen Neuordnung Deutschlands von 1919 bis 1959, in: Westfälische Forschungen 12 (1959), S. 73–97; Herre, Franz: Neugliederung – ein Dauerproblem des Föderalismus, in: Först, Walter (Hrsg.): Land und Bund, Köln

ten verstärkten diesen Trend. Viele Wortführer der „Reichsreform"- und Neugliederungsdebatten der 1920er/30er Jahre waren – wie Hermann Brill (Thüringen), Erhard Hübener
(Mitteldeutschland/ Sachsen-Anhalt) und Kurt Brüning (Niedersachsen) – an der Länderneugliederung nach 1945 oder – wie Hermann Aubin und der BER-Vorsitzende Hans Luther
– an der ersten Neugliederungskommission 1952/55 beteiligt – letzterer wieder als deren Vorsitzender.

Auf den ersten Blick mag dieses Interesse für eine Zeit, die zwar durch die Euphorie und Tur-
bulenz ihrer Pläne und Debatten besticht, sich aber wie eine Geschichte verpaßter Möglichkeiten liest, verwundern. Die territorialen Reformen der Weimarer Zeit fielen im Vergleich
zu den Flurbereinigungen nach 1800, 1866 und nach 1945 recht bescheiden aus. Sie beschränkten sich auf die Bildung Groß-Berlins innerhalb des preußischen Staatsverbandes (1920)[55],
den Zusammenschluß der beiden reußischen Staaten zum Volksstaat Reuß (1919), die Gründung des Landes Thüringen (1920)[56], den Anschluß des 1919 separierten Freistaates Coburg
an Bayern (1920) sowie der Landesteile Pyrmont (1922) und Waldeck (1928/29) an Preußen.
Damit verringerte sich zwar die Länderzahl von 25 auf 17[57]. Doch blieben die Disproportionen
und Gemengelagen. Das betraf auch die beiden Arrondierungszonen des Jahres 1920. Das aus
sieben Kleinstaaten gebildete Land Thüringen blieb ohne Erfurt und die übrigen preußischen
Gebiete Thüringens unvollkommen und weiter von preußischen Gebieten durchsetzt. Groß-
Berlin lag inmitten provinzbrandenburgischer Gebiete. Trotz Gebietsverlusten infolge des
Versailler Vertrages umfaßte Preußen immer noch den größten Teil des Reichsterritoriums.
Seine 12 Provinzen übertrafen die meisten eigenstaatlichen Länder bei weitem an Größe. Ihm

---

u. a. 1981, S. 9–36; Hennings, Allmuth: Der unerfüllte Verfassungsauftrag. Die Neugliederung der Bundesrepublik im Spannungsfeld politischer Interessengegensätze, Heidelberg 1983; Düwell, Kurt: Reichsreform,
Ländergliederung und Föderalismus, in: Först, Walter (Hrsg.): Die Länder und der Bund. Beiträge zur Entstehung der Bundesrepublik Deutschland, Essen 1989, S. 221–236; Schiffers, Reinhard (Bearb.): Weniger Länder
– mehr Föderalismus? Die Neugliederung des Bundesgebietes im Widerstreit der Meinungen 1948/49–1990.
Eine Dokumentation, Düsseldorf 1996.

55 Zum Stellenwert und zur erhofften Beispielwirkung der Bildung Groß-Berlins vgl. auch Glum, F.: Groß-Berlin. Das Problem und seine gegenwärtige verfassungsrechtliche Lösung im Vergleich mit den Verfassungen
der anderen Weltstädte, in: Anschütz: Handbuch der Politik, Bd. 5 (Anm. 30), S. 348–353, sowie Köster, Adolf:
Groß-Hamburg. Ein Kapitel deutscher Neugliederung, ebenda, S. 354–357.

56 „In der Neugliederung Deutschlands sind die Anfänge bescheiden. Im Herzen des Reichs, in den Thüringer
Landen, reifte zuerst der Gedanke des Zusammenschlusses zur Tat." – so Brandenstein, (Karl) Freiherr v.:
Der Zusammenschluß Thüringens, ebenda, S. 345–347, Zitat S. 345; doch sei – so Hermann Brill (USPD,
dann SPD) in der Verfassungsdebatte des Thüringer Landtages – damit die „thüringische Frage" noch nicht
gelöst; Thüringen müsse fortan Vorreiter für eine den Bedürfnissen der Arbeiterklasse und dem Sozialismus-
Ziel gerecht werdende Reichsneugliederung sein und bei der Zentralstelle für die Gliederung des Reiches auf
die „mitteldeutsche" Vereinigung Thüringens, Sachsens und der preußischen Regierungsbezirke Erfurt und
Merseburg hinwirken – vgl. I. Landtag von Thüringen. Stenographische Berichte, 42. Sitzung v. 2. 3. 1921,
S. 975–978; zur Thüringer Landesgründung vgl. Anm. 17, zu Brill auch Anm. 85.

57 Großstaat Preußen mit 12 Provinzen und der Reichshauptstadt Berlin (seit 1920 Groß-Berlin); Mittelstaaten
Bayern, Sachsen, Württemberg, Baden, Thüringen und Hessen; Kleinstaaten Mecklenburg-Schwerin, Meck-
lenburg-Strelitz, Oldenburg, Braunschweig, Anhalt, Lippe und Schaumburg-Lippe; Stadtstaaten Hamburg,
Bremen und Lübeck – zu den Staatsbezeichnungen „Freistaaten" und „Länder" vgl. Anm. 98.

und dem Flächenstaat Bayern standen neben einigen Mittelstaaten mehrere teils von preußischen Gebieten umschlossene, teils im Gemenge mit ihnen liegende Klein-, Stadt- und Zwergstaaten gegenüber.

Die Weimarer Republik war zwar das Produkt einer Revolution, die zum Ende des Kaiserreiches, der Monarchien und Dynastien führte. Mit Blick auf ihre Territorialstruktur erscheint sie aber als ein eher konservatives Gebilde. Der politischen Revolution, die die alte Staatsform beseitigte – so ein seit 1919 gängiges Urteil –, folgte keine „zweite Revolution", die mit der dynastisch geprägten bundesstaatlichen Struktur aufräumte[58]. Die Weimarer Republik übernahm weitgehend die territorialstaatliche Ordnung des Kaiserreiches. Das unterschied sie vom Deutschen Bund, dem die Territorialrevolution von 1802/03 bis 1815 vorausging, vom Deutschen Kaiserreich nach den Bismarckschen Annexionen 1866 wie von der Bundesrepublik nach der Länderneugliederung 1946 bis 1952. Auf der Skala der Ländergenese seit 1800 nimmt die Weimarer Republik mit ihren anfangs 25, dann 17 Ländern – gemessen an der Länderzahl – einen unspektakulären hinteren Platz ein[59], der sie quantitativ kaum von der heutigen Länderzahl abhebt und qualitativ auf eine eher bremsende Rolle schließen läßt. Dies sei – darin sind sich die Historiker einig – ein genuines Problem der inneren Politik gewesen. An den Restriktionen des Versailler Vertrages und der Politik der Siegermächte habe das nicht gelegen. Denn diese mischten sich – anders als dann die Besatzungsmächte nach 1945 – nicht in die innere Neugliederung ein. Nur im zeitweise besetzten Westen war sie anfangs untersagt. Die Möglichkeit, das, was nach 1800, 1866 und nach 1945 durch Kriege, Okkupation und Einwirkung äußerer Mächte zustande kam, nach 1918 auf selbstgestaltendem, demokratischem und verfassungskonformem Wege zu erreichen, sei – so gesehen und mit den erwähnten Ausnahmen – ungenutzt geblieben.

Die Weimarer Republik mutet so als bloßes Zwischenstadium eines territorialen Flurbereinigungs-, Modernisierungs-, Verdichtungs- und Konzentrationsprozesses seit 1800 an, dessen Weiterführung damals vor allem die Fortexistenz des erst 1947 durch den alliierten Kontrollrat aufgelösten Preußen entgegenstand und dessen tiefgreifend-revolutionäre Zeiten nach 1800

---

58 So Wagner: Die territoriale Gliederung (Anm. 52), S. 16, der damit auf Argumentationen aus der Verfassungsdebatte der Nationalversammlung 1919 zurückgriff.

59 Nach dem Reichsdeputationshauptschluß (1803), der 112 Reichsstände, Reichsstädte und geistliche Territorien aufhob, zählte das Alte Reich bis zu seiner Auflösung 1806 125 Einzelstaaten, Stadtstaaten und reichsständische Territorien; dem Deutschen Bund gehörten 1815 39, 1866 dann noch 33 souveräne deutsche Staaten und Stadtstaaten sowie die Niederlande und Dänemark als auswärtige Mächte an; zum Norddeutschen Bund zählten 21½ (die Hälfte des Großherzogtums Hessen-Darmstadt) Staaten, die zusammen mit den 3½ süddeutschen Staaten die 25 Gliedstaaten des Deutschen Kaiserreiches bildeten, neben denen das 1870/71 annektierte Elsaß-Lothringen als Reichsland bestand; in der Weimarer Republik verringerte sich die Zahl dieser – wie sie nun hießen – 25 Länder auf 17, in der NS-Zeit durch den Zusammenschluß der beiden Mecklenburg (1934) und durch das Groß-Hamburg-Gesetz (1937) mit dem Anschluß Lübecks an Preußen auf 15; wichtiger freilich wurde die Regionalgliederung des sog. Alt-Reiches in 42 NSDAP-Gaue; aus der Länderneugliederung 1945 bis 1952 gingen 10 Länder der Bundesrepublik (einschließlich des 1957 rückgegliederten Saarlandes), Berlin (mit seinem alliierten Status, aber faktischer Teilung in West- und Ostberlin) und fünf Länder der DDR hervor, die 1952 de facto aufgelöst, durch 14 Bezirke ersetzt und 1990 wieder eingeführt wurden; sie bilden die 16 Länder der heutigen Bundesrepublik.

und nach 1945 lagen. Einen ähnlich revolutionären Schwung hätte die Weimarer Republik nur durch die Lösung des „Problems Preußen" erreichen können. Da dies mißlang, hätten die damaligen Pläne und Debatten ihr eigentliches Ziel verfehlt. So gesehen, waren das Kaiserreich eine Zeit unterbliebener, die Weimarer Republik eine Zeit steckengebliebener, die NS-Jahre eine Zeit mit anderen Mitteln und Zielen weitergetriebener Territorialreformen[60]. Erst die totale Kapitulation, das Ende des NS-Regimes, des Reiches und Preußens und die alliierte Besatzungspolitik hätten dann nach 1945 wieder den Damm gebrochen und den Weg zu erneuter territorialer Flurbereinigung auf föderativer Grundlage freigemacht – ohne aber die Verfechter einer rigorosen Neugliederung zufriedenstellen zu können. Trotz westdeutscher Großländerbildung schienen ihnen immer noch zu viele Länder und Disproportionen übriggeblieben zu sein[61]. Was Preuß 1919 als „schweres Übel" und „Krebsschaden des deutschen politischen Lebens" bezeichnet hatte, das galt nach 1949 – obwohl unterdes bereits beträchtlich flurbereinigt – als „unerfüllter Verfassungsauftrag"[62] und als „Achillesferse" des bundesdeutschen Föderalismus[63].

„Reichsreform"

In Kontrast zu dieser eher unspektakulären Rolle der Weimarer Republik in der Realgeschichte deutscher Regional- und Ländergliederung steht das anhaltende Interesse für die damaligen Neugliederungspläne und -debatten. Es erklärt sich aus deren Intensität und Dramatik wie aus dem Gesamtkontext. Im Unterschied zu den bundesdeutschen Debatten nach 1949 ging es nach 1918 keineswegs nur um die Neugliederung des Reichsgebietes. Die entsprechenden Absichten und Kontroversen waren Bestandteile all jener Problemlagen, Vorgänge, Maßnahmen, Pläne und Debatten, die in der einschlägigen Forschungsliteratur meist unter dem Schlagwort einer funktionalen und territorialen „Reichsreform" behandelt worden sind[64]. Sie bildeten den Rahmen, Handlungs- und Ideenkontext der in den 1920er/30er Jahren

---

60 So Wagner: Die territoriale Gliederung (Anm. 52), S. 82 f.

61 Vgl. dazu und zu den Neugliederungsplänen seit 1990 auch die nachfolgenden Beiträge von Reinhard Schiffers und Werner Rutz.

62 Hennings: Der unerfüllte Verfassungsauftrag (Anm. 54).

63 Kilper, Heiderose; Lhotta, Roland: Föderalismus in der Bundesrepublik Deutschland. Eine Einführung, Opladen 1996, S. 82.

64 Monographisch: Schulz, Gerhard: Zwischen Demokratie und Diktatur. Verfassungspolitik und Reichsreform in der Weimarer Republik, 3 Bde., Berlin, New York 1963–1992, v. a. die Bde. I (Die Periode der Konsolidierung und der Revision des Bismarckschen Reichsaufbaus 1919–1930, 1963, ²1987) und III (Von Brüning zu Hitler. Der Wandel des politischen Systems in Deutschland 1930–1933, 1992); Müller, Werner: Die Monopolbourgeoisie und die Verfassung der Weimarer Republik. Eine Studie über die Strategie und Taktik zur Beseitigung des bürgerlich-parlamentarischen Systems (1927–1930), Diss. Berlin (Ost) 1970 (beide nur zur Funktionalreform); Biewer, Ludwig: Reichsreformbestrebungen in der Weimarer Republik. Fragen zur Funktionalreform und zur Neugliederung im Südwesten des Deutschen Reiches (Europäische Hochschulschriften III/118), Frankfurt u. a. 1980; Neumann, Klaus: Politischer Regionalismus und staatliche Neugliederung in den Anfangsjahren der Weimarer Republik in Nordwestdeutschland (Geschichte 4), ²Münster 1990 (weitere Literatur zu territorialen „Reichsreform"-Bestrebungen in Abschnitt IV); zusammenfassend: Schulz, Gerhard:

ins Kraut schießenden Neugliederungs- und Großraumpläne insgesamt wie der in den nachfolgenden Beiträgen behandelten „Mitteldeutschland"-Pläne im besonderen.

Mit dem Begriff „Reichsreform" werden in der Regel die „Absicht und Fragment gebliebenen Bemühungen um Veränderungen an Haupt und Gliedern"[65] des Alten wie des 1871 gegründeten Deutschen Reiches umschrieben. Vor allem sind damit das Alte Reich des 15./16. Jahrhunderts[66] und die Zeit der Weimarer Republik gemeint. Der auf die Weimarer Republik bezogene Begriff wird in einem doppelten Sinne verwendet. Im engeren Sinne umschreibt er auf die Revision des Weimarer Verfassungswerkes und der vom Kaiserreich übernommenen Territorialstruktur gerichtete Bestrebungen der 1920er/30er Jahre, die sich dafür der Parole der „Reichsreform" bedienten. Im weiteren Sinne meint er alle Pläne, Debatten und Maßnahmen zur Verfassungs-, Funktional- und Territorialreform von der Gründung der Weimarer Republik bis zu ihrem tragischen Ende. Deren Gesamtspektrum reichte von grundsätzlichen Fragen der Gestaltung des politischen Systems, des Reichsaufbaus, des Reich-Länder-Verhältnisses und der Kompetenzverteilung zwischen Reich, Ländern und Kommunen über Fragen des Finanzsystems, rationeller Verwaltung und der Neugliederung des Reiches bis zur Perspektive Preußens und der übrigen Länder in einem Bundes- oder Einheitsstaat. Sie verbanden sich eng mit den Rationalisierungsdebatten der 1920er Jahre. Über Reparationsfragen, Außenwirtschafts- oder Autarkiekonzepte waren sie auch mit den internationalen und weltwirtschaflichen Problemen der Nachkriegszeit verknüpft.

Die „Reichsreform" bildete so ein komplexes, zentrales und hochpolitisiertes Thema der Staats-, Verfassungs- und Gesellschaftsgeschichte der Weimarer Republik. Sie beschäftigte deren Gründungsphase ebenso wie ihre scheinbar stabile Mittelphase oder dann die Zeit der Staatskrise und Präsidialkabinette. An den diversen Debatten und Kampagnen waren ganze Heerscharen von Politikern, Beamten, Wissenschaftlern verschiedenster Fachdisziplinen, Journalisten, Raum- und Landesplanern, Wirtschaftsexperten und -verbänden mit höchst unterschiedlichen Absichten und Interessenlagen beteiligt. Sie wurden zum Argumentations- und Aktionsfeld konträrer politischer Gruppen. Die einen wollten die Republik auf

---

Triebkräfte und Ziele der Reichsreform nach der Weimarer Verfassung, in: Morsey, Rudolf (Hrsg.): Verwaltungsgeschichte. Aufgaben, Zielsetzungen, Beispiele (Schriftenreihe der Verwaltungshochschule Speyer 66), Berlin 1977, S. 71–106; Berndt, Roswitha: Imperialistische Reichsreformpläne in der Weimarer Republik, in: Wissenschaftliche Zeitschrift der Martin-Luther-Universität Halle-Wittenberg. Gesellschafts- und Sprachwissenschaftliche Reihe 29 (1980), H. 2, S. 31–42; Jeserich: Deutsche Verwaltungsgeschichte (Anm. 19), Bd. 4, S. 123–137, 162 f.; John, Jürgen: Reichsreformdiskussion in der Weimarer Republik, in: Huhn, Jochen; Witt, Peter-Christian (Hrsg.): Föderalismus in Deutschland. Traditionen und gegenwärtige Probleme (Schriften zur Innenpolitik und zur kommunalen Wissenschaft und Praxis 8), Baden-Baden 1992, S. 101–126; speziell zur Landesgeschichte: Reuling, Ulrich: Zwischen politischem Engagement und wissenschaftlicher Herausforderung. Der Beitrag der Landesgeschichte zur Reichsreformdebatte der Weimarer Republik im regionalen Vergleich, in: Westfälische Forschungen 46 (1996), S. 275–315 (bezogen auf Thüringen, Hessen und Nordwestdeutschland).

65 So Schulz: Triebkräfte (Anm. 64), S. 71.

66 Vgl. Angermeier, Heinz: Die Reichsreform 1410–1555. Die Staatsproblematik in Deutschland zwischen Mittelalter und Gegenwart, München 1984; Krieger: Karl-Friedrich: König, Reich und Reichsreform im Spätmittelalter (Enzyklopädie deutscher Geschichte 14), München 1992.

dem „Reichsreform"-Wege stärken, andere sie so beseitigen, durch ein autoritäres „Drittes Reich" ersetzen oder das Kaiserreich wiederherstellen. Auch deckten sich die Gegensätze keineswegs mit den politischen Lagern und Parteien.

So gingen die Meinungs- und Interessengegensätze in den Grundfragen Föderativ- oder Einheitsstaat, Verteilung der Länder- und Reichskompetenzen, Neugliederung oder Beibehaltung des Status quo mitten durch die Gründerparteien der Republik und das demokratisch-republikanische Lager. Im Lager des politischen Katholizismus stand der ausgleichend agierenden Zentrumspartei die betont föderalistisch auftretende BVP gegenüber. In der politisch rechtsstehenden DNVP sammelten sich konservativ gesinnte Föderalisten wie auf einen autoritären Staat fixierte Unitaristen. Alle in Reich und Ländern regierenden Parteien waren in dieser oder jener Weise mit der „Reichsreform"-Problematik konfrontiert. Selbst die nicht an diesen Plänen und – von der kurzen Episode 1923 in Sachsen und Thüringen abgesehen – niemals regierungsbeteiligte kommunistische Partei mußte sich mit ihr auseinandersetzen. Sie strebte zwar einen zentralisierten proletarischen Einheitsstaat an, bekämpfte aber zentralistische Bestrebungen in der Weimarer Republik als eine Form der Konzentration bürgerlicher Macht, den Föderalismus hingegen als ein reaktionäres Relikt. So oder so stand sie den „Reichsreform"-Plänen und -Debatten strikt ablehnend gegenüber.

Diese waren ansonsten parteipolitisch höchst diffus. Allerdings verschoben sich in der Mittel- und Schlußphase der Republik deutlich die Gewichte. Bis in die zweite Hälfte der 1920er Jahre dominierte der demokratische Unitarismus liberaler wie sozialdemokratischer Prägung. Die konservativ gesinnte hohe Beamtenschaft verhielt sich – von Ausnahmen abgesehen – reserviert gegenüber unitarischen Plänen republikanischer Parteien. Das änderte sich in der „Ära Hindenburg" und mit der Regierungsbeteiligung der DNVP seit 1925. Seitdem wurde die „Reichsreform" immer mehr zu einer Domäne der politischen Rechten, die – sofern sie überhaupt ihren zeitweisen Frieden mit der parlamentarischen Republik gemacht hatte – nun die „Reichsreform" als Aktionsfeld für ihren Kurs auf einen „starken Staat" entdeckte, sich zum Anwalt autoritär ausgerichteter unitarischer Reichs- und Verfassungsreformpläne machte und die Verfechter eines demokratischen Einheitsstaates in die Defensive drängte. Das zeigte sich zunächst vor allem auf Reichsebene, während die technokratischen Ziele regionaler Großraumpläne längere Zeit über Partei- und Lagergrenzen hinweg verbindend wirkten, schlug aber auch auf die regionale Ebene durch.

Mit alldem berührte die „Reichsreform"-Problematik das Schicksal der Weimarer Republik in geradezu existentieller Weise, wie überhaupt „Reform" zu einem fundamentalen Schlagwort im politischen Leben dieser kurzlebigen Republik wurde. Diese Problematik trat nicht zufällig nach 1918 in solcher Schärfe hervor. Wie in jeder Hinsicht stand die Weimarer Republik nach dem Ende des Ersten Weltkrieges und des Kaiserreiches auch in dieser Frage am Schnittpunkt älterer und neuer Entwicklungstrends, entsprechender Probleme wie politisch polarisierter Debatten um deren Lösung. Sie resultierten aus ihren spezifischen Problemlagen wie aus den vom Kaiserreich übernommenen Modernisierungsproblemen. Die Entwicklungstrends seit der Jahrhundertwende und während des Ersten Weltkrieges gingen über herkömmliche Verfassungs- und Territorialstrukturen hinweg, ohne daß das Kaiserreich Lösungsmöglichkeiten bot. Erst Revolution und Republikgründung schienen dafür den Weg frei zu machen. Doch schufen die Weimarer Gründungskompromisse keine Dauerlösung. Das provozierte geradezu weitere Absichten, das 1919 Erreichte so oder so auf dem „Reichsreform"-Wege zu verändern. Der fortschreitende „Verreichlichungsprozeß", das Reich-Länder-Spannungsfeld, die territorialen Disproportionen, das Entstehen neuer Regionalstrukturen und die von der Weimarer Reichsverfassung eingeräumte Möglichkeit zur Neugliederung wurden zu Anknüpfungspunkten der politisch instrumentalisierten und zunehmend gegen die republikanische Demokratie gerichteten „Reichsreform"-Debatten und -Kampagnen der 1920er/30er Jahre. Das unterschied sie grundlegend von den bundesdeutschen Neugliederungsdebatten nach 1949, in denen kaum jemand auf die Idee kam, damit die politische und bundesstaatliche Ordnung grundsätzlich in Frage zu stellen.

Dem steht die scheinbare Ergebnislosigkeit der „Reichsreform"- Pläne und -Debatten der Weimarer Zeit gegenüber. Förmliche „Reichsreformen" kamen seit 1919 kaum zustande. Trotz des gewaltigen geistigen, mündlichen und schriftlichen Aufwandes konnte keines der tatsächlichen oder behaupteten Probleme wirklich gelöst werden. Die Geschichte der „Reichsreform"-Debatten der 1920er/30er Jahre ist zugleich die ihres Scheiterns. Doch wurde vieles auf informell-„kaltem Wege" entsprechender politischer Praktiken erreicht. Das Reich baute seine verfassungs-, finanz-, wirtschafts- und sozialpolitischen Kompetenzen sukzessive weiter aus. Damit und mit neuen Wirtschaftstendenzen schritt der 1918 begonnene Aufbau neuer länder- und provinzübergreifender Regionalstrukturen rasch voran. Und schließlich untergrub die Politik der Präsidialkabinette seit 1930 nicht nur das parlamentarische System, sondern auch die eigenstaatlichen Kompetenzen der Länder. Daran konnten dann nach 1933 die Nationalsozialisten anknüpfen, um das Reich für ihr Regime und für die geplante „Neuordnung Europas" umzugestalten. Zwar unterbanden sie die politisch störenden „Reichsreform"-Debatten, setzten aber viele der damit verbundenen Absichten und Ziele auf andere Weise um. Mit Blick auf diese Vorgänge, Praktiken und Resultate stellt sich die Geschichte der scheinbar so ergebnislosen „Reichsreform"-Debatten und -Kampagnen der Weimarer Zeit als überaus folgenreich dar. Dies dürfte in besonderem Maße zu jenen Erfahrungen der Weimarer Zeit zu rechnen sein, die als Menetekel nachwirkten.

Bewertungsprobleme und Forschungsfragen

Vor diesem Hintergrund erscheint das verbreitete Urteil, die „Reichsreform" sei in jeder Hinsicht gescheitert und deshalb für die Geschichte der Weimarer Republik letztlich unerheblich geblieben, revisionsbedürftig. Es ist allzusehr auf die formelle Seite der „Reichsreform" fixiert und übersieht den skizzierten Gesamthintergrund. Die Ansicht, die „Reichsreform" sei im ohnehin schon stark unitarisch geprägten Weimarer Staat eigentlich ins Leere gelaufen, schließt die Neigung ein, auch die Pläne und Debatten wie deren Folgen für die politische Kultur der Republik für belanglos zu halten. Die Meinung, die „Reichsreform" sei vor allem am Länderegoismus gescheitert, verlängert nur einen Grundvorwurf damaliger Protagonisten gegen den im konservativen oder partikularistischen Lichte gesehenen Länderföderalismus. Sie schreibt so – gewollt oder ungewollt – jene zeitgenössisch-pejorative Sicht auf den Föderalismus fort, die in ihm ein historisches Relikt, einen Ballast und kein konstitutives Element der parlamentarischen Demokratie der Weimarer Republik sah – oder ihn gerade deshalb als ein Element dieses „Systems" bekämpfte.

Es ist deshalb nicht verwunderlich, wenn der Blick auf den historiographischen Umgang mit der brisanten „Reichsreform"-Problematik einen sehr zwiespältigen Eindruck hinterläßt. In der einschlägigen Literatur ist sie höchst umstritten, in der Gesamthistoriographie über die Weimarer Republik kaum und wenn überhaupt, dann nur als eine Phänomen des Regionalismus oder als ein bloßes verfassungs- und verwaltungsgeschichtliches Problem behandelt worden[67]. In auffälligem Gegensatz zur Historiographie über Kaiserreich und Bundesrepublik widmeten die meisten Gesamtdarstellungen selbst der föderativen Ordnung der Weimarer Republik nur wenige Seiten. Sie nahmen – und nehmen – die Weimarer Republik offenbar weniger als angestrebten denn als realen „dezentralisierten Einheitsstaat" wahr[68]. Aus solcher Sicht erscheint die unitarisch eingeschränkte föderative Ordnung der Weimarer Republik ebenso vernachlässigbar wie die angeblich wirkungslosen „Reichsreform"-Pläne und -Debatten. Deren Folgen für die politische Kultur der Weimarer Republik sind kaum beachtet worden. Das gesamte Untersuchungsfeld blieb weitgehend der Verfassungs- und Verwaltungsgeschichte, speziellen Untersuchungen oder der jeweiligen Regional- und Landesgeschichtsschreibung überlassen. Und deren Untersuchungsergebnisse wurden sehr selektiv oder gar nicht rezipiert. Um so widersprüchlicher ist das Bild, das die mit der „Reichsreform"-Problematik insgesamt oder mit einzelnen ihrer Aspekte befaßten Historiker gezeichnet haben.

Bis heute haben sie sich nicht darüber einigen können, was eher zu den Belastungsfaktoren der ersten deutschen Republik zu rechnen ist: ihr – im Vergleich zum Kaiserreich – stärkerer

---

67 Monographisch nur bei Schulz: Zwischen Demokratie und Diktatur (Anm. 64), noch recht detailliert in speziellen verfassungs- und verwaltungsgeschichtlichen Darstellungen (so bei Huber: Deutsche Verfassungsgeschichte; Jeserich u. a.: Deutsche Verwaltungsgeschichte, beide Anm. 19); kaum in Publikationen zur politischen Kultur – vgl. z. B. Lehnert, Detlef; Megerle, Klaus (Hrsg.): Pluralismus als Verfassungs- und Gesellschaftsmodell. Zur Politischen Kultur der Weimarer Republik, Opladen 1993; marginal, nur als engeres Verfassungsproblem und selbst dann die föderative Ordnung der Weimarer Republik kaum beachtend in den meisten Gesamtdarstellungen – vgl. in den letzten Jahren v. a. Bracher, Karl Dietrich; Funke, Manfred; Jacobsen, Hans-Adolf (Hrsg.): Die Weimarer Republik 1918–1933. Politik. Wirtschaft. Gesellschaft, Bonn 1987; Mommsen, Hans: Die verspielte Freiheit. Der Weg der Republik von Weimar in den Untergang 1918 bis 1933, Berlin 1989; Winkler, Heinrich August: Weimar 1918–1933. Die Geschichte der ersten deutschen Demokratie, München 1993; Longerich, Peter: Deutschland 1918–1933. Die Weimarer Republik, Hannover 1995; Möller, Horst: Weimar. Die unvollendete Demokratie, ⁶München 1997; Kolb, Eberhard: Die Weimarer Republik (Oldenburg Grundriß der Geschichte 16), ⁴München 1998; Wirsching, Andreas: Die Weimarer Republik. Politik und Gesellschaft (Enzyklopädie deutscher Geschichte 58), München 2000. Auch in Überblicks-Publikationen zur Geschichte der deutschen Länder und Territorien fand die „Reichsreform"- und Neugliederungsproblematik keine Berücksichtigung – vgl. z. B. den von Walter Hubatsch hrsg. vielbändigen „Grundriß zur deutschen Verwaltungsgeschichte 1815–1945" oder Sante, Georg Wilhelm (Hrsg.): Geschichte der deutschen Länder. „Territorien-Ploetz", 2 Bde., Würzburg 1964/71; Köbler, Gerhard: Historisches Lexikon der deutschen Länder. Die deutschen Territorien vom Mittelalter bis zur Gegenwart, ⁴München 1992.

68 Offenbar prägend für diese Sicht wurde Deuerlein: Föderalismus (Anm. 5), der sein Weimar-Kapitel „Das deutsche Reich als dezentralisierter Einheitsstaat" überschrieb (S. 171).

Reichszentralismus oder die vom Kaiserreich übernommene bundesstaatliche Struktur mit all ihren ungelösten Funktional- und Territorialproblemen? Oder – anders gefragt – wo die verpaßten Chancen ihrer Ausgestaltung und Reform gelegen haben: In der Stärkung der republikanischen Reichsgewalt oder im modernisierenden und austarierenden Ausbau ihrer Bundes-, Länder- und Territorialstruktur als Gegengewicht zu den Gefahren eines überzogenen und zum Autoritären tendierenden Zentralismus? Es findet sich kaum eine befriedigende Antwort auf die Frage, was mit Blick auf das hier behandelte Thema eher die Tragik der Weimarer Republik ausmachte: daß die Verfechter eines demokratischen Einheitsstaates nicht zum Zuge kamen, die die republikanische Demokratie und Kultur gegen zersplitternde, partikularistische und republikfeindliche Tendenzen in den Ländern und Regionen festigen wollten? Oder daß sich diejenigen nicht durchsetzen konnten, die im Föderativsystem ein „konstitutives Element der kommenden Demokratie" sahen und durch dessen Ausbau den Pluralismus der parlamentarischen Demokratie mehren und stärken wollten?

Die Realentwicklung wies in die eine wie in die andere Richtung. Die Länder waren in den ersten Jahren der Weimarer Republik wichtige Pfeiler ihrer Demokratie und Kultur, seit Mitte der 1920er Jahre und vor allem seit 1930 aber auch frühe Einfallstore für die Demokratie- und Republikgegner der „nationalen Rechten", die reichspolitische wie föderative Wege zur Macht suchten und fanden. Die Perspektiven des demokratischen Föderalismus hingen eben nicht in erster Linie von den Strukturen ab, sondern von den jeweiligen Konstellationen in den Ländern, von den Inhalten dort betriebener Landespolitik und von den Einstellungen ihrer Protagonisten sowie vom Reich-Länder-Verhältnis und vom gesamten reichspolitischen Koordinatensystem. Und das verschob sich seit 1920, mit den per Ausnahmerecht und Ermächtigungsgesetzen durchgesetzten Stabilisierungsmaßnahmen 1923/24, in der „Ära Hindenburg" seit 1925 und vor allem in der Zeit der Weimarer Staatskrise und der Präsidialkabinette seit 1930 deutlich nach rechts zuungunsten republikanischer Kräfte. Diese Vorgänge und die damit verbundenen Reichsexekutionen 1920, 1923 und 1932 schwächten den demokratischen Föderalismus und den Länderrückhalt für die politische und geistige „Weimarer Kultur". Seitdem kamen auch in mehreren Ländern Bürgerblockkabinette, seit 1930 dann rechtskonservativ-nationalsozialistische Koalitionen bzw. reine NSDAP-Kabinette zustande. Wie im Reichstag wurde die NSDAP in vielen Landesparlamenten zur stärksten Partei und gestaltete die von ihr regierten Länder zu „Probebühnen" der NS-„Machtergreifung". So erschienen schließlich Reichstag, Landesparlamente und Länder als strukturelle Gefahrenherde für den Bestand der Republik und ausgerechnet die auf Reichspräsident und Reichswehr gestützte Politik der Präsidialkabinette als deren letzte Garanten. Das machte die später auch historiographisch aufgegriffene Ansicht plausibel, das vielfach bedrohte Reich sei letztlich nur noch auf autoritärem Weg zu retten, der den Ballast des alten Föderalismus wie des neuen Parlamentarismus abstoße.

Und man findet die widersprüchlichsten Urteile über die im Milieu damaliger „Reichsreform"-Debatten und -kampagnen zu suchenden Protagonisten des Unterganges der Weimarer Republik. Wer – so wird bis heute gefragt – untergrub ihre ohnehin brüchigen Grundlagen stärker? Jene Föderalisten, die aus konservativen und republikdistanzierten Erwägungen die Kompetenzen des nunmehr republikanischen Reiches beschneiden, oder jene Unitaristen, die die bundesstaatliche Republik in einen autoritären Einheitsstaat umwandeln wollten? Der Partikularismus und Separatismus rheinischer, süddeutscher, hannoveranischer oder ostpreußischer Prägung, der berlindistanzierte bayerische Extrem-Föderalismus oder der vom „Moloch Berlin" ausgehende, gern als „norddeutsch" apostrophierte Reichszentralismus, der das im Kaiserreich trotz preußischer Hegemonie leidlich austarierte Reich-Gliedstaaten-Verhältnis aus den Fugen gebracht habe? Wer hat stärker zum Untergang der Weimarer Republik beigetragen? Diejenigen, die – wie 1920 Kapp und Lüttwitz – die alten Verhältnisse „unter völliger Wiederherstellung der Freiheit und Souveränität der Bundesstaaten"[69] wieder herbeiputschen wollten? Oder diejenigen, die – wie 1932 die einflußreichen „Deutschen Führerbriefe" – meinten, nur „stetige Überwindung des bundesstaatlichen Charakters, Wachsen des Reiches, Absinken der Länder bis zur Bedeutung von Verwaltungsprovinzen" könnten helfen, die politisch ohnmächtige „Republik und Demokratie, das ‚System'", zu überwinden[70]?

Sind – so wäre weiter zu fragen – die Fehlentwicklungen und das tragische Schicksal der Weimarer Republik aus ihren Gründungskompromissen, den Strukturproblemen der Verfassung und des politischen Systems und damit auch aus den bundesstaatlichen Kompromissen und den Defiziten des Reichsaufbaus zu erklären? Dies ist häufig bejaht worden. Eine solche Sicht folgt nicht zuletzt verbreiteten zeitgenössischen Auffassungen, die – wie die schon zitierten Stimmen zeigen – durch fast alle politischen Lager gingen. Sie gibt – zwar nicht in den Schlußfolgerungen, wohl aber im analytischen Ansatz – in gewisser Weise Carl Schmitt – jenem „Gegner des Kompromisses und Verächter des Parlaments" – recht, der 1931 in einem zweifellos brillanten Aufsatz zur „Reichs- und Verfassungsreform" dem Weimarer Verfassungswerk alle seine Ungereimtheiten und ungelösten Probleme vorhielt, „bundesstaatliche Ordnung und Parlamentarismus" als „sich ausschließende Gegensätze" bezeichnete, um dann für autoritäre Lösungen zu plädieren[71]. Mit gutem Grund hat sich die neuere Forschung von jener lange vorherrschenden negativen Sicht auf die Weimarer Reichsverfassung und Gründungskompromisse entfernt, ihren Blick auf die mit der Begründung der ersten deutschen Demokratie gebotenen Chancen gerichtet und die These relativiert, die Geburtsdefekte der Weimarer Republik enthielten bereits den Keim ihres Unterganges[72]. Statt dessen sucht

---

69 So das Schreiben Kapps an die Landesregierungen über die Ziele der neuen Reichsregierung vom 14. 3. 1920 – zit. nach ThHStAW, Staatsministerium-Präsidialabteilung, Nr. 93, Bl. 123; im offiziellen Regierungsprogramm Kapps vom 13. 3. 1920 hieß es: „Die Regierung wird die Finanz- und Steuerhoheit der Bundesstaaten, die sie zur selbständigen Erfüllung ihrer Kulturaufgaben nötig haben, auf verfassungsmäßig föderativer Grundlage wiederherstellen." – zit. nach Huber, Ernst Rudolf: Dokumente zur deutschen Verfassungsgeschichte, Bd. 4, Stuttgart, Berlin, Köln 1961, S. 241.

70 Vgl. Jena oder Sedan (I), in: Deutsche Führerbriefe, Nr. 85 v. 1. 11. 1932.

71 Vgl. Schmitt, Carl: Reichs- und Verfassungsreform, in: Deutsche Juristen Zeitung 36 (1931), Sp. 5–11; vgl. auch ders.: Verfassungslehre, München 1928; zur zitierten Kennzeichnung vgl. Leicht, Robert: Jurist ohne Recht. Ein Gegner des Kompromisses, ein Verächter des Parlaments: Carl Schmitt und seine Aktualität, in: Die Zeit, Nr. 48 v. 25. 11. 1999, S. 51.

72 Vgl. u. a. Gusy, Christoph: Die Weimarer Reichsverfassung, Tübingen 1997; Hoppe, Bernd: Von der parlamentarischen Demokratie zum Präsidialstaat. Verfassungsentwicklung am Beispiel der Kabinettsbildung in

sie weit stärker als früher die Ursachen des Scheiterns dieser Republik in der Verfassungswirklichkeit, im Verhalten und den Einstellungen politischer Protagonisten, gesellschaftlicher
Schichten und Eliten.

Das gilt auch für das hier behandelte Thema. Welche Rolle – so wäre zu fragen – spielten die
als „staatstragend" geltenden gesellschaftlichen Eliten in den „Reichsreform"-Debatten und
-Kampagnen? In erster Linie interessieren natürlich ihre unmittelbaren Akteure, die sich auch
und gerade im Zeitalter der Massendemokratie als Elite der Nation, Sachwalter des „Volkswillens" und ideelle Vorreiter einer im Gemeininteresse liegenden „Reichsreform" verstanden[73].
Sie kamen deshalb meist gar nicht erst auf die Idee, die „einfachen Menschen mit ihrem Kirchturmhorizont" danach zu befragen, ob diese ihre Reform- und Neugliederungspläne überhaupt akzeptierten und das behauptete wirtschaftliche und landsmannschaftliche Bedürfnis
nach solchen Funktional- und Territorialreformen tatsächlich empfanden. Bezeichnenderweise fanden Volksbefragungen zur inneren Neugliederung des Reiches höchst selten statt.
„Die Romantik der Volksabstimmungen ist ausgeträumt"[74], hieß es. Man müsse den Weg von
oben beschreiten, um zu tragfähigen Ergebnissen zu kommen. Über die Möglichkeiten und
Grenzen, Chancen und Gefahren der von der Weimarer Verfassung vorgesehenen Volksbefragungen ist in der einschlägigen Literatur zur „Reichsreform"-Problematik bislang kaum
reflektiert worden. Die historiographische Debatte, ob die Elemente direkter Demokratie
den demokratischen Pluralismus der Weimarer Republik mehrten oder gefährdeten, hat sich
in diese Literatur bisher nicht verlängert. Auch die Resultate neuerer Eliten- und Milieuforschungen und entsprechender Untersuchungen zur politischen Kultur sind kaum beachtet
worden. Doch dürften gerade sie wichtige Aufschlüsse geben. Obwohl die Pläne, Konzepte
und Positionen der „Reichsreform"-Protagonisten aus Politik, Verwaltung, Staatsrecht und
Wissenschaft bereits recht gut untersucht worden sind[75], steht eine genaue Analyse der Struktur des brain trust der „Reichsreform"-Debatten der Weimarer Zeit nach wie vor aus.

Auch ist nach der Rolle der an „Reichsreform" und „Reichsneugliederung" interessierten,
zwar eher im Hintergrund agierenden, aber um so stärkeren Druck ausübenden Wirtschafts-
eliten und -verbände zu fragen, die von der einschlägigen Forschung zum hier behandelten
Thema meist sträflich vernachlässigt oder – wie in der Historiographie der DDR – überzogen dargestellt worden sind. Gerade sie wurden auf dem Höhepunkt der „Reichsreform"-
Debatten nicht müde, nach „Finanzdiktatur", „starker Hand" und „Reichsermächtigung" zu

---

der Weimarer Republik, Berlin 1998; Dreyer: Die Entstehung (Anm. 16); Rödder, Andreas (Hrsg.): Weimar
und die deutsche Verfassung. Zur Geschichte und Aktualität von 1919, Stuttgart 1999.

73 Vgl. z. B. die entsprechenden Ausführungen zur „Philosophie der Horizonte" bei Vogel: Deutsche Reichsgliederung (Anm. 15), S. 5 f.

74 Ebenda, S. 167.

75 Zu Politik, Verwaltung, Staatsrecht u. Wissenschaft vgl. Schulz: Zwischen Demokratie und Diktatur; Biewer:
Reichsreformbestrebungen (beide Anm. 64); Burg: Die Neugliederung (Anm. 52); speziell zu Landeskunde
und Landesgeschichte vgl. Schöller: Länderreform (Anm. 54); Reuling: Zwischen politischem Engagement
(Anm. 64); zur Typologie der Pläne vgl. zeitgenössisch v. a. Vogel: Deutsche Reichsgliederung (Anm. 15),
historiographisch v. a. Münchheimer: Die Versuche (Anm. 54); eine der Arbeit von Schiffers: Weniger Länder
(Anm. 54) vergleichbare Textdokumentation fehlt bislang.

rufen[76]. Dabei agierten sie je nach Interessenlage und Stellung im Verbandswesen unterschiedlich – die um eine „Politik der Diagonale" bemühten Spitzenverbände diplomatischer, die Branchen- und Regionalverbände oft rücksichtsloser –, handelten aber bei der politischen Durchsetzung ihrer Forderungen eher arbeitsteilig als gegensätzlich. Nicht wenige ihrer Wortführer und Publizisten bezeichneten das parlamentarische System der Republik als „unerträglich" für die Wirtschaft[77], als störend für die „Grundfesten des Staatszusammenhangs" und als Hauptgrund für die gesellschaftliche „Misere"[78]. Aus Distanz zu Massendemokratie und Parlamentarismus bestanden sie auf dem Primat der Wirtschaft über die Politik, kündigten den anfänglichen Sozialkompromiß mit der Arbeiterschaft auf und betrieben eine „Reform"-Kampagne gegen den Sozialstaat. Für ihre Forderung, öffentliche Verwaltung und Ausgaben sparsam, rationell und nach strengen Wirtschaftskriterien zu gestalten und dies notfalls auf autoritärem Wege durchzusetzen, bot sich die Parole der „Reichsreform" an. Es gehörte bald zum guten Ton wirtschaftlicher Verbandstagungen und -zeitschriften, unter Begriffen wie „Reichsreform", „Reichsformung" und „Reichsführung" die Überwindung des Föderativ- und Verwaltungsballastes, des preußisch-deutschen Dualismus und des parlamentarischen Systems zu fordern[79]. Bisherige Forschungen zur „Reichsreform"-Problematik haben solche

---

76 So z. B. Aust, Oskar: Reform der öffentlichen Verwaltung in Deutschland, zu ihrer kulturpolitischen und auch außenpolitischen Begründung, in: Der Arbeitgeber. Zeitschrift der Vereinigung der Deutschen Arbeitgeberverbände 19 (1929), S. 155–159; aus der Fülle entsprechender Eingaben und Denkschriften wirtschaftlicher Spitzen- und Großverbände vgl. die im BA, R 43 I, Nr. 2360–2377, überlieferten Schriftstücke und v. a. die politisch insgesamt einfluß- und speziell für die „Reichsreform"-Debatten folgenreichen RDI-Denkschriften 1925 („Deutsche Wirtschafts- und Finanzpolitik" / Veröffentlichungen des Reichsverbandes der Deutschen Industrie 29), 1927 (Anm. 181) und 1929 („Aufstieg oder Niedergang? Deutsche Wirtschafts- und Finanzreform" / Veröffentlichungen des Reichsverbandes der Deutschen Industrie 49); zum RDI und anderen wirtschaftlichen Spitzenverbänden vgl. Fricke, Dieter u. a. (Hrsg.): Lexikon zur Parteiengeschichte. Die bürgerlichen und kleinbürgerlichen Parteien und Verbände in Deutschland (1789–1945), Bd. 2, Leipzig 1984, S. 136–156 (DIHT), Bd. 3, Leipzig 1985, S. 688–712 (RLB), Bd. 4, Leipzig 1986, S. 9–57 (RDI), 322–343 (VgDA); Pohl, Hans (Hrsg.): Zur Politik und Wirksamkeit des Deutschen Industrie- und Handelstages und der Industrie- und Handelskammern 1861 bis 1949, Stuttgart 1987, sowie auch Anm. 99 und 105; zu den kritischen Jahren ab 1930 vgl. v. a. Neebe, Reinhard: Großindustrie, Staat und NSDAP 1930–1933. Paul Silverberg und der Reichsverband der Deutschen Industrie in der Krise der Weimarer Republik (Kritische Studien zur Geschichtswissenschaft 45), Göttingen 1981; Grübler, Michael: Die Spitzenverbände der Wirtschaft und das erste Kabinett Brüning. Vom Ende der Großen Koalition 1929/30 bis zum Vorabend der Bankenkrise 1931. Eine Quellenstudie (Beiträge zur Geschichte des Parlamentarismus und der politischen Parteien 70), Düsseldorf 1982; Turner, Henry Ashby jr.: Die Großunternehmer und der Aufstieg Hitlers, Berlin 1985, sowie auch Anm. 209; zu den schwerindustriellen Branchen- und Regionalverbänden vgl. Weisbrod, Bernd: Schwerindustrie in der Weimarer Republik. Interessenpolitik zwischen Stabilisierung und Krise, Wuppertal 1978; Plumpe, Werner: Unternehmerverbände und industrielle Interessenpolitik seit 1870, in: Köllmann, Wolfgang u. a. (Hrsg.): Das Ruhrgebiet im Industriezeitalter. Geschichte und Entwicklung, Bd. 1, Düsseldorf 1990, S. 655–727; als neue – leider unbefriedigende – Regionalstudie vgl. Adolph, Jens: Der Verband Sächsischer Industrieller 1902–1935, Diss. Leipzig 2000.

77 So der Vorsitzende des Verbandes Mitteldeutscher Industrieller (Frankfurt/M) Waldemar Braun am 4. 12. 1928 zu Beginn einer Tagung mit dem BER-Vorsitzenden – vgl. Luther: Um die Reichsreform (Anm. 28), S. 4.

78 So Heinrichsbauer, A(ugust): Reich und Länder. Betrachtungen zu den Vorschlägen des Bundes zur Erneuerung des Reiches, in: Der Arbeitgeber 18 (1928), S. 500–504

79 So Dryander, (Gottfried) v.: Gedanken zur Verfassungsreform, in: ebenda, 19 (1929), S. 210–213.

Einflüsse und Konstellationen wenig berücksichtigt. Sie beachteten die Wirtschaft meist nur als raumbildenden Faktor und fragten dann lediglich nach Einflüssen regionaler Wirtschaftsgruppen und -verbände auf Großraumpläne und „politischen Regionalismus"[80].

Dessen Rolle in den „Reichsreform"-, Neugliederungs- und Großraumplänen der Weimarer Zeit ist von der einschlägigen Forschung vor allem nach Integrations- oder Sezessionsabsichten, nach der Konstruktion regionaler „Identitäten", nach entsprechenden Argumentationsstrategien und nach seinen Akteuren aus Heimatbewegung, Wissenschaft, Verwaltung und Wirtschaft befragt worden. Sofern er schlichtweg als Regionalbewußtsein oder „Bewußtsein regionaler Identität" definiert wurde, unterblieb meist die kritische Analyse der Identitätskonstrukte, Argumentationen, Interessenlagen und politischen Absichten. Sie ist in den letzten Jahren zwar stark vorangetrieben und mit Typologieversuchen verbunden worden. Doch selbst dann blieb mehr oder weniger unklar, wie sich der Regionalismus der Neugliederungspläne und -debatten auf politische Kultur und bundesstaatliche Ordnung der Weimarer Republik auswirkte. Wollten deren Akteure die föderale Länderstruktur den neuen Verhältnissen anpassen oder beseitigen? Tendierten sie dazu, historische Anachronismen zu überwinden, die Territorialstruktur zu modernisieren und so die bundesstaatlichen Grundlagen der Weimarer Republik zu stärken? Oder waren hier unbekümmerte Regionalisten am Werke, die ihre Regionalinteressen oder Sezessionsabsichten ohne Rücksicht auf Reich und Bundesstaat durchsetzen bzw. verkappte Zentralisten und bedenkenlose Technokraten, die so den Bundes- in einen Einheitsstaat umwandeln wollten?

Die Antwort auf solche Fragen fällt nicht leicht. Der Regionalismus der Weimarer Neugliederungspläne und -debatten war höchst diffus und ambivalent. Mit ihm verbanden sich sehr verschiedene Interessen, Gestaltungsziele und politische Absichten. Er trug zentrifugale wie -petale, föderative oder unitarische Züge. Er konnte im republikanischen Sinne identitätsstiftend wirken, aber auch dazu beitragen, die republikanische politische Kultur zu untergraben. Oft überdeckten gemeinsame Ziele der Neugliederung politische Gegensätze und

---

80 Vgl. u. a. Gollwitzer, Hans: Die politische Landschaft in der deutschen Geschichte des 19./20. Jahrhunderts. Eine Skizze zum deutschen Regionalismus, in: Zeitschrift für bayerische Landesgeschichte 27 (1964), S. 523–552; Berding, Helmut: Staatliche Identität, nationale Integration und politischer Regionalismus, in: Blätter für deutsche Landesgeschichte 121 (1985), S. 371–393; Schöttler, Peter: Die Spannung zwischen Zentralismus, Föderalismus und Regionalismus als Grundzug der politisch-geographischen Entwicklung Deutschlands bis zur Gegenwart, in: Erdkunde 41 (1987), S. 77–106; Best, Heinrich: Politische Regionen in Deutschland. Historische (Dis-)Kontinuitäten, in: Oberndörfer, Dieter; Schmitt, Karl (Hrsg.): Parteien und regionale Traditionen in der Bundesrepublik Deutschland, Berlin 1991, S. 39–64; analytisch anregend v. a. Lindner, Rolf (Hrsg.): Die Wiederkehr des Regionalen. Über neue Formen kultureller Identität, Frankfurt, New York 1994; Briesen, Detlef: Regionalbewußtsein – einige Fragen an einen schwierigen Begriff, in: Bramke, Werner; Heß, Ulrich (Hrsg.): Sachsen und Mitteldeutschland. Politische, wirtschaftliche und soziale Wandlungen im 20. Jahrhundert, Weimar, Köln, Wien 1995, S. 31–49; Schönemann, Bernd: Die Region als Kategorie und Problem historischer Forschung, gesellschaftlicher Geschichtskultur und geschichtsdidaktischer Reflexion, in: Mütter, Bernd; Uffelmann, Uwe (Hrsg.): Regionale Identität im vereinten Deutschland. Chance und Gefahr (Schriften zur Geschichtsdidaktik 4), Weinheim 1996, S. 54–80; zur Weimarer Zeit vgl. v. a. Neumann: Politischer Regionalismus (Anm. 64); Ditt: Regionalismus (Anm. 51); vgl. auch die Beiträge von Hannes Siegrist und Michael Dreyer in diesem Band.

die Streitfrage Einheits- oder Bundesstaat. Die technokratische Suggestivkraft der Großraumpläne ließ leicht übersehen, welches Gedankengut sich in ihrem Sog tatsächlich ansammelte.
Der in den Anfangsjahren der Weimarer Republik noch recht ausgeprägte „föderalistische
Regionalismus" trat bald in den Hintergrund. Spätere Großraumpläne folgten meist unitarischen Konzepten eines „dezentralisierten Einheitsstaates". Und mit diesen verbanden sich
sehr unterschiedliche Ziele. Über unitarisch ausgerichtete Territorialreformpläne konnten
ein demokratischer oder ein autoritärer Einheitsstaat, die Stärkung oder die Zerstörung der
Republik avisiert werden.

Eine konstitutive Rolle in den Neugliederungs- und Großraumplänen der Weimarer Zeit
spielten die seit 1918 zunehmend hervortretenden, aktuell wie historisch ausgerichteten
„Heimat"-, „Raum"-, „Volks-" und „Kulturnations"-Konzepte und -Forschungen[81]. „Raum",
„Heimat", „Stamm", „Volk" und „Rasse" waren dominierende Kategorien, Denkfiguren und
Konstruktionsprinzipien dieser Pläne, die über das Jahr 1933 hinaus in die „Neuordnungs"-
Konzepte der NS-Zeit hineinwirkten. Das „Volk" – hieß es in einer der damals wichtigsten Studien über „Reichsgliederung" und „Reichsreform" – sei eben nicht nur eine „zufällige Anhäufung von sogenannten Staatsbürgern", wie es der „doktrinäre Liberalismus" des 19. Jahrhunderts und der „heutige Linksliberalismus" glauben machen wollten. Es sei vielmehr eine durch
„Rasse- und Blutsbande" verknüpfte „Willens- und Interessensgemeinschaft", die sich nach
innen zusammengehörig fühle und nach außen abschließe, nichts „Statistisches", sondern
etwas höchst „Dynamisches", das sich nach einer „volksgemeinschaftlichen Idee" immer neu
forme und deshalb auch der Neugliederung ihres Lebensraumes bedürfe[82].

Der verfassungsverbürgte „Wille des Volkes" wurde aus solcher Sicht volksgemeinschaftlich,
völkisch und rassisch interpretiert. Der Rückgriff auf „Volk" und „Volksgeschichte" war
zugleich egalitär wie elitär ausgerichtet. Er lenkte den Blick von den politischen Haupt- und
Staatsaktionen auf den „Volksgrund", meist aber mit dem Ziel, nach der Kriegsniederlage
die „innere Einheit des Volkes" für eine neue Politik der Stärke nach innen und außen zu
erreichen. Und diese bedurfte der „starken Hand" von „Führer"-Persönlichkeiten. Die Legiti-

---

81 Vgl. u. a. Ditt, Karl: Raum und Volkstum. Die Kulturpolitik des Provinzialverbandes Westfalen 1923–1945
(Veröffentlichungen des Provinzialinstituts für westfälische Landes- und Volksforschung des Landschaftsverbandes Westfalen-Lippe 26), Münster 1988; Klueting, Edeltraud (Hrsg.): Antimodernismus und Reform. Zur
Geschichte der deutschen Heimatbewegung, Darmstadt 1991; Schönwälder, Karen: Historiker und Politik.
Geschichtswissenschaft im Nationalsozialismus, Frankfurt/M, New York 1992; Oberkrome, Willi: Volksgeschichte. Methodische Innovation und völkische Ideologisierung in der deutschen Geschichtswissenschaft
1918–1945, Göttingen 1993, sowie auch dessen Beitrag in diesem Band; Jacobeit, Wolfgang u. a. (Hrsg.):
Völkische Wissenschaft. Gestalten und Tendenzen der deutschen und österreichischen Volkskunde in der
ersten Hälfte des 20. Jahrhunderts, Wien 1994; Schöttler, Peter (Hrsg.): Geschichtsschreibung als Legitimationswissenschaft 1918–1945, Frankfurt/M 1997; Schulze, Winfried/ Oexle, Otto Gerhard (Hrsg.): Deutsche
Historiker im Nationalsozialismus, Frankfurt/M 1999; zum Einfluß landesgeschichtlicher Kulturraum-For-
schungen auf die Neugliederungs- und Großraumpläne der Weimarer Zeit vgl. v. a. – freilich eher referierend
als kritisch analysierend – Reuling: Zwischen politischem Engagement (Anm. 64) sowie die in Abschnitt IV
angegebene Literatur.
82 Vgl. Vogel: Deutsche Reichsgliederung (Anm. 15), S. 3 ff.

mationskrise des liberalen Kapitalismus, der Kampf gegen das „Versailler System" und die Abwehr der „volksfremden" politischen Demokratie der Weimarer Republik beflügelten das völkische, aliberale und antiwestliche Denken auch im Milieu der sich als „volksbildende Kräfte" verstehenden Heimat- und Regionalbewegungen, der „Reichsreform"-Protagonisten und Großraumplaner. Die wirkliche Demokratie – so eine von vielen Verfechtern der „Reichsreform" geteilte Auffassung – müsse eine „völkische" sein. Der moderne „Volksstaat" brauche eine „volksgemeinschaftlich" fundierte, vom parteienzerklüfteten „parlamentarischen Regime der liberalen Demokratie" befreite „neue Lebensform". „Von den schöpferischen Kräften des Volksgrundes" werde „es ganz allein abhängen, ob und in welcher Verfassung sich der Staat durch das Fegefeuer der Massen- und Klassendemokratie hindurchrettet."[83]

Bis heute bleibt es eine offene Frage, ob eine durchgreifende Territorialreform die Existenzchancen der Weimarer Republik vergrößert oder verkleinert hätte, ob sie letztlich doch nur den Einheitsstaat zur Konsequenz hatte oder auch in die Richtung eines „rationalistischen und progressiven Föderalismus"[84] weisen konnte. Ober ob – anders gefragt – der Sozialdemokrat und einstige Verfechter eines demokratischen Einheitsstaates Hermann Brill recht hatte, wenn er 1952 rückblickend meinte: Da die Republik alle Chancen zur Neugliederung verpaßte, habe schließlich der Nationalsozialismus „in dieser Lebensfrage des deutschen Volkes nur das getan, was längst überfällig war, dann jedoch Unordnung, ja Anarchie geschaffen"[85]. Zumindest scheint die Überlegung nicht völlig aus der Luft gegriffen zu sein, ob eine solche Territorialreform auf demokratisch-republikanischer Grundlage den Republikgegnern von rechts den Wind aus den Segeln genommen hätte, die seit 1927/28 die „Reichsreform" zu einem wichtigen Feld ihrer Attacken gegen „das System" wählten und so Vorarbeit für das leisteten, was dann die Nationalsozialisten nach 1933 auf andere Weise in ihrem Sinne in Szene setzten.

II. Weimarer Verfassung und Reichsaufbau

Seit den ersten Revolutionswochen des Novembers 1918 rückten Verfassungsfragen des künftigen politischen Systems und Reichsaufbaus ins Zentrum reichs- wie einzelstaatlicher Gestaltungsprobleme. Grundlegende Vorentscheidungen über Republik, repräsentative Demo-

---

83 Zitate aus Schöppe, Wilhelm: Politik, in: Deubel, Werner (Hrsg.): Deutsche Kulturrevolution. Weltbild der Jugend, Berlin 1931, S. 113–154 (S. 140 f.); Herrfahrdt, Heinrich: Reform des Parlamentarismus in den deutschen Ländern, in: Reich und Länder 4 (1930), S. 9–13 (S. 12).

84 Biewer: Reichsreformbestrebungen (Anm. 64), S. 165 – hier zur – freilich unzutreffenden – Charakteristik der Pläne Weitzels (Anm. 47, 50), die deutlich unitarische und keine föderalistischen Ziele verfolgten.

85 Brill, Hermann: Probleme der Neugliederung der Bundesrepublik Deutschland. Vortrag, gehalten am 24. Juli 1952 in der Verwaltungs-Akademie zu Berlin (MS, 23 S.), überliefert in: Institut für Zeitgeschichte München, NL Karl Schultes (ED 188), Bd. 65, Zitat S. 4; vgl. auch Anm. 56 sowie ders.: Reichsreform – eine thüringische Schicksalsfrage, Altenburg 1932; Brill schlug die Bildung sog. city-Länder vor und griff dabei auf die Pläne Weitzels (Anm. 47) zurück.

kratie, parlamentarisches Regierungssystem, Bundesstaat, Reichsprimat und duale Reichsspitze fielen bereits vor Zusammentritt der verfassunggebenden Nationalversammlung am 6. Februar 1919 in Weimar. Die eigentlichen Verfassungsdebatten beschäftigten die Staatenkonferenz am 25. Januar 1919 und den von ihr eingesetzten Staatenausschuß (26. Januar bis 21. Februar), seit dem 24. Februar dann die Nationalversammlung und ihren Verfassungsausschuß (4. März – 18. Juni). Nach Konflikten um die Annahme des Versailler Friedensvertrages (12. Mai bis 22. Juni), Regierungswechsel (20./ 21. Juni) und abschließenden Plenardebatten (22. Juni bis 29. Juli) verabschiedete die Nationalversammlung am 31. Juli die Weimarer Reichsverfassung, die am 11. August 1919 von Reichspräsident Ebert unterzeichnet wurde. Die zugleich zügige wie dramatische Genesis der Verfassung mit ihren insgesamt sechs Entwürfen[86] spiegelte die kontroversen Interessenlagen und Grundkonflikte der beteiligten politischen Kräfte ebenso wider wie deren Kompromißfähigkeit in dieser Gründungsphase der Republik. Zu den dabei besonders umstrittenen Grundfragen zählten neben den Sonder- und Exekutivrechten des Reichspräsidenten, dem Verhältnis von Staat, Kirche und Schule, der Räte- und Grundrechtefrage und der politischen Symbolik auch das Reich-Länder-Verhältnis, die „preußische Frage" und die Neugliederungsproblematik.

Zunächst waren die Einzelstaaten nur gelegentlich an den vorbereitenden Verfassungsgesprächen beteiligt. Sie konnten ihre Ansprüche allenfalls indirekt geltend machen. Zwar zeichnete sich seit November 1918 die Entscheidung für die bundesstaatliche Ordnung ab. Doch blieb offen, wie diese auszugestalten und wie die Kompetenzen zwischen Reich und Ländern zu verteilen waren. Dabei gerieten die Einzelstaaten von vornherein in eine defensive Lage. Bereits auf der ersten Konferenz mit den Einzelstaaten am 25. November 1918 setzte die provisorische Reichsregierung ihr außen- und verfassungspolitisches Handlungsprimat gegen den Widerstand vor allem des bayerischen Ministerpräsidenten Eisner durch[87]. Dessen rigoroses Föderativkonzept fand selbst bei den süddeutschen Staaten keinen Rückhalt. Nach den Vorberatungen des Reichsamtes des Innern über einen Verfassungsentwurf (9./12. Dezember)[88] bekannte sich die Stuttgarter Koordinationsberatung Bayerns, Württembergs, Badens und Hessens vom 27./28. Dezember 1918 zu einer „aktionsfähigen Reichsregierung", einem baldigen Friedensschluß und zur Reichseinheit. Sie lehnte ausdrücklich „jede Sonderbündelei" ab. Gegen virulente Einheitsstaat-Konzepte beschloß sie, „gemeinsam auf eine Neueinrichtung

86 Entwurf I (3. 1. 1919, Vorentwurf nach der Expertenberatung v. 9./12. 12. 1918, unveröffentlicht, interne Beratungsgrundlage für RVb); Entwurf II (20. 1. 1919, amtliche Vorlage nach Beratung RVb v. 14. 1. 1919 mit der Preußschen Denkschrift vom 3. 1. veröffentlicht); Entwurf III (17. 2. 1919, nach Beratung Staatenkonferenz/Staatenausschuß Vorlage für die 2. Lesung im Staatenausschuß); Entwurf IV (21. 2. 1919, nach Abschluß der Beratungen des Staatenausschusses amtliche Vorlage für die Nationalversammlung); Entwurf V (18. 6. 1919, nach Abschluß der Beratungen im Verfassungsausschuß Vorlage für die 2. Lesung der Nationalversammlung); Entwurf VI (15. 7. 1919, Vorlage für die 3. Lesung der Nationalversammlung); die Entwürfe und die WRVf vom 11. 8. 1919 sind abgedr. bei Triebel, Heinrich: Quellensammlung zum Deutschen Reichsstaatsrecht (Quellensammlungen zum Staats-, Verwaltungs- und Völkerrecht 1) ⁴Tübingen 1926; vgl. auch Dreyer: Die Entstehung (Anm. 16).
87 Vgl. Anm. 12 sowie Schulz: Zwischen Demokratie und Diktatur (Anm. 64), Bd. I, S. 112 f.
88 Vgl. Anm. 12.

des Reichs auf bundesstaatlicher Grundlage" hinzuwirken[89]. Dafür sollten die Gliedstaaten direkt an den Verfassungsberatungen beteiligt werden.

Diese Forderung verstärkte sich, als Informationen über den Preußschen Vorentwurf durchsickerten. Sie heizten die bereits laufende öffentliche Debatte über das Reich-Länder-Verhältnis und die Reichsneugliederung an und gaben namentlich der Agitation für „Großthüringen", „Großhessen", „Großschwaben" und eine „Rheinisch-Westfälische Republik" Auftrieb[90]. Das war einer der Gründe, die den Rat der Volksbeauftragten veranlaßten, den Entwurf erst am Tage nach den Wahlen zur Nationalversammlung in einer revidierten Fassung zu veröffentlichen und ihn am 25. Januar 1919 zusammen mit den Einzelstaaten zu erörtern. Auf dieser vom provisorischen Regierungschef Ebert geleiteten (zweiten) Staatenkonferenz legte Preuß eingangs noch einmal die Ziele des Entwurfs und seiner Denkschrift dar[91]. Da es beim Bundesstaat bliebe, müßten die Einheit der Republik durch den Ausbau der Reichskompetenzen gesichert und die „Viel- und Kleinstaaterei" vor allem im mittel- und norddeutschen Bereich durch eine durchgreifende Neugliederung überwunden werden. Preußen könne auf keinen Fall so bleiben. Doch werde das Reich die Neugliederung nicht dekretieren. Sie sei Selbstbestimmungssache der Bevölkerung, müsse aber in Reichskompetenz geregelt werden, um Anarchie zu verhindern. An diesen Zielen sowie an dem im Entwurf vorgesehenen „Staatenhaus" als zweiter Parlamentskammer entzündeten sich denn auch die kontroversen Debatten dieser Konferenz. Dabei traten Eisner und die preußischen Politiker als Wortführer gegen die „unitarischen" und auf Neugliederung zielenden Paragraphen des Entwurfs auf. Nur die Vertreter der zusammenschlußwilligen Thüringer Kleinstaaten stellten sich uneingeschränkt hinter diese Paragraphen und wollten sie sogar im Sinne eines Neugliederungszwanges verschärft sehen[92]. Die Konferenz konnte die Gegensätze nicht beilegen und setzte deshalb einen Staatenausschuß zur weiteren Beratung des Entwurfs ein.

---

89 Zitate nach Schulz: Zwischen Demokratie und Diktatur (Anm. 64), Bd. I, S. 139; aus unitarischer Sicht galt diese Stuttgarter Erklärung als Ausdruck stark föderalistischer Tendenzen – vgl. Becker: Föderalistische Tendenzen (Anm. 4), S. 43.

90 Vgl. Vogel, Walther: Deutschlands bundesstaatliche Neugestaltung, Berlin 1919 (Ende 1918 verfaßt); Vogels Vorschlag einer Neugliederung nach geographischen und stammestümlichen Gesichtspunkten sah u. a. die Neubildung von Groß-Schwaben, Franken, Groß-Hessen, Groß-Thüringen, Westfalen und Niedersachsen vor; nach seinen späteren Angaben korrespondierte er darüber Ende 1918 mit Preuß – vgl. Vogel: Deutsche Reichsgliederung (Anm. 15), S. 156 f.; dies korrespondierte mit Schriften wie der von Stück, Fritz: Freistaat Hessen? Ein Mahnwort, Kassel 1918 (die 2. Aufl. erschien 1919 mit einem Ausrufe- statt Fragezeichen), oder Hoßfeld, Kurt: Freistaat Thüringen, Gotha 1919 (Ende 1918 verfaßt); am 6./10. 12. 1918 schlug die „Kölnische Volkszeitung" als Sprachrohr der von Kreisen der rheinischen Zentrumspartei getragenen großdeutsch-föderalistischen „Los-von-Preußen"-Bewegung vor, vier Republiken zu bilden: Rheinisch-Westfälische Republik (Baden, Pfalz, Rheinprovinz, Hessen, Hessen-Nassau, Westfalen), Nord-Ostsee-Republik (Hansestädte, Oldenburg, Hannover, Schleswig-Holstein, Mecklenburg, Pommern, West- und Ostpreußen), Mitteldeutsche Republik (Provinz Sachsen, Thüringen, Sachsen, Brandenburg, Posen, Schlesien), Donauländer-Republik (Württemberg, Bayern, Deutsch-Österreich) – nach Vogel: Deutsche Reichsgliederung, S. 155, einer der „groteskesten Vorschläge".

91 Vgl. Aufzeichnung (Anm. 6), S. 1–5.

92 Dafür unterbreiteten die beiden reußischen Staaten entsprechende Abänderungsanträge – ebenda, S. 32.

Dieser beriet vom 26. bis 30. Januar den vorliegenden Entwurf, vom 5. bis 8. Februar das Gesetz über die vorläufige Reichsgewalt (vorläufige Reichsverfassung) und vom 18. bis 21. Februar den unterdes veränderten dritten Verfassungsentwurf vom 17. Februar[93]. Dabei konnten die Einzelstaaten die Verfassungsartikel in wichtigen Punkten zu ihren Gunsten verändern. Anstelle eines gewählten Staatenhauses setzten sie einen Reichsrat als Vertretung der Länderregierungen beim Reich durch. Das Gesetz über die vorläufige Reichsgewalt vom 10. Februar[94] räumte dem Staatenausschuß als Interim-Ländervertretung weitgehende Mitspracherechte ein. Der Neugliederungsartikel konnte zwar nicht mehr beseitigt werden. Er wurde aber abgeschwächt und von jenen Artikeln abgekoppelt, die zunächst die Wahlen zum Staatenhaus, später die Stimmenzusammensetzung des Reichsrates regelten und – so die Absicht von Preuß – indirekt einen Neugliederungszwang ausüben sollten. Dieses Problem beschäftigte vor allem die Schlußdebatten im Staatenausschuß. Sie führten zu keiner Einigung. In den vierten Verfassungsentwurf vom 21. Februar gingen Doppelentwürfe der strittigen Artikel über die Neugliederung und die Reichsratstimmen ein.

Doch ließ schon die amtliche Vorlage[95] dieses Entwurfes für die Nationalversammlung keinen Zweifel, daß die Einflußnahme der Einzelstaaten auf die Reichsverfassung damit erschöpft war. Fortan lag das Heft des Handelns fast ausschließlich bei Reichsregierung und Nationalversammlung. Am zugestandenen Reichsrat und am Verzicht auf einen Neugliederungszwang konnte nichts mehr geändert werden, ohne das gesamte Verfassungswerk zu gefährden. Diese Einsicht prägte auch die (dritte) Konferenz der Reichsregierung mit den Einzelstaaten am 28. Mai 1919[96]. Doch verstärkten die Nationalversammlung und ihr Verfassungsausschuß – ungeachtet zahlreicher, auch koordinierter einzelstaatlicher Proteste gegen die „Überspannung der Zentralisation"[97] – deutlich die unitarischen Züge der Reichsverfassung und schränkten die Mitspracherechte des Reichsrates erheblich ein. Dabei setzte sich die Bezeichnung „Länder" statt Glied- bzw. Freistaaten durch[98].

---

93 Vgl. die Verhandlungsprotokolle im BA, R 43 I, Nr. 1863, Bl. 193–348; die Verhandlungen und die Rolle des Staatenausschusses sind in den größeren Darstellungen zur „Reichsreform" relativ ausführlich behandelt worden – v. a. bei Schulz: Zwischen Demokratie und Diktatur, Bd. I; Biewer: Reichsreformbestrebungen und Neumann: Politischer Regionalismus (alle Anm. 64); zeitgenössisch gingen neben der umfangreichen staatsrechtlichen Literatur über die Weimarer Verfassung v. a. Becker: Föderalistische Tendenzen (Anm. 4) und Vogel: Deutsche Reichsgliederung (Anm. 15) darauf ein.

94 Abgedr. bei Triebel: Quellensammlung (Anm. 86), S. 16 f.

95 Ebenda, S. 27–31; die abweichenden Beschlüsse des Staatenausschusses standen nicht im Text, sondern in den Fußnoten.

96 Vgl. BA, R 43 I, Nr. 1863, Bl. 407–410.

97 So das Protestschreiben des sächsischen Ministerpräsidenten Gradnauer an den Präsidenten der Nationalversammlung vom 16. 4. 1919 – zit. nach ThStAR, Staatsministerium Rudolstadt, Nr. 771, Bl. 130–133 (Abschrift, Zitat Bl. 130); ähnlich auch die Erklärung der 2. Stuttgarter Konferenz der süddeutschen Staaten vom 28./29. 3. 1919, die deren Regierungen am 4. 3. 1919 den anderen Einzelstaaten mit der Bitte zusandten, sich ihr anzuschließen – vgl. ebenda, Bl. 126 ff.; zu dieser Konferenz vgl. auch Schulz: Zwischen Demokratie und Diktatur (Anm. 64), Bd. I, S. 180 ff.; auf den entsprechenden Schriftwechsel der preußischen Staatsregierung mit anderen Regierungen verweist Dreyer: Die Entstehung (Anm. 16), S. 52.

98 Nach Revolution, Fürstenabdankung und Übergang zu republikanisch-parlamentarischen Verhältnissen wurden die früheren dynastischen Glied- als „Freistaaten" bezeichnet – so auch in den Verfassungsentwür-

Reich und Länder

Der aus den Gründungs- und Verfassungskompromissen der Weimarer Republik 1919 hervorgehende „unitarische Bundesstaat" war zwar weniger obrigkeitsstaatlich, aber erheblich zentralistischer als das von der Revolution beseitigte Kaiserreich. Das Reich-Länder-Verhältnis veränderte sich deutlich zugunsten des Reiches. Der formelle wie informelle Einfluß der Länder auf die Reichspolitik ging sichtlich zurück. Der Funktionzuwachs der Parteien und Interessenverbände im parlamentarisierten politischen System[99] schlug sich weit stärker in der Reichs- als in der Landespolitik nieder. Wer dennoch in den bundesstaatlichen Kompromissen 1919 einen Sieg des Föderalismus sah, den belehrten die Verfassungswirklichkeit der folgenden Jahre und die weitere „Erstarkung der Reichsenergien"[100] bald eines anderen. Damit verschob sich das 1919 „anscheinend ausbalancierte Kräfteverhältnis zwischen Reich und Ländern"[101] in einem Maße, das schließlich den Einheitsstaat – ob nun in seiner zentralisierten oder in seiner dezentralisierten Variante – als Konsequenz der mit den Gründungs- und Verfassungskompromissen 1919 einsetzenden Entwicklung erscheinen ließ.

Schon die Reichsgesetze über vorläufige Reichsgewalt (10. Februar), Gesetzgebung (4. März), Reichswehr (6. März), oberste Reichsbehörden (21. März) und Reichsmarine (16. April)[102] wiesen in diese Richtung. Der Übergang von der Kriegs- zur Friedenswirtschaft schränkte den seit 1914 stark ausgeweiteten Reichsinterventionismus im Wirtschafts- und Sozialbereich keineswegs ein. Die wirtschaftliche Demobilmachung 1918/19 verlagerte ihn nur auf andere Ebenen und verstärkte ihn in vieler Hinsicht. Damit begann der Ausbau wirtschafts-, finanz-, und sozialpolitischer Kompetenzen der aus früheren Reichsämtern hervorgehenden oder neugebildeten Reichsministerien für Demobilmachung (zeitweise), Wiederaufbau, Verkehr, Wirtschaft, Ernährung/Landwirtschaft, Finanzen und Arbeit, der in den folgenden Jahren

---

fen vom 3. und 20. 1. 1919 und im Gesetz über die vorläufige Reichsgewalt vom 10. 2. 1919; nach den Beratungen im Staatenausschuß griffen die Verfassungsentwürfe III (17. 2. 1919) und IV (21. 2. 1919) wieder auf den Begriff „Gliedstaaten" zurück; im Verfassungsausschuß der Nationalversammlung setzte sich dann die Bezeichnung „Länder" durch, die so seit dem V. Entwurf (18. 6. 1919) in die WRVf einging; nur der Art. 17 WRVf, der den Ländern „freistaatliche", d. h. republikanische Verfassungen vorschrieb, griff noch auf den „Freistaat"-Begriff zurück – vgl. dazu auch Merz: „Freistaat Bayern" (Anm. 8), S. 131–135, sowie den Beitrag von Michael Dreyer in diesem Band; einige Länder behielten auch danach die offizielle Staatsbezeichnung „Frei-" oder „Volksstaat" bzw. – im Falle der drei Stadtstaaten – „Freie Hansestadt" bei.

99 Vgl. Kolb, Eberhard; Mühlhausen, Walter (Hrsg.): Demokratie in der Krise. Parteien im Verfassungssystem der Weimarer Republik (Schriftenreihe der Stiftung Reichspräsident Friedrich-Ebert-Gedenkstätte 5), München 1997; Blaich, Fritz: Staat und Verbände in Deutschland zwischen 1871 und 1945, Wiesbaden 1979; Ullmann, Hans-Peter: Interessenverbände in Deutschland, Frankfurt/M 1988; Triesch, Günter; Ockenfels, Wolfgang: Interessenverbände in Deutschland, München 1995; Schütt-Wetschky, Eberhard: Interessenverbände und Staat, Darmstadt 1997.

100 So der Hamburger Bürgermeister Petersen in seinem Referat auf der Länderkonferenz vom Januar 1928 – vgl. Die Länderkonferenz (Anm. 11), S. 2.

101 Ebenda; wie die übrigen Referenten der Länderkonferenz sah Petersen darin keinen vernünftigen Kompromiß, sondern den Kern aller Fehlerquellen; er trat für eine unitarische Verfassungsrevision ein, die den Einheitsstaat ermögliche – vgl. auch Anm. 22 sowie Abschnitt III.

102 Alle abgedr. bei Triebel: Quellensammlung (Anm. 86).

rasch voranschritt[103]. Entsprechend verringerte sich der ohnehin schon stark eingeschränkte Anteil der Länder an der Wirtschaftspolitik der Weimarer Republik[104]. Mit dem vor allem auf industriellem Sektor ausgeweiteten Staatsinterventionismus wuchs der Einfluß industrieller Spitzen- und Großverbände auf die Reichspolitik und überflügelte den der im Kaiserreich stärker privilegierten Agrarier[105].

Die Weimarer Reichsverfassung sanktionierte die unterdes getroffenen Entscheidungen, schrieb die erweiterten Reichskompetenzen fest und ermöglichte ihren weiteren Ausbau. Schon die Präambel setzte entsprechende Prioritäten. Statt auf die abgedankten Fürsten verwies sie auf das „deutsche Volk, einig in seinen Stämmen", als verfassungsgebenden Souverän, nicht aber auf die Länder als Nachfolger der dynastisch geprägten Gliedstaaten. Der erste Hauptteil „Aufbau und Aufgaben des Reichs" enthielt das gesamte Regelwerk des politischen Systems der Weimarer Republik. Sein erster Abschnitt behandelte das Verhältnis von Reich und Ländern im engeren Sinne (Art. 1–19). Artikel 1 bestimmte das Reich als Republik und als Träger der vom Volke ausgehenden Staatsgewalt. Artikel 2 gab eine indirekte Bestandsgarantie für die Länder: „Das Reichsgebiet besteht aus den Gebieten der deutschen Länder". Artikel 18 regelte die Neugliederungsfrage. Wie schon in der Verfassung von 1871 galt der Grundsatz „Reichsrecht bricht Land(es)recht" (Art. 13). Doch räumte die republikanische Verfassung dem Reich erheblich mehr Kompetenzen ein als die Verfassung des Kaiserreiches. Die Länderrechte wurden entsprechend reduziert.

Wie andere Länder verlor Preußen frühere Separatrechte. Es büßte seine Hegemonialstellung ein und wurde vom Reich abgekoppelt. Damit entstand jener preußisch-deutsche Dualismus, der fortan als Kernproblem der „preußischen Frage" galt. Der preußische Stimmenanteil im Reichsrat wurde beschränkt. Kein Land durfte „durch mehr als zwei Fünftel aller Stimmen" im Reichsrat vertreten sein (Art. 61). Zudem entfiel die Hälfte der preußischen Reichsrat-Stimmen auf die Provinzen (Art. 63), die so im Reichs- wie im neugebildeten

---

103 Vgl. Facius, Friedrich: Wirtschaft und Staat. Die Entwicklung der staatlichen Wirtschaftsverwaltung in Deutschland vom 17. Jahrhundert bis 1945, Boppard/R. 1959; Jaeger, Hans: Geschichte der Wirtschaftsordnung in Deutschland, Frankfurt/M 1988; Ambrosius, Gerold: Staat und Wirtschaft im 20. Jahrhundert, München 1990; Nussbaum, Manfred: Wirtschaft & Staat in Deutschland während der Weimarer Republik (Wirtschaft und Staat in Deutschland 2), Berlin (Ost) 1978; Preller, Ludwig: Sozialpolitik in der Weimarer Republik, Düsseldorf 1978 (Nachdr. der Erstauflage 1949); Hentschel, Volker: Deutsche Wirtschafts- und Sozialpolitik 1815–1945, Düsseldorf 1980; ders.: Geschichte der deutschen Sozialpolitik (1880–1980). Soziale Sicherung und kollektives Arbeitsrecht, Frankfurt/M 1983; Abelshauser, Werner (Hrsg.): Die Weimarer Republik als Wohlfahrtsstaat (Vierteljahrsschrift für Sozial- und Wirtschaftsgeschichte, Beihefte 81), Stuttgart 1987; Ritter, Gerhard A.: Der Sozialstaat. Entstehung und Entwicklung im internationalen Vergleich, München 1989; vgl. auch Anm. 109, 112, 134.

104 Vgl. auch Klöter, Heidegret: Der Anteil der Länder an der Wirtschaftspolitik der Weimarer Republik 1919–1933, Diss. Bonn 1967.

105 Vgl. u. a. Mommsen, Hans; Petzina, Dietmar; Weisbrod, Bernd (Hrsg.): Industrielles System und politische Entwicklung in der Weimarer Republik, 2 Bde., Düsseldorf 1977; John, Jürgen: Industrieverbände und Politik. Entwicklungstendenzen im kapitalistischen Deutschland bis 1933, in: Zeitschrift für Geschichtswissenschaft 34 (1986), S. 976–991; Becker, H.: Handlungsspielräume der Agrarpolitik in der Weimarer Republik zwischen 1923 und 1929, Stuttgart 1990, sowie Anm. 76 und 99.

preußischen Staatsrat eigene Interessen vertreten konnten. Allerdings besaß der Reichsrat (Art. 60–67) nur geringe Einspruchs- und Mitspracherechte. Das Primat lag bei Reichstag (Art. 20–40), Reichspräsident und Reichsregierung (Art. 41–59). Die Anteile des Reiches an Gesetzgebung (Art. 68–77) und Verwaltung (Art. 78–101) erhöhten sich. Es erhielt die Aufsichtskompetenz in allen Verwaltungsbereichen, in denen ihm das Gesetzgebungsrecht zustand (Art. 15). Die in der Verfassung von 1871 nur pauschal aufgezählten gesetzgebenden Rechte des Reiches wurden gesondert für die ausschließliche (Art. 6), konkurrierende (Art. 7), normative (Art. 10) und Bedarfsgesetzgebung (Art. 9) ausgewiesen, stark ausgeweitet und ausdrücklich auf Steuer- und Abgabewesen (Art. 8, 11, 84), Wohlfahrtspflege, öffentliche Ordnung und Sicherheit (Art. 9) ausgedehnt.

Das Reich konnte so gesetzgebend, normativ, aufsichtsführend oder durch eigene Verwaltung selbst in klassische Länderressorts eingreifen. Auf kultur- und bildungspolitischem Gebiet hielt es sich – trotz Ansätzen zu schulpolitischer Rahmengesetzgebung und neuen Instanzen wie dem Reichskunstwart – eher zurück[106]. Hier konzentrierte es sich vor allem auf die Auslandskulturpolitik. Der Kultur- und Bildungssektor blieb ein wichtiger – freilich zunehmend finanziell reglementierter – Aktionsbereich der Länder. Um so entschiedener griff das Reich in finanz-, wirtschafts-, verkehrs- und sozialpolitische Bereiche ein, in denen es nun auch über eigene Reichsministerien verfügte. Zwar blieb die Reichsverwaltung weitgehend auf bisherige Bereiche beschränkt (Art. 78–101) und die ausführende Verwaltung überwiegend Ländersache (Art. 14). Doch deutete die Verfassung bereits ändernde Wege an. Dem „allgemeinen Verkehre dienende" Eisenbahnen und Wasserstraßen sollten auf das Reich übergehen (Art. 89, 97). Das geschah 1920/21 durch Staatsverträge mit den betroffenen Ländern[107]. Artikel 14 legte fest: „Die Reichsgesetze werden durch die Landesbehörden ausgeführt, soweit nicht die Reichsgesetze etwas anderes bestimmen." „Mit anderen Worten" – so die Sicht jener, die empfahlen, dies extensiv auszulegen, um dem Reich die gesamte Verwaltungskompetenz

---

106 Neben der Fülle einschlägiger Literatur zum Gesamtkomplex der „Weimarer Kultur" vgl. unter den hier interessierenden Aspekten v. a. Abelein, Manfred: Die Kulturpolitik des Deutschen Reiches und der Bundesrepublik Deutschland. Ihre verfassungsgeschichtliche Entwicklung und ihre verfassungsrechtlichen Probleme (Ordo Politicus 8), Köln, Opladen 1968; Düwell, Kurt: Kultur und Kulturpolitik in der Weimarer Republik, in: Schulz, Gerhard (Hrsg.): Ploetz: Weimarer Republik. Eine Nation im Umbruch, Freiburg, Würzburg 1987, S. 64–79; Führ, Christoph: Zur Schulpolitik der Weimarer Republik. Die Zusammenarbeit von Reich und Ländern im Reichsschulausschuß (1919–1923) und im Ausschuß für Unterrichtswesen (1924–1933), Weinheim 1970; Langewiesche, Dieter; Tenorth, Heinz-Elmar (Hrsg.): Handbuch der deutschen Bildungsgeschichte, Bd. 5: 1918–1945, München 1989; zum Reichskunstwart vgl. Heffen, Annegret: Der Reichskunstwart – Kunstpolitik in den Jahren 1920–1933. Zu den Bemühungen um eine offizielle Reichskunstpolitik in der Weimarer Republik, Essen 1986; Speitkamp, Winfried: „Erziehung zur Nation". Reichskunstwart, Kulturpolitik und Identitätsstiftung im Staat von Weimar, in: Berding, Helmut (Hrsg.): Nationales Bewußtsein und kollektive Identität (Studien zur Entwicklung kollektiven Bewußtseins in der Neuzeit 2), Frankfurt/M 1994, S. 541–580; zu den Möglichkeiten und Grenzen kultureller Landespolitik in der Weimarer Republik vgl. John, Jürgen: Landespolitik, „Weimarer Kultur", Bauhaus und Bauhochschule 1918 bis 1930, in: „Kathedrale der Zukunft". Zur Gründung des Bauhauses vor 80 Jahren, in: Thesis. Wissenschaftliche Zeitschrift der Bauhaus-Universität Weimar 45 (1999), H. 4/5, S. 8–42, v. a. S. 8–16.

107 Abgedr. bei Triebel: Quellensammlung (Anm. 86), S. 108–118, 168–173.

zu übertragen –, „die Verwaltung kann, soweit sie Reichsgesetze auszuführen hat, durch einfaches Reichsgesetz von den Ländern an das Reich gebracht werden."[108] Diesen Weg beschritten die Reichsfinanzreform 1919/20 und das Gesetz über Arbeitsvermittlung und Arbeitslosenversicherung vom 16. Juli 1927, das eine gesonderte Reichsanstalt mit eigener, in Landesarbeitsamtsbezirke gegliederter Verwaltung schuf[109].

Vor allem der Steuer- und Finanzsektor – schon immer eine „wunde Stelle im Verfassungskörper des Deutschen Reiches"[110] – wurde weitgehend der Länderkompetenz entzogen. Das erwies sich unter den komplizierten, von Kriegsfolgen, Inflation, Reparationen und Weltwirtschaftskrise belasteten Bedingungen der Weimarer Republik als besonders „neuralgischer Punkt"[111] im Reich-Länder-Verhältnis. Artikel 11 WRVf bestimmte lapidar: „Das Reich kann im Wege der Gesetzgebung Grundsätze über die Zulässigkeit und Erhebungsart von Landesabgaben aufstellen". Das kam in Verbindung mit Artikel 14 WRVf einer Generalklausel gleich. Auf dieser Grundlage führte Reichsfinanzminister Matthias Erzberger (Z) die Reichsfinanzreform 1919/20 durch[112]. Sie entsprang der Not der Zeit – kriegszerrütteten Staatsfinanzen, Inflation und Reparationen – wie unitarischen Erwägungen. Der Zwang, die Finanzen zu sanieren und neu zu ordnen, verband sich mit der Absicht, dabei reichseinheitliche Wege zu beschreiten. Den Widerstand der Länder im Staatenausschuß bzw. Reichsrat konnte Erzberger brechen, indem er Landespolitikern Schlüsselposten in der neuen Reichsfinanzverwaltung anbot.

Das Reformpaket dieses „Jahrhundertwerkes"[113] mit seinen 13 Gesetzen – vom „Gesetz über die Reichsfinanzverwaltung" (10. September 1919) bis zum „Landessteuergesetz" über den Finanzausgleich zwischen Reich, Ländern und Kommunen (30. März 1920)[114] – reformierte das gesamte Steuer-, Einkommen- und Ausgabenwesen der öffentlichen Hand unter Regie des Reiches und schuf eine eigene Reichsfinanzverwaltung mit Landesfinanzämtern als regio-

108 Höpker-Aschoff: Deutscher Einheitsstaat (Anm. 31), S. 16.

109 Vgl. Faust, Anselm: Von der Fürsorge zur Arbeitsmarktpolitik. Die Errichtung der Arbeitslosenversicherung, in: Abelshauser: Die Weimarer Republik (Anm. 103), S. 260–279; Führer, Karl Christian: Arbeitslosigkeit und die Entstehung der Arbeitslosenversicherung in Deutschland 1902–1927, Berlin 1990; Lewek, Peter: Arbeitslosigkeit und Arbeitslosenversicherung in der Weimarer Republik 1918–1928, Stuttgart 1992.

110 So Schulz: Zwischen Demokratie und Diktatur (Anm. 64), Bd. I, S. 519.

111 Ebenda.

112 Vgl. u. a. Gerloff, Wilhelm; Meisel, Franz (Hrsg.): Handbuch der Finanzwissenschaft, Bd. 1, Tübingen 1926, S. 26 ff., Bd. 2, Tübingen 1927, S. 338 ff., Bd. 3, Tübingen 1929, S. 53 ff.; Witt, Peter-Christian: Reichsfinanzminister und Reichsfinanzverwaltung. Zum Problem des Verhältnisses von politischer Führung und bürokratischer Herrschaft in den Anfangsjahren der Weimarer Republik (1918/19–1924), in: Vierteljahrshefte für Zeitgeschichte 23 (1975), S. 1–61; ders.: Finanzen und Politik im Bundesstaat – Deutschland 1871–1933, in: Huhn; Witt: Föderalismus in Deutschland (Anm. 64), S. 75–99, v. a. S. 90 ff.; Jeserich u. a.: Deutsche Verwaltungsgeschichte (Anm. 19), Bd. 4, S. 177–192; Golecki: Das Kabinett Bauer (Anm. 30), S. LXI–LXVIII sowie die entsprechenden Dokumente; zu den Zusammenhängen von Inflation und Finanzreform vgl. u. a. Feldman, Gerald D. u. a. (Hrsg.): Konsequenzen der Inflation, Berlin 1989; ders.: The Great Disorder. Politics, Economics and Society in the German Inflation 1914–1924, Oxford 1993.

113 Vgl. Herz, Wilfried: Das Jahrhundertwerk, in: Die Zeit, Nr. 33 v. 8. 8. 1997, S. 15.

114 Überwiegend abgedr. bei Triebel: Quellensammlung (Anm. 86).

naler Substruktur. Damit veränderte sich die Stellung der Länder in der Finanzverfassung grundlegend[115]. Sie wurden zu Kostgängern des Reiches und gerieten in dessen finanzielle Abhängigkeit. Umgekehrt hatte das Reich nun für einen großen Teil der Länder- und Gemeindeausgaben aufzukommen, ohne diese hinreichend kontrollieren zu können. Aus Sicht der Verfechter eines Einheitsstaates war das ein weiterer Beweis für den Ballast des Föderalismus, aus Sicht der Wirtschaftsverbände eine Quelle unwirtschaftlicher Ausgaben der Länder und Gemeinden für soziale und kulturelle Zwecke. Zu den Kampagnen der Wirtschaftsverbände gegen diese „kalte Sozialisierung"[116] gesellte sich bald ihr Ruf nach der „starken Hand" eines „Finanzdiktators"[117], der die Ausgabenpolitik der Länder und Kommunen kontrollieren und beschränken sollte.

Die finanzielle Abhängigkeit der Länder und Kommunen vom Reich bewirkte heftige Verteilungskämpfe zwischen ihnen. Damit wuchs ihre Rivalität im dreigliedrigen Staatsaufbau. Oft genug stellten sich Städte, kommunale Spitzenverbände und namentlich der Deutsche Städtetag gegen die Länder auf die Seite des Reiches[118]. Besonders nach der Währungsreform 1923 kam es zu permanenten Konflikten um den Finanzausgleich[119], der gesetzlich ständig neu geregelt wurde, ohne die finanziell schwierige Lage der Länder entlasten zu können. Er erwies sich so als ein „Kernproblem des deutschen Föderalismus"[120]. Die wirtschaftlich schwachen Länder gerieten zeitweise an den Rand des Staatsbankrotts. Manche erwogen – wie 1926 Schaumburg-Lippe[121] – ihren Anschluß an Preußen oder – wie 1928/29 Mecklenburg-

---

115 Vgl. Hansmeyer, Karl-Heinrich; Kops, Manfred: Die wechselnde Bedeutung der Länder in der deutschen Finanzverfassung seit 1871, in: Blätter für deutsche Landesgeschichte 125 (1989), S. 63–85.

116 Vgl. Böhret, Carl: Aktionen gegen die „kalte Sozialisierung" 1926–1930. Ein Beitrag zum Wirken ökonomischer Einflußverbände in der Weimarer Republik (Schriften zur Wirtschafts- und Sozialgeschichte 3), Berlin 1966.

117 Vgl. Anm. 76, 181.

118 Vgl. v. a. Städte, Staat und Wirtschaft. Denkschrift des Deutschen Städtetages, Berlin 1926; Reichspolitik und Städte (Sonderh. der Zeitschrift „Der Städtetag. Mitteilungen des Deutschen Städtetages" Jg. 28/1927), Berlin 1927; Vorschläge zur Abgrenzung der Zuständigkeit zwischen Reich, Ländern und Gemeinden. Dem Verfassungsausschuß der Länderkonferenz überreicht vom Deutschen Städtetag im Juni 1929, Berlin 1929; als typische Stimme vgl. das Schreiben des Geraer Oberbürgermeisters v. 23. 3. 1928: „Der Stadtrat zu Gera ersucht die Thüringische Regierung und den Landtag von Thüringen, die Verhandlungen zur Schaffung des Einheitsstaates in jeder Hinsicht zu fördern" – ThHStAW, Staatsministerium-Präsidialabteilung, Nr. 42, Bl. 112; vgl. auch Hansmeyer, Karl-Heinrich (Hrsg.): Kommunale Finanzpolitik in der Weimarer Republik (Schriftenreihe des Vereins für Kommunalwissenschaften 36), Stuttgart u. a. 1973; Kluge, Gerhard: Die Rolle des Deutschen Städtetages in der Zeit der Weimarer Republik von 1919 bis 1933, Diss. Leipzig 1970; John, Jürgen: Deutscher Städtetag 1905–1933, in: Fricke u. a.: Lexikon zur Parteiengeschichte (Anm. 76), Bd. 2, S. 311–319, v. a. S. 316 f.

119 Vgl. BA, R 43 I, Nr. 2388–2390; Popitz, Johannes: Der Finanzausgleich, in: Gerloff; Meisel: Handbuch der Finanzwissenschaft (Anm. 112), Bd. 2, S. 338–375; Thierauf, Hans: Der Finanzausgleich in der Weimarer Zeit, Diss. Würzburg 1961; Menges, Franz: Reichsreform und Finanzpolitik. Die Aushöhlung der Eigenstaatlichkeit Bayerns auf finanzpolitischem Wege in der Zeit der Weimarer Republik, Berlin 1971; Heindl, Wolfgang: Die Haushalte von Reich, Ländern und Gemeinden in Deutschland von 1925 bis 1933. Öffentliche Haushalte und Krisenschärfung, Frankfurt/M u. a. 1984.

120 Becker: Föderalistische Tendenzen (Anm. 4), S. 111 f.

121 Vgl. BA, R 43 I, Nr. 2275, Bl. 63–68 Rs.

Schwerin[122] – sowohl einen solchen Anschluß als auch die Möglichkeit, ihre Justizverwaltung dem Reich zu übertragen, um sich finanziell zu entlasten. In der Wirtschafts- und Staatskrise seit 1929/30 wurde aus solch zeitweisen Notlagen ein Dauerproblem auch für die größeren Länder[123].

Politisch standen die Länder der Weimarer Republik weit stärker unter Kuratel des Reiches als die früheren Gliedstaaten. Artikel 17 WRVf schrieb ihnen „freistaatliche Verfassungen", das parlamentarische System („Die Landesregierung bedarf des Vertrauens der Volksvertretung" entsprechend der Reichsregelung nach Art. 54) und das neue Reichswahlrecht vor. Die Länderverfassungen galten als Bestandteile der Reichsverfassung und enthielten deshalb keine eigenen Grundrechtekataloge. Später meinten diejenigen, die das parlamentarische System in den Ländern beseitigen wollten, auf diesen Artikel 17 zurückgreifen zu können, und empfahlen, ihn so neu zu fassen, daß „die Mitglieder der Landesregierung ... durch den Reichspräsidenten ernannt und entlassen" werden[124]. Über Staats- und Verfassungskonflikte zwischen Ländern und Reich entschied ein Staatsgerichtshof beim Leipziger Reichsgericht (Art. 19 WRVf). Das nach dem Rathenau-Mord 1922 erlassene Republikschutzgesetz weitete diese Bestimmungen aus und schuf einen gesonderten Staatsgerichtshof zum Schutze der Republik[125]. Als besonders folgenreich für das Reich-Länder-Verhältnis wie für die gesamte politische Kultur der Weimarer Republik erwies sich die politische Praxis der Ermächtigungsgesetze und des Artikels 48 WRVf[126]. Letzterer regelte die besondere Exekutivgewalt des Reichspräsidenten in Not- und Ausnahmesituationen sowie das Reichsexekutionsrecht gegenüber Ländern. Mit ihm konnte der Reichspräsident ein Land, das „die ihm nach der Reichsverfassung oder den Reichsgesetzen obliegenden Pflichten nicht erfüllt ... dazu mit Hilfe der bewaffneten Macht anhalten".

Dies bekamen durchweg linksregierte, um die republikanische Demokratie und Kultur bemühte Länder zu spüren – wie die vier förmlichen Reichsexekutionen nach dem Kapp-Putsch 1920 gegen die thüringischen Staaten und gesondert gegen den Freistaat Gotha, in der Reichskrise 1923 gegen Sachsen (indirekt auch gegen Thüringen) und 1932 gegen Preußen zeigten[127]. Schon das Vorgehen gegen Gotha 1920, vor allem aber die beiden Exekutionen 1923 und

---

122 Vgl. BA, R 43 I, Nr. 2276, zahlreiche Schriftstücke zwischen Bl. 89 u. 349.

123 Vgl. Abschnitt III.

124 Vgl. Herrfahrdt: Reform (Anm. 83), Zitat S. 12.

125 Abgedr. bei Triebel: Quellensammlung (Anm. 86), S. 184–188.

126 Vgl. auch Boldt, Hans: Der Artikel 48 der Weimarer Reichsverfassung. Sein historischer Hintergrund und seine politische Funktion, in: Stürmer, Michael (Hrsg.): Die Weimarer Republik, Königstein/Ts 1980, S. 288 ff.; Frehse, Michael: Ermächtigungsgesetzgebung im Deutschen Reich 1914–1933, Pfaffenweiler 1985; Kurz, Achim: Demokratische Diktatur? Auslegung und Handhabung des Artikels 48 der Weimarer Verfassung 1919–1925, Berlin 1992; Richter, Ludwig: Reichspräsident und Ausnahmegewalt. Die Genese des Artikels 48 in den Beratungen der Weimarer Nationalversammlung, in: Der Staat 37 (1998), S. 221–247.

127 Zu den verfassungsrechtlichen Aspekten der vier Reichsexekutionen vgl. Huber: Deutsche Verfassungsgeschichte (Anm. 19), Bd. VI, S. 731–743; Schulz: Zwischen Demokratie und Diktatur (Anm. 64), Bd. I, S. 435–449, 467–477; zur Reichsexekution gegen Sachsen 1923, zu ihren Folgen und ihrer Modellwirkung auf den „Preußenschlag" 1932 vgl. Weiler, Heinrich: Die Reichsexekution gegen den Freistaat Sachsen unter

1932 stellten durch den Artikel 48 kaum gedeckte Eingriffe in die Landespolitik dar, um die dortigen Landesregierungen zu stürzen. Gegen das rechtskonservativ regierte Bayern, das sich 1922 dem Republikschutzgesetz widersetzte und wo sich unter dem Schutz dortiger Reichswehrverbände 1923 ein gefährliches rechtsradikales Putschpotential ansammelte, schritt das Reich nicht ein – später auch nicht gegen NSDAP-regierte Länder[128], obwohl diese reichlich Anlaß boten. In solchen Fällen suchten die Reichsregierungen – nicht zuletzt unter dem Druck der Reichswehrführung – ein Arrangement oder begnügten sich mit letztlich im Sande verlaufenden Verfassungsklagen. In solch abweichendem Verhalten gegenüber unbotmäßigen Ländern spiegelte sich das Dilemma republikanischer Reichspolitik ebenso wider wie der Wandel des politischen Klimas der Republik und des reichspolitischen Koordinatensystems. Die Notverordnungspolitik der sich auf die Artikel 48 und 25 („Der Reichspräsident kann den Reichstag auflösen, jedoch nur einmal aus dem gleichen Anlaß.") WRVf stützenden Präsidialkabinette schränkte seit 1930 die Kompetenzen und die Eigenstaatlichkeit der Länder systematisch ein[129].

Bayern, das schon in den Anfangsjahren der Weimarer Republik dezidiert föderalistische Positionen vertreten hatte, das dann mit seinen Denkschriften 1924/26 die „fortschreitende Aushöhlung der Eigenstaatlichkeit der Länder unter der Weimarer Verfassung" beklagte, einen „föderalistischen Umbau der Weimarer Reichsverfassung" forderte und diese Positionen auch in den Revisionsberatungen 1928/30 verfocht[130] und das seit 1930 mit zahlreichen Denkschriften gegen „die Aushöhlung der Länder durch die Notverordnungen des Reichs"[131] hervortrat, erschien schließlich geradezu als Bastion und Hoffnungsträger gegen die autoritär-unitarische Politik der Präsidialkabinette. Doch waren die Eigenwege des seit 1920 rechtskonservativ regierten Bayerns alles andere als ein Ausdruck demokratischer Potentiale des Föderalismus. Und sie können auch kaum als Beleg für größere Eigenständigkeit der Länder der Weimarer Republik gegenüber den Gliedstaaten des Kaiserreiches gelten. Sicher waren solche

---

Reichskanzler Dr. Stresemann im Oktober 1923, Frankfurt/ M 1987, neuerdings v. a. Rudolph, Karsten: Die sächsische Sozialdemokratie vom Kaiserreich zur Republik (1871–1923) (Demokratische Bewegungen in Mitteldeutschland 1), Weimar, Köln, Wien 1995, S. 402–414; zu Papens Staatsstreich gegen Preußen 1932 vgl. Anm. 46.

128 Vgl. Ehrlich, Lothar; John, Jürgen (Hrsg.): Weimar 1930. Politik und Kultur im Vorfeld der NS-Diktatur, Köln, Weimar, Wien 1998; Rudolph, Karsten: Nationalsozialisten in Ministersesseln. Die Machtübernahme der NSDAP und die Länder 1929 – 1933, in: Jansen, Christian; Niethammer, Lutz; Weisbrod, Bernd (Hrsg.): Von der Aufgabe der Freiheit. Politische Verantwortung und bürgerliche Gesellschaft im 19. und 20. Jahrhundert. Festschrift für Hans Mommsen, Berlin 1995, S. 247–266.

129 Vgl. Abschnitt III.

130 Vgl. Schwend: Bayern (Anm. 24), S. 315–342; Schulz: Zwischen Demokratie und Diktatur, Bd. I, S. 457–462, 482–484; Biewer: Reichsreformbestrebungen (beide Anm. 64), S. 71–75, sowie Schwann: Einheitsstaat (Anm. 32) und Abschnitt III; zur zeitgenössischen Kritik der bayerischen Denkschriften vgl. u. a. Becker: Föderalistische Tendenzen (Anm. 4), S. 112 f.; Hübener: Widerstände (Anm. 32); Vogel: Deutsche Reichsgliederung (Anm. 15), S. 113–122.

131 So die Denkschrift v. 13. 11. 1931 – vgl. BA, R 43 I, Nr. 2375, Bl. 221–257; wie die Denkschriften 1924/26 wurde sie nicht nur dem Reichskanzler, sondern auch den übrigen Länderregierungen zugesandt, um so eine Widerstandsfront aufzubauen.

Eigenwege im Kaiserreich unmöglich gewesen. Doch wäre es ein Trugschluß, von ihnen auf größeren Handlungsspielraum der Weimarer Länder zu schließen. Diese Eigenwege waren eher ein Ausdruck der zerklüfteten politischen Kultur der Weimarer Republik.

Bis 1923 stellte sich das Reich-Länder-Problem häufig auch als ein Problem der Abwehr der Sezessionsgefahren an den westlichen und östlichen Rändern des Reiches dar. Dabei handelten die Reichsregierungen in der Absicht, die Verwaltung in den besetzten westlichen und den bedrohten östlichen Gebieten zentralisiert zu halten und Sonderwege zu unterbinden. Sie konnten damit die unitarische Politik zur Beschränkung der Länderkompetenzen als Maßnahmen zur Sicherung der Reichseinheit rechtfertigen.

Neue Regionalstrukturen

Solche Tendenzen der Verfassungswirklichkeit waren keineswegs unbedingt vom Weimarer Verfassungswerk vorgeprägt. Doch konnten die Verfechter einer starken Reichsgewalt mit dem 1919 Erreichten durchaus zufrieden sein. Deshalb akzeptierten sie die Gründungskompromisse und den nun einmal weiterbestehenden Bundesstaat, verlangten aber, ihn zu vereinheitlichen, zu effektivieren, zu modernisieren und von seinen Disproportionen zu befreien. Auf zentraler Ebene schien ihnen das Wichtigste bereits durch die Verfassung geregelt zu sein. Den größten Handlungsbedarf sahen sie im Regional- und Mittelsektor des dreigliedrigen Staatsaufbaus – in den eigentlichen Struktur- und Aktionsbereichen der Länder. Ihre Reformkonzepte betrafen so den Kern der bereits stark unitarisch eingeschränkten föderativen Ordnung.

Das Reich müsse – lautete eine weitverbreitete Ansicht – nicht nur am Haupt, sondern auch an seinen Gliedern neu geordnet werden[132]. Vor allem sei es territorial neu zu gliedern. Darauf zielten die Neugliederungskonzepte, die nun an den Artikel 18 WRVf anknüpften. Und es brauche eigene neue Mittelbehörden mit entsprechenden Verwaltungsbezirken. Eine Möglichkeit böte der Artikel 165 WRVf, der einen Reichswirtschaftsrat und entsprechende Bezirkswirtschaftsräte vorsah. Daraus könne der Gedanke abgeleitet werden, das Reich in einheitliche, von den Ländern unabhängige Wirtschaftsbezirke zu gliedern[133]. Doch erwies sich dieser Weg als nicht gangbar. Der Reichswirtschaftsrat kam 1920 nur in vorläufiger Form zustande[134]. Sein regionaler Unterbau unterblieb.

Umso mehr boten sich die mit der Finanzreform 1919/20 geschaffenen neuen reichsunmittelbaren Regionalstrukturen als Modell an. Die neue Reichsfinanzverwaltung schloß anfangs 25, dann 26 Landesfinanzämter ein, davon 13 in Preußen[135]. Deren Amtsbezirke waren

---

132 Vgl. Koch: Die Neugliederung (Anm. 30).

133 Ebenda, S. 343.

134 Durch Reichsverordnung v. 4. 5. 1920 – abgedr. bei Triebel: Quellensammlung (Anm. 86), S. 120–127; vgl. auch Berndt, Roswitha: Der vorläufige Reichswirtschaftsrat 1920–1932, in: Wissenschaftliche Zeitschrift der Martin-Luther-Universität Halle-Wittenberg. Gesellschafts- und Sprachwissenschaftliche Reihe 21 (1972), H. 2, S. 53–63; Schulz: Zwischen Demokratie und Diktatur, Bd. 1, S. 297–302; Neumann: Politischer Regionalismus (beide Anm. 64), S. 375 ff.; Jeserich u. a.: Deutsche Verwaltungsgeschichte (Anm. 19), Bd. 4, S. 67–69.

135 Ebenda, S. 187–192.

„im Benehmen mit den beteiligten Ländern so zu bilden, daß sie sich tunlichst mit den Ländern oder mit größeren Verwaltungsbezirken der Länder decken oder mehrere Länder oder Verwaltungsbezirke umfassen."[136] Entsprechend griff ein Teil dieser neuen Strukturen über bisherige Landes- und Provinzgrenzen hinaus. Den gleichen Weg – aber weit rigoroser – beschritten die Verordnung über das Schlichtungswesen vom 30. Oktober 1923[137], die im Reich 16 großräumige Schlichterbezirke mit staatlichen Schlichtern für die Tarifkonflikte zwischen Gewerkschaften und Arbeitgeberverbänden schuf,[138] und dann das Gesetz über Arbeitsvermittlung und Arbeitslosenversicherung 1927[139], auf dessen Grundlage 13 Landesarbeitsämter mit – meist länder- und provinzübergreifenden – Amtsbezirken entstanden[140].

Für die Wahlen zur Nationalversammlung bzw. der Reichstage wurden seit dem 30. November 1918[141] zunächst 37, seit 1920 dann 35 neue Wahlkreise gebildet, die zum Teil ebenfalls über Landes- und Provinzgrenzen hinausreichten[142]. Darauf stellten die politischen Parteien ihre Regionalstrukturen ein. Oder sie folgten dem Beispiel der meisten Spitzenverbände und gestalteten sie großräumiger. Neue Großraumstrukturen entstanden vor allem im wirtschaftlichen Bereich, im Fernsprechwesen, seit 1923/24 beim Rundfunk, seit 1925 bei der Lufthansa etc. An diesen wie an den Regionalstrukturen der neuen Reichsmittelbehörden richtete sich ein großer Teil der Neugliederungs- und Großländerpläne der Weimarer Zeit aus.

Der Neugliederungsartikel 18 WRVf

Die 1918/19 höchst umstrittene Frage der territorialen Gliederung bzw. Neugliederung des Reiches wurde durch Artikel 18 WRVf geregelt. Er ermöglichte es, Ländergebiete zu ändern und neue Länder zu bilden, sofern die betroffenen Länder dies wollten oder die Bevölkerung eine solche Neugliederung durch Volksabstimmung verlangte. Diese mit einer zweijährigen Sperrfrist (Art. 167) versehenen Bestimmungen trugen deutlichen Kompromißcharakter. Damit schrieb die Verfassung der Weimarer Republik den territorialstaatlichen Status quo fort und räumte zugleich die Möglichkeit ein, ihn unter Reichsregie und sehr eingeschränkten Bedingungen zu ändern. Das unterschied sie grundsätzlich von der Verfassung des Kaiserreiches,

---

136 So die Reichsabgabenordnung v. 13. 12. 1919 im § 11 Abschnitt 2 – zit. nach Triebel: Quellensammlung (An. 86), S. 85.

137 RGBl 1923 I, S. 1043 ff.; vgl. auch Bähr, Johannes W.: Sozialer Staat und industrieller Konflikt. Das Schlichtungswesen zwischen Inflation und Weltwirtschaftskrise, in: Abelshauser: Die Weimarer Republik, S. 185–203; ders.: Staatliche Schlichtung in der Weimarer Republik. Tarifpolitik, Korporatismus und industrieller Konflikt zwischen Inflation und Deflation 1919–1932, Berlin 1989.

138 Vgl. Hartrodt, Georg; Preller, Ludwig (Hrsg.): Die Organe der Sozialpolitik im Deutschen Reich. Ein Sozialbehördenlexikon, Berlin 1928, S. 131–134.

139 Vgl. Anm. 109.

140 Vgl. Hartrodt; Preller: Die Organe (Anm. 138), S. 27 f.

141 Verordnung über die Wahlen zur verfassunggebenden deutschen Nationalversammlung (1. Reichswahlgesetz), abgedr. bei Triebel: Quellensammlung (Anm. 86), S. 2 ff.

142 Vgl. Falter, Jürgen; Lindenberger, Thomas; Schumann, Siegfried: Wahlen und Abstimmungen in der Weimarer Republik. Materialien zum Wahlverhalten 1919–1933, München 1986, S. 62–64.

die keinen Neugliederungsartikel und eine direkte Bestandsgarantie für die Bundesstaaten enthielt. Zudem wurde die Neugliederung zwar vom Willen der betroffenen Länder und ihrer Bevölkerung abhängig gemacht, aber zur Reichssache erklärt. Insofern hatten sich die Verfechter einer „Reichsneugliederung" durchgesetzt. Doch entsprach der Artikel 18 keineswegs ihren eigentlichen Zielen. Vom zunächst beabsichtigten Neugliederungszwang war kaum etwas übriggeblieben. Der „dezentralisierte Einheitsstaat" schien in weite Ferne zu rücken. Aus Sicht seiner Verfechter fiel der Artikel höchst unbefriedigend aus. Dessen Vorgeschichte kam aus ihrer Sicht einem „Leidensweg"[143] gleich.

Die ersten Preußschen Verfassungsentwürfe vom 3. und 20. Januar 1919 enthielten einen Neugliederungsparagraphen (§ 11) mit Gebotscharakter: „Dem deutschen Volke steht es frei, ohne Rücksicht auf die bisherigen Landesgrenzen neue deutsche Freistaaten innerhalb des Reiches zu errichten, soweit die Stammesart der Bevölkerung, die wirtschaftlichen Verhältnisse und geschichtlichen Beziehungen die Bildung solcher Staaten nahelegen. Neu errichtete Freistaaten sollen mindestens 2 Millionen Einwohner umfassen."[144] Dafür sah dieser Paragraph Staatsverträge, Parlamentsbeschlüsse und Volksabstimmungen vor. „Bis sich die neuen Freistaaten gebildet haben", bestimmte § 29 des Vorentwurfs vom 3. Januar 1919, seien 16 neue Reichsgebiete für die Wahlen zum Staatenhaus zu schaffen[145]. Die Kombination beider Paragraphen ließ deutlich die Preußsche Absicht erkennen, direkt wie indirekt einen Neugliederungszwang auszuüben und den Großstaat Preußen zu zergliedern. Das nach § 29 zu bildende Gebiet „Preußen" beschränkte sich auf West- und Ostpreußen sowie den Regierungsbezirk Bromberg. Der Gebietsvorschlag dieses Paragraphen griff damalige Neugliederungskonzepte auf[146] und wurde zum Bezugspunkt späterer Konzepte. Doch erwies er sich als nicht haltbar. Schon der revidierte Entwurf vom 20. Januar 1919 gab ihn auf, behielt aber den Neugliederungsparagraphen des Vorentwurfs bei.

Nach den kontroversen Beratungen im Staatenausschuß bestimmte der neugefaßte Artikel 15 der Entwürfe vom 17. und 21. Februar 1919 nur noch, die deutschen Gliedstaaten seien „berechtigt, sich zum Zwecke der Bildung größerer leistungsfähiger Gliedstaaten im Ganzen oder in Teilen zusammenzuschließen."[147] Die Mindesteinwohnerzahl solch neuzubildender Staaten wurde auf eine Million eingeschränkt. Dem Zusatz: „Kleinere Landesteile, die mit

---

143 Becker: Föderalistische Tendenzen (Anm. 4), S. 96; ähnlich später auch Brill: Probleme der Neugliederung (Anm. 85), S. 3 f.; vgl. auch Preuß, Hugo: Artikel 18 der Reichsverfassung. Seine Entstehung und Bedeutung, Berlin 1922.

144 Triebel: Quellensammlung (Anm. 86), S. 11.

145 Ebenda, S. 7 f.; dieser § 29 des (Preußschen) Vorentwurfs sah folgende Gebiete vor: Preußen (West- und Ostpreußen, Regierungsbezirk Bromberg), Schlesien, Brandenburg, Berlin, Niedersachsen, die drei Hansestädte, Obersachsen, Thüringen, Westfalen, Hessen, Rheinland, Bayern, Württemberg, Baden, Deutsch-Österreich und Wien; Preuß ging zu diesem Zeitpunkt noch vom bekundeten Anschluß Deutsch-Österreichs an das Deutsche Reich aus, der dann vom Versailler Vertrag untersagt wurde.

146 Vgl. Vogel: Deutschlands bundesstaatliche Neugestaltung (Anm. 90); nach Vogels späteren Angaben lehnte sich Preuß an dieses Konzept an, über das Vogel mit Preuß Ende 1918 korrespondiert habe; von seiner damaligen Ansicht, die preußischen Provinzen seien zu klein für neuzubildende Gebiete, sei er unterdes aber abgerückt – vgl. ders.: Deutsche Reichsgliederung (Anm. 15), S. 156 f.

147 Triebel: Quellensammlung (Anm. 86), S. 19, 28.

einem angrenzenden anderen Gliedstaate oder mit Teilen eines solchen in näherem wirtschaftlichen Zusammenhang stehen, als mit ihrem eigenen Lande, sollen mit jenen vereinigt
werden"[148], stimmte der Staatenausschuß nicht zu. Auch unterband er die Absicht, durch die
Kombination dieses Artikels mit den Artikeln über die Reichsratstimmen immer noch einen
indirekten Neugliederungszwang auszuüben.

Die Nationalversammlung und ihr Verfassungsausschuß akzeptierten den Verzicht auf das
Neugliederungsgebot, übertrugen aber die Neugliederungskompetenz dem Reiche. Daraus
resultierte dann Artikel 18 WRVf. Seine Kernaussagen lauteten: „Die Gliederung des Reiches
in Länder soll unter möglichster Berücksichtigung des Willens der beteiligten Bevölkerung
der wirtschaftlichen und kulturellen Höchstleistung des Volkes dienen. Die Änderung des
Gebiets von Ländern und die Neubildung von Ländern innerhalb des Reichs erfolgen durch
verfassungsänderndes Reichsgesetz. Stimmen die unmittelbar beteiligten Länder zu, so bedarf
es nur eines einfachen Reichsgesetzes. Ein einfaches Reichsgesetz genügt ferner, wenn eines
der beteiligten Länder nicht zustimmt, die Gebietsänderung oder Neubildung aber durch den
Willen der Bevölkerung gefordert wird und ein überwiegendes Reichsinteresse sie erheischt.
Der Wille der Bevölkerung ist durch Abstimmung festzustellen."[149]

Solche Volksabstimmungen nach Artikel 18 fanden 1919 statt, als sich die Bevölkerung
des Freistaates Coburg mehrheitlich für den Anschluß an Bayern entschied, 1926 über einen
Anschluß Schaumburg-Lippes an Preußen mit negativem Ausgang und 1929, als die Bevölkerung Waldecks dem durch Reichsgesetz vorbereiteten Anschluß an Preußen zustimmte.
Der Versuch der Deutsch-Hannoverschen Partei (Welfen), ein aus dem preußischen Staatsverband herauszulösendes Land „Hannover-Niedersachsen" zu bilden, scheiterte 1924 schon
in der Vorabstimmung. Im Falle Thüringens wurde auf eine Volksabstimmung verzichtet.
Der Thüringer Zusammenschluß – die erste größere Territorialreform seit 1866 und die
wichtigste in der Weimarer Republik – schien durch Gemeinschaftsvertrag, gemeinsamen
Staats- und Volksrat wie bereits entworfene Landesverfassung hinreichend vorbereitet zu
sein[150]. Die Gründung des Landes Thüringen, der Anschluß Coburgs an Bayern sowie der
Landesteile Pyrmont und Waldeck an Preußen erfolgten durch einfache Reichsgesetze nach
Artikel 18[151]. Ohnehin trat nach Gründung des Landes Thüringen die Neugliederung auf dem
Wege des Artikels 18 angesichts der allgemeinen Probleme und der instabilen Lage des Reiches
in den Hintergrund. Die Bevölkerung hatte in jenen Krisen- und Inflationsjahren offenkundig andere Sorgen. Das Neugliederungsstreben blieb eine Angelegenheit kleinerer interessier-
ter Gruppen und Planungseliten.

---

148 Ebenda.
149 RGBl 1919 I, S. 1387; Triebel: Quellensammlung (Anm. 86), S. 48 f.; die restlichen Bestimmungen bezogen
 sich auf Prozedurfragen und wurden nach Ablauf der Sperrfrist durch ein Ausführungsgesetz v. 8. 7. 1922
 (ebenda, S. 182 f.) präzisiert.
150 Zu den Details vgl. Häupel: Die Gründung; John: Thüringer Verfassungsdebatten (beide Anm. 17).
151 RGBl 1920 I, S. 841 (Thüringen, 30. 4. 1920); RGBl 1922 I, S. 842 (Coburg, 30. 4. 1920); RGBl 1922 I, S. 281 (Kreis Pyrmont,
 24. 3. 1922); RGBl 1929 I, S. 401 (Landesteil Waldeck, 7. 12. 1928); die ersten drei Gesetze sind auch abgedr. bei
 Triebel: Quellensammlung (Anm. 86), S. 118 f., 180 f.; ebenfalls nach Art. 18 erfolgte ein Gebietsaustausch
 zwischen Sachsen und Thüringen durch Reichsgesetz v. 30. 2. 1928 (RGBl 1928 I, S. 115).

III. „Reichsreform": Gremien und Etappen

Die Zentralstelle für die Gliederung des Reiches

Flankierend zum Artikel 18 beschloß die Nationalversammlung am 22. Juli 1919 eine „Zentralstelle für die Gliederung des Deutschen Reichs"[152]. Sie sollte die Reichskompetenz in der Neugliederungsfrage sichern, einen Wildwuchs verhindern und separatistischen Tendenzen gegensteuern. Die Reichsregierung wurde beauftragt, dieses Gremium in Absprache mit Staatenausschuß bzw. Reichsrat beim Reichsinnenministerium einzurichten. Es dauerte freilich mehr als ein Jahr, bis die paritätisch über Reichstag und Reichsrat besetzte Zentralstelle unter Regie und Aufsicht des Reichsinnenministers Koch(-Weser) ihre Tätigkeit aufnehmen konnte. Dies hing mit der insgesamt instabilen Lage zusammen, dem Kapp-Lüttwitz-Putsch (März 1920), der Reich und Länder erneut an den Rand des Bürgerkrieges brachte und die Gründung des Landes Thüringen überschattete, mit Reichstagswahlen und veränderten Regierungskonstellationen (Juni 1920), auch mit der Sperrfrist für die Neugliederung, vor allem aber mit Länderwiderständen, der „Preußen-Frage" und der widersprüchlichen preußischen Haltung.

Die preußische Regierung hatte sich im Einvernehmen mit den meisten Provinzen erfolgreich einem Neugliederungszwang und jenen Konzepten widersetzt, die eine Neugliederung durch Aufteilung Preußens oder auf Kosten des preußischen Staatsgebietes anstrebten. Sie war vor allem in der akuten Thüringen-Frage hart geblieben und hatte so eine „großthüringische" Landesgründung unter Einschluß preußischer Gebiete verhindert[153]. Doch rissen die Diskussionen um die „preußische Frage" nicht ab. Zudem war das große Teile des Reichsgebietes umfassende Preußen in besonders starkem Maße Sezessionstendenzen ausgesetzt. Im süd- und mitteldeutschen Raum waren zwar die „Großschwaben"-, „Großhessen"- und „Großthüringen"-Pläne der Jahre 1918/19 gescheitert. Doch hielten die separatistischen Tendenzen im besetzten Westen[154] und im „um das bedrohte Deutschtum kämpfenden"

---

152 Zur Bildung und Tätigkeit der Zentralstelle und zum Verhältnis Zentralstelle – Preußen vgl. Schulz: Zwischen Demokratie und Diktatur, Bd. I, S. 302–310; Biewer: Reichsreformbestrebungen, S. 53 ff.; Neumann: Politischer Regionalismus (alle Anm. 64), S. 153 ff.; Burg: Die Neugliederung (Anm. 52), S. 25–27.

153 Zu den Details vgl. John: Thüringer Verfassungsdebatten (Anm. 17).

154 Vgl. Morsey, Rudolf: Die Rheinlande, Preußen und das Reich 1914–1945, in: Rheinische Vierteljahrsblätter 30 (1965), S. 176–220; Bischof, Erwin: Rheinischer Separatismus 1918–1924. Hans Adam Dortens Rheinstaatsbestrebungen (Europäische Hochschulschriften III/4), Bern 1969; Kahlenberg, Friedrich P.: Großhessenpläne und Separatismus. Das Problem der Zukunftsorientierung des Rhein-Main-Gebietes nach dem Ersten Weltkrieg, in: Geschichtliche Landeskunde an der Universität Mainz V (1969), S. 355–395; Reimer, Klaus: Rheinlandfrage und Rheinlandbewegung (1918–1933). Ein Beitrag zur Geschichte der regionalistischen Bestrebungen in Deutschland (Europäische Hochschulschriften III/119), Frankfurt/M u. a. 1979; Biewer: Reichsreformbestrebungen (Anm. 64), S. 144–149; Köhler, Henning: Adenauer und die rheinische Republik. Der erste Anlauf 1918–1924, Opladen 1986; Nadler, H. E.: The Rhenish Separatist Movements During the Early Weimar Republic 1918–1924, New York 1987; Süss, Martin: Rheinhessen unter französischer Besatzung. Vom Waffenstillstand im November 1918 bis zum Ende der Separatismusunruhen im Februar 1924 (Geschichtliche Landeskunde 31), Stuttgart 1988; Hüttenberger, Peter; Molitor, Hansgeorg (Hrsg.): Franzosen und Deutsche am Rhein 1789–1918–1945 (Düsseldorfer Schriften zur Neueren Landesgeschichte und zur Geschichte

Osten[155] ebenso an wie die welfisch-niedersächsischen Sezessionsabsichten im nordwest-deutschen Raum[156]. Umgekehrt neigten kleinere Länder zum Anschluß an Preußen. Das gab Konzepten Auftrieb, den Einheitsstaat über ein „Groß-Preußen" zu erreichen. Preußen befand sich so in einem permanenten Spannungsfeld von Sezessions- und Angliederungs-absichten. Zudem mußte es nach Ablauf der Neugliederungs-Sperrfrist erneut verstärkte Sezessionstendenzen befürchten. Insofern lag eine regulierend eingreifende Zentralstelle durchaus im Interesse der preußischen Regierung. Doch wollte sie deren Tätigkeit lieber in eigener Regie als unter der des Reiches sehen, zumal letztere aus preußischer Sicht keine Garantie gegen die immer noch virulenten Pläne zur Auflösung Preußens bot.

Um den gordischen Knoten all dieser Probleme zu zerschlagen, ergriff die preußische Seite eine „Einheitsstaat"-Initiative. Am 17. Dezember 1919 beschloß die verfassunggebende Preu-ßische Landesversammlung mit großer Mehrheit der Regierungsparteien MSPD, DDP und Zentrum, „die Zusammenfassung aller Volkskräfte in einem Einheitsstaat sobald als möglich herbeizuführen." Preußen solle Vorreiter sein und mit den übrigen Landesregierungen ver-handeln. „Als das größte der deutschen Länder erblickt Preußen seine Pflicht darin, zunächst den Versuch zu machen, ob sich nicht bereits jetzt die Schaffung des deutschen Einheitsstaates erreichen läßt."[157] Daraufhin verfaßten Koch(-Weser) und der preußische Staatskommissar für die Verwaltungsreform, Bill Drews, im Januar 1920 Denkschriften über einen „dezentrali-sierten Einheitsstaat"[158]. Beide empfahlen den neugliedernden Abbau territorialer Dispropor-tionen, die Begrenzung der Länderrechte und den Ausbau der preußischen Provinzialautono-mie. Drews legte dafür Gesetzentwürfe vor. Koch(-Weser) riet dem Reichskabinett, die Ver-handlungen über den preußischen Initiativantrag auf Preußen zu beschränken und andere Länder auf keinen Fall einzubeziehen. Auf Grundlage dieser Denkschriften kam es zu Koordi-nationsberatungen der Reichs- und der Preußenregierung. Man war sich einig, der Weg zu einem „dezentralisierten Einheitsstaat" müsse über ein dezentralisiertes Preußen führen, und beschloß sogar eine Kommission, um entsprechende Vorschläge auszuarbeiten, ohne daß diese je wirksam wurde. In der Folgezeit verstärkte die preußische Regierung ihre reservierte Haltung gegenüber der beschlossenen Zentralstelle.

Sie nahm schließlich am 3. November 1920 ihre Tätigkeit mit dem Ziel auf, „rechtzeitig vor-zuarbeiten und dafür zu sorgen, daß die Entwicklung sich systematisch vollzieht". „Alle Vor-

---

Nordrhein-Westfalens 23), Essen 1989; Stehkämper, Hugo: Westfalen und die Rheinisch-Westfälische Repu-blik 1918/19, in: Bracher, Karl Dietrich u. a. (Hrsg.): Staat und Parteien. Festschrift für Rudolf Morsey, Berlin 1992, S. 579–634.

155 Vgl. Schulze, Hagen: Der Oststaat-Plan 1919, in: Vierteljahrshefte für Zeitgeschichte 18 (1970), S. 123–163.

156 Vgl. Neumann: Politischer Regionalismus (Anm. 64) und den Beitrag von Dietmar v. Reeken in diesem Band.

157 Aus Sicht der späteren Länderkonferenz zur „Reichsreform" galt dieser – v. a. im Thüringer Volksrat noch einmal einheitsstaatliche und „großthüringische" Hoffnungen weckende – Beschluß als erste große „Kund-gebung zur Reichsreform" – so abgedr. bei Medicus, Franz Albrecht: Reichsreform und Länderkonferenz. Die Beratungen und Beschlüsse der Länderkonferenz und ihrer Ausschüsse, Berlin 1930, S. 74.

158 Vgl. Schulz: Zwischen Demokratie und Diktatur, Bd. I, S. 249–266; Biewer: Reichsreformbestrebungen, S. 49–53; Neumann: Politischer Regionalismus (alle Anm. 64), S. 224 ff.; die Kochsche Denkschrift v. 12. 1. 1920 ist abgedr. bei Golecki: Das Kabinett Bauer (Anm. 30), S. 514–530.

arbeiten, die auf dem Gebiete der Neugliederung des Reiches vom Standpunkte des Reichs erforderlich erscheinen, liegen in der Hand der Zentralstelle des Reichs. Hier soll geprüft werden, welche Neuordnungen das Reich in seinem Interesse für nötig und möglich hält. Sie soll auch verhindern, daß das Reich durch Vereinbarungen zwischen den Ländern oder durch Abstimmungen gemäß Artikel 18 überrascht wird, die dem Reichsinteresse zuwiderlaufen und bei rechtzeitiger Einflußnahme durch das Reich von vornherein zu vermeiden gewesen wären."[159] Dieses ehrgeizige Programm ließ sich nicht verwirklichen. Letztlich reduzierte sich alles auf bloße Gutachtertätigkeit. Dabei konzentrierten sich die Zentralstelle und ihre Kommissionen auf Exklaven und ähnliche kleinere Problemfälle. Selbst das blieb weitgehend Schubladenarbeit. Schon der allseits als Testfall für die Haltung Preußens angesehene Anschluß des preußischen Regierungsbezirkes Hohenzollern (Sigmaringen, Hechingen) an Württemberg oder Baden konnte nicht geklärt werden. Die Gutachten und Verhandlungen 1920/21 liefen letztlich darauf hinaus, den zwischen Baden und Württemberg umstrittenen Anschluß aufzuschieben, bis ein zusammenfassender Südweststaat zustande käme. Dem konnte Preußen getrost zustimmen. Denn damit war kaum zu rechnen[160]. Lediglich das im November 1921 vorgelegte Gutachten der Zentralstelle zur Waldeck-Pyrmont-Frage[161] wurde handlungswirksam. Die „preußische Frage" klammerte die Zentralstelle weitgehend aus ihrer Gutachtertätigkeit aus. In Preußen wirkte eine eigene Parallelkommission leitender Ministerialbeamter – freilich ebenfalls ohne greifbare Resultate. Seit 1923 ruhte die Tätigkeit der Zentralstelle. 1928/29 wurde sie aufgelöst.

Die Reichskommissare

Mit ähnlich ehrgeiziger wie letztlich erfolgloser Absicht, reichsinitiativ alle anstehenden Probleme der Reichsverwaltung und des Reich-Länder-Verhältnisses zu lösen, wandte sich die Reichsregierung einer funktionalen „Reichsreform" zu. Am 9. Oktober 1920 beschloß das Reichskabinett Fehrenbach „Richtlinien über die formelle Stellung des Reichsministers der Finanzen und über die künftige Finanzgebarung und Wirtschaftsführung des Reiches"[162]. Zur „Gesundung der Reichsfinanzen" sollten die formellen Kompetenzen des Finanzministers erweitert und der Aufgabenkreis der Reichsverwaltung „möglichst eng gehalten" werden. Anstelle neuer oder vergrößerter Verwaltungen gelte es, Sparsamkeit, Verwaltungs- und Kostenabbau durchzusetzen. Dafür wurde der Posten eines „Reichskommissars für die Ver-

---

159 Koch: Denkschrift betr. den „Übergang zum Einheitsstaat" v. 12. 1. 1920, in: Golecki: Das Kabinett Bauer, S. 527; ders.: Die Neugliederung (beide Anm. 30), S. 343.

160 Vgl. Biewer: Reichsreformbestrebungen (Anm. 64), S. 178–181, sowie Anm. 237.

161 Vgl. BA, R 43 I, Nr. 2317, Bl. 7–11.

162 Vgl. Wulf, Peter (Bearb.): Das Kabinett Fehrenbach (Akten der Reichskanzlei. Weimarer Republik), Boppard/Rh. 1972, S. 222 f., 226–229 (Kabinettssitzung v. 9. 10. 1920 mit den Richtlinien als Anlage), 362–366 (Vorschläge des Reichskommissars in der Kabinettssitzung v. 20. 12. 1920), 431 ff. (Anträge des Reichskommissars und Ministervoten in der Kabinettssitzung v. 29. 1. 1921); Schulz: Zwischen Demokratie und Diktatur (Anm. 64), Bd. I, S. 521–524.

einfachung und Vereinheitlichung der Reichsverwaltung" geschaffen und dem Reichsfinanz-minister unterstellt. In die Funktion dieses „Finanz-" oder „Spardiktators", wie er im Ver-waltungsjargon genannt wurde, berief das Kabinett am gleichen Tage den Präsidenten des Landesfinanzamtes Unterweser, Adolf Carl. Dessen Pläne zum Abbau von Reichsministerien liefen nach dem Vorbild der Reichsfinanzreform auf einheitliche Reichsmittelinstanzen und auf entsprechende Wirtschaftsbezirke hinaus. Sie schoben die Länder als gleichsam sekun-däre Gebilde kurzerhand beiseite und riefen deren Widerstände hervor.

Auf massiven Widerspruch stießen sie zudem beim Reichsinnenminister. Koch(-Weser) sah die Reichsinteressen und seine eigenen Absichten, dem Reich durch die Ernennung eines Reichskunstwarts auch auf kulturellem und politisch-symbolischem Gebiet mehr Geltung zu verschaffen, durch solche Pläne gefährdet. Er warnte dringend vor „zuviel Abbau" und warf Carl vor, seiner Hauptaufgabe, zu prüfen, wie und wo „dezentralisiert werden könne", nicht nachzukommen. Zudem paßte Koch(-Weser) die ganze Konstruktion dieser Stelle nicht, die diesen Aufgabenbereich seinem Ressort entzog und dem Reichsfinanzminister zuordnete. Anstelle des glücklos agierenden und bald zurücktretenden Reichskommissars schlug er eine gemischte Ministerkommission unter seiner Regie vor. Das Kabinett folgte diesem Vorschlag und beschloß am 21. Februar 1921 eine aus Ministern, Reichstags- und Reichsrats-Mitgliedern zusammengesetzte „Kommission für die Vereinfachung und Vereinheitlichung der Reichs-verwaltung" unter Vorsitz Koch(-Wesers)[163]. Der Reichstag stimmte ihr am 4. März unter bestimmten Auflagen zu, der Reichsrat nur unter Vorbehalt. Sie nahm am 30. April 1921 nach dem Vorbild der Zentralstelle ihre Arbeit auf, kam aber ebenfalls kaum über Gutachtertätig-keit hinaus, zumal Koch(-Weser) bereits im Mai 1921 aus dem Amte schied. Auch sie stellte 1923 de facto ihre Tätigkeit ein und wurde 1929 aufgelöst.

Umso größere Wirksamkeit erreichte der am 22./23. November 1922 vom Reichskabinett Cuno ernannte „Reichssparkommissar"[164]. Den Anlaß, diese Stelle einzurichten und sie mit dem Präsidenten des Reichsrechnungshofes, Friedrich Saemisch, zu besetzen, boten Auflagen der Reparationskommission und eine geplante umfassende Sparaktion. Hinter dem Beschluß stand aber auch die Absicht, die relativ wirkungslose „Vereinfachungskommission" durch einen erneuten „Spardiktator" mit erweiterten Vollmachten zu ersetzen. Die Hochinflation des Jahres 1923 ließ ihm anfangs wenig Handlungsspielraum. Zudem mußte der neue „Spar-kommissar" zunächst erst einmal Personal fordern und seine Kompetenzen und Initiativ-rechte gegen den Sparausschuß des Reichstages durchsetzen. Seine erste große Bewährungs-

---

163 Vgl. Wulf: Das Kabinett Fehrenbach (Anm. 162), S. 433 (Vorschlag Kochs für eine entsprechende Kommis-sion in der Kabinettssitzung v. 29. 1. 1921), 477 f. (Beschluß der Kabinettssitzung v. 21. 2. 1921), 523 (Zustim-mung des Kabinetts zu den Vorschlägen des Reichstages am 5. 3. 1921); ThHStAW, Staatsministerium-Prä-sidialabteilung, Nr. 42 (Kommission für die Vereinfachung und Vereinheitlichung der Reichsverwaltung 1921–1929); Schulz: Zwischen Demokratie und Diktatur (Anm. 64), Bd. I, S. 524–527.
164 Vgl. Harbeck, Karl-Heinz (Bearb.): Das Kabinett Cuno (Akten der Reichskanzlei. Weimarer Republik), Boppard/Rh. 1968, S. 4 f. (Kabinettssitzung v. 22. 11. 1922), 7 f. (Kabinettsbeschluß v. 23. 11. 1922), 629 ff. (Besprechung mit Sparausschuß des Reichstages am 7. 7. 1923); Schulz: Zwischen Demokratie und Diktatur (Anm. 64), Bd. I, S. 527–543; Jeserich u. a.: Deutsche Verwaltungsgeschichte (Anm. 19), Bd. 4, S. 192 f.

probe bestand er bei der Vorbereitung der „Personalabbau-Verordnung" vom 27. Oktober 1923[165], die auf Grundlage des Ermächtigungsgesetzes vom 13. Oktober 1923 und im Kontext der gesamten Stabilisierungsmaßnahmen einen drastischen Personalabbau in der Reichsverwaltung durchsetzte. Im Dezember 1924 verfaßte Saemisch eine umfangreiche Denkschrift „über die Vereinfachung und Verbilligung der Verwaltung im Reich und in den Ländern". Deren kritisches Fazit aller bisherigen, aus Saemischs Sicht höchst unzureichenden Anstrengungen meinte nicht zuletzt die Länder, die „den Abbaumaßnahmen keineswegs in dem erforderlichen Maße gefolgt" seien. Es führte im Einklang mit Forderungen wirtschaftlicher Spitzenverbände zu dem Schluß, nunmehr eine „Sparaktion, die diesen Namen wirklich verdient", einzuleiten[166]. In diesem Sinne wurde Saemisch im Vorfeld der Länderkonferenz 1928 aktiv[167] und unterbreitete dann ihren Ausschüssen entsprechende Vorschläge[168]. Seit 1929 erstellte seine Behörde umfangreiche Gutachten über Länder- und Kommunalverwaltungen, die dort einen rigorosen Verwaltungsabbau empfahlen[169]. Saemisch und seine Referenten appellierten an die Wirtschaft, entsprechenden Druck auf Reich und Länder auszuüben. Diese Gutachten und Empfehlungen dienten denjenigen, die per Verwaltungsabbau die Länderkompetenzen weiter einschränken wollten, gleichsam als Handlungsgrundlage. Die seit 1927 im Umfeld Saemischs herausgegebene Zeitschrift „Reich und Länder"[170] wurde zu einem wichtigen Sprachrohr der gesamten „Reichsreform"-Debatten – und zum Meinungsbildungsforum solcher Kreise.

---

165 Abgedr. bei Triebel: Quellensammlung (Anm. 86), S. 238–241.

166 Zitate nach Schulz: Zwischen Demokratie und Diktatur (Anm. 64), Bd. I, S. 530 f.

167 Vgl. Saemischs Ausführungen in Reichskabinett über die Länderkonferenz am 25. 11. 1927 und den Aktenvermerk über den Vortrag Saemischs bei Reichskanzler Marx betr. Verfassungs- und Verwaltungsreform am 17. 12. 1927, abgedr. bei Abramowski, Günter (Bearb.): Die Kabinette Marx III und IV (Akten der Reichskanzlei. Weimarer Republik), Boppard/Rh. 1988, S. 1109–1112, 1166 ff.

168 Vgl. Saemisch, Friedrich Ernst Moritz: Beiträge zur Frage der Auftragsverwaltung, vorgelegt den Unterausschüssen der Länderkonferenz im Oktober 1929, Berlin 1929; ders.: Beiträge zur Neuregelung des Verhältnisses zwischen Reich und Ländern, Berlin 1929.

169 Vgl. Koops, Tilman (Bearb.): Die Kabinette Brüning I und II (Akten der Reichskanzlei. Weimarer Republik), Boppard/Rh. 1982, S. 464 f. (Ausführungen Saemischs in der Ministerbesprechung vom 27. 9. 1930); BA, R 43 I, Nr. 2318, Bl. 256–262 Rs (Die leitenden Reformgedanken im Gutachten des Reichssparkommissars über die Landesverwaltung Württemberg. Vortrag von Oberregierungsrat Dr. Kaufmann am 9. Dezember 1930, gemeinsam veranstaltet vom Württembergischen Industrie- und Handelstag und vom Verband Württembergischer Industrieller; gedruckter Vortragstext, im Januar 1931 von Saemisch als Musterzusammenstellung der Leitgedanken seiner Ländergutachten verschickt); Die Vorschläge des Reichssparkommmissars zur Verwaltungsreform deutscher Länder. Dargestellt von seinen Mitarbeitern, Stuttgart 1931; die vom Reichssparkommissar erstellten Gutachten betrafen die Landesverwaltungen Thüringen (1929), Hessen (1929), Mecklenburg-Schwerin (1930), Württemberg (1930) und Lippe-Detmold (1930) sowie die Kommunalverwaltungen Halle (1932), Mannheim (1932), Stuttgart (1932) und Landkreis Iserlohn (1934).

170 Vgl. Reich und Länder. Zeitschrift für die Entwicklung der Verfassung und Verwaltung in Deutschland 1 (1927/28) – 8 (1934), begründet als Vierteljahresschrift der Arbeitsstelle für sachliche Politik e. V. Dresden v. Herbert Conrad u. Friedrich Raab; dann als Monatsschrift hrsg. v. Friedrich Raab; Saemisch schrieb u. a. den 1. Aufsatz der Zeitschrift „Die Vereinheitlichung der Haushaltspläne" (Jg. 1, S. 3–12), und das Vorwort zu der als 2. Sonderhf. des Jg. 2 erschienenen Schrift von Conrad, Herbert: Zur Reichsreform. Systematisches und kritisches Material, Stuttgart, Berlin 1928.

Länderkonferenz und „Bund zur Erneuerung des Reiches"

Eine deutliche Zäsur in den „Reichsreform"-Debatten setzten das Ende der Nachkriegskrisen, die Währungsreform und das gesamte Paket wirtschaftlicher und politischer Stabilisierungsmaßnahmen 1923/24. An die Stelle verfassungsinterpretierender traten -revidierende Absichten. Die Diskussionen um die Artikel 18 (Neugliederung) und 165 (Bezirkswirtschaftsräte) WRVf ebbten ab. Statt dessen zeichnete sich das Bestreben ab, die funktionale wie territoriale „Reichsreform" durch Verfassungsrevision zu erreichen. Zunächst standen die Debatten um die bayerischen Föderalismus-Denkschriften 1924/26[171] im Vordergrund. Wie die Auseinandersetzungen um Enteignung oder Entschädigung der 1918 abgedankten Fürstenhäuser 1925/26[172] unterstrichen sie erneut die problematischen und konservativen Seiten des Föderalismus. Das gab noch einmal dem demokratischen Unitarismus Auftrieb. Doch meldeten sich nun vermehrt auch jene Stimmen aus dem Lager der „nationalen Rechten" zu Wort, die mit der Reichs- und Verfassungsreform restaurative oder autoritär-unitarische Ziele verfolgten. Sie erhielten vom veränderten politischen Koordinatensystem der „Ära Hindenburg" und vom DNVP-Regierungseintritt in Reich und Ländern Rückhalt.

Nachhaltige Impulse gingen von neuen Wirtschaftstendenzen, Wirtschaftsverbänden und Regionalstrukturen, von Raumordnung und Landesplanung[173] und von nun vorwiegend wirtschaftlich ausgerichteten Neugliederungs- und Großraumplänen[174] aus. Starken Einfluß

---

171 Vgl. Anm. 130.

172 Vgl. Schüren, Ulrich: Der Volksentscheid zur Fürstenenteignung 1926. Die Vermögensauseinandersetzung mit den depossedierten Landesherren als Problem der deutschen Innenpolitik unter besonderer Berücksichtigung der Verhältnisse in Preußen (Beiträge zur Geschichte des Parlamentarismus und der politischen Parteien 64), Düsseldorf 1978.

173 Nach dem Vorbild des 1920 durch preußisches Gesetz gebildeten „Ruhrsiedlungsverbandes" entstanden seit 1924/25 in der Provinz Sachsen und anderen preußischen Provinzen, in Thüringen, Sachsen und Württemberg Landesplanungsstellen vorwiegend auf Selbstverwaltungsbasis – vgl. Umlauf, Josef: Zur Entwicklungsgeschichte der Landesplanung und Raumordnung (Veröffentlichungen der Akademie für Raumforschung und Landesplanung. Abhandlungen 30), Hannover 1986; für den mitteldeutschen Raum vgl. Luthardt: Die Landesplanung in Mitteldeutschland, Plauen 1929; Pfannschmidt, Martin: Landesplanung im engeren mitteldeutschen Industriebezirk, in: Raumordnung und Landesplanung im 20. Jahrhundert (Historische Raumforschung 10 / Veröffentlichungen der Akademie für Raumforschung und Landesplanung. Forschungs- und Sitzungsberichte 63), Hannover 1971, S. 17–28; Hofmann, Wolfgang: Mitteldeutschland in der Geschichte der deutschen Raumplanung (Zwischen Wörlitz und Mosigkau. Schriftenreihe zur Geschichte der Stadt Dessau und Umgebung 35), Dessau 1992.

174 So v. a. die Planungen für ein Rhein-Main-Wirtschaftsgebiet mit der Dokumentation „Der Rhein-Mainische Städtekranz mit seiner Zentrale Frankfurt a. M. im südwestdeutschen Wirtschaftsgebiet" der Berliner Geschäftsstelle der IHK Frankfurt-Hanau 1924 (vgl. Biewer: Reichsreformbestrebungen (Anm. 64), S. 164) und den Plänen des Frankfurter Stadtplaners Weitzel (Anm. 47, 50) seit 1924 (vgl. z. B. Weitzel, August: Das Rhein-Mainische Gebiet im deutschen Einheitsstaat, in: Akademie der Arbeit in Frankfurt a. M. Mitteilungen 2, März 1926, S. 5–11), die beginnenden Planungen für eine Reichsprovinz „Niedersachsen" (vgl. z. B. Delius, Walter: Die Neugliederung des Reiches, Hannover 1927) oder die nun massiv einsetzenden „Mitteldeutschland"-Planungen (vgl. z. B. Hoffmann, Walter (Hrsg.): Mitteldeutschland. Das neue Wirtschaftszentrum, Berlin 1925; Mitteldeutschland auf dem Wege zur Einheit. Denkschrift über die Wirkung der innerstaatlichen Schranken, i. A. des Provinzialausschusses der Provinz Sachsen hrsg. v. Landeshauptmann der Provinz Sachsen, Merseburg 1927); letztere stellte das im Vorfeld der Länderkonferenz 1928 mar-

gewannen Rationalisierungswelle, Taylorismus- und Fordismus-Rezeption,[175] ebenso die durch Finanzausgleichsprobleme, strukturelle Massenarbeitslosigkeit infolge Währungsreform (1923), Personalabbau (1923/24) und Rationalisierungskrise (1925/26), eskalierende Lohn- und Arbeitszeitkämpfe, industrielle Wirtschaftskonjunktur und Agrarkrise (1927), veränderte weltpolitische und -wirtschaftliche Lage, Dawesplan (1924), Handelssouveränität (1925), Zolltarif (1925) und Weltwirtschaftskonferenz (1927)[176] ausgelösten konzeptionellen Debatten über Finanz- und Sozialausgabenpolitik, äußere und innere Wirtschaftsräume, Außenwirtschafts- oder Autarkiekonzepte. In diesem Kontext griffen nun zunehmend wirtschaftliche Groß- und Spitzenverbände in die „Reichsreform"-Debatten ein. Sie verliehen so ihren Forderungen Nachdruck, öffentliche Verwaltung und Ausgaben einzuschränken, zu verbilligen und die Staatsaufgaben „an Haupt und Gliedern" zu rationalisieren[177]. Zugleich begannen sie und Reichsbankpräsident Hjalmar Schacht die schon erwähnten Kampagnen gegen die „kalte Sozialisierung" und „Verschwendungswirtschaft" der Länder- und Kommunalausgaben[178]. Damit verbanden sich heftige Attacken gegen „überspannte" kommunale Selbstverwaltungsrechte. Das wiederum alarmierte Städte und kommunale Spitzenverbände. Sie schoben den Schwarzen Peter den Ländern zu, verlangten, deren Kompetenzen einzuschränken oder den Länderföderalismus gänzlich zu beseitigen[179]. Der Deutsche Städtetag bekannte sich auf seiner Magdeburger Jahrestagung 1927 zum Einheitsstaat, forderte eine Reichsstädteordnung und einheitliche Mittelinstanzen anstelle der Länder. Auf diese Weise verbanden sich die eskalierenden Debatten um die Finanzetats mit denen um die Reichs-, Verfassungs- und Verwaltungsreform. Die Finanzfrage wurde so zu einer Schlüsselfrage der „Reichsreform" und diese nun zu einem zentralen innenpolitischen Thema mit entsprechend anschwellender Literaturflut.

Ihr akutes Stadium erreichten diese „Reichsreform"-Debatten Ende 1927/Anfang 1928. Am 3. Oktober 1927 verabredete die Reichsregierung mit den Regierungschefs der Länder eine gemeinsame Konferenz über alle strittigen Fragen einer Reichs-, Verwaltungs-, Finanz- und Verfassungsreform[180]. Ende November 1927 wandte sich der Reichsverband der Deutschen

---

kanteste und dort vom Hamburger Bürgermeister Petersen ausdrücklich hervorgehobene Beispiel solcher v. a. wirtschaftlich ausgerichteter Großraumpläne dar; vgl. auch Abschnitt IV.

175 Vgl. als charakteristische Beispiele Witte, Irene Margarete: Taylor. Gilbreth. Ford. Gegenwartsfragen der amerikanischen und europäischen Arbeitswissenschaft, München, Berlin 1924; Hultzsch, Helmut: Arbeitsstudien bei Ford, Dresden 1925; Gottl-Ottlilienfeld, Friedrich v.: Fordismus. Über Industrie und Technische Vernunft, Jena 1926; Hinnenthal, H(ans): Die deutsche Rationalisierungsbewegung und das Reichskuratorium für Wirtschaftlichkeit, Berlin 1927; Die Bedeutung der Rationalisierung für das Deutsche Wirtschaftsleben, Berlin 1928; Ermanski, J.: Theorie und Praxis der Rationalisierung, Wien, Berlin 1928.

176 Vgl. Mommsen; Petzina; Weisbrod: Industrielles System (Anm. 105), S. 469–610; Ziebura, Gilbert: Weltwirtschaft und Weltpolitik 1922/24–1931. Zwischen Rekonstruktion und Zusammenbruch, Frankfurt/M 1984.

177 So Brieland, Wilhelm v.: Wege der Rationalisierung, in: Der Arbeitgeber 16 (1926), S. 472 ff.; Lilienthal, Erich: Rationalisierung der Staatsaufgaben, ebenda 18 (1928), S. 292 f.

178 Vgl. Anm. 116.

179 Vgl. Anm. 118.

180 Vgl. Protokoll der Besprechung des Reichskabinetts mit den Länder-Ministerpräsidenten v. 3. 10. 1927, abgedr. bei Abramowski: Die Kabinette Marx III und IV (Anm. 167), S. 946–949; in dieser Beratung wandte sich v. a. der bayerische Ministerpräsident Held gegen die Finanzbelastung und -beschränkung der Länder durch das Reich.

Industrie (RDI) mit einem Aide-mèmoire und einer Delegation seines Präsidiums[181] an die Reichsregierung Marx – ein Bürgerblockkabinett unter Einschluß der DNVP, die unter anderem den für „Reichsreform"-Fragen zuständigen Reichsinnenminister (Walter v. Keudell) stellte. Dieses Aide-mémoire (23. November) nahm das Finanz-Gutachten des Reparationsagenten vom 20. Oktober 1927 zum Anlaß, um im Sinne der RDI-Denkschrift „Deutsche Wirtschafts- und Finanzpolitik" (1925) tiefgreifende Reformen am wirtschaftlichen, finanziellen, sozialen und politischen System der Weimarer Republik sowie Sondervollmachten für den Reichsfinanzminister zu verlangen, die weit über die einstigen Beschlüsse des Kabinetts Fehrenbach vom 6. Oktober 1920 hinausgehen sollten. Nicht zuletzt unter dem Eindruck dieses von ähnlichen Erklärungen anderer wirtschaftlicher Spitzen-, Branchen- und Regionalverbände flankierten und auch vom Reichssparkommissar unterstützten[182] Memorandums beschloß die Reichsregierung, die mittelfristig ins Auge gefaßte Konferenz mit den Ländern bereits für den Januar 1928 einzuberufen[183].

Diese von Reichskanzler Wilhelm Marx (Z) geleitete Länderkonferenz beriet vom 16. bis 18. Januar 1928 über 1. „Veränderung des Verhältnisses zwischen Reich und Ländern", 2. „Maßnahmen zur Gewährleistung sparsamster Finanzpolitik" und 3. „Verwaltungsreform in Reich und Ländern"[184]. Marx erinnerte eingangs ausdrücklich an die nun schon fast zehn Jahre zurückliegende mitgestaltende Länderkonferenz vom 25. Januar 1919 und appellierte an die versammelte „Länderfamilie", die kontrovers diskutierten Probleme einer Reichs- und Verfassungsreform gemeinsam mit dem Reich zu lösen. Zum zweiten Komplex referierten die preußischen und badischen Finanzminister, zum dritten die sächsischen und bayerischen Innenminister. Die Grundsatzreferate zum ersten Komplex hielten der Hamburger Bürgermeister Carl Petersen (DDP), der württembergische Staatspräsident Wilhelm Bazille (DNVP), der bayerische Ministerpräsident Heinrich Held (BVP) und der preußische Ministerpräsident Otto Braun (SPD). Sie artikulierten die unitarisch-föderativen Gegensätze, waren sich aber – wie Braun als letzter Referent betonte – in einem Punkte einig: Die auf die Verfassungskompromisse 1919 zurückgehenden „augenblicklichen staatsrechtlichen und verfassungsrechtlichen Verhältnisse in Deutschland [seien] unbefriedigend und demgemäß auf die Dauer unhaltbar"[185].

---

181 Das Aide-mèmoire und das Protokoll der Beratung der RDI-Delegation mit Reichskanzler Marx sind abgedr. bei Schulz: Zwischen Demokratie und Diktatur (Anm. 64), Bd. I, S. 659–672; zum RDI und seinen Denkschriften vgl. Anm. 76.

182 Vgl. Anm. 167.

183 Zu dieser Vorgeschichte der Länderkonferenz vgl. Abramowski: Die Kabinette Marx III und IV (Anm. 167), S. LXXXVIII-XCIV sowie die entsprechenden Dokumente im Band 2.

184 Vgl. Die Länderkonferenz (Anm. 11); die Publikation enthält das Wortprotokoll aller Referate und die Entschließung der Konferenz; zu ihrer personellen Zusammensetzung vgl. Medicus: Reichsreform und Länderkonferenz (Anm. 157), S. 3 f.; der Gesamtkomplex dieser Konferenz und ihrer Ausschüsse 1928/30 ist in der einschlägigen zeitgenössischen und historiographischen Literatur durchweg behandelt worden, ausführlich v. a. bei Vogel (Anm. 15), Münchheimer (Anm. 54), Schulz, Müller und Biewer (Anm. 64).

185 Die Länderkonferenz (Anm. 11), S. 40; Petersen sprach von der unitarisch-föderativen Unentschiedenheit der Verfassung als Hauptfehlerquelle (S. 3), Bazille von „verworrenen Zuständen" (S. 17), Held von einem „unmöglichen Kompromiß" (S. 25).

Braun und Petersen verlangten eine unitarische Lösung der Probleme. Dabei argumentierte Braun eher zurückhaltend und kompromißbereit. Er berief sich vor allem auf seine vorliegende Schrift zum Einheitsstaat, erklärte zwar eine territoriale „Flurbereinigung" für nötig, die „nicht lebensfähige Länder" beseitige, nahm aber Preußen gegen den Vorwurf in Schutz, es wolle damit seine „Fangarme überallhin ausstrecken", um ein „Groß-Preußen" zu schaffen. Die kritische Analyse bisheriger Reichsreform- und Neugliederungspläne zeige, die Dinge seien noch nicht so weit, um entschieden werden zu können. Letztlich müßten alle die Ziele der „Vereinheitlichung und Rationalisierung" mittragen. Wie Petersen sprach er sich dafür aus, einen entsprechenden Ausschuß zu bilden[186]. Weit deutlicher als Braun bekannte sich Petersen zu „organisch-dezentralisiertem Einheitsstaat", „systematischer und organischer Neugliederung", „Einheitlichkeit der politischen Willensbildung in Deutschland" und zum Ziel, ein „neugegliedertes Einheitsreich mit starker Reichsgewalt" zu schaffen[187]. Held legte noch einmal ausführlich sein Programm eines „föderativen Umbaus der Reichsverfassung" dar[188]. Der gemäßigt deutschnationale Bazille sprach sich für eine bessere Verbindung föderativer und unitarischer Elemente durch entsprechende Verfassungsrevision aus. Wenn man nach USA-Vorbild eine „Föderativrepublik mit einer Regierung von eingeschränkten und sorgfältig abgegrenzten Machtbefugnissen" schaffe, könne die „deutsche Verfassungskrankheit" geheilt und „auf die richtigen, der Zeit und der republikanischen Verfassungsform angepaßten Grundsätze der Bismarckschen Verfassung zurückgeführt" werden. Auch er meine, nicht lebensfähige Staaten könnten verschwinden. Doch gefährde der „Doktrinarismus der Unitarier" mit seinem Ruf nach dem reinen Einheitsstaat den Bestand des Reiches, löse Sezessionstendenzen aus und betreibe letztlich ein „Spiel mit dem Feuer"[189].

Die Konferenz bekannte sich abschließend zu einer grundlegenden Verfassungsreform. Jede Teillösung sei bedenklich. Die Gesamtlösung der Probleme im Reich-Länder-Verhältnis und der Neugliederung solle durch einen paritätisch von Reichs- und Länderregierungen besetzten Verfassungsausschuß vorbereitet werden. Bis dahin erkläre sich das Reich bereit,

---

186 Ebenda, S. 39–48, Zitate S. 41, 46, 48; vgl. auch Braun: Deutscher Einheitsstaat (Anm. 31).

187 Die Länderkonferenz (Anm. 11), S. 2–13, Zitate S. 7, 11, 12; vgl. auch Petersen: Wege zum Einheitsstaat (Anm. 32).

188 Die Länderkonferenz (Anm. 11), S. 24–39; die Gravamina und Revisionsvorschläge der Denkschriften 1924/26 waren zusammen mit einer weiteren Denkschrift 1928 offizielle Bestandteile der Beratungsunterlagen des Verfassungsausschusses 1928 und wurden in der amtlichen Publikation dieser Unterlagen (Anm. 191) abgedruckt; als weitere Reden und Ausarbeitungen vgl. Held, Heinrich: Abgrenzung der Zuständigkeiten zwischen Reich und Ländern in Gesetzgebung und Verwaltung, München 1929; ders.: Das preußisch-deutsche Problem, München 1929; ders.: Zur Frage der Zuständigkeit der sogenannten Länder neuerer Art, München 1929, sowie als Sprachrohr der Heldschen Positionen auch Schwann: Einheitsstaat (Anm. 32).

189 Die Länderkonferenz (Anm. 11), S. 13–24, Zitate S. 21, 23, 24; dieser gemäßigt-kompromißbereiten Position Bazilles stand die „hegemonialföderalistische" Alfred Hugenbergs (seit Oktober 1928 DNVP-Vorsitzender) als Repräsentanten des extrem rechten Flügels der DNVP gegenüber, der die Hegemonie Preußens im Reich wiederherstellen und das parlamentarische System beseitigen wollte – vgl. Hugenberg, Alfred: Die Wiederaufrichtung eines wirklichen Bundessystems, in: ders.: Streiflichter aus Vergangenheit und Gegenwart, Berlin (1927), S. 20–31, sowie seinen Artikel mit den DNVP-Vorschlägen zur „Reichsreform" in „Der Tag" v. 10. 4. 1929.

„über die geltende verfassungsmäßige Zuständigkeit hinaus geeignete Verwaltungsbereiche" leistungsschwach gewordener und in finanzielle Notstände geratener Länder auf das Reich zu übernehmen[190]. Nun schien tatsächlich die „Reichsreform" aus dem Stadium bloßer Planungen und Spekulationen in das konkreter Maßnahmen zu treten. Der von der Länderkonferenz beschlossene Verfassungsausschuß tagte im Mai und Oktober 1928. Er bildete mehrere Unterausschüsse, die im November 1928, Juli 1929, November 1929 und Juni 1930 berieten. Danach trat der Verfassungsausschuß im Juni 1930 zu seiner Abschlußberatung zusammen[191]. Dies alles löste eine umfangreiche Expertentätigkeit und eine erneute „Reichsreform"-Literaturflut aus. Währenddessen änderten sich die reichspolitischen Konstellationen. Das Bürgerblockkabinett wurde im Juni 1928 von einer „Großen Koalition" unter Hermann Müller (SPD) und diese mit beginnender Wirtschafts- und Staatskrise im März 1930 vom ersten Präsidialkabinett unter Heinrich Brüning (Z) abgelöst. Als der Verfassungausschuß dann im Juni 1930 das Gesamtergebnis der Beratungen seit 1928 bekanntgab und (nichtamtliche) Entwürfe für ein entsprechendes „Reichsreform"-Gesetz veröffentlicht wurden[192], hatte sich die Lage bereits tiefgreifend gewandelt. Die Aussichten für eine formelle – funktionale wie territoriale – „Reichsreform" waren erneut geschwunden.

Das Gesamtergebnis der Beratungen wurde vom Verfassungsausschuß in zwei Gutachten, „Die Abgrenzung der Zuständigkeit zwischen Reich und Ländern" (Zuständigkeitsgutachten) und „Die Organisation der Länder und der Einfluß der Länder auf das Reich" (Organisationsgutachten), zusammengefaßt[193]. Sie empfahlen, Preußen staatsrechtlich aufzulösen, im Reich aufgehen zu lassen, den größten Teil des mittel- und norddeutschen Raumes neu zu gliedern und dort Verwaltungsbezirke des Reiches als „Länder neuer Art" zu bilden. Sie sollten aus den bisherigen preußischen Provinzen wie aus den kleinen und mittleren Ländern (durch Zusammenschluß untereinander oder mit preußischen Gebieten) hervorgehen. Ihre Verfassung sei den preußischen Provinzialverfassungen mit einem gewählten Landeshauptmann und einem Reichsbeamten (analog den bisherigen preußischen Oberpräsidenten) an der Spitze nachzubilden. Den Hansestädten wurde ein Zwischenstatus zugestanden. Bayern,

---

190 Die Länderkonferenz (Anm. 11), S. 83.

191 Als amtliche Veröffentlichungen vgl. Verfassungsausschuß der Länderkonferenz, hrsg. v. Reichsministerium des Innern: Beratungsunterlagen 1928, Berlin 1929; Verhandlungen der Unterausschüsse vom 5. und 6. Juli 1929, Berlin 1930; Verhandlungen der Unterausschüsse vom 18. und 19. November 1929, Berlin 1930; Verhandlungen der Unterausschüsse vom 20. Juni 1930 und Beschlüsse des Unterausschusses über die Organisation der Länder und den Einfluß der Länder auf das Reich, Berlin 1930; Die Abgrenzung der Zuständigkeit zwischen Reich und Ländern, Berlin 1930; zur Gesamtübersicht vgl. Medicus: Reichsreform und Länderkonferenz (Anm. 157); vgl. auch Brecht, Arnold: Verfassungsausschuß der Länderkonferenz. Abschluß der Arbeiten. Wortlaut der Beschlüsse, in: Reich und Länder (Anm. 170) 4 (1930), S. 67–77.

192 Vgl. Brecht, Arnold: Entwurf eines Gesetzes über die Reichsreform nach den Beschlüssen des Verfassungsausschusses der Länderkonferenz, in: Reich und Länder (Anm. 170) 4 (1930), S. 135–140; Poetzsch-Heffter, (Fritz): Das Gesetz über die Reichsreform, ebenda, S. 224–229; vgl. auch Brecht, Arnold: Reichsreform. Warum und Wie?, Berlin (1931); Poetzsch-Heffter, Fritz: Grundgedanken der Reichsreform, Berlin (1931).

193 Abgedr. bei Medicus: Reichsreform und Länderkonferenz (Anm. 157), S. 65–73; zur Zusammenfassung und Würdigung der Beratungsergebnisse und der beiden Gutachten vgl. ebenda, S. 56–64.

Württemberg, Baden und Sachsen sollten als „Länder alter Art" weiterbestehen. Doch empfahl der Ausschuß, sie stärkerer Reichsaufsicht zu unterstellen, ihre Auftragsverwaltung mit den Reichsmittelbehörden zusammenzulegen und in dieser Kombination den Weisungen der Reichszentrale zu unterwerfen. Auch empfahl er, die vier Landesregierungen ohne Mitwirkung der Landesparlamente „auf Zeit" zu bestellen, „damit nicht jederzeit die Regierung durch ein Mißtrauensvotum zu Fall gebracht werden kann". Neben der Neugliederung bildete der Gedanke einer einheitlichen „Organisation der Mitte" den zweiten – funktionalen – Schwerpunkt der Reformvorschläge. Auf diese Weise sollten das Reich-Länder-Verhältnis jenseits der Streitfrage „Einheits- oder Föderativrepublik" neu geregelt und die Länder alter wie neuer Art zu „leistungsfähigen Mittelinstanzen" zwischen Reichsspitze und örtlichen Instanzen gestaltet werden.

Einen ähnlichen Vorschlag hatte bereits der im Vorfeld der Länderkonferenz am 6. Januar 1928 gegründete „Bund zur Erneuerung des Reiches" (BER)[194] – nach seinem ersten Vorsitzenden Hans Luther auch „Lutherbund" genannt – unterbreitet. Hier sammelten sich „unabhängige Persönlichkeiten" aus Politik, Verwaltung, Wirtschaft, Wissenschaft und Publizistik in der Absicht, den Reich-Preußen-Dualismus zu überwinden und das Gesamtproblem „einer anderen Gestaltung des staatsrechtlichen Verhältnisses von Reich und Ländern" auf dem Wege einer „Reichsreform" mit unitarischen Zielen zu erreichen[195]. Sie kamen anfangs aus unterschiedlichen politischen und weltanschaulichen Lagern. Doch überwogen schon im Gründerkreis der Wirtschaft und den Rechtsparteien nahestehende Gruppen[196] – darunter aus dem Führungskreis des RDI, der seit seinem Aide-mèmoire 1927 die gesamte „Reichsreform"-Debatte aufmerksam verfolgte[197] und sich bei aller Ambivalenz seiner Haltung diese Option offenhielt.

Der BER-Vorsitzende Luther galt als überparteilicher, ebenso kommunal- und reichs- wie finanz- und wirtschaftspolitisch erfahrener Experte. Er schien so beste Voraussetzungen zu bieten, den „Erneuerungsbund" zum Sprachrohr dieser Gruppen zu machen und zugleich die liberalen und sozialdemokratischen Verfechter einer „Reichsreform" an ihn zu binden. 1913/18 war Luther Geschäftsführer des preußischen und des Deutschen Städtetages gewesen. Als Essener Oberbürgermeister (1918/22) hatte er maßgeblichen Anteil an der Gründung des Ruhrsiedlungsverbandes (1920) und als Reichsfinanzminister (1923/25) an der Währungsreform (1923) gehabt. Als Reichskanzler stand er 1925/26 dem ersten Reichs-Bürgerblockkabi-

---

194 Vgl. Gossweiler, Kurt: Bund zur Erneuerung des Reiches 1928–1933, in: Fricke u. a.: Lexikon zur Parteiengeschichte (Anm. 76), Bd. 1, Leipzig 1983, S. 374–382; vgl. auch Reichsreform. Mitteilungen des Bundes zur Erneuerung des Reiches 1 (1929) – 5 (1933); der BER und seine Reformvorschläge sind in der einschlägigen Literatur meist im Kontext der Länderkonferenz (vgl. Anm. 184) behandelt worden.

195 Vgl. Bund zur Erneuerung des Reiches: Reich und Länder. Vorschläge. Begründung. Gesetzentwürfe, Berlin 1928, S. 7 f. (Leitsätze), Zitat S. 7; die Publikation enthält eine ausführliche Zusammenstellung des damals vorliegenden Schrifttums zur „Reichsreform" (S. 113–134).

196 Ebenda, S. 11–17 (Liste der Unterzeichner der Leitsätze).

197 Vgl. u. a. die im April 1928 in der RDI-Führung erarbeitete Übersicht über die in der Reichsreformdebatte unterbreiteten verschiedenen Vorschläge – vgl. BA, NL 13 (Nachlaß Paul Silverberg), Nr. 228, Bl. 52–90 Rs.

nett mit der DNVP vor. 1930 wurde er Nachfolger Schachts als Reichsbankpräsident und gab seinen Posten als BER-Vorsitzender auf. Der Druck für eine „Reichsreform" – erklärte Luther in einem Vortrag vor Industriellen Ende 1928 – käme vom Wirtschaftlichen her. Der Inhalt aber müsse ein geistig gut vorbereiteter politischer Akt sein, um den „Kernfehler" des Reich-Preußen-Dualismus zu beseitigen, das „Reich stark zu machen" und in vernünftiger Weise zu dezentralisieren[198].

Der 1928 vom „Lutherbund" unterbreitete Vorschlag einer solch „lebendigen Dezentralisierung"[199] ging in die Ausschußberatungen der Länderkonferenz ein und deckte sich weitgehend mit dem späteren des Verfassungsausschusses. Nur sollte Preußen nicht formell aufgelöst, sondern dem Reich als „Reichsland" eingegliedert werden[200]. In diesem neu in Provinzen zu gliedernden „Reichsland" sollten die kleinen und mittleren Länder aufgehen, Bayern, Württemberg, Baden und Sachsen als Länder weiterbestehen und im Süden des Reiches lediglich Gemengelagen beseitigt werden. Dieser Neugliederungsvorschlag war noch in ein relativ breites politisches Spektrum eingebettet. Er konnte deshalb dem Verfassungsausschuß als stillschweigende Beratungsgrundlage dienen. Spätere BER-Analysen und -Pläne zur funktionalen „Reichsreform"[201] zeigten dann deutliche Affinitäten zu autoritären Lösungen zwecks „Sicherung einer einheitlichen politischen Führung"[202] durch „Überwindung des parlamentarischen Systems"[203] bis hin zur BER-Erklärung, die NS-Gleichschaltungsmaßnahmen 1933 mit ihrer „eindeutigen Entscheidung für die Souveränität des Reiches gegenüber den Ländern" seien „das notwendige und auch von ihm erstrebte Ergebnis unserer nationalen Entwicklung"[204].

Trotz mancher Unterschiede strebten die Reformvorschläge des „Erneuerungsbundes" und des Verfassungsausschusses eine differenzierte „Gesamtlösung" aller Probleme einer territorialen und funktionalen „Reichsreform" mit Ländern oder Provinzen annähernd gleicher Größe, einem reichsunmittelbar neugegliederten Nord- und einem noch föderativ strukturierten, den territorialen Status quo wahrenden Süddeutschland an. Damit gaben sie vor allem mittel- und nordwestdeutschen Neugliederungs-, Wirtschafts- und Großraumplänen – namentlich für ein „Rhein-Main-Gebiet", „Mitteldeutschland", „Niedersachsen" und im Gegenzug „Westfalen" – Auftrieb und Bezugsmöglichkeiten. Beide Projekte wollten durch die Territorial- und Funktionalreform die Reichsgewalt stärken. Wie in der Preußen-Frage

---

198 Vgl. Luther: „Um die Reichsreform" (Anm. 28), S. 4–13.

199 Reich und Länder (Anm. 195), S. 6.

200 Ebenda, S. 8 ff.; zum „Reichsland"-Plan vgl. auch Kitz: Reichsland Preußen (Anm. 34).

201 Vgl. Bund zur Erneuerung des Reiches: Die Rechte des Deutschen Reichspräsidenten nach der Reichsverfassung. Eine gemeinverständliche Darstellung, Berlin 1929; ders.: Das Problem des Reichsrats. Leitsätze mit Begründung. Gesetzentwürfe mit Begründung. Vergleiche mit anderen Staaten, Berlin 1930; ders.: Die Reichsreform, Bd. I: Allgemeine Grundlagen für die Abgrenzung der Zuständigkeiten zwischen Reich, Ländern und Gemeindeverbänden, Berlin 1933.

202 Das Problem des Reichsrats (Anm. 201), S. 13.

203 Geßler, (Otto): Die politischen Probleme der Reichsreform. Vortrag im Industrie-Club Düsseldorf am 8. 11. 1932, (Düsseldorf 1932), S. 8; Geßler war seit 1931 BER-Vorsitzender.

204 Die Reichsreform (Anm. 201), S. III.

knüpften sie auch in anderen Punkten an frühere Konzepte eines „dezentralisierten Einheits-staates" an. Allerdings nahmen sie auf süddeutsche und föderative Widerstände Rücksicht, ließen Bayern, Württemberg, Baden und Sachsen in ihrem Bestand unberührt, sahen aber auch für sie reichseinheitliche Vorschriften vor. Sie trugen so deutlichen Diagonal- und Kompromißcharakter.

Wie alle früheren Projekte blieben sie unverwirklicht. Doch hatten die massiven „Reichs-reform"-Debatten der Jahre 1927/28 bis 1930 trotz formeller Ergebnislosigkeit erheblichen Ein-fluß auf das sich nun deutlich wandelnde politische Klima der Republik. Dabei zeichneten sich zwei Grundtendenzen ab. Erstens: Nicht die Föderalisten, sondern die Unitaristen gaben den Ton an. Ihr Markenzeichen wurde das präzisierte Konzept des „dezentralisierten Einheits-staates". Allenfalls räumten sie dem Bundesstaat noch unter der Devise „Durch den Föde-ralismus über den Föderalismus hinaus" eine gewisse Perspektive ein[205]. Und zweitens: Das Heft des Handelns lag nun nicht mehr bei der um eine Stärkung der Weimarer Demokratie bemühten republikanischen Linken, sondern eher bei der politischen Rechten. Damit gerie-ten die sozialdemokratischen und liberalen Verfechter eines demokratischen Einheitsstaates in das Dilemma, sich gegen solche Pläne zu wenden, ohne eigene Positionen aufzugeben. Das Reformkonzept glitt ihnen immer mehr aus der Hand. Im republikanischen Lager mehrten sich die Stimmen, die mahnten, „man soll[e] nicht nach Reformen schreien, wenn die größ-ten Gedanken und Forderungen unserer Reichsverfassung kaum oder überhaupt noch nicht Verwirklichung gefunden haben"[206]. Die Verfechter eines demokratischen Unitarismus sahen sich in der „Reichsreform"-Debatte bereits so isoliert und von antirepublikanischen Positio-nen umstellt, daß sie damit rechnen mußten, ihre eigene Verfassungskritik werde im antire-publikanischen Sinne interpretiert. Sie betonten deshalb die „unanfechtbaren Rechtsgrund-lagen" der Weimarer Verfassung, die – „wenigstens die Gebildeten unter ihren Verächtern sollten das anerkennen" – das Reich gerettet und Chaos vermieden habe[207]. Anfangs wirkten sie noch in Gremien wie dem „Lutherbund" mit, wurden dort aber zunehmend in den Hin-tergrund gedrängt. Dies spiegelte den gesamten politischen Klimawechsel jener kritischen Jahren vor 1930 wider, der dann in der Weimarer Staatskrise und in der Politik der Präsidial-kabinette offen zum Ausdruck kam.

Reich und Länder in der Staatskrise seit 1930

Die auf das Ausnahmerecht und die präsidialen Sondervollmachten des Artikels 48 WRVf gestützte Notverordnungspolitik der Präsidialkabinette Brüning, Papen und Schleicher setzte seit Juli 1930 in vieler Hinsicht das auf informell-„kaltem Wege" durch, was auf formellem Wege gescheitert war. Die bis heute umstrittenen, angeblich krisenbekämpfend gemeinten,

---

205 Vgl. Anm. 23.
206 Die Republik und wir. Rede des Ministerialdirektors z. D. Dr. Spiecker vor der Reichskonfenz des Deutschen Republikanischen Reichsbundes in Berlin am 25. November 1928, o. O. u. J., S. 6.
207 Hübner: Widerstände (Anm. 32), S. 1.

tatsächlich krisenverschärfend wirkenden, oft als alternativlos gerechtfertigten Konzepte und Praktiken der „Ära Brüning" (1930/32)[208] zielten im Kalkül der Politiker und der Wirtschaft[209] wie in der politischen Praxis auf eine Stärkung der Reichsgewalt und den Abbau der Länderrechte. Dabei ging die gesamte Philosophie der Spar-, Deflations- und Notverordnungspolitik Brünings und seiner Nachfolger mit den unitarisch-autoritären Konzepten der „Reichsreform"-Protagonisten und mit der Gutachtertätigkeit des Reichssparkommissars eine für die ohnehin schon eingeschränkte föderative Ordnung der Republik, für die Eigenstaatlichkeit und parlamentarische Demokratie der Länder letztlich unheilvolle Verbindung ein.

Schon vor, erst recht nach Ausbruch der Weltwirtschaftskrise gerieten die kleineren und wirtschaftlich schwachen Länder in finanzielle Bedrängnis und an den Rand des Staatsbankrotts. Die in solchen Fällen eingeholten Gutachten des Reichssparkommissars unterstützten ganz bewußt die Tendenz, Verwaltung, Kompetenzen und parlamentarisches System der Länder einzuschränken[210]. Bezeichnenderweise empfahlen diejenigen Kreise, die die parlamentarische Demokratie der Republik auf diese Weise gleichsam „von unten" aushöhlen wollten, die 1930/31 in Thüringen vom NS-Innenminister Wilhelm Frick per Ermächtigungsgesetz durchgesetzte, den Empfehlungen des Reichssparkommissars folgende Verwaltungsreform als nachahmenswertes Beispiel. „Nur ein zielbewußter Staatswille", lobten sie, „konnte in dieser kurzen Zeit so grundlegende Änderungen schaffen. Ein Parlament wäre dazu nicht imstande gewesen."[211] In diesen Kreisen galt Frick geradezu als Vorreiter einer Politik der starken Hand und der auf Verfassungsnotrecht gestützten Präsidialkabinette.

In der gesamten Wirtschafts- und Staatskrise seit 1930 wurde aus den zeitweisen Finanzschwierigkeiten der Einzelstaaten ein Dauerproblem auch für die größeren Länder, das durch

---

208 Vgl. Borchardt, Knut: A Decade oft Debate About Brüning's Economic Policy, in: Kruedener, Jürgen v. (Ed.): Economic crisis and political collapse. The Weimar Republic 1924–1933 (German Historical Perspectives Series V), New York, Oxford, Munich 1990, S. 99–151; Winkler, Heinrich August (Hrsg.): Die deutsche Statskrise 1930–1933. Handlungsspielräume und Alternativen (Schriften des Historischen Kollegs. Kolloquien 26), München 1992, S. 109–154; am detailreichsten, akkurat geschildert, aber recht unkonturiert Schulz: Zwischen Demokratie und Diktatur (Anm. 64), Bd. III, S. 1–571.

209 Vgl. Maurer, Ilse u. a. (Bearb.): Politik und Wirtschaft in der Krise 1930–1932. Quellen zur Ära Brüning (Quellen zur Geschichte des Parlamentarismus und der politischen Parteien III/4), 2 Bde., Düsseldorf 1980; Neebe: Großindustrie; Grübler: Die Spitzenverbände (beide Anm. 76); John, Jürgen: Zur politischen Rolle der Großindustrie in der Weimarer Staatskrise. Gesicherte Erkenntnisse und strittige Meinungen, in: Winkler: Die deutsche Staatskrise (Anm. 208), S. 215–237.

210 Vgl. Anm. 169.

211 Vgl. Reich und Länder (Anm. 170) 4 (1930), S. 25–30, 234–240, Zitat S. 239; vgl. auch Gutachten über die Landesverwaltung Thüringens. Erstattet am 4. Oktober 1929 vom Reichssparkommissar Staatsminister a. D. Dr. Saemisch, Weimar (1929); zum Ermächtigungsgesetz und zur Verwaltungsreform der Thüringer Baum-Frick-Regierung 1930/31 GTh 1930, S. 23, 79, 85, 100, 123, 148, sowie John, Jürgen: Grundzüge der Landesverfassungsgeschichte Thüringens 1918 bis 1952, in: Thüringische Verfassungsgeschichte im 19. und 20. Jahrhundert (Schriften zur Geschichte des Parlamentarismus in Thüringen 3), Jena 1993, S. 49–113, hier S. 64 f.; zu Frick – seine Thüringer Ministerzeit aber nur marginal behandelt – Neliba, Günter: Wilhelm Frick. Der Legalist des Unrechtsstaates. Eine politische Biographie, Paderborn u. a. 1993; zum Gesamtkomplex Ehrlich; John: Weimar 1930 (Anm. 128).

die rigorose Spar- und Deflationspolitik vor allem der „Ära Brüning" verschärft wurde[212]. Das Brüningsche Wirtschafts- und Finanzprogramm vom 29. September 1930 beanspruchte – einer alten Forderung wirtschaftlicher Groß- und Spitzenverbände folgend – Einfluß- und Kontrollrechte gegenüber Etats und Finanzgebaren der Länder[213]. Damit wurden Eigenstaatlichkeit und parlamentarische Demokratie der Länder „von oben" untergraben. Auf der Grundlage dieses Programms schränkten die vier Notverordnungen „zur Sicherung von Wirtschaft und Finanzen" vom 1. Dezember 1930, 5. Juni 1931, 6. Oktober 1931 und 8. Dezember 1931 den Haushalt- und Finanzspielraum der Länder drastisch ein, ohne daß Ausgleichsmaßnahmen wie die „Dietramszeller Notverordnung" vom 24. August 1931 tatsächlich entlastend wirkten.

Diese Notverordnung des Reichspräsidenten „zur Sicherung der Haushalte von Ländern und Gemeinden" ermächtigte die Landesregierungen, nun ihrerseits ohne Mitwirkung der Parlamente und abweichend vom Verfassungsrecht Sparmaßnahmen in den Ländern durchzusetzen und auch die Kommunen dazu zu zwingen[214]. Das war ein rigoroser Eingriff in das Verfassungsrecht und in den dreigliedrigen Staatsaufbau[215], der das parlamentarische System in den Ländern beschnitt und sie noch stärker dem im Reich praktizierten Präsidialsystem unterordnete. Möglicherweise verband Brüning damit die weiterreichende Absicht, auf finanziellem Wege eine „Reichsreform" zu erzwingen und Länder und Reichsrat für eine Art Staatsstreich zu gewinnen, um den Reichstag gänzlich auszuschalten. Die Notverordnung räumte den Landesregierungen zwar außerordentliche Vollmachten ein, von denen sie fortan kräftig Gebrauch machten. Doch konnten auf diese Weise weder die Länderfinanzen saniert noch die unsichere Lage der Länder stabilisiert werden. Die Eingriffe der Präsidialregierungen in die Länderkompetenzen nahmen nicht ab, sondern zu. Die Gewichte verschoben sich weiter drastisch zugunsten des Reiches.

Eingaben wie die des württembergischen Staatspräsidenten vom Oktober 1930 gegen das Brüningsche Wirtschafts- und Finanzprogramm[216], die zu einer Staatskrise führende Entschließung des oldenburgischen Landtages auf Aufhebung der Notverordnung vom Juni 1931[217]

---

212 Vgl. ausführlich und mit zahlreichen Beispielen Schulz: Zwischen Demokratie und Diktatur (Anm. 64), Bd. III; Heindl: Die Haushalte (Anm. 119); Koops: Die Kabinette Brüning I und II (Anm. 169); als regionale Fallbeispiele vgl. Besson, Waldemar: Württemberg und die deutsche Staatskrise. Eine Studie zur Auflösung der Weimarer Republik, Stuttgart 1959; Schaaps, Klaus: Die Endphase der Weimarer Republik im Freistaat Oldenburg 1928–1932 (Beiträge zur Geschichte des Parlamentarismus und der politischen Parteien 61), Düsseldorf 1978.

213 Vgl. z. B. die Beschlüsse des Reichskabinetts zum Wirtschafts- und Finanzprogramm v. 30. 9. 1930, abgedr. in: Koops: Die Kabinette Brüning I und II (Anm. 169), S. 470–475, hier S. 474.

214 RGBl 1931 I, S. 453; ausführlich zu dieser Verordnung, ihrem Hintergrund und zum strittigen politischen Kalkül Brünings vgl. Schulz: Zwischen Demokratie und Diktatur (Anm. 64), S. 477–492; zur Erörterung ihrer staatsrechtlichen Konsequenzen für die „Reichsreform"-Problematik vgl. auch Reich und Länder (Anm. 170) 5 (1931), S. 278–286, 308–320, 335–346; 6 (1932), S. 42–58.

215 Schulz: Zwischen Demokratie und Diktatur (Anm. 64) brachte das auf die Formel „Ein Rubikon wird überschritten" (S. 487).

216 Vgl. BA, R 43 I, Nr. 2367, Bl. 11–13 Rs; vgl. auch Besson: Württemberg (Anm. 212); zahlreiche weitere Beispiele bei Schulz: Zwischen Demokratie und Diktatur (Anm. 64), Bd. III.

217 Vgl. BA, R 43 I, Nr. 2370, Bl. 155 f.; vgl. auch Schaaps: Die Endphase (Anm. 212).

oder die Konferenz (21. August 1931) und Deputation (1. September 1931) der Länder Thüringen, Oldenburg, Braunschweig, Anhalt, Lübeck, Lippe, Schaumburg-Lippe, Mecklenburg-Schwerin und -Strelitz beim Reichskanzler mit der Bitte, ihre Zahlungsfähigkeit zu sichern[218], unterstrichen die Dramatik der Situation ebenso wie die bayerischen Denkschriften gegen die „Aushöhlung der Länder durch die Notverordnungen des Reiches"[219]. Und sie zeigten die Folgen einer Politik, die vorgab, die Wirtschafts- und Staatskrise zu bekämpfen, sie tatsächlich aber verschärfte und den negativ – zur Abwehr von Notsituationen – konzipierten Ausnahmeartikel 48 zum positiven Dauer-Gestaltungsprinzip umfunktionierte, um so eine präsidial gestützte autoritäre Politik durchzusetzen[220]. Der ebenfalls per Artikel 48 durchgeführte Staatsstreich Papens gegen das „sozialdemokratische Bollwerk" Preußen am 20. Juli 1932[221] setzte da nur den vorläufigen Schlußpunkt unter eine Entwicklung, an die schließlich die pseudolegale und -verfassungskonforme „Gleichschaltungs"-Politik des NS-Regimes im allgemeinen wie gegenüber den Ländern im besonderen anknüpfen konnte[222].

IV. Neugliederungs-, Großraum- und Großländerpläne

Im Kontext der „Reichsreform"-Debatten entstand eine Fülle von Neugliederungs-, Großraum- und Großländerplänen. Erste Konturen gewannen sie in der Gründungsphase der Republik 1918/19 mit den Debatten über die Auflösung Preußens und eine durchgreifende Reichsneugliederung. Bei schwindenden Aussichten traten Pläne zur Neugliederung des gesamten Reichsgebietes zunächst wieder in den Hintergrund. Die Regionalplanungen hingegen hielten an. Im Westen waren sie bis 1923 in starkem Maße von separatistischen Regionalbewegungen vor allem in den besetzten preußischen, oldenburgischen, hessischen, badischen und bayerischen Gebieten geprägt. Sie richteten sich ideologisch gegen die französische Besatzungsmacht, planerisch aber eher gegen Preußen und setzten dabei auch auf die Besatzungsmacht. Die Besetzung unterschiedlichen Ländern zugehöriger Gebiete förderte dort den Inte-

---

218 Vgl. ThHStAW, Staatsministerium-Präsidialabteilung, Nr. 80, Bl. 159; BA, R 43 I, Nr. 2373, Bl. 670–674; Koops: Die Kabinette Brüning I und II (Anm. 169), S. 1639 ff.

219 Vgl. Anm. 131; zu weiteren bayerischen Eingaben und Denkschriften 1930/31 vgl. BA, R 43 I, Nr. 2367, 2368, 2375, sowie Schulz: Zwischen Demokratie und Diktatur (Anm. 64), Bd. III.

220 Die hier behandelten Zusammenhänge zeigen die Fragwürdigkeit der These, die Politik der Präsidialkabinette sei der einzig verbliebene Garant gegen den von der NSDAP beherrschten Reichstag (und damit auch gegen die von der NSDAP beherrschten Länder und Länderparlamente) gewesen und das Pochen auf die parlamentarischen Rechte sei letztlich gegen den Parlamentarismus selbst ausgeschlagen – so neuerdings mit Blick auf die verfassungspolitische Konzeption Schleichers wieder Pyta, Wolfgang: Konstitutionelle Demokratie statt monarchistische Restauration. Die verfassungspolitische Konzeption Schleichers in der Weimarer Staatskrise. Dokumentation, in: Vierteljahrshefte für Zeitgeschichte 47 (1999), S. 417–441, hier S. 417.

221 Vgl. Anm. 46.

222 Vgl. zu diesen Kontinuitätslinien neuerdings v. a. Raithel, Thomas; Strenge, Irene: Die Reichstagsbrandverordnung. Grundlegung der Diktatur mit den Instrumenten des Weimarer Ausnahmezustandes, in: Vierteljahrshefte für Zeitgeschichte 48 (2000), S. 413–460.

grations- und Großraumgedanken. Nach dem Scheitern hannoveranisch-welfischer Sezessionsabsichten 1924 und mit schrittweiser Räumung der besetzten Rheinlande seit 1925 glichen sich die dortigen Regionalbewegungen und -pläne denen anderer Regionen an. Die Rationalisierungs- und Landesplanungs-Euphorie nach den Stabilisierungsmaßnahmen 1923/24 verlieh den Neugliederungsplänen auf Reichs- und Regionalebene neue Impulse und Konturen. Ihre Blütezeit erreichten sie auf dem Höhepunkt der „Reichsreform"-Debatten 1927/28 bis 1930. In diese Zeit fielen die Reichsneugliederungspläne nach Wirtschafts- und Verkehrsgebieten[223] sowie die Neugliederungsvorschläge des „Lutherbundes" (1928) und der Länderkonferenz (1930)[224]. Sie gaben vor allem Großraumplänen in der Mitte und im Nordwesten des Reiches Auftrieb und Bezugsmöglichkeiten. Dort schien es ohnehin den größten Handlungsbedarf zu geben. Zwischen 1924 und 1931 entstanden und erschienen die „Frankfurter Pläne" für das Rhein-Main-Wirtschaftsgebiet[225] sowie die markanten mitteldeutschen, niedersächsischen, rheinischen und westfälischen Denk-[226] und Kulturraumschriften[227]. Das Scheitern der „Reichsreform" und die Politik der Präsidialkabinette in der Wirtschafts- und Staatskrise entzogen den Neugliederungsplänen dann weitgehend den Boden.

Der von wirtschaftlichen, rationalisierenden und verfassungsrevidierenden Erwägungen und Umgestaltungsabsichten geprägte Haupt-Planungszeitraum 1924 bis 1930/31 deckte sich größtenteils mit der Stabilisierungsperiode der Republik. Die These, der Regionalismus solcher Neugliederungspläne sei vor allem in ihrer Gründungs- und Endphase und damit in Zeiten ihrer größten Schwäche hervorgetreten[228], ist deshalb kaum haltbar. Sie ist allzusehr auf den separatistischen Regionalismus in den Besatzungs- und Sanktionsgebieten entlang des Rheines fixiert[229]. Sie beachtet zu wenig das Gesamtspektrum damaliger Neugliederungs-, Großraum- und Großländerpläne sowie die veränderten Konstellationen nach den Stabilisierungsmaßnahmen 1923/24, die solchen Plänen wieder Auftrieb und Erfolgsaussichten gaben. Freilich war dies nicht von Dauer. Auch konsolidierten sich die Verhältnisse seit 1924 nur in einem relativen Sinne. Das Reich, Preußen und die übrigen Länder kamen keineswegs zur

---

223 Vgl. Anm. 47.
224 Vgl. Anm. 193 und 195.
225 Vgl. Anm. 47 und 50.
226 Vgl. Mitteldeutschland auf dem Wege zur Einheit (Anm. 174); Brüning, Kurt (Bearb.): Niedersachsen im Rahmen der Neugliederung des deutschen Reiches. Denkschrift, dem 64. (bzw. 66.) Hannoverschen Provinziallandtag vorgelegt vom Landesdirektorium der Provinz Hannover, 2 Bde., Hannover 1929/31.
227 Vgl. Aubin, Hermann; Frings, Theodor; Müller, Josef: Kulturströmungen und Kulturprovinzen in den Rheinlanden, Bonn 1926; Aubin, Hermann; Bühler, Ottmar; Kuske, Bruno; Schulte, Aloys (Hrsg.): Der Raum Westfalen, Bd. I: Grundlagen und Zusammenhänge, im Auftrag der Provinz Westfalen, Berlin 1931 (die Bände 2–6 erschienen unter wechselnder Herausgeberschaft 1934–1996).
228 Vgl. Ditt: Regionalismus (Anm. 51), S. 14; zu einer ähnlichen (Fehl)Einschätzung kam Biewer: Reichsreformbestrebungen (Anm. 64), S. 180 mit der These, die Hoch-Zeit der Großraumpläne habe 1918/23 und dann erst wieder 1928/30 gelegen; dazwischen seien sie abgeebbt; hier wurde allein auf den Süd-, Mittel- und Nordwesten des Reiches geblickt, der gesamte mitteldeutsche Planungsschwerpunkt übersehen und die Inkubationsjahre 1924/27 unterschätzt.
229 Das zeigt sich auch in der entsprechenden Typologisierung des frühen Regionalismus der Weimarer Zeit in einen „antipreußisch-separatistischen", einen „nationalistischen" (das bedrohte Deutschtum hervorkehrenden) und „autonomiegerichteten" Typus – vgl. ebenda, S. 14 f.

Ruhe. Von einer wirklich stabilen Lage konnte weder in wirtschaftlicher noch in politischer Hinsicht die Rede sein. Vor allem in der politischen Kultur mehrten sich die Destabilisierungstendenzen. Dazu trugen nicht zuletzt die „Reichsreform"-Debatten bei. Dennoch unterschieden sich die innen- wie außenpolitischen bzw. -wirtschaftlichen Rahmenbedingungen seit 1924 deutlich von den vorangehenden Krisen- und Inflationsjahren und von der nachfolgenden Wirtschafts- und Staatskrise. Das drückte den Neugliederungs- und Großraumplänen dieses Zeitraumes seinen Stempel auf.

Zudem fanden sie erst seit 1924 wirklichen Rückhalt bei Wirtschaft, Politik, Verwaltung und Wissenschaft. Sie erhielten nun das nötige theoretisch-methodische Rüstzeug geographischer, wirtschaftlicher, raum- und landesplanender sowie räumlich ausgerichteter historischer Wissenschaften[230]. Die Wissenschaftler schalteten sich schon aus wohlverstandenem Eigeninteresse – aufgefordert oder unaufgefordert – in solche Planungen ein. Die Neugliederungspläne boten ihnen Aufträge, Gestaltungs- und Experimentiermöglichkeiten. Und sie benötigten wissenschaftlich fundierte Argumente. In den ersten Jahren nach 1918 beriefen sich die Neugliederungspläne meist auf den Verfassungsvorspruch mit seinem Hinweis auf die „deutschen Stämme" und auf die höchst fragwürdige Stammesgliederung des deutschen Volkes. Die eher wirtschaftlich-rationell ausgerichteten Pläne seit Mitte der 1920er Jahre bedurften vor allem auf Wirtschaft und Raum gerichteter „Gemeinschafts"-Argumente. Pläne zur Reichsneugliederung nach Wirtschafts-, Verkehrs- und Kommunikationsgebieten kamen meist ohne historische und kulturgemeinschaftliche Argumente aus. Aus Sicht ihrer Verfasser schufen „Wirtschaftsstruktur" und „Interessengemeinschaft" die nötige „Zusammengehörigkeit"[231]. Die regionalen Großraumpläne verwendeten gleichermaßen aktuelle, auf die sozioökonomische Verflochtenheit von Wirtschaftsprovinzen gerichtete wie historisch-kulturräumliche Argumentationen. Dem kamen die auf „Raum" und „Volk" gerichteten, methodisch innovativen und heuristische Standards erweiternden historisch-landeskundlichen „Volkstums-" und „Kulturraum"-Forschungen entgegen. Sie lösten die traditionell politisch-dynastisch ausgerichtete, nach dem Ende der Dynastien ohnehin obsolet gewordene Landesgeschichte ab bzw. in ihr eine volks- und kulturraumgeschichtliche Wende aus, ersetzten den abgegriffenen Stammesbegriff durch einen räumlich, völkisch und rassisch gedeuteten und fanden damit nun ihren festen Platz in den interdisziplinären Raumplanungen. Mit alldem prägte sich seit Mitte der 1920er Jahre die für die Blütezeit der Großraumpläne bis 1930/31 charakteristische Kooperation von Wirtschaft, Verwaltung/Politik und Wissenschaft[232] aus.

---

230 Darauf wird in der einschlägigen Literatur durchweg verwiesen; mit Blick auf das Gesamtspektrum vgl. v. a. Burg: Die Neugliederung (Anm. 52), mit Blick auf die landeskundlich-historischen Wissenschaften Schöller: Länderreform und Landeskunde (Anm. 54); Reuling: Zwischen politischem Engagement (Anm. 64) sowie den Beitrag von Willi Oberkrome in diesem Band.

231 Scheu: Deutschlands Wirtschaftsprovinzen (Anm. 47), S. 18; Weitzels Pläne (Anm. 47) fügten zwar 1931 „Wirtschaft" und „Verkehr" noch „Kultur" als Neugliederungskriterium hinzu, ohne diesem aber wirklich konstitutive Wirkungen zuzumessen.

232 Meist wird in der einschlägigen Literatur freilich nur die Kooperation von Verwaltung/Politik und Wissenschaft betont – vgl. z. B. Burg: Die Neugliederung (Anm. 52); Ditt: Regionalismus (Anm. 51), S. 72.

Eine Typologie der im Einzelnen bereits untersuchten, insgesamt aber schwer überschaubaren Reichsneugliederungs- und Großraumpläne der Weimarer Zeit ist zwar mehrfach versucht worden, bislang aber unbefriedigend ausgefallen. Meist blieb es bei mehr oder
weniger formellen Kriterien folgenden Übersichten, die vor allem nach planungstechnischer
Tauglichkeit solcher Pläne, nach ihrem Planungshintergrund oder nach Motiven, Kompetenz
und Profession ihrer Verfasser fragten[233]. Eine detaillierte, alle skizzierten Aspekte und Etap-
pen beachtende Typologie und Anatomie der verschiedenen Neugliederungspläne auf Reichs-
und Regionalebene steht nach wie vor aus.

Pläne zur Reichsneugliederung

Die auf das gesamte Reichsgebiet bezogenen wichtigsten Neugliederungspläne wurden in
der Gründungsphase der Republik und dann vor allem im Umfeld der Länderkonferenz
1928 unterbreitet und überwiegend publiziert. Zur ersten Gruppe gehörten der auf Hugo
Preuß zurückgehende – amtlich nicht veröffentlichte, aber informell bekannt werdende –
„Gebiets"-Paragraph des ersten Verfassungsentwurfs 1919[234], der damit korrespondierende
Länderneugliederungs-Plan des Berliner Geographen Walther Vogel (1918/19)[235], der großdeutsch-föderalistische Entwurf der „Kölnischen Volkszeitung" (1918)[236] und – gleichsam
als Nachzügler – das föderalistisch-stammeskundliche Konzept des Heidelberger Geogra-
phen Walther Tuckermann (1920)[237]. Die Pläne der zweiten Gruppe gingen durchweg von
Wirtschafts- und Verkehrsgebieten bzw. von neuen Regionalstrukturen aus. Der preußische
Ministerialbeamte Otto Frielinghaus sah in den neugebildeten Landesarbeitsamts-Bezirken
die Bausteine eines „dezentralisierten Einheitsstaates" (1928)[238]. Nach Wirtschafts- und Verkehrsgebieten planten August Weitzel, Erwin Scheu, Erich Obst, Hans Baumann und Hans
Rabe (1928)[239]. Den Schlußpunkt setzten die Neugliederungsvorschläge des „Lutherbundes"
(1928)[240] und des Verfassungsausschusses der Länderkonferenz (1930)[241]. Walther Vogel, der
1932 noch einmal systematisch die Vor- und Nachteile all dieser Pläne analysierte, stellte sich
ausdrücklich hinter diese beiden Vorschläge[242].

---

233 Vgl. zeitgenössisch Vogel: Deutsche Reichsgliederung (Anm. 15), historiographisch v. a. Münchheimer: Die
   Versuche (Anm. 54); Wagner: Die territoriale Gliederung; Burg: Die Neugliederung (beide Anm. 52); Biewer:
   Reichsreformbestrebungen; Reuling: Zwischen politischem Engagement (beide Anm. 64); mit Blick auf die frühen
   Neugliederungspläne im Nordwesten Neumann: Politischer Regionalismus (Anm. 64); als bisher einzige kritische
   Gesamtanalyse in langfristig und international vergleichender Perspektive Matz: Länderneugliederung (Anm. 25).
234 Vgl. Anm. 145; vgl. hierfür und für die folgenden erwähnten Neugliederungspläne auch die diesem Band
   beigefügten Karten.
235 Vgl. Anm. 90.
236 Vgl. Ebenda.
237 Vgl. Anm. 29.
238 Vgl. Anm. 32.
239 Vgl. Anm. 47.
240 Vgl. Anm. 195.
241 Vgl. Anm. 193.
242 Vgl. Anm. 15.

Regionale Großraumpläne

Die regionalen Großraumpläne konzentrierten sich auf die südwestdeutschen Gebiete[243], die westliche Mitte des Rhein-Main-Gebietes und Hessens[244], den Nordwesten[245] und den mitteldeutschen Raum[246]. Im Südwesten ging es vor allem um den Zusammenschluß Württembergs, Badens, der preußischen Hohenzollern-Exklave und der bayerischen Pfalz zu

---

243 Vgl. Bradler, Günther: Der „Großschwaben-Plan" des preußischen Regierungspräsidenten Dr. Emil Belzer innerhalb der Diskussion um die „Reichsreform" in den Jahren 1920 bis 1922, in: Zeitschrift für Hohenzollerische Geschichte 13 (1977), S. 91–118; ders.: Der „Großschwaben-Plan" aus dem Jahre 1920, in: Schwäbische Heimat 28 (1977), S. 14–20; Biewer: Reichsreformbestrebungen (Anm. 64), S. 171–183; Borst, Otto: Vorstufen Baden-Württembergs (Schriftenreihe der Schwäbischen Gesellschaft 9–11), Stuttgart 1992.

244 Vgl. Struck, Wolf Heino: Zur ideenpolitischen Vorbereitung des Bundeslandes Hessen seit dem 19. Jahrhundert, in: Hessisches Jahrbuch für Landesgeschichte 20 (1970), S. 282–324; Kahlenberg: Großhessenpläne (Anm. 154); Biewer: Reichsreformbestrebungen (Anm. 64), S. 150–170; Reuling, Ulrich: Reichsreform und Landesgeschichte. Thüringen und Hessen in der Neugliederungsdiskussion der Weimarer Republik, in: Gockel, Michael (Hrsg.): Aspekte thüringisch-hessischer Geschichte, Marburg 1992, S. 257–308, hier S. 275–300; ders.: Althessen, Neuhessen, Großhessen. Der Hessen-Begriff im Spannungsfeld von Politik und Wissenschaft im 19. und 20. Jahrhundert, in: Fünfzig Jahre Land Hessen (Schriften der Hessischen Akademie der Forschung und Planung im ländlichen Raum 13), Bad Karlshafen 1995, S. 13–41; ders.: Zwischen politischem Engagement (Anm. 64), S. 289–300; Klein, Thomas: Hessen-Nassau im föderativen Gefüge des Deutschen Reichs, in: Heinemeier, Walter (Hrsg.): Hundert Jahre Historische Kommission für Hessen 1897–1997 (Veröffentlichungen der Historischen Kommission für Hessen 61), Marburg 1997, Bd. 2, S. 961–985, sowie Anm. 154.

245 Vgl. Kohte, Wolfgang: Die Gedanken zur Neugliederung des Reiches 1918–1945 in ihrer Bedeutung für Nordwestdeutschland, in: Westfälische Forschungen 6 (1943/52), S. 182–195; Lent, Dieter: Das Niedersachsenbewußtsein im Wandel der Jahrhunderte, in: Haase, Carl (Hrsg.): Niedersachsen. Territorien – Verwaltungseinheiten – geschichtliche Landschaften, Göttingen 1971, S. 27–50; Steinberg, Heinz Günter: Der deutsche Westen und die Reichsreform, in: Först, Walter (Hrsg.): Provinz und Staat (Beiträge zur neueren Landesgeschichte des Rheinlandes und Westfalens 4), Köln, Berlin 1971, S. 94–145; Biewer: Reichsreformbestrebungen (Anm. 64), S. 144–149, 184–193; Ditt: Raum und Volkstum (Anm. 81), v. a. S. 95–105; Neumann: Politischer Regionalismus (Anm. 64); Reuling: Zwischen politischem Engagement (Anm. 64), S. 300–312; Reeken, Dietmar v.: Wissenschaft, Raum und Volkstum: Historische und gegenwartsbezogene Forschung in und über „Niedersachsen" 1910–1945. Ein Beitrag zur regionalen Wissenschaftsgeschichte, in: Niedersächsisches Jahrbuch für Landesgeschichte 68 (1996), S. 43–90, sowie dessen Beitrag in diesem Band und Anm. 154.

246 Vgl. Häupel: Die Gründung; John: Thüringer Verfassungsdebatten (beide Anm. 17); Groß, Reiner: Der Freistaat Sachsen und seine Bemühungen um eine Verwaltungsreform in der Weimarer Republik, in: John, Uwe; Matzerath, Josef (Hrsg.): Landesgeschichte als Herausforderung und Programm. Karlheinz Blaschke zum 70. Geburtstag (Quellen und Forschungen zur sächsischen Geschichte 15), Stuttgart 1997, S. 639–658; Reuling: Reichsreform (Anm. 244), S. 261–274, 300–308; ders.: Zwischen politischem Engagement (Anm. 64), S. 280–288; Steinberg, Heinz-Günter: Pläne zur Neugliederung Mitteldeutschlands in den Jahren der Weimarer Republik, in: Studien zur territorialen Gliederung Deutschlands im 19. und 20. Jahrhundert (Veröffentlichungen der Akademie für Raumforschung und Landesplanung. Forschungs- und Sitzungsberichte 62 / Historische Raumforschung 9), Hannover 1971, S. 149–216; Pfannschmidt: Landesplanung; Hofmann: Mitteldeutschland (beide Anm. 173); Berndt, Roswitha: Das Projekt „Mitteldeutschland" in den Reichsreformplänen der Weimarer Republik, in: Jahrbuch für Regionalgeschichte 16/I (1989), S. 147–155; Tullner, Mathias: Die Entstehung der Konzeption von „Sachsen-Anhalt" und das Problem der föderalen Neugliederung Mitteldeutschlands in der Zeit der Weimarer Republik, in: Blätter für deutsche Landesgeschichte 131 (1995), S. 305–329, sowie dessen Beitrag und den Beitrag von Oliver Lemuth in diesem Band.

einem „Südweststaat" bzw. „Großschwaben". Der zeitliche Schwerpunkt solcher Pläne lag in den Anfangsjahren der Weimarer Republik. Sie lebten 1928/30 mit der Absicht wieder auf, ein Gegengewicht gegen Bayern und gegen ein neustrukturiertes Norddeutschland zu schaffen. Doch fanden sie nur geringe Resonanz, zumal die BER- und Länderkonferenz-Vorschläge den Süden unberührt ließen und dort kaum Handlungsdruck hervorriefen. Die westliche Mitte des Reiches war in den Anfangsjahren der Republik von den separatistischen Plänen für einen „Rheinstaat" bzw. eine „Westdeutsche Republik" sowie von der Kasseler „Großhessen"-Bewegung 1918/19 für einen Zusammenschluß der preußischen Provinz Hessen-Nassau mit dem Volksstaat Hessen betroffen. Dagegen richteten sich die „Rheinfranken"- bzw. „Rheinhessen"-Pläne. In ähnlichen Konflikt- und Konkurrenzverhältnissen standen nach 1924 die Frankfurter Pläne für ein „Rhein-Main-Wirtschaftsgebiet" mit Frankfurt als Zentrum sowie die von Marburg bzw. Gießen (Hermann Aubin) ausgehenden Planungen eines „Kulturraumes Hessen".

Im Nordwesten traten nach dem Scheitern separatistischer Rheinstaat-Pläne und der welfischen Sezessionsbewegung seit Mitte der 1920er Jahre kultur- und wirtschaftsräumlich begründete Großraumpläne in den Vordergrund. Die stärkste Sogwirkung ging von den „Niedersachsen"-Denkschriften Kurt Brünings im Auftrag des Hannoverschen Provinziallandtages (1929/31) aus. Dies führte zu Gegenplänen davon betroffener Provinzen und Länder für einen eigenständigen „Raum Westfalen", ein „Groß-Oldenburg" etc. Die Provinz Westfalen reagierte vor allem mit Hermann Aubins Monumentalwerk „Der Raum Westfalen". Der beiderseits mit kulturräumlichen Argumenten ausgefochtene „Denkschriften-Krieg" zwischen den Provinzen Hannover und Westfalen wurde zu einem Musterbeispiel rivalisierender Großraum-Planungen[247]. Im mitteldeutschen Raum trat 1918/20 zunächst die Bewegung für ein „Großthüringen" unter Einschluß preußischer Gebiete hervor. Im Gegenzug wurde von Halle aus eine preußische Großprovinz unter Anschluß der Thüringer Kleinstaaten propagiert. Beides scheiterte. Doch blieb der „Großthüringen"-Gedanke auch nach Gründung des Landes Thüringen 1920 lebendig. Von Dresden gingen Pläne für ein „Großsachsen" bzw. Großland „Sachsen-Thüringen" aus. 1927 setzte die provinzsächsische „Mitteldeutschland"-Denkschrift neue Akzente. Sie plädierte für einen von der preußischen Provinz Sachsen dominierten, die Nachbarländer einschließenden wirtschaftlich-administrativen Großraum „Mitteldeutschland". Als Minimalvariante wurde der Anschluß Anhalts an die preußische Provinz Sachsen propagiert. Dies alles löste eine Flut gegenläufiger und konkurrierender Zusammenschluß-Pläne aus, unter denen die Leipziger und Erfurter Projekte herausragten[248]. Am Schluß standen Vorschläge für eine arrondierend-administrative Dreiteilung des mitteldeutschen Raumes in Sachsen-Anhalt, Großthüringen und Sachsen.

---

247 Vgl. dazu auch die nachfolgenden Beiträge Dietmar v. Reekens und Willi Oberkromes.
248 Vgl. dazu auch die nachfolgenden Beiträge Mathias Tullners und Oliver Lemuths.

Zur Anatomie der Großraumpläne, -akteure und -argumentationen

Meist ging es bei den skizzierten Plänen um den großräumigen Zusammenschluß preußischer und andersstaatlicher Gebiete. Nördlich des Mains berührten sie stets die „preußische Frage" und den Territorialbestand Preußens. Dabei mischten sich Integrations- und Sezessionstendenzen sowie pro- und antipreußische Positionen in spannungsvoller Weise. In den Anfangsjahren der Weimarer Republik dominierten „Los-von-Preußen"-Bewegungen. Später ging es vor allem um einen „dezentralisierten Einheitsstaat" nach preußischem Muster, um ein „Reichsland Preußen" oder „Norddeutschland". Nach diesen späteren Konzepten sollten kleinere Länder in preußischen Provinzen aufgehen oder mit diesen verschmolzen werden. Durchweg war strittig, ob die angestrebte Raumsynthese unter preußischer oder unter Initiative sonst beteiligter Staaten erfolgen solle, ob durch Anschluß preußischer Gebiete an andere Staaten oder durch deren Aufgehen in preußischen Großprovinzen. Hinzu kamen die Rivalitäten großrauminteressierter Länder und Provinzen. Daraus resultierten permanente Konflikte zwischen Preußen und anderen Ländern oder – wie im Falle der „Niedersachsen"- und „Westfalen"-Pläne – zwischen preußischen Provinzen. Die Großraum- und Großländerpläne scheiterten nicht zuletzt an solch gegensätzlichen Interessenlagen und konkurrierenden Führungsansprüchen.

Zudem stand der Regionalismus solcher Pläne in einem höchst spannungsreichen Verhältnis zu den allgemeinen Plänen für eine Reichsneugliederung, namentlich zu den BER-Vorschlägen und zu den Beschlüssen des Verfassungsausschusses der Länderkonferenz. Letztere weckten auf regionaler Ebene gleichermaßen Begehrlichkeiten wie Befürchtungen. Die allgemeinen Pläne gaben dem Regionalismus Auftrieb und Bezugsmöglichkeiten, lieferten Argumentationshilfen, setzten ihn aber auch unter Zugzwang. Ihre Ziele und Absichten deckten sich keineswegs mit den Regionalinteressen. Teils kamen sie diesen entgegen, teils liefen sie ihnen zuwider. Meist lagen den Großraum- und Großländerplänen regionimmanente Initiativen zugrunde. Im Umfeld der Länderkonferenz 1928 verbanden sie sich mit der vorbeugenden Absicht, mit eigenen Konzepten rechtzeitig Vorkehrung gegen drohenden Handlungsdruck von außen und für mögliche politische Entscheidungen zu treffen – entweder, um diese im eigenen Interesse zu befördern –, oder, um sie zu verhindern. Ähnliche Spannungs- und Konfliktlagen zeichneten sich zwischen rivalisierenden Großraumplänen ab. Mehrfach entstanden solche Projekte aus Abwehr anderer Pläne und in Reaktion auf den Anschlußdruck benachbarter Regionen – so die „Rheinhessen"- in Reaktion auf die „Großhessen"-Pläne, die Leipziger „Mitteldeutschland"-Denkschrift in Reaktion auf die provinzsächsische Denkschrift oder das „Westfalen"-Projekt in Reaktion auf die „Niedersachsen"-Denkschriften. Sie reagierten mit eigenen Konzepten und Argumentationen, um den Anschlußdruck abzuwehren bzw. um sich selbst an seine Spitze zu stellen, oder entwickelten aus der Defensive völlig neue Großraumkonzepte.

An den diversen Großraumplänen waren sehr verschiedene gesellschaftliche Gruppen mit entsprechend unterschiedlichen, oft konkurrierenden Interessen beteiligt – politische und administrative Praktiker, wirtschaftliche Interessenverbände, Geographen, Regional-, Kultur-

und Landeshistoriker wie andere regionalforschende Wissenschaftler. Auch wirkten die seit 1925 auf Selbstverwaltungsbasis entstehenden Landesplanungstellen an solchen Plänen mit. Bei den „Großthüringen"- und „Großhessen"-Bewegungen 1918/19 ging der Anstoß von den Arbeiter- und Soldatenräten (Thüringen) bzw. vom „Hessischen Volksbund" (Kassel) als Propagandaorganisation aus. Später gaben vor allem wirtschaftliche Interessengruppen, Gremien wie die Berliner Gesandtschaft der IHK Frankfurt-Hanau, der „Wirtschaftsverband Mitteldeutschland", der „Wirtschaftsbund Niedersachsen-Kassel" und die „Wirtschaftswissenschaftliche Gesellschaft zum Studium Niedersachsens", preußische Provinzial- und Selbstverwaltungsinstanzen oder interessierte Kommunalpolitiker solche Anstöße. Wissenschaftler und andere Fachexperten lieferten Konzepte und paßgerechte, aktuell wie historisch ausgerichtete Argumente. Die Regionalpresse stellte sich als Diskussions- und Meinungsbildungsforum zur Verfügung. Eine sehr ambivalente Rolle spielten Heimatbewegungen und heimatbewegte Landeskundler[249]. Einerseits waren sie Träger regionalistischer Interessen und Ideen. Mit ihrem Engagement für eine „Stärkung des deutschen Volkstums" aus den Ressourcen stammlich und territorial differenzierter Kulturräume trugen sie nach 1918 nachhaltig zu den auf „Raum" und „Volkstum" gerichteten regionalen Großraumkonzepten bei. Andererseits widersetzten sie sich technokratischen, regionale Eigenarten nivellierenden Großraum-Plänen.

Die Großraum- und Großländerpläne gingen von aktuellen, oft konkurrierenden Wirtschafts- und Interessenlagen aus und griffen dabei auf historische Argumente zurück. Je nach Interessenlage begründeten sie die Neuordnung räumlicher Lebensverhältnisse und die Notwendigkeit moderner, großräumiger Wirtschafts-, Verkehrs-, Politik- und Verwaltungsstrukturen oder die Abwehr rivalisierender Großraumkonzepte mit aktuell-rationellen Zwängen und Argumenten wie mit historischen „Identitäten" und „Traditionen". Seit 1924 traten bei Praktikern, Geographen, Wirtschaftswissenschaftlern und Raumplanern rationalisierungsbezogene und landesplanerische Argumentationsmuster mit der Vorstellung sozioökonomisch verflochtener „Wirtschaftsprovinzen" in den Vordergrund. Die Historiker brachten im Rückgriff auf Kulturräume, Volksstämme, mittelalterliche Territorien, frühneuzeitliche Reichskreise etc. vor allem räumliche, völkische und rassische Denkfiguren ins Spiel. Auf diese Weise gingen – wie eine parodistische Schmähschrift auf den Band „Der Raum Westfalen" ironisch formulierte – die Rassen- und die Wirtschaftsforschung ein seltsam „Identitäts"-stiftendes Bündnis ein[250].

Durchweg argumentierten die Großraumplaner mit der Notwendigkeit, auf die Bedürfnisse moderner Wirtschaft ausgerichtete Raumstrukturen zu schaffen. Zudem bezogen sie sich auf den Kerngedanken der Konzepte eines „dezentralisierten Einheitsstaates", wonach

---

249 Vgl. den Beitrag von Willi Oberkrome in diesem Band.

250 Nordenskjöld, Erik v. (= Grabenhorst, Georg): Der Raum Schaumburg-Lippe, Bd. I: Grundlagen und Zusammenhänge …, Verlag für „Scherz, Satire, Ironie und tiefere Bedeutung", Fastnacht 1932, S. 30; der Verfasser war Mitarbeiter der Provinzialverwaltung Hannover und attackierte aus hannoveranischer Sicht das Westfalen-Projekt.

„die Reichsverwaltung in der erforderlichen Weise zu dezentralisieren" und in „leistungsfähige Selbstverwaltungskörper von angemessener Größe"[251] zu gliedern sei. Sie müßten ja nicht unbedingt von „mathematisch gleicher Größe", aber doch annähernd austariert sein. In Preußen böten die Provinzen bereits genügend Integrationskerne. Ansonsten sei die historisch überkommene mittel- und norddeutsche Länderstruktur völlig ungeeignet für eine moderne Wirtschaftsadministration und Selbstverwaltung. Man brauche sich nur die Skurrilitäten mancher Ländergrenzen und Gemengelagen anzusehen, die vielen Enklaven oder kleinen Länder, die – wie Anhalt und Braunschweig – „wie Flicken über das preußische Staatsgebiet verteilt sind"[252]. Dies seien „unerträgliche Zustände", die sich „die deutsche Wirtschaft nicht länger erlauben" könne[253]. Anfangs galten vor allem die Thüringer Kleinstaaten, später – nachdem die „Thüringer Frage" 1920 wenigstens teilweise gelöst war – namentlich die beiden lippeschen Kleinstaaten als Musterbeispiele überlebter, unsinniger und zeitwidriger Duodez-Strukturen[254].

Die Neugliederungs-, Großraum- und Großländerpläne, die Gesamtdebatten um eine funktionale und territoriale „Reichsreform" sowie die neuen Regionalstrukturen der Weimarer Republik wirkten sichtlich herausfordernd und faszinierend auf Praktiker und Wissenschaftler. Sie reizten zu entsprechenden Plan- und Gedankenspielen zwecks wirtschaftlich bestimmter Rationalisierung von Verwaltung und Räumen oder zur Konstruktion neuer Räume und Landschaften mit entsprechend vorgeblichen, lang zurückreichenden regionalhistorischen Traditionen. „Rationalisierung", „Konstruktion" und „Identität" wurden zu Schlagworten bzw. Markenzeichen der Großraum-Euphorie der mittzwanziger und frühen dreißiger Jahre. Sie zog die wirtschaftlich-rationell ausgerichteten Landes- und Großraumplaner offenkundig ebenso in ihren Bann wie die nun auf „Volk und Raum" fixierten Kultur- und Regionalhistoriker. Der technokratischen und wissenschaftlichen Phantasie, der Vorstellung, alles planen und gestalten zu können, wie entsprechenden Konstruktions- und Gestaltungsvisionen schienen keine Grenzen gesetzt. Die wirtschaftsgeographischen Neugliederungspläne Weitzels und Scheus etwa sind Musterbeispiele damaliger technokratischer, gleichsam auf „Zirkel und Lineal" vertrauender Konstruktions- und Neugliederungsvisionen. Die Motive solcher Konstruktions- und Gedankenspiele zur – so 1929 der Geograph Otto Schlüter – „planmäßigen Gliederung des ganzen deutschen Landes"[255] entsprangen wissenschaftlichen, wirtschaftlichen

---

251 So Koch(-Weser) in seiner Denkschrift betr. den „Übergang zum Einheitsstaat" v. 12. 1. 1920, in: Golecki: Das Kabinett Bauer (Anm. 30), S. 523 f.

252 Ebenda, S. 524.

253 So Steudel, Theodor: Mitteldeutschland in geschichtlicher Betrachtung, in: Lüttgens, Carl-Max (Hrsg.): Mitteldeutschland, Erfurt 1931, S. 7–26, Zitat S. 7.

254 Vgl. Behr, Hans-Joachim: „Eine überlebte, unsinnige und unzweckmäßige Zeitwidrigkeit"? – Um die staatliche Selbständigkeit Lippes und Schaumburg-Lippes, in: Blätter für deutsche Landesgeschichte 132 (1996), S. 33–69; Hönig, Hubert (Hrsg.): Der Raum Schaumburg. Zur geschichtlichen Begründung einer regionalen Identität (Schaumburger Studien 57), Melle 1998.

255 Vgl. Schlüter, Otto: Der Begriff „Mitteldeutschland", in: ders.; Blume, Ernst (Hrsg.): Beiträge zur Landeskunde Mitteldeutschlands. Festschrift dem 23. Deutschen Geographentage in Magdeburg dargeboten vom Ortsausschuß, Berlin, Hamburg 1929, S. 7–13, Zitat S. 12.

wie politischen Interessen. Sie bewegten sich damit im Herausforderungs-, Wirkungs- und Spannungsfeld entsprechender Problemlagen, von technokratischer Praxis, Regionalismus, Wirtschaft, Wissenschaft und Politik.

Hinsichtlich bundes- oder einheitsstaatlicher Ziele waren die damaligen Großraumpläne ambivalent. Doch traten bei allem Regionalismus die föderalistischen Absichten seit 1928 deutlich hinter den unitarischen zurück. So verfolgten Weitzels Schriften zur „regionalen Gliederung Deutschlands nach Wirtschafts- und Verkehrsgebieten" das Ziel, „den Gedanken eines wahren deutschen Einheitsstaates [zu] verwirklichen"[256]. Der Magdeburger Oberbürgermeister Hermann Beims (SPD) begründete 1927 die Pläne für einen „Großraum Mitteldeutschland" mit der Notwendigkeit, den „deutschen Einheitsstaat" anstelle des „Elends der Kleinstaaterei" zu schaffen[257]. Der Leipziger Kommunalpolitiker Walter Leiske sprach 1929 in diesem Zusammenhang vom „unaufhaltsame[n] Vordringen des unitarischen Gedankens, dem die Zukunft zum mindesten in Jung-Deutschland gehört"[258]. Und der preußische Innenminister erklärte 1930 bei der Amtseinführung des neuen provinzsächsischen Oberpräsidenten: „Deutschlands erfolgreiche Neugliederung kann nicht aus regionalen Gesichtspunkten erfolgen, sondern nur von hoher Warte aus vorbereitet, nur von zentraler Stelle im Interesse des großen Ganzen durchgeführt werden"[259].

Zweifellos wirkte das Scheitern der formellen „Reichsreform" seit 1930 ernüchternd auf solche Großraum-, Plan-, Gestaltungs- und Konstruktionsvisionen. Die Großraum- und Großländerpläne traten wieder in den Hintergrund oder wichen kleinräumiger ausgerichteten Arrondierungsplänen. Doch blieben ihre Motive, Konzepte und innovativen Ansätze. Sie verlagerten sich auf die skizzierten informellen Praktiken der Politik der Präsidialkabinette oder in scheinbar unpolitische, rein wirtschaftlich und wissenschaftlich motivierte Sphären, Diagnosen und Therapiekonzepte zur Lösung damaliger Krisenlagen. In der Wirtschafts- und Staatskrise der Weimarer Republik traten die Stimmen, die auf Flexibilität, Anpassungskraft und Gesundungskraft föderativ-wirtschaftlicher Strukturen und auf den Weltmarkt setzten, immer mehr hinter autarkie-binnenwirtschaftlich ausgerichteten Konzepten gegen die Gefahren des Weltmarktes zurück. Daran konnte dann die NS-Autarkie- und Großraumpolitik nach 1933 anknüpfen und die Großraumkonzepte entsprechend umfunktionieren. Die Landesplaner, geographischen Raumforscher und die auf „Volk und Raum" fixierten Kultur- und Regionalhistoriker, die sich und ihre methodischen Innovationen seit 1928 in den Dienst der

---

256 Weitzel: Die regionale Gliederung Deutschlands (Anm. 47), S. 2.

257 Rede Beims in der 7. Vollversammlung des Landtages der Provinz Sachsen am 28. 3. 1927, in: Mitteldeutschland. Reden und Beschlüsse des Landtages der Provinz Sachsen, Merseburg 1927, S. 5–26; es ist deshalb befremdlich, wenn ausgerechnet im Falle der – u. a. maßgeblich von Beims 1927 initiierten – „Mitteldeutschland"-Pläne behauptet wird, damit hätten sich föderative Neugliederungskonzepte und zudem von Anfang an die vorrangige Absicht verbunden, ein Land „Sachsen-Anhalt" zu schaffen – vgl. Tullner: Die Entstehung (Anm. 246).

258 Leiske, (Walter) (Hrsg.): Leipzig und Mitteldeutschland. Denkschrift für Rat und Stadtverordnete zu Leipzig. Ein Beitrag zur Neugliederung des Reiches (Leipziger Verkehr und Verkehrspolitik 12), Leipzig 1928, S. 20.

259 Zit. nach Mitteilungsblatt für die Mitglieder des Landtages der Provinz Sachsen 4 (1930), S. 76.

inneren „Reichsreform" der Weimarer Republik gestellt hatten, stellten sich – nachdem das NS-Regime die „Reichsreform" endgültig abgeblasen und durch ganz andere Wege ersetzt hatte – ebenso bereitwillig der expansiven „äußeren Neuordnung räumlicher Lebensverhältnisse" zur Verfügung, zumal ihnen die NS-„Umvolkungs"-Politik nun ganz neue Gestaltungsmöglichkeiten bot.

Reichsneugliederungsvorschlag der Kölnischen Volkszeitung (1918/19)

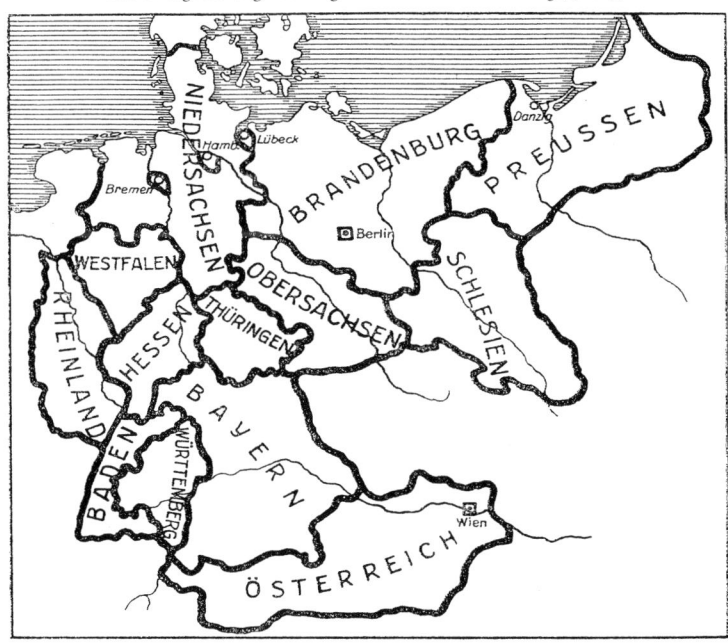

Reichsneugliederungsvorschlag von Hugo Preuß (1918/19):
16 Gebiete für die Wahlen zu einem Staatenhaus

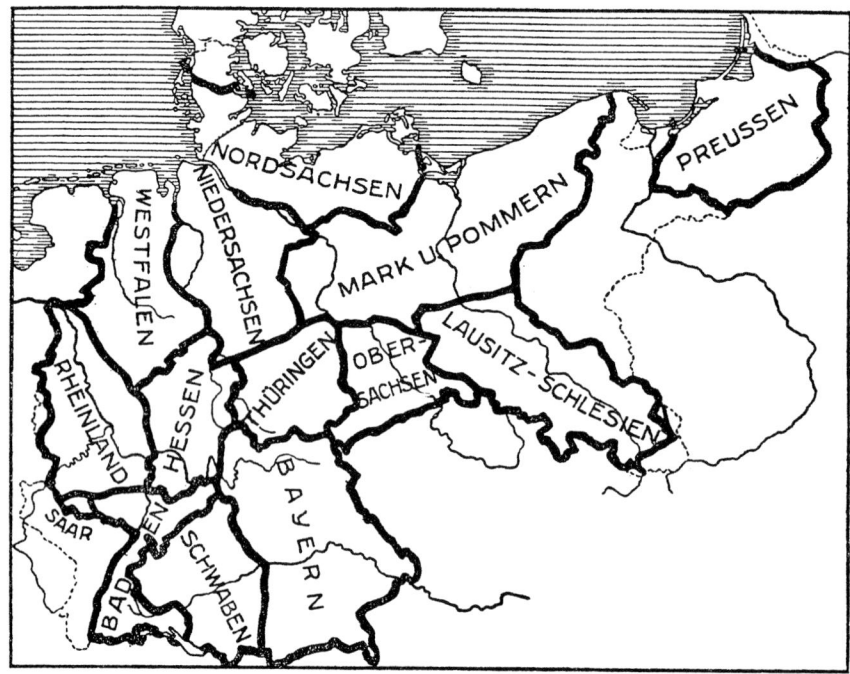

Reichsneugliederungsvorschlag von Walther Tuckermann (1920)

S. 368 u.–369 o.: Die Neugliederungspläne August Weitzels: Sog. Frankfurter Entwurf (1924–1931)

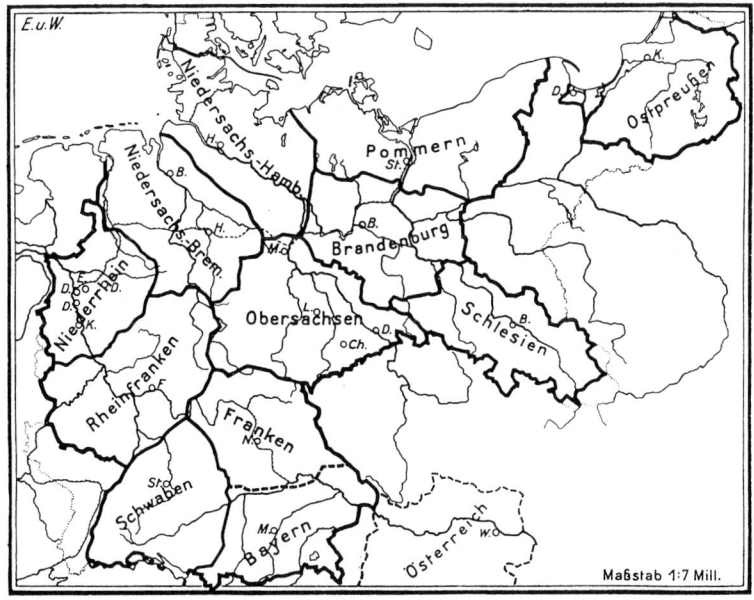

Die regionale Gliederung Deutschlands nach Wirtschafts-, Verkehrs- und Kulturgebieten (1928)

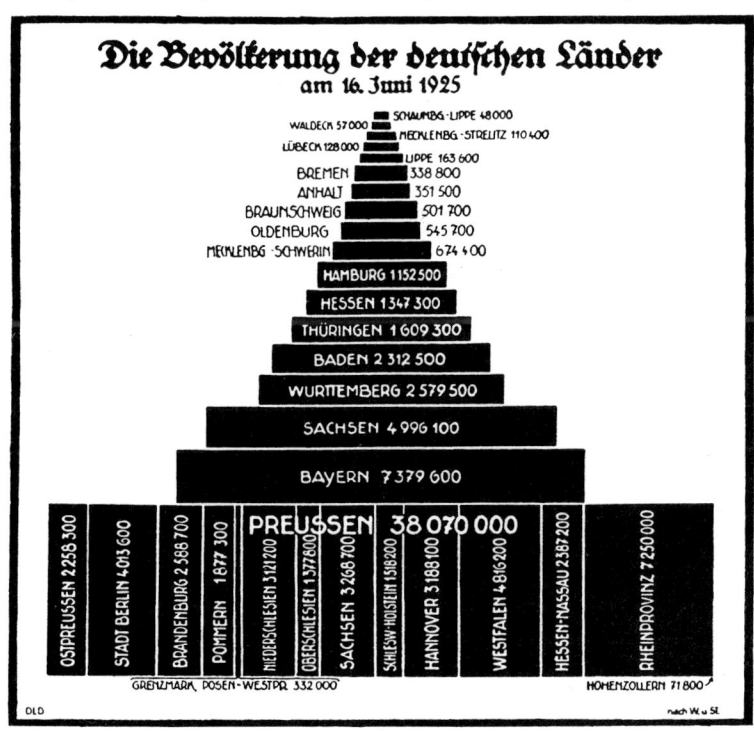

S. 369 u.–372: *Vorschlagstützende Karten August Weitzels (1928):*
Die deutschen Länder nach der Bevölkerungszahl (16. Juni 1925)

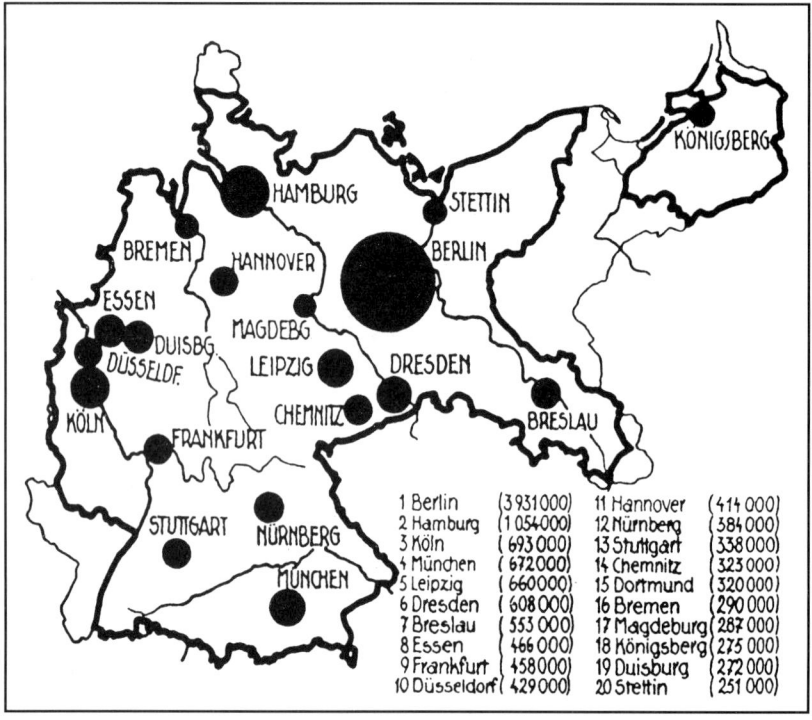

Die größten deutschen Städte

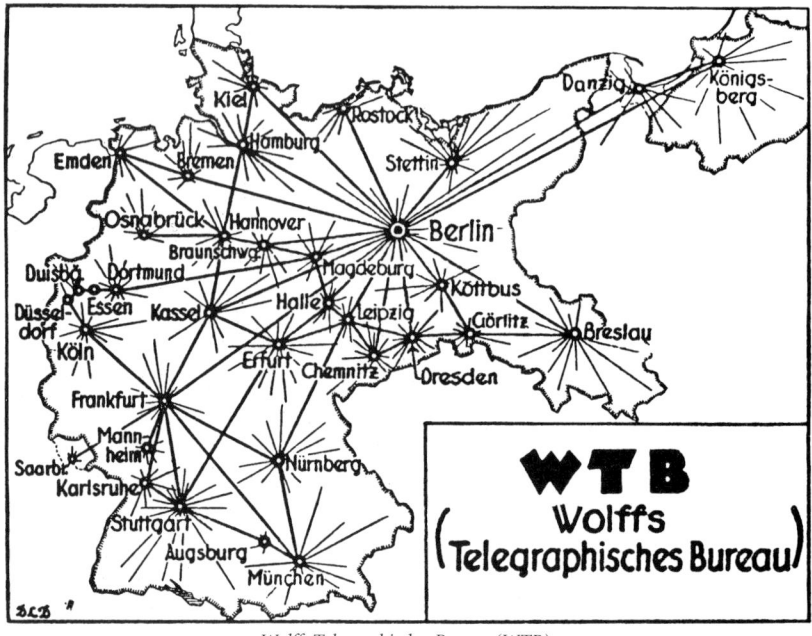

Wolffs Telegraphisches Bureau (WTB)

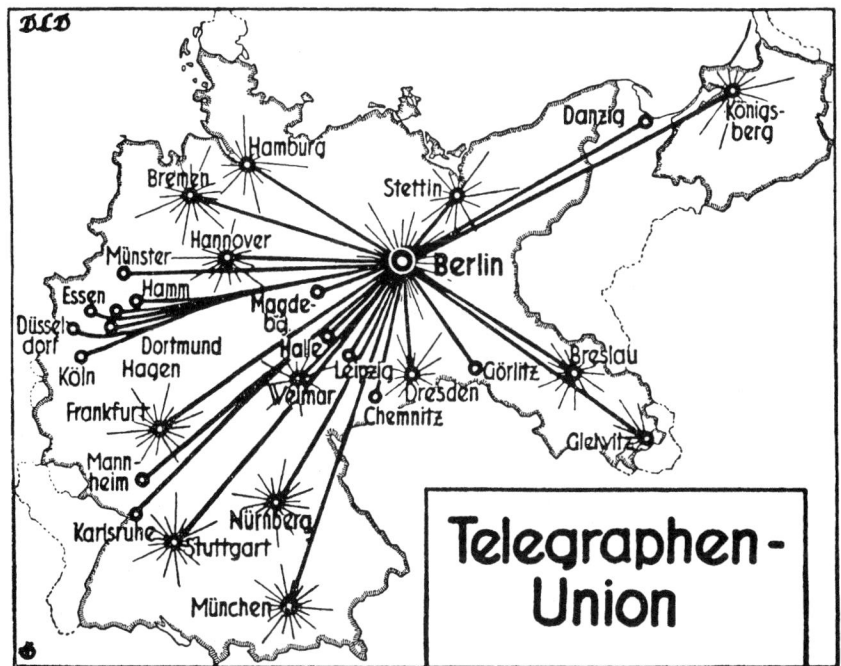

Telegraphen-Union

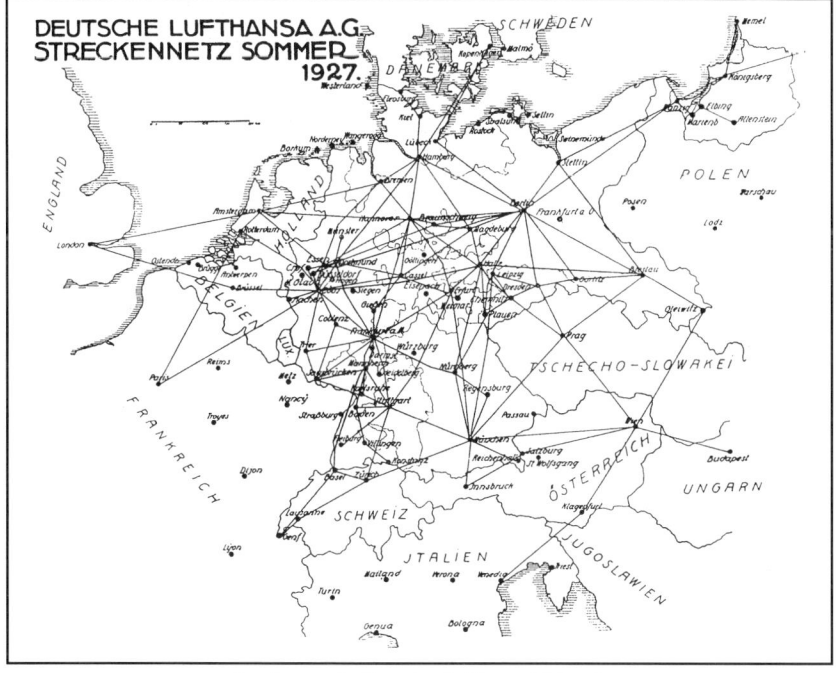

Streckennetz der Deutschen Lufthansa AG (1927)

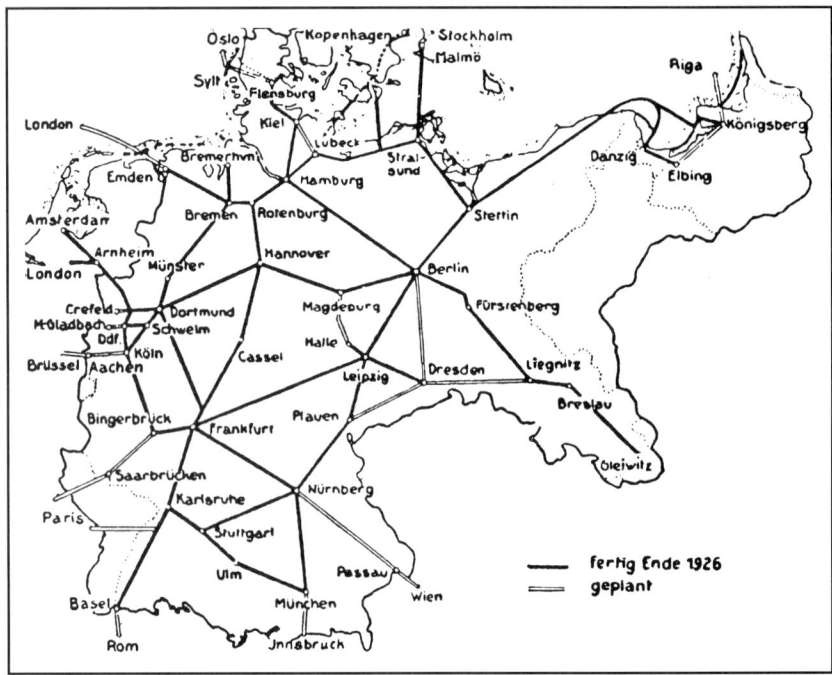

Deutsches Fernkabelnetz

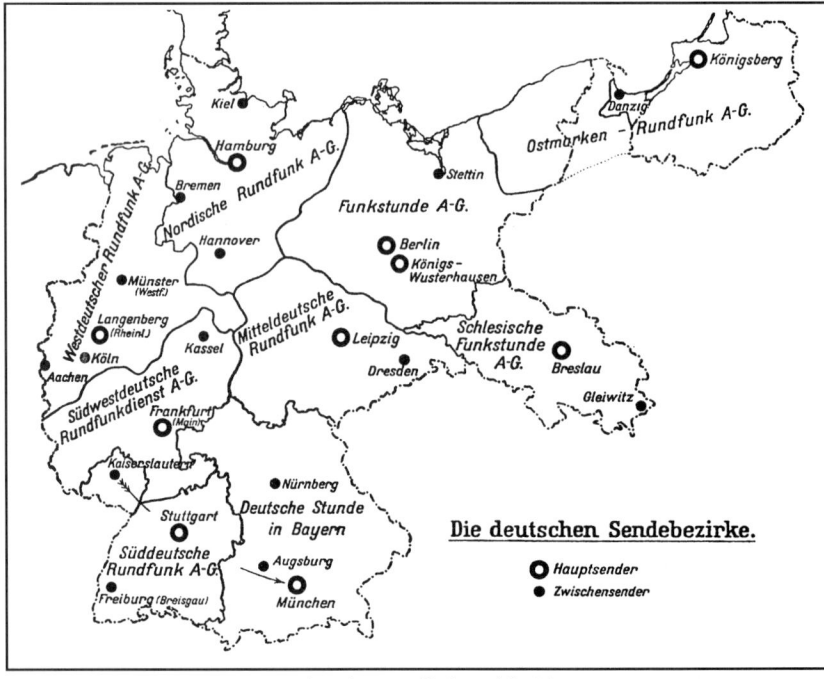

Die deutschen Rundfunk-Sendebezirke

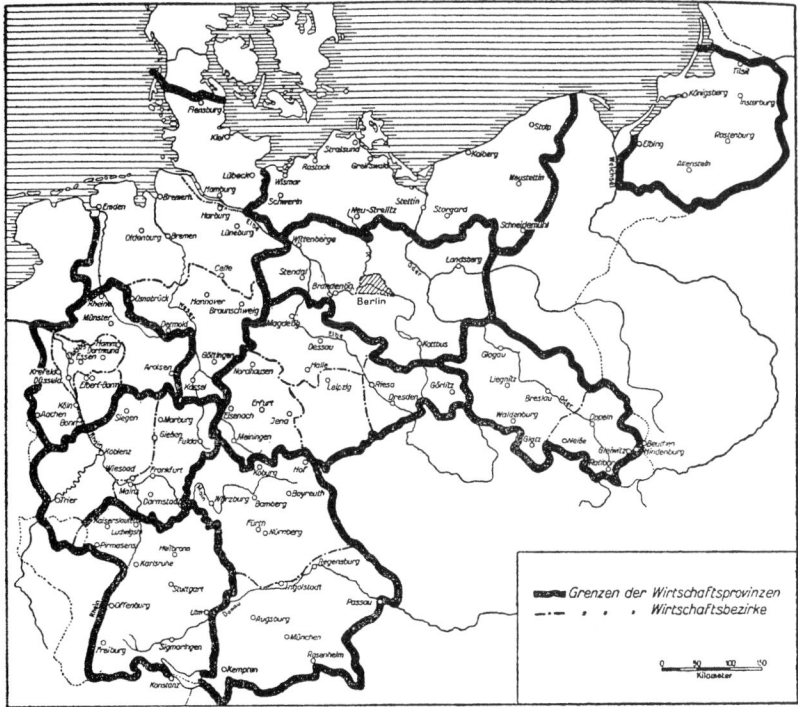

S. 373–375 o.: Weitere Reichsneugliederungspläne nach Wirtschaftsgebieten: Vorschlag Erwin Scheu (1928)

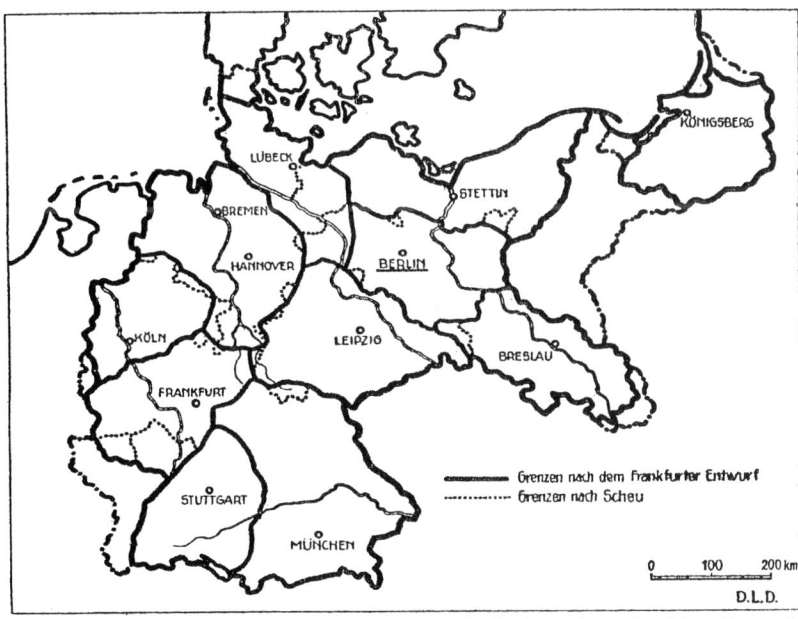

Die Wirtschaftsgliederung Deutschlands nach dem von Erich Obst abgeänderten „Frankfurter Entwurf"
im Vergleich zum Wirtschaftsprovinzplan Erwin Scheus (1928)

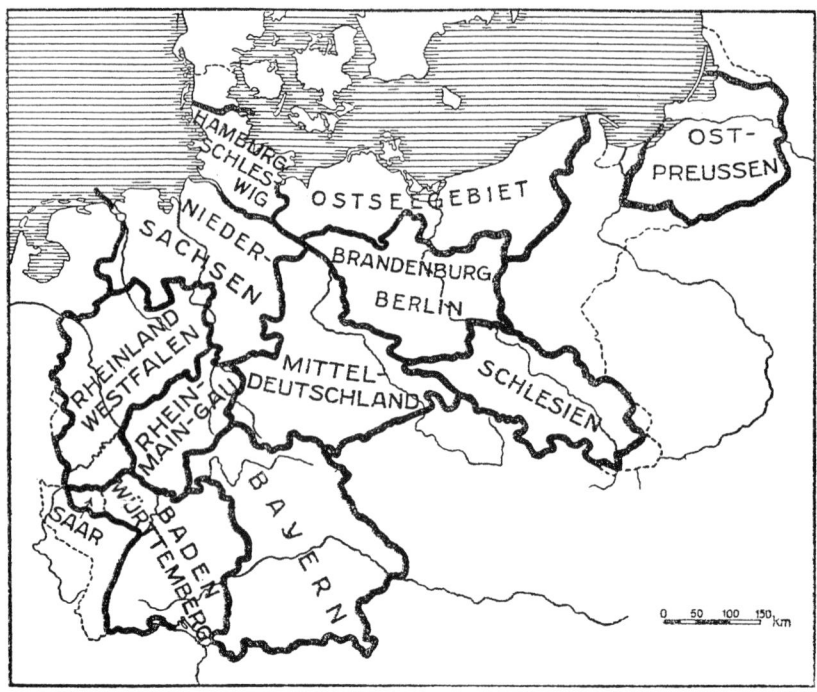

Vorschlag von Hans Rabe (1928)

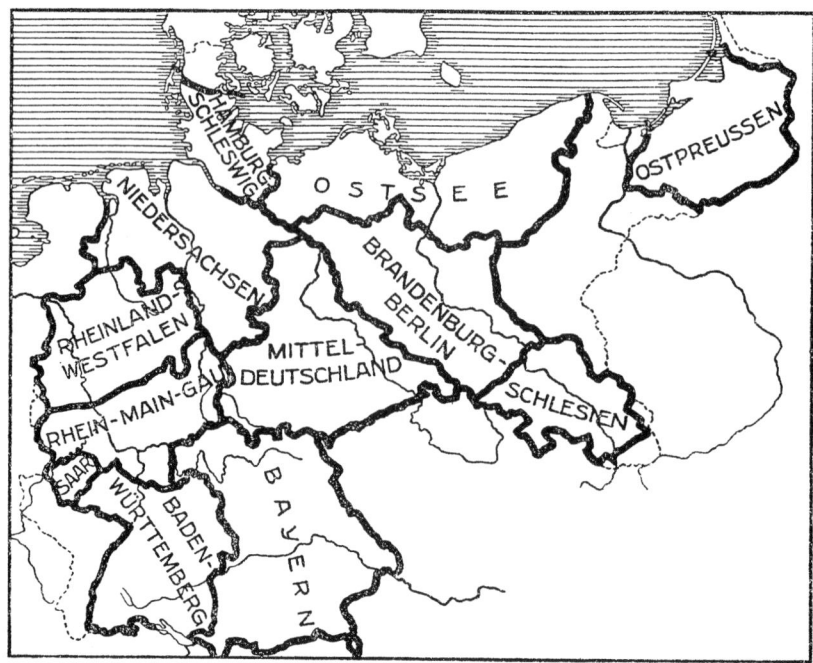

Vorschlag von Hans Baumann (1928)

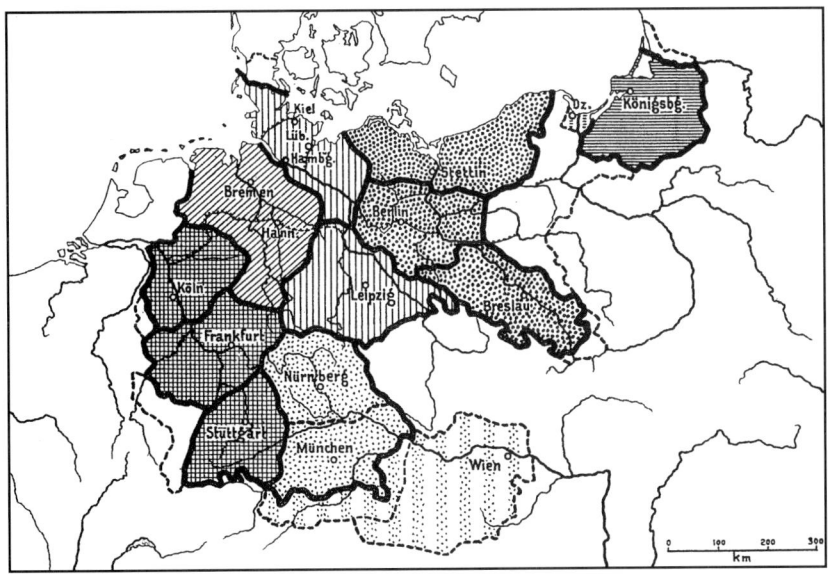

Schmidt-Haack: Geopolitischer Typen-Atlas: Neugliederung des deutschen Einheitsstaates nach Wirtschafts-, Verkehrs- und Kulturgebieten (1929)

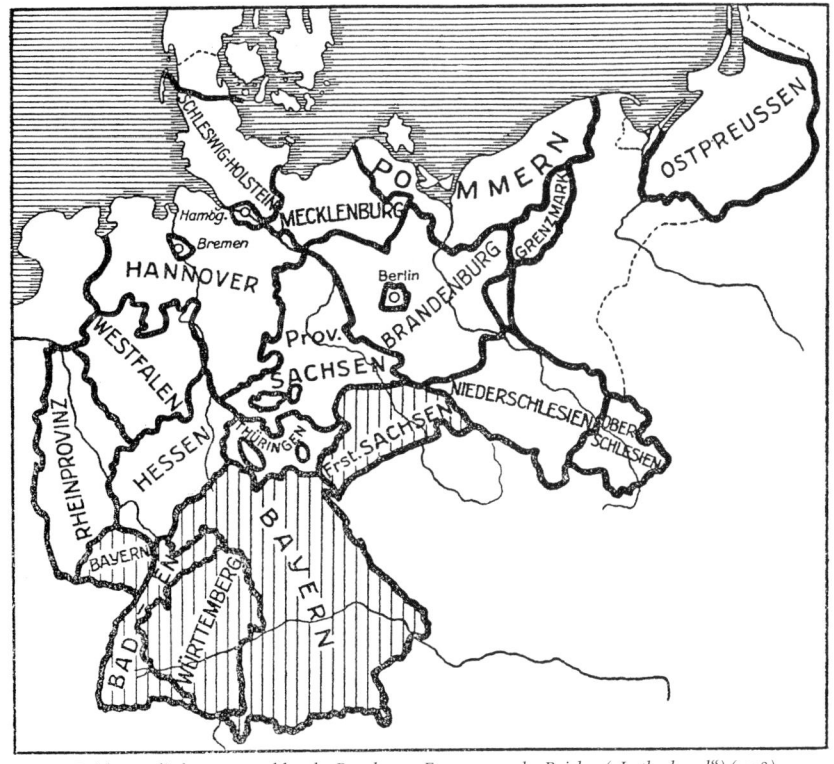

Reichsneugliederungsvorschlag des Bundes zur Erneuerung des Reiches („Lutherbund") (1928)

Mathias Tullner

Mitteldeutschlandpläne in der Zeit der Weimarer Republik

D er Föderalismus des Kaiserreiches wurde durch die Novemberrevolution und dem damit verbundenen Sturz der Monarchien im Reich und in den Ländern grundsätzlich in Frage gestellt. Die bisherigen deutschen Länder verloren dadurch einen großen – im einzelnen unterschiedlichen – Teil ihre Legitimität. Der Legitimitätsverlust war dort um so größer, wo die territoriale Zersplitterung sehr stark und für die Entwicklung der Regionen besonders hinderlich war. Außerdem hatte die Sozialdemokratie in der Zeit des Kaiserreiches den mit diesem politischen System verbundenen Föderalismus ausdrücklich mit dem Ziel seiner Überwindung bekämpft und so im linken politischen Spektrum eine Grundlage für eine völlige Neugestaltung geschaffen.

Besonders in dem Raum, den die preußische Provinz Sachsen, die Länder Anhalt und Braunschweig sowie die thüringischen Staaten einnahmen, war eine extreme territoriale Zersplitterung vorhanden, die in ihrer bestehenden Weise im wesentlichen aus der Zeit des Wiener Kongresses von 1815 herrührte. Während in Thüringen auf der Grundlage einer historisch gewordenen Kulturlandschaft schon seit Ende 1918 ein Wille zum Zusammenschluß der Kleinterritorien einschließlich der zu Preußen gehörigen Teile vorhanden war,[1] lagen die Verhältnisse im Bereich der entscheidenden Teile der preußischen Provinz Sachsen und der Länder Anhalt und Braunschweig durchaus anders. In Anhalt und Braunschweig entfaltete sich auf der Grundlage ganz unterschiedlicher Entwicklungen im Verlaufe der Novemberrevolution jeweils ein starker Drang nach Erhaltung der Selbständigkeit dieser kleinen Länder.[2]

Der Berliner Staatsrechtslehrer Hugo Preuß hatte für die Binnenstruktur der deutschen Republik als „dezentralisiertem Einheitsstaat" 16 Gebiete bei Auflösung des Landes Preußen vorgesehen, wonach für den mitteldeutschen Raum die Gebiete Obersachsen, das Land Sachsen und entscheidende Teile der preußischen Provinz Sachsen mit dem Zentralort Leipzig umfassend, und Thüringen einschließlich der preußischen Gebiete in diesem Raum mit dem Zentralort Erfurt vorgeschlagen worden waren.[3] Aus dem Territorialbestand der mitteldeut-

---

1 Vgl. Häupel, Beate: Die Gründung des Landes Thüringen. Staatsbildung und Reformpolitik 1918–1923 (Demokratische Bewegungen in Mitteldeutschland, Bd. 2), Weimar, Köln, Wien 1995, S. 81 ff.

2 Während in Braunschweig die USPD Verlauf und Zielstellung der Revolution bestimmte, waren es in Anhalt die Mehrheitssozialdemokraten, die noch im Dezember 1918 eine „konstituierende Landesversammlung" für Anhalt einberiefen und auf der Grundlage dieser Legitimation die Erhaltung der Selbständigkeit des „Freistaates" Anhalt sichern wollten. Mit dieser frühen Entscheidung wollte man Fakten für die zu erwartende Diskussion zur Neugliederung des Reiches zugunsten des Erhaltes von Anhalt schaffen. Vgl. Verhandlungen der konstituierenden Landesversammlung für Anhalt, 1. Bd., Stenographische Berichte über die 1. bis 38. Sitzung vom 20. Dezember 1918 bis zum 23. Juli 1919, Dessau 1919, S. 5.

3 Der Preuß-Plan ist als Karte abgedruckt bei: Matz, Klaus-Jürgen: Länderneugliederung. Zur Genese einer deutschen Obsession seit dem Ausgang des Alten Reiches (Historisches Seminar – Neue Folge, Bd. 9), Idstein 1997, S. 204.

schen Länder und Provinzen wären damit Altmark und Jerichower Land ausgeschieden. Der Plan von Hugo Preuß erwies sich jedoch als nicht durchsetzbar. Das Scheitern der Bemühungen für eine generelle Reichsreform auf der Grundlage des Artikels 18 der Weimarer Reichsverfassung schloß ein, daß politische, auf eine Effektivierung der Verwaltung ausgerichtete oder historisch-kulturell motivierte Neugliederungsbestrebungen in Mitteldeutschland abebbten.

Für Mitteldeutschland trat mit der Gründung des Freistaates Thüringen im Jahre 1920 durch sieben thüringische Kleinstaaten eine grundsätzliche Änderung der Territorialstruktur ein. Die ohne die preußischen Gebiete unvollkommene Thüringen-Lösung war zwar ein wichtiger, aber nur ein erster Schritt für eine umfassendere mitteldeutsche Territorialgliederung. Da sich weder im Reichsmaßstab noch in der Region weitergehende Lösungen für Mitteldeutschland durch die Politik abzeichneten, ging die Initiative für weitere Schritte für eine Neugliederung Mitteldeutschlands von der Wirtschaft aus, die derartige Lösungen am dringendsten brauchte.[4]

In der Folge der Industrialisierung des 19. Jahrhunderts hatte sich der unscharfe geographisch-historische Begriff „Mitteldeutschland" durch das Entstehen von Wirtschaftsräumen weiter konkretisiert und wurde mehr und mehr für die Bezeichnung des Raumes angewandt, der im wesentlichen die Territorien der Freistaaten Sachsen, Thüringen, Anhalt, Braunschweig und der preußischen Provinz Sachsen umfaßte.[5] Bis zur Zeit der Weimarer Republik hatten sich in Mitteldeutschland im wesentlichen drei mehr oder weniger deutlich voneinander unterschiedene, aber auch miteinander verbundene Wirtschaftsräume entwickelt. Davon zählte der obersächsische nicht nur zu den am weitesten entwickelten, sondern auch traditionsreichsten in Deutschland. Mit dem Zentrum Halle-Merseburg-Bitterfeld hatte sich jedoch um die Jahrhundertwende ein neuer und dynamischer Wirtschaftsraum auf der Grundlage vor allem der „großen" Chemie und der Elektroenergieerzeugung auf Braunkohlenbasis herausgebildet, der bis in den Leipziger und auch teilweise in den thüringischen Raum hineinragte. Die zur Lösung drängenden Probleme konzentrierten sich aber nach 1920 weder im sächsischen noch im thüringischen Wirtschaftsraum, sondern an der Mittelelbe und unteren Saale, im späteren Sachsen-Anhalt. Dieser spezifische Wirtschaftsraum hatte sich im 19. Jahrhundert zunächst auf der Basis einer hochentwickelten Landwirtschaft mit der Produktion von Zuckerrüben und Rübenzucker gebildet, wozu ein spezieller Maschinenbau, die industrielle Braunkohlenförderung als Energiebasis und die Kaliindustrie kam. Am Ende des 19. Jahrhunderts waren mit der entstehenden Großchemie und der Elektroenergieerzeugung sowie nach 1900 der beginnenden Flugzeugproduktion weitere charakteristische Zweige hin-

---

4 Vgl. Schlüter, Otto: Einheitsbestrebungen in Mitteldeutschland, in: Geographischer Anzeiger, Jg. 1928, Heft 12, S. 24 ff. (Sonderdruck in: Landesarchiv Magdeburg – Landeshauptarchiv [im folgenden: LAM – LHA –], Rep. C 92, Nr. 662, Bd. 5, Bl. 138 ff.).

5 Eine gewisse Zusammenfassung der Debatte erfolgte im Jahre 1929 durch Thormann und Staab. Vgl. Thormann, Hanns; Staab, Erich: Der mitteldeutsche Raum. Seine natürlichen, geschichtlichen und wirtschaftlichen Grenzen, Merseburg 1929, S. 47 ff.

zugekommen. Zu den Besonderheiten des Wirtschaftsraumes gehörte eine sich immer stärker entfaltete, hochmoderne Großindustrie. Im Bereich dieses aufstrebenden Wirtschaftsraumes mit seinem Zentrum um Halle, Merseburg, Bitterfeld und in anhaltischen Standorten bestand ein krasser Widerspruch zwischen teilweise grotesker territorialer Zersplitterung einerseits und einer besonders dynamischen Wirtschaftsentwicklung andererseits. Neben diesen Problemen bestand noch die Schwierigkeit, daß zu diesem Wirtschaftsraum große Teile des Leipziger Gebietes und auch solche der Freistaaten Thüringen und Braunschweig gehörten. Der Wirtschaftsraum hatte durch Entwicklungen, die mit der Rüstungsproduktion des Ersten Weltkrieges zusammenhingen, noch einen erheblichen Ausbau (Leuna-Werk, Reichsstickstoffwerke Piesteritz, Kraftwerke u. a. m.) erfahren und befand sich potentiell wie tendenziell auf dem Wege zu einem der führenden in Deutschland.[6]

Dies bildete die Basis und den Hintergrund einer Debatte, die von hier ausging und sich schließlich in konkreten Neugliederungsmodellen niederschlug.

Regional gesehen lag damit der Schwerpunkt der Diskussion in Mitteldeutschland bzw. nach Gründung des Freistaates Thüringen in der Provinz Sachsen und in Anhalt sowie partiell auch in Braunschweig, obwohl dort eine Hinwendung zum etwa zeitgleich diskutierten Niedersachsen-Modell eine zunehmende Rolle spielte.

Der Anlaß für den Beginn der Bemühungen, zunächst wirtschaftliche Zusammenschlüsse im mitteldeutschen Raum herzustellen, war die im Artikel 165 der Weimarer Verfassung vorgesehene Bildung von Bezirkswirtschaftsräten. Um die Interessen der mitteldeutschen Wirtschaft im Rahmen solcher Entwicklungen zur Geltung bringen zu können, wurde im Jahre 1920 vor allem durch den Generaldirektor der A. Riebeckschen Montanwerke Halle, Ludwig Hoffmann, und weitere Persönlichkeiten angeregt, einen Zusammenschluß der mitteldeutschen Wirtschaft nach dem Vorbild bereits bestehender Wirtschaftsverbände in anderen deutschen Regionen herbeizuführen.[7] Die Bemühungen zur Gründung eines mitteldeutschen Wirtschaftsverbandes richteten sich auf ganz Mitteldeutschland, also auf die Provinz Sachsen und die Länder Sachsen, Thüringen, Anhalt und Braunschweig. Von vornherein aber lag die Initiative bei den Vertretern der modernen Großindustrie der Chemie-, Kali- und Elektroenergieerzeugungsbranche auf der Basis der Braunkohle, die auch den Kern des späteren Wirtschaftsverbandes bildeten. Die Gründung des Wirtschaftsverbandes im Januar 1921 mit dem Sitz in Halle führte nicht zu den zunächst erwarteten Ergebnissen, da die Vertreter der Freistaaten Sachsen, Braunschweig und auch Thüringen nach dem Scheitern der Bildung von Bezirkswirtschaftsräten den Verband verließen. Dazu beigetragen hatte auch, daß sie eine Führungsposition der Großindustrie des Raumes Halle-Merseburg-Bitterfeld nicht akzeptie-

---

6 Vgl. Müller, Hans-Heinrich: Industrie und Weltmarkt – eine Region hat sich gewandelt, in: Gerd Biegel: Sachsen-Anhalt. 1200 Jahre Geschichte – Renaissance eines Kulturraumes, Braunschweig 1993, S. 198 ff. Auch: Aubin, Gustav: Die wirtschaftliche Einheit Mitteldeutschlands, in: Mitteldeutschland auf dem Wege zur Einheit, Merseburg 1927, Zweiter Teil, S. 1–16.

7 Vgl. Buchholz, Matthias: Der Wirtschaftsverband Mitteldeutschland 1921–1936 (Sachsen-Anhalt. Beiträge zur Landesgeschichte 13), Halle/Saale 1998, S. 8 ff.

ren wollten. Daher nahm der Wirtschaftsverband auch kurzzeitig den Namen „Wirtschaftsverband Sachsen-Anhalt" an und machte damit nicht nur den Schwerpunktbereich seiner Interessen deutlich, sondern beschrieb auch bereits die erst später in die Diskussion kommende administrative Einheit.

Während sich die Bestrebungen der im Wirtschaftsverband Mitteldeutschland zusammengeschlossenen Kräfte auf die Synchronisierung und Vertretung der Wirtschaftsinteressen richtete und nicht vordergründig eine territorial-administrative Neugliederung Mitteldeutschlands zum Ziel hatte, lösten sie bei den politischen Parteien und der Verwaltung bzw. den betroffenen Regierungen des Raumes Aktivitäten für eine politisch-administrative Neugliederung aus. Das betraf vor allem die Provinz Sachsen und hier besonders den Provinzialverband. Neben der Provinzialbürokratie mit Landeshauptmann Erhard Hübener an der Spitze waren die politischen Parteien, besonders die Sozialdemokraten, angeführt vom Magdeburger Oberbürgermeister Hermann Beims, an der Neugliederung Mitteldeutschlands interessiert. Die nun ab 1925 folgenden Debatten inner- und außerhalb des Provinziallandtages bzw. des Provinzialverbandes knüpften direkt an die wirtschaftlichen Bestrebungen an, bezogen aber zunehmend Gesichtspunkte einer rationellen Verwaltung, auch bereits der Raumplanung, und andere Faktoren regionaler Modernisierungskonzeptionen ein. Zu den auslösenden Momenten gehörten auch wirtschaftliche Gesichtspunkte der eigenen Tätigkeit des Provinzialverbandes, wie sie besonders deutlich z. B. in der Tätigkeit des Elektroenergieverbundes (z. B. Elektrizitätsgesellschaft Sachsen-Anhalt – ESAG) zu Tage traten.

Aus der Sicht des Provinzialverbandes der Provinz Sachsen formulierte Landeshauptmann Erhard Hübener erstmals in seiner Etatrede vor dem Provinziallandtag im Jahre 1925 das Problem, das nun außer mit wirtschaftlichen auch mit Fragen der Effektivierung der Verwaltung und der kulturellen und historischen „Identität" des Raumes in Verbindung gebracht wurde. Damit schaltete sich der Provinzialverband in die Reichsreformdebatte ein und strebte regionalspezifische Lösungen an.

Die Aktivitäten der im Provinzialverband der Provinz Sachsen zusammengeschlossenen politischen und administrativen Kräften erfolgten in enger Abstimmung mit Wirtschaftskreisen, besonders des Wirtschaftsverbandes Mitteldeutschland. Diese realisierte sich vor allem über die Person Tilo von Wilmowskys als dessen Verbandsvorsitzenden, der außerdem noch Vorsitzender des Landbundes der Provinz sowie Fraktionsvorsitzender der DNVP im Landtag war. Auch Hermann Beims, damals Vorsitzender des Provinzialausschusses, Landtagspräsident und Fraktionsvorsitzender der SPD im Provinziallandtag, repräsentierte in seiner Person als Vorsitzender des Wirtschaftsverbandes für den Regierungsbezirk Magdeburg Interessen der Wirtschaftskreise dieser Region.[8]

---

8 Magdeburg war nicht Mitglied des Wirtschaftsverbandes Mitteldeutschland. Diese Haltung Magdeburger
   Wirtschaftskreise war eine Folge davon, daß die Magdeburger Wirtschaft zwar mit dem eigentlichen Kern des
   durch große Chemie, Braunkohlenförderung und Elektroenergieerzeugung charakterisierten engeren mitteldeutschen Wirtschaftsraumes verbunden war, jedoch nicht nur eigene Profilierungen, sondern auch eigene
   Interessen aufwies.

Der Provinzialverband, der die Führung der Debatte um eine Neugliederung Mitteldeutschlands in der Provinz Sachsen innehatte, strebte eine Lösung im Rahmen des preußischen Staates an und positionierte sich damit eindeutig pro-preußisch. Dies behinderte in der Folge eine weitergehende Verständigung mit Thüringen und stieß vor allem bei der sächsischen Staatsregierung in Dresden sowie in Kreisen mit großsächsischen Zielstellungen hinsichtlich der mitteldeutschen Neugliederungsfragen auf heftige Ablehnung. Durch solche Pläne alarmiert, versuchte die Dresdener Staatsregierung den provinzialsächsischen Bestrebungen entgegengesetzte eigene Initiativen in der Frage der Neugliederung Mitteldeutschlands auf den Weg zu bringen, die starke partikulare und noch stärkere antipreußische Motive aufwiesen und auf die Einrichtung eines sächsisch dominierten, dezidiert antipreußischen mitteldeutschen Großstaates bzw. eine sächsische Einflußsphäre hinausliefen.[9] Dies stellte aber keine realistische Perspektive der Lösung des entstandenen Problems dar und scheiterte, ohne größere Wirkung erreicht zu haben.

Ein weiterer Schritt zur Fundierung und Konkretisierung der von der Provinz Sachsen ausgehenden Debatte war die Ausarbeitung des damals verbreiteten Buches „Mitteldeutschland auf dem Wege zur Einheit" (Merseburg 1927) im Auftrage des Provinzialverbandes. Führende Experten der Wirtschaft, Verwaltungsfachleute, Vertreter der Gewerkschaften sowie anderer Verbände und Interessengruppen, Wissenschaftler der Universität Halle (Wirtschaftsgeographen, Geographen) sowie weitere Experten hatten ihre Auffassungen zur negativen „Wirkung innerstaatlicher Grenzen" in Mitteldeutschland dargelegt. Mit dem Werk zog der Provinzialverband in Merseburg die Initiative in der Mitteldeutschlanddebatte weiter an sich. Auf der Basis des erreichten Standes fand im Frühjahr 1927 ein Sonderlandtag der Provinz Sachsen zum Thema des Mitteldeutschlandproblems statt.[10] Mit Hermann Beims und Tilo von Wilmowsky legten zwei der entscheidenden Persönlichkeiten in der Diskussion um Mitteldeutschland Problem und Lösungsvorschläge vor. Wilmowsky, obwohl Fraktionsvorsitzender der Rechtsfraktion des Landtages, sprach ausdrücklich als Wirtschaftsvertreter über die wirtschaftlichen Seiten des Problems, während Beims die politischen, administrativen und kulturellen Aspekte darlegte. Beims legte als Schlußfolgerung schließlich einen Plan vor, mit Hilfe der preußischen Staatsregierung, also über ein zu vergrößerndes Preußen, ein vorerst als „Mitteldeutschland" oder „Mittelland" bezeichnetes politisch-administratives Gebilde herzustellen, das die Provinz Sachsen sowie die Freistaaten Anhalt, Thüringen und Braunschweig umfassen sollte. Der Landtag stimmte diesem Vorschlag einstimmig zu.[11]

Unabhängig von den Debatten in der Provinz Sachsen hatte eine Reihe führender deutscher Wirtschaftsgeographen und Geographen mit entsprechenden Vorschlägen für Mitteldeutschland in die Debatte eingegriffen. Die Hallenser Professoren August Schlüter und Gustav Aubin ragten dabei auf der Seite der Provinz Sachsen heraus. Nach 1925 regten sich auch Historiker

---

9 Vgl. Sächsisches Hauptstaatsarchiv Dresden (im folgenden: SHSAD), Gesandtschaft Berlin, Nr. 399.

10 Vgl. Mitteldeutschland. Reden und Beschlüsse des Landtags der Provinz Sachsen, Merseburg 1927.

11 Vgl. Verhandlungen des 42. Landtags der Provinz Sachsen vom 15. bis 19. März 1927 und vom 28. März bis 1. April 1927, Merseburg 1927, S. 158 ff.

namentlich der Historischen Kommission für die Provinz Sachsen und für Anhalt bzw. der Universität Halle. Von einem kulturgeschichtlichen Ansatz her wurden durch Walter Möllenberg, Hanns Gringmuth und andere Untersuchungen vorgelegt, die sich mit der Frage historischer Identität des Geschichtsraumes befaßten.[12] Ihre Arbeiten trugen unter anderem zur Begründung einer Landesgeschichtsschreibung für Sachsen-Anhalt bei. Richteten sich diese Arbeiten auf Fragen der Geschichte „kleinmitteldeutscher" Prägung, also auf den Raum, der das spätere Sachsen-Anhalt bildete, gab es darüber hinaus eine Reihe von Arbeiten, die anknüpfend an des Thüringerreich, an Grenzmark- und Kolonisationsgebiete des Mittelalters, den mitteldeutschen Raum unter der Herrschaft der Wettiner und andere historische Erscheinungen sowie Mitteldeutschland insgesamt als historisch-politisches Gebilde fassen wollten.[13]

Etwa zeitgleich mit den politischen, administrativen und kulturgeschichtlich bezogenen Debatten unter dem Dach des Provinzialverbandes der Provinz Sachsen gab es einen Vorstoß auf dem Gebiet der Landesplanung. Unter anderem bildete sich in den Jahren 1924/1925 aus einer Anzahl von sogenannten Siedlungsausschüssen der Provinz Sachen ein Landesplanungsverband, dem sich auch das Land Anhalt angeschlossen hatte.[14] Die Koordination der Tätigkeit erfolgte durch das Regierungspräsidium in Merseburg. Ziel war die Erarbeitung eines Generalsiedlungsplanes für das Verbandsgebiet. Das Verbandsgebiet umfaßte den Industriebezirk Halle-Merseburg-Bitterfeld sowie das benachbarte Anhalt als „Kern" Mitteldeutschlands. Die Ergebnisse der Landesplanung gingen in die Bestrebungen zur Neugliederung Mitteldeutschlands ein, ohne jedoch eine bestimmende Rolle in der Debatte zu erreichen.

Die Initiativen des Provinzialverbandes der Provinz Sachsen stießen im Reichsmaßstab – im Januar 1928 fand eine Länderkonferenz der Reichsregierung statt – auf geteilte Resonanz. Zustimmung wurde ihnen von den Wirtschaftsverbänden mit dem Vorbehalt der Einbeziehung der Leipziger Region zuteil. Auch die preußische Staatsregierung begrüßte die provinzialsächsischen Vorstöße, hatte aber davon abweichende, eigene Lösungen angestrebt und verfolgt. Die von der preußischen Regierung favorisierte Lösung zielte zwar ebenfalls auf eine Abrundung der Provinz Sachsen einerseits, andererseits aber liefen die Vorstellungen auf den Eintritt des Freistaates Thüringen in den preußischen Staatsverband und die Bildung einer preußischen Provinz Thüringen unter Einschluß aller bislang bereits preußischen Teile Thüringens hinaus. Dazu hatten bereits verschiedene Verhandlungen zwischen der preußischen und der thüringischen Landesregierung stattgefunden.[15]

---

12 Vgl. vor allem Möllenberg, Walter: Sachsen und Anhalt. Zur geschichtlichen Einheit des mitteldeutschen Raumes, in: Sachsen und Anhalt. Jahrbuch der Historischen Kommission für die Provinz Sachsen und für Anhalt, 8 (1932), S. 1 ff; Gringmuth, Hanns: Zur Entstehung der Provinz Sachsen, in: Korn, Otto (Hrsg.): Zur Geschichte und Kultur des Elb-Saale-Raumes. Festschrift für Walter Möllenberg, Burg bei Magdeburg 1939, S. 246 ff.

13 Vgl. Thormann; Staab (wie Anm. 5), S. 32 ff.

14 Vgl. Hofmann, Wolfgang: Mitteldeutschland in der Geschichte der Raumplanung (Zwischen Wörlitz und Mosigkau. Schriftenreihe zur Geschichte der Stadt Dessau und Umgebung 35), Dessau 1992, S. 6 f.

15 Diese Sondierungen der preußischen bzw. thüringischen Behörden wurden von der sächsischen Staatsregierung argwöhnisch verfolgt. Der sächsische Gesandte in Berlin befaßte sich intensiv mit den Vorgänge zwischen Preußen und Thüringen. Vgl. SHSAD, Gesandtschaft Berlin, Nr. 389.

Glatte Ablehnung wurde dem provinzialsächsichen Vorschlag seitens der süddeutschen Staaten unter Führung Bayerns und mit diesen im Bunde vor allem durch die sächsische Staatsregierung zuteil. Auch die anhaltische Regierung lehnte den Vorschlag ab, da sie sich im Gegensatz zu führenden anhaltischen Wirtschaftsvertretern konsequent gegen einen Beitritt des Freistaates zu Preußen wandte.[16]

Im Unterschied zu den von der Verwaltung ausgehenden Bestrebungen, die auf die Begründung einer „kleinen" mitteldeutsche Lösung, nämlich der Sachsen-Anhalt-Konzeption, hinausliefen, war der Wirtschaftsverband Mitteldeutschland durchaus nicht an einer immer deutlicher werdenden Sachsen-Anhalt-Lösung interessiert, sondern blieb auf ein größeres Gebiet fixiert, das dem Wirtschaftsraum insgesamt entsprach und unbedingt zumindest die Region Leipzig einschließen sollte.[17] Weniger wichtig erschien dagegen die vollständige Erhaltung des Territorialbestandes der Provinz Sachsen, namentlich ihres Nordteils. Damit trafen sich die Interessen des Wirtschaftsverbandes unmittelbar mit denen der Stadt und Region Leipzig. Obwohl die Leipziger Interessen als internationales Handelszentrum auch hinsichtlich der Wirtschaft noch eine Reihe über den engeren Wirtschaftsraum hinausweisende Aspekte aufwies, betrachtete sich Leipzig nicht nur der spezifischen Wirtschaftsregion zugehörig, sondern auch als deren eigentliches Zentrum. In dieser Auffassung war man sich mit weiten Kreisen des Wirtschaftsverbandes Mitteldeutschland durchaus einig. Die Stadtverwaltung von Leipzig ließ unter der Federführung des Stadtrates Walter Leiske ein umfangreiches Material ausarbeiten, das diese Auffassung begründete. Es erschien unter dem Titel „Leipzig und Mitteldeutschland" im Jahre 1928 als Buch.[18] Die Position der Stadt Leipzig lief auf den vor allem wirtschaftlich motivierten Zusammenschluß des „großen" Mitteldeutschlands hinaus, also auf ein Gebilde, das über den ein Jahr vorher vorgelegten Beims-Plan hinaus auch den Freistaat Sachsen einschloß. Damit war verbunden, daß Leipzig auch die Stellung der Landeshauptstadt beanspruchte, wie es bereits im Plan von Hugo Preuß erstmals vorgesehen war. Dieser Aspekt des Leipziger Planes war ein wesentlicher Grund dafür, daß die Dresdener Staatsregierung des Freistaates Sachsen gegen den Plan der Stadt war und ihre Unterstützung versagte.

Die sächsische Regierung bemühte sich im Jahre 1928 nicht ohne Erfolgsaussichten um eine Annäherung an Thüringen. Dem lag die Idee der Bildung eines Großstaates „Wettin" zugrunde, die zu dieser Zeit im mitteldeutschen Raum verstärkt diskutiert worden ist. Die Debatte ging vor allem von der sächsischen Regierung und sächsischen Verbänden aus, hatte aber auch in Thüringen durchaus eine gewisse Resonanz. Wegen ihrer nicht zu übersehenden antipreußischen Stoßrichtung hatte sie in der Provinz Sachsen dagegen weniger Anhänger.

---

16 Diese Haltung der anhaltischen Staatsregierung machte deren Minister Dr. Müller in einem Vortrag vor der Handelskammer Anhalt im Januar 1928 deutlich und setzte sich damit in Gegensatz zu den Vorstellungen der Mehrheit der anhaltischen Wirtschaftsvertreter. Vgl. SHSAD, Staatskanzlei, Nr. 12, Verwaltungsgemeinschaften.

17 Vgl. LAM – LHA –, Rep. I, Wirtschaftsverband Mitteldeutschland, Nr. 34, Bd. 2.

18 Leiske, Walter (Hrsg.): Leipzig und Mitteldeutschland. Denkschrift für Rat und Stadtverordnete zu Leipzig (Leipziger Verkehr und Verkehrspolitik 12), Leipzig 1928.

Im Jahre 1928 wurde der „Bund zur Erneuerung des Reiches" gegründet, den der frühere Reichskanzler Hans Luther anführte. Die Tätigkeit des Bundes fand in der Provinz Sachsen und besonders in Wirtschaftskreisen erhebliche Unterstützung. Tilo von Wilmowsky wurde stellvertretender Vorsitzender des Verbandes. Hermann Beims, ebenfalls Protagonist der Bestrebungen der Bundes, wurde dagegen von der Reichszentrale der SPD wegen der auf die Auflösung des Staates Preußen gerichteten Politik des Bundes zum Rückzug veranlaßt. Die Politik des Bundes orientierte sich auf die Herstellung vor allem nach wirtschaftlichen und verwaltungsmäßigen Gesichtspunkten geprägter Einheiten.[19] In den Plänen des „Luther-bundes" tauchte die Idee von drei mitteldeutschen Verwaltungseinheiten (Sachsen, Sachsen-Anhalt und Thüringen) auf, die wenig später von Landeshauptmann Hübener aufgegriffen und zu einer praktikablen Lösung gebracht worden ist. Bemerkenswert war dabei, daß erst-mals die Stadt Halle als Hauptstadt eines künftigen Sachsen-Anhalt vorgesehen war, was vor dem Hintergrund der Spezifik des Wirtschaftsraumes konsequent war.

Die folgende Debatte wurde in erster Linie weiter von der Provinzialverwaltung der Provinz Sachsen bestimmt. Dabei kamen vor allem durch Erhard Hübener stärker verwaltungstech-nische und historisch-kulturelle Gesichtspunkte in die Diskussion. Dennoch hielt Hübener einen direkten und ständigen Kontakt besonders zum Wirtschaftsverband Mitteldeutschland, vor dem er bereits 1927 während des Außerordentlichen Wirtschaftstages des Verbandes, der sich nur dem Thema der Neugliederung Mitteldeutschlands widmete, seine Vorstellungen erläutert hatte.[20] Im Ergebnis weiterer Klärungen entstand ein reifes Modell der Dreiteilung Mitteldeutschlands in die Einheiten (Länder oder Provinzen) Sachsen, Thüringen und Sach-sen-Anhalt ohne jegliche Ex- und Enklaven bei Einbeziehung der thüringischen Gebiete Preu-ßens in das Land bzw. die Provinz Thüringen. Das Land Braunschweig war nunmehr nur noch durch seine Exklaven in der Provinz Sachsen betroffen. Hübener legte diesen Plan Ende November 1929 vor. Bezeichnenderweise geschah dies wiederum vor dem Wirtschaftsver-band Mitteldeutschland.[21] Im Gegensatz zu Vorstellungen des „Lutherbundes" und auch zu den zeitgleich erarbeiteten Ideen der Unterausschüsse der dritten Länderkonferenz des Rei-ches war im Hübener-Plan die Idee von „alten" und „neuen" Reichsländern mit unterschied-lichen Kompetenzen nicht enthalten.[22] Dagegen war grundsätzlich nur an Verwaltungseinhei-ten ohne weitergehende föderale Kompetenz gedacht – unabhängig von den Bezeichnungen „Land", „Reichsprovinz" u. ä. – bei grundsätzlich gleichen Kompetenzen in den wichtigsten Bereichen, namentlich in denen, die für die Wirtschaft relevant waren.

Der Hübener-Plan fand erhebliche Unterstützung in Thüringen bei der dortigen Landesre-gierung und den Wirtschaftsverbänden. Kritisiert wurde aber, daß der Hübener-Plan darauf hinauslief, das so vergrößerte Thüringen unter dem Dach des preußischen Staates zu etablie-ren. Eine solche Möglichkeit fand auch heftigen Widerspruch bei der sächsischen Staatsregie-

---

19 Vgl. Buchholz, Matthias: Der Wirtschaftsverband (wie Anm. 7), S. 82 f.
20 Vgl. LAM – LHA –, Rep. C 92, Nr. 662, Bd. 9, Bl. 143 ff.
21 Vgl. ebenda, Bd. 2, Bl. 4 f.
22 Vgl. ebenda, Bd. 12, Bl. 170 ff.

rung. Aus ganz anderen Gründen, nämlich wegen der Ausgrenzung von Stadt und Region Leipzig und der Beibehaltung von deren marginalisierter Lage an der Grenzlinie zwischen Sachsen und Sachsen-Anhalt, konnte auch Leipzig dem Hübener-Plan nicht uneingeschränkt zustimmen. Wegen der Beschränkung auf Sachsen-Anhalt und der damit verbundenen Ausgrenzung von Stadt und Region Leipzig betrachteten auch entscheidende Kreise des Wirtschaftsverbandes Mitteldeutschland mit Tilo von Wilmowsky an der Spitze den Hübener-Plan mit Skepsis.

Die Bemühungen der mitteldeutschen Provinzen und Länder, zu konkreten Schritten und Vereinbarungen untereinander zu kommen, führten durchaus zu einigen Erfolgen. Eine solche Vereinbarung zwischen Thüringen, der Provinz Sachsen und Anhalt 1928 hatte die Einrichtung des Landesarbeitsamtes „Mitteldeutschland" mit Sitz in Erfurt zum Ergebnis. Einige weiteren konkrete Schritte der Zusammenarbeit auf bestimmten Gebieten bestanden auch in der Gründung der Mitteldeutsche Landesbank für die Provinz Sachsen, Thüringen und Anhalt. Daneben bestanden bereits ältere gemeinschaftliche Einrichtungen fort wie die Elektrizitäts-Verbundgesellschaft ESAG. Eine der ältesten gemeinschaftlichen Einrichtungen war die „Historische Kommission für die Provinz Sachsen und für Anhalt", die in dieser Form seit dem Jahre 1900 bestand.

Vor allem wegen der Wirkungen der Weltwirtschaftskrise änderte sich Ende 1929 die starre Abwehrhaltung der Landesregierung des Freistaates Anhalt gegenüber einer Eingliederung in den preußischen Staat in Gestalt von „Sachsen-Anhalt", so daß nach dem Jahre 1929 auch seitens der führenden politischen Kräfte in Anhalt eine weitgehende Akzeptanz für den Hübener-Plan hergestellt war.[23]

Wegen der Wirtschaftskrise und der politischen Krise der letzten Jahre der Weimarer Republik kam es weder in der Mitteldeutschlandfrage noch insgesamt in der Frage einer Reichsreform zu einer positiven Lösung. In den ersten Jahren der NS-Diktatur wurden durch Wirtschaftskreise zumindest in der Provinz Sachsen Versuche unternommen, über die Gauleiter der NSDAP eine mitteldeutsche Neugliederung durchzusetzen, die jedoch sowohl z. B. durch Gauleiter Loeper (Magdeburg/Anhalt) als auch schließlich durch Adolf Hitler selbst unterdrückt worden sind.[24]

Im Jahre 1944 erfolgte aus Gründen des Kriegsverlaufes ein wesentlicher Eingriff in die mitteldeutsche Territorialstruktur, als aus Verteidigungsgründen die Provinz Sachsen zugunsten zweier kleinerer Provinzen (Halle/Merseburg und Magdeburg) aufgelöst wurde und die thüringischen Teile der Provinz Sachsen zum Gau Thüringen kamen. Die Angliederungen an

---

23 Der führende anhaltische Sozialdemokrat Heinrich Peus brachte den Sinneswandel der regierenden anhaltischen Sozialdemokratie in einem Zeitungsartikel in der Magdeburger „Volksstimme" zum Ausdruck, der die beziehungsreiche Überschrift „Zu Preußen" hatte. Vgl. „Volksstimme" Magdeburg vom 19. 12. 1929. Torsten Kupfer weist darauf hin, daß für die Wandlung der Position der anhaltischen Sozialdemokraten in der Anschlußfrage an Preußen die Gefahr des Verlustes der Regierungsgewalt in Anhalt eine Rolle gespielt habe. Vgl. Kupfer, Torsten: Sozialdemokratie im Freistaat Anhalt 1918–1933 (Demokratische Bewegungen in Mitteldeutschland 5), Weimar, Köln, Wien 1998, S. 83.
24 Vgl. „Magdeburgische Zeitung" vom 18. 7. 1933.

Thüringen entsprachen dem Hübener-Plan und wurden durch die sowjetische Besatzungsmacht nach 1945 beibehalten.

Die von dem 1933 aus dem Amt gejagten Landeshauptmann Erhard Hübener im Jahre 1929 vorgestellte und begründete Lösung der Dreiteilung Mitteldeutschlands erwies sich als praktikabel unter der Besatzungssituation nach dem Zweiten Weltkrieg. Die sowjetische Besatzungsmacht stellte die mitteldeutsche Länderstruktur im Jahre 1945 nach dem Hübener-Plan der Dreiteilung Mitteldeutschlands her, ohne sich verbal bzw. öffentlich auf diesen Plan zu berufen. Diese durch die Besatzungsmacht herbeigeführte Lösung traf in den drei mitteldeutschen Ländern zunächst auf eine beträchtliche Akzeptanz. Hübener selbst wurde sogar Ministerpräsident in Sachsen-Anhalt. Es hat allerdings besonders zwischen den deutschen Verwaltungen von Thüringen und Sachsen-Anhalt erhebliche und teilweise mit großer Schärfe geführte Auseinandersetzungen wegen der Zuordnung von Grenzterritorien und auch zu Besitzfragen, die mit Einrichtungen des Provinzialverbandes der Provinz Sachsen im früheren Regierungsbezirk Erfurt zusammenhingen, gegeben.[25]

Föderale und demokratische Entwicklungen wurden aber bald von der aufziehenden stalinistischen Diktatur überlagert und schließlich abgebrochen. Die Auflösung der ausgehöhlten Länder im Jahre 1952 durch die DDR manifestierte nur noch deren formales Ende.

Auch nach der Auflösung der Länder und der vier Jahrzehnte während DDR-Zeit erwies sich das Modell der Dreiteilung wiederum als eine praktikable Lösung, obwohl deren eigentliche Grundlage, die wirtschaftlichen Verhältnisse aus der ersten Hälfte des 20. Jahrhunderts, kaum mehr vorhanden war. Dabei war von Interesse, daß die 1990 eingetretenen Modifikationen so gut wie alle zuungunsten von Sachsen-Anhalt ausgingen. Es zeigte sich besonders bei den Volksabstimmungen jener Gebiete, die bis 1952 zum Land Sachsen-Anhalt, aber nicht zu den DDR-Bezirken Halle und Magdeburg gehörten, daß inzwischen ganz andere Entwicklungen eingetreten waren, die auch gänzlich veränderte Motivationsstrukturen der jeweiligen Bevölkerungsgruppen hervorgebracht hatten. Die betreffenden Kreise, die in der DDR-Zeit gebildet worden sind und in denen die erwähnten Volksabstimmungen abgehalten wurden, haben sich bis auf den Kreis Jessen (in der DDR-Zeit zum Bezirk Cottbus gehörig) alle für eine Zugehörigkeit zu den Ländern Brandenburg oder Sachsen entschieden. Der zum DDR-Bezirk Halle gehörige Kreis Artern, der aus früher provinzialsächsischen und thüringischen Landstrichen gebildet worden war, entschied sich für eine Zugehörigkeit zum nach 1945 arrondierten Thüringen.

---

25 Vgl. LAM-LHA, Rep. K, Ministerpräsident, Nr. 3627, Bl. 125 ff.

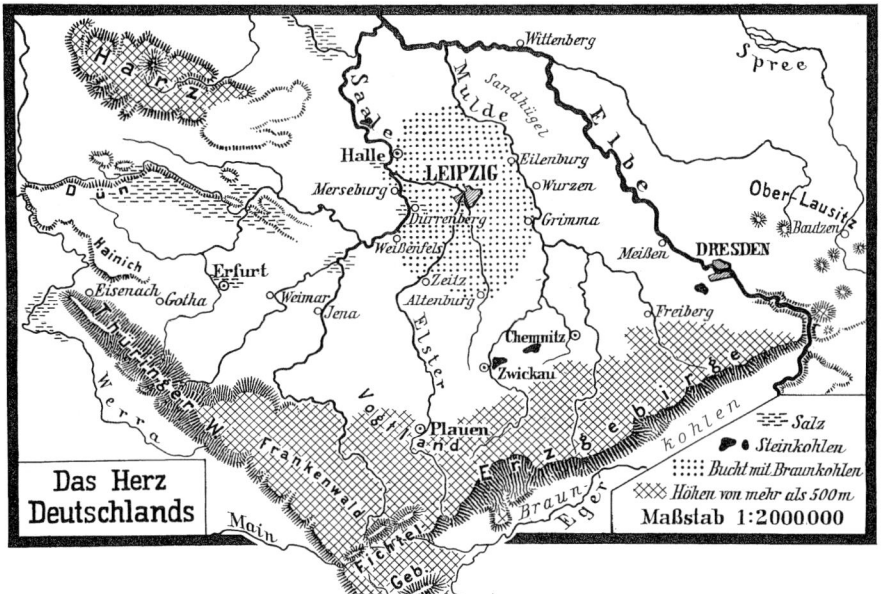

Albrecht Penck: Der Großgau im Herzen Deutschlands (1921)

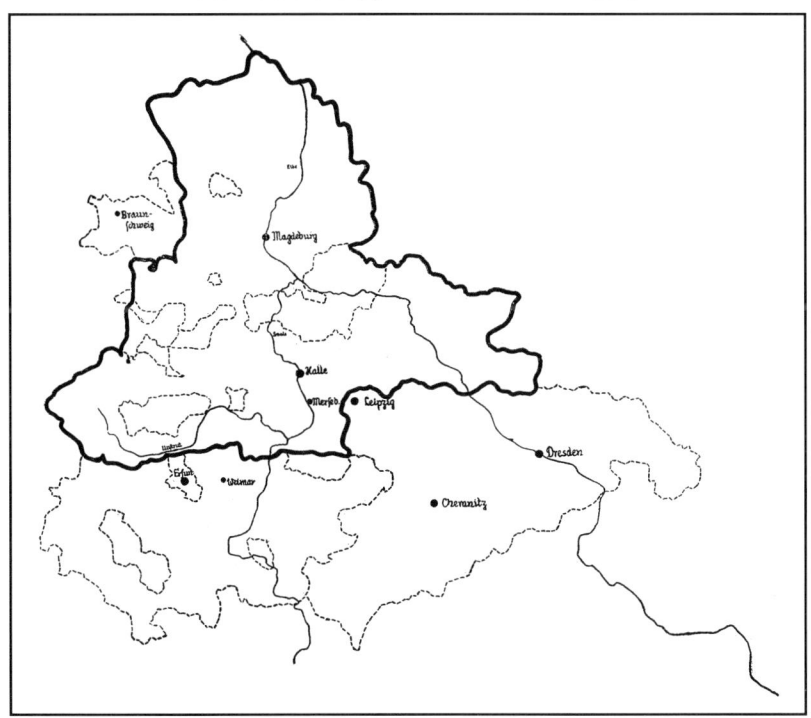

S. 387 u.–390 o.: Karten zu den „klein-" bzw. „großmitteldeutschen" Neugliederungsvorschlägen nach
Hanns Thormann/Erich Staab: Der mitteldeutsche Raum (1929): Der mitteldeutsche Bezirk nach Feldhaus

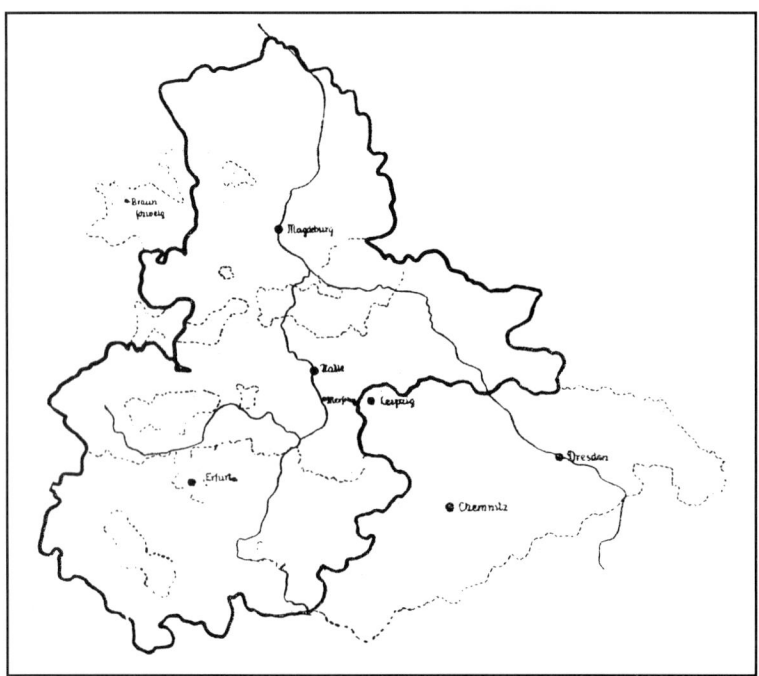

Der mitteldeutsche Bezirk nach Hoffmann

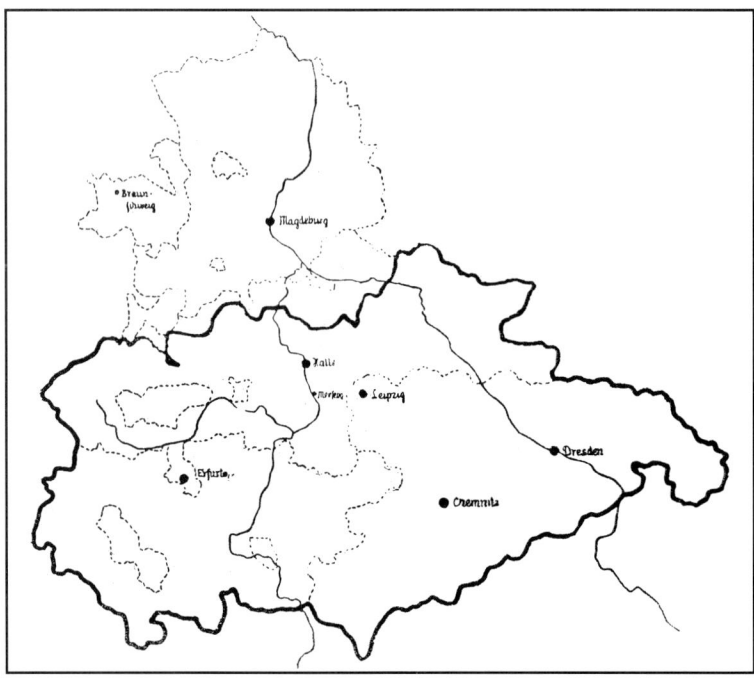

Der mitteldeutsche Bezirk nach Penck

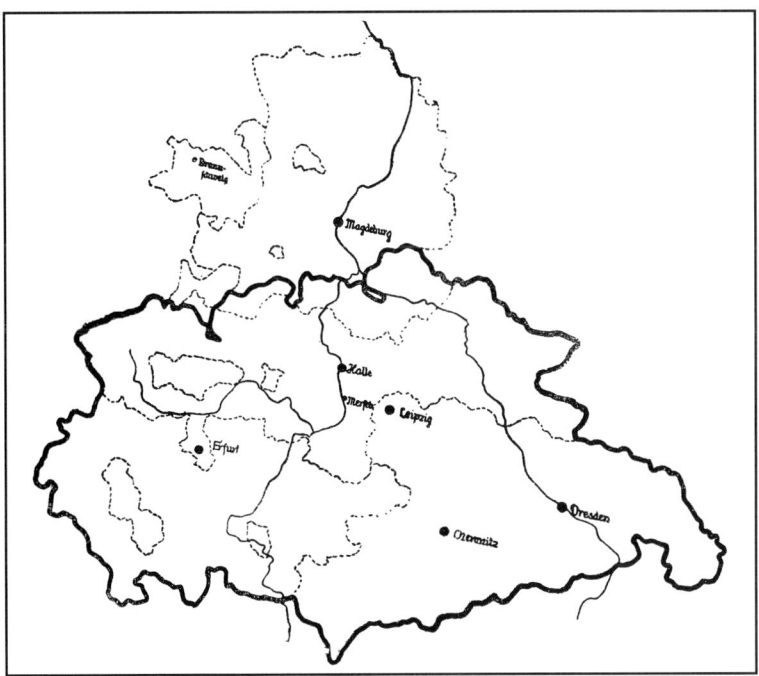

Der mitteldeutsche Bezirk nach Riedel

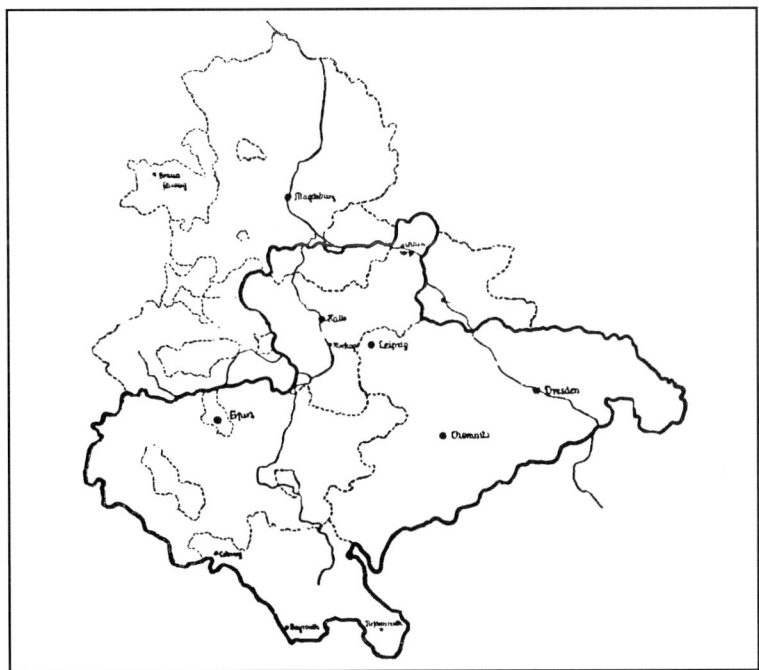

Der mitteldeutsche Bezirk nach Müller

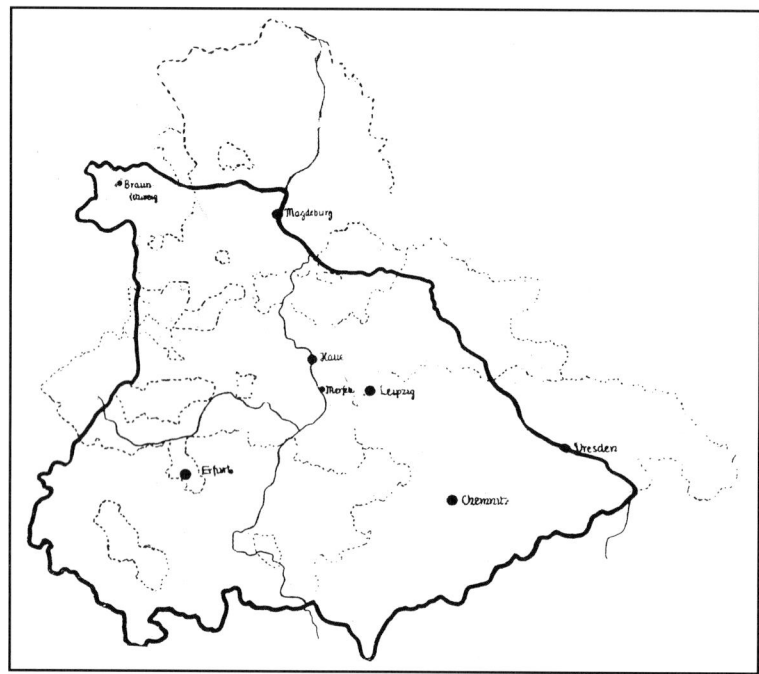

Der mitteldeutsche Bezirk nach Baumann

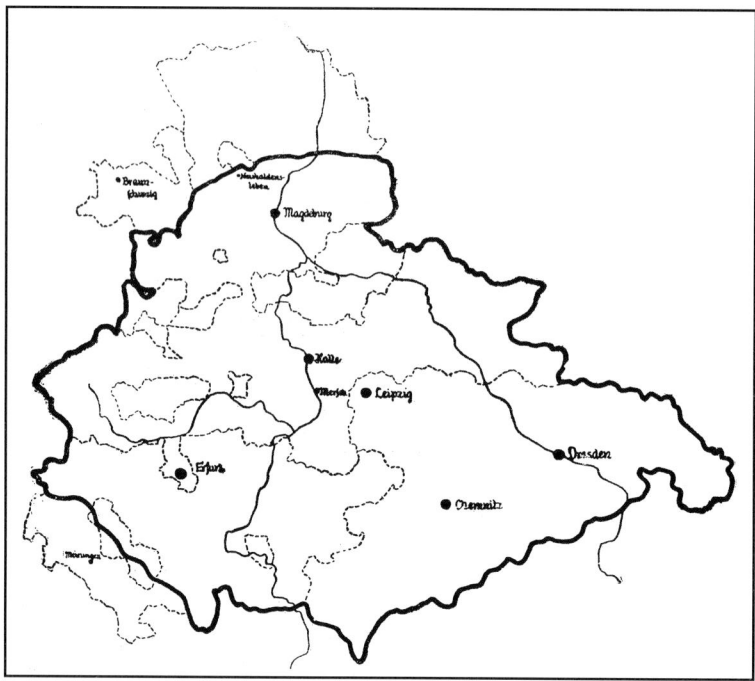

S. 390 u., 391: Die „großmitteldeutschen" Vorschläge: Der mitteldeutsche Bezirk nach Henze

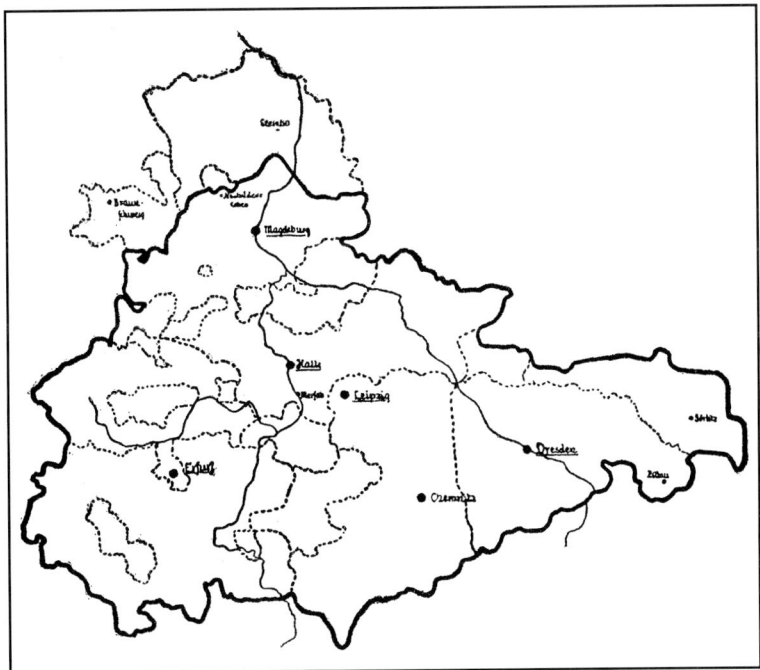

Der mitteldeutsche Bezirk nach Scheu

Oliver Lemuth

Thüringen und „Mitteldeutschland"[1]

Auf dem Höhepunkt der „Mitteldeutschland"-Debatten Ende der 1920er Jahre waren sich Gegner und Verfechter einer weitreichenden Territorialreform des „mitteldeutschen Raums" mindestens in einem Punkt einig: Die Gründung des Landes Thüringen galt ihnen als bis dato einzig gelungener Versuch einer Neugliederung in „Mitteldeutschland". Diese Landesgründung wurde so zum Sinnbild eines ein auf größere wirtschaftliche und administrative Räume drängenden Geschichtsverlaufs – entweder als Etappe auf dem Weg zur „Thüringer Einheit" oder als Zwischenstufe zur angestrebten „Einheit Mitteldeutschlands". Ob dabei nun „klein"-, „groß"- oder „teilmitteldeutsch"[2], das Land Thüringen blieb weitestgehend „Planungsgebiet" und damit akut „betroffene Region" der Territorialreformpläne. Wie in anderen Regionen formierte sich der Widerstand gegen „Mitteldeutschland" und den vermeintlichen Eingriff von außen mit Ausnahme von SPD und KPD auf einer breiten politischen und vom Kulturestablishment getragenen Basis. Wobei natürlich Fragen nach „Thüringer" Identität und der Interpretation eigener „regionaler" Geschichte eine herausragende Bedeutung einnahmen.

Ganz anders fällt der Befund für die Zeit der Landesgründung 1918/19 aus. Hier fanden sich während des aktiven und relativ ergebnisoffenen Landesgründungsprozesses durchaus einzelne Stimmen wie in Altenburg oder Reuß, die der Landesgründung einen Anschluß ihrer Staaten an Sachsen zugunsten eines „Mitteldeutschland(s)" vorzogen[3] oder das Land nur als Provisorium bis zu einer umfassenden Reichsreform betrachteten.[4]

Landesgründung, „Thüringer Heimat" und Mitteldeutschland

Das Land Thüringen war ein zwar spätes und unvollkommenes, doch bleibendes Resultat der Revolution 1918/19. Zwar wurde schon vor 1914 quer durch alle Parteien der vielzitierte „Thüringer Kleinstaatenjammer"[5] beklagt und Lösungsvorschläge unterbreitet, mit entsprechen-

---

1 Gedankt sei Prof. Jürgen John für seine Hinweise bei der Ausarbeitung dieses Beitrages.

2 Vgl. den systematischen Überblick von Thormann, Hanns; Staab, Erich: Der mitteldeutsche Raum. Seine natürlichen, geschichtlichen und wirtschaftlichen Grenzen, Merseburg 1929.

3 Vgl. dazu Karsten Rudolphs Beitrag in diesem Band. Besonders der altenburgische Staatsrat August Frölich (SPD) setzte sich zeitweise dafür ein, daß die „Thüringer Staaten zusammen ein Mitteldeutschland bildeten". Vgl. ThHStAW, PA., Nr. 1, Bl. 7 Rs.

4 ThHStAW, PA., Nr. 1, Bl. 5 Rs.

5 So der Titel der 1906 erschienen Schrift des Saalfelder Sozialdemokraten Arthur Hofmann. In den folgenden Jahren verschrieben sich auch liberale Politiker wie Eduard Rosenthal oder der Nationalliberale Kurt Hoßfeld einzelnen Vorschlägen zur Überwindung der Kleinstaaterei. Vgl. Häupel, Beate; John, Jürgen: Thüringer Einigungsbestrebungen 1848/49 und ihre Nachwirkungen bis zur Landesgründung 1920, in: Hahn,

den politischen Forderungen[6] blieben aber gerade die konservativen Parteien im Gegensatz zur Sozialdemokratie äußerst zurückhaltend. Die wesentliche Initiative der Einigungsbewegung ging im November 1918 maßgeblich von den Arbeiter- und Soldatenräten, Politikern der späteren DDP, der SPD und USPD und den liberalen Kreisen der thüringischen Wirtschaft aus. Der ungeklärten Frage über die Zukunft Preußens zum Trotz verfolgten die Revolutionäre der ersten Stunde, allen voran die provisorische Weimarer Regierung, Ende November 1918 unter der Losung „Großthüringen" die Vereinigung der thüringischen Staaten einschließlich der preußischen Gebietsteile.[7]

Mit dem Vorstoß zogen die Befürworter der großthüringischen Lösung auf der wegweisenden Erfurter Tagung[8] der Arbeiter- und Soldatenräte am 10. Dezember 1918 aber sofort die ablehnende Kritik der anwesenden Vertreter der preußischen Gebietsteile auf sich.[9] Sie ließen sich weder von der gemeinsamen Kulturgeschichte in Sprache, Sage und „Sitte" noch von den Vorzügen einer „wirtschaftliche(n) Einheit Thüringens"[10] überzeugen. Im Gegenteil befürchteten die kommunalen Vertreter des preußischen Thüringens im neuen Land „Nachteile verwaltungstechnischer, wenn nicht gar wirtschaftlicher Art".[11] Selbst der später so eifrige Verfechter des wirtschaftlichen „Mitteldeutschlands", Tilo von Wilmowsky, wehrte sich gegen die „Abtretung" preußischer Gebietsteile an Thüringen.[12] Für die provinzsächsischen und preußischen Verhandlungspartner kam in der Folgezeit ohnehin nur der Anschluß der thüringischen Staaten an die Provinz Sachsen in Frage. Ein solches Anschlußszenario hatten bis 1924 wohl nicht zufällig auch die Vertreter der thüringischen DVP im Auge, wohl weil sie sich davon eine Schwächung ihrer bis dahin im Land Thüringen regierenden politischen Gegner erhofften. So nimmt es nicht wunder, daß die ablehnende Haltung Preußens gegenüber dem „Großthüringen"-Projekt schnell in den Verdacht kam, ein Produkt der „Reaktion" zu sein. In den Augen der überwiegend unitarisch eingestellten Thüringer Sozialdemokratie wurde die Haltung der Parteigenossen in Preußen tatsächlich zum Verrat an der Einheitsrepublik

Hans-Werner; Greiling, Werner (Hrsg.): Die Revolution 1848/49 in Thüringen. Aktionsräume. Handlungsebenen. Wirkungen, Rudolstadt, Jena 1998, S. 291–302.

6 Versuche über Gesetzesangleichungen und Verwaltungsgemeinschaften traten während des Ersten Weltkrieges in ein akutes Stadium. Vgl.: Die Thüringer Frage. Denkschrift über die Vereinheitlichung in Gesetzgebung und Verwaltung der Thüringer Staaten, hrsg. vom Landesausschuß der Nationalliberalen Partei in Thüringen, Gera 1918.

7 Selbst der anhaltische Staatsrat erkundigte sich bei der provisorischen Regierung in Weimar über die Möglichkeit eines Anschlusses „Anhalts an Thüringen". Vgl. ThHStAW, PA., Nr. 1, Bl 16, Schreiben vom 20. Dezember 1918.

8 Vgl. John, Jürgen: Erfurt als Zentralort, Residenz und Hauptstadt, in: Zeitschrift des Vereins für Thüringische Geschichte Bd. 46 (1992), Jena 1993, S. 80. Erst das absehbare Scheitern der Verhandlungen mit Preußen machte Weimar zum Sitz des thüringischen Staatsrates und zur Landeshauptstadt des „kleinen" Thüringens.

9 Eine umfassende Darstellung der Landesgründungsdebatten unter Verwendung von zahlreichen Quellen bei John, Jürgen: Thüringer Verfassungsdebatten und die Landesgründung 1918 bis 1921, in: 80 Jahre Weimarer Reichsverfassung (1919–1999) (Schriften zur Geschichte des Parlamentarismus in Thüringen 14), Erfurt 1999, S. 73 ff.

10 Fischer, Max: „Die wirtschaftliche Einheit Thüringens", in: Das neue Thüringen, Heft 2, Erfurt 1919.

11 So der Suhler Bürgermeister Hegemeister. Vgl. ThHStAW, PA, Nr. 1, Bl. 5Rs.

12 Vgl. 4. Sitzung des Landtages von Sachsen-Weimar-Eisenach am 11. April 1919, Stenographische Berichte, S. 58.

und bediente die alten antipreußischen Ressentiments, nachdem sich die Hoffnungen auf den Einheitsstaat mit dem Scheitern der ersten beiden Verfassungsentwürfe Hugo Preuß' zerschlugen. Die „Thüringische Frage"[13] war mit den wichtigen Auseinandersetzungen über die zukünftige Ausgestaltung der Republik als eher föderalen oder zentralistischen Staat eng verknüpft. Zumal in enger Nachbarschaft zur Nationalversammlung die wichtigsten Entscheidungen für das zukünftige Land getroffen wurden.

Die „nationale Aufgabe", wie sie der Großteil der Akteure der Thüringer Einheitsbewegung aus dem Zusammenschluß der ehemaligen Fürstentümer ableitete, zielte auf Demokratisierung und unterschied sich zudem vom Partikularismus süddeutscher Prägung. So beschworen namentlich sozialdemokratische und liberale Politiker die ausgleichende Funktion Thüringens zwischen föderalistischem Süden und zentralistischem Norden.[14] Daß die Betonung der integrativen Funktion der Landesgründung in der „Mitte" Deutschlands keineswegs nur politische Rhetorik war, zeigte das Bemühen der „thüringischen" Vertreter in den Verhandlungen des Staatenausssschusses, dem Neugliederungsartikel der Reichsverfassung einen verbindlichen Charakter zu verleihen.[15] Vor diesem Hintergrund befanden sich die Initiatoren des Zusammenschlusses durchaus in der Situation, mit dem Einheitsprojekt reichsweit eine Vorreiterrolle einnehmen zu müssen, besonders als die Chancen auf eine umfassende Reichsreform mit der endgültigen Fassung des Neugliederungsartikels der Weimarer Verfassung geschwunden waren. So gesehen, wurde der Thüringer Raum mit dem demokratischen Zusammenschluß der thüringischen Einzelstaaten tatsächlich für kurze Zeit zum gern zitierten „Herz" der Republik. Darin spiegelte sich der republikanische Entwurf vom „Mythos Weimar"[16], den Friedrich Ebert in seiner Rede zur Eröffnung der Nationalversammlung am 6. Februar 1919 mit der Notwendigkeit beschwor, im „Geiste von Weimar" die „Wandlung" vom Imperialismus zum Idealismus, von der Weltmacht zur geistigen Größe"[17] zu vollziehen. Dies sollte für das staatliche Selbstverständnis des Landes und der Republik in den kulturellen Hegemoniekämpfen um die geistig-politische Deutungshoheit über die Klassik, Weimar und Thüringen noch von entscheidender Bedeutung sein. Wie sich schon 1919 zeigte, machte die Rechte gegen die republikanisch-revolutionäre Deutung des Geistes von Weimar Front. Bei der gerade gegründeten DNVP verstand man unter ihm im Zeichen des Landtagswahlkampfes in Sachsen-Weimar die Umsetzung „deutschnationale(r) Kulturaufgaben Weimars" gegenüber den „Zuchtlosigkeiten der Revolution" und den „Freiheitsschlagworte(n)

---

13 So der Titel der in Halle herausgegebenen Schriftenreihe, die sich als Sprachrohr der provinzsächsischen Thüringenpläne verstand. Vgl. Reuling, Ulrich: Thüringen und Hessen in der Neugliederungsdiskussion der Weimarer Republik, in: Gockel, Michael (Hrsg.), Aspekte thüringisch-hessischer Geschichte, Marburg/L. 1992, bes. S. 264–274.

14 Zur Notwendigkeit der „Mittler"-Funktion Thüringens der Abg. Polz (DDP). Vgl. 4. Sitzung des Landtages von Sachsen-Weimar-Eisenach am 11. April 1919, Stenographische Berichte S. 61.

15 Vgl. John: Thüringer Verfassungsdebatten (wie Anm. 9), S. 79–83.

16 Merseburger, Peter: Mythos Weimar, Zwischen Geist und Macht, Stuttgart 1998, S. 285–287.

17 Heilfron, Eduard (Hrsg.): Die deutsche Nationalversammlung im Jahre 1919 in ihrer Arbeit für den Aufbau des deutschen Volksstaates, 9 Bde., Berlin 1919/20, Bd. 1, S. 9, vgl. Hahn, Hans-Werner: 80 Jahre Reichsverfassung. Zur Bedeutung der Verfassung von 1919 für die deutsche und thüringische Geschichte (wie Anm. 9), S. 9–30.

der Demokratie".[18] Der Kultur(-politik) als wichtigstem landespolitisches Aktionsfeld kam auch in den Diskussionen um die Zukunft Thüringens eine gewichtige Rolle zu. Preußen, so der Vorwurf aus den Reihen von SPD und DDP, könne den Erhalt der Thüringer „Kulturstätten" nicht ausreichend garantieren, aus denen sich der entscheidende „Grund" für die „Existenzberechtigung" des Landes ableite.[19] Gerade weil die zukünftige Gestalt Thüringens als Land, Reichs- bzw. preußische Provinz keinesfalls klar war, bemühten sich die Akteure der Einheit, die kulturellen und wirtschaftlichen Gemeinsamkeiten bei jeder Gelegenheit zu betonen – mit unterschiedlichem Erfolg, wie die skeptische Haltung der Vertreter der Meininger Regierung oder die von vornherein ablehnende Position der Coburger Regierung gegenüber den Einheitsinitiativen zeigte. Die Coburger Bevölkerung votierte beim Volksentscheid über die Frage des Anschlusses an Thüringen 1919 „aus dem Bauch heraus" und versprach sich von einem Anschluß an Bayern vorrangig eine Verbesserung der Versorgungslage.[20] Da half auch der Appell an die jahrhundertelange gemeinsame Geschichte und „Familienbande" Coburgs mit den anderen Thüringer Staaten durch den thüringischen Volksrat wenig. Bei der Entscheidung für oder gegen Integration in das Land entschieden weniger Zugehörigkeit zum einigermaßen fest umrissenen „Kulturraum" Thüringen als vielmehr handfeste ökonomische und verwaltungspolitische Gründe.

Die Landesgründung bedeutete im Ergebnis nur die „kleinthüringische" Lösung. Die Minimalvariante vereinigte sieben der Einzelstaaten, aber ohne Coburg und die preußischen Gebiete. Nach der Landesgründung sah sich die SPD als Regierungspartei genötigt, neben dem umfangreichen Reformpaket im Schul- und Hochschulbereich auch auf Thüringen zugeschnittene staatsbürgerliche Initiativen zu entwickeln. Trotz der kritischen Distanz der Sozialdemokratie zu Geschichte und Traditionen wurde Thüringer Geschichte, wie die 1922 im Volksbildungsministerium angesiedelte „Beratungsstelle für Denkmalpflege und Heimatschutz" zeigt, nicht ausgespart. Dennoch bewegten sich bei den Regierungsparteien die Vorstellungen von „Thüringer" Heimat[21] im Sinne vom „Kultur- und Naturraum"[22] in eher „klassischen" Bahnen.[23] Der sozialdemokratischen Regierung ging es weniger um die Suche nach

---

18 Vgl. Wahlaufruf der DNVP zur Landtagswahl in Sachsen-Weimar-Eisenach vom 7. März 1919, in: Neumann, Thomas (Hrsg.): Kultur in Thüringen 1919–1949, Quellen zur Geschichte Thüringens Bd. 8, Erfurt 1998, S. 50 f.

19 „Gerade in Thüringen sind in kulturellen Dingen Verhältnisse, die einer besonders milden, weichen Hand in ihrer Ordnung bedürfen und diese weiche Hand wird nur gefunden, wo sich Thüringer unter Thüringern darüber einigen." Arnold Paulssen (DDP), Vgl. 49. Sitzung des Landtages von Sachsen-Weimar-Eisenach am 9. Oktober 1919, Stenographische Berichte, S. 1156.

20 ThHStAW PA., Nr. 2, Bl. 116–121, Bl. 120.

21 Zur Auslegung und Verwendung der Begriffe Heimat und Kulturraum vgl. den Beitrag von Willi Oberkrome in diesem Band.

22 Vgl. Trinius, August: Das grüne Herz Deutschlands. Eine Wanderfahrt durch den Thüringer Wald, Berlin 1910, S. 5.

23 Die „staatstragende" Idee von der Einheit der verschiedenen deutschen Stämme wurde schon vor 1914 zur Kompromißformel zwischen regionalem Heimat- und Reichsheimatschutz. Vgl. Hartung, Werner: Das Vaterland als Hort von Heimat. Grundmuster konservativer Identitätsstiftung und Kulturpolitik in Deutschland, in: Klueting, Edeltraud (Hrsg.): Antimodernismus und Reform. Beiträge zur Geschichte der deutschen Heimatbewegung, Darmstadt 1991, S. 112–156, hier S. 118.

einem historisch schwer nachweisbaren „thüringische[n] Stammesbewußtsein[s]",[24] als vielmehr im Sinne von Verfassungspatriotismus um staatsbürgerlich-demokratische Erziehung,
wie die vielfältigen Aktivitäten im Volksbildungsministerium belegen. Die Suche nach Lan-
desfarbe und -wappen zeigte deutlich, wo die einzelnen Parteien das Land „Thüringen" historisch verorteten.[25] Nur mit Mühe vermochten sich SPD und DDP gegen den landgräflichen
Löwen als Vorschlag der rechten Parteien für das Wappentier zur Wehr zu setzen. Es blieb im
Ergebnis der Wappenfrage bei den „sieben Sternen" als Sinnbild der demokratischen Vereinigung der sieben thüringischen Einzelstaaten.[26] Die ambitionierten Versuche von demokrati-
scher Seite aus, Landesidentität zu stiften, blieben aber spätestens mit dem Machtantritt der
Ordnungsbundregierung 1924 auf der Strecke. Zwar rekurrierten auch die demokratischen
Parteien immer wieder auf das reiche Begriffsreservoir der heimatlichen „Herz"- und „Mitte"-
Topoi, solche Begriffe waren aber in der historischen Deutung weitesgehend neutral.

Bei der Beschreibung der „Grenzen und Staatsgebiete Thüringens in der Geschichte"[27] wurde
im allgemeinen kaum so differenziert vorgegangen wie in der gleichnamigen landesgeschichtlichen Abhandlung von Ernst Devrient. Sein Versuch, „verschiedene raumbildende Faktoren"[28]
in die Betrachtung einfließen zu lassen, unterschied sich von den gängigen „Thüringen- Klischees" und Schlagworten, wonach das Land einfach die Nachfolge des Thüringer Königreiches oder der Landgrafschaft angetreten hatte. In die Kette jahrhundertelanger territorialer
Integrität paßte natürlich wenig das Bild vom „Kleinstaatenjammer". Aber auch hier kompen-
sierten identitätsstiftend sowohl das „gemeinsame Schicksal" der Kleinstaaterei als auch die
Kultur der Residenzstädte die fehlende territoriale Einheit. Wer die „Thüringische Frage" wie
Walter Friedensburg historisch und mit Blick auf die Landesgründung aber so betrachtete, die
fehlende territoriale Einheit als Hauptmerkmal der Region hervorzuheben, konnte aller kulturellen Einheit zum Trotz, das Heil für Thüringen nur in Preußen suchen.[29] Das von Friedensburg entworfene Bild von Thüringen als „Objekt der Geschichte" tauchte so auch bei der Charakterisierung des Raums in den „Mitteldeutschland"- Schriften der 1920er Jahre wieder auf.
Für das Denken in „nationalen" Kategorien bedeutete die „gestörte" staatliche „Einheit Mitteldeutschlands" rückblickend nicht nur das Fehlen eines Gegengewichts zu Preußen, sondern
auch die Ursache für die fehlende Reichseinheit. Vor diesem Hintergrund konnten sowohl die
Verfechter des „Freistaates" Thüringen im Erhalt des Landes als auch die Protagonisten mitteldeutscher Einheit im Zusammenschluß der einzelnen Länder eine entscheidende Etappe

---

24 Ernst Thümmel (später TLB) hob besonders das „Thüringer Stammesbewußtsein" als Grundlage für den
    Zusammenschluß hervor. Im Gegensatz zum Patriotismus weimarischer oder reußischer Prägung besitze
    Thüringen wie alle deutschen Stämme ein gemeinsames „Stammesbewußtsein". Vgl. 4. Sitzung des Landta-
    ges von Sachsen-Weimar-Eisenach am 11. April 1919, Stenographische Berichte S. 64.

25 Heß, Peter: Das Thüringer Landeswappen, Blätter zur Landeskunde, hrsg v. Landeszentrale f. politische Bil-
    dung Thüringen, Erfurt 1996.

26 Vgl. auch stenographische Berichte des 1. Landtags von Thüringen, 28. Sitzung v. 2. Febr. 1921, S. 699 ff. u.
    58. Sitzung v. 7. April 1921, S. 1327 ff.

27 So der Beitrag Ernst Devrients in der Reihe „Das neue Thüringen", Heft 6, Erfurt 1919.

28 Reuling: Thüringen und Hessen in der Neugliederungsdiskussion (wie Anm. 13), S. 270.

29 Ebenda, S. 271.

auf dem Weg zur „Reichseinheit" erblicken. Die Analysen in den verschiedenen Beiträgen zur Geschichte und Kultur Mitteldeutschlands bzw. Thüringens unterschieden sich jedoch in den einzelnen Fällen kaum voneinander, entscheidend blieb die Deutung der Ergebnisse.

Nach dem politischen Klimaumschwung unter der Thüringer Ordnungsbundregierung 1924 veränderten sich auch die Zielvorgaben für den staatlich subventionierten Heimatschutz in Thüringen.[30] In der staatlichen „Beratungsstelle" gewannen nun sukzessive diejenigen wie Paul Schultze-Naumburg oder der rassische Volkskundler Martin Wähler[31] die Oberhand, bis sie schließlich unter der Regierung Frick[32] als wichtigste „Fachmänner" im „Thüringer" Heimatschutz mit ihren auf Stamm und Rasse gebauten Konzepten allein den Ton angaben.

Die Existenzfrage – „Mitteldeutschland"-Pläne und Thüringen

Die seit Anfang der 1920er Jahre maßgeblich vom Hallenser Institut für Wirtschaftsforschung unter Gustav Aubin sowie von der provinzsächsischen Wirtschaft seit 1925/26 forciert ausgehenden Impulse zur Errichtung einer gemeinsamen „Wirtschaftsprovinz Mitteldeutschland" konfrontierte Landespolitiker und „Beschützer" Thüringer Heimat mit einer neuen Situation. War die Frage der Reichsreform bis dahin vor allem verfassungstheoretischer Natur, drängte die Industrie im Zuge wirtschaftlicher Rationalisierung auch nach einer Vereinfachung der Verwaltung.[33] Die administrative Aufteilung Deutschlands nach reinen verkehrs- und verwaltungstechnischen Gesichtspunkten mußte also nun nicht nur für die wenigen föderal eingestellten Politiker zur Drohkulisse werden, sondern auch die auf „Landesmaßstäbe" gebrachte Heimatbewegung, wie in anderen Regionen Deutschlands auch, auf den Plan rufen.[34] In Thüringen herrschte auf seiten der Regierungsparteien (Thüringer Landbund, DVP, DNVP und teilweise auch in den Reihen der DDP) sowie bei Teilen der Wirtschaft, mit Ausnahme der exportorientierten Jenaer Industrie, den provinzsächsischen „Mitteldeutschland"-Plänen gegenüber weitreichende Skepsis bis konsequente Ablehnung. Die Denkschrift „Mitteldeutschland auf dem Wege zur Einheit"[35] brachte aber nicht nur die thüringische Landesregierung in die Defensive, sondern auch die wichtigsten Existenzprobleme Thüringens zur Sprache. Tatsächlich sah sich

30 Oberkrome, Willi: Heimatschutz und Naturschutz in Lippe und Thüringen 1930–1960. Strukturen und Entwicklungen, in: Frese, Matthias; Prinz, Michael (Hrsg.): Politische Zäsuren und Gesellschaftlicher Wandel im 20. Jahrhundert. Regionale und vergleichende Perspektiven (Forschungen zur Regionalgeschichte Bd. 18), Paderborn 1996, S. 419–438, bes. S. 431 f.; Brüggemann, Silvia: Zur Geschichte der Denkmalpflege in Thüringen 1920 bis 1930, in: Thesis, Wissenschaftliche Zeitschrift der Bauhaus-Universität Weimar, 44. Jg., Heft 4, 1998 (Denkmalpflege in Thüringen vor der Jahrtausendwende), S. 30–37.

31 Wähler gehörte ab 1929 dem Beirat an.

32 Frick (NSDAP) war nach dem Statut als Regierungsvertreter selbst Mitglied des „Ehrensausschusses" der Beratungsstelle, vgl. ThHStAW, Landesamt für Denkmalpflege, Nr. 6, Bl. 287.

33 Schulz, Gerhard: Zwischen Demokratie und Diktatur. Verfassungspolitik und Reichsreform in der Weimarer Republik. Bd. 1: Die Periode der Konsolodierung und der Revision des Bismarckschen Reichsaufbaus 1919–1930. Berlin 1963, 2. durchges. Aufl., Berlin, New York 1987, S. 527 ff.; Vgl. auch den Beitrag Mathias Tullners in diesem Band.

34 Vgl. den Beitrag von Willi Oberkrome in diesem Band.

35 Hübener, Erhard (Hrsg.): Mitteldeutschland auf dem Wege zur Einheit. Denkschrift über die Wirkung der innerstaatlichen Schranken, Merseburg 1927.

die Regierung in Weimar auch mit der ungelösten Frage der Fürstenabfindung einem stetig wachsenden finanziellen Problemdruck ausgesetzt und hatte mit den Folgen von Inflation, Währungsreform und strukturellen Schwächen in der Landwirtschaft und der Industrie insbesondere im Thüringer Wald zu kämpfen. In dieser Situation machte sich die Thüringer Ordnungsbundregierung im Bund mit der ihr nahestehenden, wenngleich aber heterogenen Thüringer Heimatbewegung zum alleinigen Gralshüter und Bewahrer der „Thüringer Heimat". Im Landeswahlkampf 1927 trat der Ordnungsbund ganz bewußt als geschlossene Phalanx gegen die „Mitteldeutschland"-Pläne auf und versprach die Weiterexistenz Thüringens als „Rechtsstaat".[36] Als Reaktion auf die desolate Haushaltssituation richtete gleichzeitig die rechtsbürgerliche Regierung unter Richard Leutheußer ein Hilfeersuchen an das Reich und ließ ein Gutachten über Ausgaben und Verwaltung des Landes vom ehemaligen Reichssparkommissar Konrad Saemisch ausarbeiten. Das Gutachten kam zwar zum Schluß, daß der chronische Fehlbetrag im Landeshaushalt „den Kredit des Landes und seinen staatlichen Fortbestand in Gefahr bringen"[37] mußte, blieb aber in der Reichsreformfrage neutral und schlug statt dessen die Bildung von Verwaltungsgemeinschaften vor. Die Thüringer Regierung orientierte sich am Sanierungskonzept Saemischs und verhandelte mit Sachsen über Grenzarrondierungen und Verwaltungsgemeinschaften.[38] Als schließlich auf Reichsebene im Vorfeld der Länderkonferenzen 1928/29 alle Zeichen auf eine Länderreform hinwiesen, stellten sowohl KPD als auch SPD im thüringischen Landtag eine „große Anfrage" zu den Plänen der Regierung in Sachen Länderreform.[39] Die Debatte zu den beiden Anfragen im Landtag offenbarte die unterschiedlichen parteipolitischen Positionen zur Zukunft des Landes Thüringen in der Reichsreformfrage. Hermann Brill[40] (SPD) verwies in der Begründung der Anfrage auf die sozialdemokratischen Initiativen der letzten beiden Jahre, im Gegensatz zu den Regierungsparteien die Länderreform im Landtag zu thematisieren. Die Frage der Neugliederung des Reiches, so Brill, sei für Thüringen von ganz besonderer Bedeutung. Ähnlich wie der Landeshauptmann der Provinz Sachsen und Mitinitiator der provinzsächsischen Mitteldeutschland-Pläne, Eckard Hübener, sah auch Brill die Provinz-, Landes- und Verwaltungsgrenzen und besonders die Exklaven als ein Hemmnis für die Konsolidierung der Finanzen.[41] Für die Thüringer SPD gab es schon 1927 nur zwei Wege. Entweder eine Flurbereinigung innerhalb Thüringens und eine Abrundung des thüringischen Staatsgebietes oder ein Anschluß des Landes Thüringen

---

36 Vgl. Allgemeine Thüringer Landeszeitung, 27. Jan. 1927.

37 Gutachten der Reichssparkommissars über die Landesverwaltung Thüringens. Erstattet am 4. Oktober 1929 v. Reichskommissar und Staatsminister a. D. Friedrich Ernst Moritz Saemisch, o. O., S. 18.

38 Vgl. Berndt, Roswitha: Das Projekt Mitteldeutschland in den Reichsreformplänen der Weimarer Republik, in: Jahrbuch für Regionalgeschichte 16 (1989), S. 147–155; John, Jürgen: Wirtschaftsentwicklung und politische Umbrüche in Thüringen zwischen den beiden Weltkriegen, in: Bramke, Werner; Heß, Ulrich (Hrsg.): Sachsen und Mitteldeutschland, Weimar 1995, S. 93–120.

39 Anfrage KPD, IV. Landtag, Drucksachen, S. 269, Anfrage SPD, IV. Landtag, Drucksachen, S. 237.

40 Brill galt als einer der eifrigsten Verfechter des demokratischen Einheitsstaatsgedankens. Vgl. ders.: Reichreform. Eine thüringische Schicksalfrage, Rudolstadt 1932; Overesch, Manfred: Hermann Brill in Thüringen: 1895–1946. Ein Kämpfer gegen Hitler und Ulbricht, Bonn 1992.

41 Stenographische Berichte, IV. Landtag, 6. Juli 1928, S. 2073.

an Preußen „unter Bildung einer preußischen Provinz Thüringen innerhalb des Freistaates Preußen".[42]

Nach Ansicht Brills mußte die Initiative von den Ländern kommen, da die Länderkonferenz „wenig geschichtliche Bedeutung" für den Fortgang der Länderreform haben werde.[43] Gerade für Thüringen sollte es demnach zweifelhaft bleiben, ob das Land als „künstliches Staatsgebilde", ohne seine „natürliche Hauptstadt Erfurt", überhaupt weiterexistieren konnte.[44] Als Sozialdemokraten sei man „ja nicht gerade weltanschaulich dafür bestimmt", auf historische Gründe für die Entwicklung der ganzen Frage zurückzugreifen, trotzdem müsse aber darauf hingewiesen werden, „daß Erfurt erst seit 1803, Schleusingen und Ziegenrück erst seit 1819 […] zu Preußen gehören." Man solle sich bei der Neugliederung nicht an die „Grenzen des Wiener Kongresses" (sic!) halten, ein Beispiel für eine gelungene Neueinteilung sei der 1928 gegründete Landesarbeitsamtsbezirk Mitteldeutschland.[45] Für die Regierung wies Staatsrat Arnold Paulssen (DDP) in seiner Antwort alle Schuld von sich, wenn etwaige Erfolge in der Neugliederung bisher ausgeblieben waren. Einen Austausch der Exklaven schließe er aber aus, da die wertvollen Staatsdomänen in Sondershausen und Allstedt sonst an Preußen gegeben werden müßten. Ohnehin gehörten sie zu Thüringen. Einen Anschluß an die Provinz Sachsen hielt er ebensowenig für zweckmäßig, da hierbei thüringische Belange zweifellos nach vielen Richtungen zu kurz kommen würden. Nur mit Mühe habe man als Sitz für das Landesarbeitsamt Erfurt und nicht Magdeburg durchsetzen können. Eine Reichsprovinz lehne er ebenfalls ab, weil diese viel zu groß sei und „Thüringen doch von jeher ein in sich geschlossenes Gebiet gewesen ist. Das Thüringer Gebiet reicht von der bayrischen Grenze bis zum Harz und rechts bis an die Elbe. Das ist das natürliche Gebiet Thüringens. Das hat seine gute historische Berechtigung. (Bravo rechts)"[46]

Die Anfrage der KPD zu Verhandlungen der Regierung mit Sachsen begründete der Abgeordnete Albin Tenner. Nach seiner Auffassung stecke hinter den Verhandlungen der Regierung mit Sachsen kein Programm der Thüringer Regierung, sondern einzig und allein der bankrotte Zustand der Finanzen. Der Regierung warf er Desinformation über die stattgefundenen Gespräche zwischen Staatssekretär Ernst Jahn (DDP)[47] und Karl Rauch zusammen mit Vertretern der sächsischen Regierung vor. Tenner konnte nur mutmaßen, wie weit die Gespräche über eine Zusammenarbeit der beiden Länder gediehen waren. Die Thüringer Allgemeine Zeitung vom 9. Juni 1928 umriß jedenfalls die Kooperationsprojekte. Dazu sollten die Bildung von Justizgemeinschaften, eine gemeinsame Vertretung im Reichsrat und eine gemeinsame Staatsbank gehören. Einem Bericht der Leipziger Neuesten Nachrichten zufolge

---

42 Ebenda.

43 Ebenda, S. 2078.

44 Ebenda, S. 2079.

45 Ebenda.

46 Ebenda, S. 2082.

47 Jahn trat für eine Zusammenarbeit mit Sachsen ein, da er hier im Gegensatz zu Bayern oder Preußen auch in kulturellen und historischen Fragen den größten gemeinsamen Nenner ausmachte. Vgl. Jahn, Ernst: Kann das Land Thüringen seine Eigenständigkeit bis zur Bildung von Reichsprovinzen behalten? Weimar 1929.

wollte die Sächsische Staatsbank der Thüringer Regierung außerdem einen 20-Millionen-Kredit auf Dollarbasis zur Verfügung stellen.[48] Tenner übte Kritik an den Verwaltungsgemeinschaften, da sie nicht zur Verbilligung beitragen würden und den Weg Richtung Einheitsstaat versperrten. Die Bourgeoisie habe 1918/19 kein Interesse am Einheitsstaat gehabt und versuche, nachdem die Industrie rationalisiert wurde, jetzt auch den Staat zu rationalisieren. Die KPD sei nicht gegen den Einheitsstaat an sich, wünsche sich aber einen stärkeren Ausbau der kommunalen Selbstverwaltung.[49]

Für die Regierung stellte Staatsminister Leutheußer noch einmal klar, daß es zwar Verhandlungen gegeben habe, verbindliche Absprachen aber noch nicht getroffen wurden. In der ohnehin schon zugespitzten Debatte griff Brill die Regierung in ihrer Informationspolitik offen an. Die Geheimnistuerei, so Brill, werde zum „Totengräber des parlamentarischen Systems".[50]

Wie schon Paulssen lehnte auch der Vertreter der Regierungspartei DVP, Theodor Bauer, einen Zusammenschluß und allgemeine Verwaltungsgemeinschaften zwischen Thüringen und Sachsen ab. Nach Meinung von Bauer käme als Land, in dem man aufgehen wollte sowieso nur Preußen in Frage. Nicht „als Anhängsel" an die preußische Provinz Sachsen, mit der man fast nichts gemeinsam habe, „sondern nur als eigene, in sich geschlossene und deshalb die preußischen Teile von Thüringen umfassende Provinz Thüringen".[51] Die Position der Regierung blieb in der Frage eines eventuellen Anschlusses eindeutig. Schon auf der Länderkonferenz (16.–18. Januar 1928) gab Staatssekretär Leutheußer gegenüber eventuellen Mitteldeutschlandplänen zu Protokoll: „Wir haben jetzt bei uns den bösen Sparkommissar im Land. Ich darf aber sagen, daß er uns nicht auf den Hals geschickt worden ist, sondern daß wir ihn selbst gerufen haben. [...] Wir sind bereit, soweit die Eigenständigkeit und Souveränität nicht berührt wird, Aufgaben [...] auf das Reich zu übertragen."[52] Dies schien der Thüringer Regierung zur Konsolidierung ihrer Verhältnisse vorerst auszureichen, wobei die Furcht vor der Verschiebung der Mehrheitsverhältnisse im Land bei den Regierungsparteien DVP und Thüringer Landbund[53] einen weiteren Grund für die ablehnende Haltung gegenüber den „Mitteldeutschland"-Plänen bildete. Die Klientel beider Parteien rekrutierte sich vor allem aus agrarischen und kleinbürgerlichen Milieus. Zu den stärksten Verlierern der Währungsreform und der einsetzenden Rationalisierungswelle gehörten eben diese Bevölkerungsgruppen.[54] Verständlich also, daß die Abwehrfront gegen die Forderungen der provinzsächsischen

---

48 Stenographische Berichte, IV. Landtag, 6. Juli 1928, S. 2087.
49 Ebenda, S. 2090.
50 Ebenda, S. 2095.
51 Ebenda, S. 2100.
52 Sitzungsprotokolle der Länderkonferenz 16.–18. 1. 1928, S. 58. Vgl. ThHStAW, PA, Nr. 47.
53 Vgl. Dressel, Guido: Der Thüringer Landbund – Agrarischer Berufsverband als politische Partei in Thüringen 1919–1933, (Schriften zur Geschichte des Parlamentarismus in Thüringen 12), Weimar 1998, S. 49–53, 60.
54 Vgl. John, Jürgen: Wirtschaftsentwicklung und politische Umbrüche in Thüringen (wie Anm. 38), S. 108 ff.; Rudolph, Karsten: Untergang auf Raten. Die Auflösung und Zerstörung der demokratischen Kultur in Thüringen 1930 im regionalen Vergleich, in: Ehrlich, Lothar; John, Jürgen (Hrsg.): Weimar 1930. Politik und Kultur im Vorfeld der NS-Diktatur, Weimar, Köln, Wien 1998, S. 15–29.

Großindustrie (IG-Farben) und des Landes Anhalt (Junkers) für das Beispiel Thüringen vornehmlich im rechten Lager zu suchen war. Zumal die NSDAP im traditionellen Wählermilieu von Thüringer Landbund und DVP ab 1928 zunehmend Erfolge verbuchen konnte. Die Interessen ihrer Wählerkreise mußten bei den Regierungsparteien auch in der Mitteldeutschlandfrage im Vordergrund stehen. So betonte dann auch die von der Regierung initiierte Schrift „Thüringen in und seine Stellung zu Mitteldeutschland",[55] daß nur die Weiterexistenz des Landes den Interessen der thüringischen Wirtschaft und ihren im Vergleich zum industriell verdichteten Großraum Halle-Merseburg/Dessau tatsächlich vorhandenen Besonderheiten[56] gerecht werden konnte. Zum zentralen argumentativen Gerüst der Schrift gehörten die schon während der Landesgründung verwendeten Herz- und Ausgleichsmetaphern. Im Gegensatz zur Rhetorik der auf Mitteldeutschland zugeschnittenen Schriften betonte das „Positionspapier" der Landesregierung gerade die kulturellen, wirtschaftlichen und politischen Gegensätze zwischen den Ländern Preußen, Sachsen, Bayern und versuchte, die von den Verfechtern der „Mitteldeutschland"-Pläne beschworenen „mitteldeutschen Gemeinsamkeiten" auseinanderzudividieren. Die wohl nicht unbegründete Angst vor einem gesamtmitteldeutschen Zentrum, um dessen Status Leipzig, Halle und Magdeburg stritten, wurde von den Thüringer Gegnern der Mitteldeutschlandpläne bewußt ins Spiel gebracht. Sie boten stattdessen mit ihrem föderalen, wenn auch nicht unbedingt demokratischeren Konzept, den Schutz thüringischer „Eigentümlichkeiten" und Problemlösungen vor Ort an. Die Existenz des Landes Thüringen konnte, wie in der Schrift formuliert, außerdem die Garantie für einen Ausgleich der beschworenen Gegensätze zwischen „Norden und Süden und Osten und Westen" bieten. Damit wurde im Selbstverständnis der Initiatoren der Schrift „Thüringen" einmal mehr zur „Keimzelle" des deutschen Einheitsstaats, da es in sich die „verschiedenen Volksstämme", die hier mit den ehemaligen Fürstentümern gemeint waren, schon vereint habe. Im Gegensatz zu 1919 mutierten jetzt diejenigen konservativen Politiker zu den eifrigsten Beschützern der revolutionsbedingten Landesgründung, die noch zehn Jahre zuvor einen Anschluß an Preußen in ihrem parteipolitischen Kalkül ernsthaft in Erwägung gezogen hatten.

In der Folgezeit blockte die Landesregierung alle weiteren Mitteldeutschlandpläne entschieden ab und konterte statt dessen mit dem altbekannten Ruf nach „Großthüringen". Die Neuauflage der „Großthüringen"-Initiative brachte nun vor allem die provinzsächsische Seite in die Defensive, weil die Thüringer Regierung zur Lösung der „mitteldeutschen" Exklavenfrage den Anschluß des Regierungsbezirkes Erfurt an das Land Thüringen vorschlug. Damit stellten sich die Gegner der provinzsächsischen „Mitteldeutschland"-Pläne an die Spitze der „mitteldeutschen" Territorialreform und leiteten ihrerseits eine nationale „Mission" aus der Weiterexistenz des Landes[57] bzw. der Errichtung Großthüringens[58] bei einer kommenden Reichs-

---

55 Müller, Johannes: Thüringen in und seine Stellung zu Mitteldeutschland, Weimar 1929.
56 Ebenda, S. 94 ff.
57 Vgl. Ernst, Richard: Thüringen und Mitteldeutschland, in: Thüringer Jahrbuch, Bd. 4, Leipzig 1929, S. 314.
58 Vgl. Koellreutter, Otto: Die innerstaatliche Gliederung des deutschen Volkes unter besonderer Berücksichtigung der thüringischen Frage, in: Thüringer Jahrbuch, Bd. 4, Leipzig 1929, S. 25–31.

reform ab. Verhandlungen mit Preußen kamen nach der Regierungsumbildung im Januar 1928 unter Paulssen zwar zustande, blieben aber ohne Ergebnisse.

Dieser im Gegensatz zu 1927 veränderten Situation trug auch der neue Vorschlag Hübeners zur Dreiteilung „Mitteldeutschlands" in „Sachsen-Anhalt", „Obersachsen" und Thüringen Rechung.[59] Hübener wehrte sich wie die „Mitteldeutschland"-Gegner[60] gegen eine bloße Grenzziehung mit „Zirkel und Lineal". Nach seiner Darstellung sollte der Raum vielmehr in wirtschaftlich-verwaltungstechnisch zweckmäßige und überlebensfähige „Bezirke" gegliedert werden. Zwar rechnete der Entwurf die preußischen Gebiete in Thüringen zur zukünftigen Reichs- bzw. preußischen „Provinz Thüringen", von der Weiterexistenz der „alten" Länder aber hatte sich auch Hübener auf dem Weg zur Einheitsrepublik verabschiedet. Statt der Länder favorisierte er die Errichtung einheitlicher, kompetenzstarker Provinzen bzw. Reichsländer und sah so eine Möglichkeit, gegen die schrittweise „Verreichlichung" vorzugehen, ohne allerdings das parlamentarische System in Frage zu stellen.[61]

Hübeners Vorschlag wurde in Weimar „wohlwollend" aufgenommen, da er die thüringischen Interessen und „Eigenarten" berücksichtigte und sich vom „Mitteldeutschland" unter Anschluß Thüringens an die Provinz Sachsen verabschiedet hatte.[62] Im Zuge der weiteren Verhandlungen zur Reichsreform im Verfassungsausschuß stellte die Thüringer Regierung, abweichend von ihrer bisherigen Position, eindeutige Forderungen an ein „preußisches" Großthüringen und diktierte ihrerseits die Bedingungen für eine solche Option. Dazu zählte der Erhalt aller derjenigen Werte, „die Thüringen in seiner wirtschaftlichen und kulturellen Entwicklung im Laufe der Jahrhunderte [...] sich erarbeitet hat". Zum Forderungskatalog gehörten konkret die Beibehaltung der zentralen Landesverwaltung, der Thüringer Gemeinde- und Kommunalordnungen, der Schul- und Wohlfahrtsgesetze sowie die Bildung einer Kulturstiftung für die ehemaligen Residenzstädte. Zusätzlich sollte Weimar weiter Landeshauptstadt bleiben, Erfurt aber die Eisenbahn- und Postdirektion und außerdem den Sitz des Landesarbeitsamtes behalten.[63] Wie schon 1919 wirkte sich auch 1930 die fehlende Einigung auf Reichsebene auf den weiteren Gang der Verhandlungen zwischen den Ländern aus. Zusätzlich war die neue Landesregierung unter der Koalition von Thüringer Landbund, DVP, DNVP, Wirtschaftspartei und NSDAP mit Wilhelm Frick (NSDAP) als Minister für die Schlüsselressorts Inneres und Volksbildung wenig bemüht, durch weitere Mitteldeutschlandinitiativen einen Unruheherd für die eigene Politik in Thüringen zu schaffen. Stärker noch als zuvor betonten die Schriften zur „Einheit Thüringens"[64] in der Folgezeit ein auf wirtschaftliche Autarkie und „stamm"-

---

59 Vgl. Hübener, Erhard: Die Neugliederung Mitteldeutschlands, in: Reich und Länder 3 (1929/30), S. 212–223; ders.: Mitteldeutschland in verwaltungspolitischer Betrachtung, in: Lüttgens, Carl-Max (Hrsg.): Mitteldeutschland, Erfurt 1930, S. 84 ff.

60 Vgl. Müller: Thüringen (wie Anm. 55), S. 9 ff.

61 Hübener wollte vielmehr kompetenzstarke Reichsprovinzen mit einheitlicher Gesetzgebung

62 ThHStAW, PA, Nr. 42, Bl. 419. Paulssen in einem persönlichen Antwortschreiben an Hübener vom 20. Januar 1930.

63 ThHStAW, PA, Nr. 42, Bl. 373/373 Rs.

64 Die Einheit Thüringens. Ein Beitrag zur Reichsreform (Akademie gemeinnütziger Wissenschaften zu Erfurt. Schriftenreihe der Abteilung für Wirtschaft und Verwaltung 5), Erfurt 1933.

bezogene Homogenität ausgerichtetes Land Thüringen und trafen sich nicht zufällig mit den Krisenbewältigungskonzepten der NSDAP, die der mittelständischen Industrie und der Landwirtschaft in Thüringen über Protektionismus durch Abschottung einen Ausweg aus der Krise versprachen. Dem mußten natürlich auf wirtschaftliche Nivellierung und Anpassung an die Erfordernisse der Großindustrie zielende Mitteldeutschlandpläne entgegenstehen. Seinen Niederschlag fand diese Argumentation auch in den Schriften zur „Thüringer Einheit". Darin wurde nicht nur das rückwärtsgewandte Idyll „Thüringer Heimat" gegenüber provinzsächsischer Großindustrie postuliert,[65] sondern vielmehr auf die eigene Innovationskraft und den „Erfindergeist" der „arbeitsintensiven" Wirtschaft in Thüringen hingewiesen, um darin eine typische Eigenschaft des Stamms der „Thüringer" auszumachen.

Daneben operierte die NSDAP mehr noch als alle anderen Parteien mit der Angst, daß Thüringen unter die „Verwaltung eines marxistisch preußischen Innenministers" kommen könnte,[66] und positionierte sich auch aus parteitaktischen Gründen eindeutig gegen die „Mitteldeutschland"-Pläne. Die über Ermächtigungsgesetz umgesetzte Politik der Regierung Baum-Frick schuf in Thüringen darüber hinaus ein selbst von republikanischer Seite befürwortetes Lehrbeispiel bei der Lösung zentraler Fragen, wie Haushaltskonsolidierung und Verwaltungsstrukturreform,[67] die doch Kernpunkte der Mitteldeutschlandpläne und des Forderungskatalogs der Industrie bei der Reichsreform waren.[68]

Dabei betrachteten die Anhänger der Reichsreform schon vor 1930 das Ermächtigungsgesetz als legitimes politisches Mittel, „mit diktaturhafter Schroffheit" das letzte Wegstück zum Einheitsstaat zurückzulegen. Auch wenn dies die „faktische Diktatur der Regierung" bedeutete.[69] Nicht anders sah die Politik der Regierung Baum-Frick aus, die sich in ihren Maßnahmen auf die Vorschläge des Reichssparkommissars stützte und wie das Reich unter dem ersten Präsidialkabinett Brünning auch mit Hilfe von Notverordnungen regierte.[70]

Im Zeichen der möglicher werdenden Reichsreform und noch vor dem Sieg der NSDAP bei den Thüringer Landtagswahlen im Dezember 1929 äußerte sich der Verleger Eugen Diederichs in einem Schreiben an Staatsrat Paulssen: Worüber „wir uns alle entsetzen ist, dass wir eine Abhängigkeit von dem Berliner Zentrum bekommen und auch natürlich von einer geistigen". Nach Diederichs Auffassung sollten deshalb „die Landschaften – um Gottes Willen keine Provinzen – eine ständische also aristokratische Verfassung haben", womit er eine „gewisse Polarität" zur demokratischen Ordnung der Zentralregierung hergestellt sah.[71]

---

65 Auch die Heimat-Bewegten in Thüringen waren – wie Dietmar v. Reeken allgemein feststellt – nicht per se rückwärtsgewandt und wußten sich durchaus mit der Wirtschaft zu arrangieren.

66 Sauckel, Fritz: Thüringen, in: Der Nationalsozialist, 3. 8. 1929.

67 Vgl. John, Jürgen: Thüringer Verfassungsgeschichte im 19. und 20. Jahrhundert, in: Schriften zum Parlamentarismus in Thüringen 3, Erfurt 1993, S. 65.

68 Vgl. Schulz: Zwischen Demokratie und Diktatur (wie Anm. 33), S. 531.

69 Du Mont, Karl: Der Zusammenschluß Thüringens. Eine staatswissenschaftliche Untersuchung. Gotha 1927, S. 278.

70 Neliba, Günter: Wilhelm Frick und Thüringen als Experimentierfeld für die nationalsozialistische Machtergreifung, in: Heiden, Detlev; Mai, Gunther (Hrsg.): Nationalsozialismus in Thüringen, Weimar, Köln, Wien 1995, S. 75–96.

71 Brief Diederichs an Paulssen vom 23. Feb. 1929 vgl. ThHStAW, PA., Nr. 42, Bl. 290.

Während das Thema „Mitteldeutschland" von der politischen Tagesordnung allmählich verschwand, wurde die Auseinandersetzung um die Neugliederung in der Publizistik um so lauter betrieben. Noch 1930 meldete sich aus dem preußischen Erfurt mit dem von Carl-Max Lüttgens, als damaligem Leiter des Landesarbeitsamtes Mitteldeutschland, herausgegebenen Band „Mitteldeutschland" eine solche Stimme zu Wort. Die im Umfeld der Erfurter Akademie und ihrer im April 1929 gegründeten „Abteilung für Wirtschaft und Verwaltung" und der „Arbeitsgruppe Mitteldeutsche Wirtschaftskunde"[72] erarbeitete Schrift stand dezidiert für das von ihrem Mitglied Hübener ins Spiel gebrachte Dreigliederungs-Konzept ein. Lüttgens' Band versammelte in Anlehnung an die mittlerweile erschienenen Mitteldeutschland-Publikationen verschiedene Aufsätze zu den Themen Wirtschaft, Verwaltung, Geographie, Sprache und Kultur. Das Kompromißangebot aus Erfurt an die Adresse der thüringischen „Mitteldeutschland"-Gegner[73] berücksichtigte geschichtliche und kulturelle Eigenarten, die es in die „mitteldeutsche Hochzeit" einzubringen galt und deren Schutz „Mitteldeutschland" versprach. So erblickte Theodor Steudel im „Freistaat Thüringen" nicht nur „das Land in der Mitte Deutschlands", sondern machte im Thüringer Königreich auch gleich die „Thü-ringischer Zeit Mitteldeutschlands" aus.[74] Sah Steudel in geographischer Lage und „Fürsten-wille" maßgebliche Faktoren für die Entwicklung Mitteldeutschlands, so bestimmten nun die „Kräfte der Wirtschaft" den weiteren geschichtlichen Verlauf. Wie die Verfechter Thüringer „Einheit" erachtete es auch Steudel für notwendig, zur Pflege des kulturellen und wissenschaft-lichen „Reichtums" jeden unnötigen „Leerlauf in Verwaltung und Wirtschaft zu beseitigen".[75] Seine Lösung bedeutete allerdings die Aufhebung der „mitteldeutschen" Ländergrenzen. Für die Vertreter der Erfurter Akademie schlug dabei der Puls deutscher Kultur nur in Thürin-gen, dem wahren „Herzen Deutschlands". Martin Wählers Bild einer langen kulturellen Tra-ditionskette von Luther, Schiller, Goethe, Wagner zielgerichtet über Eucken und Haeckel bis zum 1930 unter der Regie Fricks an der Universität in Jena eingerichteten Lehrstuhl für Sozial-anthropologie[76] unterstrich einmal mehr, welchen völkisch-national „gesäuberten" „Ideal-zustand" solches Verständnis im Auge hatte. Zur glorifizierenden Bestandsaufnahme „Thü-ringer Werte" konnte damit kaum das 1924/25 aus Thüringen verbannte Bauhaus gehören. Die offenkundige Instrumentalisierung thüringischer „Kulturwerte" geschah unter dem Poli-tikwechsel 1930 und machte die Frage der „Landesidentität" auch für die vielfältigen „kul-turellen Netzwerke"[77] mit ihren eben auf Stamm und Rasse gegründeten Kulturkonzepten

---

72 Vgl. Kiefer, Jürgen: Zur Geschichte der Akademie nützlicher (gemeinnütziger) Wissenschaften zu Erfurt in den Jahren 1754–1991, in: Weiß, Hermann (Hrsg.):Erfurt 742–1992. Stadtgeschichte – Universitätsgeschichte, Weimar 1992, S. 457.

73 Vgl. Lüttgens, Carl-Max: Mitteldeutschland in sozial-ökonomischer Betrachtung, in: Lüttgens: Mitteldeutsch-land (wie Anm. 59), S. 71–83, hier S. 82.

74 Steudel, Theodor: Mitteldeutschland in geschichtlicher Betrachtung, in: Lüttgens: Mitteldeutschland (wie Anm. 59), S. 7–26.

75 Ebenda, S. 25.

76 Wähler, Martin: Thüringens Stammes- und Kultureinheit", in: Die Einheit Thüringens (wie Anm. 64), S. 33.

77 Vgl. Ulbricht, Justus H.: Kulturrevolution von rechts. Das völkische Netzwerk 1900–1930, in: Nationalsozia-lismus in Thüringen (wie Anm. 69), S. 29–48.

interessant. Die beschworenen sprachlichen, geographischen, kulturellen und nicht zuletzt geschichtlichen „thüringischen" Charakteristika erwiesen sich als ein selektives und willkürliches Merkmalspotpourri, das je nach der eigenen Interessenlage unterm Strich die Forderung nach einem provinzsächsischen „Mitteldeutschland", einem Zusammenschluß Thüringens mit Sachsen oder ein Großthüringen beinhalten konnte. Dies wurde besonders dann offensichtlich, wenn sich ehemalige Verfechter des „Mitteldeutschland"-Gedankens wie Wähler oder Ernst Kaiser nach Maßgabe der Zeit zu Wortführern der „Thüringer Einheit" machten.[78] Die 1933 wiederum von der Erfurter Akademie als „Beitrag zur Reichsreform" herausgegebene Schrift „Die Einheit Thüringens" betonte zwar durchweg thüringische „Einheit" in Wirtschaft, Sprache, Kultur und „Stamm", hielt aber auch eine „Zusammenlegung von Provinz Sachsen, Anhalt und Thüringen" noch für möglich.[79] Fand sich bei Kaiser 1930 das Bild einer in ihren sozialen und geschichtlichen Konflikten versöhnten „mitteldeutschen" Kulturlandschaft[80], ließ sich die Aussage auch ganz einfach auf Thüringen anwenden und so in Abgrenzung gegen das provinz-sächsisch dominierte „Mitteldeutschland" ausspielen.[81] Und auch Wähler, im gleichen Jahr wie Kaiser noch ganz vom mitteldeutschen „Stamm" und „Volkstum"[82] beseelt, machte im „Thüringer" nun den eigentlichen „Mitteldeutschen" aus. Trotz dieser tastenden Annäherungs- und Integrationsversuche der Mitglieder der Erfurter Akademie vor dem Hintergrund der neuen politischen Großwetterlage wurde die Schrift von thüringischen NSDAP-Stellen scharf angegriffen. In einer Zeitungserklärung verwahrte sich Reichsstatthalter Fritz Sauckel persönlich gegen alle Versuche „außerthüringische(r) Stellen", „Thüringen zu zerschlagen".[83] Die als Gegenentwurf zum Erfurter Band von Heinrich Achler herausgegebene Schrift „Unerlöstes Thüringen" unterschied sich in ihren inhaltlichen Aussagen zwar wenig von der „Einheit Thüringens", opponierte aber eindeutig gegen jegliche Mitteldeutschlandpläne und besonders gegen die akademischen Kreise aus Erfurt.[84]

Für Achler kamen die Lösungsversuche zur Herstellung Thüringer Einheit 1815, 1848/49 und 1918 „nicht über schöngeistiges Literatengeschwätz hinweg" und blieben eine „Kompromißlösung". Erst mit dem Gesetz zur „Gleichschaltung der Länder mit dem Reich" wäre

---

78 Vgl. hier auch den Hinweis auf die Schrift von Achler, Heinrich: Unerlöstes Thüringen. Thuringia irredenta. Ein Beitrag zur Einheit Thüringens, Weimar 1933. Vgl. den Beitrag von J. H. Ulbricht in diesem Band, Anm. 107.

79 Johann Biereye im Nachwort zur „Einheit Thüringens" (wie Anm. 64), S. 61

80 Kaiser, Ernst: Mitteldeutschland in erdkundlicher Betrachtung, in: Lüttges: Mitteldeutschland (wie Anm. 59), S. 27–42. Nach Kaiser ist der wichtigste integrative wirtschaftliche Faktor Mitteldeutschlands die Braunkohle. „Und ebenso ist auf diesem Boden ein mitteldeutscher Kulturkreis entstanden, mit reichem Kulturbesitz, in zahlreichen über seinen Raum verstreuten Kulturzentren. Das ist die mitteldeutsche Scholle, die uns Heimaterde ist, Umwelt, in der wir leben und wirken, in der geistig und seelisch wir verwurzelt sind." Ebenda, S. 42.

81 Kaiser, Ernst: Thüringen in geographischer Betrachtung (wie Anm. 64), S. 12.

82 Vgl. Wähler, Martin: Mitteldeutschland in volkscharakterologischer Betrachtung, in: Lüttges: Mitteldeuschland (wie Anm. 59), S. 69. In diesem Aufsatz liefert Wähler übrigens einen „volkskundlichen" Ansatz auf rassischer Grundlage par excellence.

83 Vgl. Thüringische Staatszeitung, 25. 9. 1933, Nr. 225 (10. Jg.), S. 1.

84 Vgl. den Beitrag von Justus H. Ulbricht.

ein „Grundstein" zur „Erlösung" Thüringens gelegt worden. Auch in Achlers Schrift fehlte neben Ausführungen zur „Wirtschaftlichen Einheit" und zum „Verwaltungsaufbau" der obligate Abschnitt über die zur „Passion" verdammte Thüringer Geschichte nicht. Dennoch hob der Autor hervor, daß besonders Erfurt und die preußischen Exklaven die eigentlichen „Wunden" der Thüringer Heimat seien. Und solange es „nicht einem klugen und verständnisvollen Führer" gelänge, „sie zu heilen", solange währe die „Thüringer Passion". Im Ton kämpferischer und im Konzept noch konkreter waren die Ausführungen zur wirtschaftlichen „Einheit". Zwar favorisierte der Autor, ähnlich wie Arthur Winne mit den Überlegungen zur „wirtschaftlichen Einheit Thüringens",[85] das Konzept einer autarken regionalen Wirtschaft, griff jedoch vornehmlich an Wirtschaftsdaten orientierte Neugliederungskonzepte[86] offen als „Wirtschaftsmarxismus" an. Achler und seine Koautoren betonten statt dessen den „Schutz der Heimarbeit" und sahen im gerade gegründeten „Thüringer Nährstand" die Basis für eine „konjunkturfreie Bedarfdeckungsindustrie". Aber auch Achler hegte noch Hoffnung auf eine „große Reichsreform" mit antizentralistischer Ausrichtung und glaubte, die „naturwidrige(n) Ländergrenzen" würden dann durch die NSDAP-Gaustruktur ersetzt werden. Der von Achler schon avisierte Weg zur „Lösung" der Probleme erfolge schließlich mit dem Ausbau der Gaue und den faktischen Kompetenzverlust der Länder.[87] Damit sollten sich trotz allen Auseinandersetzungen um „Thüringen" und „Mitteldeutschland" endlich die Träume der rassischen Vorkämpfer „Thüringer" Heimat wie Wähler erfüllen, die im „Durchgangsland" und „Tummelplatz der Völkerwanderungszeit" einen einheitlichen „Volksstamm" vorfanden und bei der Betrachtung thüringischer Geschichte entsprechend die Kapitel kleinstaatlicher Gliederung als zwar kulturell fruchtbar befrachteten, im ganzen aber als unglückliche „Tragik" thüringischer und deutscher Geschichte verdammten:[88] Eine territoriale „Erfolgsgeschichte" preußischen Musters ließ sich im Fall Thüringens kaum schreiben. Um so mehr riefen natürlich die „Wendepunkte der Thüringischen Geschichte", als Momente verspielter territorialer Einheit, nach einer Erklärung. Der Stadtarchivar von Gotha, Walter Schmidt-Ewald, lieferte in seiner 1934 erschienenen Schrift dafür ein Modell. So besitze zwar der Thüringer die Fähigkeit, „sich einer großen Idee oder einer starken Persönlichkeit hinzugeben", und sei geradezu „der ideale Gefolgsmannn in der Hand eines genialen Führers", eine zielbewußte „Führung" wäre Thüringen aber bisher versagt geblieben.[89] Das Führerproblem hatte sich in der Gestalt des Reichsstatthalters Fritz Sauckel seit 1933 zumindest gelöst. Damit konnten endlich auch

---

85 Winne, Artur: Thüringens wirtschaftliche Einheit, in: „Einheit Thüringens" (wie Anm. 64), S. 47–60.

86 Etwa Weitzel, August: Deutschlands Neugliederung in 12 Reichsländer nach dem „Frankfurter Entwurf". Gliederung nach Wirtschaft, Verkehr und Kultur, Frankfurt a. M. 1931.

87 Zur „Destruktion" der Länderverfassungen: John, Jürgen: Grundzüge der Landesverfassungsgeschichte Thüringens 1918–1952, in: Thüringische Verfassungsgeschichte im 19. und 20. Jahrhundert (Schriften zur Geschichte des Parlamentarismus in Thüringen 3), Jena 1993, S. 49–113, hier S. 66 f.

88 Wähler, Martin: Der thüringische Stammescharakter, in: ders.: Thüringische Volkskunde, Jena 1940.

89 Schmidt-Ewald, Walter: Grundlagen und Wendepunkte der Thüringischen Geschichte. Nach einem Vortrag, gehalten auf dem Thüringischen Archivtag am 21. Mai 1933 in Erfurt, Jena 1934, Zitate S. 9.

Thüringer Königreich und Landgrafenschaft als Epochen vermeintlicher territorialer Integrität zu legitimen geschichtlichen Zeugen der „neuen Zeit" berufen werden.[90]

---

90 Vgl. den Herausgeber des Thüringer Bauernspiegels Walter Tröge, ders.: Thüringen als „Durchgangsland", in: Thüringer Bauernspiegel (1933), S. 102 f.

Dietmar von Reeken

Niedersachsen – eine historische Erfindung

Regionalisierungsprozesse und ihre Träger in Nordwestdeutschland

Voraussetzungen

ls das Land 1946 entstand [...], wurde damit eine jahrhundertelange Entwicklung abgeschlossen."[1] Diese Aussage Kurt Brünings aus seinem Beitrag „Die Bildung des Landes aus Raum und Geschichte", der 1955 in dem staatlichen Repräsentationswerk „Das Land Niedersachsen. Gegenwart und Tradition" erschien, spiegelte das Selbstverständnis der Verfechter der Niedersachsenidee wider, die ihr lang verfolgtes Ziel 1946 erreicht hatten – mit der historischen Realität hatte es nur wenig zu tun. „Niedersachsen" war im Sinne Cassirers eine symbolische Sinnordnung, genauer: eine historische Erfindung des 19. Jahrhunderts[2]. Unter Rückgriff auf die spätmittelalterliche Verwendung des Namens und die Reichskreiseinteilung des 16. Jahrhunderts, die bis zum Anfang des 19. Jahrhunderts rechtlichen Bestand hatte, ohne von größerer politischer oder gar mentaler Bedeutung zu sein, waren es vor allem einige norddeutsche Historiker und Philologen, die im Zuge einer romantischen Entdeckung von „Volkstum" und „Stamm" einen kulturell dominierten Niedersachsenbegriff prägten. Er stützte sich auf Geschichte, Sprache, Sitte und Brauchtum der ländlichen Bevölkerung, knüpfte an die sächsische Stammesgeschichte an und postulierte einen historisch, „stammlich" und kulturell einheitlichen Raum, dessen Grenzen allerdings kaum einmal exakt definiert wurden. Ähnlich wie das zeitgleich entstehende Nationalbewußtsein stellte es dynastisch legitimierte Territorialzusammenhänge in Frage.

Träger des beginnenden Niedersachsenbewußtseins und damit Akteure des Regionalisierungsprozesses waren vor allem Bildungsbürger in den welfischen Staaten Hannover und Braunschweig, Ausdruck ihres Strebens waren z. B. die Gründung des „Historischen Vereins für Niedersachsen" 1835 und die preisgekrönte „Geschichte des niedersächsischen Volkes", die Schaumann 1837 zur Hundertjahrfeier der Universität Göttingen schrieb. Größere Bedeutung erlangte der Niedersachsengedanke allerdings erst nach 1866, denn die Aufhebung des hannoverschen Königreichs und der Beginn der preußischen Dominanz in Norddeutschland waren der Auftakt für eine politische Gegenbewegung, die sich auch des Niedersachsengedankens zur Popularisierung ihrer Zielsetzungen bediente[3]. Zwar war ihr Hauptfokus noch nicht

---

1 Zit. nach Reeken, Dietmar von: Konservative Kontinuität und beginnende Modernisierung: Die Heimatbewegung in Niedersachsen 1945–1960, in: Weisbrod, Bernd (Hrsg.): Von der Währungsreform zum Wirtschaftswunder. Wiederaufbau in Niedersachsen, Hannover 1998, S. 57–74, hier S. 67, Anm. 47.

2 Vgl. hierzu den Beitrag von Hannes Siegrist in diesem Band.

3 Vgl. Lent, Dieter: Das Niedersachsenbewußtsein im Wandel der Jahrhunderte, in: Haase, Carl (Hrsg.): Niedersachsen. Territorien – Verwaltungseinheiten – geschichtliche Landschaften, Göttingen 1971, S. 27–50, hier S. 44.

„Niedersachsen", sondern die Wiederherstellung Hannovers, doch entsprach ersteres deutlich mehr den Anforderungen der Zeit als die Orientierung an einem dynastisch legitimierten Territorialstaat – dies sollte sich vor allem nach 1918 zeigen.

Insbesondere der am Ende des 19. Jahrhunderts entstehenden Heimatbewegung war die beginnende Popularisierung des Niedersachsengedankens zu verdanken. Die erste bedeutende Zeitschrift der Bewegung, die 1895 gegründet wurde, trug den programmatischen Titel „Niedersachsen", 1901 gründete sich der „Heimatbund Niedersachsen", der seit 1902 regelmäßige „Niedersachsentage" veranstaltete, 1904 der „Verein für Niedersächsisches Volkstum" in Bremen, 1906/08 schließlich der „Niedersächsische Ausschuß für Heimatschutz" als Dachorganisation aller mittlerweile entstandenen und noch entstehenden lokalen Heimatvereine in Nordwestdeutschland[4]. Feste Grenzen für den projektierten Raum gab es allerdings noch immer nicht. Dagegen gewann der Niedersachsenbegriff inhaltlich an Konturen, indem den niedersächsischen Menschen bestimmte Eigenschaften, Wesenszüge und Tugenden zugeschrieben wurden: Der Niedersachse galt als naturverhaftet, bedächtig, zäh, konservativ, zurückhaltend, gesund; kurz: als „sturmfest und erdverwachsen", wie das an Popularität gewinnende Niedersachsenlied besang. Damit war die Niedersachsenideologie ein Teil der konservativen agrarromantischen, großstadt- und fremdenfeindlichen Zivilisationskritik der Jahrhundertwende; Hermann Löns etwa führte auf dem fünften Niedersachsentag 1906 den heimatbewegten Anwesenden das Menetekel einer „drohenden Slawisierung" Niedersachsens vor Augen[5]. Historische Helden niedersächsischen politischen Handelns waren Arminius, Widukind, Heinrich I. und Heinrich der Löwe, auf die man sich als historische Untermauerung aktueller Regionalisierungsinteressen berief, als zentrale historische Leistung Niedersachsens für das deutsche Volkstum galt die Ostkolonisation. „Niedersachsen" – das war am Ende des Kaiserreichs eine überaus diffuse kulturelle Konstruktion mit mentalen Folgen und – wenn auch höchst unklaren – politischen Optionen.

Der Niedersachsendiskurs der 1920er Jahre

Nach dem militärischen und politischen Zusammenbruch erhielt der Niedersachsengedanke plötzliche Aktualität. In der politisch noch unklaren Situation der Revolutionszeit schienen territorialpolitische Veränderungen unversehens eine realistische politische Option zu sein[6]. Insbesondere die welfische Bewegung erhoffte sich eine Chance zur Wiederherstellung des Landes Hannover. Teile der Deutsch-Hannoverschen Partei aber erkannten, daß der Niedersachsengedanke geeignet war, unter den neuen politischen Bedingungen ungleich größere

---

4 Vgl. Hartung, Werner: Konservative Zivilisationskritik und regionale Identität am Beispiel der niedersächsischen Heimatbewegung 1895 bis 1919, Hannover 1991.

5 Neumann, Klaus: Politischer Regionalismus und staatliche Neugliederung in den Anfangsjahren der Weimarer Republik in Nordwestdeutschland. 2. Aufl., Münster 1988, S. 519, Anm. 130.

6 Vgl. ausführlich ebenda., passim.

Realisierungsaussichten zu besitzen und größere Breitenwirksamkeit zu entfalten als eine hannoversche Renaissance, die eben auch stark mit einer Wiederherstellung der welfischen Monarchie unter dem Schlagwort der Legitimität verbunden gewesen war. Tatsächlich besaß die Idee der Schaffung eines Landes Niedersachsen viele Befürworter, auch wenn seine Konturen immer noch unklar und umstritten waren: 1919 etwa sprach sich die braunschweigische Landesversammlung für einen Zusammenschluß mit Hannover zum Land Niedersachsen aus, und die welfischer Neigungen relativ unverdächtigen Linksliberalen gründeten noch 1918 die „DDP Niedersachsen".

Doch bereits in der Frühphase der auf eine mögliche Neugliederung Nordwestdeutschlands zielenden Reichsreformdiskussionen, die mit der Verabschiedung der Reichsverfassung bereits an ein erstes Ende kamen, zeichnete sich deutlich ab, daß der Niedersachsengedanke unter den Bewohnern und Organisationen des projektierten Raumes keineswegs nur Befürworter fand; im Gegenteil. Bereits vor 1914 waren die Träger der Niedersachsenbewegung im wesentlichen aus den welfischen Staaten gekommen. Und selbst Hannover war keineswegs homogen gewesen; insbesondere in den erst Anfang des 19. Jahrhunderts zu Hannover gekommenen Gebieten westlich der Weser gab es starke Widerstände. Dies galt für Ostfriesland, das fast vollständig die neugegründeten niedersächsischen Heimatorganisationen boykottierte[7], aber auch für Teile Osnabrücks und des Emslandes. In diesen Regionen gab es nach 1918 viele Befürworter einer deutlicheren Orientierung nach Süden, d. h. nach Westfalen, zu dem es historische, vor allem aber wirtschaftliche Bindungen gab, die viel stärker waren als die Beziehungen ins Althannoversche; hinzu kamen zum Teil in den katholischen Gebieten konfessionelle Vorbehalte. Und auch in Oldenburg kämpfte man nach 1918 vehement für die Beibehaltung oldenburgischer Selbständigkeit, betonte die handelspolitischen Verflechtungen der oldenburgischen Landwirtschaft mit dem Ruhrgebiet – und nicht mit Hannover – und dachte als regionalistische Alternative zu „Niedersachsen" über ein Groß-Oldenburg unter Einbeziehung der westlich der Weser liegenden preußischen Gebiete nach.

Dies waren die Ausgangspositionen, die die Diskussionen der folgenden fünfundzwanzig Jahre bestimmen sollten. Eine kurzfristige Änderung der territorialen Verhältnisse schien nach der Stabilisierung des Weimarer Staates zunächst nicht möglich zu sein; ein letzter Versuch der welfischen Bewegung, Hannover durch das Herauslösen der Provinz aus dem preußischen Staatsverband als „Hannover-Niedersachsen" wiederaufleben zu lassen (allerdings ohne Ostfriesland!), scheiterte 1924 in der Vorabstimmung, die lediglich ein gutes Viertel und nicht das erforderliche Drittel der Wahlberechtigten an die Wahlurne brachte. Die Deutsch-Hannoversche Partei als politische Kraft verlor in den Folgejahren zusehends an politischer Bedeutsamkeit – der Niedersachsengedanke aber nicht. Er gewann politische Konturen durch die Benennung von wichtigen Organisationen und Behörden – „Vereinigung der niedersächsischen Handelskammern", „Verkehrsverband Niedersachsen", „Arbeitsamtsbezirk Nieder-

---

7 Vgl. Reeken, Dietmar von: Heimatbewegung, Kulturpolitik und Nationalsozialismus. Die Geschichte der „Ostfriesischen Landschaft" 1918–1949, Aurich 1995.

sachsen", „Kulturbund Niedersachsen" usw. – und wurde zunächst vor allem von der Heimatbewegung wachgehalten. Auf gesamtniedersächsischer Ebene gelang dieser 1927 mit einer Reorganisation eine deutliche Stärkung; gleichzeitig lehnte sie sich immer mehr an die politische Spitze der Provinz Hannover an, indem die führenden Männer der Heimatbewegung, Kurt Brüning, Georg Grabenhorst und Rudolf Hartmann, gleichzeitig Beamte der Provinzialverwaltung waren und sich die Geschäftsstelle des Niedersächsischen Ausschusses für Heimatschutz seit 1930 in den Räumen der Provinzialverwaltung befand. Hier war fortan das ideologische und organisatorische Zentrum der Niedersachsenbewegung. Vorangegangen war dem im Zuge der wiederaufgelebten Reichsreformbewegung 1928 ein einstimmiger Beschluß des hannoverschen Provinziallandtages, „Material darüber beizubringen, welche wirtschaftlichen und verwaltungstechnischen Schwierigkeiten unter Berücksichtigung der besonderen örtlichen Verhältnisse für das niedersächsische Wirtschaftsgebiet durch das Vorhandensein der Ländergrenzen bestehen … (und) zu prüfen, in welcher Weise die Folgen der staatlichen Zerrissenheit des niedersächsischen Wirtschaftsgebietes beseitigt werden können"[8]. Beauftragt mit der Abfassung der Denkschrift wurde der dreißigjährige Geograph Kurt Brüning, der seit kurzem Geschäftsführer der 1925 gegründeten „Wirtschaftswissenschaftlichen Gesellschaft zum Studium Niedersachsens" war. Die Vorlage des ersten Bandes 1929, dem zwei Jahre später noch ein zweiter folgte, überzeugte die politisch Verantwortlichen in der Provinz Hannover so sehr vom praktischen Anwendungsnutzen wissenschaftlicher Forschung, daß sie 1930 ein „Archiv für Landeskunde und Statistik" einrichteten und Brüning zu seinem Leiter bestimmten[9]. In der Denkschrift konnte Brüning an zahlreichen Beispielen im Sinne eines modernistischen Regionalismus überzeugend belegen, daß die im Nordwesten besonders ausgeprägte territoriale Zersplitterung – allein das Land Braunschweig verfügte über 29 Exklaven, selbst das kleine Lippe noch über 3[!] – gravierende nachteilige Folgen für Wirtschaft und Verwaltung der Region hatte. Weniger überzeugend waren dagegen die Begründungszusammenhänge, die für eine staatliche Zusammenfassung des Raums unter dem Oberbegriff „Niedersachsen" sprachen und in der Konsequenz der Entwicklung des Niedersachsengedankens seit dem 19. Jahrhundert standen: Hier stützte sich Brüning vor allem auf die Zuarbeiten zweier regionalbezogener Wissenschaften und ihrer wichtigsten Vertreter: des Landeshistorikers Georg Schnath und des Volkskundlers Wilhelm Peßler. Beide lieferten aus historischer und volkskundlicher Sicht Argumente für die These, daß es sich nicht nur wegen aktueller wirtschaftlicher und verwaltungstechnischer Bedürfnisse um einen einheitlichen, in sich homogenen Raum handelte, und gingen dabei weit in die Geschichte zurück: Für Peßler etwa gehörte „Niedersachsen in seinem Hauptteile zu den Ursitzen des Germanentums", wo „uralte germanische Eigenart rein erhalten" geblieben sei[10], Schnath war der Auffassung, bei

---

8 Zit. nach: Brüning, Kurt: Niedersachsen im Rahmen der Neugliederung des Reiches. Bd. 1, 2., wenig veränderte Aufl., Hannover 1929, S. 2.

9 Reeken, Dietmar von: Wissenschaft, Raum und Volkstum: Historische und gegenwartsbezogene Forschung in und über „Niedersachsen" 1910–1945. Ein Beitrag zur regionalen Wissenschaftsgeschichte, in: Niedersächsisches Jahrbuch für Landesgeschichte 68 (1996), S. 43–90, hier S. 50.

10 Peßler, Wilhelm: Niedersächsische Volkskunde, Hannover 1922, S. 5, 21.

einer Neugliederung des Reichsgebietes sprächen „gerade bei uns in Niedersachsen nicht nur die Wirtschaft und Verwaltung, sondern auch die Geschichte ein gewichtiges Wort für die Aufhebung unhaltbar gewordener Grenzen"[11], nur hier – und nicht in Westfalen – gebe es „die Macht der Tradition einer bodenständigen Staatsbildung", die sich bis auf das altsächsische Stammesherzogtum zurückführen lasse[12]. Selbst Rassenmerkmale, wie die blonde Haarfarbe und die Körpergröße, wurden in Brünings Denkschrift als Belege für die Einheitlichkeit der Region verwendet und kartographisch dargestellt[13].

Doch Brünings Argumentationen blieben nicht unwidersprochen. Zum einen hatte bereits ein Jahr zuvor im Rahmen der von Brüning konzipierten ersten großen Niedersachsenausstellung in Hannover sein Hannoveraner Kollege, der Geograph Hans Spreitzer, eine historische Argumentation zurückgewiesen: „Was wir heute ‚Niedersachsen' nennen, ist [...] nicht aus der geschichtlichen Vergangenheit früherer Jahrhunderte abzuleiten, sondern als Ausdruck der modernen wirtschaftlichen Entwicklung zu deuten"[14]. Vor allem aber reagierten die von der projektierten Neugliederung im Rahmen der Reichsreform betroffenen Regionen, allen voran Westfalen und Oldenburg. 1931 erschien der erste Band des großen westfälischen Raumwerks, in dem nicht nur niedersächsische Ansprüche auf die ostwestfälischen Gebiete um Bielefeld zurückgewiesen, sondern auch historische westfälische Beziehungen zu den westlich der Weser gelegenen Gebieten herausgestellt wurden[15]. Ende 1932 folgte eine Denkschrift des Jeveraner Bürgermeisters Georg Müller, in dem dieser in Anknüpfung an ältere Projekte und in Anlehnung an den Reichstagswahlkreis 15 einen „Raum Weser-Ems" umriß und dabei ähnlich wie Brüning mit „soziologische(n), geologische(n), stämmische(n), wirtschaftliche(n) und verwaltungspolitische(n)" Argumenten arbeitete[16]. Der Behauptung, Niedersachsen sei ein „lebendiger Organismus", „bei dem die Vielgestaltigkeit aller Teilgebiete in harmonischem Akkord zusammenklingt"[17], stellte er entgegen, „daß ein Küstenraum Weser-Ems besteht, der ein organisches Ganzes ist, das durch die historische Zersplitterung nur verdeckt ist, aber nie als solches weggeleugnet werden kann"[18]. Regionalistische Ansprüche standen sich am Ende der Weimarer Republik in Nordwestdeutschland so weitgehend unversöhnlich gegenüber.

11 Schnath, Georg: Die Gebietsentwicklung Niedersachsens, Hannover 1929, S. 48.

12 Schnath, Georg: Hannover und Westfalen in der Raumgeschichte Nordwestdeutschlands, Hannover 1932, S. 48.

13 Brüning, Niedersachsen (wie Anm. 8), Karte 76 und 77.

14 Niedersachsen. Land – Volk – Wirtschaft. Landeskundliche Ausstellung zum 50jährigen Bestehen der Geographischen Gesellschaft zu Hannover ... Führer durch die Ausstellung, Hannover 1928, S. 15.

15 Vgl. zum Raumwerk jetzt Wallthor, Alfred Hartlieb von: Entstehung, Entwicklung und Inhalt des Werkes „Der Raum Westfalen", in: Der Raum Westfalen. Band VI: Fortschritte der Forschung und Schlußbilanz. 2. Teil, Münster 1996, S. 327–380.

16 Müller, Georg: Der Raum Weser-Ems, Oldenburg 1932, S. 41.

17 Niedersachsen (wie Anm. 14), S. 14.

18 Müller: Raum (wie Anm. 16), S. 41.

Unterdrückte Konflikte: Der Niedersachsendiskurs im nationalsozialistischen Deutschland

Nach 1933 schwelte trotz des offiziellen Verbots der Diskussion über den Reichsreformgedanken der Konflikt mit den bekannten Beteiligten weiter und kam bei jeder sich bietenden Gelegenheit zum Vorschein. Die neuen politischen Verhältnisse wurden dabei von den Protagonisten sogleich im Interesse der jeweils eigenen Argumentation genutzt; Kurt Brüning etwa fühlte sich 1933 durch die Gleichschaltung der Länder bestärkt und forderte „die Einsetzung eines Reichsstatthalters für Niedersachsen, dem Hannover, Oldenburg, Braunschweig, Lippe und Schaumburg-Lippe zu unterstellen sind"[19]. Dies geschah zwar nicht, doch bemühten sich Brüning, die politische Führung der Provinz Hannover, die mit beiden verbundene Heimatbewegung und die regional arbeitenden Wissenschaftler, den Niedersachsengedanken wachzuhalten: 1934 erschien Brünings „Atlas Niedersachsen", 1939 Schnaths „Geschichtlicher Handatlas Niedersachsen", 1934 entstand aus dem Archiv für Landeskunde und Statistik das „Provinzialinstitut für Landesplanung und niedersächsische Landes- und Volksforschung", und an der Landesuniversität Göttingen gründete sich 1934 der „Hochschulkreis Niedersachsen" und 1937 ein Institut für „niedersächsische Landeskunde". Auch die niedersächsische Heimatbewegung bemühte sich mit provinzieller Rückendeckung um die Arrondierung ihres Einzugsgebietes, scheiterte aber sowohl in Oldenburg als auch in Ostfriesland jeweils am regionalen Widerstand der Heimatvereine, die sich der Unterstützung der NSDAP-Gauleitung Weser-Ems bedienten[20]. Letzteres deutet bereits an, daß vor allem die quasi „innerniedersächsische" Konfliktlinie deutlicher geworden war, denn mit der Machtübernahme durch den Oldenburger Gauleiter, Ministerpräsidenten und Reichsstatthalter Carl Röver hatte sich die Stellung Oldenburgs im Streit mit den hannoverschen Interessen verstärkt. Im Bereich der Heimatarbeit etwa setzte sich Röver 1934 gegen scharfe hannoversche Widerstände mit seinem Bestreben durch, „für seinen Gau das alleinige Vorrecht in der Volkstumsarbeit [zu] beanspruchen", so daß eine getrennte Organisation in den drei Parteigauen der Region zustande kam[21]. Gegen die wissenschaftlichen Bemühungen der Niedersachsenpropagandisten setzte Röver 1938 die Gründung der „Forschungsgemeinschaft für den Raum Weser-Ems", kritisierte scharf Brünings „aus einem krankhaften Ehrgeiz heraus geborene fixe Idee, einen Großraum Niedersachsen zu schaffen"[22] und verbot „den Pressevertretern in Weser-Ems [...], die Begriffe Niedersachsen und niedersächsisch zu gebrauchen"[23]. Als schließlich im Krieg

---

19 Zit. nach von Reeken: Wissenschaft (wie Anm. 9), S. 73.
20 Vgl. von Reeken: Heimatbewegung (wie Anm. 7), S. 185–188.
21 Ebenda, S. 184.
22 Zit. nach von Reeken: Wissenschaft (wie Anm. 9), S. 73.
23 Eckhardt, Albrecht: Oldenburg und die Gründung des Landes Niedersachsen, in: Niedersächsisches Jahrbuch für Landesgeschichte 55(1983), S. 15–70, S. 28.

zunächst 1943 die noch vorhandenen gauübergreifenden lockeren Bindungen in der Heimatbewegung völlig gekappt sowie 1944 die Regierungsbezirke Osnabrück und Aurich verwaltungstechnisch weitgehend von Hannover abgekoppelt und dem Reichsstatthalter für Oldenburg und Bremen unterstellt wurden, schienen die Träume und Pläne der Niedersachsenbefürworter endgültig in das Reich der Utopie verwiesen; niemand ahnte zu diesem Zeitpunkt,
daß schon zwei Jahre später ein Land Niedersachsen gegründet würde.

Erfüllung regionalistischer Träume? Die Landesgründung 1946

Der Zusammenbruch der nationalsozialistischen Herrschaft und das Ende des Krieges änderten die Situation in der Region völlig; die Befürworter eines Landes Niedersachsen erhielten
gewaltigen Auftrieb und konnten sich als Opfer nationalsozialistischer Zentralisierungsbemü-
hungen darstellen. Die Heimatbewegung reorganisierte sich rasch, weitgehend mit dem alten
Personal, das z. T. direkt in staatlichen Diensten blieb, z. T. eng mit der provinziellen Führung
verbunden war. Diese bediente sich der regionalpolitischen Kompetenzen und Einflußmög-
lichkeiten der Heimatbewegung in den aktuellen Auseinandersetzungen gern: „Vor einigen
Tagen", so berichtete der Vorsitzende des „Heimatbunds Niedersachsen" im Mai 1946, „ließ
mich der Oberpräsident kommen und besprach mit mir die Frage des Landes Niedersachsen.
Es ist ihm sehr darum zu tun, daß die Heimatbewegung sich dieses Gedankens annimmt und
in ihren Kreisen und damit auch in der weiteren Bevölkerung für den Gedanken durch sachliche Vorträge und Aufsätze Propaganda macht."[24] Zwar protestierten die oldenburgischen
und ostfriesischen Mitglieder des Beirats des Niedersächsischen Heimatbunds gegen eine
offene Parteinahme für die Landesgründung – hinter den Kulissen aber setzten sich Brüning,
Grabenhorst und andere dafür ein. Kurt Brüning, nunmehr Direktor des Niedersächsischen
Amtes für Landesplanung und Statistik, lieferte in Fortsetzung seiner Denkschrift von 1929/31
wiederum die entscheidenden Argumente, um die Mitglieder des Zonenbeirats und die britische Militärregierung zu überzeugen und damit die ebenfalls wiederaufgelebten Weser-Ems-
Bestrebungen und die Neigungen Südoldenburgs, Osnabrücks und des Emslandes nach Westfalen in den Hintergrund zu drängen. Eine neugegründete „Niedersächsische Freiheitsbewegung" bezeichnete Niedersachsen als „stärkste(n) deutsche(n) Stamm" und forderte ein „von
Preußen befreite(s) [...] Niedersachsen, umschließend Hannover, Braunschweig, Oldenburg,
beide Lippe und Teile von [...] Sachsen und Westfalen"[25]. Die Argumente waren auf allen
Seiten die alten, nur oberflächlich von den nationalsozialistischen Überformungen der vergangenen zwölf Jahre befreit. Die Gründung des Landes Niedersachsen Ende 1946 sah die
Niedersachsenbefürworter der vergangenen Jahrzehnte auf der Seite der Sieger – doch ohne

---

24 Zit. nach von Reeken: Kontinuität (wie Anm. 1), S. 64 f.
25 Zit. nach Schmidt, Heinrich: „Wir sind die Niedersachsen – sturmfest und erdverwachsen". Landesname,
    Landesidentität und regionales Geschichtsbewußtsein in Niedersachsen, in: Kuss, Horst; Mütter, Bernd
    (Hrsg.): Geschichte Niedersachsens neu entdeckt, Braunschweig 1996, S. 83–97, hier S. 90.

politische Alternativen war diese Entscheidung keineswegs gewesen und schon gar nicht das Ziel der Geschichte.

Schlußbemerkungen

Ein homogenes Land war mit der Landesgründung allerdings keineswegs geschaffen – auch in dieser Hinsicht hatte Brüning mit seinem Eingangszitat unrecht, 1946 sei eine jahrhundertelange Entwicklung „abgeschlossen". Zwar versuchte die Landesregierung eine solche Homogenität zu suggerieren; Ministerpräsident Kopf erklärte etwa in seiner ersten Regierungserklärung, Niedersachsen sei „kein künstliches Gebilde, sondern durch die Stammesart seiner Bewohner, durch seine gleichartige Struktur, Tradition und wirtschaftliche Geschlossenheit ein organisch gewachsenes zusammenhängendes Ganzes"[26]. Doch die Auseinandersetzungen der vorangegangenen Jahrzehnte hatten durchaus Spuren hinterlassen; es war daher politisch klug, daß die Militärregierung den Verantwortlichen im neuen Land ins Stammbuch schrieb, die historischen und kulturellen Traditionen und Besonderheiten der ehemals selbständigen Landesteile zu bewahren. Ein entsprechender Passus gelangte denn auch in die Niedersächsische Verfassung. Daneben aber bemühte sich die Landesregierung in den 1950er Jahren um die Konturierung und Popularisierung eines gesamtniedersächsischen Landesbewußtseins, und sie bediente sich hierbei wiederum immer wieder der Mithilfe der bewährten Regionalisierungsakteure Heimatbewegung und Wissenschaft, vor allem der Landesgeschichte[27]. Erfolge wurden hierdurch zumindest kurzfristig nicht erzielt – dies zeigte u. a. das Ergebnis der Volksbegehren über die Wiederherstellung der Länder Oldenburg und Schaumburg-Lippe, bei denen sich 1956 immerhin 13 bzw. gut 15 % der Wahlberechtigten in die Listen eintrugen. Mittelfristig gelang die Landesintegration wohl weniger durch symbolische Handlungen wie die Schaffung eines Instituts für historische Landesforschung und eines Lehrstuhls für niedersächsische Landesgeschichte in Göttingen – den natürlich Schnath besetzte – als vielmehr durch die soziale Integration im Zuge von Wirtschafts- und Konsumwunder. Die alten historisch-kulturellen Argumentationsmuster waren ohnehin nicht zuletzt durch die Bevölkerungsveränderungen obsolet geworden; von einer „Stammeskontinuität" konnte angesichts des Millionenheers von Flüchtlingen und Vertriebenen, die Niedersachsen aufnahm und „integrierte", nicht die Rede sein. Regionale Identität im Sinne einer Identifikation der Menschen mit der von ihnen selbst definierten Region, dies zeigt das niedersächsische Beispiel und kann wohl auch auf „Mitteldeutschland" angewendet werden, ist aus der Geschichte nicht „ableitbar" und schon gar nicht mit historischen Erfindungen zu produzieren; sie entsteht eher – auch im Zeitalter von Europäisierung und Globalisierung – durch eine Verbindung von wirtschaftlicher und sozialer Integration, die Schaffung von Partizipationsmöglichkeiten im überschau-

---

26 Zit. nach Eckhardt: Oldenburg (wie Anm. 23), S. 64.
27 Vgl. ausführlicher v. Reeken: Kontinuität (wie Anm. 1).

baren Raum, die ja auch ein reformierter Heimatbegriff[28] fordert, und nicht zuletzt vielleicht auch durch einen (selbst-)kritischen Umgang mit der eigenen Geschichte[29].

28 Vgl. hierzu etwa Bausinger, Hermann: Heimat in einer offenen Gesellschaft. Begriffsgeschichte als Problem-geschichte, in: Bundeszentrale für politische Bildung: Heimat. Analysen, Themen, Perspektiven, Bonn 1990, S. 76–90.
29 Vgl. Reeken, Dietmar von: Landesgeschichte und regionale Identität. Überlegungen eines Historikers zum Landesjubiläum Niedersachsens, in: Osnabrücker Mitteilungen 102 (1997), S. 13–34.

Willi Oberkrome

‚Heimat' und Großraumpläne
aus der Sicht mittel- und westdeutscher Heimatschutzbewegungen

Bei einer näheren Betrachtung territorialer Planungsmodelle aus den 1920/30er bzw. 1950er Jahren wird deutlich, daß diesen Entwürfen Argumente und Leitbilder zugrunde lagen, die nicht vollständig in der technokratischen Perfektion professioneller Wirtschafts- und Gebietsplaner, der nüchternen Kalkulation von Finanzpolitikern bzw. den mathematisch-prognostischen Berechnungen von Wohnungsbaugesellschaften und Ingenieurbüros aufgingen. Es waren davon abweichende, alternative Überlegungen, die eindeutige Reaktionen der Heimatbewegung auf die zur Debatte stehenden ‚Großraumkonzeptionen' hervorriefen.

Gewiß wurde der raumpolitische Gestaltungswille sowohl der Weimarer als auch der Bonner Republik und der DDR von ‚harten Fakten' und handgreiflichen Sachzwängen diktiert. Sie legten vor allem seit der Weltwirtschaftskrise eine Korrektur der deutschen Binnengrenzen nahe. Die diesbezüglichen selbstkritischen Bilanzen vieler klein- und mittelstaatlicher Regierungen fielen eindeutig aus. Im Einklang mit den Reichssparkommissaren deckten sie gravierende Defizite der Länderbudgets auf, machten das demographische und wirtschaftliche Ungleichgewicht im Reich sichtbar und benannten Absurditäten der traditionellen Verwaltungsorganisation einschließlich einer längst überlebten hoheitlichen Aufgabenverteilung.

Obwohl die Rechenschaftsberichte etwa der Landesregierungen von Lippe(-Detmold), Mecklenburg-Strelitz, Schaumburg-Lippe u. a. die eigene Handlungsunfähigkeit mehr oder weniger bereitwillig einräumten und die Preisgabe der ererbten Souveränität ernstlich erwogen, unterblieb vor 1945 eine territoriale Remedur im Westen und Norden Deutschlands genauso wie in dessen mittleren Teilstaaten. Dieses Scheitern der von sozialdemokratischen Landespolitikern im Einklang mit industriellen Interessenverbänden angestrebten Reichs- und Gebietsreform hatte verschiedene Gründe. Ausschlaggebend war sicherlich der machtverwöhnte, etatistische Egoismus Preußens. Er förderte das in Sachsen, Thüringen und den südlichen Ländern verbreitete Mißtrauen gegen jedwede Fusionsabsicht und minderte die Chance, den vielfach avisierten, reichsprovinziell gegliederten Zentral- oder Einheitsstaat ins Leben zu rufen.

Darüber hinaus resultierte der Fehlschlag selbst einer ansatzweisen räumlichen Neuordnung jedoch immer auch aus dem „Widerstand der rechten Landtagsfraktionen" der Kleinstaaten, denen sich – im Falle seiner parlamentarischen Präsenz – meistens „das Zentrum angeschlossen hatte".[1] In dieser Opposition überlappten sich alte antipreußische Ressenti-

---

1 Schulze, Hagen: Otto Braun oder Preußens demokratische Sendung. Eine Biographie, Frankfurt a. M. 1981, S. 599.

ments mit aktuellen Vorbehalten gegen die Herrschaft des ‚roten Hohenzollern' – Otto Brauns. Daneben wurde ein primär volkswirtschaftliches Zweckmäßigkeitsdenken von der Furcht vor einer politisch-kulturellen „Überfremdung" des ‚eigenen' Landes in den Hintergrund gedrängt.

Es ist eine vorderhand irritierende Beobachtung, daß sich solche regionalistisch grundierten Mediatisierungsängste konservativer Volksvertreter auf weltanschauliche Prämissen stützten, die den intellektuellen ‚brain trusts' der Reichsreform keineswegs fremd waren. Man wird das paradoxe Ergebnis hinzunehmen haben, daß sowohl die Promotoren einer territorialen Umgestaltung Deutschlands als auch ein beträchtlicher Teil ihrer Kontrahenten Anhänger, Verfechter und Beiträger eines ideellen Deutungssystems waren, das seine normativen Richtwerte in den Begriffen „Volkstum und Heimat", „Stamm und Landschaft" hatte. Nach 1918 wurde die im ‚Deutschen Bund Heimatschutz' (= DBH; seit 1936/37 ‚Deutscher Heimatbund' = DHB) zusammengefaßte Heimatbewegung mit ihren reichsweit installierten Bundessektionen, lokalen Vereinen und gebietsübergreifenden Körperschaften zu einem seiner erfolgreichsten Repräsentanten. Die Großraumplanung der Weimarer Republik verfolgte seit ihren Anfängen immer auch die ethno- und heimatideologische Absicht, dem „zerstörerischen Charakter der Moderne" entgegenzuwirken.[2] Neben sachlich-rationalen Erwägungen strukturierte dieses Ziel nicht zuletzt die Gutachten jener Sachverständigen, die im Auftrag des ehemaligen Reichskanzlers Hans Luther Entwürfe zur Reichsreform – und später zur Neugliederung des Bundesgebiets – vorgelegt haben. Der Kulturdezernent der westfälischen Provinzialverwaltung Ernst Kühl, die Historiker Hermann Aubin, Franz Steinbach und Franz Petri, der Soziologe Gunther Ipsen und der Geograph Friedrich Metz waren Vordenker einer nach 1918 nicht nur akademisch anerkannten landeskundlichen ‚Volkstumswissenschaft'. Methodisch innovativ und heuristische Standards erweiternd, profilierte sich dieser Forschungszweig im ‚Kampf' gegen das ‚System von Versailles' und eine westlich-liberale, d. h. eine generell als „volksfremd" denunzierte Verfassungswirklichkeit. Die Zuversicht, eine gegenläufige, „gesunde" Entwicklung Deutschlands anleiten zu können, qualifizierte die um Aubin formierte Expertengruppe als Wortführer eines heimatbewegten Diskurses über die Legitimität, Plausibilität und Sinnhaftigkeit der Korrelation zwischen regionalen Grenzen und regionaler Bevölkerungszugehörigkeit inmitten des Reiches. Die einschlägigen, zu Beginn der 1930er Jahre unterbreiteten Vorschläge zur Verschiebung der deutschen Ländergrenzen sollten – von der politischen Zäsurerfahrung der Jahre 1933 und 1945 nahezu unbeeinträchtigt – noch nach 1949 die Umsetzung des Artikels 29 des Grundgesetzes „in die richtigen Bahnen lenken". Bei der ‚Neugliederung Deutschlands' war es demnach unerläßlich, „einen organologischen Aufbau zum strukturbildenden Prinzip zu bestimmen".[3]

---

2 Langen, Gustav: Deutscher Lebensraum. Ein Beitrag zur deutschen Raumwirtschaft und zur Gesamtrationalisierung in Wirtschaft, Siedlung und Volksleben, Berlin 1929, S. 102; Hoffacker, Heinz Wilhelm: Entstehung der Raumplanung, konservative Gesellschaftsreform und das Ruhrgebiet 1918–1933, Essen 1989, S. 238.

3 Teppe, Karl: Politik und Wissenschaft im Diskurs. Die Debatte um die Neugliederung des Bundesgebietes in den 1950er Jahren, in: Westfälische Forschungen 49 (1999), S. 437–471.

Im folgenden soll knapp dargestellt werden, welche Ursachen die zählebige Konjunktur von Kategorien wie ‚Volkstum' und ‚Heimat' bei territorialen Planungsvorhaben begünstigten. Anschließend wird danach gefragt, wie die von Wissenschaftlern verschiedener Disziplinen und Intellektuellen aus dem Umfeld des DBH-Vorstandes entwickelten, raumzentrierten Theorien innerhalb der ‚vor Ort' tätigen Heimatbünde aufgegriffen und regionalspezifisch ‚anverwandelt' wurden. Eine Antwort wird mit Hilfe von drei Fallbeispielen gesucht, in deren Mittelpunkt unterschiedlich konstituierte Heimatorganisationen stehen. Es handelt sich um den einflußreichen, regional fest implantierten Westfälischen Heimatbund (= WHB), den in seiner Selbständigkeit stets bedrohten ‚Lippischen Bund für Heimatschutz und Heimatpflege' (nachstehend als ‚Lippischer Heimatbund' = LHB bezeichnet) und die vergleichsweise diffuse, über Jahrzehnte hinweg unkonturierte Heimatbewegung im 1920 vereinten Thüringen. Anders als in der gegenwärtigen Diskussion über die deutsche Heimatbewegung oftmals angenommen wird, trat sie nie als Verteidigerin einer warmen, weichen, mütterlichen Identifikationssphäre in Erscheinung. Die ‚Heimat' eignete sich nicht dazu, die harte, ‚maskuline' Realität des Vaterlandes gleichsam weiblich, als ‚feminine' Heimstätte „süßer Träume und idealer Beziehungen" aufzufangen.[4] Sie bildete, wie neuere Studien zur Geschichte der deutschen Nationalbewegung pointiert dargelegt haben, eine Komplementärgröße zum integralen Wilhelminischen Nationalismus, jedoch nicht in dem Sinn, daß sie sich ihm in Gestalt eines politisch neutralen, Geborgenheit und Vertrautheit verheißenden Regionalismus beigesellt hätte. Tatsächlich wird man zu vergegenwärtigen haben, daß das inhaltliche Spektrum des tradierten nationalstaatlichen Denkens im Medium raumorientierter, heimatbündischer Ideologiebildung drastisch verformt und erweitert wurde. Der in der Spätphase des Kaiserreiches anschwellende Protest der Heimatbünde gegen die Heimsuchungen einer unkontrollierten industrie- und agrarkapitalistischen Entfaltung trug in erheblichem Maße dazu bei, den deutschen Nationalismus mit der Vielfalt landsmannschaftlicher Lebensarten, mit der kulturellen Pluralität der, wie es nunmehr hieß, altehrwürdigen „Stammesgebiete" vertraut zu machen. Auch auf diese Weise vollzog sich die häufig registrierte völkische Einfärbung des nationalen Bewußtseins. Ernst Rudorff, der stilprägende Wegbereiter des DBH, hat die daran geknüpften Erwartungen des aktiven Heimatschutzes offen benannt. Sein Engagement für eine in der Bewahrung landestypischer Architektur- und Landschaftsformen, in Gemeinschaftstanz, Mundartdichtung und Laienspiel, im Denkmalschutz und in heimatgeschichtlichen Recherchen zum Ausdruck gelangende Volkskultur erfolgte demnach nicht selbstreferentiell. Es verfolgte explizit den Zweck, „deutsches Volkstum ungeschwächt und unverdorben zu erhalten".[5]

Die bei Rudorff angedeutete ethnische Aufladung des Heimatbegriffs vollzog sich vor 1914 eher subkutan. Nach 1918 trat sie unübersehbar zutage. Im Zuge einer vom Entsetzen über die Versailler Friedenskonditionen angestoßenen Fundamentalpolitisierung der heimatbewegten

---

4 Confino, Alon: Die Nation als lokale Metapher: Heimat, nationale Zugehörigkeit und das Deutsche Reich 1871–1918, in: Zeitschrift für Geschichtswissenschaft 44 (1996), S. 421–435, hier S. 433.

5 Rudorff, Ernst: Heimatschutz, bearb. von Paul Schultze-Naumburg, Berlin 1926, S. 75.

Öffentlichkeit verlor die zuvor noch manchmal „beschaulich-selbstgenügsame Arbeit des Sammelns, Forschens und Publizierens",[6] die beschauliche Freude am Folkloristischen, mithin die harmlose Liebhaberei des ‚heimisch-eigenen' Kulturgutes rapide an Bedeutung. Die Heimat wurde in den nationalen Dienst gestellt. Ihre Interpreten betrachteten sich als streitbare Kombattanten im Kampf gegen revolutionäre ‚Umtriebe' und politisch-soziale ‚Verfallserscheinungen'. Mehrheitlich teilten sie die Auffassung, daß ihr Einsatz nur dann zum Sieg führen werde, wenn es mittelfristig gelänge, in Deutschland „ein neues stahlhartes Geschlecht" heranwachsen zu lassen,[7] das weder äußeren noch inneren Feinden unterliegen sollte.

In diesen Worten des prominenten sozialdarwinistischen Malers, Baumeisters, Kunsttheoretikers und DBH-Vorsitzenden Paul Schultze-Naumburg spiegelt sich das gewandelte, drastisch radikalisierte Aufgabenbewußtsein der Heimatbewegung nach dem Zusammenbruch der deutschen Monarchien wider. Es konkretisierte sich im Verlauf einer inzwischen rasant an Boden gewinnenden Ethnisierung des Politischen. Der rückblickende Ausgriff auf die überlieferten Werte des „heimfesten Volkstums" als vermeintlich ursprüngliches Reservoir ‚deutschen Wesens' war nunmehr dazu „berufen, … mitzuwirken zur Selbstbesinnung auf die Tiefen unseres Seins und darum die Kräfte zu stählen zu einem gesunden Wiederaufstieg". Diese von dem sächsischen Landeshistoriker Rudolf Kötzschke im Schulterschluß mit Werner Sombart, Aubin und anderen Gelehrten unterzeichnete Funktionszuschreibung der „Heimatbewegung als volksbildender Kraft" war ernst zu nehmen.[8] Erhebliche Teile des von den inneren Antagonismen der Gesellschaft ins Mark getroffenen, zutiefst republikverdrossenen politischen Lagers gewöhnten sich an die Vorstellung, daß die Nation den Verlust an physischen, staatlich-militärischen Potenzen durch eine Erschließung unverbrauchter Energien des regional differenzierten, substantiell gleichwohl homogenen ‚Volkstums' ausgleichen könnte. In der autonomen Alltagskultur der deutschen Landschaften, in den Lebensräumen und -wirklichkeiten jener Volksstämme, die von der Weimarer Republik in den Verfassungsrang erhoben worden sind und mehr und mehr als gleichberechtigte Glieder eines einheitlichen ‚Volkskörpers' betrachtet wurden, schienen die von den Krisensymptomen einer nach „westlichen" Mustern fehlgeleiteten Industrie- und Massengesellschaft noch unberührten Quellen der Erneuerung Deutschlands auffindbar zu sein. Lediglich in der polymorphen Struktur lebensweltlich unterscheidbarer Heimatgebiete schien das authentisch Echte des ‚Deutschtums' im überlieferungstreuen Alten verborgen zu sein. Es sollte zum Richtungsweiser des nationalen Wegs in die Zukunft werden.

---

6 Ditt, Karl: Regionalismus in Demokratie und Diktatur. Die Politisierung der kulturellen Identitätsstiftung im Deutschen Reich 1919–1945, in: Lennartz Stephan (Hrsg.) (in Zusammenarbeit mit dem Landschaftsverband Rheinland/Kulturabt.): Auf der Suche nach regionaler Identität. Geschichtskultur im Rheinland zwischen Kaiserreich und Nationalsozialismus, Bergisch-Gladbach 1997, S. 13–29, hier S. 18.

7 Schultze-Naumburg, Paul: Die Gestaltung der Landschaft durch den Menschen, Bd. I, München 3/1928, S. 14.

8 Kötzschke, Rudolf: Nationalgeschichte und Landesgeschichte, in: Fried, Pankraz (Hrsg.): Probleme und Methoden der Landesgeschichte, Darmstadt 1978 (Erstdruck: 1924), S. 13–37, hier S. 36; Entschließung des Verbandes Deutscher Historiker, in: Bericht über die 14. Versammlung deutscher Historiker zu Frankfurt a. M., 30. 9. bis 14. 10. 1924, Frankfurt a. M. 1926, S. 45–52, hier S. 47.

Die ideologische Angebotspalette der Heimatbewegung war trotz ihrer zumeist historisierenden Schwerpunktsetzung nicht simpel rückwärtsgewandt. Ihre intern nahezu unumstrittene Aussöhnung mit etlichen Varianten der maschinellen, automatisierten Großproduktion weist darauf hin. Heimatschützer und lokal verantwortliche Konservatoren lernten in den 1920er Jahren, die Denkmalwürdigkeit von „Monumenten der Technik" bzw. von „Industriebauten" zu akzeptieren. Sie dehnten ihre inhaltlich nuancierte volkspädagogische Bildungsarbeit auf die montanwirtschaftlichen Ballungszonen konsequent aus.[9] Zwischen den Weltkriegen traten die Heimatbünde damit tendenziell als Agenten einer alternativen, gleichermaßen antiliberalen wie antisozialistischen Moderne auf. Sie zielten darauf ab, den Prozeß der sozioökonomischen Stärkung der Nation nach ethnozentrischen Maßgaben regionalkulturell zu kanalisieren. Im Rahmen einer effektiven heimatlich-völkischen Gesellschaftspolitik waren deshalb auch neueste, massenproduktive Fertigungsweisen und ein dynamisches ökonomisches Wachstum durchaus erwünscht.

Der beachtliche Erfolgslauf des Heimatgedankens wurde von jenen vielmals beschriebenen ideellen Orientierungsverlusten im einsetzenden ‚Zeitalter der Extreme' angespornt, die durch eine Verzahnung wirtschaftlicher Prosperitätsversprechen mit völkischen „Bedeutungsmustern"[10] und Wertzuweisungen kompensiert wurden. Zugleich vollzog er sich vor dem Hintergrund realgeschichtlicher Bewährungsproben. Sie wurden – aus zeitgenössischer Perspektive – mit Bravour gemeistert und verschafften der Heimatbewegung neben dem materiell einträglichen Respekt regionaler und nationaler Behörden eine außergewöhnliche öffentliche Reputation. Vor allem bei dem unter der Anleitung gleichgesinnter Siedlungsplaner durchgeführten Wiederaufbau beschädigter Dörfer in den kriegsverwüsteten Bezirken Ostpreußens erwarb sie sich weitreichende Anerkennung. Dieses Renommee wurde durch landespflegerische Beiträge zur territorialen Verteidigung noch gesteigert. Sperrige Hecken- oder Gebüschanpflanzungen der Heimatvereine sollten die kavalleristische Entfaltung präsumtiv invasionswilliger sowjetischer und polnischer Truppen behindern.[11]

Für die westdeutschen Heimatvereinigungen wurde der ‚Ruhrkampf' zur Nagelprobe. Unter der wissenschaftlichen Flankendeckung des von Aubin geleiteten ‚Instituts für geschichtliche Landeskunde der Rheinlande' oblag es ihnen, das Heft der besatzungsfeindlichen Mobilisierung des ‚Ruhrvolks' in die Hand zu nehmen, den auftretenden Separatismus argumentativ zu ersticken und, parallel dazu, den „rheinischen Lokalpatriotismus mit dem umfassenden Nationalpatriotismus zu versöhnen".[12] Diese Zielvorgabe wurde von den westdeutschen Heimatbünden beeindruckend rasch erreicht.

---

9 Lindner, Werner: Bauten der Technik, Berlin 1927.

10 Daniel, Ute: ‚Kultur' und ‚Gesellschaft'. Überlegungen zum Gegenstandsbereich der Sozialgeschichte, in: Geschichte und Gesellschaft 19 (1993), S. 69–99, hier S. 72.

11 Vgl. Verein ‚Heimatschutz in Brandenburg' (Hrsg.): Ostpreußen und sein Wiederaufbau. Studien zur Frage des Wiederaufbaues zerstörter Ortschaften, Berlin 1915.

12 Wein, Franziska: Deutschlands Strom – Frankreichs Grenze. Geschichte und Propaganda am Rhein 1919–1930, Düsseldorf 1991, S. 117.

Die im Kontext des ‚passiven‘, „alle sozialen und politischen Schranken" überwindenden Widerstands an Rhein und Ruhr ideologisch wie auch faktisch bestätigte Effizienz der Heimatbewegung verweist auf eine enorme gesellschaftliche Integrationsleistung.[13] Sie dürfte in erster Linie darauf zurückzuführen sein, daß eine gezielt auf Räume, Stammeskulturen und landsmannschaftliche Besonderheiten gerichtete Botschaft konfessionelle Grenzen überwand und damit sozialmoralische Milieubarrieren unterlief. Darin ähnelte sie den Verkündigungen des jüngeren, zur säkularen Heilslehre erhöhten Nationalismus, der durch seine symbolträchtigen, weihefestlich inszenierten Vereinnahmungsriten Konservative und Liberale, mit steigender Tendenz auch Zentrumswähler unterschiedlicher sozialer Herkunft in seinen Bann zog. Nach dem Debakel der Kriegsniederlage war der nationale Nimbus jedoch zunächst einmal verblaßt. Die sinnstiftenden Attribute des Vaterlandes verloren ihre Verbindlichkeit. Sie hinterließen ein Vakuum, das die Heimatidee deshalb auszufüllen vermochte, weil sie sich als regionalistisches Rückgrat eines zeitgemäß transformierten Ethnonationalismus präsentierte, der die hinfällig gewordene Staatsräson abzulösen versprach. Sein Forum bildete eine vergleichsweise unverkennbar bevölkerungsnahe, inhaltlich breitgestreute und auffällig beständige Vereins- und Freizeitkultur, die mitunter schichtenübergreifende Kohäsivkräfte freizusetzen vermochte. Darüber hinaus substituierte ein politisiertes heimatliches Empfinden dynastische Loyalitäten in den Klein- und Mittelstaaten. Vor allem in bezug auf die mittel- und süddeutschen Staaten, aber auch auf die von der Berliner Regierung mißtrauisch beobachteten Westprovinzen formulierte die landsmannschaftlich egalitäre Konzeption der „Heimat" eine von katholischen und außerpreußischen Kritikern des borussisch-protestantisch konnotierten Nationalismus lange entbehrte Einladung zur vorurteilsfreien Teilhabe am Projekt Deutschland.

Die Arbeiterschaft erreichte sie kaum; ebensowenig die Bauern. Dennoch verdichtete sich die in religiöser, sozialer und gruppenhabitueller Hinsicht integrative, Professoren und Handwerker, Bischöfe und Volksschullehrer, Regierungspräsidenten und Kleinstadthonoratioren zusammenführende Popularität des Heimatbewußtseins zu einem für viele Beteiligte verpflichtenden Schlüsselerlebnis. Es festigte die Überzeugung Aubins, Kühls u. a., daß eine grundlegende Voraussetzung der nationalen Renovation, der inneren Läuterung und Stabilisierung, dadurch zu erfüllen sei, daß prägnant spezifizierbare Kulturräume mit den ihnen geistig, affektiv und ethnokulturell zugehörigen landsmannschaftlichen Volksgruppen in Kongruenz gesetzt würden. Aus der wissenschaftlich bestätigten Konvergenz von Landschaften und Bevölkerungen sollte demnach ein perfekter föderaler Reichsaufbau entstehen, der das seinem Herkommen nach stammlich diversifizierte Deutschtum optimal in sein früher willkürlich gebeugtes, historisch verbürgtes Recht setzte. Die nahtlose Übereinstimmung von Volksstamm und Lebensraum garantiere letztlich die optimale Entwicklungsfähigkeit beider. In der ihm adäquaten Kulturlandschaft werde das Volk zu voller ethnischer Blüte gelangen, und obendrein werde die kulturelle wie ökonomische Erschließung des Landes reifere Früchte

---

13 Kershaw, Ian: Hitler 1889–1936, Stuttgart 1998, S. 243.

als jemals zuvor tragen. Der einzellandschaftlich verwurzelten Nation war somit eine reiche Ernte in Aussicht gestellt.

Das Ideal solcher ‚Volkstum' und ‚Raum' harmonisierender Heimatmodelle, die „die Vaterlandsliebe" mit ihren Mitteln „neu beseelt[en]",[14] motivierte die Reichs- und Bundesreformplanung hinter den Kulissen der offenkundigeren wirtschaftlichen und infrastrukturellen Güterabwägungen. Zu den Pointen der unterbliebenen Neugliederung deutscher Länder zählt der Eindruck, daß ihr Scheitern teilweise mit dem ungestümen Boom heimatlicher Selbstvergewisserung in Zeiten politisch-sozialer Verunsicherung zusammenhing. Als Transmissionsriemen einer auf Stammesstolz und räumliche Verortung fixierten Ideologie belebte die Heimatbewegung einen Regionalismus, der sich naturgemäß gegen zentralistische Anmaßungen, gegen staatliche Bevormundungen und Reglementierungen zur Wehr setzen konnte. Allem Anschein nach wurde die Reichsreform in den Regionen als analoge, abstrakt-dirigistische Maßnahme wahrgenommen, der man mit heimatbewegtem Eifer die Stirn zu bieten gedachte. Damit steckte sie in einem Teufelskreis. Die von den intellektuellen Planungseliten prinzipiell erwünschte Identifikation regionaler Bevölkerungsgruppen mit signifikanten Kulturräumen und ‚unverwechselbaren' landsmannschaftlichen Eigenarten konterkarierte ihre Bemühungen um deren deckungsgleiche Zusammenführung. Die wissenschaftlichen Spezialisten errangen offenkundig auf diesem intellektuell sperrigen, unebenen Terrain kein absolut gültiges Deutungsmonopol. Das Dilemma bestand darin: Je fester die regionalistische Bindung einer Volksgruppe verschraubt war, je eindeutiger eine originäre regionale Opinio communis über Umfang und Charakter der eigenen Landschaft und ihres ‚Volkstums' ausgebildet war, desto intensiver mußte ihr Widerwille gegenüber territorialen Umstrukturierungen und ethnischen Neueinteilungen ausfallen, jedenfalls wenn diese zu Lasten des eigenen Einfußbereichs gingen.

Hermann Aubin hätte zum Beispiel im leidenschaftlichen Konflikt der Provinzialverwaltungen von Hannover und Westfalen über die landschaftliche Zugehörigkeit von Minden, Osnabrück und Lippe-Detmold erkennen können, daß seine Referenzkategorie ‚Kulturraum' beiderseits mit größter Selbstverständlichkeit in Anspruch genommen wurde. Der von Dietmar von Reeken aus niedersächsischer und von Karl Ditt aus westfälischer Perspektive geschilderte Meinungsstreit machte die analytischen Defizite des Begriffs im aktuellen Geschehen evident.[15] Der Terminus ‚Kulturraum' wurde zum beliebig operationalisierbaren Versatzstück; er verschliß sich in einer letztlich unbeweglichen innerdeutschen Debatte.

14 Aubin, Hermann: Geschichtliche Heimatpflege. Vortrag auf dem 9. Westfalentag in Dortmund, in: Die Heimat 10 (1928), S. 219 f.

15 Reeken, Dietmar von: Wissenschaft, Raum und Volkstum: Historische und gegenwartsbezogene Forschung in und über Niedersachsen 1910–1945. Ein Beitrag zur regionalen Wissenschaftsgeschichte, in: Niedersächsisches Jahrbuch für Landesgeschichte 68 (1996), S. 43–99; Ditt, Karl: Raum und Volkstum. Die Kulturpolitik des Provinzialverbandes Westfalen 1923–1945, Münster 1988; die mitteldeutschen Diskussionsverläufe beleuchtet Tullner, Mathias: Die Entstehung der Konzeption von ‚Sachsen-Anhalt' und das Problem der föderalen Neugliederung Mitteldeutschlands in der Zeit der Weimarer Republik, in: Blätter für deutsche Landesgeschichte 131 (1995), S. 305–329.

Die heimatbewegten Landes- und Volksforscher hielten gleichwohl an der Idee des ‚Kultur-‘ oder ‚Stammesraums‘ fest. In der Auslegung Aubins und Kühls bildete sie das vitale Herzstück einer ‚großwestfälischen‘ Agitation, d. h. einer geradlinig gegen Hannoveraner Gebietsaspirationen gerichteten Frontstellung. Die Entstehungs- und Rezeptionsgeschichte des historiographischen Monumentalwerks ‚Der Raum Westfalen‘ läßt daran keinen Zweifel.[16] Eine unverbrüchliche Absicht, das westfälische Territorium einerseits zu arrondieren und andererseits den angestammten Bezugsraum gegen jeden Gestaltwandel zu verteidigen, blieb seit den 1920er Jahren ein Kardinalanliegen der provinziellen Verwaltungsspitze Westfalens und der ihr assoziierten Heimatbewegung.[17]

Ohne den eigenen Anspruch auf beide Lippe und den Südwesten des heutigen Niedersachsen aufzugeben, verweigerte sich der WHB als Sprachrohr eines historisch-kulturell imprägnierten „Westfalenbewußtseins“ somit grundsätzlich jeder Erwägung gebietlicher Abtretungen.[18] Als 1929 von Bürgermeistern des Ruhrgebiets die Gründung einer selbständigen Ruhrprovinz beraten wurde, reagierten der Landeshauptmann, der westfälische Oberpräsident und der WHB-Vorstand einstimmig ungehalten. Ihre „uneigennützige[n]“, erklärtermaßen „nicht von Lokal- oder Landschaftspatriotismus geleitete[n]“ Einlassungen liefen in einer furiosen Kritik an der projizierten „Vivisektion der Provinz Westfalen“ zusammen. Das Ruhrgebiet verdanke sein montanindustrielles Antlitz dem Erwerbsfleiß westfälischer Bauernsöhne, es sei in seinem Nordosten gänzlich von westfälischem Geist durchdrungen und deshalb untrennbar mit den umliegenden Agrar- bzw. Waldgebieten des Münster- und des Sauerlandes verbunden. Ohne seine Industriebezirke werde das restliche Westfalen dem Ausbreitungsdrang Hannovers hoffnungslos ausgeliefert sein. Bevor das in der Rückschau nicht allzu furchteinflößende „Gespenst der Ruhrprovinz“ endgültig „totgeschlagen und begraben“ werden konnte, erinnerte der WHB eindringlich daran, daß eine Änderung der bestehenden Provinzgrenze im allgemeinen „nur insoweit erstrebenswert“ sei, „als es sich um die Angliederung benachbarter kleiner Länder, die Beseitigung von Enklaven und Exklaven und unbedingt notwendige kleinere Grenzberichtigungen handelt“.[19]

Die Ablehnung umfangreicher Grenzveränderungen auf Kosten der eigenen Substanz blieb für den Westfälischen Heimatbund nach 1933 unverändert symptomatisch. Abermals venti-

16 Kühl, Ernst: Der Raum Westfalen, in: Die Westfälische Heimat 13 (1931), S. 86–90.

17 Dazu Wagenfeld, Karl: Westfalen und Niederdeutschland, in: Jahresbericht des WHB 1936, Münster 1936, S. 10 ff.

18 Zuhorn, Karl: Der westfälische Lebensraum, in: Die Westfälische Heimat 13 (1931), S. 29–32, hier S. 29; Berding, Helmut: Staatliche Identität, nationale Integration und politischer Regionalismus, in: Patze, Hans (Hrsg.): Staatsgedanke und Landesbewußtsein in den neupreußischen Gebieten (1866), Marburg 1985, S. 111–133, hier S. 117; Neumann, Klaus: Regionalismus in Nordwestdeutschland in der Weimarer Republik, Diss. Münster 1983, S. 23.

19 O. A.: Gegen die Bildung eines Ruhrstaates oder einer Ruhrprovinz, in: Die Westfälische Heimat 12 (1930), S. 90 f.; Brepohl, Wilhelm: Vorschläge und Stimmen zur Neugliederung Niederdeutschlands, in: Ebenda 13 (1931), S. 58–62, hier S. 62; Gronowski, Johannes; Dieckmann, Franz: Die Zerschlagung der Provinz Westfalen wird allseitig abgelehnt, in: Ebenda 11 (1929), S. 122, o. A.: Gegen die Umgestaltung Westfalens, in: Ebenda.

lierten Überlegungen Berliner NSDAP-Größen, einen ‚Ruhrgau' ins Leben zu rufen, begegnete der WHB-Vorsitzende, Landeshauptmann Kolbow, mit der gleichen Entschlossenheit wie seine republikanischen Vorgänger. Den hauptstädtischen „Asphaltnaturen" attestierte der mit dem ‚Goldenen Parteiabzeichen' dekorierte Chef des Provinzialverbandes ein völliges Unvermögen, „unsere Gesinnung und Tätigkeit" in ihrer eigentlichen Tragweite zu erfassen. Seiner Meinung nach veräußerten nämlich zentralistische Planungen die elementaren Grundsätze des ‚Führerstaates'. Sie gefährdeten das nationalsozialistische System, welches sich endlich der ‚unwiderlegbaren' Einsicht fügen sollte, daß „Großdeutschland" auf die überlieferte „Vielgestaltigkeit" der Heimatwelten und „im besonderen des Stammesvolkstums" bauen müsse, um Bestand zu haben.[20] Nur wenn es auf den Quadern seiner intakten Heimatgebiete und ihrer ethnokulturell geprägten Landsmannschaften stehe, könne das Reich seine expansive, ‚weltgeschichtliche' Mission erfüllen.

Kolbows Bekenntnis zu einer dezidiert heimatlichen Kultur- und Volkstumspolitik weist ihn als Angehörigen jener lange verkannten regionalen NS-Elite aus, die eine „partikularistische Hausmacht" aufzubauen und mit mehr oder weniger großem Erfolg auszuüben wußte.[21] Seine unbeirrte Hervorhebung der „reale[n] Wirklichkeit von Heimat und Landschaft am großen deutschen Zusammenhang" setzte der westfälischen Heimatpflege ein Vorbild, dem man noch nach 1945 vorbehaltlos nacheiferte.[22] Die desaströsen Verhältnisse der Trümmer- und Zusammenbruchsgesellschaft hatten die institutionellen Strukturen des Heimatbundes kurzzeitig geschwächt, im ganzen jedoch dem Heimatgedanken Auftrieb verliehen. Nach der Auffassung mancher Zeitgenossen schien sich am Ende der 1940er Jahre eine tiefgründige und dauerhafte Renaissance des kulturräumlichen „Stammestums" anzukündigen.[23] Diese Vorstellung fand Eingang in die Debatte über die von den Alliierten festgelegten innerdeutschen Grenzverläufe und das damit verbundene Schicksal der territorialen Selbstverwaltungskörperschaften. Letzteres hatte in der vom Kriegsausgang fast unbeeinträchtigten landschaftlichen Administration Westfalens beredte Advokaten. Einige von ihnen überschritten rhetorisch beherzt die Grenzen des politisch Machbaren. Ihr Ansinnen, ein selbständiges Bundesland „auf roter Erde" entstehen zu lassen, scheiterte zwar; dennoch fand das trotzige Festhalten an der Behauptung einer genuin westfälischen Stammesart sogar in der Kapitale des neuen Bundeslandes Nordrhein-Westfalen Gehör. Der Ministerpräsident Karl Arnold teilte eine Erfahrung früherer Regierungschefs, als er das Vorhaben, im Ruhrgebiet einen dritten Landschafts-

---

20 Verwaltungsarchiv des Landschaftsverbandes Westfalen-Lippe: NK 1, Nr. 9, Bl. 7 ff.; Nr. 29, Bl. 293; NRW-Staatsarchiv Detmold: L 80 Ia, Gruppe XXX, Titel 4, Nr. 3.

21 Schöller, Peter: Länderreform und Landeskunde. Politische Zwischenbilanz und wissenschaftliche Probleme der Bestrebungen zur innergebietlichen Neuordnung Deutschlands von 1919 bis 1959, in: Westfälische Forschungen 12 (1959), S. 73–97, hier S. 76.

22 Naunin, Helmut: Westfälische Neujahrsbetrachtungen, in: Westfalenspiegel 6 (1957), Heft 1, S. 3 f., hier S. 3.

23 Oberkrome, Willi: Heimat in der Nachkriegszeit. Strukturen, institutionelle Vernetzung und kulturpolitische Funktionen des Westfälischen Heimatbundes in den 1940er und 1950er Jahren, in: Westfälische Forschungen 47 (1997), S. 153–200.

verband aus der Taufe zu heben, aufgeben mußte. Es war gegen den westfälischen, vom Rheinland unterstützen Widerstand nicht durchführbar.[24]

Die in ungezählten amtlichen und heimatbündischen Publikationen geäußerte Zuversicht,
daß westfälische „Menschen sich als Angehörige gleicher Art, Geschichte und kultureller Haltung zusammengehörig fühlen", daß „Westfale sein … etwas Unabdingbares, nie Lostrennba-
res aus jenem schweren Blutsbann, der alle Westfalen verbindet" sei, bewies bisweilen eine
ungewöhnliche Flexibilität. Insofern jedenfalls, als sich der westfälische Regionalismus dem
in absehbarer Zeit vereinten (West-)Europa als probates Muster einer volksgruppenadäqua-
ten Verfassungsgebung empfahl.[25]

Erheblich konventioneller fiel hingegen die Reklamierung Lippe-Detmolds als Siedlungs-
raum eines ‚kernwestfälischen Menschentyps‘ aus, mit der den nach dem Kriegsende aufs
neue geäußerten niedersächsischen Absorbtionsbegehren 1947 endgültig der Boden entzogen
werden sollte.[26]

Seinerseits war das lippische Landespräsidium bereits in der Anfangsphase der Weimarer
Republik zu der Überzeugung gelangt, daß die freistaatliche Existenz des Landes bloß von
kurzer Dauer sein könnte. Der seit 1920 in zähen Verhandlungen sondierte Anschluß an Preußen galt den meisten Sachkundigen als unumgänglich. Auch wenn für den sozialdemokratischen ‚Landesvater‘ Heinrich Drake in diesem Zusammenhang feststehen mochte, „daß bei
einer Reichsreform, die die Aufhebung der kleinstaatlichen Gebilde zum Ziele hat, das Schicksal des Lippischen Landes nicht anders sein kann, als der Provinz Westfalen angegliedert
zu werden",[27] lotete der Lippische Heimatbund die Möglichkeit eines Beitritts zur Provinz
Hannover bzw. nach 1945 zum Land Niedersachsen sorgfältig aus. Während Drakes Option
überwiegend ökonomischen Erwägungen folgte, prüfte der LHB in Allianz mit dem konservativen Detmolder Bürgertum, welche der um Lippe konkurrierenden Provinzen der Pflege
„lippische[r] Eigenart in Geschichte und Sprache, Sitten und Gebräuchen, Bauweise und
bodenständiger Wirtschaft" besser gerecht zu werden versprach.[28] Dabei senkte sich die Waag-
schale nicht selten zugunsten Hannovers, dessen Heimatbünde, von westfälischen Bedenken
unbeeindruckt, schon 1910 „die freundliche Residenz des Lipperlandes" zum Veranstaltungs-
ort des zehnten ‚Niedersachsentages‘ gewählt hatten.

Die Zwangsüberführung Lippes in den NSDAP-Gau Westfalen-Nord und die davon beglei-
tete parteioffizielle Deklaration der Lipper zu ‚reinblütigen Westfalen‘ stellten in dieser Hin-

24 O. A.: Ruhrgebiet und Arnoldplan, in: Westfalen-Dienst 1, 20. 8. 1952, S. 3 f.
25 Naunin, Helmut: Westfälische Neujahrswünsche, in: Westfalenspiegel 1 (1952), Heft 1, S. 1 f.; Winckler, Josef:
    Was ist Westfalen? in: ebenda, Heft 9, S. 5 f.; Naunin, Helmut: Westfälische Neujahrswünsche 1956, in:
    ebenda 5 (1956), Heft 1, S. 2 f.
26 Krabbe, Wolfgang: Westfälischer Regionalismus in der Diskussion um die territoriale Neuordnung der briti-
    schen Besatzungszone (1946), in: Dollinger, Hans u. a. (Hrsg.): Weltpolitik, Europagedanke, Regionalismus.
    Festschrift Heinz Gollwitzer, Münster 1982, S. 547–560.
27 Drake, Heinrich: Geistige Beziehungen zwischen Lippe und Westfalen, in: Die Westfälische Heimat 13 (1931),
    S. 95 f.; ders. Lippe und Westfalen, in: Westfalenspiegel 5 (1956), S. 1–5; Wehrmann, Volker (Bearb.): Hein-
    rich Drake 1881–1970. Sein Leben in Bildern und Dokumenten, Detmold 1981, S. 92–102.
28 Jahresbericht für das Jahr 1918, in: 11. Jahresbericht des LHB, Detmold o. J., S. 3–7, hier S. 3.

sicht keine Präzedenzfälle dar, die die Weichen irreversibel in Richtung Münsterland gerückt hätten. Noch 1946, als das Ende der Eigenstaatlichkeit von den britischen Besatzungsbehörden abschließend verfügt wurde, vollzog der LHB im Interesse seiner vereinsrechtlichen Souveränität einen diplomatischen Balanceakt, der den WHB hofierte, ohne die niedersächsische Heimatbewegung zu brüskieren. Die in Kauf genommene Verschiebung der Ländergrenze sollte nicht zu einem Verlust lippisch-heimatbündischer Kulturautonomie im Land zwischen Weser und Teutoburger Wald führen. Deshalb bemühten sich der LHB-Vorsitzende Bernhard Ebert und seine Nachfolger um ein kollegial-kooperatives Verhältnis zum WHB. Mit dessen Leiter, Bernhard Salzmann, vereinbarte man eine „freundnachbarschaftliche Zusammenarbeit“ und trank gelegentlich „in launiger Weise“ auf die „friedliche Koexistenz der beiden Bünde“. Gleichzeitig ließ Ebert seine norddeutschen Gesprächspartner wissen, „daß unser Land kulturell zu Niedersachsen zu rechnen ist“.[29]

Der vom LHB-Vorstand eingeschlagene Pendelkurs ließ mithin konzise Positionsbestimmungen vermissen, führte jedoch zum Ziel. Der LHB hat zwar die umstrittene Einbindung des Landes Lippe in den Großraum Nordrhein-Westfalen nicht aufhalten oder bremsen können, er hat aber nichtsdestoweniger seine Verbandstrukturen bis zur Stunde gegen alle Anfechtungen und Gefährdungen erhalten. Von Drake zu einem kulturellen „Bollwerk des Lippertums“ ausgerufen,[30] hat er sich zum populären Sachwalter regionaler Traditionspflege zwischen Niedersachsen und Westfalen formiert. Er wurde zum „auf die Gesamtzahl der Bevölkerung bezogen mitgliederstärksten“ Heimatbund Westdeutschlands.[31]

Wenn das Beispiel Lippe-Detmolds ein Schlaglicht auf die von Politikern und Interessengruppen ermutigte regionalkulturelle Besitzstandwahrung durch Heimatbünde werfen konnte, so wird dieses Phänomen vom thüringische Exempel flächendeckend illuminiert. Im 1920 unvollständig vereinten ‚grünen Herzen Deutschlands‘ erhob eine kaum quantifizierbare Anzahl von ‚Berg-, Burg- und Waldgemeinden‘, von lokalen Verschönerungs- und Wandervereinen den Anspruch, die kulturräumliche Integrität der ehemaligen Kleinstaaten und örtlichen Identifikationsareale in eigener Verantwortung zu bewahren. Obwohl der thüringische Unitarismus von der überwältigenden Bevölkerungsmehrheit begrüßt wurde, obgleich im einschlägigen Schrifttum des Landes allenthalben vom „Stamm“ und vom „Volke der Thüringer“ die Rede war und obschon ein gesamtregionaler Stolz darauf, daß „alle großen geistigen Bewegungen [...] von Thüringen ausgegangen [!]“ (G. Franz) sind,[32] das ethnische Zusammengehörigkeitsgefühl bestärkten, beabsichtigte keine der mitunter fast hundertjährigen Hei-

---

29 NRW-Staatsarchiv Detmold: D 107 B, Titel III, Nr. 3; Nr. 6.

30 Ebenda, Titel I, Nr. 16/I.

31 Steinbach, Peter: Die erste lippische Bürgerinitiative. 80 Jahre Lippischer Heimatbund, in: Heimatland Lippe 81 (1988), S. 162–178, hier S. 173.

32 Hussong, Ulrich: Der Regierungsbezirk Erfurt und die thüringische Frage in der Weimarer Republik, in: Mitteilungen des Vereins für die Geschichte und Altertumskunde von Erfurt 56 (1995), S. 143–175, hier S. 157; Kaiser, Ernst: Landeskunde von Thüringen, Erfurt 1933, S. 177; Franz, Günther: Das mitteldeutsche Volkstum. Eine Zusammenfassung, in: Thüringer Fähnlein 7 (1938), S. 401–405, hier S. 404.

matvereinigungen, auch nur ein Quentchen ihrer kommunalen Handlungsfreiheit an eine gesamtthüringische Institution abzutreten. Die erwünschte Großraumbildung durfte nicht mit einer zentralistischen Weisungsbefugnis in Angelegenheiten der Heimat- und Volkstumspflege gekoppelt sein.

Die bis 1913 in Meiningen ansässige Geschäftsstelle des Deutschen Heimatbundes verzichtete notgedrungen „mit Rücksicht auf die zahlreichen thüringischen Vereine, die neben Aufgaben der Heimatkunde mehr oder weniger auch solche des Heimatschutzes bearbeiten", auf die zunächst vorgesehene Gründung eines ‚Thüringer Heimatbundes'.[33] Damit fehlte der 1923 eingesetzten Weimarer ‚Beratungsstelle für Denkmalpflege und Heimatschutz' ein in anderen deutschen Ländern umstandslos mobilisierbarer, personeller Unterbau. Die Anstrengungen ihres fachlich versierten Leiters, Fritz Koch, den „geistige[n] Ausbau zum einheitlichen Land, in dem jeder sich der Besonderheiten seiner engsten Heimat bewußt sein mag, aber auch dessen, daß er ein Thüringer ist", zu beschleunigen, stießen – ähnlich wie die Ingangsetzung einer gebietsumspannenden Landesgeschichtsschreibung – auf eher verhaltene Resonanz.[34] Zwar gelang es dem hauptamtlichen Weimarer Heimatschützer, die forschen Versuche des ungleich mächtigeren Sächsischen Heimatbundes, in Thüringen Einfluß zu gewinnen, abzuwehren, doch änderte dieser Erfolg nichts an der Tatsache, daß „überall in den bisherigen Einzelstaaten Einzel-Geschichts usw. -vereine [!] bestanden und bestehen, deren Interessengebiet an den Schranken der früheren Kleinstaaten Halt macht und die z. T. offensichtlich allgemein thüringischen Interessen ziemlich ablehnend gegenüberstehen".[35] Auch nachdem Kochs Dienstbereich Anschluß an jenes engmaschige ‚völkische Netzwerk' gefunden hatte, das sich nach 1923 als Nessushemd um Thüringens Geistesleben schlang, war die disfunktionale Dispersion und Heterogenität des Heimatschutzes nicht aufzuheben. Die Gleichschaltung der parzellierten Vereinsvorstände im Nationalsozialismus änderte wenig daran. Eine von äußeren Faktoren angestoßene, daneben wohl im Kontext des Sauckelschen ‚Gaupartikularismus' angesiedelte großthüringische Heimatbundgründung in den 1940er Jahren blieb – natürlich auch kriegsbedingt – Makulatur.[36]

Erst die Sowjetische Militäradministration und ihre deutschen Exekutivorgane setzten dem lokalen Vereinspluralismus an Ilm, Saale und Unstrut ein abruptes Ende. Nach 1945/46 wurden die traditionellen Verbände und Ortsgruppen der nahräumlichen Heimatpflege per Dekret abgeschafft und ihre verbliebenen Mitglieder in den Fachgruppen der Sektion ‚Natur- und Heimatfreunde' des ‚Kulturbundes zur demokratischen Erneuerung Deutschlands' unter Kuratel gestellt. Seine heimatlichen Arbeitsgemeinschaften ließen die Neubildung mitteldeut-

---

33 Fritz Koch, Mitteilungsblatt des Deutschen Bundes Heimatschutz, in: Thüringen 1 (1925/26), S. 64.

34 Ders.: Zum Geleit, in: ebenda, S. 1 f.; Schellenberg, Ernst Ludwig: Zum Geleit, in: Thüringer Heimat 1 (1925), o. S.; Reuling, Ulrich: Zwischen politischem Engagement und wissenschaftlicher Herausforderung. Der Beitrag der Landesgeschichte zur Reichsreformdebatte der Weimarer Republik im regionalen Vergleich, in: Westfälische Forschungen 46 (1996), S. 275–315, hier S. 288.

35 Thüringisches Hauptstaatsarchiv Weimar: Landesamt für Denkmalpflege und Heimatschutz, Nr. 6, Bl. 208; ferner Nr. 36.

36 Ebenda, Thür. Ministerium des Innern Abt. A, Nr. 940, 942.

scher Länder unkommentiert. Der in ihren Kreisen gewiß unbeliebten Bezirksgründung von 1952 widersprachen sie nicht.[37] Allerdings hielten ihre Angehörigen, wie die Durchsicht der relevanten Heimatzeitschriften aus den 1950er Jahren erkennen läßt, sowohl an der Vorstellung kleinräumiger Kulturpolitik als auch an der klassischen, heimatpflegerischen Betreuung der Kleinstädte, Gemeinden und Wanderparcours fest. Ihrer bodenständigen „Vereinsmeierei", „Heimattümelei", „lokalpatriotischen Beschränktheit" und selbstvergessenen „Steckenpferdreiterei" begegneten die Kulturbundfunktionäre häufig mit hilflosem Zorn. Dennoch hielten sie an der zentralistisch-hierarchischen Verbandsführung fest. In den Ortsgruppen habe man es „mit einer großen Zahl kleinbürgerlicher Menschen zu tun. Aber diese Organisation [d. h. die ‚Natur- und Heimatfreunde' im Kulturbund – W. O.], die ein gewisses Rückgrat für das Ganze gibt, würde zerschlagen, und sehr wichtige Möglichkeiten der politischen Führung und Einwirkung würden verloren gehen, wenn man das Ganze wieder zersplittert und unter anderem Namen – einem Thüringer Wald-Verein oder einem Harz-Verein oder einem Rhönklub – aufmacht".[38]

Erst à la longue und mit immensem Aufwand sollte es den sozialen Nivellierungsexperten der DDR gelingen, die empathisch umsorgten heimatlichen „Basen des Rückzugs, der Sperrigkeit, des stillen Widerspruchs" (Jürgen Kocka) zu unterhöhlen. Sämtliche Versuche, sie endgültig zu sprengen, verpufften indes wirkungslos. Die jähe Restauration der Länder und die rasche landsmannschaftliche Positionierung weiter Bevölkerungskreise nach 1989/90 unterstreicht, daß auch in Mitteldeutschland „der tief verwurzelten Beziehung zur Heimat und der Bindung an die eigene Region … Rechnung" zu tragen war.[39] Die gesamtdeutsch bezogene Selbstbehauptung des Regionalismus und – in Grenzen – auch seiner heimatbündischen Treuhänder ist eine systemunabhängige historische Erscheinung. Die angeführten, mühelos ergänzbaren Fallstudien haben verdeutlicht, daß die Konzeption der ‚Heimat' administrativ kaum disponibel war. Sie entwand sich planungstechnischen Vorgaben selbst dann, wenn deren Urheber weltanschaulich in den eigenen Reihen standen. Eine immer noch „fehlende Theorie menschlicher Regionalität" wird diesen Befund zu berücksichtigen haben.[40] Regierungsamtlich projektierte Veränderungen von Gebiets- und Verwaltungseinheiten wurden von den regional aktiven Heimatschützern nur dann begrüßt, wenn sie ihnen einen territorialen Zuwachs in Aussicht stellten. Ansonsten wurden sie beargwöhnt oder sogar offen

37 Hajna, Karl-Heinz: Die Beseitigung des Landes Thüringen 1952. Realisierung und historisch-politische Argumentationsmuster, in: Westfälische Forschungen 46 (1996), S. 366–381.

38 Bauer, Herbert: Beitrag zur Tagung der Parteigruppe des Präsidialrates des Kulturbundes, in: Heider, Magdalena; Thöns, Kerstin (Hrsg.): SED und Intellektuelle in der DDR der fünfziger Jahre. Kulturbund-Protokolle, Köln 1990, S. 101 f.; ders.: Eröffnung, in: Kulturbund/Zentrale Kommission Natur- und Heimatfreunde (Hrsg.): Um unsere sozialistische Heimat, Berlin 1958, S. 13 f.; ders.: Um den Heimatkundeunterricht in der zehnklassigen allgemeinbildenden polytechnischen Oberschule, in: Aus der Arbeit der Natur- und Heimatfreunde im Kulturbund 9 (1959), S. 107–116, 108.

39 Ritter, Gerhard A.: Über Deutschland. Die Bundesrepublik in der deutschen Geschichte, München 1998, S. 51.

40 Briesen, Detlef: ‚Triviales' Geschichtsbewußtsein oder historische Elemente regionaler Identität? Über den notwendigen Dialog zwischen Sozial- und Geschichtswissenschaften zur Erforschung von Regionalbewußtsein, in: Informationen zur Raumentwicklung, Jg. 1993, S. 769–779, hier S. 769.

abgelehnt. Als die Auflösung der letzten kleinen Flächenstaaten und der preußischen Provinzen nach 1945 unabwendbar wurde, reagierten die Heimatvereinigungen dilatorisch. Ihre Bereitschaft zum Eintritt in die jungen Bundesländer hing im wesentlichen davon ab, ob der Erhalt ihrer jeweiligen kulturellen Hegemonie über die vornehmlich verbandsindividuell definierten Heimatbelange gewährleistet war. Externe Führungsambitionen auf dem kulturpolitischen Sektor mußten deshalb die grundsätzliche Gegnerschaft der Heimatbünde hervorrufen. Fremdbestimmungen dessen, was und wo ‚Heimat' ist, erschienen unzulässig. Sogar professionelle Vertreter des Deutschen Heimatbundes mußten oft schmerzhaft erleben, daß ihnen keine Verfügungsmacht über die ‚corporate identity' heimatlicher ‚Erfahrungsräume' zugebilligt wurde.

Reinhard Schiffers

Länderneugliederungspläne nach 1945

Die Frage der Länderneugliederung ist als die „Achillesferse"[1] des bundesdeutschen Föderalismus bezeichnet worden. Unser Blick soll sich im folgenden auf die Zielvorstellungen richten, die in der Zeit von 1945 bis 1990 die Gebietsstrukturen zunächst der drei Westzonen und dann der Bundesrepublik Deutschland bestimmt haben.[2] Dabei müssen wir uns vergegenwärtigen, daß wir mit der Länderneugliederung einen Aspekt der deutschen Nachkriegsentwicklung und der deutschen Verfassungsdiskussion herausgreifen, der in vielfältiger Weise verbunden ist mit der deutschen Verfassungstradition, mit innen- und außenpolitischen Machtverhältnissen, mit unterschiedlichen Neuordnungsvorstellungen der politischen Akteure sowie mit geographischen, ökonomischen und kulturellen Vorgaben.[3] In diesem Ursachengeflecht liegen die Gründe für Erfolg und Scheitern der Neugliederungspläne.

Die territoriale Neuordnung durch die Alliierten 1945–1947

Mit der Übernahme der obersten Gewalt im besiegten Deutschland durch die drei, dann vier Besatzungsmächte lag auch die Entscheidung über die regionale Struktur ausschließlich bei ihnen. Die erste Vorgabe für eine Neugliederung waren zunächst die Grenzen der Besatzungszonen. Diese erhielten erst im Juni und Juli 1945 ihre endgültige Gestalt, und zwar durch die Ausdehnung der französischen Besatzungszone auch auf rechtsrheinisches Gebiet und den Abzug der amerikanischen Truppen aus dem mitteldeutschen Raum. Dementsprechend vollzog sich die Länderbildung nur innerhalb der einzelnen Zonen, und kein Land erstreckte sich über zwei Zonen.[4]

Trotz der sehr unterschiedlichen Ziele, die die vier Besatzungsmächte in ihren Zonen verfolgten, lassen sich vier Leitlinien erkennen, die die Länderbildung bestimmten: Die Ländergrenzen hatten militärischen Gesichtspunkten Rechnung zu tragen; die politisch-administrativen Strukturen sollten gemäß den Ergebnissen der Potsdamer Konferenz dezentralisiert und

---

1 Kilper, Heiderose; Lhotta, Roland: Föderalismus in der Bundesrepublik Deutschland. Eine Einführung, Opladen 1996, S. 82.
2 Vgl. für diesen Zeitraum Schiffers, Reinhard (Bearb.): Weniger Länder – mehr Föderalismus? Die Neugliederung des Bundesgebietes im Widerstreit der Meinungen 1948/49–1990. Eine Dokumentation, Düsseldorf 1996. Die historische Dimension betont stärker Matz, Klaus-Jürgen: Länderneugliederung. Zur Genese einer deutschen Obsession seit dem Ausgang des Alten Reiches, Idstein 1997.
3 Vgl. Kilper; Lhotta: Föderalismus (wie Ann. 1), S. 80.
4 Vgl. Schiffers: Weniger Länder (wie Anm. 2), S. 26–40.

von unten nach oben aufgebaut werden; Preußen als Inbegriff des deutschen Militarismus sollte nicht wiederhergestellt werden; Enklaven und Exklaven waren aufzuheben.[5]

Unter diesen Gesichtspunkten schlossen die drei westlichen Alliierten die Länderbildung in ihren Zonen bis Mitte 1947 ab. In der sowjetischen Besatzungszone wurde die gliedstaatliche Struktur schon etwas früher, nämlich bis Anfang 1947, ausgebildet. Dabei kam der Länderbildung in allen vier Zonen zugute, daß der frühere Flächenstaat Preußen zur Verfügungsmasse geworden war: faktisch durch die Grenzziehungen entlang der Oder und Neiße, zwischen den Zonen und zwischen zumeist neu geschaffenen Ländern, sodann rechtlich durch den Kontrollratsbeschluß vom Februar 1947, der die Gebietskörperschaft Preußen auch formell auflöste. Das Ergebnis war – insbesondere in Westdeutschland – eine territoriale Struktur, die nur selten historischen und in keinem Fall sozio-ökonomischen bzw. raumordnerischen Gesichtspunkten folgte.[6]

Dementsprechend erschien die alliierte Länderbildung aus der Sicht der Bevölkerung und ihrer politischen Vertreter als ein willkürlicher und daher revisionsbedürftiger Akt der Besatzungsmächte. In diesem Sinne äußerten sich etwa der schleswig-holsteinische Ministerpräsident Lüdemann und der Vorsitzende der CDU in der britischen Zone, Adenauer. Aus deutscher Sicht als besonders unbefriedigend bewertet wurde die Grenzziehung im Bereich der früheren Länder Baden und Württemberg sowie zwischen Rheinland-Pfalz und Hessen.[7]

Beide Konfliktlinien hatten ihren Ursprung in der späten Bildung der französischen Besatzungszone, die aus den von den USA und von Großbritannien besetzten Gebieten herausgeschnitten wurde. Dabei war die Nord-Süd-Teilung Badens und Württembergs Ausdruck eines interalliierten Konflikts. Die USA waren aus Gründen des Prestiges, der Logistik und der Kosten nicht bereit, dem von Frankreich bis 1949 wiederholt vorgetragenen Wunsch zu entsprechen, nämlich Nordbaden im Austausch gegen Südwürttemberg-Hohenzollern zu räumen. Auf diese Weise wäre ganz Baden der französischen Zone, ein wiederhergestelltes Württemberg einschließlich Hohenzollerns dem amerikanischen Besatzungsgebiet zugeschlagen worden.[8]

Insgesamt gesehen, entstand von 1945 bis 1947, nach dem Wegfall der politischen und wirtschaftlichen Hegemonie Preußens, eine Gliederung in Länder, der im nationalen Vergleich mit der Länderstruktur bis 1933 und im internationalen Vergleich bis heute eine relative Ausgewogenheit zuerkannt wird.[9] Zu dieser Einschätzung trug bei, daß mit der alliierten Länderneugliederung von 1945 bis 1947 ein altes Strukturproblem – die durch die historische Territo-

5 Vgl. Kilper; Lhotta: Föderalismus (wie Ann. 1), S. 82.

6 Vgl. Laufer, Heinz; Münch, Ursula: Das föderative System der Bundesrepublik Deutschland, 7. neu bearb. Aufl., München 1997, S. 60 f., 253.

7 Vgl. Hrbek, Rudolf: Das Problem der Neugliederung des Bundesgebiets, in: APUZG 1971, Nr. 46, S. 10.

8 Vgl. Clay, Lucius D.: Entscheidung in Deutschland, Frankfurt a. M. [1950], S. 465 f., 469.

9 Vgl. Pfetsch, Frank R.: Ursprünge der Zweiten Republik. Prozesse der Verfassungsgebung in den Westzonen und in der Bundesrepublik, Opladen 1990, S. 28; Recker, Marie-Luise: Bonn ist nicht Weimar – Zu Struktur und Charakter des politischen Systems der Bundesrepublik Deutschland in der Ära Adenauer, in: GWU 44. Jg., 1993, S. 289.

rienbildung bedingte Zweiteilung zwischen Nord und Süd – aufgehoben wurde.[10] Auch nach der Einigung, mit der die Heterogenität der Länder insgesamt größer geworden ist, erscheint die territoriale Ordnung Deutschlands im Blick auf andere Bundesstaaten noch immer als vergleichsweise ausgewogen.[11]

Daß trotzdem schon vor der Gründung der Bundesrepublik eine lebhafte Neugliederungsdiskussion einsetzte, war vor allem der nachträglichen Beteiligung Frankreichs am zunächst nur anglo-amerikanischen Besatzungsgebiet zuzuschreiben. Daß die drei Alliierten die von ihnen verantwortete Länderbildung selbst als wenig zweckmäßig einschätzten, belegen ihre Forderungen an die westdeutschen Ministerpräsidenten 1948, ein Neugliederungskonzept auszuarbeiten.[12]

Die Kriterien der Alliierten und des Grundgesetzes für eine Neugliederung des Bundesgebietes 1948–1949

Ebenso wie der Weg zur Gründung der Bundesrepublik lief auch die durch die Alliierten selbst angestoßene Neugliederungsdebatte über die drei Stationen „Frankfurter Dokumente", Verfassungskonvent von Herrenchiemsee und Parlamentarischer Rat. In dem Maß, in dem sich die Gründung des westdeutschen Teilstaates abzeichnete, erhielt die bis dahin vorwiegend regional diskutierte Neugliederungsfrage einen gesamtstaatlichen Bezug. Bereits vor Gründung der Bundesrepublik wurden Bedenken laut, daß die wirtschaftliche und finanzielle Kapazität einiger Gliedstaaten nicht ausreichen könnte, um ihre in der Bundesverfassung vorgesehenen Ausgaben zu erfüllen. Thematisiert wurde dieses Problem von den westlichen Besatzungsmächten in den sogen. Frankfurter Dokumenten vom 1. Juli 1948, der „Geburtsurkunde der Bundesrepublik Deutschland".[13]

Vom Thema her interessiert hier das Dokument II. Darin wurden die westdeutschen Ministerpräsidenten aufgefordert, die Grenzen der Länder zu überprüfen und gegebenenfalls Änderungsvorschläge vorzulegen, und zwar mit der Maßgabe, daß die Änderungen „den überlieferten Formen Rechnung tragen und möglichst die Schaffung von Ländern vermeiden, die im Vergleich zu anderen Ländern zu groß oder zu klein sind".[14] Für die überlieferten Formen heißt es in der englischen Fassung „traditional patterns", in der französischen Version „données traditionnelles". Gemeint war die geschichtliche Entwicklung der in Frage kommenden Territorien. Dementsprechend findet sich in alliierten Dokumenten der Terminus „historical

---

10 Vgl. Matz: Länderneugliederung (wie Anm. 2), S. 78.

11 Vgl. Bohr, Kurt (Hrsg.): Föderalismus. Demokratische Struktur für Deutschland und Europa, München 1992, S. 20 (Beitrag Helmut Albert), S. 72 f. (Beitrag Peter Bohley), S. 161 (Beitrag Josef Isensee).

12 Vgl. Hrbek: Das Problem (wie Anm. 7), S. 10.

13 Deuerlein, Ernst: Deutschland nach dem Zweiten Weltkrieg 1945–1955, Konstanz 1965, S. 148.

14 Der Parlamentarische Rat 1948–1949. Akten und Protokolle. Bd. 1: Vorgeschichte, bearb. von Johannes Volker Wagner, Boppard 1975, Dok. Nr. 4, S. 32.

identity".[15] Was die geforderte Größe der Länder anging, so hatte sie der amerikanische Militärgouverneur, General Clay, dahin präzisiert, daß keine Länder entstehen sollten, die größer als Bayern und Nordrhein-Westfalen seien. Die Forderung im Frankfurter Dokument II, keine zu großen oder zu kleinen Länder zu bilden, trug den französischen Bedenken Rechnung.[16]

Dieser Zielvorstellung verliehen die Alliierten insgesamt dreimal Nachdruck, einmal vor dem Zusammentritt des Parlamentarischen Rates und zweimal während seiner Beratungen. Alle drei Interventionen hatten den gleichen Tenor. Die Militärgouverneure hielten die Zeit vor den Verfassungsberatungen und dann die Beratungen selbst für den geeigneten Zeitpunkt, um die Ländergrenzen zu behandeln. Falls die deutsche Seite keine Neugliederungsvorschläge mache, dann – so die Militärgouverneure – werde es schwierig sein, sich vor Abschluß eines Friedensvertrages erneut mit dieser Frage zu befassen, die zudem Rückwirkungen auf die Zonengrenzen habe.[17]

Erster Adressat der alliierten Neugliederungsforderungen waren also die westdeutschen Ministerpräsidenten. Ein von ihnen im Juli 1948 eingesetzter Ausschuß zur Überprüfung der Ländergrenzen konnte sich – angesichts der divergierenden Positionen der Länderchefs – nur auf einen Beschluß verständigen: die Länder Baden, Württemberg-Baden und Württemberg-Hohenzollern sollten zu einem einzigen Land vereinigt werden. Damit wurde die Arbeit des Ausschusses mangels weiterer Ergebnisse beendet. Die Beratungen hatten deutlich gemacht, daß – abgesehen von der Südweststaatfrage – die Behandlung auch nur einer Gebietsänderung das Problem der Gebietsänderung aller westdeutschen Länder aufrollen mußte.[18]

Daß die Ministerpräsidenten offensichtlich überfordert waren, als „Richter in eigener Sache"[19] zu fungieren, bestätigte sich in den Beratungen des Verfassungskonvents von Herrenchiemsee. Dieses Expertengremium der 11 Länderexekutiven verzichtete darauf, einen „artikulierten Vorschlag" zu machen, und beschränkte sich auf die Darlegung der Kontroversen.[20]

Damit fiel die undankbare Aufgabe, Normen für eine Neugliederung zu finden, ganz dem Parlamentarischen Rat zu. Seine Beratungen, die hier nicht nachzuvollziehen sind, mündeten in Art. 29 GG. Dieser spricht mit Bedacht nicht von einer Neugliederung der Länder, sondern des Bundesgebietes: Neugliederung wurde ausschließlich Sache des Bundesgesetzgebers.[21]

---

15 Ebenda.

16 Ebenda, Dok. Nr. 2, S. 18 f.

17 Der Parlamentarische Rat 1948–1949. Akten und Protokolle. Bd. 8: Die Beziehungen des Parlamentarischen Rates zu den Militärregierungen, bearb. von Michael F. Feldkamp, Boppard 1995, Dok. Nr. 4, S. 4; Nr. 46, S. 124; Nr. 47, S. 135 und 143; Dok. Nr. 55, S. 199.

18 Der Parlamentarische Rat 1948–1949, Bd. 1 (wie Anm. 14), Dok. Nr. 6, S. 114–122, 130–133; Dok. Nr. 7, S. 147 f.; vgl. Schiffers (wie Anm. 2), S. 43.

19 Eschenburg, Theodor: Das Problem der Neugliederung der Deutschen Bundesrepublik, dargestellt am Beispiel des Südweststaates, Frankfurt a. M. 1950, S. 24.

20 Der Parlamentarische Rat 1948–1949. Akten und Protokolle. Bd. 2: Der Verfassungskonvent auf Herrenchiemsee, bearb. von Peter Bucher, Boppard 1981, Dok. Nr. 6, S. 203.

21 Vgl. Schiffers: Weniger Länder (wie Anm. 2), S. 44.

Gedanklicher Ausgangspunkt der Norm des Art. 29 GG war die im Parlamentarischen Rat erneut vorgetragene Vorstellung, „daß ein gesunder Föderalismus nur möglich ist, wenn gegeneinander vernünftig ausgewogene Länder vorhanden sind und nicht pure Zufallsgebilde, die großenteils nicht älter sind als drei Jahre und ihre Entstehung dem Zufall der Demarkationslinie zwischen zwei Infanteriedivisionen verdanken".[22]

Wie das Bundesgebiet besser gegliedert werden sollte, beschrieb Art. 29 Abs. 1 GG bis 1976 so: in Länder, die in ihrem Zuschnitt der landsmannschaftlichen Verbundenheit, den geschichtlichen und kulturellen Zusammenhängen, der wirtschaftlichen Zweckmäßigkeit und dem sozialen Gefüge Rechnung tragen sollen und die nach Größe und Leistungsfähigkeit die ihnen obliegenden Aufgaben wirksam erfüllen können. Daß die Verknüpfung von sieben verschiedenen, teilweise einander widersprechenden „Richtbegriffen" die beabsichtigte Neugliederung mehr erschwerte als erleichterte, machten die später von der Bundesregierung bestellten Neugliederungsgutachten deutlich. Zwei weitere Hindernisse für eine Neugliederung ergaben sich aus den Fristbestimmungen in Art. 29 GG i. d. F. von 1949 und aus dem Verfahren, das Art. 29 GG für die Willensbildung vorzeichnete. Auf beides wird später Bezug genommen.[23]

Im Rückblick hat sich der Neugliederungsauftrag des Grundgesetzes schon vor den Verfassungsänderungen von 1969 und 1976 infolge der anspruchsvollen Verfahrenserfordernisse „praktisch als Veränderungssperre ausgewirkt".[24] Gleichwohl bleibt die Neugliederungsnorm des Art. 29 GG für die Struktur des deutschen Föderalismus bis heute bedeutsam: Anzahl und Gebietsstand der Länder sind nicht festgeschrieben, sie stehen grundsätzlich zur Disposition des Gesetzgebers.[25]

Daß trotz der zuvor umrissenen, kaum überwindbaren Hürden eine regional begrenzte Neugliederung gelang, war Art. 118 GG zuzuschreiben. Mit ihm wies der Verfassungsgeber neben dem Normalweg des Art. 29 GG einen Sonderweg für eine territoriale Neuordnung im südwestdeutschen Raum. Aufgrund dieser Verfassungsbestimmung konnte die Lösung der Neugliederungsfrage im Südwesten sofort nach Inkrafttreten des Grundgesetzes in Angriff genommen werden.

Von der Entstehung des Art. 118 GG
bis zur Bildung des Landes Baden-Württemberg 1949–1952

Die erste und bisher einzige erfolgreiche Neugliederung soll hier nicht in ihren einzelnen Phasen rekapituliert werden, sondern nur im Hinblick darauf, daß die Landesneugründung mehrere rechtlich-politische Nachbeben hatte, die erst nach dem Volksentscheid von 1970 zum Stillstand kamen.

---

22 Der Parlamentarische Rat 1948–1949. Akten und Protokolle. Bd. 9: Plenum, bearb. von Wolfram Werner, Boppard 1996, 2. Sitzung vom 8. 9. 1948, S. 44 (C. Schmid).
23 Art. 29 GG i. d. F. vom 23. 5. 1949; vgl. Schiffers: Weniger Länder (wie Anm. 2), S. 45.
24 Isensee, Josef: Einheit in Ungleichheit: der Bundesstaat, in: Kurt Bohr: Föderlismus (wie Anm. 11), S. 145.
25 Vgl. ebenda.

Art. 118 GG, der aus verfassungshistorischen Gründen bis heute aufrechterhalten wird[26], ermöglichte eine Neugliederung im Südwesten auf zwei Wegen: a) durch Vereinbarung zwischen den beteiligten Ländern oder b) durch ein Bundesgesetz auf der Grundlage einer Volksbefragung. Da eine Einigung zwischen den drei südwestdeutschen Ländern nicht zustande kam, war der in Art. 118 Abs. 1 GG gewiesene Weg versperrt. Nach Abs. 2 war nun der Bundesgesetzgeber gefordert. Aber auch dieser Weg wurde mühsamer als erwartet. Als ebenso schwierig wie die Sachentscheidung „zwei Länder oder nur eines?" erwies sich nämlich die Entscheidung über das einzuschlagende Verfahren. Dabei bildete die Frage nach der Ausgestaltung des Plebiszits rasch das Haupthindernis für einen Konsens, weil die vorgeschlagenen Verfahren der Volksbefragung je nach Standpunkt die Wahrscheinlichkeit für bzw. gegen sich hatten, das Abstimmungsergebnis mehr oder weniger zu präjudizieren.[27]

Die badische Regierung in Freiburg strebte die Wiederherstellung der Traditionsländer Baden und Württemberg an und beharrte daher auf dem Prinzip des Durchzählens nach alten Ländern jeweils für sich – ungeachtet der seit 1945 bestehenden Nord-Süd-Teilung. Dagegen verfolgten die Regierungen von Württemberg-Baden und Württemberg-Hohenzollern spätestens seit Mitte 1948 das Ziel, die drei Länder der Nachkriegszeit zu einem Südweststaat unter Einschluß aller ehemals badischen, württembergischen und hohenzollerischen Gebiete zu vereinigen. Mit Blick auf dieses Ziel sollte das Abstimmungsgebiet in vier Bezirke (Nordbaden, Nordwürttemberg, Südbaden und Südwürttemberg-Hohenzollern) aufgegliedert und ein positives Votum von einer Mehrheit in drei der vier Bezirke abhängig gemacht werden. Dabei konnte in den beiden württembergischen Stimmbezirken mit einer überwältigenden Mehrheit gerechnet werden, in (Süd-)Baden dagegen ebenso sicher mit einer Ablehnung. Infolgedessen lief das Vier-Abstimmungsbezirke-Verfahren praktisch darauf hinaus, die nordbadische Bevölkerung allein zum Schiedsrichter zu machen, während das Votum des bestehenden Bundeslandes (Süd-)Baden bedeutungslos wurde. Da aber nach der damaligen Lage eine Mehrheit für den Südweststaat auch in Nordbaden als sicher gelten durfte, „präjudizierte der Vier-Bezirke-Modus das Abstimmungsergebnis in einer Weise, die für die Freiburger Regierung nicht akzeptabel war".[28] Schließlich kam – aufgrund der Voten des Bundesverfassungsgerichts und der Mehrheit der Stimmberechtigten (in drei der vier Abstimmungsbezirke) – 1952 das Land Baden-Württemberg zustande.

Im Rückblick erscheinen in der Literatur die Argumente für die Bildung eines Südweststaates vorwiegend rationaler, die Gründe für die Wiederherstellung der Länder Baden und Württemberg dagegen überwiegend irrationaler Natur.[29] Das damals neue Bundesland nahm von der Fläche und bald auch von der Bevölkerung her den dritten Platz unter den Ländern

26 Vgl. BT, 12. Wahlperiode, Drucksache 6000 vom 5. 11. 1993: Bericht der Gemeinsamen Verfassungskommission, S. 45 f.

27 Art. 118 GG; vgl. Schiffers (wie Anm. 2), S. 47–56.

28 Matz: Länderneugliederung (wie Anm. 2), S. 81.

29 Vgl. Feuchte, Paul: Verfassungsgeschichte von Baden-Württemberg, Stuttgart 1983, S. 135–140; Uwe Uffelmann: Identitätsstiftung in Südwestdeutschland. Antworten auf politische Grenzziehungen nach dem Zweiten Weltkrieg, Idstein 1996, S. 20 ff., 67 ff. et passim.

ein. Auffällig war in den ersten Jahrzehnten das deutliche Gefälle zwischen einem stärkeren ökonomischen Potential und einem schwächeren politischen Gewicht im Bund.[30]

Die Neugliederungsdiskussion aufgrund des Art. 29 GG bis zum Wegfall des alliierten Vorbehalts 1950–1955[31]

Im Gegensatz zu dem Spezialartikel 118 GG war der allgemeine Art. 29 GG von den Alliierten ausdrücklich suspendiert worden. Trotz des wiederholten Drängens der Bundesregierung, wenigstens vorbereitende Maßnahmen zur Neugliederung zuzulassen, blieb der alliierte Vorbehalt bis zur Erlangung der Souveränität der Bundesrepublik uneingeschränkt bestehen. Infolgedessen konnten alle bis 1955 erarbeiteten Neuordnungspläne nur unverbindlichen Charakter haben.

Mit die ersten Konzepte kamen aus dem 1949 eingesetzten Bundestagsausschuß für innergebietliche Neuordnung, nach seinem Vorsitzenden, einem FDP-Abgeordneten, auch „Euler-Ausschuß" genannt. Das Interesse an seiner Arbeit blieb indessen begrenzt, weil er kein einheitliches Votum zustande brachte. Ein vom Ausschuß veranlaßtes Gutachten sprach sich gegen jede Neugliederung im norddeutschen Raum aus und empfahl vielmehr eine Neuverteilung der öffentlichen Aufgaben, verbunden mit einer Neuverteilung der Steuern. Dagegen stellte Euler für seine Person, nicht im Namen seiner Fraktion, der Presse ein Modell vor, das eine kleinere Zahl von ähnlich großen Ländern mit einem deutlich geringeren Leistungsgefälle vorsah.[32]

Deutlich mehr Publizität erlangten die Empfehlungen der Luther-Kommission (so benannt nach ihrem Vorsitzenden, dem Reichskanzler a. D. Luther, der in der Weimarer Zeit u. a. mit Neugliederungsfragen befaßt war).[33]

Die Hauptergebnisse der Luther-Kommission sind schnell resümiert. Eine umfassende Neugliederung sei nicht erforderlich, weil die Mehrzahl der Bundesländer den in Art. 29 Abs. 1 GG formulierten „Richtbegriffen" entspreche. Nur in Mittelwestdeutschland sei dies nicht der Fall. Dort sei eine Neugliederung erforderlich, dies insbesondere wegen der Zerschneidung von Ballungsräumen durch Ländergrenzen (vgl. den Rhein als Trennungslinie). Für diesen Raum präsentierte das Luther-Gutachten sieben Alternativen, ohne jedoch einer davon den Vorzug zu geben.[34]

Das Fazit der Luther-Gutachten konnte indessen keine Energien für ein zielgerichtetes Angehen des Neugliederungauftrages freisetzen. Erstens deklarierten die Vorschläge die beste-

---

30 Vgl. Matz, Klaus-Jürgen: Baden und Württemberg, in: Först, Walter (Hrsg.): Die Länder und der Bund. Beiträge zur Entstehung der Bundesrepublik Deutschland, Essen 1989, S. 56 f.

31 Vgl. Schiffers: Weniger Länder (wie Anm. 2), S. 56–61; Dok. S. 156–169.

32 Vgl. ebenda, S. 58 f., 140 ff.

33 Die Neugliederung des Bundesgebietes. Gutachten des von der Bundesregierung eingesetzten Sachverständigenausschusses. Hrsg. vom Bundesminister des Innern, Bonn u. a. 1955 („Luther-Gutachten").

34 Vgl. ebenda, S. 171–175.

hende Struktur der Bundesrepublik als im wesentlichen ausreichend und den Anforderungen des Art. 29 GG entsprechend. Dies lief auf eine Befürwortung des Status quo hinaus. Zweitens konnte der Ausschuß nicht den Vorwurf entkräften, er habe den von den Ländern zur Verfügung gestellten Materialien zu starkes Gewicht gegeben und vorhandene Gegenpositionen vernachlässigt. Drittens sah Bundeskanzler Adenauer zumindest zeitweise in der Tätigkeit des Ausschusses einen Störfaktor. Auf seine Bitte hin stellte Luther die Bereisung von Rheinland-Pfalz zurück, weil Adenauer in den damit verbundenen Erörterungen eine Belastung der deutsch-französischen Beziehungen in der Saar-Frage befürchtete.[35]

Neben der bis 1955 ungelösten Saar-Frage war die Hoffnung auf eine baldige Wiedervereinigung ein zunächst ernsthaftes, später taktisches Argument der Bundesregierung, die Neugliederungsfrage hinhaltend zu behandeln. Diese Sichtweise teilte auch die „Länderkammer". Kurz nachdem der Luther-Ausschuß seinen Bericht vorgelegt hatte, nahm der Bundesrat im Juni 1955 gegen die Stimmen von Bayern und Hessen eine Entschließung an, daß die Neugliederung endgültig erst nach der Wiedervereinigung erfolgen solle.[36]

Die Neugliederungsfrage einschließlich der Volksbegehren bis zur ersten Änderung des Art. 29 GG 1955–1969[37]

Mit dem Wegfall des alliierten Vorbehalts am 5. Mai 1955 – also noch vor der Veröffentlichung des Luther-Gutachtens – wurde der Weg für die Anwendung des Art. 29 GG frei. Am 23. November 1955 trat das erforderliche Gesetz zur Ausführung des Art. 29 Abs. 2–6 GG in Kraft. Daraufhin kam es zu Anträgen auf Volksbegehren in Teilen von Niedersachsen und Rheinland-Pfalz. Von den zunächst sieben Volksbegehren waren fünf erfolgreich, indem sich mehr als 10 % der wahlberechtigten Bevölkerung in entsprechende Listen eintrugen. Dabei ergab sich die notwendige Stimmenzahl für die Wiederherstellung der früheren Länder Oldenburg und Schaumburg Lippe sowie für die Umgliederung von vier Regierungsbezirken in Rheinland-Pfalz an Nordrhein-Westfalen und Hessen. Hinzu kam – nach dem sog. zweiten Südweststaat-Urteil des Bundesverfassungsgerichts von 1956 – ein Volksbegehren auf Wiederherstellung des alten Landes Baden. Die Volksbegehren markierten den Beginn einer neuen Phase im Neugliederungsprozeß insofern, als sie den Bestand der Länder Niedersachsen, Rheinland-Pfalz und Baden-Württemberg in Frage stellten.[38]

Zwei Urteile des Bundesverfassungsgerichts in der Zeit bis zur ersten Änderung des Art. 29 GG ließen das Fehlen einer Gesamtkonzeption für eine Neugliederung sowie regionale Interessen zutage treten. Das sog. zweite Südweststaat-Urteil vom 30. 5. 1956 gab der Klage des Hei-

35 Vgl. Hrbek: Das Problem (wie Anm. 7), S. 13; Schreiben Adenauers vom 6. 10. 1953 an Luther und Schreiben Altmeiers vom 26. 4. 1954 an Luther (BA Koblenz B 106/2659).
36 Vgl. Bundesrat, Sten. Ber., 143. Sitzung vom 24. 6. 1955, S. 168 A.
37 Vgl. Schiffers: Weniger Länder (wie Anm. 2), S. 62–70, Dok. S. 170–235.
38 Vgl. Hrbek: Das Problem (wie Anm. 7), S. 14.

matbundes Badenerland statt, indem es zuließ, das Neugliederungsverfahren im Südwesten noch einmal, nun nach Art. 29 GG, in Gang zu setzen.[39] Das sog. Hessen-Urteil vom 11. 7. 1961 gab der Klage des Landes Hessen gegen Unterlassung durch die Bundesregierung statt. Es erinnerte den Bundesgesetzgeber an seinen Verfassungsauftrag zur Neugliederung. Ein Motiv Hessens waren erhoffte kleinere Grenzkorrekturen zugunsten seines Territoriums. Diesem Anliegen trug dann ein Ausführungsgesetz zu Art. 29 Abs. 7 GG von 1979 Rechnung.[40]

Ein Ausführungsgesetz zu Art. 29 Abs. 1–6 GG kam in den ersten beiden Legislaturperioden von 1957 bis 1969 nicht zustande, wohl aber wurde der Weg zur ersten Änderung des so schwer umsetzbaren Art. 29 GG geebnet. Zugeschrieben wird der Durchbruch mehreren Faktoren: der Vorlage von Neugliederungsmodellen durch führende Landespolitiker und politische Parteien seit Ende 1965, parlamentarischen Initiativen im Bundestag, dem Troeger-Gutachten zur Finanzreform, einschlägigen Tagungen mit Beteiligung prominenter Politiker sowie wissenschaftlichen Publikationen. Einen neuen Akzent in die Diskussion brachte das Troeger-Gutachten von 1966, indem es den Zusammenhang zwischen Finanz- und Gebietsreform begründete und betonte.[41]

Vor diesem Hintergrund ist der Kompromiß zwischen den Regierungsparteien der Großen Koalition in der Neugliederungsfrage zu sehen, der sich in der Neufassung des Art. 29 Abs. 3–6 GG von 1969 niederschlug. Den Vorstellungen von CDU und CSU entsprach die zweite Fristsetzung in Abs. 3: danach war bis zum 30. Juni 1970, also vorab, im Gebietsteil Baden des Landes Baden-Württemberg eine Volksabstimmung über die Frage herbeizuführen, ob die volksbegehrten Änderungen vorgenommen oder die bisherige Landeszugehörigkeit fortbestehen solle.[42]

Die SPD sah ihre Forderung durch die erste Fristsetzung in Abs. 3 des neuen Art. 29 GG berücksichtigt: Ihr zufolge hatte auch den übrigen unerledigten Volksbegehren, d. h. denen in Rheinland-Pfalz (drei) und in Niedersachsen (zwei), bis zum 31. März 1975 jeweils eine Volksabstimmung zu folgen. Damit kam der Gesetzgeber zwanzig Jahre nach Inkrafttreten des Grundgesetzes dem Auftrag des Art. 29 GG nach, dessen bindenden Charakter das Bundesverfassungsgericht 1961 ausdrücklich bestätigt hatte.[43]

39 BVerfGE 5, 34; vgl. Matz: Länderneugliederung (wie Anm. 2), S. 95.

40 BVerfGE 13, 43; vgl. Matz: Länderneugliederung (wie Anm. 2), S. 97 f.

41 Vgl. Hrbek: Das Problem (wie Anm. 7), S. 15. Zur Bedeutung des Troeger-Gutachtens für die „Bestandskraft" der Länder vgl. Wolfgang Renzsch: Finanzverfassung und Finanzausgleich. Die Auseinandersetzungen um ihre politische Gestaltung in der Bundesrepublik Deutschland zwischen Währungsreform und deutscher Vereinigung (1948 bis 1990), Bonn 1991, S. 213–221, et passim.

42 Art. 29 Abs. 3 GG i. d. F. vom 19. 8. 1969 (BGBl. I, S. 1241); vgl. Schiffers: Weniger Länder (wie Anm. 2), S. 70.

43 Vgl. ebenda.

Die Neugliederungsfrage einschließlich der Volksentscheide
bis zur zweiten Änderung des Art. 29 GG 1969–1976[44]

Die sozial-liberale Koalition bekannte sich in ihrer Regierungserklärung vom 28. Oktober 1969 ausdrücklich zum Verfassungsauftrag des Art. 29 GG. Mit dem Gesetz über den Volksentscheid in Baden schuf sie die rechtliche Grundlage für das noch ausstehende Territorialplebiszit. Das Ergebnis der Abstimmung vom 7. Juni 1970 überraschte in seiner Deutlichkeit Befürworter und Gegner des Südweststaates gleichermaßen. Bei einer Beteiligung von 62,5 % votierten 81,9 % der Stimmberechtigten für das Fortbestehen von Baden-Württemberg, während die Gegner des Südweststaates nur 18,1 % der Stimmen auf sich vereinigten konnten. In seiner Eindeutigkeit setzte das Abstimmungsergebnis einen Schlußpunkt hinter die jahrelange rechtliche Auseinandersetzung um das Zustandekommen des inzwischen 18 Jahre alten, politisch gefestigten Südweststaates.[45]

Aus der Sicht der Bundesregierung machte die Abstimmung den Weg frei für die Vorlage eines Neugliederungskonzeptes mit einer veränderten Zielvorgabe. Es ging nun nicht mehr um die Bereinigung willkürlicher, von den Besatzungsmächten gezogener Grenzen. Die kommende Neugliederung sollte vielmehr den raumordnerischen, wirtschaftlichen und soziologischen Gegebenheiten in einem viel stärkeren Maß Rechnung tragen, als es die Formulierung des Art. 29 I GG erwarten ließ. Dies bedeutete auch, die finanzielle Leistungskraft und die fortschreitende europäische Integration zu berücksichtigen. Damit spiegelte der Regierungsauftrag ein „gegenüber den fünfziger Jahren teilweise verändertes, nämlich weiter entwickeltes Verfassungsverständnis bezüglich des Neugliederungsproblems".[46]

Die Ernst-Kommission (so benannt nach ihrem Vorsitzenden, dem früheren Staatssekretär im Wohnungsbauministerium, Prof. Dr. Werner Ernst) folgte dem Regierungsauftrag, indem sie die sog. Richtbegriffe für die in Art. 29 GG neu gewichtete. Während das Luther-Gutachten eine Gleichrangigkeit von Satz 1 und 2 angenommen hatte, sah die Ernst-Kommission das Schwergewicht und damit den Vorrang bei den in Satz 2 genannten Richtbegriffen („nach Größe und Leistungsfähigkeit").[47]

Dieser pragmatische Ansatz sah vier mögliche Lösungen vor, die sämtlich die Zahl der Bundesländer auf fünf oder sechs verringert hätten, ähnlich große Flächenstaaten vorsahen und vor allem eine gleichwertige Finanzkraft zum Ziel hatten. Im einzelnen sollten neben den zu erhaltenden Ländern Nordrhein-Westfalen, Baden-Württemberg und Bayern ein Nordstaat

---

44 Vgl. Schiffers: Weniger Länder (wie Anm. 2), S. 70–78, Dok. S. 236–310.

45 Vgl. Matz: Länderneugliederung (wie Anm. 2), S. 99.

46 So Hrbek: Das Problem (wie Anm. 7), S. 22.

47 Vorschläge zur Neugliederung des Bundesgebiets gemäß Art. 29 des Grundgesetzes. Hrsg. vom Bundesministerium des Innern, Bonn 1973. Bd. 1: Bericht der Sachverständigenkommission für die Neugliederung des Bundesgebiets. Vorgelegt im November 1972. Bd. 2: Materialien zum Bericht der Sachverständigenkommission. Vorgelegt im Dezember 1972 („Ernst-Gutachten").

oder auch zwei sowie ein Bundesland Mittelwest die föderative Ordnung gegenüber dem Bund wieder stärken.[48]

Aus zeitgenössischer Sicht war das Ernst-Gutachten „durchsetzungsorientiert"[49], indem es ein wählerneutrales Modell anbot, das die politische Balance zwischen den Parteien weitgehend bewahrte und indem es bestehende Verwaltungseinheiten in der Regel nicht teilte. Zudem stellte die Ernst-Kommission den Art. 29 GG nicht in Frage. Gleichwohl scheiterten die Vorschläge vor allem an drei Faktoren: an der Mehrheit der Landesregierungen, an nicht staatlichen Organisationen wie Rundfunkanstalten, Kammern usw., die ihre Untergliederungen mehr oder weniger konsequent der bestehenden Länderstruktur angeglichen hatten[50], und an den beiden sozialdemokratischen Bundeskanzlern. Brandt und Schmidt sicherten aus parteipolitischen Gründen den Stadtstaaten Hamburg und Bremen die Fortdauer ihrer Selbständigkeit zu, und zwar sowohl vor als auch nach der Ausarbeitung des Ernst-Gutachtens.[51]

Damit wurde die Ankündigung der sozial-liberalen Koalition von 1969, eine Neugliederung des Bundesgebiets politisch anzugehen, hinfällig. Die Regierung verzichtete auf weitere Schritte auf dem Weg zu einer Gesamtneugliederung und schuf nur die einfachgesetzlichen Voraussetzungen für die Durchführung der ausstehenden Volksentscheide in Niedersachsen und Rheinland-Pfalz. Die Ergebnisse von 1975 waren überraschend: Die beiden Plebiszite in den niedersächsischen Stimmkreisen erbrachten eine deutliche Mehrheit für die Selbständigkeit von Oldenburg und Schaumburg-Lippe. Dagegen erreichten die Befürworter einer Umgliederung in den drei Volksentscheiden in den rheinland-pfälzischen Stimmkreisen nirgendwo eine Mehrheit.[52]

Die erfolgreichen Territorialplebiszite in Niedersachsen brachten die Bundesregierung in Zugzwang. Nach Art. 29 Abs. 3 GG war der Bundesgesetzgeber verpflichtet, die Landeszugehörigkeit des betreffenden Gebietsteils innerhalb eines Jahres nach Durchführung des Volksentscheides zu regeln und ein Neugliederungskonzept vorzulegen, wenn auch nur ein Volksentscheid positiv verlaufe. Die Auseinandersetzung über die angemessene Vorgehensweise in der Bundesregierung, der Bundestagsmehrheit und im Bundesrat mündete in einen „sorgfältig austarierten Kompromiß". Dieser fand seinen verfassungsrechtlichen Niederschlag in der zweiten Änderung des Art. 29 GG von 1976.[53]

Im Vergleich zu der Fassung des Art. 29 GG von 1969 weist die 1976 verabschiedete Fassung vor allem drei Hauptunterschiede auf. Erstens trat an die Stelle des strikten Verfassungsauftrages zur Neugliederung eine „Kann"-Vorschrift. Zweitens änderte sich die Rang- und Rei-

---

48 Vgl. ebenda, S. 42 f., 124 f., 127 ff., 252.

49 Ravens, Karl: Neugliederungsfrage für die Bundesregierung noch offen, in: Das Parlament, 23. Jg., Nr. 37 vom 15. 9. 1973, S. 10.

50 Vgl. Vorschläge zur Neugliederung (wie Anm. 47), Bd. 2, S. 24–27; Fritz W. Scharpf: Entwicklungslinien des bundesdeutschen Föderalismus, in: Blanke, Bernhard; Wollmann, Hellmut (Hrsg.): Die alte Bundesrepublik. Kontinuität und Wandel, in: Leviathan, Sonderheft 12, 1991, S. 150.

51 Vgl. Schiffers: Weniger Länder (wie Anm. 2), S. 71; Dok. S. 249, 294.

52 Vgl. Matz: Länderneugliederung (wie Anm. 2), S. 102.

53 Vgl. ebenda, S. 103.

henfolge der sog. Richtbegriffe, an denen sich jede Neugliederung zu legitimieren hatte. (Neu hinzu kamen die Erfordernisse der Raumordnung und der Landesplanung). Drittens gab der Verfassungsgesetzgeber den bisherigen Gedanken auf, daß eine Neugliederung die Gesamtbevölkerung in der Bundesrepublik angehe. Von nun an sollte nur noch der Wille der Gebietsbevölkerung maßgebend sein.[54] Insgesamt gesehen, markierte die zweite Änderung des Art. 29 GG von 1976 „zwar nicht formal, aber doch politisch"[55] den vorläufigen Abschluß einer mehr als ein Vierteljahrhundert alten Auseinandersetzung über die Neugliederung des Bundesgebietes.

Die Neugliederungsfrage bis zur Gründung der neuen Länder 1976–1990[56]

Von 1976 an wurde es stiller um die Neugliederungsfrage. Die Reformvorschläge vor der Wiedervereinigung hatten nicht mehr das ganze Bundesgebiet im Blick; sie beschränkten sich auf die territoriale Neuordnung des norddeutschen Raumes und auf den Status der bis 1945 zu Mainz gehörenden rechtsrheinischen Gemeinden Amöneburg, Kastel und Kostheim, kurz „AKK" genannt. Die sog. Nordstaat-Diskussion verebbte, weil die Vorschläge kein einheitliches konsensfähiges Ziel nannten. In der „AKK"-Frage erwies sich der Wille, regional und lokal parteipolitische Besitzstände zu wahren, als stärker.[57]

Überraschend belebt wurde die Neugliederungsdiskussion durch den Einigungsprozeß, und zwar auf beiden Seiten der innerdeutschen Grenze. Die Einführung von fünf Ländern auf dem Gebiet der DDR war von der Bevölkerung politisch gewollt und damit legitimiert in ihrem staatsrechtlichen und strukturellen Rückbezug auf die 1952 aufgelösten Länder.[58] In den Föderalisierungsprozeß eingebrachte Alternativvorschläge mit vier bzw. drei anstatt fünf Ländern waren politisch nicht vermittelbar.[59] „Die erneuerten Länder im Osten vermitteln eigene politische Identität, die nicht desavouiert ist durch den Sozialismus des DDR-Systems. Sie verdanken sich auch nicht dem Westen."[60]

Angestoßen durch den Föderalisierungsprozeß in der DDR und parallel dazu entwickelte sich in der Bundesrepublik eine lebhafte Neugliederungsdiskussion. Deren Vorschläge orientierten sich teils an den Empfehlungen des Ernst-Gutachtens von 1973, teils propagierten

---

54 Vg. die Synopse des Art. 29 GG i. d. F. von 1949, 1969 und 1976 bei Bauer, Angelika; Jestaedt, Matthias: Das Grundgesetz im Wortlaut. Änderungsgesetze, Synopse, Textstufen und Vokabular zum Grundgesetz, Heidelberg 1997, S. 118–121, 241 ff.

55 Siehe Feuchte: Verfassungsgeschichte (wie Anm. 29), S. 157, 288.

56 Vgl. Schiffers: Weniger Länder (wie Anm. 2), S. 79–93, Dok. S. 311–396.

57 Vgl. Matz: Länderneugliederung (wie Anm. 2), S. 103 f.; Christian Stolorz: Bedrückende Entwicklungsperspektiven des Föderalismus im vereinigten Deutschland, in: ZParl 28. Jg., 1997, S. 319 f., 327.

58 Vgl. Rutz, Werner; Scherf, Konrad; Strenz, Wilfried: Die fünf neuen Bundesländer. Historisch begründet, politisch gewollt und künftig vernünftig?, Darmstadt 1993, S. 113 f. et passim.

59 Vgl. Blaschke, Karlheinz: Alte Länder – Neue Länder. Zur territorialen Neugliederung der DDR, in: APUZG 1990, Nr. 27, S. 43–54, et passim; Rutz et al.: Die fünf neuen Bundesländer (wie Anm. 58), S. 79–94, et passim.

60 So Isensee: Einheit (wie Anm. 24), S. 158.

sie Zusammenschlüsse von Ländern über die innerdeutsche Grenze hinweg. Die Vorschläge scheiterten u. a. daran, daß sich die Landesregierungen über den Bundesrat zum dritten Mal nach 1950 und 1955 – allerdings in einer anderen Situation und mit anderer Begründung – gegen die Ingangsetzung von Neugliederungsverfahren aussprachen.[61]

Kontinuität und Diskontinuität in den Neugliederungsplänen 1945–1990

Von 1945 bis 1947 waren Grenzziehung und Länderbildung zonenorientierrt und wurden von militärischen, d. h. von administrativen, logistischen und prestigeorientierten Gesichtspunkten der Alliierten bestimmt. Beispiele waren u. a. der Verlauf der Zonengrenze quer durch Baden und Württemberg und das Fortbestehen des Stadtstaates Bremen als Teil der amerikanischen Zone im britisch besetzten Gebiet. Das Jahr 1952 markiert das Ende der von den Alliierten angestoßenen und von deutscher Seite umgesetzten territorialen Neuordnung: in der Bundesrepublik durch die Gründung des Südweststaates, in der DDR durch Schaffung des zentralistischen Einheitsstaates. Damit war „die zweite Territorialrevolution 1945–1952"[62] (nach der ersten von 1792–1819) abgeschlossen.

Seit Gründung der Bundesrepublik wird die Neugliederungsdiskussion von dem „Topos der ›Lebensunfähigkeit‹ der kleineren Länder"[63] bestimmt. Seine Begründung bezieht dieser Topos aus Art. 29 GG, aus der sogen. Bedürfnisklausel der Art. 72 Abs. 2 und 106 Abs. 3 Ziffer 2 GG, welche die Einheitlichkeit bzw. Gleichwertigkeit der Lebensverhältnisse postulieren.[64]

Die älteren Neugliederungspläne bis Anfang der 70er Jahre dienten primär dem Ziel, die von den Besatzungsmächten gezogenen und als künstlich und willkürlich eingeschätzten Ländergrenzen zu korrigieren. Die jüngeren Neugliederungskonzepte seit den 70er Jahren zielen auf ökonomisch und finanziell konvergente Länder sowie auf einen Abbau der strukturellen Probleme zwischen Bund und Ländern. Mit der postulierten Reduzierung der Länderzahl auf sechs oder fünf kam die Richtzahl von 5 Mio. Einwohnern in die Diskussion; sie wurde von der Ernst-Kommission als untere Grenze für die administrative Leistungsfähigkeit eines Landes eingeführt.[65]

In den Neugliederungsplänen für die „alte" Bundesrepublik kommt die regionale Neuordnung Mitteldeutschlands lediglich vereinzelt vor, und dies auch nur bis 1961.[66] Damals ent-

61 Vgl. Schiffers: Weniger Länder (wie Anm. 2), S. 86 f., Dok. S. 356–391.

62 Siehe Matz: Länderneugliederung (wie Anm. 2), S. 71, 86.

63 Siehe Isensee: Einheit (wie Anm. 24), S. 142.

64 Vgl. Rennert, Klaus: Der deutsche Föderalismus in der gegenwärtigen Debatte um eine Verfassungsreform, in: Der Staat, 32. Bd., 1993, S. 274. Münch, Ursula: Entwicklung und Perspektiven des deutschen Föderalismus, in: APUZG 1999, Nr. 13, S. 5.

65 Vgl. Storlorz: Bedrückende Entwicklungsperspektiven (wie Anm. 57), S. 319; Ernst, Werner: Die Alternative: Neugliederung des Bundesgebiets, in: DVBl. 10. Jg., 1991, S. 1028.

66 Vgl. das Zwei-Länder-Modell „Land Brandenburg – Pommern" und „Land Sachsen – Thüringen", in: Bulletin des BPA Nr. 170 vom 10. 9. 1954, S. 1502, 1504, unter dem Titel „Die Neugliederung Mitteldeutschlands

schied das Bundesverfassungsgericht, daß die Neugliederung ohne Rücksicht auf die Möglichkeit einer Wiedervereinigung zu vollziehen sei. Das Scheitern aller Neugliederungspläne von 1948 bis 1990 hatte seine Ursache indessen nicht nur in dem voraussehbaren Eigeninteresse von Amts- und Mandatsträgern, sondern auch im „institutionellen Konservatismus" der Parteien und der Vielzahl von Organisationen, „die ihre eigenen Untergliederungen mehr oder minder konsequent der bestehenden Länderstruktur angeglichen hatten".[67]

Soweit sich der Wille der Bevölkerung von 1956 bis 1975 in Volksbegehren und Volksentscheiden über gebietliche Neuordnungen äußerte, kam er nicht oder nur eingeschränkt zum Tragen. Den Volksbegehren von 1956 folgten erst 1970 und 1975 die vom Grundgesetz vorgeschriebenen Volksentscheide, und die Ergebnisse der Abstimmungen von 1975 wurden als mit dem Auftrag des Art. 29 Abs. 1 GG unvereinbar erklärt.[68]

Im Einigungsprozeß war die Gliederung in Länder das, „was von der DDR an eigenständiger Regionalstruktur"[69] in das vereinigte Deutschland eingebracht wurde. In diesem sich beschleunigenden Prozeß drängte die innen- und außenpolitische Lage auf rasche, pragmatische Lösungen; in ihr hatten an größeren Räumen orientierte Neugliederungskonzepte keine Chance.

Die bisherige Behandlung der Neugliederungsfrage läßt vermuten, daß die Diskussion über sie immer wieder aufleben wird, solange Anzahl und Gebietsstand der Länder nach Art. 29 GG grundsätzlich zur Disposition stehen und solange ein hochverschuldetes Bundesland, das sich nicht mehr selbständig aus einer Haushaltsnotlage befreien kann, Anspruch auf finanziellen Beistand von Bund und Ländern hat und eventuell auf eine Bestandsgarantie durch maßgebliche politische Akteure hoffen kann.[70]

nach der Wiedervereinigung. Rechtliche und rechtspolitische Grundlagen und Vorfragen – Entweder große Länder oder starke Landesbezirke".

67 Vgl. Scharpf: Entwicklungslinien (wie Anm. 50), S. 150.

68 Vgl. Albiez, Robert; Glunk, Karl; Grund, Reinhold (Hrsg.): Der überspielte Volkswille. Die Badener im südwestdeutschen Neugliederungsgeschehen (1945–1970). Fakten und Dokumente in Verbindung mit Karl. H. Neumayer und Paul Ludwig Weinacht, 2. Aufl., Baden-Baden 1992.

69 Siehe „Die DDR vor der Neugliederung", in: Neue Zürcher Zeitung, Fernausgabe Nr. 208 vom 9./10. 9. 1990, S. 5.

70 Zu den Finanzhilfen für die derzeit am höchsten verschuldeten Bundesländer Bremen und das Saarland vgl. BVerfGE 86, 148 (210) vom 27. 5. 1992; BT, Sten. Ber., 36. Sitzung vom 23. 4. 1999, S. 2891 B – 2910 D (Beratung und Verabschiedung des Dritten Gesetzes zur Änderung des Finanzausgleichsgesetzes).

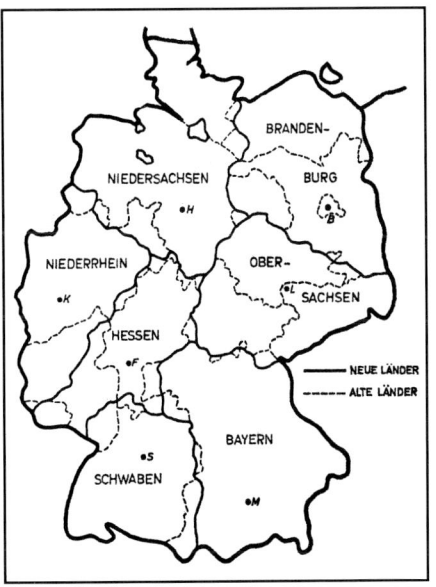

Neugliederungsentwurf Werner Münchheimer (1949)

Neugliederungsentwurf Walter Christaller (1949)

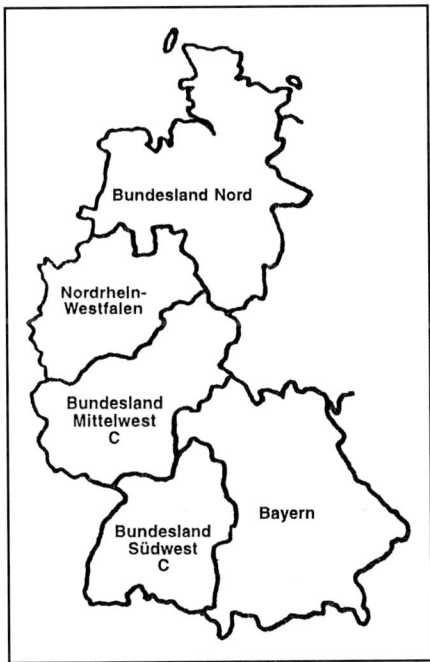

*S. 447 u., 448: Neugliederungsentwürfe
der Ernst-Kommission (1972). Lösung AC*

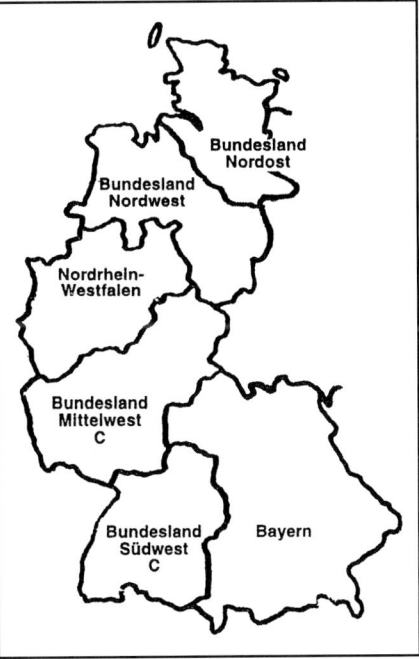

*Neugliederungsentwürfe
der Ernst-Kommission (1972). Lösung BC*

Lösung BD   *Lösung AD*

Werner Rutz

Mitteldeutschland in den Konzepten
*zur Neugliederung der Bundesrepublik nach 1990** [*]

Gliederung – Zusammenfassung

1. Neues politisches Umfeld der Länderneugliederungsvorschläge seit Ende 1989
   Aussage: Die Politik hatte – weil unwahrscheinlich – den Fall der Wiedervereinigung nicht vorbereitet – unter Mißachtung der Präambel des Grundgesetzes.
2. Fünf neue Länder wider besseres Wissens
   Aussage: Drei Vorschläge von Wissenschaftlern zur Neugliederung der DDR konnten nicht beachtet werden.
3. Vorgaben für Neugliederungsversuche
   Aussage: Mit Rücksicht auf die Richtbegriffe in Art. 29, Abs. 1, GG. kann es nur ein großes neues Land in Mitteldeutschland geben.
4. Beweggründe für Vorschläge
   Aussage: Beweggründe waren: Auftragsarbeit – freie wissenschaftliche Stellungnahme – politische Handlungsempfehlung.
5. Zuschnitt für ein mitteldeutsches Land
   Aussage: Es gab sieben Vorschläge aus dem Jahre 1990 und aus den Folgejahren sowie die Vorlage von Werner Münchheimer aus dem Jahre 1954.

Dargestellte Gliederungsvorschläge, auch kartographisch, siehe S. 460–463, in zeitlicher Reihenfolge):

- Werner Münchheimer, 1954 (zum Vergleich) (Wissenschaftler, Geograph, im Auftrage des „Königsteiner Kreises", eines Zusammenschluß von Juristen aus der Sowjetischen Besatzungszone)
- Günther Habicht, März 1990 (Berliner CDU-Politiker)
- Horst Gobrecht, April 1990 (Hamburger Senator für Bundesangelegenheiten)
- Konrad Scherf und Lutz Zaumseil, 1990 (Mitglieder einer Arbeitsgruppe für Länderneugliederung in der DDR-Regierungskommission zur Vorbereitung einer Verwaltungsreform)
- Karlheinz Blaschke, 1990 (sächsischer Historiker, freie wissenschaftliche Stellungnahme)
- Werner Rutz, 1990 und 1995 (Geograph an der Ruhr-Universität, freie wissenschaftliche Stellungnahmen)
- Adrian Ottnad, 1998 (Volkswirt, Gliederung zum Zwecke von Wirtschaftskraftberechnungen)

Stellungnahmen vieler weiterer Volkswirte, Juristen, Politiker und Journalisten enthielten keine eigenen Vorschläge für neue Länderzuschnitte.

---

[*] Die hier vorliegende schriftliche Fassung des am 27. Februar 1999 in Leipzig gehaltenen Vortrags weicht von diesem nur unwesentlich ab.

1

Nach dem Zusammenbruch der SED-Herrschaft bot sich zu Beginn des Jahres 1990 ein gegenüber der Nachkriegszeit völlig verändertes politisches Umfeld für Länderneugliederungsvorschläge. Im Westen sahen sich viele Ignoranten genötigt, auch die DDR als Teil Deutschlands wahrzunehmen. Es waren das nicht nur Politiker und Journalisten, die in den drei Jahrzehnten deutscher Spaltung von 1960 bis 1990 mit dem Begriff Deutschland Schindluder getrieben hatten, auch Wissenschaftler grenzten – zum Teil wider besseres Wissen und aus Opportunitätsgründen – die damalige DDR aus.[1] Alle, die „Deutschland" auf die damalige Bundesrepublik einengten, verstießen gegen das Grundgesetz, in dessen Präambel stand: „Das gesamte Deutsche Volk bleibt aufgefordert, in freier Selbstbestimmung die Einheit und Freiheit Deutschlands zu vollenden."

Die „Ernst-Kommission"[2] hatte auftragsgemäß in den siebziger Jahren ihre Vorschläge nur für das damalige westliche Bundesgebiet erarbeitet, aber die Kommission bezeichnete ein großes zu bildendes Land im Norden Westdeutschlands „Nordstaat" und nicht etwa Nordweststaat, ferner ein kleineres Land aus Schleswig-Holstein und Hamburg mit Teilen Niedersachsens sogar als „Nordost-Land", obwohl dieses Land doch in Nordwestdeutschland gelegen hätte. Staatsrechtslehrer, Volkswirte und Geographen, die in der Kommission vertreten waren, unterschieden sich nicht von anderen Wissenschaftlern, Politikern und Journalisten, die mit Deutschland allein die damalige Bundesrepublik meinten und damit dem einengenden, räumlich im jeweiligen Rahmen der zwei Staaten begrenzten Denken Vorschub leisteten.

Der Begriff Mitteldeutschland war in der DDR und im Westen spätestens vom Ende der sechziger Jahre ab gleichermaßen verpönt. Die Präambel des Grundgesetzes spielte in der Politik der Bundesrepublik Deutschland bis 1990 keine Rolle; sie war eher unbequem. Deshalb waren Politiker der Bundesebene und der Länder auf die 1990 gestellte Aufgabe, nach 45 Jahren erneut zusammenzufügen, was zuvor in einer über tausendjährigen Entwicklung gemeinsam gewachsen war, nicht vorbereitet. Ein Ministerium für „Gesamtdeutsche Fragen" oder „Innerdeutsche Beziehungen" hatte andere Aufgaben. So existierten auch keine Pläne für eine neue föderative Gebietskörperschaftsgliederung im Falle der Wiedervereinigung. Die von dem Geographen Werner Münchheimer 1954 im Auftrage des „Königsteiner Kreises" – ein Zusammenschluß von Juristen aus der Sowjetischen Besatzungszone – erarbeitete Studie

---

1 Als Beispiel nenne ich das noch 1990 erschienene Werk von W. Tietze, K.-A. Boesler, H.-J. Kling, G. Voppel (Hrsg.) mit dem Haupttitel „Geographie Deutschlands" und dem Untertitel „Bundesrepublik Deutschland, Staat – Natur – Wirtschaft" aus dem Verlag Gebrüder Borntraeger, Berlin, Stuttgart. In einer Besprechung für die „Politischen Studien" (42. Jg., H. 316, S. 203 f.) hatte ich geschrieben: „Der Haupttitel, der ohne Zusatz von ‚Teil 1' oder ähnlichem nicht nur bei den Sachkennern falsche Erwartungen weckt, sondern auch dem einengenden Deutschland-Verhältnis der jungen Generation in der Bundesrepublik Vorschub leistet, ist ein Ärgernis."

2 „Sachverständigenkommission für die Neugliederung des Bundesgebietes" unter dem Vorsitz von Werner Ernst, Staatssekretär a. D. aus Münster in Westfalen. Näheres zur Zusammensetzung und Arbeitsweise im Beitrag Reinhard Schiffers in diesem Band. Die Ergebnisse der Kommissionsarbeit nämlich „Vorschläge zur Neugliederung des Bundesgebietes gemäß Art. 29 GG" wurden Ende 1972 vorgelegt und vom Bundesminister des Inneren 1973 herausgegeben. (276 S. u. 28 Karten; Kurzfassung 196 S. von Timmer, R. Köln et al.).

über „Die Neugliederung Mitteldeutschlands bei der Wiedervereinigung"[3] war regierungsamtlich vergessen worden.

2

Nach vorstehendem wird deutlich: Alle Neugliederungsvorschläge des Jahres 1990 waren ganz
kurzfristig entwickelt worden – von zwei Ausnahmen abgesehen. Der Zeitdruck, unter dem
die fünf neuen Länder zustande kamen, ist bekannt; sie entstanden wider besseres Wissen aus
politischer Notwendigkeit; bessere Einsichten hatten keine Chance.

Schon im Dezember 1989 setzte die noch SED-geführte Regierung der DDR eine „Kommission für die Vorbereitung und Durchführung einer Verwaltungsreform" ein. Deren Arbeitsgruppe für „administrativ-territoriale Gliederung" sollte Vorschläge für Anzahl und Zuschnitt
der in der DDR wiederzuerrichtenden Länder machen. Diese Kommission führte auch unter
der Regierung de Maizière die Beratungen fort. Nach dem Vorschlag[4] der Arbeitsgruppe, vier
Länder neu zu gründen, wäre Sachsen-Anhalt geteilt, Thüringen und Sachsen aber wären als
neue Länder wiedererrichtet worden.

In Bonn wurde im März 1990 eine vom Ministerium für Innerdeutsche Beziehungen in
Auftrag gegebene Stellungnahme des Instituts für Landes- und Stadtentwicklung Nordrhein-
Westfalen in Dortmund abgegeben[5]. Darin bezog man sich bezüglich der Länderneubildung
auf die Studie Münchheimers. Völlige Ahnungslosigkeit der Ministerialen und der Ruf der
Öffentlichkeit nach raschen Lösungen verhinderten es, daß das aufgeschreckte Bonn irgend-
etwas zur Länderneubildung im wiederzuvereinenden Deutschland beitragen konnte.

Im Frühsommer 1990 überstürzten sich dann die Ereignisse. Es blieb keine Zeit, die Vorschläge der DDR-Regierungskommission umzusetzen. Das galt ebenso für zwei weitere, von
wissenschaftlich unabhängiger Seite erarbeitete Neubildungsvorschläge für Länder auf dem
Gebiet der DDR. Diese zwei Vorschläge von wissenschaftlicher Seite stammten von dem sächsischen Landeshistoriker Karlheinz Blaschke[6] und vom Verfasser dieses Beitrages[7]. Beide Vor-

---

3 Es handelt sich um eine sehr aufwendige, kenntnisreich durchgeführte Studie, die nicht nur zur Länderab-
grenzung Stellung nimmt, sondern auch Vorschläge für die Gebietskörpergliederung bis hinab zur Kreis-
ebene enthält. Münchheimer, Werner: Die Neugliederung Mitteldeutschlands bei der Wiedervereinigung,
hrsg. vom Königsteiner Kreis – Vereinigung der Juristen, Volkswirte und Beamten aus der sowjetischen
Besatzungszone, (183 S. u. 25 Pläne) Göttingen 1954.

4 Eine amtliche Veröffentlichung über die Arbeit dieser Kommission gibt es nicht. Das Ergebnis der Beratungen wurde nach 1990 veröffentlicht von: Scherf, Konrad; Zaumseil, Lutz: Zur politisch-administrativen Neugliederung der Gebietes der DDR, in: Raumforschung und Raumordnung, Heft 4–5, 48. Jg, Köln, S. 231–240;
siehe auch Abschnitt 4, „Auftragsarbeit".

5 Die Jakob-Kaiser-Stiftung e. V. Königswinter hat das Manuskript mit dem Titel „Überlegungen und Vorschläge zur Verwaltungsreform und Raumordnung in der DDR. Mögliche Konsequenzen für die Deutsch-
landpolitik" im März 1990 in ihrer Reihe „Entwicklung in Deutschland, Manuskripte zur Umgestaltung der
DDR" vervielfältigt. Für den Inhalt zeichnete Victor Frhr. von Malchus.

6 Blaschke, Karlheinz: Alte Länder – Neue Länder. Zur territorialen Neugliederung der DDR, in: Aus Politik
und Zeitgeschichte, Nr. 27/90 (1990), S. 39–54.

7 Rutz, Werner: Denkschrift zur Länderneubildung auf dem Gebiet der gegenwärtigen DDR, in: Politische Studien, Heft 313 (1990), S. 604–625.

schläge enthielten Alternativen; diese waren unter anderem auch darauf ausgerichtet, ob und gegebenenfalls welche Ländergebietsreformen im Westen im Gefolge der Wiedervereinigung zu Stande kommen könnten.

Es gab also drei Vorschläge – durch die Kommission und durch die beiden unabhängigen Wissenschaftler –, die jeweils Vier-, Drei- und Zwei-Länder-Lösungen gegeneinander abwogen. Auf den mitteldeutschen Raum bezogen blieben in den durch die Kommission und durch den Verfasser als optimal bezeichneten Viererlösungen Sachsen und Thüringen getrennte Länder. Dabei war aber vorausgesetzt, im Westen gäbe es keine gleichzeitige Ländergebietsreform. Karlheinz Blaschke dagegen sprach sich von vorn herein für drei Länder aus, wobei Sachsen und Thüringen vereinigt oder – wie er es in Erinnerung brachte – nach rund 500 Jahren wiedervereinigt werden sollten. Diese Vereinigung von Sachsen und Thüringen schlug auch der Verfasser für den Fall vor, daß im Westen große Länder, etwa nach den Vorschlägen der Ernst-Kommission, ins Auge gefaßt worden wären. Das gleiche galt für den Zwei-Länder-Vorschlag der Kommission. Umgekehrt hatte auch Karlheinz Blaschke eine mit den übrigen zwei Vorschlägen weitgehend übereinstimmende Vier-Länder-Lösung als zweitbeste Variante bezeichnet. Gleichzeitig, also 1990, machten auch westliche Politiker Vorschläge für eine neue Gesamtgliederung des Bundesgebietes nach der Wiedervereinigung. Aus den drei Vorschlägen zur Länderneueinführung in der DDR, aus den Politiker-Vorschlägen sowie aus einer vom Verfasser vier Jahre später, also 1995, vorgelegten Studie zur Gliederung des heutigen Staatsgebietes in acht oder in sechs Länder[8] ergaben sich insgesamt ein gutes halbes Dutzend Vorschläge für ein großes mitteldeutsches Bundesland. Die unterschiedlichen Zuschnitte dieses Landes und die für die Vorschläge erkennbaren Beweggründe werden im folgenden erläutert.

3

Als wichtigste Vorgabe für Neugliederungsversuche in Mitteldeutschland war von allen Bearbeitern der Artikel 29 des Grundgesetzes zu beachten[9]. Ein Bundesland, das mit kleineren Zugewinnen oder Abgängen die heutigen Bundesländer Thüringen, Sachsen und Teile von Sachsen-Anhalt umschließt, besäße mit einer Fläche von mindestens knapp 45 000 qkm und mindestens neun Millionen Einwohnern eine Größenordnung, die zu einer Gliederung des Gesamtstaates in sieben bis zehn Länder paßt. Damit ist ein erstes und dazu auch das wichtigste Ziel der Vorschläge für ein großes Land in Mitteldeutschland genannt; es sollte ein Land gebildet werden, das den anderen Ländern in einer Sieben- bis Zehn-Länderformation gleichrangig sein sollte.

Neben der Bedingung, neuen Bundesländern eine Mindestgröße zu geben, um Art. 29, Abs. I, Satz 1 GG. gerecht zu werden, verlangt auch die Auslegung fast aller weiteren in Art. 29 I GG. genannten Richtbegriffe einen Zusammenschluß von Thüringen und Sachsen sowie die

---

8 Rutz, Werner: Die Gliederung der Bundesrepublik Deutschland in Länder. Ein neues Gesamtkonzept für den Gebietsstand nach 1990 (Föderalismus-Studien, Bd. 4), Baden-Baden 1995.

9 Vergl. u. a. Maunz, Theodor; Herzog, Roman: Art. 29 GG., in: Maunz, Theodor; Dürig, Günther et al.: Kommentar zum Grundgesetz, II. Abschnitt, Art. 29, München 1989.

Angliederung des Südens von Sachsen-Anhalt. Die früheren wirtschaftlichen Gegebenheiten im mitteldeutschen Raum sind in diesem Band an anderer Stelle dargestellt[10]. „Die geschichtlichen und kulturellen Zusammenhänge, die wirtschaftliche Zweckmäßigkeit sowie die Erfordernisse der Raumordnung und Landesplanung" – das ist der Wortlaut von Art. 29 GG. veranlaßten Karl-Heinz. Blaschke in seinem Neugliederungsvorschlag[11] von vornherein Thüringen und Sachsen zusammenzufügen. Die gleichen Gründe bestimmten auch den Abgrenzungsvorschlag für zwei Länder in der ehemaligen DDR, den der Verfasser in seiner Denkschrift vorgelegt hatte[12]. Ebenso ist diese Tatsache – mehr oder weniger deutlich – allen denjenigen bekannt, die Vorschläge für eine Neugliederung des gesamten Bundesgebietes nach 1990 gemacht haben – von einer Ausnahme abgesehen[13]. Die verfassungsrechtlichen Vorgaben, die dazu führten, ein großes mitteldeutsches Bundesland „Thüringen-Sachsen" vorzuschlagen, sind zwischen fast allen Beteiligten unstrittig.

4

Als Beweggründe, die zu den Vorschlägen führten, lassen sich folgende anführen:
1. Auftragsarbeit,
2. freie wissemschaftliche Stellungnahme,
3. politische Handlungsempfehlung.
Als Auftragsarbeit, die von Fachleuten ausgeführt wurde, sind die Vorschläge aus der DDR-Regierungskommission von 1990 zu bezeichnen. Deren Arbeitsgruppe für „administrativ-territoriale Gliederung" setzte sich aus Kommunalpolitikern und Wissenschaftlern zusammen. Eines der Miglieder, der Geograph Konrad Scherf, veröffentlichte zusammen mit Lutz Zaumseil einen Teil der Ergebnisse.[14]

Die damalige Bonner Bundesregierung hatte nur die oben genannte Stellungnahme des Instituts für Landes- und Stadtentwicklungsforschung[15] entgegengenommen. Die darin erwähnte, so besonders gründliche Studie von Werner Münchheimer aus dem Jahre 1954, die zur Grundlage der notwendigen politischen Entscheidungen hätte gemacht werden können, war bis dahin im Ministerium für Innerdeutsche Beziehungen unbeachtet geblieben.[16]

---

10 Vergleiche den Beitrag Manfred Straubes in diesem Band. Eine Übersichtsdarstellung der Wirtschaftsgeschichte Mitteldeutschlands, die die jüngere Vergangenheit einschließt, gibt es noch nicht. Weiterführend sind die Beiträge von Werner Bramke, Ulrich Heß und Rainer Karlsch in: Bramke, Werner; Heß, Ulrich (Hrsg.): Wirtschaft und Gesellschaft in Sachsen im 20. Jahrhundert (Leipziger Studien zu regionenbezogenen Identifikationsprozessen, Bd. 2), Leipzig 1998, S. 27–51, 53–88 u. 89–132. Vgl. ferner den in Anm. 27 genannten Beitrag von Karlheinz Blaschke.

11 Vgl. Anm. 6.

12 Vgl. Anm. 7.

13 Vgl. Anm. 26.

14 Vgl. Anm. 4.

15 Vgl. Anm. 5.

16 Im mündlichen Vortrag gewollte Wiederholung dieser Aussage, siehe Anm. 3.

Nun zu den wissenschaftlichen Stellungnahmen: Aus den einschlägigen Wissenschaften –
Geographie, Geschichte, Politologie, Staatsrecht – war das Echo auf die Herausforderung
der territorialen Wiedervereinigung eher schwach. Ein Dresdner Historiker und ein Bochumer Geograph – beide unmittelbar in ihrem Lebenslauf von der deutschen Teilung betroffen
– nahmen ohne Aufforderung von staatlicher Seite zur Länderneubildung auf dem Gebiet
der DDR Stellung und machten weitgehend übereinstimmende Vorschläge[17]. Während diese
Autoren mehrere territoriale Varianten für die ehemalige DDR erörterten und begründeten,
hatten die Kölner Finanzwissenschaftler Karl-Heinz Hansmeyer und Manfred Kops einen
Vorschlag für die Gliederung des gesamten Bundesgebietes vorgelegt[18] – sie lehnten sich bezüglich Mitteldeutschlands an den Vorschlag von Karlheinz Blaschke an.

Der Verfasser hatte 1995 die Frage der Gliederung des Gesamtstaates in neu abzugrenzende
Länder noch einmal aufgegriffen[19] und eine Acht-, eine Sechs- und auch eine Siebzehn-Län-
der-Formation vorgestellt; letztere als prinzipielle Möglichkeit, falls die Politik die geforderte
Leistungsfähigkeit der Länder anders als zur Zeit definiert. Ein mitteldeutsches Land „Thüringen-Sachsen“ gäbe es bei der Acht-Länder-Formation. Im Falle von nur sechs Bundesländern sollte diesem Land noch „Kurhessen“ angegliedert werden mit einer dann erforderlichen
Untergliederung in Landschaftsverbände.

Um der Vollständigkeit willen sei erwähnt, daß ein Geographie-Didaktiker 1993 drei sogenannte „Diskussionsmuster“ für eine Elf-, eine Neun- und eine Sieben-Länder-Formation
beschrieben hat[20]. Die zur Diskussion gestellten Abgrenzungen werden vom Verfasser selbst
als „überprüfungsbedürftig durch Sachverständige“ bezeichnet. Deshalb werden diese Muster
nicht in die weiteren Betrachtungen einbezogen.

Der dritte genannte Beweggrund für Gliederungsvorschläge sind Meinungsbildungen sowie
Handlungsempfehlungen der Politiker. Wahrscheinlich war der Neugliederungsvorschlag
des Berliner CDU-Abgeordneten Günter Habicht im März 1990 diesbezüglich der erste.[21]
Habicht fügte die – außer Berlin – zehn westlichen Länder und die bis 1952 existierenden fünf
Länder der ehemaligen Sowjetzone zu sieben neuen Flächenländern zusammen; nur Sachsen-
Anhalt sollte geteilt werden. Als ein achtes Land sollte ein vergrößertes Berlin als einziger von
Habicht akzeptierter Stadtstaat mit den Bundesorganen erhalten bleiben.

Nur einen Monat später, im April 1990, verlangte der Hamburger Senator Horst Gobrecht
„starke Länder für Deutschland“[22]. Sein Vorstoß wurde viel beachtet. Gobrecht hatte sich
schon vor 1990 an der Diskussion um den westdeutschen „Nordstaat“ beteiligt. Wie bei fast

17 Vgl. Anm. 6 und 7.
18 Hansmeyer, Karl-Heinz; Knops, Manfred: Die Gliederung der Länder in einem vereinten Deutschland, in:
 Wirtschaftsdienst, Nr. 5, 70. Jg. (1990), S. 234–239.
19 Vgl. Anm. 8.
20 Ernst, Eugen: Länderneugliederung in Deutschland. Hintergründe und Perspektiven, in: Geographische
 Rundschau, H. 7–8, 45. Jg. (1993), S. 446–458.
21 Habicht, Günter: Neuordnung des föderalen Systems. Sieben starke Bundesländer plus Stadt und Land Berlin,
 in: Berliner Rundschau vom 30. 3. 1990, S. 3.
22 Gobrecht, Horst: Presseerklärung vom 18. April 1990 (Vertretung der Freien und Hansestadt Hamburg beim
 Bund): Der neue Bundesstaat braucht starke Länder. Nachgedruckt z. T. unter anderen Titeln in: Frankfurter

allen weiteren Politikern, die sich positiv zu größeren Ländern geäußert hatten, dachte auch Gobrecht an den Zusammenschluß von bereits existierenden Ländern. Wenn es danach keine Grenzveränderung geben sollte, sondern nur Zusammenschlüsse, dann führte das bei der ins Auge gefaßten Größenordnung der Länder, die an Nordrhein-Westfalen und Bayern ausgerichtet war, zu sieben Ländern. Sachsen-Anhalt wurde in einer solchen grenzkonstanten Sieben-Länder-Formation zu Sachsen-Thüringen geschlagen.

Neben und nach Günter Habicht und Horst Gobrecht hatten etwa ein Dutzend mehr oder weniger prominenter Politiker die Frage einer Länderneugliederung für das gesamte Bundesgebiet aufgegriffen. Deren Äußerungen waren überwiegend partei- oder landespolitisch begründet. Es ging um die Sorge oder um den Wunsch, durch Länderzusammenschlüsse könnte die eigene Partei Schaden nehmen oder Vorteile erringen, oder das jeweilige Land könnte seinen Einfluß vergrößern oder verringern. Für die Neugliederung des Bundesgebietes warben[23] u. a. Ernst Albrecht (Hannover), Björn Engholm (Kiel), Steffen Heitmann (Dresden), Gerhard Mayer-Vorfelder (Stuttgart), Fritz Teufel (Stuttgart), Walter Wallmann (Wiesbaden). Das waren generelle Befürwortungen ohne bestimmte Gliederungsvorschläge. Als Denkschema diente meist die Sieben-Länder-Formation, wie sie Gobrecht vorgeschlagen hatte. Gegen den Zusammenschluß der kleinen Länder wandten sich: Ulrich Nölle (Bremen), Hanns Schreiner (Mainz), Klaus Wedemeier (Bremen) und sicher auch noch einige andere Politiker.

Bezüglich Mitteldeutschlands muß hier noch an diejenigen Stellungnahmen erinnert werden, die einen Zusammenschluß von Hessen und Thüringen befürworteten. Die hessische und die gerade erst blockfrei gewordene thüringische CDU stellten Anfang 1990 einen solchen Zusammenschluß zur Diskussion.[24] Die gleiche Überlegung kam auch in einem kurzen Pressebeitrag des Bremer Abgeordneten Ernst Müller-Hermann vor und bezüglich der Zuständigkeit der Landeszentralbanken auch in einem Referentenentwurf aus dem Hause des Bundesministers der Finanzen[25]. Bei diesen Vorschlägen sollte auch Niedersachsen mit Sachsen-Anhalt und Schleswig-Holstein mit Mecklenburg-Vorpommern vereinigt werden. Schließlich wurde dieses Muster 1998 von dem baden-württembergischen Wirtschaftsminister Walter Döring noch einmal aufgegriffen.[26] Triebkraft war das Aufbegehren von Bayern und Baden-Württemberg gegen die gegenwärtige Form des Länderfinanzausgleichs. Karl-

---

Allgemeine Zeitung, Nr. 91 vom 19. 4. 1990, S. 5; erweiterte Fassungen in: Recht und Politik, H. 2 (1990), und in: Zeitschrift zur politischen Bildung und Information (Eichholz-Brief), Nr. 4 (1990), S. 77–86.

23 Nennung der befürwortenden oder ablehnenden Politiker nach Presseverlautbarungen zwischen 1990 und 1996; siehe hierzu auch: Schiffers, Reinhard: Die Neugliederung des Bundesgebietes im Widerstreit der Meinungen 1948/49–1990. Eine Dokumentation, in: Dokumente und Texte, Bd. 3, hrsg. von der Kommission für Geschichte des Parlamentarismus und der politischen Parteien, Düsseldorf 1996. Schiffers' Dokumentation endet 1992.

24 Näheres in dem in Anmerkung 23 genannten Werk von Reinhard Schiffers, (Text Nr. 59b, S. 363 f.).

25 Müller-Hermann in: Frankfurter Allgemeine Zeitung, Nr. 110 vom 14. 5. 1991; Der Bundesminister der Finanzen, Referentenentwurf vom 17. 6. 1991 zur Änderung des Gesetzes über die Deutsche Bundesbank.

26 Zitate von Döring nach einem Artikel von Markus Wehner in der Frankfurter Allgemeinen Zeitung, Nr. 159 vom 13. 7. 1998.

heinz Blaschke urteilt darüber: „Der Vorschlag [...] läßt jede Sachkenntnis geschichtlicher und geographischer Tatsachen wie auch jedes Gespür für landsmannschaftliche Zusammenhänge und Unterschiede vermissen"[27] – dem stimmt der Verfasser zu.

Die Vorschläge aus dem politischen Raum riefen 1990 auch die Verfassungsjuristen und die Verwaltungswirte erneut auf den Plan- früher kamen aus dieser Disziplin Stellungnahmen zum Ernst-Gutachten. Meist ging es dabei um die Durchführbarkeit und um die Hürden, die im GG errichtet und von der Verfassungskommission 1994 nur unwesentlich verändert worden waren. Wichtige Stimmen kamen 1991 noch einmal von Werner Ernst, dem früheren Kommissionsvorsitzenden, sowie von Werner Hoppe und Martin Schulte[28], sodann 1996 von Rupert Scholz und Roman Herzog[29]; räumliche Neugliederungsvorschläge waren von den Staatsrechtslehrern nicht zu erwarten.

Haupttriebfeder der Politiker-Vorschläge war der nach dem Beitritt der neuen Länder sehr viel schwieriger werdende Länderfinanzausgleich. Die dazu bis 1995 von Wissenschaftlern gelieferten Beiträge faßte Eberhard Thiel zusammen.[30] Zur Zeit beschäftigen sich Adrian Ottnad im Institut für Wirtschaft und Gesellschaft e. V., Bonn, sowie Thomas Lenk an der Universität Leipzig mit Berechnungen zur Finanzkraft der Länder.[31] Ottnad legte 1998 eine Wirtschaftskraftberechnung von sieben neu zusammengefügten Ländern vor; deren Zuschnitt wird im nächsten Abschnitt bezeichnet.

Viele mehr oder weniger geistreiche Darstellungen von Journalisten, die die Vorschläge der Politiker und Wissenschaftler kommentieren, können hier nicht erörtert werden.

---

27 Blaschke, Karlheinz: Mitteldeutschland als geschichtlich-landeskundlicher Begriff, in: Historische Forschung in Sachsen-Anhalt, hrsg. v. d. Sächsischen Akademie der Wissenschaften, Dresden 1999, S. 13–34.

28 Ernst, Werner: Die Alternative: Neugliederung des Bundesgebietes, in: Deutsches Verwaltungsblatt, Jg. 1991, S. 1024–1031 u. annährend gleichlautend in: b. f. Staats- u. Verwaltungswiss., Bd. 5 (1991), S. 149–166; ders. auch unter anderem Titel: Länderneugliederung, in: Akademie für Raumforschung und Landesplanung (Hrsg.): Materialien zur Fortentwicklung des Föderalismus in Deutschland, (= Arbeitsmaterial 200), Abschnitt 2.3, S. 43–57. Ferner Hoppe, Werner; Schulte, Martin: Rechtliche Grundlagen und Grenzen von Staatsgebietsgrenzzänderungen von neuen Bundesländern, in: Deutsches Verwaltungsblatt, Jg. 1991, S. 1041–1048. Weitere Stimmen im Beitrag von Mecking, Christoph: Die räumliche Neugliederung der Bundesrepublik Deutschland als Gegenstand der Verfassungsreform, in: Verfassungsreform und Grundgesetz, Regensburg 1992, S. 95–113.

29 Scholz, Rupert: Gefordert ist Rückbesinnung, in: Handelsblatt vom 21. 3. 1996, Nr. 1, S. 17 f.; Herzog, Roman: Rede des Bundespräsidenten anläßlich des Festaktes zur Erinnerung an die konstituierende Sitzung des Landtags Nordrhein-Westfalen vor 50 Jahren. Mitteilung des Bundespräsidialamtes vom 30. 9. 1996.

30 Thiel, Eberhard: Einheitlichkeit der Lebensbedingungen und Finanzausgleich, in: Arbeitsmaterial der Akademie für Raumforschung und Lebensplanung, Heft 200, S. 292–310.

31 Ottnad, Adrian: in zwei Vorträgen über „Neugliederung der Bundesländer – eine notwendige Bedingung für die Reform des Länderfinanzausgleichs". Einer davon bei: Hüttig, Christoph (Hrsg.): Verflochten und verschuldet. Zum (finanz-) politischen Reformbedarf des deutschen Föderalismus in Europa (Dokumentation einer Tagung der Evangelischen Akademie Loccum vom 28. bis 30. Oktober 1998), Rehburg-Loccum 1999. Thomas Lenk verfaßte 1992 in Darmstadt eine Habilitationsschrift: Reformbedarf und Reformmöglichkeiten des deutschen Finanzausgleichs. (= Schriften zur öffentlichen Verwaltung und öffentlichen Wirtschaft, Bd. 138) Baden-Baden 1993. Von ihm entwickelte Modellrechnungen zur Minderung des Länderfinanzausgleichs ergeben unsinnige Länderverbindungen. Gegenwärtig (1999) sollen die Rechnungen mit wirklichkeitsnäheren Vorgaben fortgeführt werden.

Welchen Zuschnitt schlagen die Bearbeiter für ein mitteldeutsches Land vor? Auf S. 460 f. sind alle vorgenannten Gliederungsentwürfe durch Kartenskizzen dargestellt. Die Reihung dort entspricht der historischen Abfolge. Bei der folgenden Erörterung der Gliederungsentwürfe richtet sich diese nach dem Grad der Abweichung vom gegenwärtigen Territorium der beiden Länder Thüringen und Sachsen.

Der den Berechnungen von Adrian Ottnad zugrunde liegende Zuschnitt (Karte S. 463 unten) weicht am wenigsten vom gegenwärtigen Territorium der Länder Thüringen und Sachsen ab. Diesen zwei zu vereinigenden Ländern wird nur der Regierungsbezirk Halle aus Sachsen-Anhalt zugeschlagen. Bei dieser Studie ist allerdings der Abgrenzungsvorschlag kein Selbstzweck, dieser dient vielmehr als Rahmen, um die sich bei großen Ländern verringernden Unterschiede in der Wirtschaftskraft und den daraus resultierenden geringeren Finanzausgleich zu belegen.[32]

Es war oben schon festgestellt worden, daß sich der bekannteste Vorschlag aus Politikerkreisen, der des Hamburger Politikers Horst Gobrecht (Karte S. 461 oben) durchweg an Ländergrenzen hielt. Die Gobrechtsche Variante zeigt für Mitteldeutschland einen Zuschnitt, der unter Einschluß des heutigen gesamten Sachsen-Anhalt zu einem Land mit ca. 55 000 qkm und ca. 10 Mio. Einwohnern führt. Auch bei Gobrecht ging es primär nicht um Abgrenzungsfragen, sondern um die Zusammenlegung der Länder.

Zeitlich kurz vor Gobrecht hatte sich der Politiker Günter Habicht (Karte S. 460 unten) aus Berlin Gedanken zu einer neuen Abgrenzung gemacht. Er möchte die historische Grenze zwischen Ober- und Niederlausitz- 1815 bis 1952 Provinz- und Landesgrenze zwischen Brandenburg im Norden und Schlesien/Sachsen im Süden- als neue Landesgrenze festlegen. Für die Teilung von Sachsen-Anhalt gibt er eine Linie an, die nur wenige Kilometer nördlicher liegt als die miteinander fast genau übereinstimmenden Vorschläge der Wissenschaftler.

Das nach Habicht in Mitteldeutschland zu bildende Land stimmt weitgehend mit Thüringen-Sachsen aus dem Acht-Länder-Vorschlag des Verfassers aus dem Jahre 1995 überein (Karte S. 462 unten). Abweichungen zu Habichts Vorschlag gibt es nur wenige: bezüglich des DDR-Kreises Senftenberg, bezüglich der etwas südlicher liegenden, den ehemaligen DDR-Kreisgrenzen folgenden Teilungslinie im Anhaltinischen, in der Rückführung von Walkenried und Bad Sachsa nach Thüringen, in einem vielgliedrigen Grenzausgleich zwischen Thüringen und Hessen sowie in der Abtretung von Heldburg und Sonneberg an Bayern und der Zuweisung von Ludwigstadt von Bayern nach Thüringen. Alle diese raumordnungspolitisch begründeten Abweichungen von den älteren Grenzen verändern aber den Zuschnitt eines mitteldeutschen Landes nur in Einzelabschnitten, nicht als Ganzes.

Der Zuschnitt dieses Landes Thüringen-Sachsen in der Acht-Länder-Formation des Verfassers weicht in einem Punkt deutlich von seinem früheren Entwurf aus dem Jahre 1990 ab

---

32 Siehe Anm. 31.

(gestrichelte Linie in Karte S. 462). Damals hatte der Verfasser – übereinstimmend mit dem Vorschlag von Karlheinz Blaschke (Karte auf S. 462 oben) – die gesamte Lausitz zu Sachsen geschlagen; dafür gibt es gute Gründe. Nach Meinung des Verfassers wäre es aber günstiger, die Niederlausitz bei Brandenburg zu belassen.[33]

Den gleichen Zuschnitt, der die Niederlausitz bei Brandenburg beläßt, hatte auch die Regierungskommission in ihrer mittleren Variante vorgeschlagen. Die Kommission hatte drei Varianten für ein großes Land Sachsen-Thüringen offen gelassen (Karte S. 461 unten). Die nördliche Grenzvariante der Kommission stimmte in der Lausitz mit den Vorschlägen von Blaschke und Rutz 1990 überein, also die gesamte Lausitz zu Sachsen zu geben. Eine dritte Variante der Kommission dagegen sah vor, die gesamte Lausitz, also die seit 1815 schlesischen, aber auch die 1815 sächsisch gebliebenen Teile der Oberlausitz an Brandenburg zuzuteilen. Eine solche Variante taucht immer dann auf, wenn es darum geht, Brandenburg zu stärken.

Die gleiche Idee, nämlich die gesamte Oberlausitz zu Brandenburg zu schlagen, kommt auch zum Tragen, wenn im Falle einer nur aus sechs Ländern bestehenden Bundesrepublik Thüringen-Sachsen um ganz „Kurhessen" vergrößert wird; so wie es der Verfasser 1995 (Karte S. 463 oben) dargelegt hat. „Kurhessen" könnte nicht in einen großen Südwest- oder Oberrheinstaat eingegliedert werden. Es müßte an Thüringen-Sachsen angegliedert werden, weil nur dadurch der mitteldeutsche Teilstaat die erforderliche Größe erreicht. Landsmannschaftliche und raumordnungspolitische Gegengründe gäbe es nicht.

Zuletzt soll noch einmal zum Vergleich auf den Vorschlag von Werner Münchheimer aus dem Jahre 1954 aufmerksam gemacht werden (Karte S. 460 oben). Münchheimer gliedert Magdeburg und sein Umland in ein mitteldeutsches Land ein; dafür gibt es gute Gründe. Der Verfasser hielt die Gegengründe für die Zuteilung nach Brandenburg für gewichtiger.[34] Münchheimers Modell hätte mehr als dreißig Jahre auf seine Realisierung warten müssen, wäre es in einem Bonner „Gesamtdeutschen Ministerium" als Plan der Wiedervereinigung vorbereitet worden. Wäre das geschehen, brauchte heute nicht über die staatlich-territoriale Ausprägung des Begriffs Mitteldeutschland gestritten werden, denn es gäbe dieses Land seit 1990.

Die territorialen Fragen lassen sich wie folgt zusammenfassen: In Franken, in der Rhön, an der Werra und im Südharz sind es nur kleine Bereiche, in denen die Landesgrenze aus raumordnungspolitischen Gründen verbessert werden sollte. Die Teilungslinie im Anhaltinischen ist von fast allen Bearbeitern übereinstimmend südlich von Aschersleben, nördlich von Bernburg und südlich von Zerbst festgelegt worden. Die DDR-Kreise Herzberg und Bad Liebenwerda werden nur in historisch weniger vertieften Vorschlägen weiterhin bei Brandenburg belassen, wohin diese 1990 gelangt waren. Die Mehrzahl der Bearbeiter führt diesen nordöstlich der Elbe gelegenen, ehemals kursächsischen Landstrich zurück nach Sachsen. Die Lausitz wurde sehr unterschiedlich beurteilt: a) ganz zu Sachsen, b) ganz zu Brandenburg, c) an der historischen

---

33 Zur Begründung vgl. das in Anm. 8 genannte Buch, S. 23 ff.
34 Begründung vgl. Anm. 8, S. 21–23.

Grenze zwischen Ober- und Niederlausitz geteilt oder d) an der sächsisch-preußischen Grenze von 1815 bis 1945 geteilt. Letztere Möglichkeit sollte ausgeschlossen werden, aber die anderen drei Möglichkeiten haben ihre Berechtigung je nach Einschränkung oder Erweiterung von Brandenburg und Thüringen-Sachsen an ihren westlichen Grenzen.

Zum Abschluß wird der letzte Absatz des dieser Schriftform zu Grunde liegenden Vortrags wörtlich abgedruckt. Es geht um die Rechtfertigung für die Planspiele zum Zuschnitt der Länder: „Ich meine, die Wissenschaft ist aufgerufen, für eine zweckmäßige räumliche Ausprägung der föderalen Struktur unseres Staates Lösungen anzubieten; diese müssen im Rahmen der Verfassungsvorgaben ein Optimum beschreiben. Den politisch Verantwortlichen gefallen diese Lösungen schon seit 1949 nicht, die Kenntnisnahme durch die Politiker war und ist begrenzt; das gilt sowohl bezüglich der Sachargumente als auch bezüglich des Vergessens im Zeitablauf. Kluge Politik braucht aber langen Atem; diesen hatte die Bonner Deutschland-Politik verloren. Für die Studien von Werner Münchheimer waren 35 Jahre zwischen 1954 und 1989 zu lang. Ich bin deshalb dankbar, daß ich hier Gelegenheit hatte, Ihnen Münchheimers frühen Vorschlag und unsere jüngeren Beiträge zum optimalen Zuschnitt eines großen Landes in Mitteldeutschland vorzustellen."

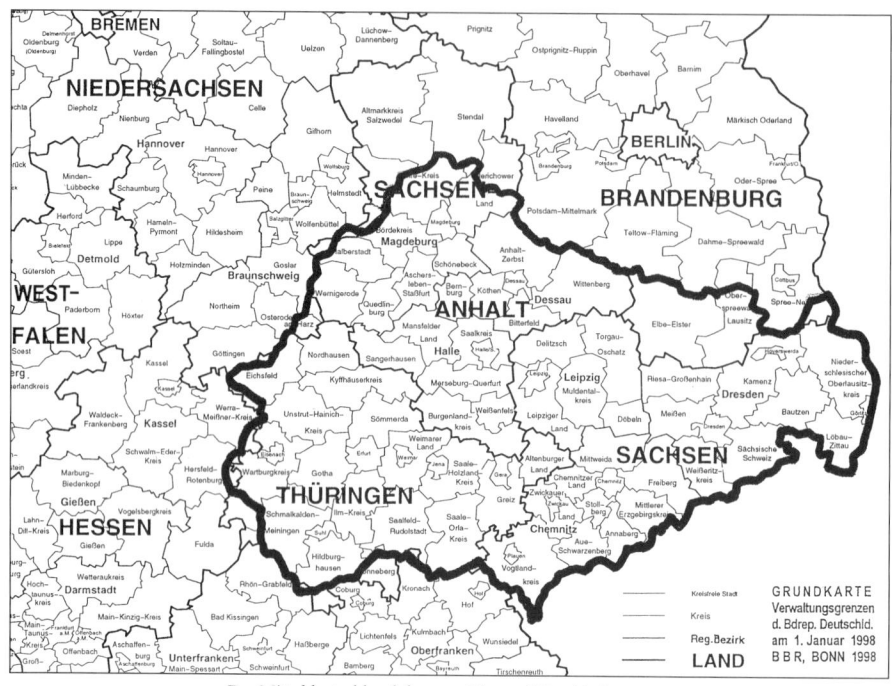

Der Mitteldeutschlandplan von Werner Münchheimer 1954

Entwurf Habicht 1990

Entwurf Gobrecht 1990

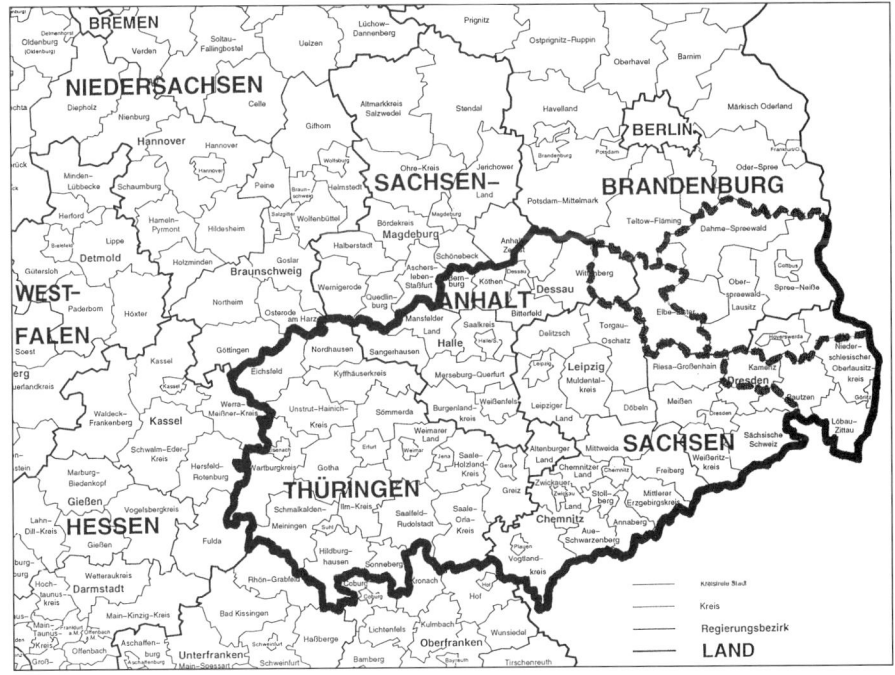

Entwurf Scherf/Zaumseil 1990 (3 Varianten)

Entwurf Blaschke 1990

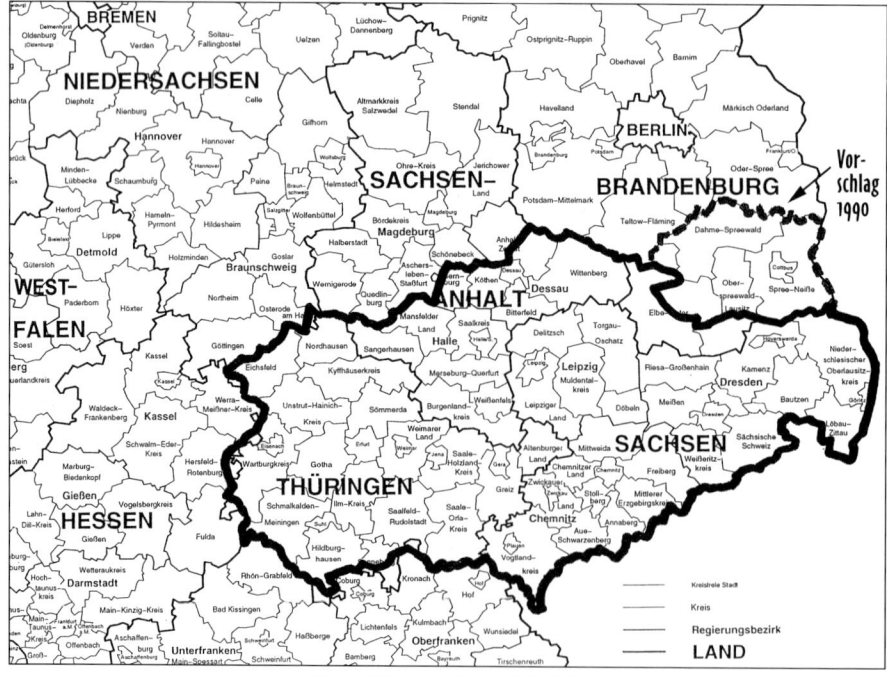

Entwurf Rutz 1990/1995 (8 Länder)

Entwurf Rutz 1995 (6 Länder)

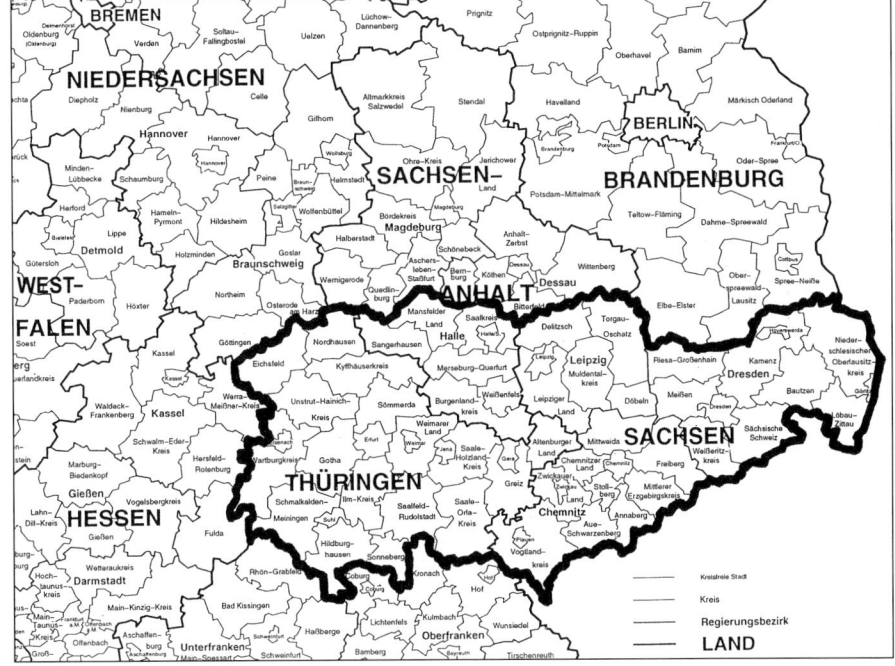

Entwurf Ottnad 1998

Anhang

Abkürzungsverzeichnis

ADV	–	Atlas der Deutschen Volkskunde
AEG	–	Allgemeine Elektrizitäts-Gesellschaft
AGFA	–	Aktiengesellschaft für Anilinfarben
AKK	–	Amöneburg, Kastel, Kostheim
APUZG	–	Aus Politik und Zeitgeschichte, Beilage zu der Wochenzeitung „Das Parlament"
ARD	–	Arbeitsgemeinschaft der öffentlich-rechtlichen Rundfunkanstalten der Bundesrepublik Deutschland
BA	–	Bundesarchiv
BBC	–	British Broadcasting Corperation
BER	–	Bund zur Erneuerung des Reiches
BPA	–	Presse- und Informationsamt der Bundesregierung
BT	–	Deutscher Bundestag
BverfGE	–	Entscheidungen des Bundesverfassungsgerichts
BVP	–	Bayerische Volkspartei
CDU	–	Christlich Demokratische Union
CSU	–	Christlich Soziale Union
DA	–	Demokratischer Aufbruch
DBH	–	Deutscher Bund Heimatschutz
DDP	–	Deutsche Demokratische Partei
DDR	–	Deutsche Demokratische Republik
DFG	–	Deutsche Forschungsgemeinschaft
DHB	–	Deutscher Heimatbund
DIHT	–	Deutscher Industrie- und Handelstag
DNVP	–	Deutschnationale Volkspartei
DSU	–	Deutsche Soziale Union
DVP	–	Deutsche Volkspartei
DVBl	–	Deutsches Verwaltungsblatt
EG	–	Europäische Gemeinschaft
ESAG	–	Elektizitätsgesellschaft Sachsen-Anhalt
EU	–	Europäische Union
EWG	–	Europäische Wirtschaftsgemeinschaft
FDP	–	Freie Demokatische Partei
GF	–	Grafschaft
GG	–	Grundgesetz
GTh	–	Gesetzsammlung für Thüringen
GWU	–	Geschichte in Wissenschaft und Unterricht
HZ	–	Herzogtum
IHK	–	Industrie- und Handelskammer

KF	–	Kurfürstentum
KGR	–	Königreich
LGF	–	Landgrafschaft
LHB	–	Lippischer Heimatbund
LAM-LHA	–	Landesarchiv Magdeburg-Landeshauptarchiv
MDR	–	Mitteldeutscher Rundfunk
MGF	–	Markgrafschaft
MSPD	–	(Mehrheits) Sozialdemokratische Partei Deutschlands
NDPD	–	Nationaldemokratische Partei Deutschlands
NF	–	Neue Folge
NATO	–	North Altantic Treaty Organication
NRW	–	Nordrhein-Westfalen
NS	–	Nationalsozialistisch
NSDAP	–	Nationalsozialistische Deutsche Arbeiterpartei
PnV	–	potentiell natürliche Vegetation
RAF	–	Rote Armee Fraktion
RDI	–	Reichsverband der Deutschen Industrie
RFiM	–	Reichsfinanzminister
RGBl	–	Reichsgesetzblatt
RGW	–	Rat gegenseitiger Wirtschaftshilfe
RLB	–	Reichs-Landbund
RVb	–	Rat der Volksbeauftragten
SBZ	–	Sowjetische Besatzungszone (Deutschlands)
SED	–	Sozialistische Einheitspartei Deutschlands
SHSAD/ SHStA	–	Sächsisches Hauptstaatsarchiv Dresden
SPD	–	Sozialdemokratische Partei Deutschlands
SS	–	Schutzstaffel (der NSDAP)
ThHStAW	–	Thüringisches Hauptstaatsarchiv Weimar
ThHStAW PA	–	Thüringisches Hauptstaatsarchiv Weimar, Präsidialabteilung
ThStAR	–	Thüringisches Staatsarchiv Rudolstadt
TLB	–	Thüringer Landbund
UdSSR	–	Union der Sozialistischen Sowjetrepubliken
UN	–	United Nations
UNESCO	–	United Nations Educational, Scientific and Cultural Organiziation
USA	–	United States of America
USPD	–	Unabhängige Sozialdemokratische Partei Deutschlands
VSWG	–	Vierteljahresschrift für Sozial- und Wirtschaftsgeschichte
WHB	–	Westfälischer Heimatbund
WRVf	–	Weimarer Reichsverfassung
Z	–	Zentrumspartei
Zparl	–	Zeitschrift für Parlamentsfragen

Kartennachweis

Archiv Jürgen John (Jena) – 267

Archiv Werner Rutz – 460, 461, 462, 463

Bach, Adolf: Deutsche Mundartforschung. Ihre Wege, Ergebnisse und Aufgaben (=Germanische Bibliothek, dritte Reihe), 2. Aufl., Heidelberg 1950 – 181

Ebert, Wolfgang; Frings, Theodor; Gleißner, Käthe; Kötzschke, Rudolf; Streitberg, Gerhard: Kulturräume und Kulturströmungen im mitteldeutschen Osten, Halle 1936 – 187

Frings, Theodor: Grundlegung einer Geschichte der deutschen Sprache, 3. Aufl., Halle 1957, S.135 – 185

Grober-Glück, Gerda: Der sächsisch-ostthüringische Regionalstil im frühen 20.Jahrhundert, in: Cox, H.L., Wiegelmann, Günter (Hrsg.): Volkskundliche Kulturraumforschung heute (Beiträge zur Volkskultur in Nordwestdeutschland 42), Münster 1984 – 214

Großer Historischer Weltatlas, 4. Teil: Neueste Zeit, hrsg. v. Bayerischen Schulbuch-Verlag, München 1995 – 265

Hoffmeister, Hans; Wahl, Volker (Hrsg.): Die Wettiner in Thüringen. Geschichte und Kultur in Deutschlands Mitte, Arnstadt, Weimar 1999 – 257 u.

Leiske, Walter (Hrsg.): Leipzig und Mitteldeutschland. Denkschrift für Rat und Stadtverordnete zu Leipzig. Ein Beitrag zur Neugliederung des Reiches (Leipziger Verkehr und Verkehrspolitik 12), Leipzig 1928 – 372 u.

Matz, Klaus-Jürgen: Länderneugliederung. Zur Genese einer deutschen Obsession seit dem Ausgang des Alten Reiches (Historisches Seminar NF 9), Idstein 1997 – 447 o. r., 447 u. 448

Mielke, Henning: Die Auflösung der Länder in der SBZ/DDR. Von der deutschen Selbstverwaltung zum sozialistisch-zentralistischen Einheitsstaat nach sowjetischem Modell 1945–1952 (Beiträge zur Wirtschafts- und Sozialgeschichte 66), Stuttgart 1995 – 266

Mitteldeutschland auf dem Wege zur Einheit. Denkschrift über die Wirkung der innerstaatlichen Schranken, im Auftrag des Provinzialausschusses der Provinz Sachsen hrsg. v. Landeshauptmann der Provinz Sachsen, Merseburg 1927, Kartenbeilage – 258, 259, 260, 261, 262

Möller, Horst; Wirsching, Andreas; Ziegler, Walter (Hrsg.): Nationalsozialismus in der Region (Schriftenreihe der Vierteljahrshefte für Zeitgeschichte. Sondernummer), München 1996 – 264 u.

Penck, Albrecht: Der Großgau im Herzen Deutschlands (Veröffentlichungen der Handelskammer Leipzig 1), Leipzig 1921 – 387 o.

Putzger, F. W.: Historischer Atlas zur Welt- und Schweizergeschichte. H. R. Sauerländer, Aarau, Librairie Payot, Lausanne 1954 – 256

Scheu, Erwin: Deutschlands Wirtschaftsprovinzen und Wirtschaftsbezirke (Weltpolitische Bücherei. Länderkundliche Reihe 2), Berlin 1928 – 373 u.

Scheuch, Manfred: Historischer Atlas von Deutschland. Vom Frankenreich zur Wiedervereinigung in Karten, Bildern und Texten, Wien, München 1997 – 257o.

Schmidt-Haack: Geopolitischer Typen-Atlas. Zur Einführung in die Grundbegriffe der Geopolitik, Gotha 1929 – 375o.

Streitberg Gerhart: Kulturräume und Kulturströmungen im mitteldeutschen Osten, Halle/Saale 1936 – 212

Thormann, Hans; Staab, Erich: Der mitteldeutsche Raum. Seine natürlichen, geschichtlichen und wirtschaftlichen Grenzen, Merseburg 1929 – 387 u., 388, 389, 390, 391

Vogel, Walther: Deutsche Reichsgliederung und Reichsreform in Vergangenheit und Gegenwart, Leipzig, Berlin 1932 – 367, 368, 373 o., 374, 375 u.

Wagner, Helmut H. F.: Die territoriale Gliederung Deutschlands in Länder seit der Reichsgründung. Eine politologische Studie zur Raumordnung, in: Studien zur territorialen Gliederung Deutschlands im 19. und 20. Jahrhundert (Historische Raumforschung 9 / Veröffentlichungen der Akademie für Raumforschung und Landesplanung. Forschungs- und Sitzungsberichte 62), Hannover 1971 – 263, 264 o., 447 o. l.

Weitzel, (August): Die regionale Gliederung Deutschlands nach Wirtschafts- und Verkehrsgebieten. Sonderdruck aus: Erde und Wirtschaft. Vierteljahresschrift für Wirtschaftsgeographie und ihre politische Anwendung, Braunschweig, Berlin, Hamburg 1928 – 369, 370, 371, 372 o.

Wiegelmann, Günter: Nord-Süd-Unterschiede in den kulturräumlichen Gliederungen seit Wilhelm Heinrich Riehl, in: Wiegelmann, Günter: Theoretische Konzepte der Europäischen Ethnologie. Diskussionen um Regeln und Modelle (Grundlagen der Europäischen Ethnologie 1), Münster 1990 – 208

Autorenverzeichnis

- Blaschke, Karlheinz, Prof. (em.) Dr.
  Technische Universität Dresden, Institut für Geschichte

- Dreyer, Michael, Dr.
  Friedrich-Schiller-Universität Jena, Institut für Politikwissenschaft

- John, Jürgen, Prof. Dr.
  Friedrich-Schiller-Universität Jena, Historisches Institut

- Lemuth, Oliver
  Student, Friedrich-Schiller-Universität Jena, Historisches Institut

- Lerchner, Gotthard, Prof. Dr.
  Sächsische Akademie der Wissenschaften zu Leipzig

- Matz, Klaus-Jürgen, Prof. Dr.
  Universität Mannheim, Historisches Institut

- Niethammer, Lutz, Prof. Dr.
  Friedrich-Schiller-Universität Jena, Historisches Institut

- Oberkrome, Willi, Dr.
  Albert-Ludwigs-Universität Freiburg, Historisches Seminar

- Pollmann, Klaus Erich, Prof. Dr.
  Otto-von-Guericke-Universität Magdeburg, Institut für Geschichte

- Reeken, Dietmar von, Prof. Dr.
  Universität Bielefeld, Zentrum für Lehrerbildung

- Rudolph, Karsten, Dr.
  Ruhr-Universität Bochum, Institut für soziale Bewegungen

- Rutz, Werner, Prof. Dr.
  Ruhr-Universität Bochum, Geographisches Institut

- Schiffers, Reinhard, Prof. (em.) Dr.
  Rheinische Friedrich-Wilhelms-Universität Bonn, Seminar für Politische Wissenschaft

- Schönfelder, Günther, Doz. Dr.
  Sächsische Akademie der Wissenschaften zu Leipzig, Kommission für Sächsisch-thüringische Landeskunde

- Siegrist, Hannes, Prof. Dr.
  Universität Leipzig, Institut für Kulturwissenschaften

- Simon, Michael, Prof. Dr.
  Johannes-Gutenberg-Universität Mainz, Deutsches Institut, Abteilung Kulturanthropologie und Volkskunde

- Straube, Manfred, Prof. (em.) Dr.
  Leipzig

- Tullner, Mathias, Prof. Dr.
  Otto-von-Guericke-Universität Magdeburg, Institut für Geschichte

- Ulbricht, Justus H.
  Stiftung Weimarer Klassik Weimar

Personenregister

Erfaßt sind die in den Texten sowie den Fußnoten (in Klammern) und den Kartenangaben *kursiv* außerhalb bibliographischer Angaben erwähnten Personen der Realgeschichte, nicht erfaßt sind Personennamen in Literaturangaben und Querverweisen auf andere Texte dieses Bandes.

Abbe, Ernst 52
Achler, Heinrich 406, 407
Adenauer, Konrad 307(29), 434, 440, 440(35)
Albrecht, Ernst 455
Albrecht, Herzog v. Sachsen 240
Albrecht I., deutscher König 239
Albrecht („der Bär"), Graf v. Ballenstedt, Herzog
    v. Sachsen, Markgraf v. Brandenburg 238
Albrecht v. Brandenburg, Kardinal, Erzbischof
    v. Magdeburg und Mainz, Bischof
    v. Halberstadt 242
Alexander I., Zar v. Rußland 247
Althusius, Johannes 123
Altmeier, Peter 440(35)
Anderson, Benedict 136
Anna Amalia 227, 246
Anschütz, Gerhard 114
Arminius 410
Arnold, Karl 427
Aubin, Gustav 381, 398
Aubin, Hermann 210, 313, 361, 420, 422, 423, 424, 425,
    426
August („der Starke") → Friedrich August I.
August I., Kurfürst v. Sachsen 243(31)
August, Herzog v. Sachsen(-Weißenfels),
    Administrator des Herzogtums Magdeburg 245
August, Oskar 161

Bach, Johann Sebastian 42, 48, 156
Bartels, Adolf 147
Bauer, Gustav 303(16)
Bauer, Theodor 401
Baum, Erwin 354(211), 404
Baumann, Hans 311(47), *374, 390*
Bäumer, Gertrud 151, 152
Bazille, Wilhelm 305(22), 348, 348(185), 349, 349(189)
Bebel, August 272
Becker, Georg 45(121)
Beethoven, Ludwig van 156
Beims, Hermann 365, 365(257), 380, 381, 383, 384
Benjamin, Walter 89, 152
Benz, Richard 144, 156
Berding, Helmut 136

Bergson, Henri 89
Bernhard, Herzog v. Sachsen 238, 239
Bernhard, Herzog v. Sachsen(-Weimar) 244
Best, Heinrich 272
Bethmann Hollweg, Theobald v. 133
Beust, Friedrich Ferdinand Graf v. 250, 270
Biermann, Wolf 137
Billung → Hermann Billung
Bismarck, Otto Fürst v. 44(114), 46, 129, 130, 349
Blaschke, Karlheinz 95, 279, 449, 450, 451, 452, 453, 454,
    456, 458, 462
Blotevogel, Hans- Heinrich 98
Bonifatius → Winfried
Brandenburg, Hans 148
Brandenstein, Karl Freiherr v. 49(145), 300(6), 313(56)
Brandt, Willy 443
Braudel, Fernand 84
Braun, Otto 308, 309(34), 348, 349, 420
Braun, Waldemar 307(28), 323(77)
Brill, Hermann 65, 311(47), 313(56), 326, 326(85), 399,
    399(40), 400, 401
Brühl, Heinrich Reichsgraf v. 245
Brüll, Holger 152
Brüning, Heinrich 350, 353, 354, 355, 355(214)
Brüning, Kurt 313, 361, 409, 412, 413, 414, 415. 416
Brunn, Gerhard 91
Bülow, Friedrich v. 130(11)
Buck, Wilhelm 276, 277

Caesar, Julius 166(8)
Carl, Adolf 344
Carl Alexander, Großherzog
    v. Sachsen(-Weimar-Eisenach) 156
Carl August, Herzog, Großherzog
    v. Sachsen(-Weimar-Eisenach) 156, 246
Cassirer, Ernst 89, 96, 98, 409
Christaller, Walter 447
Cicero 85
Clay, Lucius D. 436
Conze, Werner 153
Craemer, Rudolf 153
Cuno, Wilhelm 344
Czok, Karl 104